作者简介

　　阙旭强　一知农业咨询（北京）有限公司董事长。从事植物新品种权保护工作多年，积累了丰富的品种权保护经验，曾与国内外100余家品种权单位展开品种保护方面的合作，代理的众多植物新品种权纠纷案件中有20余起被各省市评选为典型案例，尤其在无性繁殖作物领域维权方面开创了先河。

　　冯万伟　北京澜商律师事务所合伙人律师，毕业于中国社会科学院研究生院。具有证券从业资格、私募基金从业资格，专注种业诉讼与非诉、公司治理与企业合规、公司并购重组、股权投资，处理数百件种业诉讼与非诉案件（包括种子质量纠纷、植物新品种侵权纠纷、种植回收合同纠纷等）。

植物新品种保护
法律规范一本通

ZHIWU XINPINZHONG BAOHU
FALÜ GUIFAN YIBENTONG

阙旭强　冯万伟　◎主编

知识产权出版社
全国百佳图书出版单位
—北京—

图书在版编目（CIP）数据

植物新品种保护法律规范一本通／阙旭强，冯万伟主编 . —北京：
知识产权出版社，2022.9
ISBN 978－7－5130－8257－0

Ⅰ.①植… Ⅱ.①阙…②冯… Ⅲ.①植物—品种—自然资源保护法—
汇编—中国 Ⅳ.①D922.681.9

中国版本图书馆 CIP 数据核字（2022）第 131864 号

责任编辑：齐梓伊 责任校对：谷 洋
封面设计：杰意飞扬·张悦 责任印制：刘译文

植物新品种保护法律规范一本通

阙旭强 冯万伟 主编

出版发行：知识产权出版社 有限责任公司	网 址：http://www.ipph.cn
社 址：北京市海淀区气象路 50 号院	邮 编：100081
责编电话：010－82000860 转 8176	责编邮箱：qiziyi2004@qq.com
发行电话：010－82000860 转 8101/8102	发行传真：010－82000893/82005070/82000270
印 刷：天津嘉恒印务有限公司	经 销：新华书店、各大网上书店及相关专业书店
开 本：720mm×1000mm 1/16	印 张：38.75
版 次：2022 年 9 月第 1 版	印 次：2022 年 9 月第 1 次印刷
字 数：660 千字	定 价：158.00元

ISBN 978－7－5130－8257－0

目　录
CONTENTS

▌ 第一部分　农业部分 ▌

第一部分
农 业 部 分

第一章　种质资源与植物新品种保护

一、法律

1. 中华人民共和国民法典（节选）

（2020 年 5 月 28 日第十三届全国人民代表大会第三次会议通过　2020 年 5 月 28 日中华人民共和国主席令第 45 号公布　自 2021 年 1 月 1 日起施行）

第一百二十三条　民事主体依法享有知识产权。

知识产权是权利人依法就下列客体享有的专有的权利：

（一）作品；

（二）发明、实用新型、外观设计；

（三）商标；

（四）地理标志；

（五）商业秘密；

（六）集成电路布图设计；

（七）植物新品种；

（八）法律规定的其他客体。

第四百四十条　债务人或者第三人有权处分的下列权利可以出质：

（一）汇票、本票、支票；

（二）债券、存款单；

（三）仓单、提单；

（四）可以转让的基金份额、股权；

（五）可以转让的注册商标专用权、专利权、著作权等知识产权中的财产权；

（六）现有的以及将有的应收账款；

（七）法律、行政法规规定可以出质的其他财产权利。

第四百四十四条　以注册商标专用权、专利权、著作权等知识产权中的财产权出质的，质权自办理出质登记时设立。

知识产权中的财产权出质后，出质人不得转让或者许可他人使用，但是出质人与质权人协商同意的除外。出质人转让或者许可他人使用出质的知识产权中的财产权所得的价款，应当向质权人提前清偿债务或者提存。

第三节 技术转让合同和技术许可合同

第八百六十二条 技术转让合同是合法拥有技术的权利人，将现有特定的专利、专利申请、技术秘密的相关权利让与他人所订立的合同。

技术许可合同是合法拥有技术的权利人，将现有特定的专利、技术秘密的相关权利许可他人实施、使用所订立的合同。

技术转让合同和技术许可合同中关于提供实施技术的专用设备、原材料或者提供有关的技术咨询、技术服务的约定，属于合同的组成部分。

第八百六十三条 技术转让合同包括专利权转让、专利申请权转让、技术秘密转让等合同。

技术许可合同包括专利实施许可、技术秘密使用许可等合同。

技术转让合同和技术许可合同应当采用书面形式。

第八百六十四条 技术转让合同和技术许可合同可以约定实施专利或者使用技术秘密的范围，但是不得限制技术竞争和技术发展。

第八百六十五条 专利实施许可合同仅在该专利权的存续期限内有效。专利权有效期限届满或者专利权被宣告无效的，专利权人不得就该专利与他人订立专利实施许可合同。

第八百六十六条 专利实施许可合同的许可人应当按照约定许可被许可人实施专利，交付实施专利有关的技术资料，提供必要的技术指导。

第八百六十七条 专利实施许可合同的被许可人应当按照约定实施专利，不得许可约定以外的第三人实施该专利，并按照约定支付使用费。

第八百六十八条 技术秘密转让合同的让与人和技术秘密使用许可合同的许可人应当按照约定提供技术资料，进行技术指导，保证技术的实用性、可靠性，承担保密义务。

前款规定的保密义务，不限制许可人申请专利，但是当事人另有约定的除外。

第八百六十九条 技术秘密转让合同的受让人和技术秘密使用许可合同的被许可人应当按照约定使用技术，支付转让费、使用费，承担保密义务。

第八百七十条　技术转让合同的让与人和技术许可合同的许可人应当保证自己是所提供的技术的合法拥有者，并保证所提供的技术完整、无误、有效，能够达到约定的目标。

第八百七十一条　技术转让合同的受让人和技术许可合同的被许可人应当按照约定的范围和期限，对让与人、许可人提供的技术中尚未公开的秘密部分，承担保密义务。

第八百七十二条　许可人未按照约定许可技术的，应当返还部分或者全部使用费，并应当承担违约责任；实施专利或者使用技术秘密超越约定的范围的，违反约定擅自许可第三人实施该项专利或者使用该项技术秘密的，应当停止违约行为，承担违约责任；违反约定的保密义务的，应当承担违约责任。

让与人承担违约责任，参照适用前款规定。

第八百七十三条　被许可人未按照约定支付使用费的，应当补交使用费并按照约定支付违约金；不补交使用费或者支付违约金的，应当停止实施专利或者使用技术秘密，交还技术资料，承担违约责任；实施专利或者使用技术秘密超越约定的范围的，未经许可人同意擅自许可第三人实施该专利或者使用该技术秘密的，应当停止违约行为，承担违约责任；违反约定的保密义务的，应当承担违约责任。

受让人承担违约责任，参照适用前款规定。

第八百七十四条　受让人或者被许可人按照约定实施专利、使用技术秘密侵害他人合法权益的，由让与人或者许可人承担责任，但是当事人另有约定的除外。

第八百七十五条　当事人可以按照互利的原则，在合同中约定实施专利、使用技术秘密后续改进的技术成果的分享办法；没有约定或者约定不明确，依据本法第五百一十条的规定仍不能确定的，一方后续改进的技术成果，其他各方无权分享。

第八百七十六条　集成电路布图设计专有权、植物新品种权、计算机软件著作权等其他知识产权的转让和许可，参照适用本节的有关规定。

第八百七十七条　法律、行政法规对技术进出口合同或者专利、专利申请合同另有规定的，依照其规定。

第一千一百八十五条　故意侵害他人知识产权，情节严重的，被侵权人有权请求相应的惩罚性赔偿。

2. 中华人民共和国种子法

（2000 年 7 月 8 日第九届全国人民代表大会常务委员会第十六次会议通过　根据 2004 年 8 月 28 日第十届全国人民代表大会常务委员会第十一次会议《关于修改〈中华人民共和国种子法〉的决定》第一次修正　根据 2013 年 6 月 29 日第十二届全国人民代表大会常务委员会第三次会议《关于修改〈中华人民共和国文物保护法〉等十二部法律的决定》第二次修正　2015 年 11 月 4 日第十二届全国人民代表大会常务委员会第十七次会议修订　根据 2021 年 12 月 24 日第十三届全国人民代表大会常务委员会第三十二次会议《关于修改〈中华人民共和国种子法〉的决定》第三次修正）

第一章　总　　则

第一条　为了保护和合理利用种质资源，规范品种选育、种子生产经营和管理行为，加强种业科学技术研究，鼓励育种创新，保护植物新品种权，维护种子生产经营者、使用者的合法权益，提高种子质量，发展现代种业，保障国家粮食安全，促进农业和林业的发展，制定本法。

第二条　在中华人民共和国境内从事品种选育、种子生产经营和管理等活动，适用本法。

本法所称种子，是指农作物和林木的种植材料或者繁殖材料，包括籽粒、果实、根、茎、苗、芽、叶、花等。

第三条　国务院农业农村、林业草原主管部门分别主管全国农作物种子和林木种子工作；县级以上地方人民政府农业农村、林业草原主管部门分别主管本行政区域内农作物种子和林木种子工作。

各级人民政府及其有关部门应当采取措施，加强种子执法和监督，依法惩处侵害农民权益的种子违法行为。

第四条　国家扶持种质资源保护工作和选育、生产、更新、推广使用良种，鼓励品种选育和种子生产经营相结合，奖励在种质资源保护工作和良种选育、推广等工作中成绩显著的单位和个人。

第五条　省级以上人民政府应当根据科教兴农方针和农业、林业发展的需要制定种业发展规划并组织实施。

第六条　省级以上人民政府建立种子储备制度，主要用于发生灾害时的生产需要及余缺调剂，保障农业和林业生产安全。对储备的种子应当定期检验和更新。种子储备的具体办法由国务院规定。

第七条　转基因植物品种的选育、试验、审定和推广应当进行安全性评价，并采取严格的安全控制措施。国务院农业农村、林业草原主管部门应当加强跟踪监管并及时公告有关转基因植物品种审定和推广的信息。具体办法由国务院规定。

第二章　种质资源保护

第八条　国家依法保护种质资源，任何单位和个人不得侵占和破坏种质资源。

禁止采集或者采伐国家重点保护的天然种质资源。因科研等特殊情况需要采集或者采伐的，应当经国务院或者省、自治区、直辖市人民政府的农业农村、林业草原主管部门批准。

第九条　国家有计划地普查、收集、整理、鉴定、登记、保存、交流和利用种质资源，重点收集珍稀、濒危、特有资源和特色地方品种，定期公布可供利用的种质资源目录。具体办法由国务院农业农村、林业草原主管部门规定。

第十条　国务院农业农村、林业草原主管部门应当建立种质资源库、种质资源保护区或者种质资源保护地。省、自治区、直辖市人民政府农业农村、林业草原主管部门可以根据需要建立种质资源库、种质资源保护区、种质资源保护地。种质资源库、种质资源保护区、种质资源保护地的种质资源属公共资源，依法开放利用。

占用种质资源库、种质资源保护区或者种质资源保护地的，需经原设立机关同意。

第十一条　国家对种质资源享有主权。任何单位和个人向境外提供种质资源，或者与境外机构、个人开展合作研究利用种质资源的，应当报国务院农业农村、林业草原主管部门批准，并同时提交国家共享惠益的方案。国务院农业农村、林业草原主管部门可以委托省、自治区、直辖市人民政府农业农村、林业草原主管部门接收申请材料。国务院农业农村、林业草原主管部门应当将批准情况通报国务院生态环境主管部门。

从境外引进种质资源的，依照国务院农业农村、林业草原主管部门的有关规定办理。

第三章　品种选育、审定与登记

第十二条　国家支持科研院所及高等院校重点开展育种的基础性、前沿性和应用技术研究以及生物育种技术研究，支持常规作物、主要造林树种育种和无性繁殖材料选育等公益性研究。

国家鼓励种子企业充分利用公益性研究成果，培育具有自主知识产权的优良品种；鼓励种子企业与科研院所及高等院校构建技术研发平台，开展主要粮食作物、重要经济作物育种攻关，建立以市场为导向、利益共享、风险共担的产学研相结合的种业技术创新体系。

国家加强种业科技创新能力建设，促进种业科技成果转化，维护种业科技人员的合法权益。

第十三条　由财政资金支持形成的育种发明专利权和植物新品种权，除涉及国家安全、国家利益和重大社会公共利益的外，授权项目承担者依法取得。

由财政资金支持为主形成的育种成果的转让、许可等应当依法公开进行，禁止私自交易。

第十四条　单位和个人因林业草原主管部门为选育林木良种建立测定林、试验林、优树收集区、基因库等而减少经济收入的，批准建立的林业草原主管部门应当按照国家有关规定给予经济补偿。

第十五条　国家对主要农作物和主要林木实行品种审定制度。主要农作物品种和主要林木品种在推广前应当通过国家级或者省级审定。由省、自治区、直辖市人民政府林业草原主管部门确定的主要林木品种实行省级审定。

申请审定的品种应当符合特异性、一致性、稳定性要求。

主要农作物品种和主要林木品种的审定办法由国务院农业农村、林业草原主管部门规定。审定办法应当体现公正、公开、科学、效率的原则，有利于产量、品质、抗性等的提高与协调，有利于适应市场和生活消费需要的品种的推广。在制定、修改审定办法时，应当充分听取育种者、种子使用者、生产经营者和相关行业代表意见。

第十六条　国务院和省、自治区、直辖市人民政府的农业农村、林业草原主管部门分别设立由专业人员组成的农作物品种和林木品种审定委员会。品种审定委员会承担主要农作物品种和主要林木品种的审定工作，建立包括申请文件、品种审定试验数据、种子样品、审定意见和审定结论等内容的审定档案，保证可追溯。在审定通过的品种依法公布的相关信息中应当包括审定意见情况，接受监督。

品种审定实行回避制度。品种审定委员会委员、工作人员及相关测试、试验人员应当忠于职守，公正廉洁。对单位和个人举报或者监督检查发现的上述人员的违法行为，省级以上人民政府农业农村、林业草原主管部门和有关机关应当及时依法处理。

第十七条　实行选育生产经营相结合，符合国务院农业农村、林业草原主管部门规定条件的种子企业，对其自主研发的主要农作物品种、主要林木品种可以按照审定办法自行完成试验，达到审定标准的，品种审定委员会应当颁发审定证书。种子企业对试验数据的真实性负责，保证可追溯，接受省级以上人民政府农业农村、林业草原主管部门和社会的监督。

第十八条　审定未通过的农作物品种和林木品种，申请人有异议的，可以向原审定委员会或者国家级审定委员会申请复审。

第十九条　通过国家级审定的农作物品种和林木良种由国务院农业农村、林业草原主管部门公告，可以在全国适宜的生态区域推广。通过省级审定的农作物品种和林木良种由省、自治区、直辖市人民政府农业农村、林业草原主管部门公告，可以在本行政区域内适宜的生态区域推广；其他省、自治区、直辖市属于同一适宜生态区的地域引种农作物品种、林木良种的，引种者应当将引种的品种和区域报所在省、自治区、直辖市人民政府农业农村、林业草原主管部门备案。

引种本地区没有自然分布的林木品种，应当按照国家引种标准通过试验。

第二十条　省、自治区、直辖市人民政府农业农村、林业草原主管部门应当完善品种选育、审定工作的区域协作机制，促进优良品种的选育和推广。

第二十一条　审定通过的农作物品种和林木良种出现不可克服的严重缺陷等情形不宜继续推广、销售的，经原审定委员会审核确认后，撤销审定，由原公告部门发布公告，停止推广、销售。

第二十二条　国家对部分非主要农作物实行品种登记制度。列入非主要农作物登记目录的品种在推广前应当登记。

实行品种登记的农作物范围应当严格控制，并根据保护生物多样性、保证消费安全和用种安全的原则确定。登记目录由国务院农业农村主管部门制定和调整。

申请者申请品种登记应当向省、自治区、直辖市人民政府农业农村主管部门提交申请文件和种子样品，并对其真实性负责，保证可追溯，接受监督检查。申请文件包括品种的种类、名称、来源、特性、育种过程以及特异性、一致性、稳定性测试报告等。

省、自治区、直辖市人民政府农业农村主管部门自受理品种登记申请之日起二十个工作日内，对申请者提交的申请文件进行书面审查，符合要求的，报国务院农业农村主管部门予以登记公告。

对已登记品种存在申请文件、种子样品不实的，由国务院农业农村主管部门撤销该品种登记，并将该申请者的违法信息记入社会诚信档案，向社会公布；给种子使用者和其他种子生产经营者造成损失的，依法承担赔偿责任。

对已登记品种出现不可克服的严重缺陷等情形的，由国务院农业农村主管部门撤销登记，并发布公告，停止推广。

非主要农作物品种登记办法由国务院农业农村主管部门规定。

第二十三条 应当审定的农作物品种未经审定的，不得发布广告、推广、销售。

应当审定的林木品种未经审定通过的，不得作为良种推广、销售，但生产确需使用的，应当经林木品种审定委员会认定。

应当登记的农作物品种未经登记的，不得发布广告、推广，不得以登记品种的名义销售。

第二十四条 在中国境内没有经常居所或者营业场所的境外机构、个人在境内申请品种审定或者登记的，应当委托具有法人资格的境内种子企业代理。

第四章 新品种保护

第二十五条 国家实行植物新品种保护制度。对国家植物品种保护名录内经过人工选育或者发现的野生植物加以改良，具备新颖性、特异性、一致性、稳定性和适当命名的植物品种，由国务院农业农村、林业草原主管部门授予植物新品种权，保护植物新品种权所有人的合法权益。植物新品种权的内容和归属、授予条件、申请和受理、审查与批准，以及期限、终止和无效等依照本法、有关法律和行政法规规定执行。

国家鼓励和支持种业科技创新、植物新品种培育及成果转化。取得植物新品种权的品种得到推广应用的，育种者依法获得相应的经济利益。

第二十六条 一个植物新品种只能授予一项植物新品种权。两个以上的申请人分别就同一个品种申请植物新品种权的，植物新品种权授予最先申请的人；同时申请的，植物新品种权授予最先完成该品种育种的人。

对违反法律，危害社会公共利益、生态环境的植物新品种，不授予植物新品种权。

第二十七条 授予植物新品种权的植物新品种名称，应当与相同或者相近的植物属或者种中已知品种的名称相区别。该名称经授权后即为该植物新品种的通用名称。

下列名称不得用于授权品种的命名：

（一）仅以数字表示的；

（二）违反社会公德的；

（三）对植物新品种的特征、特性或者育种者身份等容易引起误解的。

同一植物品种在申请新品种保护、品种审定、品种登记、推广、销售时只能使用同一个名称。生产推广、销售的种子应当与申请植物新品种保护、品种审定、品种登记时提供的样品相符。

第二十八条 植物新品种权所有人对其授权品种享有排他的独占权。植物新品种权所有人可以将植物新品种权许可他人实施，并按照合同约定收取许可使用费；许可使用费可以采取固定价款、从推广收益中提成等方式收取。

任何单位或者个人未经植物新品种权所有人许可，不得生产、繁殖和为繁殖而进行处理、许诺销售、销售、进口、出口以及为实施上述行为储存该授权品种的繁殖材料，不得为商业目的将该授权品种的繁殖材料重复使用于生产另一品种的繁殖材料。本法、有关法律、行政法规另有规定的除外。

实施前款规定的行为，涉及由未经许可使用授权品种的繁殖材料而获得的收获材料的，应当得到植物新品种权所有人的许可；但是，植物新品种权所有人对繁殖材料已有合理机会行使其权利的除外。

对实质性派生品种实施第二款、第三款规定行为的，应当征得原始品种的植物新品种权所有人的同意。

实质性派生品种制度的实施步骤和办法由国务院规定。

第二十九条 在下列情况下使用授权品种的，可以不经植物新品种权所有人许可，不向其支付使用费，但不得侵犯植物新品种权所有人依照本法、有关法律、行政法规享有的其他权利：

（一）利用授权品种进行育种及其他科研活动；

（二）农民自繁自用授权品种的繁殖材料。

第三十条 为了国家利益或者社会公共利益，国务院农业农村、林业草原主管部门可以作出实施植物新品种权强制许可的决定，并予以登记和公告。

取得实施强制许可的单位或者个人不享有独占的实施权，并且无权允许他人实施。

第五章 种子生产经营

第三十一条 从事种子进出口业务的种子生产经营许可证，由国务院农业农村、林业草原主管部门核发。国务院农业农村、林业草原主管部门可以委托省、自治区、直辖市人民政府农业农村、林业草原主管部门接收申请材料。

从事主要农作物杂交种子及其亲本种子、林木良种繁殖材料生产经营的，以及符合国务院农业农村主管部门规定条件的实行选育生产经营相结合的农作物种子企业的种子生产经营许可证，由省、自治区、直辖市人民政府农业农村、林业草原主管部门核发。

前两款规定以外的其他种子的生产经营许可证，由生产经营者所在地县级以上地方人民政府农业农村、林业草原主管部门核发。

只从事非主要农作物种子和非主要林木种子生产的，不需要办理种子生产经营许可证。

第三十二条 申请取得种子生产经营许可证的，应当具有与种子生产经营相适应的生产经营设施、设备及专业技术人员，以及法规和国务院农业农村、林业草原主管部门规定的其他条件。

从事种子生产的，还应当同时具有繁殖种子的隔离和培育条件，具有无检疫性有害生物的种子生产地点或者县级以上人民政府林业草原主管部门确定的采种林。

申请领取具有植物新品种权的种子生产经营许可证的，应当征得植物新品种权所有人的书面同意。

第三十三条 种子生产经营许可证应当载明生产经营者名称、地址、法定代表人、生产种子的品种、地点和种子经营的范围、有效期限、有效区域等事项。

前款事项发生变更的，应当自变更之日起三十日内，向原核发许可证机关申请变更登记。

除本法另有规定外，禁止任何单位和个人无种子生产经营许可证或者违反种子生产经营许可证的规定生产、经营种子。禁止伪造、变造、买卖、租借种子生产经营许可证。

第三十四条 种子生产应当执行种子生产技术规程和种子检验、检疫规程，保证种子符合净度、纯度、发芽率等质量要求和检疫要求。

县级以上人民政府农业农村、林业草原主管部门应当指导、支持种子生产经营者采用先进的种子生产技术，改进生产工艺，提高种子质量。

第三十五条 在林木种子生产基地内采集种子的，由种子生产基地的经营者组织进行，采集种子应当按照国家有关标准进行。

禁止抢采掠青、损坏母树，禁止在劣质林内、劣质母树上采集种子。

第三十六条 种子生产经营者应当建立和保存包括种子来源、产地、数量、质量、销售去向、销售日期和有关责任人员等内容的生产经营档案，保证可追溯。种子生产经营档案的具体载明事项，种子生产经营档案及种子样品的保存期限由国务院农业农村、林业草原主管部门规定。

第三十七条 农民个人自繁自用的常规种子有剩余的，可以在当地集贸市场上出售、串换，不需要办理种子生产经营许可证。

第三十八条 种子生产经营许可证的有效区域由发证机关在其管辖范围内确定。种子生产经营者在种子生产经营许可证载明的有效区域设立分支机构的，专门经营不再分装的包装种子的，或者受具有种子生产经营许可证的种子生产经营者以书面委托生产、代销其种子的，不需要办理种子生产经营许可证，但应当向当地农业农村、林业草原主管部门备案。

实行选育生产经营相结合，符合国务院农业农村、林业草原主管部门规定条件的种子企业的生产经营许可证的有效区域为全国。

第三十九条 销售的种子应当加工、分级、包装。但是不能加工、包装的除外。

大包装或者进口种子可以分装；实行分装的，应当标注分装单位，并对种子质量负责。

第四十条 销售的种子应当符合国家或者行业标准，附有标签和使用说明。标签和使用说明标注的内容应当与销售的种子相符。种子生产经营者对标注内容的真实性和种子质量负责。

标签应当标注种子类别、品种名称、品种审定或者登记编号、品种适宜种植区域及季节、生产经营者及注册地、质量指标、检疫证明编号、种子生产经营许可证编号和信息代码，以及国务院农业农村、林业草原主管部门规定的其他事项。

销售授权品种种子的，应当标注品种权号。

销售进口种子的，应当附有进口审批文号和中文标签。

销售转基因植物品种种子的，必须用明显的文字标注，并应当提示使用时的安全控制措施。

种子生产经营者应当遵守有关法律、法规的规定，诚实守信，向种子使用者提供种子生产者信息、种子的主要性状、主要栽培措施、适应性等使用条件的说明、风险提示与有关咨询服务，不得作虚假或者引人误解的宣传。

任何单位和个人不得非法干预种子生产经营者的生产经营自主权。

第四十一条 种子广告的内容应当符合本法和有关广告的法律、法规的规定，主要性状描述等应当与审定、登记公告一致。

第四十二条 运输或者邮寄种子应当依照有关法律、行政法规的规定进行检疫。

第四十三条 种子使用者有权按照自己的意愿购买种子，任何单位和个人不得非法干预。

第四十四条 国家对推广使用林木良种造林给予扶持。国家投资或者国家投资为主的造林项目和国有林业单位造林，应当根据林业草原主管部门制定的计划使用林木良种。

第四十五条 种子使用者因种子质量问题或者因种子的标签和使用说明标注的内容不真实，遭受损失的，种子使用者可以向出售种子的经营者要求赔偿，也可以向种子生产者或者其他经营者要求赔偿。赔偿额包括购种价款、可得利益损失和其他损失。属于种子生产者或者其他经营者责任的，出售种子的经营者赔偿后，有权向种子生产者或者其他经营者追偿；属于出售种子的经营者责任的，种子生产者或者其他经营者赔偿后，有权向出售种子的经营者追偿。

第六章　种子监督管理

第四十六条 农业农村、林业草原主管部门应当加强对种子质量的监督检查。种子质量管理办法、行业标准和检验方法，由国务院农业农村、林业草原主管部门制定。

农业农村、林业草原主管部门可以采用国家规定的快速检测方法对生产经营的种子品种进行检测，检测结果可以作为行政处罚依据。被检查人对检测结果有异议的，可以申请复检，复检不得采用同一检测方法。因检测结果错误给当事人造成损失的，依法承担赔偿责任。

第四十七条　农业农村、林业草原主管部门可以委托种子质量检验机构对种子质量进行检验。

承担种子质量检验的机构应当具备相应的检测条件、能力，并经省级以上人民政府有关主管部门考核合格。

种子质量检验机构应当配备种子检验员。种子检验员应当具有中专以上有关专业学历，具备相应的种子检验技术能力和水平。

第四十八条　禁止生产经营假、劣种子。农业农村、林业草原主管部门和有关部门依法打击生产经营假、劣种子的违法行为，保护农民合法权益，维护公平竞争的市场秩序。

下列种子为假种子：

（一）以非种子冒充种子或者以此种品种种子冒充其他品种种子的；

（二）种子种类、品种与标签标注的内容不符或者没有标签的。

下列种子为劣种子：

（一）质量低于国家规定标准的；

（二）质量低于标签标注指标的；

（三）带有国家规定的检疫性有害生物的。

第四十九条　农业农村、林业草原主管部门是种子行政执法机关。种子执法人员依法执行公务时应当出示行政执法证件。农业农村、林业草原主管部门依法履行种子监督检查职责时，有权采取下列措施：

（一）进入生产经营场所进行现场检查；

（二）对种子进行取样测试、试验或者检验；

（三）查阅、复制有关合同、票据、账簿、生产经营档案及其他有关资料；

（四）查封、扣押有证据证明违法生产经营的种子，以及用于违法生产经营的工具、设备及运输工具等；

（五）查封违法从事种子生产经营活动的场所。

农业农村、林业草原主管部门依照本法规定行使职权，当事人应当协助、配合，不得拒绝、阻挠。

农业农村、林业草原主管部门所属的综合执法机构或者受其委托的种子管理机构，可以开展种子执法相关工作。

第五十条 种子生产经营者依法自愿成立种子行业协会，加强行业自律管理，维护成员合法权益，为成员和行业发展提供信息交流、技术培训、信用建设、市场营销和咨询等服务。

第五十一条 种子生产经营者可自愿向具有资质的认证机构申请种子质量认证。经认证合格的，可以在包装上使用认证标识。

第五十二条 由于不可抗力原因，为生产需要必须使用低于国家或者地方规定标准的农作物种子的，应当经用种地县级以上地方人民政府批准。

第五十三条 从事品种选育和种子生产经营以及管理的单位和个人应当遵守有关植物检疫法律、行政法规的规定，防止植物危险性病、虫、杂草及其他有害生物的传播和蔓延。

禁止任何单位和个人在种子生产基地从事检疫性有害生物接种试验。

第五十四条 省级以上人民政府农业农村、林业草原主管部门应当在统一的政府信息发布平台上发布品种审定、品种登记、新品种保护、种子生产经营许可、监督管理等信息。

国务院农业农村、林业草原主管部门建立植物品种标准样品库，为种子监督管理提供依据。

第五十五条 农业农村、林业草原主管部门及其工作人员，不得参与和从事种子生产经营活动。

第七章 种子进出口和对外合作

第五十六条 进口种子和出口种子必须实施检疫，防止植物危险性病、虫、杂草及其他有害生物传入境内和传出境外，具体检疫工作按照有关植物进出境检疫法律、行政法规的规定执行。

第五十七条 从事种子进出口业务的，应当具备种子生产经营许可证；其中，从事农作物种子进出口业务的，还应当按照国家有关规定取得种子进出口许可。

从境外引进农作物、林木种子的审定权限，农作物种子的进口审批办法，引进转基因植物品种的管理办法，由国务院规定。

第五十八条　进口种子的质量，应当达到国家标准或者行业标准。没有国家标准或者行业标准的，可以按照合同约定的标准执行。

第五十九条　为境外制种进口种子的，可以不受本法第五十七条第一款的限制，但应当具有对外制种合同，进口的种子只能用于制种，其产品不得在境内销售。

从境外引进农作物或者林木试验用种，应当隔离栽培，收获物也不得作为种子销售。

第六十条　禁止进出口假、劣种子以及属于国家规定不得进出口的种子。

第六十一条　国家建立种业国家安全审查机制。境外机构、个人投资、并购境内种子企业，或者与境内科研院所、种子企业开展技术合作，从事品种研发、种子生产经营的审批管理依照有关法律、行政法规的规定执行。

第八章　扶持措施

第六十二条　国家加大对种业发展的支持。对品种选育、生产、示范推广、种质资源保护、种子储备以及制种大县给予扶持。

国家鼓励推广使用高效、安全制种采种技术和先进适用的制种采种机械，将先进适用的制种采种机械纳入农机具购置补贴范围。

国家积极引导社会资金投资种业。

第六十三条　国家加强种业公益性基础设施建设，保障育种科研设施用地合理需求。

对优势种子繁育基地内的耕地，划入永久基本农田。优势种子繁育基地由国务院农业农村主管部门商所在省、自治区、直辖市人民政府确定。

第六十四条　对从事农作物和林木品种选育、生产的种子企业，按照国家有关规定给予扶持。

第六十五条　国家鼓励和引导金融机构为种子生产经营和收储提供信贷支持。

第六十六条　国家支持保险机构开展种子生产保险。省级以上人民政府可以采取保险费补贴等措施，支持发展种业生产保险。

第六十七条　国家鼓励科研院所及高等院校与种子企业开展育种科技人员交流，支持本单位的科技人员到种子企业从事育种成果转化活动；鼓励育种科研人才创新创业。

第六十八条 国务院农业农村、林业草原主管部门和异地繁育种子所在地的省、自治区、直辖市人民政府应当加强对异地繁育种子工作的管理和协调，交通运输部门应当优先保证种子的运输。

第九章 法律责任

第六十九条 农业农村、林业草原主管部门不依法作出行政许可决定，发现违法行为或者接到对违法行为的举报不予查处，或者有其他未依照本法规定履行职责的行为的，由本级人民政府或者上级人民政府有关部门责令改正，对负有责任的主管人员和其他直接责任人员依法给予处分。

违反本法第五十五条规定，农业农村、林业草原主管部门工作人员从事种子生产经营活动的，依法给予处分。

第七十条 违反本法第十六条规定，品种审定委员会委员和工作人员不依法履行职责，弄虚作假、徇私舞弊的，依法给予处分；自处分决定作出之日起五年内不得从事品种审定工作。

第七十一条 品种测试、试验和种子质量检验机构伪造测试、试验、检验数据或者出具虚假证明的，由县级以上人民政府农业农村、林业草原主管部门责令改正，对单位处五万元以上十万元以下罚款，对直接负责的主管人员和其他直接责任人员处一万元以上五万元以下罚款；有违法所得的，并处没收违法所得；给种子使用者和其他种子生产经营者造成损失的，与种子生产经营者承担连带责任；情节严重的，由省级以上人民政府有关主管部门取消种子质量检验资格。

第七十二条 违反本法第二十八条规定，有侵犯植物新品种权行为的，由当事人协商解决，不愿协商或者协商不成的，植物新品种权所有人或者利害关系人可以请求县级以上人民政府农业农村、林业草原主管部门进行处理，也可以直接向人民法院提起诉讼。

县级以上人民政府农业农村、林业草原主管部门，根据当事人自愿的原则，对侵犯植物新品种权所造成的损害赔偿可以进行调解。调解达成协议的，当事人应当履行；当事人不履行协议或者调解未达成协议的，植物新品种权所有人或者利害关系人可以依法向人民法院提起诉讼。

侵犯植物新品种权的赔偿数额按照权利人因被侵权所受到的实际损失确定；

实际损失难以确定的，可以按照侵权人因侵权所获得的利益确定。权利人的损失或者侵权人获得的利益难以确定的，可以参照该植物新品种权许可使用费的倍数合理确定。故意侵犯植物新品种权，情节严重的，可以在按照上述方法确定数额的一倍以上五倍以下确定赔偿数额。

权利人的损失、侵权人获得的利益和植物新品种权许可使用费均难以确定的，人民法院可以根据植物新品种权的类型、侵权行为的性质和情节等因素，确定给予五百万元以下的赔偿。

赔偿数额应当包括权利人为制止侵权行为所支付的合理开支。

县级以上人民政府农业农村、林业草原主管部门处理侵犯植物新品种权案件时，为了维护社会公共利益，责令侵权人停止侵权行为，没收违法所得和种子；货值金额不足五万元的，并处一万元以上二十五万元以下罚款；货值金额五万元以上的，并处货值金额五倍以上十倍以下罚款。

假冒授权品种的，由县级以上人民政府农业农村、林业草原主管部门责令停止假冒行为，没收违法所得和种子；货值金额不足五万元的，并处一万元以上二十五万元以下罚款；货值金额五万元以上的，并处货值金额五倍以上十倍以下罚款。

第七十三条　当事人就植物新品种的申请权和植物新品种权的权属发生争议的，可以向人民法院提起诉讼。

第七十四条　违反本法第四十八条规定，生产经营假种子的，由县级以上人民政府农业农村、林业草原主管部门责令停止生产经营，没收违法所得和种子，吊销种子生产经营许可证；违法生产经营的货值金额不足二万元的，并处二万元以上二十万元以下罚款；货值金额二万元以上的，并处货值金额十倍以上二十倍以下罚款。

因生产经营假种子犯罪被判处有期徒刑以上刑罚的，种子企业或者其他单位的法定代表人、直接负责的主管人员自刑罚执行完毕之日起五年内不得担任种子企业的法定代表人、高级管理人员。

第七十五条　违反本法第四十八条规定，生产经营劣种子的，由县级以上人民政府农业农村、林业草原主管部门责令停止生产经营，没收违法所得和种子；违法生产经营的货值金额不足二万元的，并处一万元以上十万元以下罚款；货值金额二万元以上的，并处货值金额五倍以上十倍以下罚款；情节严重的，吊销种子生产经营许可证。

因生产经营劣种子犯罪被判处有期徒刑以上刑罚的，种子企业或者其他单位的法定代表人、直接负责的主管人员自刑罚执行完毕之日起五年内不得担任种子企业的法定代表人、高级管理人员。

第七十六条 违反本法第三十二条、第三十三条、第三十四条规定，有下列行为之一的，由县级以上人民政府农业农村、林业草原主管部门责令改正，没收违法所得和种子；违法生产经营的货值金额不足一万元的，并处三千元以上三万元以下罚款；货值金额一万元以上的，并处货值金额三倍以上五倍以下罚款；可以吊销种子生产经营许可证：

（一）未取得种子生产经营许可证生产经营种子的；

（二）以欺骗、贿赂等不正当手段取得种子生产经营许可证的；

（三）未按照种子生产经营许可证的规定生产经营种子的；

（四）伪造、变造、买卖、租借种子生产经营许可证的；

（五）不再具有繁殖种子的隔离和培育条件，或者不再具有无检疫性有害生物的种子生产地点或者县级以上人民政府林业草原主管部门确定的采种林，继续从事种子生产的；

（六）未执行种子检验、检疫规程生产种子的。

被吊销种子生产经营许可证的单位，其法定代表人、直接负责的主管人员自处罚决定作出之日起五年内不得担任种子企业的法定代表人、高级管理人员。

第七十七条 违反本法第二十一条、第二十二条、第二十三条规定，有下列行为之一的，由县级以上人民政府农业农村、林业草原主管部门责令停止违法行为，没收违法所得和种子，并处二万元以上二十万元以下罚款：

（一）对应当审定未经审定的农作物品种进行推广、销售的；

（二）作为良种推广、销售应当审定未经审定的林木品种的；

（三）推广、销售应当停止推广、销售的农作物品种或者林木良种的；

（四）对应当登记未经登记的农作物品种进行推广，或者以登记品种的名义进行销售的；

（五）对已撤销登记的农作物品种进行推广，或者以登记品种的名义进行销售的。

违反本法第二十三条、第四十一条规定，对应当审定未经审定或者应当登记未经登记的农作物品种发布广告，或者广告中有关品种的主要性状描述的内容与审定、登记公告不一致的，依照《中华人民共和国广告法》的有关规定追究法律责任。

第七十八条 违反本法第五十七条、第五十九条、第六十条规定，有下列行为之一的，由县级以上人民政府农业农村、林业草原主管部门责令改正，没收违法所得和种子；违法生产经营的货值金额不足一万元的，并处三千元以上三万元以下罚款；货值金额一万元以上的，并处货值金额三倍以上五倍以下罚款；情节严重的，吊销种子生产经营许可证：

（一）未经许可进出口种子的；

（二）为境外制种的种子在境内销售的；

（三）从境外引进农作物或者林木种子进行引种试验的收获物作为种子在境内销售的；

（四）进出口假、劣种子或者属于国家规定不得进出口的种子的。

第七十九条 违反本法第三十六条、第三十八条、第三十九条、第四十条规定，有下列行为之一的，由县级以上人民政府农业农村、林业草原主管部门责令改正，处二千元以上二万元以下罚款：

（一）销售的种子应当包装而没有包装的；

（二）销售的种子没有使用说明或者标签内容不符合规定的；

（三）涂改标签的；

（四）未按规定建立、保存种子生产经营档案的；

（五）种子生产经营者在异地设立分支机构、专门经营不再分装的包装种子或者受委托生产、代销种子，未按规定备案的。

第八十条 违反本法第八条规定，侵占、破坏种质资源，私自采集或者采伐国家重点保护的天然种质资源的，由县级以上人民政府农业农村、林业草原主管部门责令停止违法行为，没收种质资源和违法所得，并处五千元以上五万元以下罚款；造成损失的，依法承担赔偿责任。

第八十一条 违反本法第十一条规定，向境外提供或者从境外引进种质资源，或者与境外机构、个人开展合作研究利用种质资源的，由国务院或者省、自治区、直辖市人民政府的农业农村、林业草原主管部门没收种质资源和违法所得，并处二万元以上二十万元以下罚款。

未取得农业农村、林业草原主管部门的批准文件携带、运输种质资源出境的，海关应当将该种质资源扣留，并移送省、自治区、直辖市人民政府农业农村、林业草原主管部门处理。

第八十二条 违反本法第三十五条规定，抢采掠青、损坏母树或者在劣质林内、劣质母树上采种的，由县级以上人民政府林业草原主管部门责令停止采种行为，没收所采种子，并处所采种子货值金额二倍以上五倍以下罚款。

第八十三条 违反本法第十七条规定，种子企业有造假行为的，由省级以上人民政府农业农村、林业草原主管部门处一百万元以上五百万元以下罚款；不得再依照本法第十七条的规定申请品种审定；给种子使用者和其他种子生产经营者造成损失的，依法承担赔偿责任。

第八十四条 违反本法第四十四条规定，未根据林业草原主管部门制定的计划使用林木良种的，由同级人民政府林业草原主管部门责令限期改正；逾期未改正的，处三千元以上三万元以下罚款。

第八十五条 违反本法第五十三条规定，在种子生产基地进行检疫性有害生物接种试验的，由县级以上人民政府农业农村、林业草原主管部门责令停止试验，处五千元以上五万元以下罚款。

第八十六条 违反本法第四十九条规定，拒绝、阻挠农业农村、林业草原主管部门依法实施监督检查的，处二千元以上五万元以下罚款，可以责令停产停业整顿；构成违反治安管理行为的，由公安机关依法给予治安管理处罚。

第八十七条 违反本法第十三条规定，私自交易育种成果，给本单位造成经济损失的，依法承担赔偿责任。

第八十八条 违反本法第四十三条规定，强迫种子使用者违背自己的意愿购买、使用种子，给使用者造成损失的，应当承担赔偿责任。

第八十九条 违反本法规定，构成犯罪的，依法追究刑事责任。

第十章 附　　则

第九十条 本法下列用语的含义是：

（一）种质资源是指选育植物新品种的基础材料，包括各种植物的栽培种、野生种的繁殖材料以及利用上述繁殖材料人工创造的各种植物的遗传材料。

（二）品种是指经过人工选育或者发现并经过改良，形态特征和生物学特性一致，遗传性状相对稳定的植物群体。

（三）主要农作物是指稻、小麦、玉米、棉花、大豆。

（四）主要林木由国务院林业草原主管部门确定并公布；省、自治区、直辖市人民政府林业草原主管部门可以在国务院林业草原主管部门确定的主要林木之外确定其他八种以下的主要林木。

（五）林木良种是指通过审定的主要林木品种，在一定的区域内，其产量、适应性、抗性等方面明显优于当前主栽材料的繁殖材料和种植材料。

（六）新颖性是指申请植物新品种权的品种在申请日前，经申请权人自行或者同意销售、推广其种子，在中国境内未超过一年；在境外，木本或者藤本植物未超过六年，其他植物未超过四年。

本法施行后新列入国家植物品种保护名录的植物的属或者种，从名录公布之日起一年内提出植物新品种权申请的，在境内销售、推广该品种种子未超过四年的，具备新颖性。

除销售、推广行为丧失新颖性外，下列情形视为已丧失新颖性：

1. 品种经省、自治区、直辖市人民政府农业农村、林业草原主管部门依据播种面积确认已经形成事实扩散的；

2. 农作物品种已审定或者登记两年以上未申请植物新品种权的。

（七）特异性是指一个植物品种有一个以上性状明显区别于已知品种。

（八）一致性是指一个植物品种的特性除可预期的自然变异外，群体内个体间相关的特征或者特性表现一致。

（九）稳定性是指一个植物品种经过反复繁殖后或者在特定繁殖周期结束时，其主要性状保持不变。

（十）实质性派生品种是指由原始品种实质性派生，或者由该原始品种的实质性派生品种派生出来的品种，与原始品种有明显区别，并且除派生引起的性状差异外，在表达由原始品种基因型或者基因型组合产生的基本性状方面与原始品种相同。

（十一）已知品种是指已受理申请或者已通过品种审定、品种登记、新品种保护，或者已经销售、推广的植物品种。

（十二）标签是指印制、粘贴、固定或者附着在种子、种子包装物表面的特定图案及文字说明。

第九十一条 国家加强中药材种质资源保护，支持开展中药材育种科学技术研究。

草种、烟草种、中药材种、食用菌菌种的种质资源管理和选育、生产经营、管理等活动，参照本法执行。

第九十二条 本法自 2016 年 1 月 1 日起施行。

3. 中华人民共和国专利法（节选）

(1984 年 3 月 12 日第六届全国人民代表大会常务委员会第四次会议通过　根据 1992 年 9 月 4 日第七届全国人民代表大会常务委员会第二十七次会议《关于修改〈中华人民共和国专利法〉的决定》第一次修正　根据 2000 年 8 月 25 日第九届全国人民代表大会常务委员会第十七次会议《关于修改〈中华人民共和国专利法〉的决定》第二次修正　根据 2008 年 12 月 27 日第十一届全国人民代表大会常务委员会第六次会议《关于修改〈中华人民共和国专利法〉的决定》第三次修正　根据 2020 年 10 月 17 日第十三届全国人民代表大会常务委员会第二十二次会议《关于修改〈中华人民共和国专利法〉的决定》第四次修正)

第一章　总　　则

第一条　为了保护专利权人的合法权益，鼓励发明创造，推动发明创造的应用，提高创新能力，促进科学技术进步和经济社会发展，制定本法。

第二条　本法所称的发明创造是指发明、实用新型和外观设计。

发明，是指对产品、方法或者其改进所提出的新的技术方案。

实用新型，是指对产品的形状、构造或者其结合所提出的适于实用的新的技术方案。

外观设计，是指对产品的整体或者局部的形状、图案或者其结合以及色彩与形状、图案的结合所作出的富有美感并适于工业应用的新设计。

第二章　授予专利权的条件

第二十五条　对下列各项，不授予专利权：

（一）科学发现；

（二）智力活动的规则和方法；

（三）疾病的诊断和治疗方法；

（四）动物和植物品种；

（五）原子核变换方法以及用原子核变换方法获得的物质；

（六）对平面印刷品的图案、色彩或者二者的结合作出的主要起标识作用的设计。

对前款第（四）项所列产品的生产方法，可以依照本法规定授予专利权。

4. 中华人民共和国反不正当竞争法

（1993 年 9 月 2 日第八届全国人民代表大会常务委员会第三次会议通过
2017 年 11 月 4 日第十二届全国人民代表大会常务委员会第三十次会议修订
根据 2019 年 4 月 23 日第十三届全国人民代表大会常务委员会第十次会议《关
于修改〈中华人民共和国建筑法〉等八部法律的决定》修正）

第一章 总 则

第一条 为了促进社会主义市场经济健康发展，鼓励和保护公平竞争，制
止不正当竞争行为，保护经营者和消费者的合法权益，制定本法。

第二条 经营者在生产经营活动中，应当遵循自愿、平等、公平、诚信的
原则，遵守法律和商业道德。

本法所称的不正当竞争行为，是指经营者在生产经营活动中，违反本法规
定，扰乱市场竞争秩序，损害其他经营者或者消费者的合法权益的行为。

本法所称的经营者，是指从事商品生产、经营或者提供服务（以下所称商
品包括服务）的自然人、法人和非法人组织。

第三条 各级人民政府应当采取措施，制止不正当竞争行为，为公平竞争
创造良好的环境和条件。

国务院建立反不正当竞争工作协调机制，研究决定反不正当竞争重大政策，
协调处理维护市场竞争秩序的重大问题。

第四条 县级以上人民政府履行工商行政管理职责的部门对不正当竞争行
为进行查处；法律、行政法规规定由其他部门查处的，依照其规定。

第五条 国家鼓励、支持和保护一切组织和个人对不正当竞争行为进行社
会监督。

国家机关及其工作人员不得支持、包庇不正当竞争行为。

行业组织应当加强行业自律，引导、规范会员依法竞争，维护市场竞争
秩序。

第二章　不正当竞争行为

第六条　经营者不得实施下列混淆行为，引人误认为是他人商品或者与他人存在特定联系：

（一）擅自使用与他人有一定影响的商品名称、包装、装潢等相同或者近似的标识；

（二）擅自使用他人有一定影响的企业名称（包括简称、字号等）、社会组织名称（包括简称等）、姓名（包括笔名、艺名、译名等）；

（三）擅自使用他人有一定影响的域名主体部分、网站名称、网页等；

（四）其他足以引人误认为是他人商品或者与他人存在特定联系的混淆行为。

第七条　经营者不得采用财物或者其他手段贿赂下列单位或者个人，以谋取交易机会或者竞争优势：

（一）交易相对方的工作人员；

（二）受交易相对方委托办理相关事务的单位或者个人；

（三）利用职权或者影响力影响交易的单位或者个人。

经营者在交易活动中，可以以明示方式向交易相对方支付折扣，或者向中间人支付佣金。经营者向交易相对方支付折扣、向中间人支付佣金的，应当如实入账。接受折扣、佣金的经营者也应当如实入账。

经营者的工作人员进行贿赂的，应当认定为经营者的行为；但是，经营者有证据证明该工作人员的行为与为经营者谋取交易机会或者竞争优势无关的除外。

第八条　经营者不得对其商品的性能、功能、质量、销售状况、用户评价、曾获荣誉等作虚假或者引人误解的商业宣传，欺骗、误导消费者。

经营者不得通过组织虚假交易等方式，帮助其他经营者进行虚假或者引人误解的商业宣传。

第九条　经营者不得实施下列侵犯商业秘密的行为：

（一）以盗窃、贿赂、欺诈、胁迫、电子侵入或者其他不正当手段获取权利人的商业秘密；

（二）披露、使用或者允许他人使用以前项手段获取的权利人的商业秘密；

（三）违反保密义务或者违反权利人有关保守商业秘密的要求，披露、使用或者允许他人使用其所掌握的商业秘密；

（四）教唆、引诱、帮助他人违反保密义务或者违反权利人有关保守商业秘密的要求，获取、披露、使用或者允许他人使用权利人的商业秘密。

经营者以外的其他自然人、法人和非法人组织实施前款所列违法行为的，视为侵犯商业秘密。

第三人明知或者应知商业秘密权利人的员工、前员工或者其他单位、个人实施本条第一款所列违法行为，仍获取、披露、使用或者允许他人使用该商业秘密的，视为侵犯商业秘密。

本法所称的商业秘密，是指不为公众所知悉、具有商业价值并经权利人采取相应保密措施的技术信息、经营信息等商业信息。

第十条　经营者进行有奖销售不得存在下列情形：

（一）所设奖的种类、兑奖条件、奖金金额或者奖品等有奖销售信息不明确，影响兑奖；

（二）采用谎称有奖或者故意让内定人员中奖的欺骗方式进行有奖销售；

（三）抽奖式的有奖销售，最高奖的金额超过五万元。

第十一条　经营者不得编造、传播虚假信息或者误导性信息，损害竞争对手的商业信誉、商品声誉。

第十二条　经营者利用网络从事生产经营活动，应当遵守本法的各项规定。

经营者不得利用技术手段，通过影响用户选择或者其他方式，实施下列妨碍、破坏其他经营者合法提供的网络产品或者服务正常运行的行为：

（一）未经其他经营者同意，在其合法提供的网络产品或者服务中，插入链接、强制进行目标跳转；

（二）误导、欺骗、强迫用户修改、关闭、卸载其他经营者合法提供的网络产品或者服务；

（三）恶意对其他经营者合法提供的网络产品或者服务实施不兼容；

（四）其他妨碍、破坏其他经营者合法提供的网络产品或者服务正常运行的行为。

第三章　对涉嫌不正当竞争行为的调查

第十三条　监督检查部门调查涉嫌不正当竞争行为，可以采取下列措施：

（一）进入涉嫌不正当竞争行为的经营场所进行检查；

（二）询问被调查的经营者、利害关系人及其他有关单位、个人，要求其说明有关情况或者提供与被调查行为有关的其他资料；

（三）查询、复制与涉嫌不正当竞争行为有关的协议、账簿、单据、文件、记录、业务函电和其他资料；

（四）查封、扣押与涉嫌不正当竞争行为有关的财物；

（五）查询涉嫌不正当竞争行为的经营者的银行账户。

采取前款规定的措施，应当向监督检查部门主要负责人书面报告，并经批准。采取前款第四项、第五项规定的措施，应当向设区的市级以上人民政府监督检查部门主要负责人书面报告，并经批准。

监督检查部门调查涉嫌不正当竞争行为，应当遵守《中华人民共和国行政强制法》和其他有关法律、行政法规的规定，并应当将查处结果及时向社会公开。

第十四条 监督检查部门调查涉嫌不正当竞争行为，被调查的经营者、利害关系人及其他有关单位、个人应当如实提供有关资料或者情况。

第十五条 监督检查部门及其工作人员对调查过程中知悉的商业秘密负有保密义务。

第十六条 对涉嫌不正当竞争行为，任何单位和个人有权向监督检查部门举报，监督检查部门接到举报后应当依法及时处理。

监督检查部门应当向社会公开受理举报的电话、信箱或者电子邮件地址，并为举报人保密。对实名举报并提供相关事实和证据的，监督检查部门应当将处理结果告知举报人。

第四章 法律责任

第十七条 经营者违反本法规定，给他人造成损害的，应当依法承担民事责任。

经营者的合法权益受到不正当竞争行为损害的，可以向人民法院提起诉讼。

因不正当竞争行为受到损害的经营者的赔偿数额，按照其因被侵权所受到的实际损失确定；实际损失难以计算的，按照侵权人因侵权所获得的利益确定。经营者恶意实施侵犯商业秘密行为，情节严重的，可以在按照上述方法确定数额的一倍以上五倍以下确定赔偿数额。赔偿数额还应当包括经营者为制止侵权行为所支付的合理开支。

经营者违反本法第六条、第九条规定，权利人因被侵权所受到的实际损失、侵权人因侵权所获得的利益难以确定的，由人民法院根据侵权行为的情节判决给予权利人五百万元以下的赔偿。

第十八条　经营者违反本法第六条规定实施混淆行为的，由监督检查部门责令停止违法行为，没收违法商品。违法经营额五万元以上的，可以并处违法经营额五倍以下的罚款；没有违法经营额或者违法经营额不足五万元的，可以并处二十五万元以下的罚款。情节严重的，吊销营业执照。

经营者登记的企业名称违反本法第六条规定的，应当及时办理名称变更登记；名称变更前，由原企业登记机关以统一社会信用代码代替其名称。

第十九条　经营者违反本法第七条规定贿赂他人的，由监督检查部门没收违法所得，处十万元以上三百万元以下的罚款。情节严重的，吊销营业执照。

第二十条　经营者违反本法第八条规定对其商品作虚假或者引人误解的商业宣传，或者通过组织虚假交易等方式帮助其他经营者进行虚假或者引人误解的商业宣传的，由监督检查部门责令停止违法行为，处二十万元以上一百万元以下的罚款；情节严重的，处一百万元以上二百万元以下的罚款，可以吊销营业执照。

经营者违反本法第八条规定，属于发布虚假广告的，依照《中华人民共和国广告法》的规定处罚。

第二十一条　经营者以及其他自然人、法人和非法人组织违反本法第九条规定侵犯商业秘密的，由监督检查部门责令停止违法行为，没收违法所得，处十万元以上一百万元以下的罚款；情节严重的，处五十万元以上五百万元以下的罚款。

第二十二条　经营者违反本法第十条规定进行有奖销售的，由监督检查部门责令停止违法行为，处五万元以上五十万元以下的罚款。

第二十三条　经营者违反本法第十一条规定损害竞争对手商业信誉、商品声誉的，由监督检查部门责令停止违法行为、消除影响，处十万元以上五十万元以下的罚款；情节严重的，处五十万元以上三百万元以下的罚款。

第二十四条　经营者违反本法第十二条规定妨碍、破坏其他经营者合法提供的网络产品或者服务正常运行的，由监督检查部门责令停止违法行为，处十万元以上五十万元以下的罚款；情节严重的，处五十万元以上三百万元以下的罚款。

第二十五条 经营者违反本法规定从事不正当竞争,有主动消除或者减轻违法行为危害后果等法定情形的,依法从轻或者减轻行政处罚;违法行为轻微并及时纠正,没有造成危害后果的,不予行政处罚。

第二十六条 经营者违反本法规定从事不正当竞争,受到行政处罚的,由监督检查部门记入信用记录,并依照有关法律、行政法规的规定予以公示。

第二十七条 经营者违反本法规定,应当承担民事责任、行政责任和刑事责任,其财产不足以支付的,优先用于承担民事责任。

第二十八条 妨害监督检查部门依照本法履行职责,拒绝、阻碍调查的,由监督检查部门责令改正,对个人可以处五千元以下的罚款,对单位可以处五万元以下的罚款,并可以由公安机关依法给予治安管理处罚。

第二十九条 当事人对监督检查部门作出的决定不服的,可以依法申请行政复议或者提起行政诉讼。

第三十条 监督检查部门的工作人员滥用职权、玩忽职守、徇私舞弊或者泄露调查过程中知悉的商业秘密的,依法给予处分。

第三十一条 违反本法规定,构成犯罪的,依法追究刑事责任。

第三十二条 在侵犯商业秘密的民事审判程序中,商业秘密权利人提供初步证据,证明其已经对所主张的商业秘密采取保密措施,且合理表明商业秘密被侵犯,涉嫌侵权人应当证明权利人所主张的商业秘密不属于本法规定的商业秘密。

商业秘密权利人提供初步证据合理表明商业秘密被侵犯,且提供以下证据之一的,涉嫌侵权人应当证明其不存在侵犯商业秘密的行为:

(一)有证据表明涉嫌侵权人有渠道或者机会获取商业秘密,且其使用的信息与该商业秘密实质上相同;

(二)有证据表明商业秘密已经被涉嫌侵权人披露、使用或者有被披露、使用的风险;

(三)有其他证据表明商业秘密被涉嫌侵权人侵犯。

第五章　附　　则

第三十三条 本法自 2018 年 1 月 1 日起施行。

5. 中华人民共和国刑法（节选）

(1979 年 7 月 1 日第五届全国人民代表大会第二次会议通过　1997 年 3 月 14 日第八届全国人民代表大会第五次会议修订　根据 1998 年 12 月 29 日第九届全国人民代表大会常务委员会第六次会议通过的《全国人民代表大会常务委员会关于惩治骗购外汇、逃汇和非法买卖外汇犯罪的决定》、1999 年 12 月 25 日第九届全国人民代表大会常务委员会第十三次会议通过的《中华人民共和国刑法修正案》、2001 年 8 月 31 日第九届全国人民代表大会常务委员会第二十三次会议通过的《中华人民共和国刑法修正案（二）》、2001 年 12 月 29 日第九届全国人民代表大会常务委员会第二十五次会议通过的《中华人民共和国刑法修正案（三）》、2002 年 12 月 28 日第九届全国人民代表大会常务委员会第三十一次会议通过的《中华人民共和国刑法修正案（四）》、2005 年 2 月 28 日第十届全国人民代表大会常务委员会第十四次会议通过的《中华人民共和国刑法修正案（五）》、2006 年 6 月 29 日第十届全国人民代表大会常务委员会第二十二次会议通过的《中华人民共和国刑法修正案（六）》、2009 年 2 月 28 日第十一届全国人民代表大会常务委员会第七次会议通过的《中华人民共和国刑法修正案（七）》、2009 年 8 月 27 日第十一届全国人民代表大会常务委员会第十次会议通过的《全国人民代表大会常务委员会关于修改部分法律的决定》、2011 年 2 月 25 日第十一届全国人民代表大会常务委员会第十九次会议通过的《中华人民共和国刑法修正案（八）》、2015 年 8 月 29 日第十二届全国人民代表大会常务委员会第十六次会议通过的《中华人民共和国刑法修正案（九）》、2017 年 11 月 4 日第十二届全国人民代表大会常务委员会第三十次会议通过的《中华人民共和国刑法修正案（十）》和 2020 年 12 月 26 日第十三届全国人民代表大会常务委员会第二十四次会议通过的《中华人民共和国刑法修正案（十一）》修正)

第二编　分　　则

第三章　破坏社会主义市场经济秩序罪

第一节　生产、销售伪劣商品罪

第一百四十条　【生产、销售伪劣产品罪】生产者、销售者在产品中掺杂、掺假，以假充真，以次充好或者以不合格产品冒充合格产品，销售金额五万元以上不满二十万元的，处二年以下有期徒刑或者拘役，并处或者单处销售金额百分之五十以上二倍以下罚金；销售金额二十万元以上不满五十万元的，处二年以上七年以下有期徒刑，并处销售金额百分之五十以上二倍以下罚金；销售金额五十万元以上不满二百万元的，处七年以上有期徒刑，并处销售金额百分之五十以上二倍以下罚金；销售金额二百万元以上的，处十五年有期徒刑或者无期徒刑，并处销售金额百分之五十以上二倍以下罚金或者没收财产。

第一百四十三条 【生产、销售不符合安全标准的食品罪】生产、销售不符合食品安全标准的食品，足以造成严重食物中毒事故或者其他严重食源性疾病的，处三年以下有期徒刑或者拘役，并处罚金；对人体健康造成严重危害或者有其他严重情节的，处三年以上七年以下有期徒刑，并处罚金；后果特别严重的，处七年以上有期徒刑或者无期徒刑，并处罚金或者没收财产。

第一百四十四条 【生产、销售有毒、有害食品罪】在生产、销售的食品中掺入有毒、有害的非食品原料的，或者销售明知掺有有毒、有害的非食品原料的食品的，处五年以下有期徒刑，并处罚金；对人体健康造成严重危害或者有其他严重情节的，处五年以上十年以下有期徒刑，并处罚金；致人死亡或者有其他特别严重情节的，依照本法第一百四十一条的规定处罚。

第一百四十六条 【生产、销售不符合安全标准的产品罪】生产不符合保障人身、财产安全的国家标准、行业标准的电器、压力容器、易燃易爆产品或者其他不符合保障人身、财产安全的国家标准、行业标准的产品，或者销售明知是以上不符合保障人身、财产安全的国家标准、行业标准的产品，造成严重后果的，处五年以下有期徒刑，并处销售金额百分之五十以上二倍以下罚金；后果特别严重的，处五年以上有期徒刑，并处销售金额百分之五十以上二倍以下罚金。

第一百四十七条 【生产、销售伪劣农药、兽药、化肥、种子罪】生产假农药、假兽药、假化肥，销售明知是假的或者失去使用效能的农药、兽药、化肥、种子，或者生产者、销售者以不合格的农药、兽药、化肥、种子冒充合格的农药、兽药、化肥、种子，使生产遭受较大损失的，处三年以下有期徒刑或者拘役，并处或者单处销售金额百分之五十以上二倍以下罚金；使生产遭受重大损失的，处三年以上七年以下有期徒刑，并处销售金额百分之五十以上二倍以下罚金；使生产遭受特别重大损失的，处七年以上有期徒刑或者无期徒刑，并处销售金额百分之五十以上二倍以下罚金或者没收财产。

第一百四十九条　【对生产、销售伪劣商品行为的法条适用】生产、销售本节第一百四十一条至第一百四十八条所列产品，不构成各该条规定的犯罪，但是销售金额在五万元以上的，依照本节第一百四十条的规定定罪处罚。

生产、销售本节第一百四十一条至第一百四十八条所列产品，构成各该条规定的犯罪，同时又构成本节第一百四十条规定之罪的，依照处罚较重的规定定罪处罚。

第一百五十条　【单位犯本节规定之罪的处理】单位犯本节第一百四十条至第一百四十八条规定之罪的，对单位判处罚金，并对其直接负责的主管人员和其他直接责任人员，依照各该条的规定处罚。

二、行政法规

中华人民共和国植物新品种保护条例

(1997 年 3 月 20 日国务院令第 213 号公布　根据 2013 年 1 月31 日《国务院关于修改〈中华人民共和国植物新品种保护条例〉的决定》第一次修订　根据 2014 年 7 月 29 日《国务院关于修改部分行政法规的决定》第二次修订)

第一章　总　　则

第一条　为了保护植物新品种权，鼓励培育和使用植物新品种，促进农业、林业的发展，制定本条例。

第二条　本条例所称植物新品种，是指经过人工培育的或者对发现的野生植物加以开发，具备新颖性、特异性、一致性和稳定性并有适当命名的植物品种。

第三条　国务院农业、林业行政部门（以下统称审批机关）按照职责分工共同负责植物新品种权申请的受理和审查并对符合本条例规定的植物新品种授予植物新品种权（以下称品种权）。

第四条　完成关系国家利益或者公共利益并有重大应用价值的植物新品种育种的单位或者个人，由县级以上人民政府或者有关部门给予奖励。

第五条　生产、销售和推广被授予品种权的植物新品种（以下称授权品种），应当按照国家有关种子的法律、法规的规定审定。

第二章　品种权的内容和归属

第六条　完成育种的单位或者个人对其授权品种，享有排他的独占权。任何单位或者个人未经品种权所有人（以下称品种权人）许可，不得为商业目的生产或者销售该授权品种的繁殖材料，不得为商业目的将该授权品种的繁殖材料重复使用于生产另一品种的繁殖材料；但是，本条例另有规定的除外。

第七条　执行本单位的任务或者主要是利用本单位的物质条件所完成的职务育种，植物新品种的申请权属于该单位；非职务育种，植物新品种的申请权属于完成育种的个人。申请被批准后，品种权属于申请人。

委托育种或者合作育种，品种权的归属由当事人在合同中约定；没有合同约定的，品种权属于受委托完成或者共同完成育种的单位或者个人。

第八条　一个植物新品种只能授予一项品种权。两个以上的申请人分别就同一个植物新品种申请品种权的，品种权授予最先申请的人；同时申请的，品种权授予最先完成该植物新品种育种的人。

第九条　植物新品种的申请权和品种权可以依法转让。

中国的单位或者个人就其在国内培育的植物新品种向外国人转让申请权或者品种权的，应当经审批机关批准。

国有单位在国内转让申请权或者品种权的，应当按照国家有关规定报经有关行政主管部门批准。

转让申请权或者品种权的，当事人应当订立书面合同，并向审批机关登记，由审批机关予以公告。

第十条　在下列情况下使用授权品种的，可以不经品种权人许可，不向其支付使用费，但是不得侵犯品种权人依照本条例享有的其他权利：

（一）利用授权品种进行育种及其他科研活动；

（二）农民自繁自用授权品种的繁殖材料。

第十一条　为了国家利益或者公共利益，审批机关可以作出实施植物新品种强制许可的决定，并予以登记和公告。

取得实施强制许可的单位或者个人应当付给品种权人合理的使用费，其数额由双方商定；双方不能达成协议的，由审批机关裁决。

品种权人对强制许可决定或者强制许可使用费的裁决不服的，可以自收到通知之日起3个月内向人民法院提起诉讼。

第十二条　不论授权品种的保护期是否届满，销售该授权品种应当使用其注册登记的名称。

第三章　授予品种权的条件

第十三条　申请品种权的植物新品种应当属于国家植物品种保护名录中列举的植物的属或者种。植物品种保护名录由审批机关确定和公布。

第十四条　授予品种权的植物新品种应当具备新颖性。新颖性，是指申请品种权的植物新品种在申请日前该品种繁殖材料未被销售，或者经育种者许可，在中国境内销售该品种繁殖材料未超过1年；在中国境外销售藤本植物、林木、果树和观赏树木品种繁殖材料未超过 6 年，销售其他植物品种繁殖材料未超过 4 年。

第十五条 授予品种权的植物新品种应当具备特异性。特异性，是指申请品种权的植物新品种应当明显区别于在递交申请以前已知的植物品种。

第十六条 授予品种权的植物新品种应当具备一致性。一致性，是指申请品种权的植物新品种经过繁殖，除可以预见的变异外，其相关的特征或者特性一致。

第十七条 授予品种权的植物新品种应当具备稳定性。稳定性，是指申请品种权的植物新品种经过反复繁殖后或者在特定繁殖周期结束时，其相关的特征或者特性保持不变。

第十八条 授予品种权的植物新品种应当具备适当的名称，并与相同或者相近的植物属或者种中已知品种的名称相区别。该名称经注册登记后即为该植物新品种的通用名称。

下列名称不得用于品种命名：

（一）仅以数字组成的；

（二）违反社会公德的；

（三）对植物新品种的特征、特性或者育种者的身份等容易引起误解的。

第四章 品种权的申请和受理

第十九条 中国的单位和个人申请品种权的，可以直接或者委托代理机构向审批机关提出申请。

中国的单位和个人申请品种权的植物新品种涉及国家安全或者重大利益需要保密的，应当按照国家有关规定办理。

第二十条 外国人、外国企业或者外国其他组织在中国申请品种权的，应当按其所属国和中华人民共和国签订的协议或者共同参加的国际条约办理，或者根据互惠原则，依照本条例办理。

第二十一条 申请品种权的，应当向审批机关提交符合规定格式要求的请求书、说明书和该品种的照片。

申请文件应当使用中文书写。

第二十二条 审批机关收到品种权申请文件之日为申请日；申请文件是邮寄的，以寄出的邮戳日为申请日。

第二十三条 申请人自在外国第一次提出品种权申请之日起 12 个月内，又在中国就该植物新品种提出品种权申请的，依照该外国同中华人民共和国签订的协议或者共同参加的国际条约，或者根据相互承认优先权的原则，可以享有优先权。

申请人要求优先权的，应当在申请时提出书面说明，并在 3 个月内提交经原受理机关确认的第一次提出的品种权申请文件的副本；未依照本条例规定提出书面说明或者提交申请文件副本的，视为未要求优先权。

第二十四条 对符合本条例第二十一条规定的品种权申请，审批机关应当予以受理，明确申请日、给予申请号，并自收到申请之日起 1 个月内通知申请人缴纳申请费。

对不符合或者经修改仍不符合本条例第二十一条规定的品种权申请，审批机关不予受理，并通知申请人。

第二十五条 申请人可以在品种权授予前修改或者撤回品种权申请。

第二十六条 中国的单位或者个人将国内培育的植物新品种向国外申请品种权的，应当按照职责分工向省级人民政府农业、林业行政部门登记。

第五章 品种权的审查与批准

第二十七条 申请人缴纳申请费后[①]，审批机关对品种权申请的下列内容进行初步审查：

（一）是否属于植物品种保护名录列举的植物属或者种的范围；

（二）是否符合本条例第二十条的规定；

（三）是否符合新颖性的规定；

（四）植物新品种的命名是否适当。

第二十八条 审批机关应当自受理品种权申请之日起 6 个月内完成初步审查。对经初步审查合格的品种权申请，审批机关予以公告，并通知申请人在 3 个月内缴纳审查费。

对经初步审查不合格的品种权申请，审批机关应当通知申请人在 3 个月内陈述意见或者予以修正；逾期未答复或者修正后仍然不合格的，驳回申请。

---

① 根据《财政部 国家发展改革委关于清理规范一批行政事业性收费有关政策的通知》（财税〔2017〕20 号）要求，自 2017 年 4 月 1 日起，停征植物新品种保护权申请费、审查费和年费。

第二十九条 申请人按照规定缴纳审查费后，审批机关对品种权申请的特异性、一致性和稳定性进行实质审查。

申请人未按照规定缴纳审查费的，品种权申请视为撤回。

第三十条 审批机关主要依据申请文件和其他有关书面材料进行实质审查。审批机关认为必要时，可以委托指定的测试机构进行测试或者考察业已完成的种植或者其他试验的结果。

因审查需要，申请人应当根据审批机关的要求提供必要的资料和该植物新品种的繁殖材料。

第三十一条 对经实质审查符合本条例规定的品种权申请，审批机关应当作出授予品种权的决定，颁发品种权证书，并予以登记和公告。

对经实质审查不符合本条例规定的品种权申请，审批机关予以驳回，并通知申请人。

第三十二条 审批机关设立植物新品种复审委员会。

对审批机关驳回品种权申请的决定不服的，申请人可以自收到通知之日起3个月内，向植物新品种复审委员会请求复审。植物新品种复审委员会应当自收到复审请求书之日起6个月内作出决定，并通知申请人。

申请人对植物新品种复审委员会的决定不服的，可以自接到通知之日起15日内向人民法院提起诉讼。

第三十三条 品种权被授予后，在自初步审查合格公告之日起至被授予品种权之日止的期间，对未经申请人许可，为商业目的生产或者销售该授权品种的繁殖材料的单位和个人，品种权人享有追偿的权利。

第六章 期限、终止和无效

第三十四条 品种权的保护期限，自授权之日起，藤本植物、林木、果树和观赏树木为20年，其他植物为15年。

第三十五条 品种权人应当自被授予品种权的当年开始缴纳年费，并且按照审批机关的要求提供用于检测的该授权品种的繁殖材料。

第三十六条 有下列情形之一的，品种权在其保护期限届满前终止：

（一）品种权人以书面声明放弃品种权的；

（二）品种权人未按照规定缴纳年费的；

（三）品种权人未按照审批机关的要求提供检测所需的该授权品种的繁殖

材料的；

（四）经检测该授权品种不再符合被授予品种权时的特征和特性的。

品种权的终止，由审批机关登记和公告。

第三十七条 自审批机关公告授予品种权之日起，植物新品种复审委员会可以依据职权或者依据任何单位或者个人的书面请求，对不符合本条例第十四条、第十五条、第十六条和第十七条规定的，宣告品种权无效；对不符合本条例第十八条规定的，予以更名。宣告品种权无效或者更名的决定，由审批机关登记和公告，并通知当事人。

对植物新品种复审委员会的决定不服的，可以自收到通知之日起 3 个月内向人民法院提起诉讼。

第三十八条 被宣告无效的品种权视为自始不存在。

宣告品种权无效的决定，对在宣告前人民法院作出并已执行的植物新品种侵权的判决、裁定，省级以上人民政府农业、林业行政部门作出并已执行的植物新品种侵权处理决定，以及已经履行的植物新品种实施许可合同和植物新品种权转让合同，不具有追溯力；但是，因品种权人的恶意给他人造成损失的，应当给予合理赔偿。

依照前款规定，品种权人或者品种权转让人不向被许可实施人或者受让人返还使用费或者转让费，明显违反公平原则的，品种权人或者品种权转让人应当向被许可实施人或者受让人返还全部或者部分使用费或者转让费。

第七章 罚 则

第三十九条 未经品种权人许可，以商业目的生产或者销售授权品种的繁殖材料的，品种权人或者利害关系人可以请求省级以上人民政府农业、林业行政部门依据各自的职权进行处理，也可以直接向人民法院提起诉讼。

省级以上人民政府农业、林业行政部门依据各自的职权，根据当事人自愿的原则，对侵权所造成的损害赔偿可以进行调解。调解达成协议的，当事人应当履行；调解未达成协议的，品种权人或者利害关系人可以依照民事诉讼程序向人民法院提起诉讼。

省级以上人民政府农业、林业行政部门依据各自的职权处理品种权侵权案件时，为维护社会公共利益，可以责令侵权人停止侵权行为，没收违法所得和植物品种繁殖材料；货值金额 5 万元以上的，可处货值金额 1 倍以上 5 倍以下的罚款；没有货值金额或者货值金额 5 万元以下的，根据情节轻重，可处 25 万元以下的罚款。

第四十条 假冒授权品种的，由县级以上人民政府农业、林业行政部门依据各自的职权责令停止假冒行为，没收违法所得和植物品种繁殖材料；货值金额 5 万元以上的，处货值金额 1 倍以上 5 倍以下的罚款；没有货值金额或者货值金额 5 万元以下的，根据情节轻重，处 25 万元以下的罚款；情节严重，构成犯罪的，依法追究刑事责任。

第四十一条 省级以上人民政府农业、林业行政部门依据各自的职权在查处品种权侵权案件和县级以上人民政府农业、林业行政部门依据各自的职权在查处假冒授权品种案件时，根据需要，可以封存或者扣押与案件有关的植物品种的繁殖材料，查阅、复制或者封存与案件有关的合同、账册及有关文件。

第四十二条 销售授权品种未使用其注册登记的名称的，由县级以上人民政府农业、林业行政部门依据各自的职权责令限期改正，可以处 1000 元以下的罚款。

第四十三条 当事人就植物新品种的申请权和品种权的权属发生争议的，可以向人民法院提起诉讼。

第四十四条 县级以上人民政府农业、林业行政部门的及有关部门的工作人员滥用职权、玩忽职守、徇私舞弊、索贿受贿，构成犯罪的，依法追究刑事责任；尚不构成犯罪的，依法给予行政处分。

第八章 附 则

第四十五条 审批机关可以对本条例施行前首批列入植物品种保护名录的和本条例施行后新列入植物品种保护名录的植物属或者种的新颖性要求作出变通性规定。

第四十六条 本条例自 1997 年 10 月 1 日起施行。

三、部门规章及规范性文件

（一）种质资源保护

1. 国务院办公厅关于加强农业种质资源保护与利用的意见

（2019 年 12 月 30 日国办发〔2019〕56 号公布）

各省、自治区、直辖市人民政府，国务院各部委、各直属机构：

农业种质资源是保障国家粮食安全与重要农产品供给的战略性资源，是农业科技原始创新与现代种业发展的物质基础。近年来，我国农业种质资源保护与利用工作取得积极成效，但仍存在丧失风险加大、保护责任主体不清、开发利用不足等问题。为加强农业种质资源保护与利用工作，经国务院同意，现提出如下意见。

一、总体要求。以习近平新时代中国特色社会主义思想为指导，全面贯彻党的十九大和十九届二中、三中、四中全会精神，落实新发展理念，以农业供给侧结构性改革为主线，进一步明确农业种质资源保护的基础性、公益性定位，坚持保护优先、高效利用、政府主导、多元参与的原则，创新体制机制，强化责任落实、科技支撑和法治保障，构建多层次收集保护、多元化开发利用和多渠道政策支持的新格局，为建设现代种业强国、保障国家粮食安全、实施乡村振兴战略奠定坚实基础。力争到 2035 年，建成系统完整、科学高效的农业种质资源保护与利用体系，资源保存总量位居世界前列，珍稀、濒危、特有资源得到有效收集和保护，资源深度鉴定评价和综合开发利用水平显著提升，资源创新利用达到国际先进水平。

二、开展系统收集保护，实现应保尽保。开展农业种质资源（主要包括作物、畜禽、水产、农业微生物种质资源）全面普查、系统调查与抢救性收集，加快查清农业种质资源家底，全面完成第三次全国农作物种质资源普查与收集行动，加大珍稀、濒危、特有资源与特色地方品种收集力度，确保资源不丧失。加强农业种质资源国际交流，推动与农业种质资源富集的国家和地区合作，建立农业种质资源便利通关机制，提高通关效率。对引进的农业种质资源定期开展检疫性病虫害分类分级风险评估，加强种质资源安全管理。完善农业种质资源分类分级保护名录，开展农业种质资源中长期安全保存，统筹布局种质资源长期库、复份库、中期库，分类布局保种场、保护区、种质圃，分区布局综合性、专业性基因库，实行农业种质资源活体原位保护与异地集中保存。加强种质资源活力与遗传完整性监测，及时繁殖与更新复壮，强化新技术应用。新建、改扩建一批农业种质资源库（场、区、圃），加快国家作物种质长期库新库、国家海洋渔业生物种质资源库建设，启动国家畜禽基因库建设。

三、强化鉴定评价，提高利用效率。以优势科研院所、高等院校为依托，搭建专业化、智能化资源鉴定评价与基因发掘平台，建立全国统筹、分工协作的农业种质资源鉴定评价体系。深化重要经济性状形成机制、群体协同进化规律、基因组结构和功能多样性等研究，加快高通量鉴定、等位基因规模化发掘等技术应用。开展种质资源表型与基因型精准鉴定评价，深度发掘优异种质、优异基因，构建分子指纹图谱库，强化育种创新基础。公益性农业种质资源保护单位要按照相关职责定位要求，做好种质资源基本性状鉴定、信息发布及分发等服务工作。

四、建立健全保护体系，提升保护能力。健全国家农业种质资源保护体系，实施国家和省级两级管理，建立国家统筹、分级负责、有机衔接的保护机制。农业农村部和省级农业农村部门分别确定国家和省级农业种质资源保护单位，并相应组织开展农业种质资源登记，实行统一身份信息管理。鼓励支持企业、科研院所、高等院校、社会组织和个人等登记其保存的农业种质资源。积极探索创新组织管理和实施机制，推行政府购买服务，鼓励企业、社会组织承担农业种质资源保护任务。农业种质资源保护单位要落实主体责任、健全管理制度、强化措施保障。加强农业种质资源保护基础理论、关键核心技术研究，强化科技支撑。充分整合利用现有资源，构建全国统一的农业种质资源大数据平台，推进数字化动态监测、信息化监督管理。

五、推进开发利用，提升种业竞争力。组织实施优异种质资源创制与应用行动，完善创新技术体系，规模化创制突破性新种质，推进良种重大科研联合攻关。深入推进种业科研人才与科研成果权益改革，鼓励农业种质资源保护单位开展资源创新和技术服务，建立国家农业种质资源共享利用交易平台，支持创新种质上市公开交易、作价到企业投资入股。鼓励育繁推一体化企业开展种质资源收集、鉴定和创制，逐步成为种质创新利用的主体。鼓励支持地方品种申请地理标志产品保护和重要农业文化遗产，发展一批以特色地方品种开发为主的种业企业，推动资源优势转化为产业优势。

六、完善政策支持，强化基础保障。加强对农业种质资源保护工作的政策扶持。中央和地方有关部门可按规定通过现有资金渠道，统筹支持农业种质资源保护工作。地方政府在编制国土空间规划时，要合理安排新建、改扩建农业种质资源库（场、区、圃）用地，科学设置畜禽种质资源疫病防控缓冲区，不得擅自、超范围将畜禽、水产保种场划入禁养区，占用农业种质资源库（场、区、圃）的，需经原设立机关批准。现代种业提升工程、国家重点研发计划、国家科技重大专项等加大对农业种质资源保护工作的支持力度。健全财政支持的种质资源与信息汇交机制。对种质资源保护科技人员绩效工资给予适当倾斜，可在政策允许的项目中提取间接经费，在核定的总量内用于发放绩效工资。健全农业科技人才分类评价制度，对种质资源保护科技人员实行同行评价，收集保护、鉴定评价、分发共享等基础性工作可作为职称评定的依据。支持和鼓励科研院所、高等院校建设农业种质资源相关学科。

七、加强组织领导，落实管理责任。各省（自治区、直辖市）人民政府要切实督促落实省级主管部门的管理责任、市县政府的属地责任和农业种质资源保护单位的主体责任，将农业种质资源保护与利用工作纳入相关工作考核。省级以上农业农村、发展改革、科技、财政、生态环境等部门要联合制定农业种质资源保护与利用发展规划。审计机关要依法对农业种质资源保护与利用相关政策措施落实情况、资金管理使用情况进行审计监督。健全法规制度，加快制修订配套法规规章。按照国家有关规定，对在农业种质资源保护与利用工作中作出突出贡献的单位和个人给予表彰奖励。对不作为、乱作为造成资源流失、灭绝等严重后果的，依法依规追究有关单位和人员责任。农业农村部要加强工作指导和督促检查，重大情况及时报告国务院。

国务院办公厅

2019 年 12 月 30 日

2. 农作物种质资源管理办法

（2003 年 7 月 8 日农业部令第 30 号公布　2004 年 7 月 1 日农业部令第 38 号、2022 年 1 月 7 日农业农村部令 2022 年第 1 号修订）

第一章　总　　则

第一条　为了加强农作物种质资源的保护，促进农作物种质资源的交流和利用，根据《中华人民共和国种子法》（以下简称《种子法》）的规定，制定本办法。

第二条　在中华人民共和国境内从事农作物种质资源收集、整理、鉴定、登记、保存、交流、利用和管理等活动，适用本办法。

第三条　本办法所称农作物种质资源，是指选育农作物新品种的基础材料，包括农作物的栽培种、野生种和濒危稀有种的繁殖材料，以及利用上述繁殖材料人工创造的各种遗传材料，其形态包括果实、籽粒、苗、根、茎、叶、芽、花、组织、细胞和 DNA、DNA 片段及基因等有生命的物质材料。

第四条　农业农村部设立国家农作物种质资源委员会，研究提出国家农作物种质资源发展战略和方针政策，协调全国农作物种质资源的管理工作。委员会办公室设在农业农村部种植业管理司，负责委员会的日常工作。

各省、自治区、直辖市农业农村主管部门可根据需要，确定相应的农作物种质资源管理单位。

第五条　农作物种质资源工作属于公益性事业，国家及地方政府有关部门应当采取措施，保障农作物种质资源工作的稳定和经费来源。

第六条　国家对在农作物种质资源收集、整理、鉴定、登记、保存、交流、引进、利用和管理过程中成绩显著的单位和个人，给予表彰和奖励。

第二章　农作物种质资源收集

第七条　国家有计划地组织农作物种质资源普查、重点考察和收集工作。因工程建设、环境变化等情况可能造成农作物种质资源灭绝的，应当及时组织抢救收集。

第八条　禁止采集或者采伐列入国家重点保护野生植物名录的野生种、野生近缘种、濒危稀有种和保护区、保护地、种质圃内的农作物种质资源。

因科研等特殊情况需要采集或者采伐列入国家重点保护野生植物名录的野生种、野生近缘种、濒危稀有种种质资源的，应当按照国务院及农业农村部有关野生植物管理的规定，办理审批手续；需要采集或者采伐保护区、保护地、种质圃内种质资源的，应当经建立该保护区、保护地、种质圃的农业农村主管部门批准。

第九条　农作物种质资源的采集数量应当以不影响原始居群的遗传完整性及其正常生长为标准。

第十条　未经批准，境外人员不得在中国境内采集农作物种质资源。中外科学家联合考察我国农作物种质资源的，应当提前6个月报经农业农村部批准。

采集的农作物种质资源需要带出境外的，应当按照本办法的规定办理对外提供农作物种质资源审批手续。

第十一条　收集种质资源应当建立原始档案，详细记载材料名称、基本特征特性、采集地点和时间、采集数量、采集人等。

第十二条　收集的所有农作物种质资源及其原始档案应当送交国家种质库登记保存。

第十三条　申请品种审定的单位和个人，应当将适量繁殖材料（包括杂交亲本繁殖材料）交国家种质库登记保存。

第十四条　单位和个人持有国家尚未登记保存的种质资源的，有义务送交国家种质库登记保存。

当事人可以将种质资源送交当地农业农村主管部门或者农业科研机构，地方农业农村主管部门或者农业科研机构应当及时将收到的种质资源送交国家种质库登记保存。

第三章　农作物种质资源鉴定、登记和保存

第十五条　对收集的所有农作物种质资源应当进行植物学类别和主要农艺性状鉴定。

农作物种质资源的鉴定实行国家统一标准制度，具体标准由农业农村部根据国家农作物种质资源委员会的建议制定和公布。

农作物种质资源的登记实行统一编号制度，任何单位和个人不得更改国家

统一编号和名称。

第十六条　农作物种质资源保存实行原生境保存和非原生境保存相结合的制度。原生境保存包括建立农作物种质资源保护区和保护地，非原生境保存包括建立各种类型的种质库、种质圃及试管苗库。

第十七条　农业农村部在农业植物多样性中心、重要农作物野生种及野生近缘植物原生地以及其他农业野生资源富集区，建立农作物种质资源保护区或者保护地。

第十八条　农业农村部建立国家农作物种质库，包括长期种质库及其复份库、中期种质库、种质圃及试管苗库。

长期种质库负责全国农作物种质资源的长期保存；复份库负责长期种质库贮存种质的备份保存；中期种质库负责种质的中期保存、特性鉴定、繁殖和分发；种质圃及试管苗库负责无性繁殖作物及多年生作物种质的保存、特性鉴定、繁殖和分发。

国家和地方有关部门应当采取措施，保障国家种质库的正常运转和种质资源安全。

第十九条　各省、自治区、直辖市农业农村主管部门根据需要建立本地区的农作物种质资源保护区、保护地、种质圃和中期种质库。

第四章　农作物种质资源繁殖和利用

第二十条　国家鼓励单位和个人从事农作物种质资源研究和创新。

第二十一条　国家长期种质库保存的种质资源属国家战略资源，未经农业农村部批准，任何单位和个人不得动用。

因国家中期种质库保存的种质资源绝种，需要从国家长期种质库取种繁殖的，应当报农业农村部审批。

国家长期种质库应当定期检测库存种质资源，当库存种质资源活力降低或数量减少影响种质资源安全时，应当及时繁殖补充。

第二十二条　国家中期种质库应当定期繁殖更新库存种质资源，保证库存种质资源活力和数量；国家种质圃应当定期更新复壮圃存种质资源，保证圃存种质资源的生长势。国家有关部门应保障其繁殖更新费用。

第二十三条　农业农村部根据国家农作物种质资源委员会的建议，定期公布可供利用的农作物种质资源目录，并评选推荐优异种质资源。

因科研和育种需要目录中农作物种质资源的单位和个人，可以向国家中期种质库、种质圃提出申请。对符合国家中期种质库、种质圃提供种质资源条件的，国家中期种质库、种质圃应当迅速、免费向申请者提供适量种质材料。如需收费，不得超过繁种等所需的最低费用。

第二十四条　从国家获取的种质资源不得直接申请新品种保护及其他知识产权。

第二十五条　从国家中期种质库、种质圃获取种质资源的单位和个人应当及时向国家中期种质库、种质圃反馈种质资源利用信息，对不反馈信息者，国家中期种质库、种质圃有权不再向其提供种质资源。

国家中期种质库、种质圃应当定期向国家农作物种质资源委员会办公室上报种质资源发放和利用情况。

第二十六条　各省、自治区、直辖市农业农村主管部门可以根据本办法和本地区实际情况，制定本地区的农作物种质资源发放和利用办法。

第五章　农作物种质资源国际交流

第二十七条　国家对农作物种质资源享有主权，任何单位和个人向境外提供种质资源，应当经所在地省、自治区、直辖市农业农村主管部门审核，报农业农村部审批。

第二十八条　对外提供农作物种质资源实行分类管理制度，农业农村部定期修订分类管理目录。

第二十九条　对外提供农作物种质资源按以下程序办理：

（一）对外提供种质资源的单位和个人按规定的格式及要求填写《对外提供农作物种质资源申请表》（见附件一），提交对外提供种质资源说明，向农业农村部提出申请。

（二）农业农村部应当在收到审核意见之日起20日内作出审批决定。审批通过的，开具《对外提供农作物种质资源准许证》（见附件二），加盖"农业农村部对外提供农作物种质资源审批专用章"。

（三）对外提供种质资源的单位和个人持《对外提供农作物种质资源准许证》到检疫机关办理检疫审批手续。

（四）《对外提供农作物种质资源准许证》和检疫通关证明作为海关放行依据。

第三十条　对外合作项目中包括农作物种质资源交流的，应当在签订合作协议前，办理对外提供农作物种质资源审批手续。

第三十一条　国家鼓励单位和个人从境外引进农作物种质资源。

第三十二条　从境外引进新物种的，应当进行科学论证，采取有效措施，防止可能造成的生态危害和环境危害。引进前，报经农业农村部批准，引进后隔离种植1个以上生育周期，经评估，证明确实安全和有利用价值的，方可分散种植。

第三十三条　单位和个人从境外引进种质资源，应当依照有关植物检疫法律、行政法规的规定，办理植物检疫手续。引进的种质资源，应当隔离试种，经植物检疫机构检疫，证明确实不带危险性病、虫及杂草的，方可分散种植。

第三十四条　国家实行引种统一登记制度。引种单位和个人应当在引进种质资源入境之日起一年之内向国家农作物种质资源委员会办公室申报备案，并附适量种质材料供国家种质库保存。

当事人可以将引种信息和种质资源送交当地农业农村主管部门或者农业科研机构，地方农业农村主管部门或者农业科研机构应当及时向国家农作物种质资源委员会办公室申报备案，并将收到的种质资源送交国家种质库保存。

第三十五条　引进的种质资源，由国家农作物种质资源委员会统一编号和译名，任何单位和个人不得更改国家引种编号和译名。

第六章　农作物种质资源信息管理

第三十六条　国家农作物种质资源委员会办公室应当加强农作物种质资源的信息管理工作，包括种质资源收集、鉴定、保存、利用、国际交流等动态信息，为有关部门提供信息服务，保护国家种质资源信息安全。

第三十七条　负责农作物种质资源收集、鉴定、保存、登记等工作的单位，有义务向国家农作物种质资源委员会办公室提供相关信息，保障种质资源信息共享。

第七章　罚　　则

第三十八条　违反本办法规定，未经批准私自采集或者采伐国家重点保护的天然种质资源的，按照《种子法》第八十一条的规定予以处罚。

第三十九条　违反本办法规定，未经批准动用国家长期种质库贮存的种质资源的，对直接负责的主管人员和其他直接责任人员，依法给予行政处分。

第四十条　违反本办法规定，未经批准向境外提供或者从境外引进种质资源的，按照《种子法》第八十二条的规定予以处罚。

第四十一条　违反本办法规定，农业农村主管部门或者农业科研机构未及时将收到的单位或者个人送交的国家未登记的种质资源及境外引种种质资源送交国家种质库保存的，或者引进境外种质资源未申报备案的，由本单位或者上级主管部门责令改正，对直接负责的主管人员和其他直接责任人员，可以依法给予行政处分。

第八章　附　　则

第四十二条　中外科学家联合考察的农作物种质资源，对外提供的农作物种质资源，以及从境外引进的农作物种质资源，属于列入国家重点保护野生植物名录的野生种、野生近缘种、濒危稀有种的，除按本办法办理审批手续外，还应按照《野生植物保护条例》、《农业野生植物保护办法》的规定，办理相关审批手续。

第四十三条　本办法自 2003 年 10 月 1 日起施行。1997 年 3 月 28 日农业部发布的《进出口农作物种子（苗）管理暂行办法》有关种质资源进出口管理的内容同时废止。

3. 农业野生植物保护办法

（2002 年 9 月 6 日农业部令第 21 号公布　2004 年 7 月 1 日农业部令第 38 号、2013 年 12 月 31 日农业部令 2013 年第 5 号、2016 年 5 月 30 日农业部令 2016 年第 3 号、2022 年 1 月 7 日农业农村部令 2022 年第 1 号修订）

第一章　总　　则

第一条　为保护和合理利用珍稀、濒危野生植物资源，保护生物多样性，加强野生植物管理，根据《中华人民共和国野生植物保护条例》（以下简称《条例》），制定本办法。

第二条　本办法所称野生植物是指符合《条例》第二条第二款规定的野生

植物，包括野生植物的任何部分及其衍生物。

第三条 农业农村部按照《条例》第八条和本办法第二条规定的范围，主管全国野生植物的监督管理工作，并设立野生植物保护管理办公室负责全国野生植物监督管理的日常工作。

农业农村部野生植物保护管理办公室由部内有关司局组成。

县级以上地方人民政府农业农村（畜牧、渔业）主管部门（以下简称农业农村主管部门）依据《条例》和本办法规定负责本行政区域内野生植物监督管理工作。

第二章　野生植物保护

第四条 国家重点保护野生植物名录的制定和调整由农业农村部野生植物保护管理办公室提出初步意见，经农业农村部野生植物保护专家审定委员会审定通过后，由农业农村部按照《条例》第十条第二款的规定报国务院批准公布。

第五条 农业农村部和省级农业农村主管部门负责在国家重点保护野生植物物种天然集中分布区域，划定并建立国家级或省级国家重点保护野生植物类型自然保护区。

国家级和省级国家重点保护野生植物类型自然保护区的建立，按照《中华人民共和国自然保护区条例》有关规定执行。

第六条 县级以上地方人民政府农业农村主管部门可以在国家级或省级野生植物类型保护区以外的其他区域，建立国家重点保护野生植物保护点或者设立保护标志。

国家重点保护野生植物保护点和保护标志的具体管理办法，由农业农村部野生植物保护管理办公室负责统一制定。

第七条 农业农村部根据需要，组织野生植物资源调查，建立国家重点保护野生植物资源档案，为确定国家重点保护野生植物名录及保护方案提供依据。

第八条 农业农村部建立国家重点保护野生植物监测制度，对国家重点保护野生植物进行动态监测。

第九条 县级以上农业农村主管部门所属的农业环境监测机构，负责监视、监测本辖区内环境质量变化对国家或地方重点保护野生植物生长情况的影响，并将监视、监测情况及时报送农业农村主管部门。

第十条　在国家重点保护野生植物生长地或周边地区实施建设项目，建设单位应当在该建设项目环境影响评价报告书中对是否影响野生植物生存环境作出专项评价。

建设项目所在区域农业农村主管部门依据《条例》规定，对上述专项评价进行审查，并根据审查结果对建设项目提出具体意见。

第十一条　对国家重点保护野生植物及其生长环境造成危害的单位和个人，应当及时采取补救措施，并报当地农业农村主管部门，接受调查处理。

第十二条　各级农业农村主管部门应当积极开展野生植物保护的宣传教育工作。

第三章　野生植物管理

第十三条　禁止采集国家一级保护野生植物。有下列情形之一，确需进行少量采集的，应当申请办理采集许可证。

（一）进行科学考察、资源调查，应当从野外获取野生植物标本的；

（二）进行野生植物人工培育、驯化，应当从野外获取种源的；

（三）承担省部级以上科研项目，应当从野外获取标本或实验材料的；

（四）因国事活动需要，应当提供并从野外获取野生植物活体的；

（五）因调控野生植物种群数量、结构，经科学论证应当采集的。

第十四条　申请采集国家重点保护野生植物，有下列情形之一的，不予发放采集许可证：

（一）申请人有条件以非采集的方式获取野生植物的种源、产品或者达到其目的的；

（二）采集申请不符合国家或地方有关规定，或者采集申请的采集方法、采集时间、采集地点、采集数量不当的；

（三）根据野生植物资源现状不宜采集的。

第十五条　申请采集国家重点保护野生植物，应当填写《国家重点保护野生植物采集申请表》，经采集地县级农业农村主管部门签署审核意见后，向采集地省级农业农村主管部门或其授权的野生植物保护管理机构申请办理采集许可证。

采集城市园林或风景名胜区内的国家重点保护野生植物，按照《条例》第十六条第三款和前款有关规定办理。

第十六条 申请采集国家一级重点保护野生植物的，还应当提供以下材料：

（一）进行科学考察、资源调查，需要从野外获取野生植物标本的，或者进行野生植物人工培育、驯化，需要从野外获取种源的，应当提供省级以上主管部门批复的项目审批文件、项目任务书（合同书）及执行方案（均为复印件）。

（二）承担省部级以上科研项目，需要从野外获取标本或实验材料的，应当提供项目审批文件、项目任务书（合同书）及执行方案（均为复印件）。

（三）因国事活动，需要提供并从野外获取野生植物活体的，应当出具国务院外事主管部门的证明文件（复印件）。

（四）因调控野生植物种群数量、结构，经科学论证需要采集的，应当出具省级以上农业农村主管部门或省部级以上科研机构的论证报告或说明。

第十七条 负责签署审核意见的农业农村主管部门应当自受理申请之日起20日内签署审核意见。同意采集的，报送上级农业农村主管部门审批。

负责核发采集许可的农业农村主管部门或其授权的野生植物保护管理机构，应当在收到下级农业农村主管部门报来的审核材料之日起20日内，作出批准或不批准的决定，并及时通知申请者。

接受授权的野生植物保护管理机构在作出批准或者不批准的决定之前，应当征求本部门业务主管单位的意见。

农业农村主管部门或其授权的野生植物保护管理机构核发采集许可证后，应当抄送同级生态环境主管部门备案。

省级农业农村主管部门或其授权的野生植物保护管理机构核发采集许可证后，应当向农业农村部备案。

第十八条 取得采集许可证的单位和个人，应当按照许可证规定的植物种（或亚种）、数量、地点、期限和方式进行采集。采集作业完成后，应当及时向批准采集的农业农村主管部门或其授权的野生植物保护管理机构申请查验。

县级农业农村主管部门对在本辖区内的采集国家或地方重点保护野生植物的活动，应当进行实时监督检查，并应及时向批准采集的农业农村主管部门或其授权的野生植物保护管理机构报告监督检查结果。

第十九条 出售、收购国家二级保护野生植物的，应当填写《出售、收购国家重点保护二级野生植物申请表》，省级农业农村主管部门或其授权的野生植物保护管理机构自收到申请之日起20日内完成审查，作出是否批准的决定，并通知申请者。

由野生植物保护管理机构负责批准的，野生植物保护管理机构在做出批准或者不批准的决定之前，应当征求本部门业务主管单位的意见。

第二十条 出售、收购国家二级保护野生植物的许可为一次一批。

出售、收购国家二级保护野生植物的许可文件应当载明野生植物的物种名称（或亚种名）、数量、期限、地点及获取方式、来源等项内容。

第二十一条 国家重点保护野生植物的采集限定采集方式和规定禁采期。

国家重点保护野生植物的采集方式和禁采期由省级人民政府农业农村主管部门负责规定。

禁止在禁采期内或者以非法采集方式采集国家重点保护野生植物。

第二十二条 出口国家重点保护野生植物，或者进出口中国参加的国际公约所限制进出口的野生植物，应当填报《国家重点保护野生植物进出口许可申请表》，并报申请者所在地省级农业农村主管部门办理《国家重点保护野生植物进出口许可审批表》。省级农业农村主管部门应当自收到申请材料之日起20日作出是否批准的决定，并通知申请者。

省级农业农村主管部门应当将签发的进出口许可审批表抄送农业农村部、国家濒危物种进出口管理机构、海关等部门。

第二十三条 申请出口国家重点保护野生植物，或者进出口中国参加的国际公约所限制进出口的野生植物的，应当提供以下材料：

（一）国家重点保护野生植物进出口许可申请表。

（二）进出口合同（协议）复印件。

（三）出口野生植物及其产品的，应当提供省级以上农业农村主管部门或其授权机构核发的《国家重点保护野生植物采集许可证》复印件；野生植物来源为收购的，还应当提供省级农业农村主管部门出具的出售、收购审批件及购销合同（均为复印件）。

（四）出口含有国家重点保护农业野生植物成分产品的，应当提供由产品生产单位所在地省级以上农业农村主管部门认可的产品成分及规格的说明，以及产品成分检验报告。

第二十四条 经省级农业农村主管部门批准进行野外考察的外国人，应当在地方农业农村主管部门有关人员的陪同下，按照规定的时间、区域、路线、植物种类进行考察。

考察地省级农业农村主管部门或其授权的野生植物保护管理机构应当对外国人在本行政区域内的考察活动进行现场监督检查，并及时将监督检查情况报告农业农村部野生植物保护管理办公室。

外国人野外科学考察结束离境之前，应当向省级农业农村主管部门提交此次科学考察的报告副本。

第四章　奖励与处罚

第二十五条　在野生植物资源保护、科学研究、培育利用、宣传教育及其管理工作中成绩显著的单位和个人，县级以上人民政府农业农村主管部门予以表彰和奖励。

第二十六条　违反本办法规定，依照《条例》的有关规定追究法律责任。

第五章　附　　则

第二十七条　本办法规定的《国家重点保护野生植物采集申请表》、《国家重点保护野生植物采集许可证》、《国家重点保护野生植物进出口许可申请表》和《国家重点保护野生植物进出口许可审批表》等文书格式，由农业农村部规定。有关表格由农业农村部野生植物保护管理办公室统一监制。《出售、收购国家重点保护二级野生植物申请表》等其他文书格式由省级农业农村主管部门规定。

第二十八条　本办法由农业农村部负责解释。

第二十九条　本办法自 2002 年 10 月 1 日起施行。

4. 食用菌菌种管理办法

（2006 年 3 月 27 日农业部令第 62 号公布　2013 年 12 月 31 日农业部令 2013 年第 5 号、2014 年 4 月 25 日农业部令 2014 年第 3 号修订　2015 年 4 月 29 日农业部令 2015 年第 1 号修订）

第一章　总　　则

第一条　为保护和合理利用食用菌种质资源，规范食用菌品种选育及食用菌菌种（以下简称菌种）的生产、经营、使用和管理，根据《中华人民共和国种子法》，制定本办法。

第二条　在中华人民共和国境内从事食用菌品种选育和菌种生产、经营、使用、管理等活动，应当遵守本办法。

第三条　本办法所称菌种是指食用菌菌丝体及其生长基质组成的繁殖材料。菌种分为母种（一级种）、原种（二级种）和栽培种（三级种）三级。

第四条　农业部主管全国菌种工作。县级以上地方人民政府农业（食用菌，下同）行政主管部门负责本行政区域内的菌种管理工作。

第五条　县级以上地方人民政府农业行政主管部门应当加强食用菌种质资源保护和良种选育、生产、更新、推广工作，鼓励选育、生产、经营相结合。

第二章　种质资源保护和品种选育

第六条　国家保护食用菌种质资源，任何单位和个人不得侵占和破坏。

第七条　禁止采集国家重点保护的天然食用菌种质资源。确因科研等特殊情况需要采集的，应当依法申请办理采集手续。

第八条　任何单位和个人向境外提供食用菌种质资源（包括长有菌丝体的栽培基质及用于菌种分离的子实体），应当报农业部批准。

第九条　从境外引进菌种，应当依法检疫，并在引进后 30 日内，送适量菌种至中国农业微生物菌种保藏管理中心保存。

第十条　国家鼓励和支持单位和个人从事食用菌品种选育和开发，鼓励科研单位与企业相结合选育新品种，引导企业投资选育新品种。

选育的新品种可以依法申请植物新品种权，国家保护品种权人的合法权益。

第十一条　食用菌品种选育（引进）者可自愿向全国农业技术推广服务中心申请品种认定。全国农业技术推广服务中心成立食用菌品种认定委员会，承担品种认定的技术鉴定工作。

第十二条　食用菌品种名称应当规范。具体命名规则由农业部另行规定。

第三章　菌种生产和经营

第十三条　从事菌种生产经营的单位和个人，应当取得《食用菌菌种生产经营许可证》。

仅从事栽培种经营的单位和个人，可以不办理《食用菌菌种生产经营许可证》，但经营者要具备菌种的相关知识，具有相应的菌种贮藏设备和场所，并报县级人民政府农业行政主管部门备案。

第十四条 母种和原种《食用菌菌种生产经营许可证》，由所在地县级人民政府农业行政主管部门审核，省级人民政府农业行政主管部门核发，报农业部备案。

栽培种《食用菌菌种生产经营许可证》由所在地县级人民政府农业行政主管部门核发，报省级人民政府农业行政主管部门备案。

第十五条 申请母种和原种《食用菌菌种生产经营许可证》的单位和个人，应当具备下列条件：

（一）生产经营母种注册资本 100 万元以上，生产经营原种注册资本 50 万元以上；

（二）省级人民政府农业行政主管部门考核合格的检验人员 1 名以上、生产技术人员 2 名以上；

（三）有相应的灭菌、接种、培养、贮存等设备和场所，有相应的质量检验仪器和设施。生产母种还应当有做出菇试验所需的设备和场所。

（四）生产场地环境卫生及其他条件符合农业部《食用菌菌种生产技术规程》要求。

第十六条 申请栽培种《食用菌菌种生产经营许可证》的单位和个人，应当具备下列条件：

（一）注册资本 10 万元以上；

（二）省级人民政府农业行政主管部门考核合格的检验人员 1 名以上、生产技术人员 1 名以上；

（三）有必要的灭菌、接种、培养、贮存等设备和场所，有必要的质量检验仪器和设施；

（四）栽培种生产场地的环境卫生及其他条件符合农业部《食用菌菌种生产技术规程》要求。

第十七条 申请《食用菌菌种生产经营许可证》，应当向县级人民政府农业行政主管部门提交下列材料：

（一）食用菌菌种生产经营许可证申请表；

（二）营业执照复印件；

（三）菌种检验人员、生产技术人员资格证明；

（四）仪器设备和设施清单及产权证明，主要仪器设备的照片；

（五）菌种生产经营场所照片及产权证明；

（六）品种特性介绍；

（七）菌种生产经营质量保证制度。

申请母种生产经营许可证的品种为授权品种的，还应当提供品种权人（品种选育人）授权的书面证明。

第十八条　县级人民政府农业行政主管部门受理母种和原种的生产经营许可申请后，可以组织专家进行实地考查，但应当自受理申请之日起 20 日内签署审核意见，并报省级人民政府农业行政主管部门审批。省级人民政府农业行政主管部门应当自收到审核意见之日起 20 日内完成审批。符合条件的，发给生产经营许可证；不符合条件的，书面通知申请人并说明理由。

县级人民政府农业行政主管部门受理栽培种生产经营许可申请后，可以组织专家进行实地考查，但应当自受理申请之日起 20 日内完成审批。符合条件的，发给生产经营许可证；不符合条件的，书面通知申请人并说明理由。

第十九条　菌种生产经营许可证有效期为 3 年。有效期满后需继续生产经营的，被许可人应当在有效期满 2 个月前，持原证按原申请程序重新办理许可证。

在菌种生产经营许可证有效期内，许可证注明项目变更的，被许可人应当向原审批机关办理变更手续，并提供相应证明材料。

第二十条　菌种按级别生产，下一级菌种只能用上一级菌种生产，栽培种不得再用于扩繁菌种。

获得上级菌种生产经营许可证的单位和个人，可以从事下级菌种的生产经营。

第二十一条　禁止无证或者未按许可证的规定生产经营菌种；禁止伪造、涂改、买卖、租借《食用菌菌种生产经营许可证》。

第二十二条　菌种生产单位和个人应当按照农业部《食用菌菌种生产技术规程》生产，并建立菌种生产档案，载明生产地点、时间、数量、培养基配方、培养条件、菌种来源、操作人、技术负责人、检验记录、菌种流向等内容。生产档案应当保存至菌种售出后 2 年。

第二十三条　菌种经营单位和个人应当建立菌种经营档案，载明菌种来源、贮存时间和条件、销售去向、运输、经办人等内容。经营档案应当保存至菌种销售后 2 年。

第二十四条 销售的菌种应当附有标签和菌种质量合格证。标签应当标注菌种种类、品种、级别、接种日期、保藏条件、保质期、菌种生产经营许可证编号、执行标准及生产者名称、生产地点。标签标注的内容应当与销售菌种相符。

菌种经营者应当向购买者提供菌种的品种种性说明、栽培要点及相关咨询服务，并对菌种质量负责。

第四章 菌种质量

第二十五条 农业部负责制定全国菌种质量监督抽查规划和本级监督抽查计划，县级以上地方人民政府农业行政主管部门负责对本行政区域内菌种质量的监督，根据全国规划和当地实际情况制定本级监督抽查计划。

菌种质量监督抽查不得向被抽查者收取费用。禁止重复抽查。

第二十六条 县级以上人民政府农业行政主管部门可以委托菌种质量检验机构对菌种质量进行检验。

承担菌种质量检验的机构应当具备相应的检测条件和能力，并经省级人民政府有关主管部门考核合格。

第二十七条 菌种质量检验机构应当配备菌种检验员。菌种检验员应当具备以下条件：

（一）具有相关专业大专以上文化水平或者具有中级以上专业技术职称；

（二）从事菌种检验技术工作 3 年以上；

（三）经省级人民政府农业行政主管部门考核合格。

第二十八条 禁止生产、经营假、劣菌种。

有下列情形之一的，为假菌种：

（一）以非菌种冒充菌种；

（二）菌种种类、品种、级别与标签内容不符的。

有下列情形之一的，为劣菌种：

（一）质量低于国家规定的种用标准的；

（二）质量低于标签标注指标的；

（三）菌种过期、变质的。

第五章　进出口管理

第二十九条　从事菌种进出口的单位，除具备菌种生产经营许可证以外，还应当依照国家外贸法律、行政法规的规定取得从事菌种进出口贸易的资格。

第三十条　申请进出口菌种的单位和个人，应当填写《进（出）口菌种审批表》，经省级人民政府农业行政主管部门批准后，依法办理进出口手续。

菌种进出口审批单有效期为 3 个月。

第三十一条　进出口菌种应当符合下列条件：

（一）属于国家允许进出口的菌种质资源；

（二）菌种质量达到国家标准或者行业标准；

（三）菌种名称、种性、数量、原产地等相关证明真实完备；

（四）法律、法规规定的其他条件。

第三十二条　申请进出口菌种的单位和个人应当提交下列材料：

（一）《食用菌菌种生产经营许可证》复印件、营业执照副本和进出口贸易资格证明；

（二）食用菌品种说明；

（三）符合第三十一条规定条件的其他证明材料。

第三十三条　为境外制种进口菌种的，可以不受本办法第二十九条限制，但应当具有对外制种合同。进口的菌种只能用于制种，其产品不得在国内销售。

从境外引进试验用菌种及扩繁得到的菌种不得作为商品菌种出售。

第六章　附　　则

第三十四条　违反本办法规定的行为，依照《中华人民共和国种子法》的有关规定予以处罚。

第三十五条　本办法所称菌种种性是指食用菌品种特性的简称，包括对温度、湿度、酸碱度、光线、氧气等环境条件的要求，抗逆性、丰产性、出菇迟早、出菇潮数、栽培周期、商品质量及栽培习性等农艺性状。

第三十六条　野生食用菌菌种的采集和进出口管理，应当按照《农业野生植物保护办法》的规定，办理相关审批手续。

第三十七条　本办法自 2006 年 6 月 1 日起施行。1996 年 7 月 1 日农业部发布的《全国食用菌菌种暂行管理办法》（农农发〔1996〕6 号）同时废止，依照《全国食用菌菌种暂行管理办法》领取的菌种生产、经营许可证自有效期届满之日起失效。

5. 草种管理办法

(2006 年 1 月 12 日农业部令第 56 号公布　2013 年 12 月 31 日农业部令 2013 年第 5 号、2014 年 4 月 25 日农业部令 2014 年第 3 号修订　2015 年 4 月 29 日农业部令 2015 年第 1 号修订)

第一章　总　　则

第一条　为了规范和加强草种管理，提高草种质量，维护草品种选育者和草种生产者、经营者、使用者的合法权益，促进草业的健康发展，根据《中华人民共和国种子法》和《中华人民共和国草原法》，制定本办法。

第二条　在中华人民共和国境内从事草品种选育和草种生产、经营、使用、管理等活动，应当遵守本办法。

第三条　本办法所称草种，是指用于动物饲养、生态建设、绿化美化等用途的草本植物及饲用灌木的籽粒、果实、根、茎、苗、叶、芽等种植材料或者繁殖材料。

第四条　农业部主管全国草种管理工作。

县级以上地方人民政府草原行政主管部门主管本行政区域内的草种管理工作。

第五条　草原行政主管部门及其工作人员不得参与和从事草种生产、经营活动；草种生产经营机构不得参与和从事草种行政管理工作。草种的行政主管部门与生产经营机构在人员和财务上必须分开。

第六条　县级以上地方人民政府草原行政主管部门应当加强草种质资源保护和良种选育、生产、更新、推广工作，鼓励选育、生产、经营相结合，奖励在草种质资源保护和良种选育、推广等工作中成绩显著的单位和个人。

第二章　草种质资源保护

第七条　国家保护草种质资源，任何单位和个人不得侵占和破坏。

第八条　农业部根据需要编制国家重点保护草种质资源名录。

第九条　农业部组织有关单位收集、整理、鉴定、登记、保存、交流和利用草种质资源，建立草种质资源库，并定期公布可供利用的草种质资源名录。

第十条　农业部和省级人民政府草原行政主管部门根据需要建立国家和地方草种质资源保护区或者保护地。

第十一条　禁止采集、采挖国家重点保护的天然草种质资源。确因科研等特殊情况需要采集、采挖的，应当经省级人民政府草原行政主管部门审核，报农业部审批。

第十二条　从境外引进的草种质资源，应当依法进行检疫。

对首次引进的草种，应当进行隔离试种，并进行风险评估，经确认安全后方可使用。

第十三条　国家对草种质资源享有主权，任何单位和个人向境外提供草种质资源的，应当经所在地省、自治区、直辖市人民政府草原行政主管部门审核，报农业部审批。

第三章　草品种选育与审定

第十四条　国家鼓励单位和个人从事草品种选育，鼓励科研单位与企业相结合选育草品种，鼓励企业投资选育草品种。

第十五条　国家实行新草品种审定制度。新草品种未经审定通过的，不得发布广告，不得经营、推广。

第十六条　农业部设立全国草品种审定委员会，负责新草品种审定工作。

全国草品种审定委员会由相关的科研、教学、技术推广、行政管理等方面具有高级专业技术职称或处级以上职务的专业人员组成。

全国草品种审定委员会主任、副主任、委员由农业部聘任。

第十七条　审定通过的新草品种，由全国草品种审定委员会颁发证书，农业部公告。

审定公告应当包括审定通过的品种名称、选育者、适应地区等内容。

审定未通过的，由全国草品种审定委员会书面通知申请人并说明理由。

第十八条　在中国没有经常居所或者营业场所的外国公民、外国企业或外国其他组织在中国申请新草品种审定的，应当委托具有法人资格的中国草种科研、生产、经营机构代理。

第四章　草种生产

第十九条　主要草种的商品生产实行许可制度。

草种生产许可证由草种生产单位或个人所在地省级人民政府草原行政主管部门核发。

第二十条　申请领取草种生产许可证的单位和个人应当具备以下条件：

（一）具有繁殖草种的隔离和培育条件；

（二）具有无国家规定检疫对象的草种生产地点；

（三）具有与草种生产相适应的资金和生产、检验设施；

（四）具有相应的专业生产和检验技术人员；

（五）法律、法规规定的其他条件。

第二十一条　申请领取草种生产许可证的，应当提交以下材料：

（一）草种生产许可证申请表；

（二）专业生产和检验技术人员资格证明；

（三）营业执照复印件；

（四）检验设施和仪器设备清单、照片和产权或合法使用权证明；

（五）草种晒场情况介绍或草种烘干设备照片及产权或合法使用权证明；

（六）草种仓储设施照片及产权或合法使用权证明；

（七）草种生产地点的检疫证明和情况介绍；

（八）草种生产质量保证制度；

（九）品种特性介绍。

品种为授权品种的，还应当提供品种权人同意的书面证明或品种转让合同；生产草种是转基因品种的，还应当提供农业转基因生物安全证书。

第二十二条　审批机关应当自受理申请之日起20日内完成审查，作出是否核发草种生产许可证的决定。不予批准的，书面通知申请人并说明理由。

必要时，审批机关可以对生产地点、晾晒烘干设施、仓储设施、检验设施和仪器设备进行实地考察。

第二十三条　草种生产许可证式样由农业部统一规定。

草种生产许可证有效期为3年，期满后需继续生产的，被许可人应当在期满3个月前持原证按原申请程序重新申领。

在草种生产许可证有效期内，许可证注明项目变更的，被许可人应当向原审批机关办理变更手续，并提供相应证明材料。

第二十四条　禁止任何单位和个人无证从事主要草种的商品生产。

禁止伪造、变造、买卖、租借草种生产许可证。

第二十五条　草种生产单位和个人应当按照《草种生产技术规程》生产草种，并建立草种生产档案，载明生产地点、生产地块环境、前茬作物、亲本种子来源和质量、技术负责人、田间检验记录、产地气象记录、种子流向等内容。生产档案应当保存至草种生产后 2 年。

第五章　草种经营

第二十六条　草种经营实行许可制度。草种经营单位和个人应当先取得草种经营许可证后，凭草种经营许可证向工商行政管理机关申请办理或者变更营业执照，但依照《种子法》规定不需要办理草种经营许可证的除外。

主要草种杂交种子及其亲本种子、常规原种种子的经营许可证，由草种经营单位和个人所在地县级人民政府草原行政主管部门审核，省级人民政府草原行政主管部门核发。

从事草种进出口业务的，草种经营许可证由草种经营单位或个人所在地省级人民政府草原行政主管部门审核，农业部核发。

其他草种经营许可证，由草种经营单位或个人所在地县级人民政府草原行政主管部门核发。

第二十七条　申请领取草种经营许可证的单位和个人，应当具备下列条件：

（一）具有与经营草种种类和数量相适应的资金及独立承担民事责任的能力；

（二）具有能够正确识别所经营的草种、检验草种质量、掌握草种贮藏和保管技术的人员；

（三）具有与经营草种的种类、数量相适应的经营场所及仓储设施；

（四）法律、法规规定的其他条件。

第二十八条　申请领取草种经营许可证的，应当提交以下材料：

（一）草种经营许可证申请表；

（二）经营场所照片、产权或合法使用权证明；

（三）草种仓储设施清单、照片及产权或合法使用权的证明。

第二十九条　审批机关应当自受理申请之日起 20 日内完成审查，作出是否核发草种经营许可证的决定。不予核发的，书面通知申请人并说明理由。

必要时，审批机关可以对营业场所及加工、包装、贮藏保管设施和检验草种质量的仪器设备进行实地考察。

第三十条 草种经营许可证式样由农业部统一规定。

草种经营许可证有效期为 5 年，期满后需继续经营的，经营者应当在期满 3 个月前持原证按原申请程序重新申领。

在草种经营许可证有效期内，许可证注明项目变更的，被许可人应当向原审批机关办理变更手续，并提供相应证明材料。

第三十一条 禁止任何单位和个人无证经营草种。

禁止伪造、变造、买卖、租借草种经营许可证。

第三十二条 草种经营者应当对所经营草种的质量负责，并遵守有关法律、法规的规定，向草种使用者提供草种的特性、栽培技术等咨询服务。

第三十三条 销售的草种应当包装。实行分装的，应当注明分装单位、原草种或草品种名、原产地。

第三十四条 销售的草种应当附有标签。标签应当注明草种类别、品种名称、种子批号、产地、生产时间、生产单位名称和质量指标等事项。

标签注明的内容应当与销售的草种相符。

销售进口草种的，应当附有中文标签。

第三十五条 草种经营者应当建立草种经营档案，载明草种来源、加工、贮藏、运输和质量检测各环节的简要说明及责任人、销售去向等内容。

经营档案应当保存至草种销售后 2 年。

第三十六条 县级以上草原行政主管部门要加强当地草种广告的监督管理。草种广告的内容应当符合有关法律、法规，主要性状描述应当与审定公告一致，不得进行虚假、误导宣传。

第六章 草种质量

第三十七条 农业部负责制定全国草种质量监督抽查规划和本级草种质量监督抽查计划，县级以上地方人民政府草原行政主管部门根据全国规划和当地实际情况制定相应的监督抽查计划。

监督抽查所需费用列入草原行政主管部门的预算，不得向被抽查企业收取费用。

草原行政主管部门已经实施监督抽查的企业，自扦样之日起 6 个月内，本级或下级草原行政主管部门对该企业的同一作物种子不得重复进行监督抽查。

第三十八条　草原行政主管部门可以委托草种质量检验机构对草种质量进行检验。

承担草种质量检验的机构应当具备相应的检测条件和能力，并经省级人民政府有关主管部门考核合格。

第三十九条　草种质量检验机构的草种检验员应当符合下列条件：

（一）具有相关专业大专以上文化水平或具有中级以上技术职称；

（二）从事草种检验技术工作 3 年以上；

（三）经省级人民政府草原行政主管部门考核合格。

第四十条　监督抽查的草种应当依据《国家牧草种子检验规程》进行质量检验。《国家牧草种子检验规程》中未规定的，依据《国际种子检验规程》进行质量检验。

第四十一条　《草种质量检验报告》应当标明草种名称、扦样日期、被检草种的数量、种子批号、检验结果等有关内容。

《草种质量检验报告》由持证上岗的草种检验员填写，检验机构负责人签发，加盖检验机构检验专用章。

第四十二条　被抽查人对检验结果有异议的，应当在接到检验结果通知之日起 15 日内，向下达任务的草原行政主管部门提出书面的复检申请。逾期未申请的，视为认可检验结果。

收到复检申请的草原行政主管部门应当进行审查，需要复检的，应当及时安排。

第四十三条　禁止生产和经营假、劣草种。

下列草种为假草种：

（一）以非草种冒充草种或者以此品种草种冒充他品种草种的；

（二）草种种类、品种、产地与标签标注的内容不符的。

下列草种为劣草种：

（一）质量低于国家规定的种用标准的；

（二）质量低于标签标注指标的；

（三）因变质不能作草种使用的；

（四）杂草种子的比率超过规定的；

（五）带有国家规定检疫对象的。

第四十四条 生产、经营的草种应当按照有关植物检疫法律、法规的规定进行检疫，防止植物危险性病、虫、杂草及其他有害生物的传播和蔓延。

禁止任何单位和个人在草种生产基地从事病虫害接种试验。

第七章 进出口管理

第四十五条 从事草种进出口业务的单位，除具备草种经营许可证以外，还应当依照国家外贸法律、法规的有关规定取得从事草种进出口贸易的资格。

第四十六条 草种进出口实行审批制度。

申请进出口草种的单位和个人，应当填写《进（出）口草种审批表》，经省级人民政府草原行政主管部门批准后，依法办理进出口手续。

草种进出口审批单有效期为 3 个月。

第四十七条 进出口草种应当符合下列条件：

（一）草种质量达到国家标准；

（二）草种名称、数量、原产地等相关证明真实完备；

（三）不属于国家禁止进出口的草种。

申请进出口草种的单位和个人应当提供以下材料：

（一）《草种经营许可证》、营业执照副本和进出口贸易资格证明；

（二）草种名称、数量、原产地证明材料；

（三）引进草品种的国外审定证书或品种登记名录。

第四十八条 为境外制种进口草种的，可以不受本办法第四十五条限制，但应当具有对外制种合同。进口的种子只能用于制种，其产品不得在国内销售。

从境外引进试验用草种，应当隔离栽培，收获的种子不得作为商品出售。

第八章 附 则

第四十九条 违反本办法规定的，依照《中华人民共和国种子法》和《中华人民共和国草原法》的有关规定予以处罚。

第五十条 转基因草品种的选育、试验、推广、生产、加工、经营和进出口活动的管理，还应当遵守《农业转基因生物安全管理条例》的规定。

第五十一条 采集、采挖、向境外提供以及从境外引进属于列入国家重点保护野生植物名录的草种质资源，除按本办法办理审批手续外，还应按照《中华人民共和国野生植物保护条例》和《农业野生植物保护办法》的规定，办理相关审批手续。

第五十二条 本办法所称主要草种，是指苜蓿、沙打旺、锦鸡儿、红豆草、三叶草、岩黄芪、柱花草、狼尾草、老芒麦、冰草、羊草、羊茅、鸭茅、碱茅、披碱草、胡枝子、小冠花、无芒雀麦、燕麦、小黑麦、黑麦草、苏丹草、草木樨、早熟禾等以及各省、自治区、直辖市人民政府草原行政主管部门分别确定的其他 2 至 3 种草种。

本办法所称草种不含饲用玉米、饲用高粱等大田农作物。

第五十三条 本办法自 2006 年 3 月 1 日起施行。1984 年 10 月 25 日农牧渔业部颁发的《牧草种子暂行管理办法（试行)》同时废止。

6. 国家级农作物种质资源库（圃）管理规范

（农办种〔2022〕3 号公布 自 2022 年 4 月 11 日起施行）

第一章 总 则

第一条 为加强国家级农作物种质资源库（圃）（以下简称"国家级种质资源库（圃)"）管理，根据《中华人民共和国种子法》《国务院办公厅关于加强农业种质资源保护与利用的意见》（国办发〔2019〕56 号)、《农作物种质资源管理办法》等，制定本规范。

第二条 依托科研院所、高等院校、企业及其他社会组织等法人机构设立的国家级种质资源库（圃）的建立确定、运行管理、考核评估等适用本规范。

第三条 国家级种质资源库（圃）是我国农作物种质资源安全保存与共享利用的战略性、基础性和公益性设施，承担农作物种质资源收集、整理、鉴定、登记、保存、交流和利用等工作。

第四条 国家级种质资源库（圃）包括长期库、复份库、中期库、种质圃、试管苗库等。

（一）长期库负责全国农作物种质资源的战略性长期保存。

（二）复份库负责长期库贮存种质资源的备份保存。

（三）中期库负责特定种类农作物及其近缘野生植物种质资源的中期保存，

以及收集、整理、鉴定、登记、交流和利用。中期库保存种质资源数量不足或监测发现活力低时，应及时申请从长期库取种进行繁殖更新，补充库存的同时向长期库提交足量种子补足战略保存数量。

（四）种质圃负责无性繁殖农作物和多年生近缘野生植物种质资源的田间保存，以及收集、整理、鉴定、登记、交流和利用。分类包括单一农作物种质圃、综合性农作物种质圃、地方特色种质圃和区域种质圃。

（五）试管苗库负责种质资源相关器官或组织的离体保存，以及种质资源的收集、整理、鉴定、登记、交流和利用。

第五条 农业农村部种业管理司负责国家级种质资源库（圃）的建立确定和监督管理等工作，各省级农业农村部门负责本行政区域内国家级种质资源库（圃）的管理工作，共同推动形成国家级种质资源库（圃）与省级农作物种质资源库（圃）有机衔接、互为补充的协同工作机制。

第六条 农业农村部农作物种质资源保护与利用中心负责国家级种质资源库（圃）的技术指导、管理考核等工作。

第七条 国家级种质资源库（圃）依托单位是国家级种质资源库（圃）建设、运行和管理的责任主体，主要职责包括：

（一）为国家级种质资源库（圃）的种质资源安全保存和有效利用提供必要的场所、试验设备等条件。

（二）负责配备相应的专业技术、管理人员，推荐国家级种质资源库（圃）负责人并具体负责国家级种质资源库（圃）的运行管理与发展规划制定。

（三）协助制定农作物种质资源保护利用规划，提供政策建议，开展农作物种质资源安全保存及开发利用技术研究等。

（四）制定适合国家级种质资源库（圃）发展的考核制度和管理体系，配合主管部门做好对国家级种质资源库（圃）的评估考核工作等。

（五）解决国家级种质资源库（圃）建设与运行中的有关问题，如遇重大事件或保存对象有重大调整等情况须及时报告农业农村部农作物种质资源保护与利用中心。

（六）完成有关部门交办的其他工作。

第二章 建立确定程序

第八条 国家级种质资源库（圃）应当具备下列条件：

（一）保存农作物种类与功能定位符合我国农作物种质资源保护体系建设布局要求。

（二）具备应有的安全保存、稳定运转设施条件和配套设施。由国家有关部门批准立项建设的优先考虑。

（三）具备开展农作物种质资源收集、整理、鉴定、登记、保存、交流和利用等工作能力。

（四）保存能力要求：

中期库应具有 1 万份以上种质资源保存能力，且保存与其他中期库非重复编目种质资源不少于已保存种质资源总量的 70%，保存总量不少于 1500 份。

种质圃应具有 500 份以上种质资源保存能力，且保存与其他种质圃非重复编目种质资源不少于已保存种质资源总量的 70%，保存总量不少于 300 份。

试管苗库应具有 3000 份（每份 10 管）以上种质资源保存能力，且保存编目种质资源不少于 1000 份。

（五）具有稳定的农作物种质资源保护专业团队。团队成员有明确的岗位职责，人员数量与种质资源保存规模相适应：综合性库（圃）专业人员数量应在 10 人以上，其中高级职称人员不少于 2 人，中级职称人员不少于 4 人；单一农作物种质资源库（圃）专业人员数量应在 5 人以上，其中高级职称人员不少于 1 人，中级职称人员不少于 2 人。

（六）具有完善的收集计划、质量控制、种质资源出入、数据档案、安全运行、重大突发性事件应急预案等管理制度，健全的农作物种质资源收集、整理、鉴定、登记、保存、交流和利用等操作规范或技术规程。

（七）国家级种质资源库（圃）依托单位、其上一级主管部门能够为保护工作正常开展提供持续稳定的运行经费保障。

第九条 农作物种质资源库（圃）命名规则如下：

（一）长期库命名为国家农作物种质资源库。

（二）复份库命名为国家农作物种质资源复份库。

（三）中期库命名为国家＋农作物类型＋种质资源中期库（地点），如国家蔬菜种质资源中期库（北京）。

（四）种质圃命名为国家＋农作物类型＋种质资源圃（地点），如国家水生蔬菜种质资源圃（武汉）。

（五）试管苗库命名为国家＋农作物类型＋种质资源试管苗库（地点），如国家马铃薯种质资源试管苗库（克山）。

第十条　根据农业农村部统一安排，符合国家级种质资源库（圃）条件要求的单位，均可按照《农业农村部关于落实农业种质资源保护主体责任开展农业种质资源登记工作的通知》（农种发〔2020〕2号）有关规定，向省级农业农村部门提出申请。

省级农业农村部门对申请单位的资质、运行情况、提交材料及农作物种质资源保有真实性等进行初审。完成初审后将初审意见和相关材料提交农业农村部农作物种质资源保护与利用中心，接受专家评审和必要的现场审查。

中国农业科学院和中国热带农业科学院相关研究所在征求所在地省级农业农村部门意见后，将申请材料提交农业农村部农作物种质资源保护与利用中心，接受专家评审和必要的现场审查。

第十一条　农业农村部种业管理司依据审查结果，对符合条件要求的，报请以农业农村部名义发布公告予以确定。

第三章　运行管理

第十二条　国家级种质资源库（圃）与所依托单位隶属关系不变，相对独立运行。

第十三条　国家级种质资源库（圃）应具有完善的管理和运行制度，明确严格的管理技术规范，定期开展设施设备维护、检测保存种质资源活力、繁殖更新复壮等工作，确保种质资源不丢失、能利用。

第十四条　国家级种质资源库（圃）实行主任负责制，设主任1名，由具有法人资格的依托单位主要负责人兼任；设常务副主任1名，由具有相关专业背景的人员担任，负责日常运行管理与研究工作；其他人员应具有明确的岗位职责和任务。

第十五条　国家级种质资源库（圃）设立专家组，由5名或7名专家组成（原则上外单位专家至少2名），定期听取种质资源保护工作进展，为种质资源的安全保存与有效利用提供咨询或技术指导。

第十六条　国家级种质资源库（圃）每年1月底前向农业农村部农作物种质资源保护与利用中心提交上年度运行管理情况及业务工作总结报告，以及种质资源收集引进、鉴定评价、编目保存、繁殖更新和分发利用等相关信息数据。

第十七条　国家级种质资源库（圃）需要更名、保存农作物对象发生变化或需要搬迁的，须由国家级种质资源库（圃）依托单位提出书面报告，由农业农村部农作物种质资源保护与利用中心组织专家论证，经农业农村部种业管理司审核后，报请以农业农村部名义予以确定。

第十八条　如遇重大事项，国家级种质资源库（圃）有责任和义务及时向上级主管部门报告。

第四章　考核与评估

第十九条　农业农村部农作物种质资源保护与利用中心负责每 5 年对国家级种质资源库（圃）进行综合考核评估，考核评估内容主要包括队伍建设、种质资源安全保存和有效利用、依托单位职责履行情况等。

第二十条　对考核评估中完成任务好、管理水平高和成绩突出的国家级种质资源库（圃）和个人给予表扬。

第二十一条　对管理混乱、运行不良或者人为因素造成种质资源损失的国家级种质资源库（圃），视情节轻重给予限期整改、撤销资格等处理，且撤销资格后 3 年内不得再次申请确定。对不作为、乱作为造成种质资源流失、灭绝等严重后果的，依法依规追究有关单位和人员责任。

第五章　附　　则

第二十二条　本规范由农业农村部种业管理司负责解释。
第二十三条　本规范自 2022 年 4 月 11 日起实施。

（二）植物新品种保护

1. 农业农村部办公厅关于种子法
有关条款适用的意见

（2019 年 1 月 4 日农办法〔2019〕1 号公布）

各省、自治区、直辖市农业农村（农牧）厅（局、委），新疆生产建设兵团农业局：

为贯彻落实《中华人民共和国种子法》（以下简称《种子法》）的有关规定，我部针对近年来各地在执行《种子法》中遇到的共性问题进行了研究。现就有关条款的适用提出以下意见。

一、关于花粉是否属于《种子法》规定的种子问题

根据《种子法》第二条第二款规定，种子是指农作物和林木的种植材料或者繁殖材料，包括籽粒、果实、根、茎、苗、芽、叶、花等。用于繁殖的花粉，属于《种子法》规定的种子。

二、关于《种子法》第七十八条规定的"应当审定未经审定的农作物品种进行推广销售"如何认定问题

有下列情形之一的，属于推广、销售应当审定未经审定的农作物品种的行为，应当按照《种子法》第七十八条第一款第一项的规定处罚：

（一）推广、销售的主要农作物品种未经国家级审定通过，也未经省级审定通过的；

（二）通过国家级审定的主要农作物品种在品种审定公告确定的适宜生态区域外推广、销售的；

（三）通过省级审定的主要农作物品种在品种审定公告确定的本省、自治区、直辖市适宜生态区域外推广、销售的；

（四）通过省级审定的主要农作物品种在其他省、自治区、直辖市的同一适宜生态区域外推广、销售的。

三、《种子法》第七十八条仅对推广、销售未经审定主要农作物品种的行为作了处罚规定，但对数量没有规定。对市场检查中出现的推广、销售少量未经审定品种的行为应如何处理？

根据《种子法》第二十三条、第七十八条的规定，只要存在推广、销售未经审定主要农作物品种的违法行为，就应当予以处罚，经营、推广未经审定品种的数量不是定性的依据。但经营、推广的种子数量可以作为认定违法行为情节轻重的依据之一，在确定罚款幅度时予以考虑。

四、关于2016年1月1日前农业行政主管部门公告退出的品种，是否属于《种子法》规定的撤销审定品种问题

2016年1月1日前，农业行政主管部门依照原《主要农作物品种审定办法》（中华人民共和国农业部令2013年第4号）的规定公告退出的品种，不能等同于撤销审定的品种。在其品种审定未依法撤销前，不能按《种子法》第七十八条第一款第三项的规定处罚。

五、关于《种子法》第二十九条中"农民自繁自用"应当如何界定的问题

《种子法》第二十九条第二项所称农民，是指以家庭联产承包责任制的形式签订农村土地承包合同的农民个人。农民专业合作社、家庭农场等新型农业生产经营主体使用授权品种的繁殖材料用于生产的，不属于农民自繁自用，应当取得植物新品种权人的许可。

六、关于商品种子外包装上固定有注明品种名称、产地和生产时间的布条是否属于附有标签

按照《种子法》第四十一条、第九十二条第二款第十一项规定，商品种子外包装上固定有注明品种名称、产地和生产时间的布条，应认定种子附有标签但标签内容不符合规定，应当按照《种子法》第八十条第二项处罚。

七、以商品粮冒充种子、以大田用种（良种）冒充原种，是否属于假冒种子行为？

根据《种子法》第四十九条规定，以商品粮冒充种子、以大田用种（良种）冒充原种，属于假冒种子行为。

八、关于在制种基地查获的假劣种子如何计算货值问题

种子行政执法过程中查获的假劣种子，以违法生产、销售的假劣种子的标价计算货值金额。没有标价的，按照同类合格产品的市场中间价格计算。货值金额难以确定的，按照原国家计划委员会、最高人民法院、最高人民检察院、

公安部 1997 年 4 月 22 日联合发布的《扣押、追缴、没收物品估价管理办法》的规定，委托指定的估价机构确定。

农业农村部办公厅

2019 年 1 月 4 日

2. 中华人民共和国植物新品种保护条例实施细则（农业部分）

(2007 年 9 月 19 日农业部令第 5 号公布　2011 年 12 月 31 日农业部令 2011 年第 4 号、2014 年 4 月 25 日农业部令 2014 年第 3 号修订)

第一章　总　　则

第一条　根据《中华人民共和国植物新品种保护条例》（以下简称《条例》），制定本细则。

第二条　农业植物新品种包括粮食、棉花、油料、麻类、糖料、蔬菜（含西甜瓜）、烟草、桑树、茶树、果树（干果除外）、观赏植物（木本除外）、草类、绿肥、草本药材、食用菌、藻类和橡胶树等植物的新品种。

第三条　依据《条例》第三条的规定，农业部为农业植物新品种权的审批机关，依照《条例》规定授予农业植物新品种权（以下简称品种权）。

农业部植物新品种保护办公室（以下简称品种保护办公室），承担品种权申请的受理、审查等事务，负责植物新品种测试和繁殖材料保藏的组织工作。

第四条　对危害公共利益、生态环境的植物新品种不授予品种权。

第二章　品种权的内容和归属

第五条　《条例》所称繁殖材料是指可繁殖植物的种植材料或植物体的其他部分，包括籽粒、果实和根、茎、苗、芽、叶等。

第六条　申请品种权的单位或者个人统称为品种权申请人；获得品种权的单位或者个人统称为品种权人。

第七条　《条例》第七条所称执行本单位任务所完成的职务育种是指下列情形之一：

（一）在本职工作中完成的育种；

（二）履行本单位交付的本职工作之外的任务所完成的育种；

（三）退职、退休或者调动工作后，3 年内完成的与其在原单位承担的工作或者原单位分配的任务有关的育种。

《条例》第七条所称本单位的物质条件是指本单位的资金、仪器设备、试验场地以及单位所有的尚未允许公开的育种材料和技术资料等。

第八条　《条例》第八条所称完成新品种育种的人是指完成新品种育种的单位或者个人（以下简称育种者）。

第九条　完成新品种培育的人员（以下简称培育人）是指对新品种培育作出创造性贡献的人。仅负责组织管理工作、为物质条件的利用提供方便或者从事其他辅助工作的人不能被视为培育人。

第十条　一个植物新品种只能被授予一项品种权。

一个植物新品种由两个以上申请人分别于同一日内提出品种权申请的，由申请人自行协商确定申请权的归属；协商不能达成一致意见的，品种保护办公室可以要求申请人在指定期限内提供证据，证明自己是最先完成该新品种育种的人。逾期未提供证据的，视为撤回申请；所提供证据不足以作为判定依据的，品种保护办公室驳回申请。

第十一条　中国的单位或者个人就其在国内培育的新品种向外国人转让申请权或者品种权的，应当向农业部申请审批。

转让申请权或者品种权的，当事人应当订立书面合同，向农业部登记，由农业部予以公告，并自公告之日起生效。

第十二条　有下列情形之一的，农业部可以作出实施品种权的强制许可决定：

（一）为了国家利益或者公共利益的需要；

（二）品种权人无正当理由自己不实施，又不许可他人以合理条件实施的；

（三）对重要农作物品种，品种权人虽已实施，但明显不能满足国内市场需求，又不许可他人以合理条件实施的。

申请强制许可的，应当向农业部提交强制许可请求书，说明理由并附具有关证明文件各一式两份。

农业部自收到请求书之日起 20 个工作日内作出决定。需要组织专家调查论证的，调查论证时间不得超过 3 个月。同意强制许可请求的，由农业部通知品种权人和强制许可请求人，并予以公告；不同意强制许可请求的，通知请求人并说明理由。

第十三条 依照《条例》第十一条第二款规定，申请农业部裁决使用费数额的，当事人应当提交裁决申请书，并附具未能达成协议的证明文件。农业部自收到申请书之日起 3 个月内作出裁决并通知当事人。

第三章 授予品种权的条件

第十四条 依照《条例》第四十五条的规定，列入植物新品种保护名录的植物属或者种，从名录公布之日起 1 年内提出的品种权申请，凡经过育种者许可，申请日前在中国境内销售该品种的繁殖材料未超过 4 年，符合《条例》规定的特异性、一致性和稳定性及命名要求的，农业部可以授予品种权。

第十五条 具有下列情形之一的，属于《条例》第十四条规定的销售：

（一）以买卖方式将申请品种的繁殖材料转移他人；

（二）以易货方式将申请品种的繁殖材料转移他人；

（三）以入股方式将申请品种的繁殖材料转移他人；

（四）以申请品种的繁殖材料签订生产协议；

（五）以其他方式销售的情形。

具有下列情形之一的，视为《条例》第十四条规定的育种者许可销售：

（一）育种者自己销售；

（二）育种者内部机构销售；

（三）育种者的全资或者参股企业销售；

（四）农业部规定的其他情形。

第十六条 《条例》第十五条所称"已知的植物品种"，包括品种权申请初审合格公告、通过品种审定或者已推广应用的品种。

第十七条 《条例》第十六条、第十七条所称"相关的特征或者特性"是指至少包括用于特异性、一致性和稳定性测试的性状或者授权时进行品种描述的性状。

第十八条 有下列情形之一的，不得用于新品种命名：

（一）仅以数字组成的；

（二）违反国家法律或者社会公德或者带有民族歧视性的；

（三）以国家名称命名的；

（四）以县级以上行政区划的地名或者公众知晓的外国地名命名的；

（五）同政府间国际组织或者其他国际国内知名组织及标识名称相同或者近似的；

（六）对植物新品种的特征、特性或者育种者的身份等容易引起误解的；

（七）属于相同或相近植物属或者种的已知名称的；

（八）夸大宣传的。

已通过品种审定的品种，或获得《农业转基因生物安全证书（生产应用）》的转基因植物品种，如品种名称符合植物新品种命名规定，申请品种权的品种名称应当与品种审定或农业转基因生物安全审批的品种名称一致。

第四章　品种权的申请和受理

第十九条　中国的单位和个人申请品种权的，可以直接或者委托代理机构向品种保护办公室提出申请。

在中国没有经常居所的外国人、外国企业或其他外国组织，向品种保护办公室提出品种权申请的，应当委托代理机构办理。

申请人委托代理机构办理品种权申请等相关事务时，应当与代理机构签订委托书，明确委托办理事项与权责。代理机构在向品种保护办公室提交申请时，应当同时提交申请人委托书。品种保护办公室在上述申请的受理与审查程序中，直接与代理机构联系。

第二十条　申请品种权的，申请人应当向品种保护办公室提交请求书、说明书和品种照片各一式两份，同时提交相应的请求书和说明书的电子文档。

请求书、说明书按照品种保护办公室规定的统一格式填写。

第二十一条　申请人提交的说明书应当包括下列内容：

（一）申请品种的暂定名称，该名称应当与请求书的名称一致；

（二）申请品种所属的属或者种的中文名称和拉丁文名称；

（三）育种过程和育种方法，包括系谱、培育过程和所使用的亲本或者其他繁殖材料来源与名称的详细说明；

（四）有关销售情况的说明；

（五）选择的近似品种及理由；

（六）申请品种特异性、一致性和稳定性的详细说明；

（七）适于生长的区域或者环境以及栽培技术的说明；

（八）申请品种与近似品种的性状对比表。

前款第（五）、（八）项所称近似品种是指在所有已知植物品种中，相关特征或者特性与申请品种最为相似的品种。

第二十二条 申请人提交的照片应当符合以下要求：

（一）照片有利于说明申请品种的特异性；

（二）申请品种与近似品种的同一种性状对比应在同一张照片上；

（三）照片应为彩色，必要时，品种保护办公室可以要求申请人提供黑白照片；

（四）照片规格为 8.5 厘米 ×12.5 厘米或者 10 厘米 ×15 厘米；

（五）关于照片的简要文字说明。

第二十三条 品种权申请文件有下列情形之一的，品种保护办公室不予受理：

（一）未使用中文的；

（二）缺少请求书、说明书或者照片之一的；

（三）请求书、说明书和照片不符合本细则规定格式的；

（四）文件未打印的；

（五）字迹不清或者有涂改的；

（六）缺少申请人和联系人姓名（名称）、地址、邮政编码的或者不详的；

（七）委托代理但缺少代理委托书的。

第二十四条 中国的单位或者个人将国内培育的植物新品种向国外申请品种权的，应当向所在地省级人民政府农业行政主管部门申请登记。

第二十五条 申请人依照《条例》第二十三条的规定要求优先权的，应当在申请中写明第一次提出品种权申请的申请日、申请号和受理该申请的国家或组织；未写明的，视为未要求优先权。申请人提交的第一次品种权申请文件副本应当经原受理机关确认。

第二十六条 在中国没有经常居所或者营业所的外国人、外国企业和外国其他组织，申请品种权或者要求优先权的，品种保护办公室认为必要时，可以要求其提供下列文件：

（一）申请人是个人的，其国籍证明；

（二）申请人是企业或者其他组织的，其营业所或者总部所在地的证明；

（三）外国人、外国企业、外国其他组织的所属国，承认中国单位和个人可以按照该国国民的同等条件，在该国享有品种申请权、优先权和其他与品种权有关的权利的证明文件。

第二十七条 申请人在向品种保护办公室提出品种权申请12个月内，又向国外申请品种权的，依照该国或组织同中华人民共和国签订的协议或者共同参加的国际条约，或者根据相互承认优先权的原则，可以请求品种保护办公室出具优先权证明文件。

第二十八条 依照《条例》第十九条第二款规定，中国的单位和个人申请品种权的植物新品种涉及国家安全或者重大利益需要保密的，申请人应当在申请文件中说明，品种保护办公室经过审查后作出是否按保密申请处理的决定，并通知申请人；品种保护办公室认为需要保密而申请人未注明的，仍按保密申请处理，并通知申请人。

第二十九条 申请人送交的申请品种繁殖材料应当与品种权申请文件中所描述的繁殖材料相一致，并符合下列要求：

（一）未遭受意外损害；

（二）未经过药物处理；

（三）无检疫性的有害生物；

（四）送交的繁殖材料为籽粒或果实的，籽粒或果实应当是最近收获的。

第三十条 品种保护办公室认为必要的，申请人应当送交申请品种和近似品种的繁殖材料，用于申请品种的审查和检测。申请品种属于转基因品种的，应当附具生产性试验阶段的《农业转基因生物安全审批书》或《农业转基因生物安全证书（生产应用）》复印件。

申请人应当自收到品种保护办公室通知之日起3个月内送交繁殖材料。送交繁殖材料为籽粒或果实的，应当送至品种保护办公室植物新品种保藏中心（以下简称保藏中心）；送交种苗、种球、块茎、块根等无性繁殖材料的，应当送至品种保护办公室指定的测试机构。

申请人送交的繁殖材料数量少于品种保护办公室规定的，保藏中心或者测试机构应当通知申请人，申请人应自收到通知之日起1个月内补足。特殊情况下，申请人送交了规定数量的繁殖材料后仍不能满足测试或者检测需要时，品种保护办公室有权要求申请人补交。

第三十一条 繁殖材料应当依照有关规定实施植物检疫。检疫不合格或者未经检疫的，保藏中心或者测试机构不予接收。

保藏中心或者测试机构收到申请人送交的繁殖材料后应当出具书面证明，并在收到繁殖材料之日起20个工作日内（有休眠期的植物除外）完成生活力等内容的检测。检测合格的，应当向申请人出具书面检测合格证明；检测不合格的，应当通知申请人自收到通知之日起1个月内重新送交繁殖材料并取回检测不合格的繁殖材料，申请人到期不取回的，保藏中心或者测试机构应当销毁。

申请人未按规定送交繁殖材料的，视为撤回申请。

第三十二条 保藏中心和测试机构对申请品种的繁殖材料负有保密的责任，应当防止繁殖材料丢失、被盗等事故的发生，任何人不得更换检验合格的繁殖材料。发生繁殖材料丢失、被盗、更换的，依法追究有关人员的责任。

第五章 品种权的审查与批准

第三十三条 在初步审查、实质审查、复审和无效宣告程序中进行审查和复审人员有下列情形之一的，应当自行回避，当事人或者其他利害关系人可以要求其回避：

（一）是当事人或者其代理人近亲属的；

（二）与品种权申请或者品种权有直接利害关系的；

（三）与当事人或者其代理人有其他关系，可能影响公正审查和审理的。

审查人员的回避由品种保护办公室决定，复审人员的回避由植物新品种复审委员会主任决定。

第三十四条 一件植物品种权申请包括两个以上新品种的，品种保护办公室应当要求申请人提出分案申请。申请人在指定期限内对其申请未进行分案修正或者期满未答复的，视为撤回申请。

申请人按照品种保护办公室要求提出的分案申请，可以保留原申请日；享有优先权的，可保留优先权日。但不得超出原申请文件已有内容的范围。

分案申请应当依照《条例》及本细则的规定办理相关手续。

分案申请的请求书中应当写明原申请的申请号和申请日。原申请享有优先权的，应当提交原申请的优先权文件副本。

第三十五条 品种保护办公室对品种权申请的下列内容进行初步审查：

（一）是否符合《条例》第二十七条规定；

（二）选择的近似品种是否适当；申请品种的亲本或其他繁殖材料来源是否公开。

品种保护办公室应当将审查意见通知申请人。品种保护办公室有疑问的，可要求申请人在指定期限内陈述意见或者补正；申请人期满未答复的，视为撤回申请。申请人陈述意见或者补正后，品种保护办公室认为仍然不符合规定的，应当驳回其申请。

第三十六条　除品种权申请文件外，任何人向品种保护办公室提交的与品种权申请有关的材料，有下列情形之一的，视为未提出：

（一）未使用规定的格式或者填写不符合要求的；

（二）未按照规定提交证明材料的。

当事人当面提交材料的，受理人员应当当面说明材料存在的缺陷后直接退回；通过邮局提交的，品种保护办公室应当将视为未提出的审查意见和原材料一起退回；邮寄地址不清的，采用公告方式退回。

第三十七条　自品种权申请之日起至授予品种权之日前，任何人均可以对不符合《条例》第八条、第十三至第十八条以及本细则第四条规定的品种权申请，向品种保护办公室提出异议，并提供相关证据和说明理由。未提供相关证据的，品种保护办公室不予受理。

第三十八条　未经品种保护办公室批准，申请人在品种权授予前不得修改申请文件的下列内容：

（一）申请品种的名称、申请品种的亲本或其他繁殖材料名称、来源以及申请品种的育种方法；

（二）申请品种的最早销售时间；

（三）申请品种的特异性、一致性和稳定性内容。

品种权申请文件的修改部分，除个别文字修改或者增删外，应当按照规定格式提交替换页。

第三十九条　品种保护办公室负责对品种权申请进行实质审查，并将审查意见通知申请人。品种保护办公室可以根据审查的需要，要求申请人在指定期限内陈述意见或者补正。申请人期满未答复的，视为撤回申请。

第四十条　依照《条例》和本细则的规定，品种权申请经实质审查应当予以驳回的情形是指：

（一）不符合《条例》第八条、第十三条至第十七条规定之一的；

（二）属于本细则第四条规定的；

（三）不符合命名规定，申请人又不按照品种保护办公室要求修改的；

（四）申请人陈述意见或者补正后，品种保护办公室认为仍不符合规定的。

第四十一条 品种保护办公室发出办理授予品种权手续的通知后，申请人应当自收到通知之日起2个月内办理相关手续和缴纳第1年年费。对按期办理的，农业部授予品种权，颁发品种权证书，并予以公告。品种权自授权公告之日起生效。

期满未办理的，视为放弃取得品种权的权利。

第四十二条 农业部植物新品种复审委员会，负责审理驳回品种权申请的复审案件、品种权无效宣告案件和授权品种更名案件。具体规定由农业部另行制定。

第六章 文件的提交、送达和期限

第四十三条 依照《条例》和本细则规定提交的各种文件应当使用中文，并采用国家统一规定的科学技术术语和规范词。外国人名、地名和科学技术术语没有统一中文译文的，应当注明原文。

依照《条例》和本细则规定提交的各种证件和证明文件是外文的，应当附送中文译文；未附送的，视为未提交该证明文件。

第四十四条 当事人向品种保护办公室提交的各种文件应当打印或者印刷，字迹呈黑色，并整齐清晰。申请文件的文字部分应当横向书写，纸张只限单面使用。

第四十五条 当事人提交的各种文件和办理的其他手续，应当由申请人、品种权人、其他利害关系人或者其代表人签字或者盖章；委托代理机构的，由代理机构盖章。请求变更培育人姓名、品种权申请人和品种权人的姓名或者名称、国籍、地址、代理机构的名称和代理人姓名的，应当向品种保护办公室办理著录事项变更手续，并附具变更理由的证明材料。

第四十六条 当事人提交各种材料时，可以直接提交，也可以邮寄。邮寄时，应当使用挂号信函，不得使用包裹，一件信函中应当只包含同一申请的相关材料。邮寄的，以寄出的邮戳日为提交日。信封上寄出的邮戳日不清晰的，除当事人能够提供证明外，以品种保护办公室的收到日期为提交日。

品种保护办公室的各种文件，可以通过邮寄、直接送交或者以公告的方式送达当事人。当事人委托代理机构的，文件送交代理机构；未委托代理机构的，文件送交请求书中收件人地址及收件人或者第一署名人或者代表人。当事人拒绝接收文件的，该文件视为已经送达。

品种保护办公室邮寄的各种文件，自文件发出之日起满 15 日，视为当事人收到文件之日。

根据规定应当直接送交的文件，以交付日为送达日。文件送达地址不清，无法邮寄的，可以通过公告的方式送达当事人。自公告之日起满 2 个月，该文件视为已经送达。

第四十七条 《条例》和本细则规定的各种期限的第一日不计算在期限内。期限以年或者月计算的，以其最后一月的相应日为期限届满日；该月无相应日的，以该月最后一日为期限届满日。期限届满日是法定节假日的，以节假日后的第一个工作日为期限届满日。

第四十八条 当事人因不可抗力而耽误《条例》或者本细则规定的期限或者品种保护办公室指定的期限，导致其权利丧失的，自障碍消除之日起 2 个月内，最迟自期限届满之日起 2 年内，可以向品种保护办公室说明理由并附具有关证明文件，请求恢复其权利。

当事人因正当理由而耽误《条例》或者本细则规定的期限或者品种保护办公室指定的期限，造成其权利丧失的，可以自收到通知之日起 2 个月内向品种保护办公室说明理由，请求恢复其权利。

当事人请求延长品种保护办公室指定期限的，应当在期限届满前，向品种保护办公室说明理由并办理有关手续。

本条第一款和第二款的规定不适用《条例》第十四条、第二十三条、第三十二条第二、三款、第三十四条、第三十七条第二款规定的期限。

第四十九条 除《条例》第二十二条的规定外，《条例》所称申请日，有优先权的，指优先权日。

第七章 费用和公报

第五十条 申请品种权和办理其他手续时，应当按照国家有关规定向农业部缴纳申请费、审查费、年费。

第五十一条 《条例》和本细则规定的各种费用，可以直接缴纳，也可以通过邮局或者银行汇付。

通过邮局或者银行汇付的，应当注明品种名称，同时将汇款凭证的复印件传真或者邮寄至品种保护办公室，并说明该费用的申请号或者品种权号、申请人或者品种权人的姓名或名称、费用名称。

通过邮局或者银行汇付的，以汇出日为缴费日。

第五十二条 依照《条例》第二十四条的规定，申请人可以在提交品种权申请的同时缴纳申请费，但最迟自申请之日起1个月内缴纳申请费，期满未缴纳或者未缴足的，视为撤回申请。

第五十三条 经初步审查合格的品种权申请，申请人应当按照品种保护办公室的通知，在规定的期限内缴纳审查费。期满未缴纳或者未缴足的，视为撤回申请。

第五十四条 申请人在领取品种权证书前，应当缴纳授予品种权第1年的年费。以后的年费应当在前1年度期满前1个月内预缴。

第五十五条 品种权人未按时缴纳授予品种权第1年以后的年费，或者缴纳的数额不足的，品种保护办公室应当通知申请人自应当缴纳年费期满之日起6个月内补缴；期满未缴纳的，自应当缴纳年费期满之日起，品种权终止。

第五十六条 品种保护办公室定期发布植物新品种保护公报，公告品种权有关内容。

第八章 附　　则

第五十七条 《条例》第四十条、第四十一条所称的假冒授权品种行为是指下列情形之一：

（一）印制或者使用伪造的品种权证书、品种权申请号、品种权号或者其他品种权申请标记、品种权标记；

（二）印制或者使用已经被驳回、视为撤回或者撤回的品种权申请的申请号或者其他品种权申请标记；

（三）印制或者使用已经被终止或者被宣告无效的品种权的品种权证书、品种权号或者其他品种权标记；

（四）生产或者销售本条第（一）项、第（二）项和第（三）项所标记的品种；

（五）生产或销售冒充品种权申请或者授权品种名称的品种；

（六）其他足以使他人将非品种权申请或者非授权品种误认为品种权申请或者授权品种的行为。

第五十八条 农业行政部门根据《条例》第四十一条的规定对封存或者扣

押的植物品种繁殖材料，应当在三十日内做出处理；情况复杂的，经农业行政部门负责人批准可以延长，延长期限不超过三十日。

第五十九条 当事人因品种申请权或者品种权发生纠纷，向人民法院提起诉讼并且人民法院已受理的，可以向品种保护办公室请求中止有关程序。

依照前款规定申请中止有关程序的，应当向品种保护办公室提交申请书，并附具人民法院的有关受理文件副本。

在人民法院作出的判决生效后，当事人应当向品种保护办公室请求恢复有关程序。自请求中止之日起 1 年内，有关品种申请权或者品种权归属的纠纷未能结案，需要继续中止有关程序的，请求人应当在该期限内请求延长中止。期满未请求延长的，品种保护办公室可以自行恢复有关程序。

第六十条 已被视为撤回、驳回和主动撤回的品种权申请的案卷，自该品种权申请失效之日起满 2 年后不予保存。

已被宣告无效的品种权案卷自该品种权无效宣告之日起，终止的品种权案卷自该品种权失效之日起满 3 年后不予保存。

第六十一条 本细则自 2008 年 1 月 1 日起施行。1999 年 6 月 16 日农业部发布的《中华人民共和国植物新品种保护条例实施细则（农业部分）》同时废止。

3. 农业植物品种命名规定

（2012 年 3 月 14 日农业部令 2012 年第 2 号公布　2022 年 1 月 21 日农业农村部令2022 年第 2 号修订）

第一条 为规范农业植物品种命名，加强品种名称管理，保护育种者和种子生产者、经营者、使用者的合法权益，根据《中华人民共和国种子法》、《中华人民共和国植物新品种保护条例》和《农业转基因生物安全管理条例》，制定本规定。

第二条 申请农作物品种审定、品种登记和农业植物新品种权的农业植物品种及其直接应用的亲本的命名，应当遵守本规定。

其他农业植物品种的命名，参照本规定执行。

第三条 农业农村部负责全国农业植物品种名称的监督管理工作。

县级以上地方人民政府农业农村主管部门负责本行政区域内农业植物品种名称的监督管理工作。

第四条 农业农村部建立农业植物品种名称检索系统，供品种命名、审查和查询使用。

第五条 一个农业植物品种只能使用一个中文名称，在先使用的品种名称具有优先性，不能再使用其他的品种名称对同一品种进行命名。

申请植物新品种保护的同时提供英文名称。

相同或者相近的农业植物属内的品种名称不得相同。

相近的农业植物属见附件。

第六条 申请人应当书面保证所申请品种名称在农作物品种审定、品种登记和农业植物新品种权中的一致性。

第七条 相同或者相近植物属内的两个以上品种，以同一名称提出相关申请的，名称授予先申请的品种，后申请的应当重新命名；同日申请的，名称授予先完成培育的品种，后完成培育的应当重新命名。

第八条 品种名称应当使用规范的汉字、英文字母、阿拉伯数字、罗马数字或其组合。品种名称不得超过15个字符。

第九条 品种命名不得存在下列情形：

（一）仅以数字或者英文字母组成的；

（二）仅以一个汉字组成的；

（三）含有国家名称的全称、简称或者缩写的，但存在其他含义且不易误导公众的除外；

（四）含有县级以上行政区划的地名或者公众知晓的其他国内外地名的，但地名简称、地名具有其他含义的除外；

（五）与政府间国际组织或者其他国际国内知名组织名称相同或者近似的，但经该组织同意或者不易误导公众的除外；

（六）容易对植物品种的特征、特性或者育种者身份等引起误解的，但惯用的杂交水稻品种命名除外；

（七）夸大宣传的；

（八）与他人驰名商标、同类注册商标的名称相同或者近似，未经商标权人书面同意的；

（九）含有杂交、回交、突变、芽变、花培等植物遗传育种术语的；

（十）含有植物分类学种属名称的，但简称的除外；

（十一）违反国家法律法规、社会公德或者带有歧视性的；

（十二）不适宜作为品种名称的或者容易引起误解的其他情形。

第十条　有下列情形之一的，属于容易对植物品种的特征、特性引起误解的情形：

（一）易使公众误认为该品种具有某种特性或特征，但该品种不具备该特性或特征的；

（二）易使公众误认为只有该品种具有某种特性或特征，但同属或者同种内的其他品种同样具有该特性或特征的；

（三）易使公众误认为该品种来源于另一品种或者与另一品种有关，实际并不具有联系的；

（四）品种名称中含有知名人物名称的，但经该知名人物同意的除外；

（五）其他容易对植物品种的特征、特性引起误解的情形。

第十一条　有下列情形之一的，属于容易对育种者身份引起误解的情形：

（一）品种名称中含有另一知名育种者名称的，但经该知名育种者同意的除外；

（二）品种名称与另一已经使用的知名系列品种名称近似的；

（三）其他容易对育种者身份引起误解的情形。

第十二条　有下列情形之一的，视为品种名称相同：

（一）读音或者字义不同但文字相同的；

（二）以中文数字、阿拉伯数字或罗马数字表示，但含义为同一数字的；

（三）仅以名称中数字后有无"号"字区别的；

（四）其他视为品种名称相同的情形。

第十三条　通过基因工程技术改变个别性状的品种，其品种名称与受体品种名称相近似的，应当经过受体品种育种者同意。

第十四条　品种的中文名称译成英文时，应当逐字音译，每个汉字音译的第一个字母应当大写。

品种的外文名称译成中文时，应当优先采用音译；音译名称与已知品种重复的，采用意译；意译仍有重复的，应当另行命名。

第十五条　农业植物品种名称不符合本规定的，申请人应当在指定的期限内予以修改。逾期未修改或者修改后仍不符合规定的，驳回该申请。

第十六条 申请农作物品种审定、品种登记和农业植物新品种权的农业植物品种，在公告前应当在农业农村部网站公示，公示期为 15 个工作日。省级审定的农作物品种在公告前，应当由省级人民政府农业农村主管部门将品种名称等信息报农业农村部公示。

农业农村部对公示期间提出的异议进行审查，并将异议处理结果通知异议人和申请人。

第十七条 公告后的品种名称不得擅自更改。确需更改的，报原审批单位审批。

第十八条 销售农业植物种子，未使用公告品种名称的，由县级以上人民政府农业农村主管部门按照《中华人民共和国种子法》的规定处罚。

第十九条 申请人以同一品种申请农作物品种审定、品种登记和农业植物新品种权过程中，通过欺骗、贿赂等不正当手段获取多个品种名称的，除由审批机关撤销相应的农作物品种审定、品种登记和农业植物新品种权外，三年内不再受理该申请人相应申请。

第二十条 本规定施行前已取得品种名称的农业植物品种，可以继续使用其名称。对有多个名称的在用品种，由农业农村部组织品种名称清理并重新公告。

本规定施行前已受理但尚未批准的农作物品种审定、品种登记和农业植物新品种权申请，其品种名称不符合本规定要求的，申请人应当在指定期限内重新命名。

第二十一条 本规定自 2012 年 4 月 15 日起施行。

4. 农业部植物新品种复审委员会审理规定

（农业部令第 45 号公布　自 2001 年 1 月 26 日起施行）

第一章　总　　则

第一条 根据《中华人民共和国植物新品种保护条例》（以下简称《条例》）、《中华人民共和国植物新品种保护条例实施细则（农业部分）》（以下简称《实施细则》），制定本规定。

第二条 农业部植物新品种复审委员会（以下简称复审委员会）负责审理驳回品种权申请的复审案件、品种权无效宣告案件和新品种更名案件。

第三条 复审委员会依法独立行使审理权，并作出审理决定。

第二章 复审委员会的组成与职责

第四条 复审委员会设主任委员 1 名，副主任委员 4 名，秘书长 1 名，委员 30 名。

主任委员由农业部主管领导兼任，副主任委员由科教司司长和种植业管理司、产业政策与法规司、科技教育司主管副司长兼任，秘书长由农业部科教司知识产权与成果管理处负责人兼任。

第五条 复审委员会委员（简称复审委员）由农业部聘请有经验的技术、法律和行政管理人员组成。复审委员每届任期 3 年，可连聘连任，但最多不得超过 3 届。

复审委员会下设大田作物、果树、观赏植物及草类、蔬菜作物等四个复审小组，每个复审小组由若干名复审委员组成，负责复审案件的具体审理工作。

根据案件审理的需要，复审委员会可以邀请其他专家对案件涉及的内容提供咨询意见，或者委托有关单位进行技术性鉴定。

第六条 复审委员会的主要职责是：

（一）负责审理农业部植物新品种保护办公室（以下简称新品种保护办公室）在初步审查和实质审查程序中驳回品种权申请的复审请求；

（二）负责审理无效宣告和品种更名请求；

（三）依据职权宣告品种权无效，以及对授权品种予以更名。

第七条 复审委员会主任委员行使下列职权：

（一）任命复审小组组长；

（二）主持复审委员会全体会议；

（三）决定复审委员的回避；

（四）签发审理决定。

主任委员可以委托副主任委员代行部分职权。

第八条 复审小组组长负责主持复审案件和无效案件审理会议以及组织起草审理决定草案。

第九条 复审委员会秘书处设在农业部科教司知识产权与成果管理处，负责处理复审委员会的日常工作。

第三章 一般规定

第十条 中国的单位和个人请求复审或者无效宣告的，可以直接或者委托新品种保护办公室认可的具有品种权代理资格的机构向复审委员会提出符合规定格式要求的复审请求书或者无效宣告请求书。

在中国没有经常居所的外国人、外国企业或者外国其他组织，应当委托新品种保护办公室认可的具有品种权代理资格的机构办理。

第十一条 当事人委托代理机构办理的，应当提交代理人委托书一份。代理人委托书应当载明代理内容、委托权限。

第十二条 依据《实施细则》第四十四条的规定，复审委员会委托新品种保护办公室受理处代收复审请求书和无效宣告请求书及有关文件。

第十三条 复审委员会应当坚持以事实为依据，以法律为准绳，依法公正、客观地审理案件。

第十四条 当事人在复审中的法律地位一律平等。

第十五条 复审和无效宣告审理工作应当自觉接受社会监督。复审委员认为自己与本案件有利害关系的，应当申请回避。

当事人认为复审委员与本案件有利害关系或者其他关系可能影响公正审理的，在审理决定作出前，有权要求相关人员回避。相关人员是否回避由主任委员决定。

第十六条 复审委员会主要依据书面材料进行审理。但对于重大或者有重要疑难法律、技术问题或者较为复杂的案件，复审委员会可以召集双方当事人举行听证会。

当事人对自己提出的主张有举证责任，但复审委员会不受当事人所提供的证据限制，可以依据职权进行调查或者要求当事人补充证据。

第十七条 复审委员会举行听证会，应当在听证会前45天将会议日期通知当事人。当事人应当在收到通知后的5天内将参加听证会的人员名单回执交复审委员会秘书处。当事人有正当理由的，可以在听证会召开前25天请求延期，是否延期，由复审委员会决定。当事人无正当理由不提交听证会人员回执、不到会或者未经许可中途退会的，视为放弃申辩的权利。

第十八条 复审委员会决定举行听证会后，当事人可以在提交《听证会人员回执》前补充证据材料。逾期补充的证据材料，复审委员会不予考虑。

第十九条 复审委员会举行听证会时应当制作笔录。当事人或者其他参加人认为对自己陈述的记录有遗漏或者差错的，有权申请更正。笔录由到会的复审委员、当事人和其他有关人员签名或者盖章。

第二十条 复审委员会和复审小组依照少数服从多数的原则，通过投票表决作出审理决定。

当表决结果出现赞成票与反对票票数相同的情况时，负责主持会议的主任委员或者副主任委员或者复审小组组长所投的一票有决定作用。

第四章 驳回申请的复审

第二十一条 申请人对驳回品种权申请的决定不服的，可以自收到通知之日起3个月内向复审委员会提交复审请求书，请求复审。

第二十二条 秘书处对收到的复审请求书进行以下形式审查：

（一）复审请求应当属于新品种保护办公室在初步审查或者实质审查中驳回的品种权申请；

（二）复审请求不应当属于复审委员会已经审理并作出审理决定，请求人又以同一事实和理由提出复审请求的；

（三）复审请求人应当是被驳回品种权申请的全体申请人；

（四）复审请求的期限应当符合《条例》第三十二条的规定；

（五）复审请求书应当符合规定的格式要求以及符合《实施细则》第四十五条第一款规定的份数；

（六）复审请求中修改的被驳回的品种权申请文件应当符合《实施细则》第四十五条第二款的规定；

（七）复审请求人委托代理机构办理的，应当提交代理人委托书并写明委托权限等。

第二十三条 经形式审查认为复审请求不符合本规定第二十二条规定的，秘书处应当通知复审请求人在指定的期限内补正，逾期不补正的，该复审请求视为撤回。

第二十四条 对形式审查合格的复审请求，可以直接交由复审小组审理，也可以交由新品种保护办公室进行"前置审查"。

进行前置审查的，新品种保护办公室应当自收到案卷之日起 30 日内（特殊情况除外）提出审查意见。前置审查意见分以下三种：

（一）复审请求证据充分，理由成立，同意撤销原驳回申请的决定；

（二）复审请求人提交的申请文件修改文本克服了原申请中存在的缺陷，同意在修改文本的基础上撤销原驳回申请的决定；

（三）复审请求人陈述的意见和提交的申请文件修改文本不足以使原驳回申请的决定被撤回，坚持原驳回申请的决定。

第二十五条　新品种保护办公室在前置审查过程中，对于原始申请文件未做修改的复审请求不得提出新的驳回理由。

第二十六条　若新品种保护办公室作出的前置审查意见属于本规定第二十四条第（一）或者第（二）项两种情形之一的，复审委员会不再进行审理，可以据此作出审理决定。

若新品种保护办公室作出的前置审查意见属于本规定第二十四条第（三）项情形的，由复审小组继续进行审理。

第二十七条　复审委员会应当自收到复审请求书之日起 6 个月内完成复审，并作出审理决定。审理决定分为以下三种：

（一）复审请求的理由不成立，维持原驳回申请的决定，驳回复审请求；

（二）复审请求的理由成立，撤消原驳回申请的决定；

（三）品种权申请文件经复审请求人修改，克服了原驳回申请的决定所指出的缺陷，在新的文本基础上撤消原驳回决定。

第二十八条　复审请求人在复审委员会作出审理决定前可以撤回复审请求，复审程序终止。审理决定已宣布或者书面决定已经发出之后撤回的，不影响审理决定的有效性。

第二十九条　复审委员会作出的审理决定，对于改变新品种保护办公室作出的审查决定的，应当及时通知新品种保护办公室执行复审委员会的审理决定，新品种保护办公室不得以同一事实和理由再次作出与原驳回决定相同的决定，并且继续进行审批程序。

第五章　无效宣告和更名的审理

第三十条　品种权授予后，任何单位和个人均可对农业部授予的品种权提出无效宣告请求，复审委员会也可依职权直接启动无效宣告程序。

第三十一条　秘书处对收到的无效宣告请求书或者品种更名请求书进行以下形式审查：

（一）应当属于无效宣告或者品种更名的复审请求；

（二）请求人不应当以同一事实和理由对复审委员会已经审理并决定仍维持品种权或者品种名称的又提出无效宣告或者品种更名请求书；

（三）该品种权申请已经授权；

（四）请求人所提交的无效宣告或者品种更名请求书中应当说明所依据的事实和理由；

（五）请求人所提交的无效宣告或者品种更名请求书中所提出的理由应当符合《条例》第三十七条及《实施细则》第五十一条的规定；

（六）无效宣告或者品种更名请求人委托代理机构办理的，应当提交代理人委托书并写明委托内容和权限等。

第三十二条　对形式审查符合本规定第三十一条规定的无效宣告或者品种更名请求，秘书处发给"无效宣告受理通知书"或者"品种更名受理通知书"，通知请求人。对不合格的，发给"无效宣告或者品种更名不受理通知书"，并说明不受理的理由。

第三十三条　对经形式审查合格的无效宣告或者品种更名请求书，秘书处应当将副本和有关文件副本送交品种权人，品种权人应当在收到文件之日起3个月内陈述意见，期满不答复的，不影响复审委员会的审理。

秘书处在收到品种权人的意见陈述书后，应当将其副本转送给请求人。信件往来次数由秘书处根据案件实际情况决定。

第三十四条　复审委员会应当对无效宣告或者品种更名请求及时进行审理，并作出审理决定。无效宣告或者品种更名的审理决定有以下两种类型：

（一）无效宣告或者品种更名请求理由成立，宣告品种权无效或者品种名称更名；

（二）无效宣告或者品种更名请求理由不成立，驳回无效宣告或者品种更名请求，维持品种权有效或者品种的现有名称。

第三十五条　在无效宣告或者品种更名审理程序中，品种权人以书面形式放弃其品种权的，无效宣告或者品种更名审理程序不受影响。

第三十六条　在复审委员会对无效宣告或者品种更名请求作出决定之前，请求人可以撤回其请求。请求人撤回无效宣告或者品种更名请求的，复审程序是否终止，由复审委员会决定。

第六章 审理决定的审批与公告

第三十七条 复审委员会对审理完毕的案件均需作出书面审理决定。

第三十八条 复审小组组长负责组织起草审理决定草案。审理决定草案应当写明复审请求争议的内容、审理决定及其理由，经复审小组集体讨论通过并由组长签字后报主任委员签发。

第三十九条 审理决定除通知当事人外，还应当予以公告，并在登记簿上登记。

请求人在规定的期限内向人民法院起诉的，应当在人民法院作出的判决生效后再予以公告和登记。

第四十条 复审委员会作出的品种更名决定生效后，新品种保护办公室应当及时通知品种权人更换品种权证书。品种权人以及其他任何人不得再使用原品种名称。

第七章 附　　则

第四十一条 对复审程序中各种文件的递交、送达和期限的规定按《实施细则》第七章执行。

第四十二条 本规定由农业部负责解释。

第四十三条 本规定自发布之日起施行。

5. 关于台湾地区申请人在大陆申请植物新品种权的暂行规定

（农业部、国家林业局公告第 1487 号公布　自 2010 年 11 月 22 日起施行）

第一条 为保护台湾地区育种者的合法权益，促进植物新品种的培育和使用，制定本规定。

第二条 台湾地区的自然人、法人向大陆植物新品种权审批机关（以下简称审批机关）申请植物新品种权（以下简称品种权）及相关事务，适用本规定。

第三条 台湾地区的品种权申请人（以下简称申请人）向审批机关提出品种权及相关事务申请的，应当委托在大陆依法设立的代理机构办理。

第四条　申请人向审批机关提交的文件应当使用简体中文，日期应当使用公历，但证明文件除外。

第五条　在 2010 年 9 月 12 日（含当日）后，申请人自第一次提出品种权申请之日起 12 个月内，又在大陆就该植物新品种提出品种权申请，申请人要求将第一次申请日视为在大陆的申请日的，应当在申请时提出书面说明，并在 3 个月内提交经原审批机关确认的第一次提出的品种权申请文件的副本作为证明文件。未依照本规定提出书面说明或者提交证明文件的，视为未要求此项权利。

申请人在向审批机关提出第一次品种权申请之日起 12 个月内，又在大陆以外提出品种权申请的，可以请求审批机关出具第一次申请日的证明文件。

第六条　经育种者许可，在大陆销售品种繁殖材料未超过 1 年的；或者在大陆以外销售藤本植物、林木、果树和观赏树木品种繁殖材料未超过 6 年，销售其他植物品种繁殖材料未超过 4 年的，视为申请品种未丧失新颖性。

第七条　申请文件不得含有与现行法律、法规、规章相抵触的词句。

第八条　对不符合本规定第三条、第四条的，审批机关不予受理。

对不符合本规定第七条的，审批机关应当通知申请人在指定期限内予以修改；逾期未答复或者修改后仍不符合前款规定的，驳回其申请。

第九条　品种权申请的其他事宜，依据《中华人民共和国植物新品种保护条例》、《中华人民共和国植物新品种保护条例实施细则（农业部分)》和《中华人民共和国植物新品种保护条例实施细则（林业部分)》办理。

第十条　本规定自发布之日起施行。

6. 农业植物新品种测试指南研制管理办法

（农办科〔2007〕38 号公布　自 2007 年 8 月 13 日起施行）

第一章　总　　则

第一条　为推进植物新品种保护事业发展，规范农业植物新品种测试指南（以下简称测试指南）的研制和修订工作，制定本办法。

第二条　植物新品种测试是指对植物新品种特异性（Distinctness）、一致性（Uniformity）和稳定性（Stability）的测试（简称 DUS 测试）。

第三条 本办法规定了测试指南的申报、研制、审定、发布、修订等程序和要求。

第二章 测试指南的项目申报

第四条 农业部植物新品种保护办公室（以下简称品种保护办公室）根据测试指南研制规划向社会发布《农业植物新品种测试指南研制项目申报指南》。

第五条 国内科研、教学、推广、企业单位及相关专业协会根据《农业植物新品种测试指南研制项目申报指南》向品种保护办公室提交指南研制立项申请。

第六条 鼓励社会力量研制测试指南，愿意自筹资金研制测试指南的单位或个人，可以随时向品种保护办公室提交申请。

第七条 申请单位或个人一般应具备下列条件：

（一）在该植物科研领域具有优势。

（二）具有收集到该植物品种资源的能力。

（三）具有开展相关试验的人力和物力条件。

具有该植物 DUS 测试经验和借鉴国外相关测试指南能力的申请单位或个人优先考虑。

第八条 品种保护办公室组织专家对测试指南项目申请进行评审，审批下达研制任务、签订项目任务书。

第三章 测试指南的研制

第九条 测试指南研制应遵循国家标准《植物新品种测试指南总则》以及国际植物新品种保护联盟（UPOV）测试指南规范文件（TGP）所规定的有关要求。

第十条 测试指南研制程序一般包括：

（一）收集品种和相关资料。

（二）制定性状表，设计田间试验。

（三）开展第一生长周期田间试验。

（四）形成测试指南初稿。

（五）征求有关专家意见，根据意见调整第二生长周期田间试验设计。

（六）开展第二生长周期田间试验，完善测试指南初稿。

（七）形成征求意见稿，征求测试、育种、栽培、植物分类等领域专家意见（专家人数不少于 10 人）。

（八）根据专家意见修改后形成指南送审稿。

第十一条 品种保护办公室委托农业部科技发展中心（农业部植物新品种测试中心）植物新品种测试处（以下简称品种测试处）起草测试指南研制规划、《农业植物新品种测试指南研制项目申报指南》和组织、指导、监管测试指南研制及修订等工作。品种测试处每年 12 月底前向品种保护办公室提交测试指南研制工作进展情况年度报告。

第十二条 承担测试指南研制的单位或个人每半年向品种测试处提交测试指南研制进展报告。

第四章 测试指南的审定和发布

第十三条 承担测试指南研制的单位或个人完成送审稿后，向品种保护办公室提出验收申请。申请验收的材料包括测试指南送审稿、专家意见汇总表、测试指南编制说明等。

第十四条 测试指南编制说明一般包括：

（一）工作简要过程：参考国内外测试指南的情况、主要工作情况、参加研制的单位和人员。

（二）测试指南编制原则和主要内容的确定依据（如性状的确定和分级的依据）。

（三）国内外测试指南对比。

（四）主要参考资料。

第十五条 品种保护办公室委托品种测试处组织相关领域专家（7－13 人）对测试指南进行审定，形成审定意见。

第十六条 通过审定的测试指南，承担单位或个人须在 1 个月内完成修改；未通过审定的，承担单位或个人应根据专家的意见进行修改完善后，再向品种保护办公室提出验收申请，并按上述程序审定。

第十七条 品种测试处负责对通过审定的测试指南进行文字描述上的修改和编辑，形成测试指南报批稿，报品种保护办公室。

第十八条 测试指南报批稿经品种保护办公室审批后向社会发布，并定期汇编出版。

第五章　测试指南的修订

第十九条　根据测试指南的应用情况，品种测试处每年6月底前向品种保护办公室提出下一年的测试指南修订计划，并组织落实测试指南修订单位或组建测试指南修订工作组。

第二十条　测试指南修订单位需签订测试指南修订项目任务书，按测试指南研制、审定和发布等程序管理。

第六章　附　　则

第二十一条　通过其他渠道申请的测试指南研制项目，除按有关项目管理办法管理外，还需按本办法的测试指南研制、审定和发布等程序管理。

第二十二条　本办法由品种保护办公室负责解释。

第二十三条　本办法自发布之日起实施。

7. 农业部植物品种特异性、一致性和稳定性测试机构管理规定

（农办种〔2016〕9号公布　自2016年10月11日起施行）

第一章　总　　则

第一条　为规范农业部植物品种特异性、一致性和稳定性测试机构（以下简称测试机构）的管理，保证植物品种特异性、一致性和稳定性测试结果的公正性、科学性和权威性，制订本规定。

第二条　本规定所指的测试机构是指农业部批准或授权从事农业植物品种特异性、一致性和稳定性（以下简称DUS）测试的指定机构，包括挂靠在农业部科技发展中心及有关单位的农业部植物新品种测试中心（以下简称测试中心）、测试分中心，以及农业部授权的其他测试单位。

第三条　测试机构为公益性非营利机构，应保持相对独立，并采用统一标识。标识由测试中心设计、发布、实施。

第四条　测试机构应对出具的测试报告承担相应的法律责任。工作人员必

须遵纪守法，恪守职业道德，秉公办事，不徇私情。

第二章 职责与任务

第五条 测试机构主要承担农业植物品种 DUS 测试及其相关工作。包括：

（一）承担农业部植物新品种保护办公室、各级种子管理部门以及其他组织或个人委托的植物品种 DUS 测试与鉴定工作；

（二）承担种子等有关管理部门、各级司法机构及其他委托人委托的有关品种侵权等案件的技术鉴定；

（三）开展植物品种测试和鉴定新技术、新方法研究及测试指南的研制；

（四）收集、整理、保存植物品种测试所需的繁殖材料、抗病虫性鉴定所需的病原和虫源等；

（五）建设维护农业植物品种的性状描述、DNA 指纹、图像等数据库。

第六条 测试中心的职责与任务：

（一）负责拟定 DUS 测试体系发展规划，组织、协调、指导和监督其他测试机构业务工作；

（二）安排布置测试任务，并对测试结果进行汇总和审核；

（三）组织协调行政、司法鉴定中的植物品种 DUS 测试与鉴定；

（四）组织开展植物品种 DUS 测试和鉴定的新技术新方法研究、测试指南的制修订、DNA 鉴定方法研究、DNA 指纹信息采集等；

（五）构建与维护植物品种 DUS 测试信息平台等，开展植物品种 DUS 测试技术的宣传与培训，以及国际合作与交流；

（六）承担第五条一至五款的任务；

（七）农业部植物新品种保护办公室、农业部种子管理局安排的其他任务。

第七条 测试分中心以及农业部授权的其他测试单位的职责与任务：

（一）承担第五条一至五款的任务；

（二）测试中心安排的其他工作。

第三章 机构与人员

第八条 测试机构挂靠单位应出具法人代表授权书，授权测试机构独立开展测试工作，并承诺挂靠单位的任何机构、任何人员不得干预测试机构的测试工作。

测试机构挂靠单位级别为处级以上（含处级）的，应当设立独立运行的测试机构，条件允许的可以设置为二级法人。测试机构一般应设办公室，负责样品、仪器设备和档案管理、测试流程质量控制以及行政后勤工作。

测试机构挂靠单位应加强机构人员建设与日常监督，提供测试所需的基本条件、场所、设施设备等需求，保障测试机构的高效运行；应采取必要措施保证测试人员的待遇不低于本单位从事管理岗位同级人员的平均水平，条件允许的，应为测试机构出台符合其业务特点的绩效考核和职称评审等办法。

第九条 测试分中心等测试机构应配备专（兼）职主任、行政副主任和业务副主任。

（一）主任由挂靠单位主要负责人或分管负责人担任，行政副主任由内设机构或单位的相关负责人担任。

业务副主任应由有 2 年以上 DUS 测试及相关工作经验、组织协调能力强、具有高级专业技术职务的人员担任。

（二）主任与副主任的任免符合上述资格条件的，挂靠单位履行任职手续，同时报测试中心备案。测试中心每年年底一次性向农业部种子管理局备案。

第十条 测试机构应配备与承担测试任务量相匹配的专职测试人员。原则上编制内专职测试人员不少于 5 名，并且每 40 个测试品种需配备至少 1 名专职测试人员，于本规定颁布之日起 2 年内达到要求。

第十一条 测试机构设技术负责人 1 名，原则上应由业务副主任兼任。

技术负责人应具有植物分类、遗传育种、栽培、生理、种质资源等专业背景或工作经验，并长期从事 DUS 测试技术工作，具备一定管理能力且中级以上职称。

第十二条 测试中心、分中心的业务副主任、技术负责人和测试人员不得从事植物育种和品种开发工作。

第十三条 测试人员中有农学或植物学相关专业背景的人员应达到 80% 以上，业务骨干应保持相对稳定。

测试人员须经专业培训并考核合格后，方可从事测试工作。新入职测试人员至少经过 2 个测试周期的辅助测试工作，并经所在测试机构考核合格后方能独立开展工作。

第十四条 测试机构及其工作人员应为申请人或者其他委托人保守其技术秘密和商业秘密，并采取措施确保繁殖材料安全。

未经测试中心批准，不得向任何单位或者个人提供测试样品的繁殖材料以及其他相关信息，测试数据未经许可不得扩散、利用。

第十五条　测试机构应当定期对工作人员进行技术培训和业务考核。

第十六条　测试分中心以及农业部授权的其他测试单位应当及时进行年度总结工作，每年2月底前将上年度工作总结和本年度工作计划以正式文件报送测试中心。遇到测试不能正常开展等重要情况应及时向测试中心书面报告。

第四章　试验场所

第十七条　测试机构应具有与测试任务相匹配的相对集中、独立、封闭和安全的试验场所。

（一）试验地及配套设施

以大田作物、果树类测试为主的，应具有可用于 DUS 测试的独立试验地6公顷以上，一年一熟耕作地区还应酌情增加；以蔬菜、观赏植物类测试为主的，应具有可用于 DUS 测试的独立试验地4公顷以上。试验地应地面平整，土壤肥力均匀，四周应设人工隔离防护设施，地势开阔，无高大树木、建筑物等荫蔽，并根据需要建设良好的排灌系统、配备必要的农机具等。

（二）温室、网室

测试工作中需要利用温室或网室的，应具有面积不少于 $500\ m^2$ 的温室或网室。

（三）实验室、工作室等

具有实验室、挂藏室、摄影室、工作间、仓库，且面积分别不低于 $200\ m^2$、$100\ m^2$、$50\ m^2$、$100\ m^2$、$100\ m^2$，晒场面积不低于 $300\ m^2$，具有满足种子繁殖材料中、短期保存的低温保存库、无性繁殖材料保藏窖或田间保存圃。

第十八条　环境条件要求

（一）试验场所周围的粉尘、烟雾、振动、噪声和电磁辐射等环境污染程度应不影响测试精度；废气、废水、废渣处理应符合国家环境保护的有关规定。

（二）房屋的建造、温室和实验室的采光、温湿度均应满足测试任务所要求的技术条件。

（三）应配备必要的消防、监控、服务和其他辅助设施。

第十九条　承担转基因植物品种 DUS 测试任务的，试验场所还应满足农业转基因生物安全管理的相关规定。

第五章　仪器设备

第二十条　测试机构应具备与测试工作相适应的仪器设备。

（一）仪器设备应保持完好，并附具有效检定合格证书或校验证明、检验规程，仪器设备上应贴有唯一性标识和检定状态标识。

（二）仪器设备应建立技术档案，内容包括购置、验收、调试、说明书、历次检定情况、使用、故障和维修记录等。

（三）仪器设备应有操作规程，由专人管理。

（四）仪器设备应相对集中，布局合理，既便于操作和管理，又能保证仪器设备安全和人身安全。

第二十一条　对测试准确性和有效性有影响的仪器设备和计量器具应按规定的检定周期由法定计量检定机构进行检定，并建立检定档案；无检定规程的仪器设备，应制定校验规程，规定校准方法和周期，经校验确认后方可使用。

第二十二条　所有仪器设备，应执行定期检验制度。与化学分析有关的仪器设备还应通过仪器比对、方法比对、标准物质验证、加标回收等措施，保证其准确性。

第二十三条　农机具操作对人员资质有要求的，应按要求由专业人员操作、使用和管理，建立使用、故障和维修记录档案。

第六章　管理制度

第二十四条　测试机构应制定《质量管理手册》，内容包括：

（一）测试机构管理：机构概况、性质与任务、组织机构图、业务范围、主要测试植物种类目录、测试指南及其测试能力分析表、环境技术参数及控制措施、测试机构及其挂靠单位的公正性声明等；

（二）人员管理：岗位职责、人员构成一览表和中级职称以上人员简历表、人员能力测试程序等；

（三）仪器设备管理：试验场地和设施分布图，主要仪器设备一览表，主要仪器设备购置、验收和调试程序、操作规程目录以及非计量测试仪器设备校验规程目录等；

（四）测试工作管理：工作流程图、质量控制程序和其他各项工作制度。

第二十五条　测试机构应建立以下制度：

（一）繁殖材料的收发、保管、处理、信息反馈，以及试验物资入库和领用登记等制度；

（二）仪器设备管理、计量器具检定、仪器设备校准以及标准物质（含标准样品）的使用和管理等制度；

（三）原始数据记录的填写与校核，测试报告的编写、审核和批准，测试事故报告及处理，以及测试报告的异议申请和处理程序等制度；

（四）测试机构财务管理，《质量管理手册》制定、检查，测试质量控制，定期内部核查与外部评审，年度工作计划、检查和总结，突发事件应急处理预案，试验场所安全与卫生管理，技术文件、档案管理及保密，以及人员的培训与考核、奖惩等制度；

（五）转基因植物品种 DUS 测试任务的受理、测试、样品销毁等安全管理制度。

测试中心还应制定监督检查和能力测试制度。

第二十六条　承担委托测试任务的，测试机构应制定委托测试管理制度。

第七章　测试工作

第二十七条　测试机构应严格按照测试指南和有关技术文件、执行统一的植物品种 DUS 测试流程进行测试。采用非标准方法进行测试时，应按照测试指南制定原则，起草非标准测试方法，并提前向测试中心备案，获得批准后方可使用。

第二十八条　测试分中心以及农业部授权的其他测试单位，应在测试工作结束后 30 天内上报测试报告，并及时整理植物品种测试数据，上传到农业植物已知品种数据库。由测试中心安排的测试任务，测试中心应及时审核各测试机构的测试结果，并在收到测试报告 30 天内出具审查报告。

第二十九条　测试分中心以及农业部授权的其他测试单位应将测试报告副本、原始数据记录、测试标准等技术文件及时整理归档，技术文件保存期为 25 年。

第八章　经　　费

第三十条　测试机构的人员、公用等基本支出由挂靠单位负责解决并列入预算。

第三十一条　测试机构的基本建设投资等项目支出，应纳入挂靠单位事业发展规划，并在年度基建或更新改造计划中安排。

第三十二条　测试机构应严格遵守国家财务管理规定。测试费用由下达测试任务的单位或部门拨付，不得向申请者直接收费。其他委托测试任务，应按照相关收费规定收取。

第九章　监督与管理

第三十三条　农业部种子管理局负责对测试中心进行业务指导与监督，测试中心负责对测试分中心以及农业部授权的其他测试单位进行业务指导与监督。

省级农业主管部门应加强对本辖区内的测试机构的指导与监督，并给予支持。

第三十四条　测试中心对测试分中心以及农业部授权的其他测试单位开展不定期检查。检查组由评审员和相关行政管理人员组成，至少2人，时间一般1天。

第三十五条　新增的测试分中心以及农业部授权的其他测试单位除满足机构、人员、仪器设备、试验场所、管理制度等规定外，还应具备相应测试能力，方可开展测试工作。

第三十六条　测试机构接受社会监督。测试中心接受来自社会的举报，并对举报进行核查。

第十章　奖　　惩

第三十七条　对完成任务好、管理水平高、团结协作好、成绩突出的测试机构和工作中坚持原则、实事求是、成绩突出的工作人员，给予表扬。

第三十八条　有下列情形之一的，由农业部种子管理局或测试中心给予通报批评，并限期整改。整改期间，暂停安排测试任务和接受委托测试，并视情节轻重，对主要责任人给予通报批评。

（一）管理混乱，或监督检查不合格的；

（二）已不具备测试能力的；

（三）工作失误、泄密、弄虚作假，经核查情节严重的；

（四）测试中心、分中心的业务副主任、技术负责人和测试人员有从事植物育种和品种开发工作的；

（五）违反本规定任免主任或副主任的；

（六）其他情形。

第三十九条　有下列情形之一的，由农业部撤销其测试机构资质并收回印章：

（一）限期整改后仍不合格的；

（二）法人资格依法终结或所在挂靠单位撤销，不能承担法律责任的；

（三）失去第三方公正性地位的；

（四）其他违规造成严重后果的。

第四十条　对不遵守职业道德或违反国家法律法规的机构和人员视其情节轻重给予通报，由主管单位给予批评教育、调离岗位或行政处分，并依据国家相关法律法规予以处罚。

第十一章　附　　则

第四十一条　对违反本规定的，任何单位和个人可以向农业部有关部门或测试中心举报。

第四十二条　本规定由农业部种子管理局负责解释。

第四十三条　本规定自发布之日起实行，原《农业部植物新品种测试中心、分中心管理规定》（农办科〔2002〕10号）同时废止。

8. 中华人民共和国农业植物新品种保护名录

中华人民共和国农业植物新品种保护名录（第一批）

（农业部令第14号　自1996年6月16日起施行）

序号	属或者种名	拉丁学名（Latin name）
1	水稻	*Oryza sativa* L.
2	玉米	*Zea mays* L.

续表

序号	属或者种名	拉丁学名（Latin name）
3	大白菜	*Brassica campestris* L. ssp. *pekinensis*（Lour.）Olsson
4	马铃薯	*Solanum tuberosum* L.
5	春兰	*Cymbidium goeringii* Rchb. f
6	菊属	*Chrysanthemum* L.
7	石竹属	*Dianthus* L.
8	唐菖蒲属	*Gladiolus* L.
9	紫花苜蓿	*Medicago sativa* L.
10	草地早熟禾	*Poa pratensis* L.

中华人民共和国农业植物新品种保护名录（第二批）

（农业部令第 27 号　自 2000 年 3 月 7 日起施行）

序号	属或者种名	拉丁学名（Latin name）
1	普通小麦	*Triticum aestivum* L.
2	大豆	*Glycine max*（L.）Merrill
3	甘蓝型油菜	*Brassica napus* L.
4	花生	*Arachis hypogaea* L.
5	普通番茄	*Lycopersicon esculentum* Mill.
6	黄瓜	*Cucumis sativum* L.
7	辣椒属	*Capsicum* L.
8	梨属	*Pyrus* L.
9	酸模属	*Rumex* L.

中华人民共和国农业植物新品种保护名录（第三批）

（农业部令第 46 号　自 2001 年 2 月 26 日起施行）

序号	属或者种名	拉丁学名（Latin name）
1	兰属	*Cymbidium* Sw.
2	百合属	*Lilium* L.
3	鹤望兰属	*Strelitzia* Ait.
4	补血草属	*Limonium* Mill.

中华人民共和国农业植物新品种保护名录（第四批）

（农业部令第 3 号　自 2002 年 1 月 4 日起施行）

序号	属或者种名	拉丁学名（Latin name）
1	甘薯	*Ipomoea batatas*（L.）Lam.
2	谷子	*Setaria italica*（L.）Beauv.
3	桃	*Prunus persica*（L.）Batsch.
4	荔枝	*Litchi chinensis* Sonn.
5	普通西瓜	*Citrullus lanatus*（Thunb.）Matsum et Nakai
6	普通结球甘蓝	*Brassica oleracea* L. var. *capitata*（L.）Alef. var. *alba* DC.
7	食用萝卜	*Raphanus sativus* L. var. *longipinnatus* Bailey & *Raphanus sativus* L. var. *radiculus* Pers.

中华人民共和国农业植物品种保护名录（第五批）

（农业部令第 32 号　自 2003 年 8 月 5 日起施行）

序号	属或者种名	拉丁学名（Latin name）
1	高粱	*Sorghum bicolor*（L.）Moench
2	大麦属	*Hordeum* L.
3	苎麻属	*Boehmeria* L.
4	苹果属	*Malus* Mill.
5	柑橘属	*Citrus* L.
6	香蕉	*Musa acuminata* Colla
7	猕猴桃属	*Actinidia* Lindl.
8	葡萄属	*Vitis* L.
9	李	*Prunus salicina* Lindl. & *P. domestica* L. & *P. cerasifera* Ehrh.
10	茄子	*Solanum melongena* L.
11	非洲菊	*Gerbera jamesonii* Bolus

中华人民共和国农业植物品种保护名录（第六批）

（农业部令第 51 号　自 2005 年 5 月 20 日起施行）

序号	属或者种名	拉丁学名（Latin name）
1	棉属	*Gossypium* L.
2	亚麻	*Linum usitatissimum* L.
3	桑属	*Morus* L.
4	芥菜型油菜	*Brassica juncea* Czern. et Coss.
5	蚕豆	*Vicia faba* L.
6	绿豆	*Vigna radiata*（L.）Wilczek

续表

序号	属或者种名	拉丁学名（Latin name）
7	豌豆	*Pisum sativum* L.
8	菜豆	*Phaseolus vulgaris* L.
9	豇豆	*Vigna unguiculata*（L.）Walp.
10	大葱	*Allium fistulosum* L.
11	西葫芦	*Cucurbita pepo* L.
12	花椰菜	*Brassica oleracea* L. var. *botrytis* L.
13	芹菜	*Apium graveolens* L.
14	胡萝卜	*Daucus carota* L.
15	白灵侧耳	*Pleurotus nebrodensis*（Inzenga）Quél.
16	甜瓜	*Cucumis melo* L.
17	草莓	*Fragaria ananassa* Duch.
18	柱花草属	*Stylosanthes* Sw. ex Willd
19	花毛茛	*Ranunculus asiaticus* L.
20	华北八宝	*Hylotelephium tatarinowii*（Maxim.）H. Ohba
21	雁来红	*Amaranthus tricolor* L.

中华人民共和国农业植物品种保护名录（第七批）

（农业部令第 14 号 自 2008 年 6 月 1 日起施行）

序号	属或组或种名	拉丁学名（Latin name）
1	橡胶树	*Hevea brasiliensis*（Willd. ex A. de Juss.）Muell. Arg.
2	茶组	*Camellia* L. Section *Thea*（L.）Dyer
3	芝麻	*Sesamum indicum* L.
4	木薯	*Manihot esculenta* Crantz
5	甘蔗属	*Saccharum* L.
6	小豆	*Vigna angularis*（Willd.）Ohwi et Ohashi
7	大蒜	*Allium sativum* L.

续表

序号	属或组或种名	拉丁学名 (Latin name)
8	不结球白菜	*Brassica campestris* ssp. chinensis
9	花烛属	*Anthurium* Schott
10	果子蔓属	*Guzmania* Ruiz. & Pav.
11	龙眼	*Dimocarpus longan* Lour.
12	人参	*Panax ginseng* C. A. Mey.

中华人民共和国农业植物品种保护名录（第八批）

（农业部令〔2010〕第 8 号　自 2010 年 3 月 1 日起施行）

序号	属或者种名	拉丁学名 (Latin name)
1	莲	*Nelumbo nucifera* Gaertn.
2	蝴蝶兰属	*Phalaenopsis* BI.
3	秋海棠属	*Begonia* L.
4	凤仙花	*Impatiens balsamina* L.
5	非洲凤仙花	*Impatiens wallerana* Hook. f.
6	新几内亚凤仙花	*Impatiens hawkeri* Bull.

中华人民共和国农业植物品种保护名录（第九批）

（农业部令 2013 年第 1 号　自 2013 年 5 月 12 日起施行）

序号	属或者种名	拉丁学名 (Latin name)
1	芥菜	*Brassica juncea* （L.）Czern. et coss
2	芥蓝	*Brassica alboglabra* Bailey L.
3	枇杷	*Eriobotrya japonica* Lindl.
4	樱桃	*Prunus avium* L.
5	莴苣	*Lactuca sativa* L.
6	三七	*Panax notoginseng* （Burk）F. H. Chen

续表

序号	属或者种名	拉丁学名（Latin name）
7	苦瓜	*Momordica charantia* L.
8	冬瓜	*Benincasa hispida* Cogn.
9	燕麦	*Avena sativa* L. & *Avena nuda* L.
10	芒（杧）果	*Mangifera indica* L.
11	万寿菊属	*Tagetes* L.
12	郁金香属	*Tulipa* L.
13	烟草	*Nicotiana tabacum* L. & *Nicotiana rustica* L.

中华人民共和国农业植物品种保护名录（第十批）

（农业部令 2016 年第 1 号　自 2016 年 5 月 16 日起施行）

序号	属或者种名	拉丁学名（Latin name）
1	向日葵	*Helianthus annuus* L.
2	荞麦属	*Fagopyrum* Mill.
3	白菜型油菜	*Brassica campestris* L.
4	薏苡属	*Coix* L.
5	蓖麻	*Ricinus communis* L.
6	菠菜	*Spinacia oleracea* L.
7	南瓜	*Cucurbita moschata* Duch.
8	丝瓜属	*Luffa* Mill.
9	青花菜	*Brassica oleracea* L. var. *italica* Plenck
10	洋葱	*Allium Cepa* L.
11	姜	*Zingiber officinale* Rosc.
12	茭白（菰）	*Zizania latifolia*（Griseb.）Turcz. ex Stapf.
13	芦笋（石刁柏）	*Asparagus officinalis* L.
14	山药（薯蓣）	*Dioscorea alata* L.；*Dioscorea polystachya* Turcz.；*Dioscorea japonica* Thunb.

序号	属或者种名	拉丁学名（Latin name）
15	菊芋	*Helianthus tuberosus* L.
16	咖啡黄葵	*Abelmoschus esculentus*（L.）Moench
17	杨梅属	*Myrica* L.
18	椰子	*Cocos nucifera* L.
19	凤梨属	*Ananas* Mill.
20	番木瓜	*Carica papaya* L.
21	木菠萝（菠萝蜜）	*Artocarpus heterophyllus* Lam.
22	无花果	*Ficus carica* L.
23	仙客来	*Cyclamen persicum* Mill.
24	一串红	*Salvia splendens* Ker－Gawler
25	三色堇	*Viola tricolor* L.
26	矮牵牛（碧冬茄）	*Petunia hybrida* Vilm.
27	马蹄莲属	*Zantedeschia* Spreng.
28	铁线莲属	*Clematis* L.
29	石斛属	*Dendrobium* Sw.
30	萱草属	*Hemerocallis* L.
31	薰衣草属	*Lavandula* L.
32	欧报春	*Primula vulgaris* Huds.
33	水仙属	*Narcissus* L.
34	羊肚菌属	*Morchella* Dill. ex Pers.
35	香菇	*Lentinula edodes*（Berk.）Pegler
36	黑木耳	*Auricularia heimuer* F. Wu，B. K. Cui & Y. C. Dai
37	灵芝属	*Ganoderma* P. Karst.
38	双孢蘑菇	*Agaricus bisporus*（J. E. Lange）Imbach
39	枸杞属	*Lycium* L.
40	天麻	*Gastrodia elata* Bl.
41	灯盏花（短莛飞蓬）	*Erigeron breviscapus*（Vant.）Hand.－Mazz.
42	何首乌	*Fallopia multiflora*（Thunb.）Harald.

续表

序号	属或者种名	拉丁学名（Latin name）
43	菘蓝	*Isatis indigotica* Fort.
44	甜菊（甜叶菊）	*Stevia rebaudiana* Bertoni.
45	结缕草	*Zoysia japonica* Steud.

中华人民共和国农业植物品种保护名录（第十一批）

（农业农村部令 2019 年第 1 号　自 2019 年 4 月 1 日起施行）

序号	属或者种名	拉丁学名（Latin name）
1	甜菜	*Beta vulgaris* L.
2	稷（糜子）	*Panicum miliaceum* L.
3	大麻槿（红麻）	*Hibiscus cannabinus* L.
4	可可	*Theobroma cacao* L.
5	苋属	*Amaranthus* L.
6	狗牙根属	*Cynodon* Rich.
7	鸭茅	*Dactylis glomerata* L.
8	红车轴草（红三叶）	*Trifolium pratense* L.
9	黑麦草属	*Lolium* L.
10	羊茅属	*Festuca* L.
11	狼尾草属	*Pennisetum* Rich.
12	白车轴草（白三叶）	*Trifolium repens* L.
13	魔芋属	*Amorphophallus* Bl. ex Decne.
14	芋	*Colocasia esculenta*（L.）Schott
15	荠	*Capsella bursa-pastoris*（L.）Medic.
16	蕹菜（空心菜）	*Ipomoea aquatica* Forsk.
17	芫荽（香菜）	*Coriandrum sativum* L.
18	韭菜	*Allium tuberosum* Rottl. ex Spreng.
19	紫苏	*Perilla frutescens*（L.）Britt.

序号	属或者种名	拉丁学名 （Latin name）
20	芭蕉属	*Musa* L.
21	量天尺属	*Hylocereus* （Berg.） Britt. et Rose
22	西番莲属	*Passiflora* L.
23	梅	*Prunus mume* Sieb. et Zucc
24	石蒜属	*Lycoris* Herb.
25	睡莲属	*Nymphaea* L.
26	天竺葵属	*Pelargonium* L'Herit. ex Ait.
27	鸢尾属	*Iris* L.
28	芍药组	*Paeonia* Sect. *Paeonia* DC. Prodr.
29	六出花属	*Alstroemeria* L.
30	香雪兰属	*Freesia* Klatt
31	蟹爪兰属	*Zygocactus* K. Schum.
32	朱顶红属	*Hippeastrum* Herb.
33	满天星	*Gypsophila paniculata* L.
34	金针菇	*Flammulina velutipes* （E.） Singer
35	蛹虫草	*Cordyceps militaris* （L. ex Fr.） Link.
36	长根菇	*Hymenopellis raphanipes* （Berk.） R. H. Pertersen
37	猴头菌	*Hericium erinaceum* （Bull.） Pers.
38	毛木耳	*Auricularia cornea* Ehrenb.
39	蝉花	*Isaria cicadae* Miquel
40	真姬菇	*Hypsizygus marmoreus* （Peck） H. E. Bigelow
41	平菇（糙皮侧耳、弗罗里达侧耳）	*Pleurotus ostreatus* （Jacq.） P. Kumm. & *Pleurotus floridanus* Singer
42	秀珍菇（肺形侧耳）	*Pleurotus pulmonarius* （Fr.） Quél.
43	红花	*Carthamus tinctorius* L.
44	淫羊藿属	*Epimedium* L.
45	松果菊属	*Echinacea* Moench.
46	金银花	*Lonicera japonica* Thumb.

续表

序号	属或者种名	拉丁学名（Latin name）
47	柴胡属	*Bupleurum* L.
48	黄芪属	*Astragalus* L.
49	美丽鸡血藤（牛大力）	*Callerya speciosa*（Champ. Ex Benth.）Schot
50	穿心莲	*Andrographis paniculata*（Burm. f.）Nees
51	丹参	*Salvia miltiorrhiza* Bge.
52	黄花蒿	*Artemisia annua* L.
53	砂仁	*Amomum villosum* Lour.

（三）品种审定与登记

1. 主要农作物品种审定办法

（2016 年 7 月 8 日农业部令 2016 年第 4 号公布　2019 年 4 月 25 日农业农村部令 2019 年第 2 号、2022 年 1 月 21 日农业农村部令 2022 年第 2 号修订）

第一章　总　　则

第一条　为科学、公正、及时地审定主要农作物品种，根据《中华人民共和国种子法》（以下简称《种子法》），制定本办法。

第二条　在中华人民共和国境内的主要农作物品种审定，适用本办法。

第三条　本办法所称主要农作物，是指稻、小麦、玉米、棉花、大豆。

第四条　省级以上人民政府农业农村主管部门应当采取措施，加强品种审定工作监督管理。省级人民政府农业农村主管部门应当完善品种选育、审定工作的区域协作机制，促进优良品种的选育和推广。

第二章　品种审定委员会

第五条　农业农村部设立国家农作物品种审定委员会，负责国家级农作物品种审定工作。省级人民政府农业农村主管部门设立省级农作物品种审定委员会，负责省级农作物品种审定工作。

农作物品种审定委员会建立包括申请文件、品种审定试验数据、种子样品、审定意见和审定结论等内容的审定档案，保证可追溯。

第六条　品种审定委员会由科研、教学、生产、推广、管理、使用等方面的专业人员组成。委员应当具有高级专业技术职称或处级以上职务，年龄一般在 55 岁以下。每届任期 5 年，连任不得超过两届。

品种审定委员会设主任 1 名，副主任 2－5 名。

第七条　品种审定委员会设立办公室，负责品种审定委员会的日常工作，设主任 1 名，副主任 1－2 名。

第八条　品种审定委员会按作物种类设立专业委员会，各专业委员会由 9－23 人的单数组成，设主任 1 名，副主任 1－2 名。

省级品种审定委员会对本辖区种植面积小的主要农作物，可以合并设立专业委员会。

第九条　品种审定委员会设立主任委员会，由品种审定委员会主任和副主任、各专业委员会主任、办公室主任组成。

第三章　申请和受理

第十条　申请品种审定的单位、个人（以下简称申请者），可以直接向国家农作物品种审定委员会或省级农作物品种审定委员会提出申请。

申请转基因主要农作物（不含棉花）品种审定的，应当直接向国家农作物品种审定委员会提出申请。

第十一条　申请者可以单独申请国家级审定或省级审定，也可以同时申请国家级审定和省级审定，还可以同时向几个省、自治区、直辖市申请审定。

第十二条　申请审定的品种应当具备下列条件：

（一）人工选育或发现并经过改良；

（二）与现有品种（已审定通过或本级品种审定委员会已受理的其他品种）有明显区别；

（三）形态特征和生物学特性一致；

（四）遗传性状稳定；

（五）具有符合《农业植物品种命名规定》的名称；

（六）已完成同一生态类型区 2 个生产周期以上、多点的品种比较试验。其中，申请国家级品种审定的，稻、小麦、玉米品种比较试验每年不少于 20 个点，棉花、大豆品种比较试验每年不少于 10 个点，或具备省级品种审定试验结果报告；申请省级品种审定的，品种比较试验每年不少于 5 个点。

第十三条　申请品种审定的，应当向品种审定委员会办公室提交以下材料：

（一）申请表，包括作物种类和品种名称，申请者名称、地址、邮政编码、联系人、电话号码、传真、国籍，品种选育的单位或者个人（以下简称育种者）等内容；

（二）品种选育报告，包括亲本组合以及杂交种的亲本血缘关系、选育方法、世代和特性描述；品种（含杂交种亲本）特征特性描述、标准图片，建议的试验区域和栽培要点；品种主要缺陷及应当注意的问题；

（三）品种比较试验报告，包括试验品种、承担单位、抗性表现、品质、产量结果及各试验点数据、汇总结果等；

（四）转基因检测报告；

（五）品种和申请材料真实性承诺书。

转基因主要农作物品种，除应当提交前款规定的材料外，还应当提供以下材料：

（一）转化体相关信息，包括目的基因、转化体特异性检测方法；

（二）转化体所有者许可协议；

（三）依照《农业转基因生物安全管理条例》第十六条规定取得的农业转基因生物安全证书；

（四）有检测条件和能力的技术检测机构出具的转基因目标性状与转化体特征特性一致性检测报告；

（五）非受体品种育种者申请品种审定的，还应当提供受体品种权人许可或者合作协议。

第十四条 品种审定委员会办公室在收到申请材料45日内作出受理或不予受理的决定，并书面通知申请者。

对于符合本办法第十二条、第十三条规定的，应当受理，并通知申请者在30日内提供试验种子。对于提供试验种子的，由办公室安排品种试验。逾期不提供试验种子的，视为撤回申请。

对于不符合本办法第十二条、第十三条规定的，不予受理。申请者可以在接到通知后30日内陈述意见或者对申请材料予以修正，逾期未陈述意见或者修正的，视为撤回申请；修正后仍然不符合规定的，驳回申请。

第十五条 品种审定委员会办公室应当在申请者提供的试验种子中留取标准样品，交农业农村部指定的植物品种标准样品库保存。

第四章　品种试验

第十六条 品种试验包括以下内容：

（一）区域试验；

（二）生产试验；

（三）品种特异性、一致性和稳定性测试（以下简称DUS测试）。

第十七条 国家级品种区域试验、生产试验由全国农业技术推广服务中心组织实施，省级品种区域试验、生产试验由省级种子管理机构组织实施。

品种试验组织实施单位应当充分听取品种审定申请人和专家意见，合理设置试验组别，优化试验点布局，建立健全管理制度，科学制定试验实施方案，并向社会公布。

第十八条 区域试验应当对品种丰产性、稳产性、适应性、抗逆性等进行鉴定，并进行品质分析、DNA 指纹检测等。对非转基因品种进行转基因成分检测；对转基因品种进行转化体真实性检测，并对转基因目标性状与转化体特征特性一致性检测报告进行验证。

每一个品种的区域试验，试验时间不少于两个生产周期，田间试验设计采用随机区组或间比法排列。同一生态类型区试验点，国家级不少于 10 个，省级不少于 5 个。

第十九条 生产试验在区域试验完成后，在同一生态类型区，按照当地主要生产方式，在接近大田生产条件下对品种的丰产性、稳产性、适应性、抗逆性等进一步验证。

每一个品种的生产试验点数量不少于区域试验点，每一个品种在一个试验点的种植面积不少于 300 平方米，不大于 3000 平方米，试验时间不少于一个生产周期。

第一个生产周期综合性状突出的品种，生产试验可与第二个生产周期的区域试验同步进行。

第二十条 区域试验、生产试验对照品种应当是同一生态类型区同期生产上推广应用的已审定品种，具备良好的代表性。

对照品种由品种试验组织实施单位提出，品种审定委员会相关专业委员会确认，并根据农业生产发展的需要适时更换。

省级农作物品种审定委员会应当将省级区域试验、生产试验对照品种报国家农作物品种审定委员会备案。

第二十一条 区域试验、生产试验、DUS 测试承担单位应当具备独立法人资格，具有稳定的试验用地、仪器设备、技术人员。

品种试验技术人员应当具有相关专业大专以上学历或中级以上专业技术职称、品种试验相关工作经历，并定期接受相关技术培训。

抗逆性鉴定由品种审定委员会指定的鉴定机构承担，品质检测、DNA 指纹检测、转基因检测由具有资质的检测机构承担。

品种试验、测试、鉴定承担单位与个人应当对数据的真实性负责。

转基因品种试验承担单位应当依照《农业转基因生物安全管理条例》及相关法律、行政法规和部门规章等的规定，采取相应的安全管理、防范措施。

第二十二条 品种试验组织实施单位应当会同品种审定委员会办公室，定期组织开展品种试验考察，检查试验质量、鉴评试验品种表现，并形成考察报告，对田间表现出严重缺陷的品种保留现场图片资料。

第二十三条 品种试验组织实施单位应当在每个生产周期结束后 45 日内召开品种试验总结会议。品种审定委员会专业委员会根据试验汇总结果、试验考察情况，确定品种是否终止试验、继续试验、提交审定，由品种审定委员会办公室将品种处理结果及时通知申请者。

第二十四条 申请者具备试验能力并且试验品种是自有品种的，可以按照下列要求自行开展品种试验：

（一）在国家级或省级品种区域试验基础上，自行开展生产试验；

（二）自有品种属于特殊用途品种的，自行开展区域试验、生产试验，生产试验可与第二个生产周期区域试验合并进行。特殊用途品种的范围、试验要求由同级品种审定委员会确定；

（三）申请者属于企业联合体、科企联合体和科研单位联合体的，组织开展相应区组的品种试验。联合体成员数量应当不少于 5 家，并且签订相关合作协议，按照同权同责原则，明确责任义务。一个法人单位在同一试验区组内只能参加一个试验联合体。

前款规定自行开展品种试验的实施方案应当在播种前 30 日内报国家级或省级品种试验组织实施单位，符合条件的纳入国家级或省级品种试验统一管理。

第二十五条 申请审定的转基因品种，除目标性状外，其他特征特性与受体品种无变化，受体品种已通过审定且未撤销审定，按以下两种情形进行品种试验：

（一）申请审定的适宜种植区域在受体品种适宜种植区域范围内，可简化试验程序，只需开展一年的生产试验；

（二）申请审定的适宜种植区域不在受体品种适宜种植区域范围内的，应当开展两年区域试验、一年生产试验。

对于转育的新品种，应当开展两年区域试验、一年生产试验和 DUS 测试。

第二十六条 DUS 测试由申请者自主或委托农业农村部授权的测试机构开展，接受农业农村部科技发展中心指导。

申请者自主测试的，应当在播种前 30 日内，按照审定级别将测试方案报农业农村部科技发展中心或省级种子管理机构。农业农村部科技发展中心、省级种子管理机构分别对国家级审定、省级审定 DUS 测试过程进行监督检查，对样品和测试报告的真实性进行抽查验证。

DUS 测试所选择近似品种应当为特征特性最为相似的品种，DUS 测试依据相应主要农作物 DUS 测试指南进行。测试报告应当由法人代表或法人代表授权签字。

第二十七条　符合农业农村部规定条件、获得选育生产经营相结合许可证的种子企业（以下简称育繁推一体化种子企业），对其自主研发的主要农作物非转基因品种可以在相应生态区自行开展品种试验，完成试验程序后提交申请材料。

试验实施方案应当在播种前 30 日内报国家级或省级品种试验组织实施单位备案。

育繁推一体化种子企业应当建立包括品种选育过程、试验实施方案、试验原始数据等相关信息的档案，并对试验数据的真实性负责，保证可追溯。

第五章　审定与公告

第二十八条　对于完成试验程序的品种，申请者、品种试验组织实施单位、育繁推一体化种子企业应当在 2 月底和 9 月底前分别将稻、玉米、棉花、大豆品种和小麦品种各试验点数据、汇总结果、DNA 指纹检测报告、DUS 测试报告、转化体真实性检测报告等提交品种审定委员会办公室。

品种审定委员会办公室在 30 日内提交品种审定委员会相关专业委员会初审，专业委员会应当在 30 日内完成初审。

第二十九条　初审品种时，各专业委员会应当召开全体会议，到会委员达到该专业委员会委员总数三分之二以上的，会议有效。对品种的初审，根据审定标准，采用无记名投票表决，赞成票数达到该专业委员会委员总数二分之一以上的品种，通过初审。

专业委员会对育繁推一体化种子企业提交的品种试验数据等材料进行审核，达到审定标准的，通过初审。

第三十条　初审实行回避制度。专业委员会主任的回避，由品种审定委员会办公室决定；其他委员的回避，由专业委员会主任决定。

第三十一条 初审通过的品种，由品种审定委员会办公室在30日内将初审意见及各试点试验数据、汇总结果，在同级农业农村主管部门官方网站公示，公示期不少于30日。

第三十二条 公示期满后，品种审定委员会办公室应当将初审意见、公示结果，提交品种审定委员会主任委员会审核。主任委员会应当在30日内完成审核。审核同意的，通过审定。

育繁推一体化种子企业自行开展自主研发品种试验，品种通过初审后，应当在公示期内将品种标准样品提交至农业农村部指定的植物品种标准样品库保存。

第三十三条 审定通过的品种，由品种审定委员会编号、颁发证书，同级农业农村主管部门公告。

省级审定的农作物品种在公告前，应当由省级人民政府农业农村主管部门将品种名称等信息报农业农村部公示，公示期为15个工作日。

第三十四条 审定编号为审定委员会简称、作物种类简称、年号、序号，其中序号为四位数。

第三十五条 审定公告内容包括：审定编号、品种名称、申请者、育种者、品种来源、形态特征、生育期（组）、产量、品质、抗逆性、栽培技术要点、适宜种植区域及注意事项等。

转基因品种还应当包括转化体所有者、转化体名称、农业转基因生物安全证书编号、转基因目标性状等。

省级品种审定公告，应当在发布后30日内报国家农作物品种审定委员会备案。

审定公告公布的品种名称为该品种的通用名称。禁止在生产、经营、推广过程中擅自更改该品种的通用名称。

第三十六条 审定证书内容包括：审定编号、品种名称、申请者、育种者、品种来源、审定意见、公告号、证书编号。

转基因品种还应当包括转化体所有者、转化体名称、农业转基因生物安全证书编号。

第三十七条 审定未通过的品种，由品种审定委员会办公室在30日内书面通知申请者。申请者对审定结果有异议的，可以自接到通知之日起30日内，向原品种审定委员会或者国家级品种审定委员会申请复审。品种审定委员会应当在下一次审定会议期间对复审理由、原审定文件和原审定程序进行复审。对病虫害鉴定结果提出异议的，品种审定委员会认为有必要的，安排其他单位再次鉴定。

品种审定委员会办公室应当在复审后 30 日内将复审结果书面通知申请者。

第三十八条　品种审定标准，由同级农作物品种审定委员会制定。审定标准应当有利于产量、品质、抗性等的提高与协调，有利于适应市场和生活消费需要的品种的推广。

省级品种审定标准，应当在发布后 30 日内报国家农作物品种审定委员会备案。

制定品种审定标准，应当公开征求意见。

第六章　引种备案

第三十九条　省级人民政府农业农村主管部门应当建立同一适宜生态区省际间品种试验数据共享互认机制，开展引种备案。

第四十条　通过省级审定的品种，其他省、自治区、直辖市属于同一适宜生态区的地域引种的，引种者应当报所在省、自治区、直辖市人民政府农业农村主管部门备案。

备案时，引种者应当填写引种备案表，包括作物种类、品种名称、引种者名称、联系方式、审定品种适宜种植区域、拟引种区域等信息。

第四十一条　引种者应当在拟引种区域开展不少于 1 年的适应性、抗病性试验，对品种的真实性、安全性和适应性负责。具有植物新品种权的品种，还应当经过品种权人的同意。

第四十二条　省、自治区、直辖市人民政府农业农村主管部门及时发布引种备案公告，公告内容包括品种名称、引种者、育种者、审定编号、引种适宜种植区域等内容。公告号格式为：（X）引种〔X〕第 X 号，其中，第一个"X"为省、自治区、直辖市简称，第二个"X"为年号，第三个"X"为序号。

第四十三条　国家审定品种同一适宜生态区，由国家农作物品种审定委员会确定。省级审定品种同一适宜生态区，由省级农作物品种审定委员会依据国家农作物品种审定委员会确定的同一适宜生态区具体确定。

第七章　撤销审定

第四十四条　审定通过的品种，有下列情形之一的，应当撤销审定：

（一）在使用过程中出现不可克服严重缺陷的；

（二）种性严重退化或失去生产利用价值的；

（三）未按要求提供品种标准样品或者标准样品不真实的；

（四）以欺骗、伪造试验数据等不正当方式通过审定的；

（五）农业转基因生物安全证书已过期的。

第四十五条　拟撤销审定的品种，由品种审定委员会办公室在书面征求品种审定申请者意见后提出建议，经专业委员会初审后，在同级农业农村主管部门官方网站公示，公示期不少于 30 日。

公示期满后，品种审定委员会办公室应当将初审意见、公示结果，提交品种审定委员会主任委员会审核，主任委员会应当在 30 日内完成审核。审核同意撤销审定的，由同级农业农村主管部门予以公告。

第四十六条　公告撤销审定的品种，自撤销审定公告发布之日起停止生产、广告，自撤销审定公告发布一个生产周期后停止推广、销售。品种审定委员会认为有必要的，可以决定自撤销审定公告发布之日起停止推广、销售。

省级品种撤销审定公告，应当在发布后 30 日内报国家农作物品种审定委员会备案。

第八章　监督管理

第四十七条　农业农村部建立全国农作物品种审定数据信息系统，实现国家和省两级品种试验与审定网上申请、受理、审核、发布，品种试验数据、审定通过品种、撤销审定品种、引种备案品种、标准样品、转化体等信息互联共享，审定证书网上统一打印。审定证书格式由国家农作物品种审定委员会统一制定。

省级以上人民政府农业农村主管部门应当在统一的政府信息发布平台上发布品种审定、撤销审定、引种备案、监督管理等信息，接受监督。

第四十八条　品种试验、审定单位及工作人员，对在试验、审定过程中获知的申请者的商业秘密负有保密义务，不得对外提供申请品种审定的种子或者谋取非法利益。

第四十九条　品种审定委员会委员和工作人员应当忠于职守，公正廉洁。品种审定委员会委员、工作人员不依法履行职责，弄虚作假、徇私舞弊的，依法给予处分；自处分决定作出之日起五年内不得从事品种审定工作。

第五十条　申请者在申请品种审定过程中有欺骗、贿赂等不正当行为的，三年内不受理其申请。

联合体成员单位弄虚作假的，终止联合体品种试验审定程序；弄虚作假成员单位三年内不得申请品种审定，不得再参加联合体试验；其他成员单位应当承担连带责任，三年内不得参加其他联合体试验。

第五十一条　品种测试、试验、鉴定机构伪造试验数据或者出具虚假证明的，按照《种子法》第七十二条及有关法律行政法规的规定进行处罚。

第五十二条　育繁推一体化种子企业自行开展品种试验和申请审定有造假行为的，由省级以上人民政府农业农村主管部门处一百万元以上五百万元以下罚款；不得再自行开展品种试验；给种子使用者和其他种子生产经营者造成损失的，依法承担赔偿责任。

第五十三条　农业农村部对省级人民政府农业农村主管部门的品种审定工作进行监督检查，未依法开展品种审定、引种备案、撤销审定的，责令限期改正，依法给予处分。

第五十四条　违反本办法规定，构成犯罪的，依法追究刑事责任。

第九章　附　　则

第五十五条　农作物品种审定所需工作经费和品种试验经费，列入同级农业农村主管部门财政专项经费预算。

第五十六条　育繁推一体化企业自行开展试验的品种和联合体组织开展试验的品种，不再参加国家级和省级试验组织实施单位组织的相应区组品种试验。

第五十七条　本办法自 2016 年 8 月 15 日起施行，农业部 2001 年 2 月 26 日发布、2007 年 11 月 8 日和 2014 年 2 月 1 日修订的《主要农作物品种审定办法》，以及 2001 年 2 月 26 日发布的《主要农作物范围规定》同时废止。

2. 主要农作物品种审定标准（国家级）

（国家农作物品种审定委员会 2017 年 7 月 20 日公布）

国家级稻品种审定标准（2021 年修订）

1 基本条件

1.1 抗性（病、虫、冷、热）

每年南方稻区（不含武陵山稻区）品种稻瘟病综合抗性指数年度≤6.0，品种穗瘟损失率最高级≤7 级。

每年武陵山稻区、北方稻区品种稻瘟病综合抗性指数≤4.5，穗瘟损失率最高级≤5 级。

南方稻区的单季晚粳品种、北方稻区的黄淮海粳稻、京津唐粳稻品种的条纹叶枯病抗性最高级≤5 级。

长江上游、中下游稻区中籼品种耐热性≤7 级。

除达到上述要求外，不同稻区还应对以下抗逆性状进行鉴定。

华南稻区：白叶枯病、白背飞虱（早籼）、褐飞虱（晚籼）。

长江上游稻区：褐飞虱、耐冷性。

长江中下游稻区：白叶枯病、条纹叶枯病（晚粳）、白背飞虱（早籼）、褐飞虱（不含早籼）、耐冷性（晚籼）。

武陵山稻区：耐冷性。

北方早粳区：耐冷性。

1.2 生育期

不超过安全生产和耕作制度允许范围。长江中下游早籼早中熟和晚籼早熟品种全生育期不长于对照品种，麦茬籼稻、华南感光晚籼品种不长于对照 1.0 天；早籼迟熟和晚籼中迟熟品种全生育期不长于对照品种 3.0 天；长江上游中籼、长江中下游单季晚粳和黄淮海中熟中粳、东北早粳中熟品种全生育期不长于对照品种 5.0 天；其他类型品种全生育期不长于对照品种 7.0 天。

当国家区试对照品种进行更换时，由稻专业委员会对相应生育期指标作出调整。

1.3　结实率

中稻品种年度结实率 < 70% 的区域试验点 ≤ 3 个，晚稻品种年度结实率 < 65% 的区域试验点 ≤ 3 个。

1.4　抗倒性

品种年度区域试验、生产试验倒伏点占总试验点的比例 ≤ 20%。

1.5　旱稻品种抗旱性

抗旱级别 ≤ 5 级。

1.6　真实性和差异性（SSR 分子标记检测）

同一品种在不同试验年份、不同试验组别、不同试验渠道中 DNA 指纹检测差异位点数应当 < 2 个。

申请审定品种应当与已知品种 DNA 指纹检测差异位点数 ≥ 3 个；申请审定品种与已知品种 DNA 指纹检测差异位点数 = 2 个的，需进行田间小区种植鉴定证明有重要农艺性状差异。

2　分类品种条件

2.1　高产稳产品种

审定品种与对照同为常规稻或杂交稻，与对照同等级品质，每年区域试验、生产试验产量均比对照品种增产 ≥ 4.0%，每年区域试验、生产试验增产试验点比例均 ≥ 65%。比对照品质差的品种，每年区域试验、生产试验产量比对照品种增产 ≥ 5.0%，每年区域试验、生产试验增产点比例 ≥ 75%。

杂交稻作对照品种的常规稻品种，每年区域试验及生产试验产量比照第一款，比对照品种增产幅度相应降低 2 个百分点。

常规稻作对照品种的杂交稻品种，每年区域试验产量比照第一款，比对照品种增产幅度相应增加 3 个百分点。

2.2　绿色优质品种

2.2.1　品种分类

2.2.1.1　抗病品种：南方稻区（武陵山稻区除外）稻瘟病抗性达到中抗及以上，或华南稻区白叶枯病抗性达到中抗及以上；武陵山稻区稻瘟病抗性达到抗及以上；北方、南方稻区粳稻稻瘟病抗性达到抗及以上，同时条纹叶枯病达到抗及以上。

2.2.1.2　抗虫品种：早籼对白背飞虱达到中抗及以上水平，中籼及晚籼、晚粳对褐飞虱达到中抗及以上水平，且优于对照品种一个级别及以上。

2.2.1.3　优质品种：品质达到《食用稻品种品质》（NY/T 593 – 2013）优质食用稻标准。

2.2.2　产量指标

2.2.2.1　绿色品种：抗性达到1—3级且与对照同等级，每年区域试验比对照增产≥3.0%；达到3级但低于对照，每年区域试验比对照增产≥5.0%；达到3级且优于对照，每年区域试验比对照减产≤3.0%；达到1级且优于对照，每年区域试验比对照减产≤5.0%。

2.2.2.2　优质品种：品质达到部标1—3级且与对照同等级，每年区域试验比对照增产≥3.0%；品质达到部标3级且优于对照，每年区域试验增产≥1.0%；达到部标2级且优于对照，每年区域试验比对照减产≤3.0%；达到部标1级且优于对照，每年区域试验比对照减产≤5.0%。

2.2.2.3　绿色优质品种：稻瘟病、或褐飞虱、或华南白叶枯病中抗及以上，且品质达到部标2级并优于对照的品种，每年区域试验比对照减产≤5.0%；稻瘟病、或褐飞虱、或华南白叶枯病中抗及以上，且品质达到部标1级并优于对照的品种，每年区域试验比对照减产≤7.0%。

以上品种的生产试验产量指标，与区域试验增减产幅度相一致。

2.3　特殊类型品种

糯稻、耐盐（碱）水稻、节水抗旱稻、高海拔粳稻及镉低积累水稻等特殊类型品种，申请者可根据生产实际需求提出品种审定标准，报国家农作物品种审定委员会同意，并自行开展品种试验。

国家级玉米品种审理标准（2021年修订）

1　基本条件

1.1　抗病性

1.1.1　籽粒用玉米品种

东华北中晚熟春玉米类型区、东华北中熟春玉米类型区、东华北中早熟春玉米类型区、北方早熟春玉米类型区、北方极早熟春玉米类型区：大斑病、茎腐病、穗腐病田间自然发病和人工接种鉴定均未达到高感。

西北春玉米类型区：茎腐病田间自然发病和人工接种鉴定均未达到高感。

穗腐病田间自然发病及人工接种鉴定未同时达到高感。

黄淮海夏玉米类型区、京津冀早熟夏玉米类型区：小斑病、茎腐病、穗腐病田间自然发病和人工接种鉴定均未达到高感。

西南春玉米（中低海拔）类型区、热带亚热带玉米类型区：纹枯病、茎腐病、大斑病、穗腐病田间自然发病和人工接种鉴定均未达到高感。

西南春玉米（中高海拔）类型区：灰斑病、大斑病、穗腐病、茎腐病田间自然发病和人工接种鉴定均未达到高感。

东南春玉米类型区：纹枯病、茎腐病、南方锈病田间自然发病和人工接种鉴定均未达到高感。穗腐病田间自然发病及人工接种鉴定未同时达到高感。

除达到上述要求外，不同玉米区品种还应对以下抗病性进行鉴定。

东华北中晚熟春玉米类型区、东华北中熟春玉米类型区、东华北中早熟春玉米类型区、北方早熟春玉米类型区、北方极早熟春玉米类型区：丝黑穗病、灰斑病。

西北春玉米类型区：大斑病、丝黑穗病。

黄淮海夏玉米类型区、京津冀早熟夏玉米类型区：弯孢叶斑病、南方锈病、瘤黑粉病。

西南春玉米（中低海拔）类型区：小斑病、南方锈病。

西南春玉米（中高海拔）类型区：纹枯病、丝黑穗病。

热带亚热带玉米类型区：小斑病、南方锈病。

东南春玉米类型区：小斑病。

1.1.2　青贮玉米品种

东华北中晚熟春玉米类型区、东华北中熟春玉米类型区、东华北中早熟春玉米类型区、北方早熟春玉米类型区、北方极早熟春玉米类型区、西北春玉米类型区：大斑病、茎腐病田间自然发病和人工接种鉴定均未达到高感；其它叶斑病田间自然发病未达到高感。

黄淮海夏玉米类型区、京津冀早熟夏玉米类型区：小斑病、茎腐病、弯孢叶斑病、南方锈病田间自然发病和人工接种鉴定均未达到高感；其它叶斑病田间自然发病未达到高感。

西南春玉米类型区、热带亚热带玉米类型区、东南玉米类型区：纹枯病、大斑病、小斑病、茎腐病田间自然发病和人工接种均未达到高感；其它叶斑病田间自然发病未达到高感。

除达到上述要求外，不同玉米区品种还应对以下抗病性进行鉴定。

东华北中晚熟春玉米类型区、东华北中熟春玉米类型区、东华北中早熟春玉米类型区、北方早熟春玉米类型区、北方极早熟春玉米类型区：丝黑穗病、灰斑病。

西北春玉米类型区：丝黑穗病。

黄淮海夏玉米类型区、京津冀早熟夏玉米类型区：瘤黑粉病。

西南春玉米类型区、热带亚热带玉米类型区、东南春玉米类型区：灰斑病、南方锈病。

1.1.3　鲜食甜玉米品种、糯玉米品种

北方鲜食玉米类型区：瘤黑粉病、丝黑穗病、大斑病田间自然发病未达到高感。

黄淮海鲜食玉米类型区：瘤黑粉病、丝黑穗病、矮花叶病、小斑病田间自然发病未达到高感。

西南鲜食玉米类型区：丝黑穗病、小斑病、纹枯病田间自然发病未达到高感。

东南鲜食玉米类型区：小斑病、南方锈病、纹枯病田间自然发病未达到高感。

1.1.4　爆裂玉米品种

茎腐病、穗腐病田间自然发病和人工接种鉴定均未达到高感。

除达到上述要求外，还应对以下抗逆性状进行鉴定：丝黑穗病、瘤黑粉病。

1.2　生育期

东华北中晚熟春玉米类型区、黄淮海夏玉米类型区、京津冀早熟夏玉米类型区：每年区域试验生育期平均比对照品种不长于 1.0 天，或收获时的水分不高于对照。

东华北中熟春玉米类型区、东华北中早熟春玉米类型区、北方早熟春玉米类型区、北方极早熟春玉米类型区、西北春玉米类型区：每年区域试验生育期平均比对照品种不长于 2.0 天，或收获时的水分不高于对照。

当国家区试对照品种进行更换时，由玉米专业委员会对相应生育期指标作出调整。

1.3　抗倒伏性

每年区域试验、生产试验倒伏倒折率之和平均分别≤8.0%，且倒伏倒折率之和≥10.0%的试验点比例不超过20%。

1.4　品质

普通玉米品种籽粒容重≥720克/升，粗淀粉含量（干基）≥69.0%，粗蛋白质含量（干基）≥8.0%，粗脂肪含量（干基）≥3.0%。

1.5　真实性和差异性（SSR分子标记检测）

同一品种在不同试验年份、不同试验组别、不同试验渠道中DNA指纹检测差异位点数应当<2个。

申请审定品种应当与已知品种DNA指纹检测差异位点数≥4个；申请审定品种与已知品种DNA指纹检测差异位点数=3个的，需进行田间小区种植鉴定证明有重要农艺性状差异。

2　分类品种条件

2.1　高产稳产品种

区域试验产量比对照品种平均增产≥5.0%，且每年增产≥3.0%，生产试验比对照品种增产≥2.0%。每年区域试验、生产试验增产的试验点比例≥60%。

2.2　绿色优质品种

2.2.1　抗病品种：田间自然发病和人工接种鉴定所在区域鉴定病害均达到中抗及以上。

2.2.2　适宜机械化收获籽粒品种：符合以下条件之一的品种。

2.2.2.1　东北中熟组适收期籽粒含水量≤25%，黄淮海夏播组适收期籽粒含水量≤28%，西北春玉米组适收期籽粒含水量≤23%，且每年区域试验、生产试验籽粒含水量达标的试验点占全部试验点比例≥60%。区域试验、生产试验倒伏倒折率之和≤5.0%，且每年区域试验、生产试验抗倒性达标的试验点占全部试验点比例≥70%。区域试验和生产试验产量比同类型对照增产≥3.0%，且每年区域试验、生产试验籽粒产量达标的试验点占全部试验点比例≥50%。

2.2.2.2　每年区域试验、生产试验倒伏倒折率之和≤5.0%的试验点占全部试验点比例≥90%。东北中熟组适收期籽粒含水量≤28%，黄淮海夏播组适收期籽粒含水量≤30%，西北春玉米组适收期籽粒含水量≤25%，且每年区域试验、生产试验籽粒含水量达标的试验点占全部试验点比例≥50%。区域试验、生产试验产量比同类型对照增产≥3.0%，且每年区域试验、生产试验产量达标的试验点占全部试验点比例≥50%。

2.2.2.3　每年区域试验、生产试验产量比对照增产≥5.0%，每年区域试验、生产试验增产试验点比例≥50%。东北中熟组和黄淮海夏播组适收期籽粒含水量≤30%，西北春玉米组适收期籽粒含水量≤25%，且每年区域试验、生产试验籽粒含水量达标的试验点占全部试验点比例≥50%。区域试验、生产试验倒伏倒折率之和≤5.0%，且每年区域试验、生产试验抗倒性达标的试验点占全部试验点比例≥70%。

2.2.2.4 区域试验、生产试验倒伏倒折率之和≤5.0%，且每年区域试验、生产试验抗倒性达标的试验点占全部试验点比例≥90%。东北中熟组适收期籽粒含水量≤25%。黄淮海夏播组适收期籽粒含水量≤28%，西北春玉米组适收期籽粒含水量≤23%，每年区域试验、生产试验籽粒含水量达标的试验点占全部试验点比例≥90%。区域试验、生产试验产量比同类型对照增产≥2.0%。

2.3 特殊类型品种

2.3.1 糯玉米（干籽粒）、高油、优质蛋白玉米、高淀粉玉米品种

产量：比同类型对照品种平均增产≥3.0%。

抗倒性：每年区域试验、生产试验倒伏倒折率之和≤10.0%。

品质：糯玉米（干籽粒）：直链淀粉（干基）占粗淀粉总量比率≤2.00%。高油玉米：粗脂肪（干基）含量≥7.5%。优质蛋白玉米：蛋白质（干基）含量≥8.00%，赖氨酸（干基）含量≥0.40%。高淀粉玉米：粗淀粉（干基）≥75.0%。

2.3.2 青贮玉米（不包括粮饲兼用）品种

生物产量：收获时参试品种生物产量（干重）比青贮玉米对照品种平均增产≥3.0%，每年区域试验增产试验点率≥50%。

生育期：以同一生态类型区大面积推广的青贮玉米品种或国家（省级）区域试验的普通玉米对照品种为对照，参试品种生育期应与对照品种相当或不晚于对照；或普通玉米对照品种黑层出现时，参试品种的乳线位置应≥1/2。

品质（两年平均）：整株粗蛋白含量≥7.0%，中性洗涤纤维含量≤40%，淀粉含量≥30%。

持绿性：收获时全株保持绿色的叶片所占比例（%）。

抗倒性：每年区域试验、生产试验倒伏倒折率之和平均≤8.0%，且倒伏倒折率之和大于等于10.0%的试验点比例≤20%；或每年倒伏倒折率之和平均不高于对照。

2.3.3 鲜食甜玉米、鲜食糯玉米品种

产量：鲜果穗产量比同类型同品质对照品种平均增产≥3.0%，品质优于对

照的减产≤3.0%。

品质：外观品质和蒸煮品质评分不低于对照（85.0分）。鲜食甜玉米：鲜样品可溶性总糖含量。鲜食糯玉米：直链淀粉（干基）占粗淀粉总量比率。甜加糯型（同一果穗上同时存在甜和糯两种类型籽粒，属糯玉米中的一种特殊类型）：直链淀粉（干基）占粗淀粉总量比率。

抗倒性：每年平均倒伏倒折率之和≤10.0%。

2.3.4 爆裂玉米品种

产量：比同类型同品质对照品种平均增产≥3.0%，品质优于对照的减产≤3.0%。

品质：膨化倍数，爆花率，籽粒颜色。

抗倒性：每年平均倒伏倒折率之和≤10.0%。

小麦

1 基本条件

1.1 抗病性

长江上游冬麦区条锈病未达到高感，长江中下游冬麦区赤霉病未达到高感，东北春麦早熟区秆锈病未达到高感，东北春麦晚熟区秆锈病中抗（含）以上。黄淮冬麦区南片水地品种、黄淮冬麦区北片水地品种、北部冬麦区品种、西北春麦区水地品种，对鉴定病害未达到全部高感。除达到上述要求外，不同麦区还应对以下抗逆性状进行鉴定。

长江上游麦区冬麦品种：白粉病、赤霉病和叶锈病。

长江中下游麦区冬麦品种：条锈病、叶锈病、白粉病、纹枯病和黄花叶病毒病。

黄淮冬麦区南片水地品种：条锈病、叶锈病、赤霉病、白粉病和纹枯病。

黄淮冬麦区北片水地品种：条锈病、叶锈病、赤霉病、白粉病和纹枯病，抗寒性。

黄淮冬麦区旱肥地品种、旱薄地品种：条锈病、叶锈病、白粉病和黄矮病，抗旱性，抗寒性。

北部冬麦区水地品种：白粉病、条锈病和叶锈病，抗寒性。

北部冬麦区旱地品种：白粉病、条锈病、叶锈病和黄矮病，抗旱性，抗寒性。

东北春麦区早熟品种：叶锈病和白粉病。

东北春麦区晚熟品种：叶锈病、白粉病、赤霉病和根腐病。

西北春麦区水地品种：条锈病、叶锈病、白粉病、黄矮病、赤霉病。

西北春麦区旱地品种：条锈病、叶锈病、白粉病、黄矮病，抗旱性。

1.2 抗倒伏性

每年区域试验倒伏程度≤3级，或倒伏面积≤40.0%的试验点比例≥70%。

1.3 生育期

不超过安全生产和耕作制度允许范围的品种。

1.4 抗寒性

北部冬麦区和黄淮北片麦区抗寒性鉴定，或试验田间表现，越冬死茎率≤20.0%或不超过对照的品种。

1.5 品质

分强筋、中强筋、中筋和弱筋四类，各项品质指标要求都可以满足强筋的为强筋小麦；其中任何一个指标达不到强筋的要求，但可以满足中强筋的为中强筋小麦；其中任何一个指标达不到中强筋的要求，但可以满足中筋的为中筋小麦；达不到弱筋要求的也为中筋小麦。

2 分类品种条件

2.1 高产稳产品种

审定品种与对照同为常规品种或杂交品种且同等级品质，两年区域试验平均产量比对照增产≥3.0%，且每年增产≥2.0%，生产试验比对照增产≥1%；每年区域试验增产≥2.0%、生产试验不减产试验点比例≥60%。

申请审定品种为杂交中筋品种，对照品种为常规中筋品种，每年区域试验、生产试验产量比对照增产≥5%，每年区域试验、生产试验增产≥5%的试验点比例≥60%。

2.2 绿色优质品种

2.2.1 抗赤霉病品种：抗性鉴定结果长江中下游冬麦区为抗及以上、黄淮冬麦区中抗及以上的品种。

2.2.2 节水品种：节水指数大于0.8且节水试验每年区域试验、生产试验产量比对照增产，每年区域试验、生产试验增产试验点比例≥60%的品种。

2.2.3 节肥品种：在比常规施肥量减少20%以上试验条件下每年区域试验、生产试验产量比对照增产，每年区域试验、生产试验增产试验点比例≥60%的品种。

2.2.4　抗旱品种：抗旱性鉴定等级为 2 级以上的品种。

2.2.5　抗穗发芽品种：白皮小麦抗穗发芽性检测（小麦抗穗发芽性的检测方法 NY/T1739 - 2009）结果达到抗以上级别的品种。

2.2.6　早熟品种：长江中下游麦区、北部冬麦区和黄淮冬麦区比对照品种平均早熟 2 天（含）以上的品种，两年区域试验平均产量与对照产量相当的品种。

2.2.7　优质品种：满足下述各项相关指标要求的强筋、中强筋和弱筋小麦为优质品种。

强筋小麦：粗蛋白质含量（干基）≥14.0%、湿面筋含量（14% 水分基）≥30.5%、吸水率≥60%、稳定时间≥10.0 分钟、最大拉伸阻力 Rm. E. U.（参考值）≥450、拉伸面积≥100cm^2，其中有一项指标不满足，但可以满足中强筋的降为中强筋小麦。

中强筋小麦：粗蛋白质含量（干基）≥13.0%、湿面筋含量（14% 水分基）≥28.5%、吸水率≥58%、稳定时间≥7.0 分钟、最大拉伸阻力 Rm. E. U.（参考值）≥350、拉伸面积≥80cm^2，其中有一项指标不满足，但可以满足中筋的降为中筋小麦。

中筋小麦：粗蛋白质含量（干基）≥12.0%、湿面筋含量（14% 水分基）≥24.0%、吸水率≥55%、稳定时间≥3.0 分钟、最大拉伸阻力 Rm. E. U.（参考值）≥200、拉伸面积≥50cm^2。

弱筋小麦：粗蛋白质含量（干基）<12.0%、湿面筋含量（14% 水分基）<24.0%、吸水率<55%、稳定时间<3.0 分钟。

2.3　特殊类型品种

2.3.1　糯小麦：支链淀粉含量≥98%。

2.3.2　彩色小麦：除白色、黄色、红色之外的其他籽粒颜色。

大豆

1　基本条件

1.1　抗病性

大豆花叶病毒病抗性：人工接种鉴定，对弱致病优势株系抗性级别达到中感及以上，对强致病优势株系抗性级别达到感及以上。

大豆灰斑病抗性：人工接种鉴定，北方春大豆区的早熟和中早熟品种，对优势生理小种抗性级别达到中感及以上。

大豆炭疽病抗性：人工接种鉴定，长江流域春大豆、热带亚热带春大豆、菜用品种抗性级别达到感及以上。

1.2 生育期

两年区域试验生育期平均结果，北方春大豆区比对照品种晚熟≤4.0 天，黄淮海夏大豆区比对照品种晚熟≤7.0 天，长江流域及以南地区比对照品种晚熟≤10.0 天。

1.3 品质

北方春大豆区报审品种两年区域试验平均粗脂肪和粗蛋白质含量之和≥58.0%；其他区组两年区域试验平均粗脂肪和粗蛋白质含量之和≥59.0%。

2 分类品种条件

2.1 高产稳产品种

申请审定品种与对照同为常规品种或杂交品种时，两年区域试验平均产量比相应对照增产≥3.0%，且每年增产≥2.0%，生产试验平均产量比相应对照增产≥1.0%。每年区域试验、生产试验增产试验点比例≥60%。

申请审定品种为杂交品种而对照为常规品种时，两年区域试验平均产量比对照增产≥8.0%，且每年增产≥5.0%，生产试验平均产量比常规品种对照增产≥5.0%。每年区域试验、生产试验增产试验点比例≥65%。

2.2 高油品种

两年区域试验粗脂肪平均含量≥21.5%，且单年≥21.0%。申请审定品种与对照同为常规品种或杂交品种，每年区域试验、生产试验平均产量比相应对照品种增产≥0.0%；杂交品种，每年区域试验、生产试验平均产量比相应对照品种增产≥4.0%。每年区域试验、生产试验增产试验点比例≥55%。

2.3 高蛋白品种

北方春大豆两年区域试验，粗蛋白质平均含量≥43.0%，且单年≥42.0%；其他区组两年区域试验，粗蛋白质平均含量≥45.0%，且单年≥44.0%。审定品种与对照同为常规品种或杂交品种，两年区域试验平均产量比常规对照品种减产≤2.0%，单年区域试验和生产试验平均产量比常规对照品种减产≤3.0%；杂交品种，每年区域试验、生产试验平均产量比常规对照品种增产≥2.0%。

2.4 特殊类型品种

菜用大豆品种：采收鲜荚食用的品种。

彩色籽粒品种：籽粒颜色除黄色以外的其他品种。

籽粒大小特异品种：籽粒特大或特小的品种。

棉花

1　基本条件

1.1　抗病性

每年区域试验，枯萎病接种鉴定病指≤20，黄萎病接种鉴定病指≤35或鉴定结果为耐病及以上。

1.2　早熟性

每年区域试验、生产试验，霜前花率≥85.0%，特殊年份与对照相当。

1.3　抗虫性

转基因抗虫棉品种，每年区域试验抗虫株率≥90.0%，室内鉴定结果为抗及以上。

2　分类条件

根据 GB/T 20392—2006《HVI 棉纤维物理性能试验方法》和 ASTM D5866—12《HVI 棉纤维棉结测试标准方法》检测的纤维品质上半部平均长度、断裂比强度、马克隆值、整齐度指数和纤维细度五项指标的综合表现，将棉花品种分为Ⅰ型品种、Ⅱ型品种、Ⅲ型品种三种主要类型。

Ⅰ型品种

两年区域试验平均结果，纤维上半部平均长度≥31mm、断裂比强度≥32cN/tex、马克隆值3.7～4.2、整齐度指数≥83%；较低年份上半部平均长度≥30mm、断裂比强度≥31cN/tex、马克隆值3.5～4.6的品种。

Ⅱ型品种

两年区域试验平均结果，纤维上半部平均长度≥29mm，断裂比强度≥30cN/tex，马克隆值3.5～5.0、整齐度指数≥83%；较低年份上半部平均长度≥28mm，断裂比强度≥29cN/tex，马克隆值3.5～5.1。

Ⅲ型品种

两年区域试验平均结果，纤维上半部平均长度≥27mm，断裂比强度≥28cN/tex，马克隆值3.5～5.5、整齐度指数≥83%；较低年份纤维上半部平均长度≥27mm，断裂比强度≥27cN/tex，马克隆值3.5～5.6的品种。

2.1　Ⅱ型常规棉品种

对照为Ⅱ型常规棉品种，两年区域试验皮棉平均产量，比对照品种增产≥3.0%，且区域试验较低年份皮棉产量不低于对照品种；生产试验皮棉产量不低于对照品种。每年区域试验、生产试验皮棉产量不低于对照品种的试验点比例≥50%。

对照为Ⅱ型杂交棉品种，两年区域试验皮棉平均产量，比对照品种减产≤5.0%，且区域试验较低年份皮棉产量减产≤8.0%；生产试验皮棉产量比对照品种减产≤8.0%。每年区域试验、生产试验皮棉产量减产≤8.0%的试验点比例≥50%。

2.2　Ⅱ型杂交棉品种

对照为Ⅱ型常规棉品种，两年区域试验皮棉平均产量，比对照品种增产≥5.0%，且区域试验较低年份皮棉产量增产≥3.0%；生产试验皮棉产量比对照品种增产≥3.0%。每年区域试验、生产试验皮棉产量增产≥3.0%的试验点比例≥50%。

对照为Ⅱ型杂交棉品种，两年区域试验皮棉平均产量，比对照品种增产≥3.0%，且区域试验较低年份皮棉产量不低于对照品种；生产试验皮棉产量不低于对照品种。每年区域试验、生产试验皮棉产量不低于对照品种的试验点比例≥50%。

2.3　Ⅲ型常规棉品种

对照为Ⅱ型常规棉品种，两年区域试验皮棉平均产量，比对照品种增产≥8.0%，且区域试验较低年份皮棉产量增产≥5.0%；生产试验皮棉产量比对照品种增产≥5.0%。每年区域试验、生产试验皮棉产量增产≥5.0%的试验点比例≥50%。

对照为Ⅱ型杂交棉品种，两年区域试验皮棉平均产量，比对照品种增产≥2.0%，且区域试验较低年份皮棉产量减产≤3.0%；生产试验皮棉产量比对照品种减产≤3.0%。每年区域试验、生产试验皮棉产量减产≤3.0%试验点比例≥50%。

2.4　Ⅲ型杂交棉品种

对照为Ⅱ型常规棉品种，两年区域试验皮棉平均产量，比对照品种增产≥10.0%，且区域试验较低年份皮棉产量增产≥7.0%；生产试验皮棉产量比对照品种增产≥7.0%。每年区域试验、生产试验皮棉产量增产≥7.0%的试验点比例≥50%。

对照为Ⅱ型杂交棉品种，比对照品种增产≥8.0%，且区域试验较低年份皮棉产量增产≥5.0%；生产试验皮棉产量比对照品种增产≥5.0%。每年区域试验、生产试验皮棉产量增产≥5.0%的试验点比例≥50%。

2.5 优质专用品种

品质突出：纤维品质属于Ⅰ型品种。

抗病性突出：枯萎病病指≤5.0、黄萎病病指≤20.0，且纤维品质达到Ⅲ型及以上的品种。

适合机械采收品种：株型比较紧凑，抗倒伏，第一果枝始节高度20厘米以上，株高85cm左右；霜前花率90%以上；含絮力适度，吐絮比较集中，对脱叶剂敏感，纤维上半部平均长度、断裂比强度达到Ⅱ型及以上。

2.6 特殊类型品种

彩色棉（除白色）：纤维长度、断裂比强度、长度整齐度、纤维细度、马克隆值等品质指标基本符合Ⅲ型品种要求。

海岛棉：纤维长度≥35mm、断裂比强度≥36cN/tex、马克隆值3.7—4.2。

短季棉：生育期<110天，品质不低于Ⅱ型品种要求。

3. 非主要农作物品种登记办法

（农业部令2017年第1号公布 自2017年5月1日起施行）

第一章 总 则

第一条 为了规范非主要农作物品种管理，科学、公正、及时地登记非主要农作物品种，根据《中华人民共和国种子法》（以下简称《种子法》），制定本办法。

第二条 在中华人民共和国境内的非主要农作物品种登记，适用本办法。

法律、行政法规和农业部规章对非主要农作物品种管理另有规定的，依照其规定。

第三条 本办法所称非主要农作物，是指稻、小麦、玉米、棉花、大豆五种主要农作物以外的其他农作物。

第四条 列入非主要农作物登记目录的品种，在推广前应当登记。

应当登记的农作物品种未经登记的，不得发布广告、推广，不得以登记品种的名义销售。

第五条 农业部主管全国非主要农作物品种登记工作，制定、调整非主要农作物登记目录和品种登记指南，建立全国非主要农作物品种登记信息平台（以下简称品种登记平台），具体工作由全国农业技术推广服务中心承担。

第六条 省级人民政府农业主管部门负责品种登记的具体实施和监督管理，受理品种登记申请，对申请者提交的申请文件进行书面审查。

省级以上人民政府农业主管部门应当采取有效措施，加强对已登记品种的监督检查，履行好对申请者和品种测试、试验机构的监管责任，保证消费安全和用种安全。

第七条 申请者申请品种登记，应当对申请文件和种子样品的合法性、真实性负责，保证可追溯，接受监督检查。给种子使用者和其他种子生产经营者造成损失的，依法承担赔偿责任。

第二章　申请、受理与审查

第八条 品种登记申请实行属地管理。一个品种只需要在一个省份申请登记。

第九条 两个以上申请者分别就同一个品种申请品种登记的，优先受理最先提出的申请；同时申请的，优先受理该品种育种者的申请。

第十条 申请者应当在品种登记平台上实名注册，可以通过品种登记平台提出登记申请，也可以向住所地的省级人民政府农业主管部门提出书面登记申请。

第十一条 在中国境内没有经常居所或者营业场所的境外机构、个人在境内申请品种登记的，应当委托具有法人资格的境内种子企业代理。

第十二条 申请登记的品种应当具备下列条件：

（一）人工选育或发现并经过改良；

（二）具备特异性、一致性、稳定性；

（三）具有符合《农业植物品种命名规定》的品种名称。

申请登记具有植物新品种权的品种，还应当经过品种权人的书面同意。

第十三条　对新培育的品种，申请者应当按照品种登记指南的要求提交以下材料：

（一）申请表；

（二）品种特性、育种过程等的说明材料；

（三）特异性、一致性、稳定性测试报告；

（四）种子、植株及果实等实物彩色照片；

（五）品种权人的书面同意材料；

（六）品种和申请材料合法性、真实性承诺书。

第十四条　本办法实施前已审定或者已销售种植的品种，申请者可以按照品种登记指南的要求，提交申请表、品种生产销售应用情况或者品种特异性、一致性、稳定性说明材料，申请品种登记。

第十五条　省级人民政府农业主管部门对申请者提交的材料，应当根据下列情况分别作出处理：

（一）申请品种不需要品种登记的，即时告知申请者不予受理；

（二）申请材料存在错误的，允许申请者当场更正；

（三）申请材料不齐全或者不符合法定形式的，应当当场或者在五个工作日内一次告知申请者需要补正的全部内容，逾期不告知的，自收到申请材料之日起即为受理；

（四）申请材料齐全、符合法定形式，或者申请者按照要求提交全部补正材料的，予以受理。

第十六条　省级人民政府农业主管部门自受理品种登记申请之日起二十个工作日内，对申请者提交的申请材料进行书面审查，符合要求的，将审查意见报农业部，并通知申请者提交种子样品。经审查不符合要求的，书面通知申请者并说明理由。

申请者应当在接到通知后按照品种登记指南要求提交种子样品；未按要求提供的，视为撤回申请。

第十七条　省级人民政府农业主管部门在二十个工作日内不能作出审查决定的，经本部门负责人批准，可以延长十个工作日，并将延长期限理由告知申请者。

第三章　登记与公告

第十八条　农业部自收到省级人民政府农业主管部门的审查意见之日起二十个工作日内进行复核。对符合规定并按规定提交种子样品的，予以登记，颁发登记证书；不予登记的，书面通知申请者并说明理由。

第十九条　登记证书内容包括：登记编号、作物种类、品种名称、申请者、育种者、品种来源、适宜种植区域及季节等。

第二十条　农业部将品种登记信息进行公告，公告内容包括：登记编号、作物种类、品种名称、申请者、育种者、品种来源、特征特性、品质、抗性、产量、栽培技术要点、适宜种植区域及季节等。

登记编号格式为：GPD＋作物种类＋（年号）＋2位数字的省份代号＋4位数字顺序号。

第二十一条　登记证书载明的品种名称为该品种的通用名称，禁止在生产、销售、推广过程中擅自更改。

第二十二条　已登记品种，申请者要求变更登记内容的，应当向原受理的省级人民政府农业主管部门提出变更申请，并提交相关证明材料。

原受理的省级人民政府农业主管部门对申请者提交的材料进行书面审查，符合要求的，报农业部予以变更并公告，不再提交种子样品。

第四章　监督管理

第二十三条　农业部推进品种登记平台建设，逐步实行网上办理登记申请与受理，在统一的政府信息发布平台上发布品种登记、变更、撤销、监督管理等信息。

第二十四条　农业部对省级人民政府农业主管部门开展品种登记工作情况进行监督检查，及时纠正违法行为，责令限期改正，对有关责任人员依法给予处分。

第二十五条　省级人民政府农业主管部门发现已登记品种存在申请文件、种子样品不实，或者已登记品种出现不可克服的严重缺陷等情形的，应当向农业部提出撤销该品种登记的意见。

农业部撤销品种登记的，应当公告，停止推广；对于登记品种申请文件、种子样品不实的，按照规定将申请者的违法信息记入社会诚信档案，向社会公布。

第二十六条 申请者在申请品种登记过程中有欺骗、贿赂等不正当行为的，三年内不受理其申请。

第二十七条 品种测试、试验机构伪造测试、试验数据或者出具虚假证明的，省级人民政府农业主管部门应当依照《种子法》第七十二条规定，责令改正，对单位处五万元以上十万元以下罚款，对直接负责的主管人员和其他直接责任人员处一万元以上五万元以下罚款；有违法所得的，并处没收违法所得；给种子使用者和其他种子生产经营者造成损失的，与种子生产经营者承担连带责任。情节严重的，依法取消品种测试、试验资格。

第二十八条 有下列行为之一的，由县级以上人民政府农业主管部门依照《种子法》第七十八条规定，责令停止违法行为，没收违法所得和种子，并处二万元以上二十万元以下罚款：

（一）对应当登记未经登记的农作物品种进行推广，或者以登记品种的名义进行销售的；

（二）对已撤销登记的农作物品种进行推广，或者以登记品种的名义进行销售的。

第二十九条 品种登记工作人员应当忠于职守，公正廉洁，对在登记过程中获知的申请者的商业秘密负有保密义务，不得擅自对外提供登记品种的种子样品或者谋取非法利益。不依法履行职责，弄虚作假、徇私舞弊的，依法给予处分；自处分决定作出之日起五年内不得从事品种登记工作。

第五章 附 则

第三十条 品种适应性、抗性鉴定以及特异性、一致性、稳定性测试，申请者可以自行开展，也可以委托其他机构开展。

第三十一条 本办法自 2017 年 5 月 1 日起施行。

4. 第一批非主要农作物登记目录

(2017 年 3 月 28 日农业部公告第 2510 号公布　自 2017 年 5 月 1 日起施行)

第一批非主要农作物登记目录

序号	种类	农作物名称		拉丁学名（Latin name）
1	粮食作物	马铃薯		*Solanum tuberosum* L.
2		甘薯		*Ipomoea batatas*（L.）Lam.
3		谷子		*Setaria italica*（L.）Beauv.
4		高粱		*Sorghum bicolor*（L.）Moench
5		大麦（青稞）		*Hordeum vulgare* L.
6		蚕豆		*Vicia faba* L.
7		豌豆		*Pisum sativum* L.
8	油料作物	油菜	甘蓝型	*Brassica napus* L.
			白菜型	*Brassica campestris* L.
			芥菜型	*Brassica juncea* Czern. et Coss
9		花生		*Arachis hypogaea* L.
10		亚麻（胡麻）		*Linum usitatissimum* L.
11		向日葵		*Helianthusannuus* L.
12	糖料	甘蔗		*Saccharum* spp.
13		甜菜		*Beta vulgaris* L.

序号	种类	农作物名称	拉丁学名（Latin name）
14	蔬菜	大白菜	*Brassica campestris* L. ssp. *pekinensis* (Lour.) Olsson
15		结球甘蓝	*Brassica oleracea* L. var. *capitata* (L.) Alef. var. *alba* DC.
16		黄瓜	*Cucumis sativum* L.
17		番茄	*Lycopersicon esculentun* Mill.
18		辣椒	*Capsicum* L.
19		茎瘤芥	*Brassica junceavar. tumida* Tsen et Lee
20		西瓜	*Citrullus lanatus* (Thunb.) Matsum. et Nakai
21		甜瓜	*Cucumis melo* L.
22	果树	苹果	*Malus* Mill.
23		柑橘	*Citrus* L.
24		香蕉	*Musaacuminata* Colla
25		梨	*Pyrus* L.
26		葡萄	*Vitis* L.
27		桃	*Prunus persica* (L.) Batsch.
28	茶树	茶树	*Camellia sinensis* (L.) O. Kuntze
29	热带作物	橡胶树	*Hevea brasiliensis* (Willd. ex A. de Juss.) Muell. Arg.

5. 非主要农作物品种登记指南

（2017 年 4 月 24 日农种发〔2017〕2 号公布）

非主要农作物品种登记指南　马铃薯

申请马铃薯品种登记，申请者向省级农业主管部门提出品种登记申请，填写《非主要农作物品种登记申请表　马铃薯》，提交相关申请文件；省级部门书面审查符合要求的，再通知申请者提交种薯（试管苗）样品。

一、申请文件

（一）品种登记申请表

填写登记申请表（附录A）的相关内容应当以品种选育情况说明、品种特性说明（包含品种适应性、品质分析、抗病性鉴定、转基因成分检测等结果），以及特异性、一致性、稳定性测试报告的结果为依据。

（二）品种选育情况说明

新选育的品种说明内容主要包括品种来源以及亲本血缘关系、选育方法、选育过程、特征特性描述，栽培技术要点等。单位选育的品种，选育单位在情况说明上盖章确认；个人选育的，选育人签字确认。

在生产上已大面积推广的地方品种或来源不明确的品种要标明，可不作品种选育说明。

（三）品种特性说明

1. 品种适应性：根据不少于2个生产周期（试验点数量与布局应当能够代表拟种植的适宜区域）的试验，如实描述以下内容：品种的形态特征、生物学特性、产量、品质、抗病性、抗逆性、适宜种植区域（县级以上行政区）及季节，品种主要优点、缺陷、风险及防范措施等注意事项。

2. 品质分析：根据品质分析的结果，如实描述以下内容：品种的干物质、淀粉、蛋白质、维生素C、还原糖等含量，以及食味品质描述。

3. 抗病性鉴定：对品种的晚疫病、病毒病以及其他区域性重要病害的抗性进行鉴定，并如实填写鉴定结果。

晚疫病抗性室内鉴定和田间鉴定分5级：免疫（IM）、高抗（HR）、中抗（MR）、中感（MS）、高感（HS）。

病毒病抗性分6级：免疫（IM）、高抗（HR）、抗病（R）、中抗（MR）、感病（S）、高感（HS）。

4. 转基因成分检测：根据转基因成分检测结果，如实说明品种是否含有转基因成分。

（四）特异性、一致性、稳定性测试报告

依据《植物品种特异性、一致性和稳定性测试指南 马铃薯》进行测试，主要内容包括：

光发芽：形状、基部花青甙显色强度、基部花青甙显色蓝色素比重、基部茸毛多少、基部根尖数量；植株：生长习性、生育期；茎：翼波状程度、颜色、花青甙显色；小叶：边缘波状程度、顶小叶形状；花冠：形状、大小、内侧花青甙显色强度、内侧花青甙显色蓝色素比重；块茎：形状、芽眼深度、表皮颜色、肉颜色，以及其他与特异性、一致性、稳定性相关的重要性状，形成测试报告。

品种标准图片：块茎外观、块茎横切面、光发芽、复叶、花序（不开花品种标注）以及成株植株等的实物彩色照片。

（五）DNA 检测

（三）、（四）中涉及的有关性状有明确关联基因的，可以直接提交 DNA 检测结果。

（六）试验组织方式

（三）、（四）、（五）中涉及的相关试验，具备试验、鉴定、测试和检测条件与能力的单位（或个人）可自行组织进行，不具备条件和能力的可委托具备相应条件和能力的单位组织进行。报告由试验技术负责人签字确认，由出具报告的单位加盖公章。

（七）已授权品种的品种权人书面同意材料

二、种薯（试管苗）样品提交

书面审查符合要求的，申请者接到通知后应及时提交种薯（试管苗）样品。对申请品种权且已受理的品种，不用再提交样品。

（一）包装要求

种薯（试管苗）样品使用有足够强度的编织袋、尼龙网袋等包装；包装袋上标注作物种类、品种名称、申请者等信息。

（二）数量要求

每品种提供种薯 10 个或无污染脱毒试管苗 20 管（1~3 株/管）。

（三）质量与真实性要求

送交的种薯（试管苗）样品，必须是遗传性状稳定、与登记品种性状完全一致、无检疫性有害生物、无病毒病、无虫、无菌的健康种薯（试管苗）。

在提交种薯（试管苗）样品时，申请者必须附签字盖章的样品清单（附录 B），并对提交的样品真实性承诺。申请者必须对其提供样品的真实性负责，一旦查实提交不真实样品的，须承担因提供虚假样品所产生的一切法律责任。

（四）提交地点

种薯（试管苗）样品提交到黑龙江省农业科学院克山分院国家马铃薯种质资源试管苗库（邮编：161606，地址：黑龙江省克山县西郊科研路二段，联系人：宋继玲，电话：0452-8950207、15945220661；邮箱：kslxc@ sina. com）。

国家马铃薯种质资源试管苗库收到种薯（试管苗）后，应当在 20 个工作日内确定样品是否符合要求，并为申请者提供回执单。

非主要农作物品种登记指南　甘薯

申请甘薯品种登记，申请者向省级农业主管部门提出品种登记申请，填写《非主要农作物品种登记申请表　甘薯》，提交相关申请文件；省级部门书面审查符合要求的，再通知申请者提交种薯（试管苗）样品。

一、申请文件

（一）品种登记申请表

填写登记申请表（附录 A）的相关内容应当以品种选育情况说明、品种特性说明（包含品种适应性、品质分析、抗病性鉴定、转基因成分检测等结果），以及特异性、一致性、稳定性测试报告的结果为依据。

（二）品种选育情况说明

新选育的品种说明内容主要包括品种来源以及亲本血缘关系、选育方法、选育过程、特征特性描述，栽培技术要点等。单位选育的品种，选育单位在情况说明上盖章确认；个人选育的，选育人签字确认。

在生产上已大面积推广的地方品种或来源不明确的品种要标明，可不作品种选育说明。

（三）品种特性说明

1. 品种适应性：根据不少于 2 个生产周期（试验点数量与布局应当能够代表拟种植的适宜区域）的试验，如实描述以下内容：品种的形态特征、生物学特性、产量、品质、抗病性、抗逆性、适宜种植区域（县级以上行政区）及季节，品种主要优点、缺陷、风险及防范措施等注意事项。

2. 品质分析：根据品质分析的结果，如实描述以下内容：品种的干物质、淀粉、蛋白质、维生素 C、还原糖、胡萝卜素、花青素等含量，以及食味品质描述。

3. 抗病性鉴定：对品种的根腐病、黑斑病、茎线虫病、蔓割病、薯瘟病，以及其他区域性重要病害进行鉴定，并如实填写鉴定结果。

根腐病抗性分5级：高抗（HR）、抗（R）、中抗（MR）、感（S）、高感（HS）。

黑斑病抗性分5级：高抗（HR）、抗（R）、中抗（MR）、感（S）、高感（HS）。

茎线虫病抗性分5级：高抗（HR）、抗（R）、中抗（MR）、感（S）、高感（HS）。

蔓割病抗性分6级：高抗（HR）、抗（R）、中抗（MR）、中感（MS）、感（S）、高感（HS）。

薯瘟病抗性分6级：高抗（HR）、抗（R）、中抗（MR）、中感（MS）、感（S）、高感（HS）。

4. 转基因成分检测：根据转基因成分检测结果，如实说明品种是否含有转基因成分。

（四）特异性、一致性、稳定性测试报告

依据《植物品种特异性、一致性和稳定性测试指南　甘薯》（NY/T2429）进行测试，主要内容包括：

植株：生长习性，茎：顶端茸毛、顶叶形状、顶芽花青苷显色强度，叶：形状、颜色、裂片、叶耳、边缘紫色，薯块形状，薯皮颜色，薯肉：主要颜色、次要颜色，萌芽性，以及其他与特异性、一致性、稳定性相关的重要性状，形成测试报告。

品种标准图片：地上部性状、单株、地下部性状以及薯肉颜色等的实物彩色照片。

（五）DNA 检测

（三）、（四）中涉及的有关性状有明确关联基因的，可以直接提交 DNA 检测结果。

（六）试验组织方式

（三）、（四）、（五）中涉及的相关试验，具备试验、鉴定、测试和检测条件与能力的单位（或个人）可自行组织进行，不具备条件和能力的可委托具备相应条件和能力的单位组织进行。报告由试验技术负责人签字确认，由出具报告的单位加盖公章。

（七）已授权品种的品种权人书面同意材料。

二、种薯（试管苗）样品提交

书面审查符合要求的，申请者接到通知后应及时提交种薯（试管苗）样品。对申请品种权且已受理的品种，不再提交样品。

（一）包装要求

种薯（试管苗）样品使用有足够强度的纸袋包装，并用尼龙网袋套装；包装袋上标注作物种类、品种名称、申请者等信息。

（二）数量要求

每品种中等大小种薯不少于 20 块，或试管苗不少于 100 株。菜用甘薯提供薯苗不少于 20 株。

（三）质量与真实性要求

送交的种薯（试管苗）样品，必须遗传性状稳定、与登记品种性状完全一致、未经过药物处理、无检疫性有害生物、质量符合国家标准。

在提交种薯（试管苗）样品时，申请者必须附签字盖章的样品清单（附录B），并对提交的样品真实性承诺。申请者必须对其提供样品的真实性负责，一旦查实提交不真实样品的，须承担因提供虚假样品所产生的一切法律责任。

（四）提交地点

种薯（试管苗）样品提交到江苏省徐州农业科学院甘薯研究所国家甘薯徐州试管苗库（邮编：221131，地址：江苏省徐州市鲲鹏路北段，联系电话：0516 – 82189232，邮箱：tangjun5886@ 163. com）。

国家甘薯徐州试管苗库收到种薯（试管苗）样品后，应当在 20 个工作日内确定样品是否符合要求，并为申请者提供回执单。

非主要农作物品种登记指南　谷子

申请谷子品种登记，申请者向省级农业主管部门提出品种登记申请，填写《非主要农作物品种登记申请表　谷子》，提交相关申请文件；省级部门书面审查符合要求的，再通知申请者提交种子样品。

一、申请文件

（一）品种登记申请表

填写登记申请表（附录 A）的相关内容应当以品种选育情况说明、品种特性说明（包含品种适应性、品质分析、抗病性鉴定、转基因成分检测等结果），以及特异性、一致性、稳定性测试报告的结果为依据。

（二）品种选育情况说明

新选育的品种说明内容主要包括品种来源以及亲本血缘关系、选育方法、选育过程、特征特性描述、栽培技术要点等。单位选育的品种，选育单位在情况说明上盖章确认；个人选育的，选育人签字确认。

在生产上已大面积推广的地方品种或来源不明确的品种要标明，可不作品种选育说明。

（三）品种特性说明

1. 品种适应性：根据不少于 2 个生产周期（试验点数量与布局应当能够代表拟种植的适宜区域）的试验，如实描述以下内容：品种的形态特征、生物学特性、产量、品质、抗病性、抗逆性、适宜种植区域（县级以上行政区）及季节，品种主要优点、缺陷、风险及防范措施等注意事项。

2. 品质分析：根据品质分析的结果，如实描述以下内容：品种的蛋白质、纤维、可溶性糖含量等。

3. 抗病性鉴定：对品种的谷瘟病、谷锈病、白发病抗性进行鉴定，并如实填写鉴定结果。

谷瘟病抗性分 5 级：高抗（HR）、抗（R）、中抗（MR）、感（S）、高感（HS）。

谷锈病抗性分 5 级：高抗（HR）、抗（R）、中抗（MR）、感（S）、高感（HS）。

白发病抗性分 5 级：高抗（HR）、抗（R）、中抗（MR）、感（S）、高感（HS）。

4. 转基因成分检测：根据转基因成分检测结果，如实说明品种是否含有转基因成分。

（四）特异性、一致性、稳定性测试报告

依据《植物品种特异性、一致性和稳定性测试指南　谷子》（NY/T2425）进行测试，主要内容包括：

幼苗：猫耳叶顶端形状、叶鞘颜色、叶姿、叶枕花青甙显色，刚毛：颜色、长度，穗：形状、长度、粗度、码密度、单码籽粒数、单穗重、出谷率，籽粒：千粒重、颜色、胚乳类型，播种到出苗天数，花药颜色（新鲜花药），茎秆长度，植株成穗茎数，穗颈姿态，颖果（米）颜色，以及其他与特异性、一致性、稳定性相关的重要性状，形成测试报告。

品种标准图片：幼苗期、拔节期、抽穗期、成熟期植株，以及成熟谷穗、种子（果实）和小米（颖果）等的实物彩色照片。

（五）DNA 检测

（三）、（四）中涉及的有关性状有明确关联基因的，可以直接提交 DNA 检测结果。

（六）试验组织方式

（三）、（四）、（五）中涉及的相关试验，具备试验、鉴定、测试和检测条件与能力的单位（或个人）可自行组织进行，不具备条件和能力的可委托具备相应条件和能力的单位组织进行。报告由试验技术负责人签字确认，由出具报告的单位加盖公章。

（七）已授权品种的品种权人书面同意材料。

二、种子样品提交

书面审查符合要求的，申请者接到通知后应及时提交种子样品。对申请品种权且已受理的品种，不再提交种子样品。

（一）包装要求

种子样品使用有足够强度的纸袋包装，并用尼龙网袋套装；包装袋上标注作物种类、品种名称、申请者等信息。

（二）数量要求

每品种种子样品 150 克。

（三）质量与真实性要求

送交的种子样品，必须是遗传性状稳定、与登记品种性状完全一致、未经过药物或包衣处理、无检疫性有害生物、质量符合国家种用标准的新收获种子。

在提交种子样品时，申请者必须附签字盖章的种子样品清单（附录 B），并对提交的样品真实性承诺。申请者必须对其提供样品的真实性负责，一旦查实提交不真实样品的，须承担因提供虚假样品所产生的一切法律责任。

（四）提交地点

种子样品提交到中国农业科学院作物科学研究所国家种质库（邮编：100081，地址：北京市海淀区学院南路 80 号，电话：010 - 62186691，邮箱：zkszzk@ caas. cn）。

国家种质库收到种子样品后，应当在 20 个工作日内确定样品是否符合要求，并为申请者提供回执单。

非主要农作物品种登记指南　高粱

申请高粱品种登记，申请者向省级农业主管部门提出品种登记申请，填写《非主要农作物品种登记申请表　高粱》，提交相关申请文件；省级部门书面审查符合要求的，再通知申请者提交种子样品。

一、申请文件

（一）品种登记申请表

填写登记申请表（附录 A）的相关内容应当以品种选育情况说明、品种特性说明（包含品种适应性、品质分析、抗病性鉴定、转基因成分检测等结果），以及特异性、一致性、稳定性测试报告的结果为依据。

（二）品种选育情况说明

新选育的品种说明内容主要包括品种来源以及亲本血缘关系、选育方法、选育过程、特征特性描述，栽培技术要点等。单位选育的品种，选育单位在情况说明上盖章确认；个人选育的，选育人签字确认。

在生产上已大面积推广的地方品种或来源不明确的品种要标明，可不作品种选育说明。

（三）品种特性说明

1. 品种适应性：根据不少于 2 个生产周期（试验点数量与布局应当能够代表拟种植的适宜区域）的试验，如实描述以下内容：品种的形态特征、生物学特性、产量、品质、抗病性、抗逆性、适宜种植区域（县级以上行政区）及季节，品种主要优点、缺陷、风险及防范措施等注意事项。

2. 品质分析：根据品质分析的结果，如实描述以下内容：品种的淀粉、脂肪、蛋白质可溶性糖、纤维、干物质含量等。

3. 抗病性鉴定：对品种的丝黑穗病、叶部病害抗性进行鉴定，并如实填写鉴定结果。

丝黑穗病抗性分 6 级：免疫（IM）、高抗（HR），抗（R）、中抗（MR），感病（S）、高感（HS）。

叶部病害抗性分 5 级：1 级：没有明显病害；2 级：病害较轻（全株病斑面

积小于10%）；3 级：病害中等（10% - 20%）；4 级：病害较重，5 级：严重（大于30%）。观察时期以生理成熟期为准。

4. 转基因成分检测：根据转基因成分检测结果，如实说明品种是否含有转基因成分。

（四）特异性、一致性、稳定性测试报告

依据《植物品种特异性、一致性和稳定性测试指南　高粱》（NY/T2233）进行测试，主要内容包括：

颖壳：颜色（开花期）、质地、颜色（成熟期），花药：颜色（新鲜花药）、颜色（干花药），穗：紧实度、形状、颖壳包被程度，籽粒：颜色、正面形状、侧面形状、千粒重，柱头花青甙显色强度，外颖芒长度，穗柄伸出长度，胚乳颜色，植株高度，抽穗期、成熟期，以及其他与特异性、一致性、稳定性相关的重要性状，形成测试报告。

品种标准图片：籽粒、成熟穗以及成熟植株等实物彩色照片。

（五）DNA 检测

（三）、（四）中涉及的有关性状有明确关联基因的，可以直接提交 DNA 检测结果。

（六）试验组织方式

（三）、（四）、（五）中涉及的相关试验，具备试验、鉴定、测试和检测条件与能力的单位（或个人）可自行组织进行，不具备条件和能力的可委托具备相应条件和能力的单位组织进行。报告由试验技术负责人签字确认，由出具报告的单位加盖公章。

（七）已授权品种的品种权人书面同意材料。

二、种子样品提交

书面审查符合要求的，申请者接到通知后应及时提交种子样品。对申请品种权且已受理的品种，不再提交种子样品。

（一）包装要求

种子样品使用有足够强度的纸袋包装，并用尼龙网袋套装；包装袋上标注作物种类、品种名称、申请者等信息。

（二）数量要求

每品种种子样品 300 克。

（三）质量与真实性要求

送交的种子样品，必须是遗传性状稳定、与登记品种性状完全一致、未经过药物或包衣处理、无检疫性有害生物、质量符合国家种用标准的新收获种子。

在提交种子样品时，申请者必须附签字盖章的种子样品清单（附录 B），并对提交的样品真实性承诺。申请者必须对其提供样品的真实性负责，一旦查实提交不真实样品的，须承担因提供虚假样品所产生的一切法律责任。

（四）提交地点

种子样品提交到中国农业科学院作物科学研究所国家种质库（邮编：100081，地址：北京市海淀区学院南路 80 号，电话：010 - 62186691，邮箱：zkszzk@ caas. cn）。

国家种质库收到种子样品后，应当在 20 个工作日内确定样品是否符合要求，并为申请者提供回执单。

非主要农作物品种登记指南　大麦（青稞）

申请大麦（青稞）品种登记，申请者向省级农业主管部门提出品种登记申请，填写《非主要农作物品种登记申请表　大麦（青稞）》，提交相关申请文件；省级部门书面审查符合要求的，再通知申请者提交种子样品。

一、申请文件

（一）品种登记申请表

填写登记申请表（附录 A）的相关内容应当以品种选育情况说明、品种特性说明（包含品种适应性、品质分析、抗病性鉴定、转基因成分检测等结果），以及特异性、一致性、稳定性测试报告的结果为依据。

（二）品种选育情况说明

新选育的品种说明内容主要包括品种来源以及亲本血缘关系、选育方法、选育过程、特征特性描述，栽培技术要点等。单位选育的品种，选育单位在情况说明上盖章确认；个人选育的，选育人签字确认。

在生产上已大面积推广的地方品种或来源不明确的品种要标明，可不作品种选育说明。

（三）品种特性说明

1. 品种适应性：根据不少于 2 个生产周期（试验点数量与布局应当能够代

表拟种植的适宜区域）的试验，如实描述以下内容：品种的形态特征、生物学特性、产量、品质、抗病性、抗逆性、适宜种植区域（县级以上行政区）及季节，品种主要优点、缺陷、风险及防范措施等注意事项。

2. 品质分析：根据品质分析的结果，如实描述以下内容：品种的蛋白质、淀粉、可溶性糖、纤维含量等。

3. 抗病性鉴定：对品种的条纹病（全国）、条锈病（青藏）、黄矮病（全国）、根腐病（东北）、白粉病（南方）、赤霉病（南方），以及其他区域性重要病害进行抗性鉴定，并如实填写鉴定结果。

条纹病抗性分 5 级：免疫（IM）、高抗（HR）、中抗（MR）、中感（MS）和高感（HS）。

条锈病抗性分 5 级：免疫（IM）、高抗（HR）、中抗（MR）、中感（MS）和高感（HS）。

黄矮病抗性分 6 级：免疫（IM）、高抗（HR）、中抗（MR）、中感（MS）、感（S）和高感（HS）。

根腐病抗性分 5 级：免疫（IM）、高抗（HR）、中抗（MR）、中感（MS）和高感（HS）。

白粉病抗性分 6 级：免疫（IM）、高抗（HR）、中抗（MR）、中感（MS）、高感（HS）和极感（ES）。

赤霉病抗性分 5 级：免疫（IM）、高抗（HR）、中抗（MR）、中感（MS）和高感（HS）。

4. 转基因成分检测：根据转基因成分检测结果，如实说明品种是否含有转基因成分。

（四）特异性、一致性、稳定性测试报告

依据《植物品种特异性、一致性和稳定性测试指南　大麦（青稞）》（NY/T2224）进行测试，主要内容包括：

旗叶：叶耳花青甙显色、叶耳花青甙显色强度、叶鞘蜡质，芒性：芒齿、光芒（仅适用于有芒品种），芒：相对于穗长度，穗：姿态、棱型、小穗密度、长度（不包括芒），籽粒：皮裸性、颜色、形状、千粒重，抽穗期，冬春性，幼苗生长习性，植株高度，颖果外稃花青甙显色强度，芒类型，每穗粒数，最低位叶叶鞘茸毛，低位叶叶鞘花青甙显色，以及其他与特异性、一致性、稳定性相关的重要性状，形成测试报告。

品种标准图片：种子、果实以及成株植株等的实物彩色照片。

（五）DNA 检测

（三）、（四）中涉及的有关性状有明确关联基因的，可以直接提交 DNA 检测结果。

（六）试验组织方式

（三）、（四）、（五）中涉及的相关试验，具备试验、鉴定、测试和检测条件与能力的单位（或个人）可自行组织进行，不具备条件和能力的可委托具备相应条件和能力的单位组织进行。报告由试验技术负责人签字确认，由出具报告的单位加盖公章。

（七）已授权品种的品种权人书面同意材料。

二、种子样品提交

书面审查符合要求的，申请者接到通知后应及时提交种子样品。对申请品种权且已受理的品种，不再提交种子样品。

（一）包装要求

种子样品使用有足够强度的纸袋包装，并用尼龙网袋套装；包装袋上标注作物种类、品种名称、申请者等信息。

（二）数量要求

每品种种子样品 500 克。

（三）质量与真实性要求

送交的种子样品，必须是遗传性状稳定、与登记品种性状完全一致、未经过药物或包衣处理、无检疫性有害生物、质量符合国家种用标准的新收获种子。

在提交种子样品时，申请者必须附签字盖章的种子样品清单（附录 B），并对提交的样品真实性承诺。申请者必须对其提供样品的真实性负责，一旦查实提交不真实样品的，须承担因提供虚假样品所产生的一切法律责任。

（四）提交地点

种子样品提交到中国农业科学院作物科学研究所国家种质库（邮编：100081，地址：北京市海淀区学院南路 80 号，电话：010 - 62186691，邮箱：zkszzk@ caas. cn）。

国家种质库收到种子样品后，应当在 20 个工作日内确定样品是否符合要求，并为申请者提供回执单。

非主要农作物品种登记指南　蚕豆

申请蚕豆品种登记，申请者向省级农业主管部门提出品种登记申请，填写《非主要农作物品种登记申请表　蚕豆》，提交相关申请文件；省级部门书面审查符合要求的，再通知申请者提交种子样品。

一、申请文件

（一）品种登记申请表

填写登记申请表（附录A）的相关内容应当以品种选育情况说明、品种特性说明（包含品种适应性、品质分析、抗病性鉴定、转基因成分检测等结果），以及特异性、一致性、稳定性测试报告的结果为依据。

（二）品种选育情况说明

新选育的品种说明内容主要包括品种来源以及亲本血缘关系、选育方法、选育过程、特征特性描述，栽培技术要点等。单位选育的品种，选育单位在情况说明上盖章确认；个人选育的，选育人签字确认。

在生产上已大面积推广的地方品种或来源不明确的品种要标明，可不作品种选育说明。

（三）品种特性说明

1. 品种适应性：根据不少于2个生产周期（试验点数量与布局应当能够代表拟种植的适宜区域）的试验，如实描述以下内容：品种的形态特征、生物学特性、产量、品质、抗病性、抗逆性、适宜种植区域（县级以上行政区）及季节，品种主要优点、缺陷、风险及防范措施等注意事项。

2. 品质分析：根据品质分析结果，如实描述以下内容：品种的蛋白质、淀粉含量等。

3. 抗逆性鉴定：对品种的锈病（冬蚕豆）、赤斑病（冬、春蚕豆）抗性、花荚期耐冻性以及其他区域性重要病害的抗性进行鉴定，并如实填写鉴定结果。

锈病抗性分5级：高抗（HR）、中抗（MR）、抗（R）、感（S）、高感（HS）。

赤斑病抗性分5级：高抗（HR）、中抗（MR）、抗（R）、感（S）、高感（HS）。

花荚期耐冻性分3级：高耐（HT）、中耐（T）、不耐（HS）。

4. 转基因成分检测：根据转基因成分检测结果，如实说明品种是否含有转基因成分。

（四）特异性、一致性、稳定性测试报告

依据《植物品种特异性、一致性和稳定性测试指南　蚕豆》（NY/T2435）进行测试，主要内容包括：

小叶：边缘波状、顶部形状，旗瓣颜色：花青甙显色、色素斑颜色，荚：生长姿态、类型、颜色（青荚或成熟荚）、长度、胚珠数，干籽粒：百粒重、种皮颜色、子叶颜色、粒型、种脐颜色，叶颜色，冠层叶片小叶形态，开花期，植株开花习性，翼瓣色素斑，以及其他与特异性、一致性、稳定性相关的重要性状，形成测试报告。

品种标准图片：种子、鲜籽粒（鲜食用）、豆荚、成熟植株以及大田等实物彩色照片。

（五）DNA 检测

（三）、（四）中涉及的有关性状有明确关联基因的，可以直接提交 DNA 检测结果。

（六）试验组织方式

（三）、（四）、（五）中涉及的相关试验，具备试验、鉴定、测试和检测条件与能力的单位（或个人）可自行组织进行，不具备条件和能力的可委托具备相应条件和能力的单位组织进行。报告由试验技术负责人签字确认，由出具报告的单位加盖公章。

（七）已授权品种的品种权人书面同意材料。

二、种子样品提交

书面审查符合要求的，申请者接到通知后应及时提交种子样品。对申请品种权且已受理的品种，不再提交种子样品。

（一）包装要求

种子样品使用有足够强度的纸袋包装，并用尼龙网袋套装；包装袋上标注作物种类、品种名称、申请者等信息。

（二）数量要求

每品种种子样品 1000 克。

（三）质量与真实性要求

送交的种子样品，必须是遗传性状稳定、与登记品种性状完全一致、未经过药物或包衣处理、无检疫性有害生物、质量符合国家种用标准的新收获种子。

在提交种子样品时，申请者必须附签字盖章的种子样品清单（附录 B），申请者必须对其提供种子样品的真实性负责，一旦查实提交不真实种子样品的，须承担因提供虚假样品所产生的一切法律责任。

（四）提交地点

种子样品提交到中国农业科学院作物科学研究所国家种质库（邮编：100081，地址：北京市海淀区学院南路 80 号，电话：010 - 62186691，邮箱：zkszzk@ caas. cn）。

国家种质库收到种子样品后，应当在 20 个工作日内确定样品是否符合要求，并为申请者提供回执单。

非主要农作物品种登记指南　豌豆

申请豌豆品种登记，申请者向省级农业主管部门提出品种登记申请，填写《非主要农作物品种登记申请表　豌豆》，提交相关申请文件；省级部门书面审查符合要求的，再通知申请者提交种子样品。

一、申请文件

（一）品种登记申请表

填写登记申请表（附录 A）的相关内容应当以品种选育情况说明、品种特性说明（包含品种适应性、品质分析、抗病性鉴定、转基因成分检测等结果），以及特异性、一致性、稳定性测试报告的结果为依据。

（二）品种选育情况说明

新选育的品种说明内容主要包括品种来源以及亲本血缘关系、选育方法、选育过程、特征特性描述，栽培技术要点等。单位选育的品种，选育单位在情况说明上盖章确认；个人选育的，选育人签字确认。

在生产上已大面积推广的地方品种或来源不明确的品种要标明，可不作品种选育说明。

（三）品种特性说明

1. 品种适应性：根据不少于 2 个生产周期（试验点数量与布局应当能够代表拟种植的适宜区域）的试验，如实描述以下内容：品种的形态特征、生物学特性、产量、品质、抗病性、抗逆性、适宜种植区域（县级以上行政区）及季节，品种主要优点、缺陷、风险及防范措施等注意事项。

2. 品质分析：根据品质分析结果，如实描述以下内容：品种的蛋白质、脂肪含量等。

3. 抗病性鉴定：对品种的白粉病、锈病抗性进行鉴定，并如实填写鉴定结果。

白粉病抗性分 5 级：高抗（HR）、抗（R）、中抗（MR）、感（S）、高感（HS）。

锈病抗性分 5 级：高抗（HR）、抗（R）、中抗（MR）、感（S）、高感（HS）。

4. 转基因成分检测：根据转基因成分检测结果，如实说明品种是否含有转基因成分。

（四）特异性、一致性、稳定性测试报告

依据《植物品种特异性、一致性和稳定性测试指南　豌豆》（NY/T2436）进行测试，主要内容包括：

主茎：一级分枝数、节数，叶：类型、表面蜡质，托叶：剥蚀斑、剥蚀斑密度，植株：长度、每节最多花朵数，荚：长度、宽度、类型、荚壁变厚，籽粒：形状、颜色、子叶颜色、百粒重，开花期，花翼瓣颜色，以及其他与特异性、一致性、稳定性相关的重要性状，形成测试报告。

品种标准图片：种子、果实以及成株植株等的实物彩色照片。

（五）DNA 检测

（三）、（四）中涉及的有关性状有明确关联基因的，可以直接提交 DNA 检测结果。

（六）试验组织方式

（三）、（四）、（五）中涉及的相关试验，具备试验、鉴定、测试和检测条件与能力的单位（或个人）可自行组织进行，不具备条件和能力的可委托具备相应条件和能力的单位组织进行。报告由试验技术负责人签字确认，由出具报告的单位加盖公章。

（七）已授权品种的品种权人书面同意材料。

二、种子样品提交

书面审查符合要求的，申请者接到通知之后应及时提交种子样品。对申请品种权且已受理的品种，不再提交种子样品。

（一）包装要求

种子样品使用有足够强度的纸袋包装，并用尼龙网袋套装；包装袋上标注作物种类、品种名称、申请者等信息。

（二）数量要求

每品种种子样品 500 克。

（三）质量与真实性要求

送交的种子样品，必须是遗传性状稳定、与登记品种性状完全一致、未经过药物或包衣处理、无检疫性有害生物、质量符合国家种用标准的新收获种子。

在提交种子样品时，申请者必须附签字盖章的种子样品清单（附录B），并对提交的样品真实性承诺。申请者必须对其提供样品的真实性负责，一旦查实提交不真实样品的，须承担因提供虚假样品所产生的一切法律责任。

（四）提交地点

种子样品提交到中国农业科学院作物科学研究所国家种质库（邮编：100081，地址：北京市海淀区学院南路 80 号，电话：010 - 62186691，邮箱：zkszzk@caas.cn）。

国家种质库收到种子样品后，应当在 20 个工作日内确定样品是否符合要求，并为申请者提供回执单。

非主要农作物品种登记指南　油菜

申请油菜品种登记，申请者向省级农业主管部门提出品种登记申请，填写《非主要农作物品种登记申请表　油菜》，提交相关申请文件；省级部门书面审查符合要求的，再通知申请者提交种子样品。

一、申请文件

（一）品种登记申请表

填写登记申请表（附录A）的相关内容应当以品种选育情况说明、品种特性说明（包含品种适应性、品质分析、抗病性鉴定、转基因成分检测等结果），以及特异性、一致性、稳定性测试报告的结果为依据。

（二）品种选育情况说明

新选育的品种说明内容主要包括品种来源以及亲本血缘关系、选育方法、选育过程、特征特性描述，栽培技术要点等。单位选育的品种，选育单位在情况说明上盖章确认；个人选育的，选育人签字确认。

在生产上已大面积推广的地方品种或来源不明确的品种要标明，可不作品种选育说明。

（三）品种特性说明

1. 品种适应性：根据不少于 2 个生产周期（试验点数量与布局应当能够代表拟种植的适宜区域）的试验，如实描述以下内容：品种的形态特征、生物学特性、产量、品质、抗病性、抗逆性、适宜种植区域（县级以上行政区）及季节，品种主要优点、缺陷、风险及防范措施等注意事项。

2. 品质分析：根据品质分析的结果，如实描述以下内容：品种的芥酸、硫苷、含油量等。

食用油和工业用油品种的芥酸、硫苷和油分含量应当符合国家标准。

3. 抗病性鉴定：对品种的菌核病、病毒病抗性进行鉴定，并如实填写鉴定结果。

菌核病抗性分 6 级：高抗（HR）、中抗（MR）、低抗（LR）、低感（LS）、中感（MS）、高感（HS）。

病毒病抗性分 6 级：高抗（HR）、中抗（MR）、抗（R）、感（S）、中感（MS）、高感（HS）。

4. 转基因成分检测：根据转基因成分检测结果，如实说明品种是否含有转基因成分。

（四）特异性、一致性、稳定性测试报告

依据《植物品种特异性、一致性和稳定性测试指南 油菜》（甘蓝型 NY/T2239、白菜型 NY/T2479、芥菜型 NY/T2439）进行测试，主要内容包括：

心叶：颜色（仅芥菜型油菜、白菜型油菜）、基叶：刺毛（仅芥菜型油菜、白菜型油菜）、植株：生长习性（甘蓝型油菜）、叶：颜色、叶：裂片、仅适用于有裂片品种：叶：裂片数量、叶：叶缘、叶：长度（含叶片及叶柄）、叶：宽度、叶：叶柄长度、植株：主茎蜡粉、植株：主茎花青甙显色（颜色）、开（初）花期、薹茎叶：抱茎程度（仅白菜型油菜）、花：花瓣颜色、花：花瓣相对位置、植株：总长度、植株：分枝习性、角果：果身长度、角果：果喙长度、角果：姿态、籽粒：颜色、千粒重，以及其他与品种相关的重要性状。

品种标准图片：莲座期植株、叶片、花、角果、籽粒以及成株植株等的实物彩色照片。

（五）DNA 检测

（三）、（四）中涉及的有关性状有明确关联基因的，可以直接提交 DNA 检测结果。

（六）试验组织方式

（三）、（四）、（五）中涉及的相关试验，具备试验、鉴定、测试和检测条件与能力的单位（或个人）可自行组织进行，不具备条件和能力的可委托具备相应条件和能力的单位组织进行。报告由试验技术负责人签字确认，由出具报告的单位加盖公章。

（七）已授权品种的品种权人书面同意材料。

二、种子样品提交

书面审查符合要求的，申请者接到通知后应及时提交种子样品。对申请品种权且已受理的品种，不再提交种子样品。

（一）包装要求

种子样品使用有足够强度的纸袋包装，并用尼龙网袋套装；包装袋上标注作物种类、品种名称、申请者等信息。

（二）数量要求

每品种种子样品 0.15 千克。

（三）质量与真实性要求

送交的种子样品，必须是遗传性状稳定、与登记品种性状完全一致、未经过药物或包衣处理、无检疫性有害生物、质量符合国家用种标准的新收获种子。

在提交种子样品时，申请者必须附签字盖章的种子样品清单（附录 B），并对提交的样品真实性承诺。申请者必须对其提供样品的真实性负责，一旦查实提交不真实样品的，须承担因提供虚假样品所产生的一切法律责任。

（四）提交地点

种子样品提交到中国农业科学院作物科学研究所国家种质库（邮编：100081，地址：北京市海淀区学院南路 80 号，电话：010 - 62186691，邮箱 zkszzk@ caas. cn）。

国家种质库收到种子样品后，应当在 20 个工作日内确定样品是否符合要求，并为申请者提供回执单。

非主要农作物品种登记指南 花生

申请花生品种登记，申请者向省级农业主管部门提出品种登记申请，填写《非主要农作物品种登记申请表 花生》，提交相关申请文件；省级部门书面审查符合要求的，再通知申请者提交种子样品。

一、申请文件

（一）品种登记申请表

填写登记申请表（附录 A）的相关内容应当以品种选育情况说明、品种特性说明（包含品种适应性、品质分析、抗病性鉴定、转基因成分检测等结果），以及特异性、一致性、稳定性测试报告的结果为依据。

（二）品种选育情况说明

新选育的品种说明内容主要包括品种来源以及亲本血缘关系、选育方法、选育过程、特征特性描述，栽培技术要点等。单位选育的品种，选育单位在情况说明上盖章确认；个人选育的，选育人签字确认。

在生产上已大面积推广的地方品种或来源不明确的品种要标明，可不作品种选育说明。

（三）品种特性说明

1. 品种适应性：根据不少于 2 个生产周期（试验点数量与布局应当能够代表拟种植的适宜区域）的试验，如实描述以下内容：品种的形态特征、生物学特性、产量、品质、抗病性、抗逆性、适宜种植区域（县级以上行政区）及季节，品种主要优点、缺陷、风险及防范措施等注意事项。

2. 品质分析：根据品质分析的结果，如实描述以下内容：品种的蛋白质、含油量等。

3. 抗病性鉴定：对品种的青枯病、叶斑病、锈病，以及其他区域性重要病害的抗性进行鉴定，并如实填写鉴定结果。

青枯病抗性分 5 级：免疫（IM）、高抗（HR）、中抗（MR）、感病（S）、高感（HS）。

叶斑病抗性分 5 级：免疫（IM）、高抗（HR）、中抗（MR）、感病（S）、高感（HS）。

锈病抗性分 5 级：免疫（IM）、高抗（HR）、中抗（MR）、感病（S）、高感（HS）。

4. 转基因成分检测：根据转基因成分检测结果，如实说明品种是否含有转基因成分。

（四）特异性、一致性、稳定性测试报告

依据《植物品种特异性、一致性和稳定性测试指南　花生》（NY/T2237）进行测试，主要内容包括：

植株：生长习性、开花习性，小叶形状，荚果：缢缩程度、果嘴明显程度、表面质地，籽仁种皮内表面颜色，小叶形状，主茎花青甙显色，以及其他与特异性、一致性、稳定性相关的重要性状，形成测试报告。

品种标准图片：种子、果实以及成株植株等的实物彩色照片。

（五）DNA 检测

（三）、（四）中涉及的有关性状有明确关联基因的，可以直接提交 DNA 检测结果。

（六）试验组织方式

（三）、（四）、（五）中涉及的相关试验，具备试验、鉴定、测试和检测条件与能力的单位（或个人）可自行组织进行，不具备条件和能力的可委托具备相应条件和能力的单位组织进行。报告由试验技术负责人签字确认，由出具报告的单位加盖公章。

（七）已授权品种的品种权人书面同意材料。

二、种子样品提交

书面审查符合要求的，申请者接到通知后应及时提交种子样品。对申请品种权且已受理的品种，不再提交种子样品。

（一）包装要求

种子样品使用有足够强度的纸袋包装，并用尼龙网袋套装；包装袋上标注作物种类、品种名称、申请者等信息。

（二）数量要求

每品种种子样品 1000 个荚果。

（三）质量与真实性要求

送交的种子样品，必须是遗传性状稳定、与登记品种性状完全一致、未经过药物或包衣处理、无检疫性有害生物、质量符合国家种用标准的新收获种子。

在提交种子样品时，申请者必须附签字盖章的种子样品清单（附录B），并对提交的样品真实性承诺。申请者必须对其提供样品的真实性负责，一旦查实提交不真实样品的，须承担因提供虚假样品所产生的一切法律责任。

（四）提交地点

种子样品提交到中国农业科学院作物科学研究所国家种质库（邮编：100081，地址：北京市海淀区学院南路 80 号，电话：010 - 62186691，邮箱：zkszzk@ caas. cn）。

国家种质库收到种子样品后，应当在 20 个工作日内确定样品是否符合要求，并为申请者提供回执单。

非主要农作物品种登记指南　亚麻（胡麻）

申请亚麻（胡麻）品种登记，申请者向省级农业主管部门提出品种登记申请，填写《非主要农作物品种登记申请表　亚麻（胡麻）》，提交相关申请文件；省级部门书面审查符合要求的，再通知申请者提交种子样品。

一、申请文件

（一）品种登记申请表

填写登记申请表（附录 A）的相关内容应当以品种选育情况说明、品种特性说明（包含品种适应性、品质分析、抗病性鉴定、转基因成分检测等结果），以及特异性、一致性、稳定性测试报告的结果为依据。

（二）品种选育情况说明

新选育的品种说明内容主要包括品种来源以及亲本血缘关系、选育方法、选育过程、特征特性描述、栽培技术要点等。单位选育的品种，选育单位在情况说明上盖章确认；个人选育的，选育人签字确认。

在生产上已大面积推广的地方品种或来源不明确的品种要标明，可不作品种选育说明。

（三）品种特性说明

1. 品种适应性：根据不少于 2 个生产周期（试验点数量与布局应当能够代表拟种植的适宜区域）的试验，如实描述以下内容：品种的形态特征、生物学特性、产量、品质、抗病性、抗逆性、适宜种植区域（县级以上行政区）及季节，品种主要优点、缺陷、风险及防范措施等注意事项。

2. 品质分析：根据品质分析的结果，如实描述以下内容：品种的含油率、纤维强度等。

3. 抗病性鉴定：对品种的枯萎病以及其他区域性重要病害的抗性进行鉴定，并如实填写鉴定结果。

枯萎病抗性分4级：高抗（HR）、中抗（MR）、中感（MS）、高感（HS）。

4. 转基因成分检测：根据转基因成分检测结果，如实说明品种是否含有转基因成分。

（四）特异性、一致性、稳定性测试报告

依据《植物品种特异性、一致性和稳定性测试指南 亚麻（胡麻）》（NY/T2239）进行测试，主要内容包括：

花：萼片斑点数量、花冠颜色、大小、花药颜色、花丝颜色、花柱颜色、花瓣相对位置，植株：高度、工艺长度、单株分枝数，蒴果：大小、隔膜纤毛、单株蒴果数，始花期，种子种皮颜色，千粒重，生育期，植株全麻率（仅适用于纤维用品种），种子含油率（仅适用于油用品种），以及其他与特异性、一致性、稳定性相关的重要性状，形成测试报告。

品种标准图片：种子、果实以及成株植株等的实物彩色照片。

（五）DNA检测

（三）、（四）中涉及的有关性状有明确关联基因的，可以直接提交DNA检测结果。

（六）试验组织方式

（三）、（四）、（五）中涉及的相关试验，具备试验、鉴定、测试和检测条件与能力的单位（或个人）可自行组织进行，不具备条件和能力的可委托具备相应条件和能力的单位组织进行。报告由试验技术负责人签字确认，由出具报告的单位加盖公章。

（七）已授权品种的品种权人书面同意材料。

二、种子样品提交

书面审查符合要求的，申请者接到通知后应及时提交种子样品。对申请品种权且已受理的品种，不再提交种子样品。

（一）包装要求

种子样品使用有足够强度的纸袋包装，并用尼龙网袋套装；包装袋上标注作物种类、品种名称、申请者等信息。

（二）数量要求

每品种种子样品 200 克。

（三）质量与真实性要求

送交的种子样品，必须是遗传性状稳定、与登记品种性状完全一致、未经过药物或包衣处理、无检疫性有害生物、质量符合国家种用标准的新收获种子。

在提交种子样品时，申请者必须附签字盖章的种子种子样品清单（附录B），并对提交的样品真实性承诺。申请者必须对其提供样品的真实性负责，一旦查实提交不真实样品的，须承担因提供虚假样品所产生的一切法律责任。

（四）提交地点

种子样品提交到中国农业科学院作物科学研究所国家种质库（地址：北京市海淀区学院南路 80 号，电话：010 – 62186691，邮箱：zkszzk@caas.cn，邮编：100081）。

国家种质库收到种子样品后，应当在 20 个工作日内确定样品是否符合要求，并为申请者提供回执单。

非主要农作物品种登记指南　向日葵

申请向日葵品种登记，申请者向省级农业主管部门提出品种登记申请，填写《非主要农作物品种登记申请表　向日葵》，提交相关申请文件；省级部门书面审查符合要求的，再通知申请者提交种子样品。

一、申请文件

（一）品种登记申请表

填写登记申请表（附录A）的相关内容应当以品种选育情况说明、品种特性说明（包含品种适应性、品质分析、抗病性鉴定、转基因成分检测等结果），以及特异性、一致性、稳定性测试报告的结果为依据。

（二）品种选育情况说明

新选育的品种说明内容主要包括品种来源以及亲本血缘关系、选育方法、选育过程、特征特性描述，栽培技术要点等。单位选育的品种，选育单位在情况说明上盖章确认；个人选育的，选育人签字确认。

在生产上已大面积推广的地方品种或来源不明确的品种要标明，可不作品种选育说明。

（三）品种特性说明

1. 品种适应性：根据不少于 2 个生产周期（试验点数量与布局应当能够代表拟种植的适宜区域）的试验，如实描述以下内容：品种的形态特征、生物学特性、产量、品质、抗病性、抗逆性、适宜种植区域（县级以上行政区）及季节，品种主要优点、缺陷、风险及防范措施等注意事项。

2. 品质分析：根据品质分析的结果，如实描述以下内容：品种的蛋白质含量等。

3. 抗病性鉴定：对品种的菌核病、黄萎病、黑斑病、褐斑病，以及其他区域性重要病害的抗性进行鉴定，并如实填写鉴定结果。

菌核病抗性分 5 级：免疫（IM）、高抗（HR）、中抗（MR）、中感（MS）、高感（HS）。

黄萎病抗性分 5 级：免疫（IM）、高抗（HR）、中抗（MR）、中感（MS）、高感（HS）。

黑斑病抗性分 5 级：免疫（IM）、高抗（HR）、中抗（MR）、中感（MS）、高感（HS）。

褐斑病抗性分 5 级：免疫（IM）、高抗（HR）、中抗（MR）、中感（MS）、高感（HS）。

4. 转基因成分检测：根据转基因成分检测结果，如实说明品种是否含有转基因成分。

（四）特异性、一致性、稳定性测试报告

依据《植物品种特异性、一致性和稳定性测试指南　向日葵》（NY/T2433）进行测试，主要内容包括：

瘦果：主色、形状、条纹、边缘条纹、边缘间条纹，开花期，花盘倾斜度，分枝类型，舌状花颜色，花盘形状，植株高度，管状花颜色，以及其他与特异性、一致性、稳定性相关的重要性状，形成测试报告。

品种标准图片：杂交种亲本、种子、果实、花盘、开花期与成熟期单株与群体等反映品种特征特性的实物彩色照片。

（五）DNA 检测

（三）、（四）中涉及的有关性状有明确关联基因的，可以直接提交 DNA 检测结果。

（六）试验组织方式

（三）、（四）、（五）中涉及的相关试验，具备试验、鉴定、测试和检测条件与能力的单位（或个人）可自行组织进行，不具备条件和能力的可委托具备相应条件和能力的单位组织进行。报告由试验技术负责人签字确认，由出具报告的单位加盖公章。

（七）已授权品种的品种权人书面同意材料。

二、种子样品提交

书面审查符合要求的，申请者接到通知后应及时提交种子样品。对申请品种权且已受理的品种，不再提交种子样品。

（一）包装要求

种子样品使用有足够强度的纸袋包装，并用尼龙网袋套装；包装袋上标注作物种类、品种名称、申请者等信息。

（二）数量要求

每品种种子样品 500 克。

（三）质量与真实性要求

送交的种子样品，必须是遗传性状稳定、与登记品种性状完全一致、未经过药物或包衣处理、无检疫性有害生物、质量符合国家种用标准的新收获种子。

在提交种子样品时，申请者必须附签字盖章的种子样品清单（附录 B），并对提交的样品真实性承诺。申请者必须对其提供样品的真实性负责，一旦查实提交不真实样品的，须承担因提供虚假样品所产生的一切法律责任。

（四）提交地点

种子样品提交到中国农业科学院作物科学研究所国家种质库（邮编：100081，地址：北京市海淀区学院南路 80 号，电话：010 - 62186691，邮箱：zkszzk@ caas. cn）。

国家种质库收到种子样品后，应当在 20 个工作日内确定样品是否符合要求，并为申请者提供回执单。

非主要农作物品种登记指南　甘蔗

申请甘蔗品种登记，申请者向省级农业主管部门提出品种登记申请，填写《非主要农作物品种登记申请表　甘蔗》，提交相关申请文件；省级部门书面审查符合要求的，再通知申请者提交种茎样品。

一、申请文件

（一）品种登记申请表

填写登记申请表（附录 A）的相关内容应当以品种选育情况说明、品种特性说明（包含品种适应性、品质分析、抗病性鉴定、转基因成分检测等结果），以及特异性、一致性、稳定性测试报告的结果为依据。

（二）品种选育情况说明

新选育的品种说明内容主要包括品种来源以及亲本血缘关系、选育方法、选育过程、特征特性描述，栽培技术要点等。单位选育的品种，选育单位在情况说明上盖章确认；个人选育的，选育人签字确认。

在生产上已大面积推广的地方品种或来源不明确的品种要标明，可不作品种选育说明。

（三）品种特性说明

1. 品种适应性：根据不少于 2 个生产周期（试验点数量与布局应当能够代表拟种植的适宜区域）的试验，如实描述以下内容：品种的形态特征、生物学特性、产量、品质、抗病性、抗逆性、适宜种植区域（县级以上行政区）及季节，品种主要优点、缺陷、风险及防范措施等注意事项。

2. 品质分析：根据品质分析的结果，如实描述以下内容：品种的蔗糖、纤维、蛋白质含量等。

3. 抗病性鉴定：对品种的黑穗病、花叶病，以及其他区域性重要病害的抗性进行鉴定，并如实填写鉴定结果。

黑穗病抗性分 5 级：高抗（HR）、抗（R）、中抗（MR）、感（S）、高感（HS）。

花叶病抗性分 5 级：免疫（IM）、高抗（HR）、中抗（MR）、感（S）、高感（HS）。

4. 转基因成分检测：根据转基因成分检测结果，如实说明品种是否含有转基因成分。

（四）特异性、一致性、稳定性测试报告

依据《植物品种特异性、一致性和稳定性测试指南　甘蔗》（NY/T2348）进行测试，主要内容包括：

内叶耳：形状、大小，节间：直径、形状、颜色（未曝光）、颜色（曝光），芽：形状（芽翼除外）、芽沟深度、芽尖与生长带的相对位置、芽基与叶痕的相对位置、芽翼相对位置，叶鞘：包茎程度、57 号毛群数量，外叶耳形状，叶片中部宽度，茎的均匀度，条纹，Z 字形排列，蜡粉带，分蘖期株型，分蘖习性，以及其他与特异性、一致性、稳定性相关的重要性状，形成测试报告。

品种标准图片：未曝光蔗茎、曝光后蔗茎、芽、叶鞘、叶耳、叶姿的实物彩色照片。

（五）DNA 检测

（三）、（四）中涉及的有关性状有明确关联基因的，可以直接提交 DNA 检测结果。

（六）试验组织方式

（三）、（四）、（五）中涉及的相关试验，具备试验、鉴定、测试和检测条件与能力的单位（或个人）可自行组织进行，不具备条件和能力的可委托具备相应条件和能力的单位组织进行。报告由试验技术负责人签字确认，由出具报告的单位加盖公章。

（七）已授权品种的品种权人书面同意材料。

二、种茎样品提交

书面审查符合要求的，申请者接到通知后应及时提交种茎样品。对申请品种权且已受理的品种，不再提交样品。

（一）包装要求

种茎样品使用有足够强度的编织袋包装，包装袋上标注品种名称、申请者等信息。

（二）数量要求

每品种种茎样品 5 千克。

（三）质量与真实性要求

送交的种茎样品，必须是遗传性状稳定、与登记品种性状完全一致、未经过药物处理、无检疫性有害生物、质量符合甘蔗种茎标准。

在提交种子样品时，申请者必须附签字盖章的种子样品清单（附录 B），并对提交的样品真实性承诺。申请者必须对其提供样品的真实性负责，一旦查实提交不真实样品的，须承担因提供虚假样品所产生的一切法律责任。

（四）提交地点

种茎样品提交到云南省农科院甘蔗研究所国家甘蔗种质资源圃（邮编：661600，地址：云南省红河州开远市灵泉东路363号，联系人：徐超华，电话：0873 – 3166329、18760715922）。

国家甘蔗种质资源圃收到样品后，应当在20个工作日内确定样品是否符合要求，并为申请者提供回执单。

作物品种登记指南　甜菜

申请甜菜品种登记，申请者向省级农业主管部门提出品种登记申请，填写《非主要农作物品种登记申请表　甜菜》，提交相关申请文件；省级部门书面审查符合要求的，再通知申请者提交种子样品。

一、申请文件

（一）品种登记申请表

填写登记申请表（附录A）的相关内容应当以品种选育情况说明、品种特性说明（包含品种适应性、品质分析、抗病性鉴定、转基因成分检测等结果），以及特异性、一致性、稳定性测试报告的结果为依据。

（二）品种选育情况说明

新选育的品种说明内容主要包括品种来源以及亲本血缘关系、选育方法、选育过程、特征特性描述，栽培技术要点等。单位选育的品种，选育单位在情况说明上盖章确认；个人选育的，选育人签字确认。

在生产上已大面积推广的地方品种或来源不明确的品种要标明，可不作品种选育说明。

（三）品种特性说明

1. 品种适应性：根据不少于2个生产周期（试验点数量与布局应当能够代表拟种植的适宜区域）的试验，如实描述以下内容：品种的形态特征、生物学特性、产量、品质、抗病性、抗逆性、适宜种植区域（县级以上行政区）及季节，品种主要优点、缺陷、风险及防范措施等注意事项。

2. 品质分析：根据品质分析的结果，如实描述以下内容：品种的含糖量等。

3. 抗病性鉴定：对品种的根腐病、褐斑病、丛根病，以及其他区域性重要病害的抗性进行鉴定，并如实填写鉴定结果。

根腐病抗性分3级：抗病（R）、耐病（T）、感病（S）。

褐斑病抗性分3级：抗病（R）、耐病（T）、感病（S）。

丛根病抗性分3级：抗病（R）、耐病（T）、感病（S）。

4. 转基因成分检测：根据转基因成分检测结果，如实说明品种是否含有转基因成分。

（四）特异性、一致性、稳定性测试报告

依据《植物品种特异性、一致性和稳定性测试指南　甜菜》（NY/T2482）进行测试，主要内容包括：

叶片：形状、绿色程度，根：形状、根沟深度、糖度，胚性，倍性，幼苗子叶下胚轴（颜色），叶姿态，以及其他与特异性、一致性、稳定性相关的重要性状，形成测试报告，

品种标准图片：种子、叶丛繁茂期以及块根单株的实物彩色照片。

（五）DNA 检测

（三）、（四）中涉及的有关性状有明确关联基因的，可以直接提交 DNA 检测结果。

（六）试验组织方式

（三）、（四）、（五）中涉及的相关试验，具备试验、鉴定、测试和检测条件与能力的单位（或个人）可自行组织进行，不具备条件和能力的可委托具备相应条件和能力的单位组织进行。报告由试验技术负责人签字确认，由出具报告的单位加盖公章。

（七）已授权品种的品种权人书面同意材料。

二、种子样品提交

书面审查符合要求的，申请者接到通知后应及时提交种子样品。对申请品种权且已受理的品种，不再提交样品。

（一）包装要求

种子样品使用有足够强度的纸袋包装，并用尼龙网袋套装；包装袋上标注作物种类、品种名称、申请者等信息。

（二）数量要求

每品种种子样品0.3 千克。

（三）质量与真实性要求

送交的种子样品，必须是遗传性状稳定、与登记品种性状完全一致、无检疫性有害生物、单胚种发芽率≥65%、多胚种发芽率≥80 的种子。

在提交种子样品时，申请者必须附签字盖章的种子样品清单（附录B），并对提交的样品真实性承诺。申请者必须对其提供样品的真实性负责，一旦查实提交不真实样品的，须承担因提供虚假样品所产生的一切法律责任。

（四）提交地点

种子样品提交到中国农业科学院作物科学研究所国家种质库（邮编：100081，地址：北京市海淀区学院南路 80 号，电话：010 - 62186691，邮箱：zkszzk@ caas. cn）。

国家种质库收到种子样品后，应当在 20 个工作日内确定样品是否符合要求，并为申请者提供回执单。

非主要农作物品种登记指南　大白菜

申请大白菜品种登记，申请者向省级农业主管部门提出品种登记申请，填写《非主要农作物品种登记申请表　大白菜》，提交相关申请文件；省级部门书面审查符合要求的，再通知申请者提交种子样品。

一、申请文件

（一）品种登记申请表

填写登记申请表（附录 A）的相关内容应当以品种选育情况说明、品种特性说明（包含品种适应性、品质分析、抗病性鉴定、转基因成分检测等结果），以及特异性、一致性、稳定性测试报告的结果为依据。

（二）品种选育情况说明

新选育的品种说明内容主要包括品种来源以及亲本血缘关系、选育方法、选育过程、特征特性描述，栽培技术要点等。单位选育的品种，选育单位在情况说明上盖章确认；个人选育的，选育人签字确认。

在生产上已大面积推广的地方品种或来源不明确的品种要标明，可不作品种选育说明。

（三）品种特性说明

1. 品种适应性：根据不少于 2 个生产周期（试验点数量与布局应当能够代

表拟种植的适宜区域）的试验，如实描述以下内容：品种的形态特征、生物学特性、产量、品质、抗病性、抗逆性、适宜种植区域（县级以上行政区）及季节，品种主要优点、缺陷、风险及防范措施等注意事项。

2. 抗病性鉴定：对品种的芜菁花叶病毒病、霜霉病以及其他区域性重要病害的抗性进行鉴定，并如实填写鉴定结果。

芜菁花叶病毒病抗性分 6 级：高抗（HR）、中抗（MR）、抗（R）、感（S）、中感（MS）、高感（HS）。

霜霉病抗性分 6 级：高抗（HR）、中抗（MR）、抗（R）、感（S）、中感（MS）、高感（HS）。

3. 转基因成分检测：根据转基因成分检测结果，如实说明品种是否含有转基因成分。

（四）特异性、一致性、稳定性测试报告

依据《植物品种特异性、一致性和稳定性测试指南　大白菜》（NY/T2239）进行测试，主要内容包括：

外叶：颜色、叶缘锯齿、形状、中肋颜色，叶球：形状、类型、上部颜色、内叶颜色、重量、中心柱长度，仅适用于闭合类型品种：叶球：抱合类型、顶部形状，田间耐热性，收获期，子叶颜色，叶泡状突起数量，植株生长习性，以及其他与特异性、一致性、稳定性相关的重要性状，形成测试报告。

品种标准图片：莲座期至结球前期田间群体、收获期单株、叶球及剖面、种子等的实物彩色照片。

（五）DNA 检测

（三）、（四）中涉及的有关性状有明确关联基因的，可以直接提交 DNA 检测结果。

（六）试验组织方式

（三）、（四）、（五）中涉及的相关试验，具备试验、鉴定、测试和检测条件与能力的单位（或个人）可自行组织进行，不具备条件和能力的可委托具备相应条件和能力的单位组织进行。报告由试验技术负责人签字确认，由出具报告的单位加盖公章。

（七）已授权品种的品种权人书面同意材料。

二、种子样品提交

书面审查符合要求的，申请者接到通知后应及时提交种子样品。对申请品种权且已受理的品种，不再提交种子样品。

（一）包装要求

种子样品使用有足够强度的纸袋包装，并用尼龙网袋套装；包装袋上标注作物种类、品种名称、申请者等信息。

（二）数量要求

每品种种子样品 150 克。

（三）质量与真实性要求

送交的种子样品，必须是遗传性状稳定、与登记品种性状完全一致、未经过药物或包衣处理、无检疫性有害生物、质量符合国家种用标准的新收获种子。

在提交种子样品时，申请者必须附签字盖章的种子样品清单（附录 B），并对提交的样品真实性承诺。申请者必须对其提供样品的真实性负责，一旦查实提交不真实样品的，须承担因提供虚假样品所产生的一切法律责任。

（四）提交地点

种子样品提交到中国农业科学院作物科学研究所国家种质库（地址：北京市海淀区学院南路 80 号，电话：010 - 62186691，邮箱：zkszzk@caas.cn，邮编：100081）。

国家种质库收到种子样品后，应当在 20 个工作日内确定样品是否符合要求，并为申请者提供回执单。

非主要农作物品种登记指南　西瓜

申请西瓜品种登记，申请者向省级农业主管部门提出品种登记申请，填写《非主要农作物品种登记申请表　西瓜》，提交相关申请文件；省级部门书面审查符合要求的，再通知申请者提交种子样品。

一、申请文件

（一）品种登记申请表

填写登记申请表（附录 A）的相关内容应当以品种选育情况说明、品种特性说明（包含品种适应性、品质分析、抗病性鉴定、转基因成分检测等结果），以及特异性、一致性、稳定性测试报告的结果为依据。

（二）品种选育情况说明

新选育的品种说明内容主要包括品种来源以及亲本血缘关系、选育方法、选育过程、特征特性描述，栽培技术要点等。单位选育的品种，选育单位在情况说明上盖章确认；个人选育的，选育人签字确认。

在生产上已大面积推广的地方品种或来源不明确的品种要标明，可不作品种选育说明。

（三）品种特性说明

1. 品种适应性：根据不少于 2 个生产周期（试验点数量与布局应当能够代表拟种植的适宜区域）试验，如实描述以下内容：品种的形态特征、生物学特性、产量、品质、抗病性、抗逆性、适宜种植区域（县级以上行政区）及季节，品种主要优点、缺陷、风险及防范措施等注意事项。

2. 品质分析：根据品质分析的结果，如实描述以下内容：品种的可溶性固形物含量、果皮硬度、肉质口感，以及其他特殊性状。

3. 抗病性鉴定：对品种的枯萎病以及其他区域性重要病害的抗性进行鉴定，并如实填写鉴定结果。

枯萎病抗性分 5 级：高抗（HR）、中抗（MR）、抗（R）、感（S）、高感（HS）。

4. 转基因成分检测：根据转基因成分检测结果，如实说明品种是否含有转基因成分。

（四）特异性、一致性、稳定性测试报告

依据《植物品种特异性、一致性和稳定性测试指南　西瓜》进行测试，主要内容包括：

植株：第一雌花节位、形态，叶片：颜色、裂刻程度，果实：纵切面形状、重量、表面蜡粉有无/多少、表皮底色、条纹主要颜色、条纹类型、果皮硬度、果皮厚度、果肉颜色、果肉硬度，种子（仅二倍体和四倍体）：长度、种壳底色、种壳复色类型、果实单瓜种子数量（仅二倍体和四倍体），种壳大小（仅三倍体），倍性，生育期，以及其他与特异性、一致性、稳定性相关的重要性状，形成测试报告。

品种标准图片：种子、果实外观及纵横剖面、成株植株等的实物彩色照片。

（五）DNA 检测

（三）、（四）中涉及的有关性状有明确关联基因的，可以直接提交 DNA 检测结果。

（六）试验组织方式

（三）、（四）、（五）中涉及的相关试验，具备试验、鉴定、测试和检测条件与能力的单位（或个人）可自行组织进行，不具备条件和能力的可委托具备相应条件和能力的单位组织进行。报告由试验技术负责人签字确认，由出具报告的单位加盖公章。

（七）已授权品种的品种权人书面同意材料。

二、种子样品提交

书面审查符合要求的，申请者接到通知后应及时提交种子样品。对申请品种权且已受理的品种，不再提交种子样品。

（一）包装要求

种子样品使用有足够强度的纸袋包装，并用尼龙网袋套装；包装袋上标注作物种类、品种名称、申请者等信息。

（二）数量要求

每品种种子样品300克。

（三）质量与真实性要求

送交的种子样品，必须是遗传性状稳定、与登记品种性状完全一致、未经过药物或包衣处理、无检疫性有害生物、质量符合国家种用标准的新收获种子。

在提交种子样品时，申请者必须附签字盖章的种子样品清单（附录B），并对提交的样品真实性承诺。申请者必须对其提供样品的真实性负责，一旦查实提交不真实样品的，须承担因提供虚假样品所产生的一切法律责任。

（四）提交地点

种子样品提交到中国农业科学院作物科学研究所国家种质库（邮编：100081，地址：北京市海淀区学院南路80号，电话：010－62186691，邮箱：zkszzk@caas.cn）。

国家种质库收到种子样品后，应当在20个工作日内确定样品是否符合要求，并为申请者提供回执单。

非主要农作物品种登记指南　辣椒

申请辣椒品种登记，申请者向省级农业主管部门提出品种登记申请，填写《非主要农作物品种登记申请表　辣椒》，提交相关申请文件；省级部门书面审查符合要求的，再通知申请者提交种子样品。

一、申请文件

（一）品种登记申请表

填写登记申请表（附录 A）的相关内容应当以品种选育情况说明、品种特性说明（包含品种适应性、品质分析、抗病性鉴定、转基因成分检测等结果），以及特异性、一致性、稳定性测试报告的结果为依据。

（二）品种选育情况说明

新选育的品种说明内容主要包括品种来源以及亲本血缘关系、选育方法、选育过程、特征特性描述、栽培技术要点等。单位选育的品种，选育单位在情况说明上盖章确认；个人选育的，选育人签字确认。

在生产上已大面积推广的地方品种或来源不明确的品种要标明，可不作品种选育说明。

（三）品种特性说明

1. 品种适应性：根据不少于 2 个生产周期（试验点数量与布局应当能够代表拟种植的适宜区域）的试验，如实描述以下内容：品种的形态特征、生物学特性、产量、品质、抗病性、抗逆性、适宜种植区域（县级以上行政区）及季节，品种主要优点、缺陷、风险及防范措施等注意事项。

2. 品质分析：根据品质分析的结果，如实描述以下内容：品种的维生素 C、辣椒素含量等。

3. 抗病性鉴定：对品种的病毒病（CMV、TMV）、炭疽病、疫病以及其他区域性的重要病害的抗性水平进行鉴定，并如实填写鉴定结果。

病毒病（CMV、TMV）抗性分为 5 级：高抗（HR）、抗（R）、中抗（MR）、感（S）、高感（HS）。

炭疽病抗性分为 5 级：高抗（HR）、抗（R）、中抗（MR）、感（S）、高感（HS）。

疫病抗性分为 5 级：高抗（HR）、抗（R）、中抗（MR）、感（S）、高感（HS）。

4. 转基因成分检测：根据转基因成分检测结果，如实说明品种是否含有转基因成分。

（四）特异性、一致性、稳定性测试报告

依据《植物品种特异性、一致性和稳定性测试指南　辣椒》（NY/T2234）进行测试，主要内容包括：

茎：节间花青甙显色、节茸毛密度，植株：第一花节位、高度、株幅、株型、生长习性，叶片：颜色、形状，花：花冠颜色、花药颜色、花柱长度，果实：单果重量、形状、纵径、横径、先端形状、沟深浅、光泽度、心室数量、果肩部凹陷、纵切面形状、辣味程度、果肉厚度，萼片形态、花梗姿态、果实（成熟前）颜色，果实（成熟时）颜色，生育期，以及其他与特异性、一致性、稳定性相关的重要性状，形成测试报告。

品种标准图片：种子、果实以及成株植株等的实物彩色照片。

（五）DNA 检测

（三）、（四）中涉及的有关性状有明确关联基因的，可以直接提交 DNA 检测结果。

（六）试验组织方式

（三）、（四）、（五）中涉及的相关试验，具备试验、鉴定、测试和检测条件与能力的单位（或个人）可自行组织进行，不具备条件和能力的可委托具备相应条件和能力的单位组织进行。报告由试验技术负责人签字确认，由出具报告的单位加盖公章。

（七）已授权品种的品种权人书面同意材料。

二、种子样品提交

书面审查符合要求的，申请者接到通知后应及时提交种子样品。对申请品种权且已受理的品种，不再提交种子样品。

（一）包装要求

种子样品使用有足够强度的纸袋包装，并用尼龙网袋套装；包装袋上标注作物种类、品种名称、申请者等信息。

（二）数量要求

每品种种子样品 150 克。

（三）质量与真实性要求

送交的种子样品，必须是遗传性状稳定、与登记品种性状完全一致、未经过药物或包衣处理、无检疫性有害生物、质量符合国家种用标准的新收获种子。

在提交种子样品时，申请者必须附签字盖章的种子样品清单（附录 B），并对提交的样品真实性承诺。申请者必须对其提供样品的真实性负责，一旦查实提交不真实样品的，须承担因提供虚假样品所产生的一切法律责任。

（四）提交地点

种子样品提交到中国农业科学院作物科学研究所国家种质库（邮编：100081，地址：北京市海淀区学院南路 80 号，电话：010 - 62186691，邮箱：zkszzk@ caas. cn）。

国家种质库收到种子样品后，应当在 20 个工作日内确定样品是否符合要求，并为申请者提供回执单。

非主要农作物品种登记指南 甜瓜

申请甜瓜品种登记，申请者向省级农业主管部门提出品种登记申请，填写《非主要农作物品种登记申请表 甜瓜》，提交相关申请文件；省级部门书面审查符合要求的，再通知申请者提交种子样品。

一、申请文件

（一）品种登记申请表

填写登记申请表（附录 A）的相关内容应当以品种选育情况说明、品种特性说明（包含品种适应性、品质分析、抗病性鉴定、转基因成分检测等结果），以及特异性、一致性、稳定性测试报告的结果为依据。

（二）品种选育情况说明

新选育的品种说明内容主要包括品种来源以及亲本血缘关系、选育方法、选育过程、特征特性描述，栽培技术要点等。单位选育的品种，选育单位在情况说明上盖章确认；个人选育的，选育人签字确认。

在生产上已大面积推广的地方品种或来源不明确的品种要标明，可不作品种选育说明。

（三）品种特性说明

1. 品种适应性：根据不少于 2 个生产周期（试验点数量与布局应当能够代表拟种植的适宜区域）的试验，如实描述以下内容：品种的形态特征、生物学特性、产量、品质、抗病性、抗逆性、适宜种植区域（县级以上行政区）及季节，品种主要优点、缺陷、风险及防范措施等注意事项。

2. 品质分析：根据品质分析的结果，如实描述以下内容：品种的可溶性固形物含量、肉质口感、风味等。

3. 抗病性鉴定：对品种的白粉病、霜霉病，以及其他区域性重要病害的抗性进行鉴定，并如实填写鉴定结果。

白粉病抗性分 5 级：高抗（HR）、抗（R）、中抗（MR）、感（S）、高感（HS）。

霜霉病抗性分 5 级：高抗（HR）、抗（R）、中抗（HR）、感（S）、高感（HS）。

4. 转基因成分检测：根据转基因成分检测结果，如实说明品种是否含有转基因成分。

（四）特异性、一致性、稳定性测试报告

依据《植物品种特异性、一致性和稳定性测试指南　甜瓜》（NY/T2342）进行测试，主要内容包括：

花：性型，子房：茸毛长度，叶片：大小、裂刻程度、叶柄姿态、叶柄长度，蔓：节间长度，果实：果皮转色、重量、长度、宽度、长度与宽度的比率、形状、果皮底色、果皮复色、斑点颜色、果皮斑块密度、斑块大小、沟、沟的颜色、沟的深度、表面皱褶程度、木栓组织、木栓组织类型、木栓组织厚度、木栓组织密度、果柄脱落、果肉酸味（描述）、果肉可溶性固形物含量、果皮厚度、果肉厚度、种腔直径、果肉主色、仅适用于果肉主色为橙色品种：果肉橙色强度、果肉硬度，种子：长度、宽度、颜色，以及其他与特异性、一致性、稳定性相关的重要性状，形成测试报告。

品种标准图片：括种子、果实以及成株植株等的实物彩色照片。

（五）DNA 检测

（三）、（四）中涉及的有关性状有明确关联基因的，可以直接提交 DNA 检测结果。

（六）试验组织方式

（三）、（四）、（五）中涉及的相关试验，具备试验、鉴定、测试和检测条件与能力的单位（或个人）可自行组织进行，不具备条件和能力的可委托具备相应条件和能力的单位组织进行。报告由试验技术负责人签字确认，由出具报告的单位加盖公章。

（七）已授权品种的品种权人书面同意材料。

二、种子样品提交

书面审查符合要求的，申请者接到通知后应及时提交种子样品。对申请品种权且已受理的品种，不再提交种子样品。

（一）包装要求

种子样品使用有足够强度的纸袋包装，并用尼龙网袋套装；包装袋上标注作物种类、品种名称、申请者等信息。

（二）数量要求

每品种种子样品 300 克。

（三）质量与真实性要求

送交的种子样品，必须是遗传性状稳定、与登记品种性状完全一致、未经过药物或包衣处理、无检疫性有害生物、质量符合国家种用标准的新收获种子。

在提交种子样品时，申请者必须附签字盖章的种子样品清单（附录 B），并对提交的样品真实性承诺。申请者必须对其提供样品的真实性负责，一旦查实提交不真实样品的，须承担因提供虚假样品所产生的一切法律责任。

（四）提交地点

种子样品提交到中国农业科学院作物科学研究所国家种质库（邮编：100081，地址：北京市海淀区学院南路 80 号，电话：010 - 62186691，邮箱：zkszzk@ caas. cn）。

国家种质库收到种子样品后，应当在 20 个工作日内确定样品是否符合要求，并为申请者提供回执单。

非主要农作物品种登记指南　茎瘤芥

申请茎瘤芥品种登记，申请者向省级农业主管部门提出品种登记申请，填写《非主要农作物品种登记申请表　茎瘤芥》，提交相关申请文件；省级部门书面审查符合要求的，再通知申请者提交种子样品。

一、申请文件

（一）品种登记申请表

填写登记申请表（附录 A）的相关内容应当以品种选育情况说明、品种特性说明（包含品种适应性、品质分析、抗病性鉴定、转基因成分检测等结果），以及特异性、一致性、稳定性测试报告的结果为依据。

（二）品种选育情况说明

新选育的品种说明内容主要包括品种来源以及亲本血缘关系、选育方法、选育过程、特征特性描述、栽培技术要点等。单位选育的品种，选育单位在情况说明上盖章确认；个人选育的，选育人签字确认。

在生产上已大面积推广的地方品种或来源不明确的品种要标明，可不作品种选育说明。

（三）品种特性说明

1. 品种适应性：根据不少于 2 个生产周期（试验点数量与布局应当能够代表拟种植的适宜区域）的试验，如实描述以下内容：品种的形态特征、生物学特性、经济产量、瘤茎品质、抗病性、抗逆性、适宜种植区域（县级以上行政区）及季节，品种主要优点、缺陷、风险及防范措施等注意事项。

2. 品质分析：根据品质分析的结果，如实描述以下内容：品种的蛋白质、纤维含量和空心率等。

3. 抗病性鉴定：对品种的病毒病、根肿病、霜霉病，以及其他区域性重要病害的抗性进行鉴定，并如实填写鉴定结果。

病毒病抗性分 5 级：高抗（HR）、抗病（R）、中抗（MR）、感病（S）、高感（HS）。

根肿病抗性分 5 级：高抗（HR）、抗病（R）、耐病（T）、感病（S）、高感（HS）。

霜霉病抗性分 5 级：高抗（HR）、抗病（R）、中抗（MR）、感病（S）、高感（HS）。

4. 转基因成分检测：根据转基因成分检测结果，如实说明品种是否含有转基因成分。

（四）特异性、一致性、稳定性测试报告

依据《植物品种特异性、一致性和稳定性测试指南　芥菜》进行测试，主要内容包括：

叶片：花青甙显色强度、仅适用于叶片有花青甙显色品种：叶片：花青甙显色部位、叶片：绿色程度、叶：上表面刺毛、叶：下表面刺毛、叶：中肋及叶柄背面蜡粉、叶：类型、仅适用于裂叶类型品种：叶片：裂刻深浅、仅适用于裂叶类型品种：叶：裂片数量、叶片：边缘、叶片：形状、叶片：表面皱缩程度、叶片：卷曲状态，叶片：长度、叶片：宽度、叶柄：长度、叶柄：基部宽度、瘤茎：形状、瘤茎：蜡粉、瘤茎：刺毛、瘤茎：瘤状突起数量、瘤茎：瘤状突起形状，瘤茎：横径、瘤茎：纵径、现蕾期、始花期，以及其他与品种相关的重要性状。

品种标准图片：经济采收期植株、叶片、瘤茎等的实物彩色照片。

（五）DNA 检测

（三）、（四）中涉及的有关性状有明确关联基因的，可以直接提交 DNA 检测结果。

（六）试验组织方式

（三）、（四）、（五）中涉及的相关试验，具备试验、鉴定、测试和检测条件与能力的单位（或个人）可自行组织进行，不具备条件和能力的可委托具备相应条件和能力的单位组织进行。报告由试验技术负责人签字确认，由出具报告的单位加盖公章。

（七）已授权品种的品种权人书面同意材料。

二、种子样品提交

书面审查符合要求的，申请者接到通知后应及时提交种子样品。对申请品种权且已受理的品种，不再提交种子样品。

（一）包装要求

种子样品使用有足够强度的纸袋包装，并用尼龙网袋套装；包装袋上标注作物种类、品种名称、申请者等信息。

（二）数量要求

每品种种子样品 120 克。

（三）质量与真实性要求

送交的种子样品，必须是遗传性状稳定、与登记品种性状完全一致、未经过药物或包衣处理、无检疫性有害生物、质量符合国家种用标准的新收获种子。

在提交种子样品时，申请者必须附签字盖章的种子样品清单（附录 B），并对提交的样品真实性承诺。申请者必须对其提供样品的真实性负责，一旦查实提交不真实样品的，须承担因提供虚假样品所产生的一切法律责任。

（四）提交地点

种子样品提交到中国农业科学院作物科学研究所国家种质库（邮编：100081，地址：北京市海淀区学院南路 80 号，电话：010 - 62186691，邮箱：zkszzk@caas.cn）。

国家种质库收到种子样品后，应当在 20 个工作日内确定样品是否符合要求，并为申请者提供回执单。

非主要农作物品种登记指南　番茄

申请番茄品种登记，申请者向省级农业主管部门提出品种登记申请，填写《非主要农作物品种登记申请表　番茄》，提交相关申请文件；省级部门书面审查符合要求的，再通知申请者提交种子样品。

一、申请文件

（一）品种登记申请表

填写登记申请表（附录 A）的相关内容应当以品种选育情况说明、品种特性说明（包含品种适应性、品质分析、抗病性鉴定、转基因成分检测等结果），以及特异性、一致性、稳定性测试报告的结果为依据。

（二）品种选育情况说明

新选育的品种说明内容主要包括品种来源以及亲本血缘关系、选育方法、选育过程、特征特性描述，栽培技术要点等。单位选育的品种，选育单位在情况说明上盖章确认；个人选育的，选育人签字确认。

在生产上已大面积推广的地方品种或来源不明确的品种要标明，可不作品种选育说明。

（三）品种特性说明

1. 品种适应性：根据不少于 2 个生产周期（试验点数量与布局应当能够代表拟种植的适宜区域）的试验，如实描述以下内容：品种的形态特征、生物学特性、产量、品质、抗病性、抗逆性、适宜种植区域（县级以上行政区）及季节，品种主要优点、缺陷、风险及防范措施等注意事项。

2. 品质分析：根据品质分析的结果，如实描述以下内容：品种的可溶性固形物、番茄素。维生素 C 含量

3. 抗病性鉴定：对品种的病毒病（CMV、TMV、TYLCV）、叶霉病、枯萎病、根结线虫以及其他区域性的重要病害的抗性水平进行鉴定，并如实填写鉴定结果。

病毒病（CMV、TMV、TYLCV）抗性分为 5 级：高抗（HR）、抗（R）、中抗（MR）、感（S）、高感（HS）。

叶霉病抗性分为 5 级：高抗（HR）、抗（R）、中抗（MR）、感（S）、高感（HS）。

枯萎病抗性分为 5 级：高抗（HR）、抗（R）、中抗（MR）、感（S）、高感（HS）。

根结线虫病抗性分为 5 级：高抗（HR）、抗（R）、中抗（MR）、感（S）、高感（HS）。

4. 转基因成分检测：根据转基因成分检测结果，如实说明品种是否含有转基因成分。

（四）特异性、一致性、稳定性测试报告

依据《植物品种特异性、一致性和稳定性测试指南　番茄》（GB/T 19557）进行测试，主要内容包括：

植株：主茎第一花序着生节位数、生长类型、高度和生长习性，复叶：长度、宽度和类型，花：花序类型、簇生和颜色，果梗：离层，果柄：长度，果实：绿肩、绿肩覆盖范围、绿肩绿色程度和成熟前果面绿色程度，重量、纵径/横径比率、纵切面形状、横切面形状、果皮颜色、横切面果心大小、果肉厚度、心室数量、成熟时颜色、果肉颜色、胎座胶状物颜色和硬度，开花期和成熟期等，以及其他与特异性、一致性、稳定性相关的重要性状，形成测试报告。

品种标准图片：叶（正反面）、雌花、商品果、果实横切面、种子等的实物彩色照片。

（五）DNA 检测

（三）、（四）中涉及的有关性状有明确关联基因的，可以直接提交 DNA 检测结果。

（六）试验组织方式

（三）、（四）、（五）中涉及的相关试验，具备试验、鉴定、测试和检测条件与能力的单位（或个人）可自行组织进行，不具备条件和能力的可委托具备相应条件和能力的单位组织进行。报告由试验技术负责人签字确认，由出具报告的单位加盖公章。

（七）已授权品种的品种权人书面同意材料。

二、种子样品提交

书面审查符合要求的，申请者接到通知后应及时提交种子样品。对申请品种权且已受理的品种，不再提交种子样品。

（一）包装要求

种子样品使用有足够强度的纸袋包装，并用尼龙网袋套装；包装袋上标注作物种类、品种名称、申请者等信息。

（二）数量要求

每品种种子样品 150 克。

（三）质量与真实性要求

送交的种子样品，必须是遗传性状稳定、与登记品种性状完全一致、未经过药物或包衣处理、无检疫性有害生物、质量符合国家种用标准的新收获种子。

在提交种子样品时，申请者必须附签字盖章的种子样品清单（附录 B），并对提交的样品真实性承诺。申请者必须对其提供样品的真实性负责，一旦查实提交不真实样品的，须承担因提供虚假样品所产生的一切法律责任。

（四）提交地点

种子样品提交到中国农业科学院作物科学研究所国家种质库（邮编：100081，地址：北京市海淀区学院南路 80 号，电话：010 – 62186691，邮箱：zkszzk@caas.cn）。

国家种质库收到种子样品后，应当在 20 个工作日内确定样品是否符合要求，并为申请者提供回执单。

非主要农作物品种登记指南 黄瓜

申请黄瓜品种登记，申请者向省级农业主管部门提出品种登记申请，填写《非主要农作物品种登记申请表 黄瓜》，提交相关申请文件；省级部门书面审查符合要求的，再通知申请者提交种子样品。

一、申请文件

（一）品种登记申请表

填写登记申请表（附录 A）的相关内容应当以品种选育情况说明、品种特性说明（包含品种适应性、品质分析、抗病性鉴定、转基因成分检测等结果），以及特异性、一致性、稳定性测试报告的结果为依据。

（二）品种选育情况说明

新选育的品种说明内容主要包括品种来源以及亲本血缘关系、选育方法、选育过程、特征特性描述、栽培技术要点等。单位选育的品种，选育单位在情况说明上盖章确认；个人选育的，选育人签字确认。

在生产上已大面积推广的地方品种或来源不明确的品种要标明，可不作品种选育说明。

（三）品种特性说明

1. 品种适应性：根据不少于 2 个生产周期（试验点数量与布局应当能够代表拟种植的适宜区域）的试验，如实描述以下内容：品种的形态特征、生物学特性、产量、品质、抗病性、抗逆性、适宜种植区域（县级以上行政区）及季节，品种主要优点、缺陷、风险及防范措施等注意事项。

2. 品质分析：根据品质分析的结果，如实描述以下内容：品种的干物重、可溶性固形物、Vc 含量、总糖含量等。

3. 抗病性鉴定：对品种的白粉病、霜霉病以及其他区域性重要病害的抗性进行鉴定，并如实填写鉴定结果。

白粉病抗性分 5 级：高抗（HR）、中抗（MR）、抗（R）、感（S）、高感（HS）。

霜霉病抗性分 5 级：高抗（HR）、中抗（MR）、抗（R）、感（S）、高感（HS）。

4. 转基因成分检测：根据转基因成分检测结果，如实说明品种是否含有转基因成分。

（四）特异性、一致性、稳定性测试报告

依据《植物品种特异性、一致性和稳定性测试指南 黄瓜》（2010 版）进行测试，主要内容包括：

植株：生长类型、生长势、性型；主蔓：节间长度、分枝性、第一雌花节位、雌花节率；叶片：绿色程度、形状、长度；子房：表面刺毛颜色；果实：形状、纵径、横径、瓜把形状、果皮颜色、表面光泽度、表面黄线长度、棱、刺毛类型、刺密度、瘤、瘤数量、果肉颜色、心腔相对于果实横径大小、苦味、单性结实等，以及其他与特异性、一致性、稳定性相关的重要性状，形成测试报告。

品种标准图片：叶片（正反面）、雌花、商品果、果实横切面、种子等的实物彩色照片。

（五）DNA 检测

（三）、（四）中涉及的有关性状有明确关联基因的，可以直接提交 DNA 检测结果。

（六）试验组织方式

（三）、（四）、（五）中涉及的相关试验，具备试验、鉴定、测试和检测条件与能力的单位（或个人）可自行组织进行，不具备条件和能力的可委托具备相应条件和能力的单位组织进行。报告由试验技术负责人签字确认，由出具报告的单位加盖公章。

（七）已授权品种的品种权人书面同意材料。

二、种子样品提交

书面审查符合要求的，申请者接到通知应及时提交种子样品。对申请品种权且已受理的品种，不再提交种子样品。

（一）包装要求

种子样品使用有足够强度的纸袋包装，并用尼龙网袋套装；包装袋上标注作物种类、品种名称、申请者等信息。

（二）数量要求

每品种种子样品 200 克。

（三）质量与真实性要求

送交的种子样品，必须是遗传性状稳定、与登记品种性状完全一致、未经过药物或包衣处理、无检疫性有害生物、质量符合国家种用标准的新收获种子。

在提交种子样品时，申请者必须附签字盖章的种子样品清单（附录 B），并对提交的样品真实性承诺。申请者必须对其提供样品的真实性负责，一旦查实提交不真实样品的，须承担因提供虚假样品所产生的一切法律责任。

（四）提交地点

种子样品提交到中国农业科学院作物科学研究所国家种质库（邮编：100081，地址：北京市海淀区学院南路 80 号，电话：010 – 62186691，邮箱：zkszzk@ caas. cn）。

国家种质库收到种子样品后，应当在 20 个工作日内确定样品是否符合要求，并为申请者提供回执单。

非主要农作物品种登记指南　结球甘蓝

申请结球甘蓝品种登记，申请者向省级农业主管部门提出品种登记申请，填写《非主要农作物品种登记申请表　结球甘蓝》，提交相关申请文件；省级部门书面审查符合要求的，再通知申请者提交种子样品。

一、申请文件

（一）品种登记申请表

填写登记申请表（附录A）的相关内容应当以品种选育情况说明、品种特性说明（包含品种适应性、品质分析、抗病性鉴定、转基因成分检测等结果），以及特异性、一致性、稳定性测试报告的结果为依据。

（二）品种选育情况说明

新选育的品种说明内容主要包括品种来源以及亲本血缘关系、选育方法、选育过程、特征特性描述、栽培技术要点等。单位选育的品种，选育单位在情况说明上盖章确认；个人选育的，选育人签字确认。

在生产上已大面积推广的地方品种或来源不明确的品种要标明，可不作品种选育说明。

（三）品种特性说明

1. 品种适应性：根据不少于2个生产周期（试验点数量与布局应当能够代表拟种植的适宜区域）的试验，如实描述以下内容：品种的形态特征、生物学特性、产量、品质、抗病性、抗逆性、适宜种植区域（县级以上行政区）及季节，品种主要优点、缺陷、风险及防范措施等注意事项。

2. 抗病性鉴定：对品种的黑腐病、枯萎病以及其他区域性重要病害的抗性进行鉴定，并如实填写鉴定结果。

黑腐病抗性分5级：高抗（HR）、抗（R）、中抗（MR）、感（S）、高感（HS）。

枯萎病抗性分5级：高抗（HR）、抗（R）、中抗（MR）、感（S）、高感（HS）。

3. 转基因成分检测：根据转基因成分检测结果，如实说明品种是否含有转基因成分。

（四）特异性、一致性、稳定性测试报告

依据《植物品种特异性、一致性和稳定性测试指南　结球甘蓝》进行测试，主要内容包括：

植株：开展度；外叶：形状、颜色、数目、蜡粉、缺刻；叶球：颜色、质量、纵切面形状、横径、纵径、中心柱长度、球内颜色、球内结构、紧实度、裂球性、熟性；其他：耐抽薹性、黑腐病抗性、枯萎病抗性，以及其他与特异性、一致性、稳定性相关的重要性状，形成测试报告。

品种标准图片：莲座期至结球前期田间群体、收获期单株、叶球及剖面、种子等的实物彩色照片。

（五）DNA 检测

（三）、（四）中涉及的有关性状有明确关联基因的，可以直接提交 DNA 检测结果。

（六）试验组织方式

（三）、（四）、（五）中涉及的相关试验，具备试验、鉴定、测试和检测条件与能力的单位（或个人）可自行组织进行，不具备条件和能力的可委托具备相应条件和能力的单位组织进行。报告由试验技术负责人签字确认，由出具报告的单位加盖公章。

（七）已授权品种的品种权人书面同意材料。

二、种子样品提交

书面审查符合要求的，申请者接到通知后应及时提交种子样品。对申请品种权且已受理的品种，不再提交种子样品。

（一）包装要求

种子样品使用有足够强度的纸袋包装，并用尼龙网袋套装；包装袋上标注作物种类、品种名称、申请者等信息。

（二）数量要求

每品种种子样品 150 克。

（三）质量与真实性要求

送交的种子样品，必须是遗传性状稳定、与登记品种性状完全一致、未经过药物或包衣处理、无检疫性有害生物、质量符合国家种用标准的新收获种子。

在提交种子样品时，申请者必须附签字盖章的种子样品清单（附录 B），并对提交的样品真实性承诺。申请者必须对其提供样品的真实性负责，一旦查实提交不真实样品的，须承担因提供虚假样品所产生的一切法律责任。

（四）提交地点

种子样品提交到中国农业科学院作物科学研究所国家种质库（地址：北京市海淀区学院南路 80 号，电话：010－62186691，邮箱：zkszzk＠caas.cn，邮编：100081）。

国家种质库收到种子样品后，应当在 20 个工作日内确定样品是否符合要求，并为申请者提供回执单。

非主要农作物品种登记指南　苹果

申请苹果品种登记，申请者向省级农业主管部门提出品种登记申请，填写《非主要农作物品种登记申请表　苹果》，提交相关申请文件；省级部门书面审查符合要求的，再通知申请者提交品种苗木（或枝条）样品。

一、申请文件

（一）品种登记申请表

填写登记申请表（附录A）的相关内容应当以品种选育情况说明、品种特性说明（包含品种适应性、品质分析、抗病性鉴定、转基因成分检测等结果），以及特异性、一致性、稳定性测试报告的结果为依据。

（二）品种选育情况说明

新选育的品种说明内容主要包括品种来源以及亲本血缘关系、选育方法、选育过程、特征特性描述，栽培技术要点等。单位选育的品种，选育单位在情况说明上盖章确认；个人选育的，选育人签字确认。

在生产上已大面积推广的地方品种或来源不明确的品种要标明，可不作品种选育说明。

（三）品种特性说明

1. 品种适应性：5年稳定结果后，根据不少于2个生产周期（试验点数量与布局应当能够代表拟种植的适宜区域）的试验，如实描述以下内容：品种的形态特征、生物学特性、产量、品质、抗逆性、适宜种植区域（县级以上行政区）及季节，品种主要优点、缺陷、风险及防范措施等注意事项。

2. 品质分析：根据品质分析的结果，如实描述以下内容：品种的可溶性固形物、可滴定酸含量，平均单果重、果肉硬度、果形/果色等。

3. 抗逆性描述：对品种在试验区和拟推广区域主要病害的抗性进行客观描述，并与生产主栽品种进行比对。

4. 转基因成分检测：根据转基因成分检测结果，如实说明品种是否含有转基因成分。

（四）特异性、一致性、稳定性测试报告

依据《植物品种特异性、一致性和稳定性测试指南　苹果》（NY/T2424）

进行测试，主要内容包括：

树体：树型、姿态，花：花冠直径，叶片：姿态、长度、宽度、长/宽比、颜色、叶缘锯齿、叶柄长度、叶面平展度，果实：单果质量、纵径、纵径/横径比、萼孔大小、萼洼宽度、果梗长度、梗洼深度、果粉、底色、盖色面积、盖色、盖色深浅、盖色分布类型、梗洼锈量、果肉硬度、果肉颜色，一年生枝节间长度，初花期，花蕾颜色，成熟期，以及其他与特异性、一致性、稳定性相关的重要性状，形成测试报告，

品种标准图片：果实、成龄植株、结果状态等的实物彩色照片。

（五）DNA 检测报告

（三）、（四）中涉及的有关性状有明确关联基因的，可以直接提交 DNA 检测结果。

（六）试验组织方式

（三）、（四）、（五）中涉及的相关试验，具备试验、鉴定、测试和检测条件与能力的单位（或个人）可自行组织进行，不具备条件和能力的可委托具备相应条件和能力的单位组织进行。报告由试验技术负责人签字确认，由出具报告的单位加盖公章。

（七）已授权品种的品种权人书面同意材料。

二、品种苗木（枝条）样品提交

书面审查符合要求的，申请者接到通知后应及时提交苗木或在苗木繁殖季节提交枝条样品。对申请品种权且已受理的品种，不再提交样品。

（一）包装要求

苗木样品单株包装，首先将根系用含水 80% 左右的锯末充分填充用保湿塑料膜包裹，然后使用有足够强度并保湿的塑料袋包裹整株苗木；包装袋上标注作物种类、品种名称、申请者、育种者等信息。

如果需要接穗保存，可采集芽体饱满的休眠一年生枝条，剪截至少 40 厘米以上枝段，填充湿润锯末包裹密封。包装袋上标注作物种类、品种名称、申请者、育种者等信息。

（二）数量要求

每品种样品应在休眠期提供苗木 10 株以上，苗木质量依据《苹果苗木》（GB9847），或成熟的一年生休眠枝 20 条以上。

（三）质量与真实性要求

送交的样品，必须是遗传性状稳定、与登记品种性状完全一致、未经过药物处理、无检疫性有害生物、质量符合国家苗木质量标准。

在提交样品时，申请者必须附签字盖章的样品清单（附录B），并对提交的样品真实性承诺。申请者必须对其提供样品的真实性负责，一旦查实提交不真实样品的，须承担因提供虚假样品所产生的一切法律责任。

（四）提交地点

样品提交到中国农业科学院果树研究所国家果树种质兴城苹果圃（邮编：125100，地址：辽宁省兴城市兴海南街98号，电话：0429 – 3598120，邮箱：pingguoziyuan@ 163. com）。

国家果树种质兴城苹果圃收到苗木（枝条）样品后，应当在20个工作日内确定样品是否符合要求，并为申请者提供回执单。

非主要农作物品种登记指南　柑橘

申请柑橘品种登记，申请者向省级农业主管部门提出品种登记申请，填写《非主要农作物品种登记申请表　柑橘》，提交相关申请文件；省级部门书面审查符合要求的，再通知申请者提交种苗样品。

一、申请文件

（一）品种登记申请表

填写登记申请表（附录A）的相关内容应当以品种选育情况说明、品种特性说明（包含品种适应性、品质分析、抗病性鉴定、转基因成分检测等结果），以及特异性、一致性、稳定性测试报告的结果为依据。

（二）品种选育情况说明

新选育的品种说明内容主要包括品种来源以及亲本血缘关系、选育方法、选育过程、特征特性描述，栽培技术要点等。单位选育的品种，选育单位在情况说明上盖章确认；个人选育的，选育人签字确认。

在生产上已大面积推广的地方品种或来源不明确的品种要标明，可不作品种选育说明。

（三）品种特性说明

1. 品种适应性：根据不少于2个生产周期（试验点数量与布局应当能够代

表拟种植的适宜区域）的试验，如实描述以下内容：品种的形态特征、生物学特性、产量、品质、抗病性、抗逆性、适宜种植区域（县级以上行政区）及季节，品种主要优点、缺陷、风险及防范措施等注意事项。

2. 品质分析：根据品质分析的结果，如实描述以下内容：品种的可溶性固形物、可滴定酸含量，平均单果重等。

3. 抗病性鉴定：对品种的溃疡病、衰退病，以及其他区域性重要病害的抗性进行鉴定，并如实填写鉴定结果。

溃疡病抗性分3级：抗（R）、耐（T）、感（S）。

衰退病抗性分3级：抗（R）、耐（T）、感（S）。

4. 转基因成分检测：根据转基因成分检测结果，如实说明品种是否含有转基因成分。

（四）特异性、一致性、稳定性测试报告

依据《植物品种特异性、一致性和稳定性测试指南 柑橘》（NY/T2435）进行测试，主要内容包括：

叶：嫩叶花青甙显色、绿色程度、叶缘、叶尖端、叶基形状、翼叶，果实：纵径、横径、果形指数（纵径/横径）、重量、果颈、果基放射沟纹、果顶有无凹陷、果顶乳突、果肉颜色、果心充实度、囊瓣整齐度、果汁含量、种子数量（单一栽培自然授粉）、单性结实能力、化渣程度、可食率，果面：主色、光泽、光滑度、油胞密度，果皮：果皮厚度、剥皮难易，果汁：可溶性固形物、果汁含酸量，花：花序、开花习性，植株树姿，叶片形状，以及其他与特异性、一致性、稳定性相关的重要性状，形成测试报告，

品种标准图片：果实（含纵剖、横剖及全果，显示果顶、果基及侧面）以及春梢叶片、花蕾及开放的花朵和盛果期植株等的实物彩色照片。

（五）DNA检测报告

（三）、（四）中涉及的有关性状有明确关联基因的，可以直接提交DNA检测结果。

（六）试验组织方式

（三）、（四）、（五）中涉及的相关试验，具备试验、鉴定、测试和检测条件与能力的单位（或个人）可自行组织进行，不具备条件和能力的可委托具备相应条件和能力的单位组织进行。报告由试验技术负责人签字确认，由出具报告的单位加盖公章。

（七）已授权品种的品种权人书面同意材料。

二、种苗样品提交

书面审查符合要求的，申请者接到通知后应及时提交种苗样品。

（一）包装要求

样品使用有足够强度的纸箱包装，种苗需保湿，包装上标注作物种类、品种和砧木名称、申请者等信息。

（二）数量要求

每品种种苗 6 – 10 株。

（三）质量与真实性要求

送交的样品必须遗传性状稳定、与登记品种性状完全一致、无检疫性有害生物、质量符合国家标准。

在提交样品时，申请者必须附签字盖章的样品品种清单（附录 B），并对提交的样品真实性承诺。申请者必须对其提供样品的真实性负责，一旦查实提交不真实样品的，须承担因提供虚假样品所产生的一切法律责任。

（四）提交地点

种苗提交到中国农业科学院柑橘研究所国家柑橘资源圃（邮编：400712，地址：重庆市北碚区歇马镇，电话：023 – 68349195，邮箱：jiangdong @ cric. cn）。

国家柑橘资源圃收到样品后，应当在 20 个工作日内确定样品是否符合要求，并为申请者提供回执单。

非主要农作物品种登记指南　香蕉

申请香蕉品种登记，申请者向省级农业主管部门提出品种登记申请，填写《非主要农作物品种登记申请表　香蕉》，提交相关申请文件；省级部门书面审查符合要求的，再通知申请者提交组培苗样品。

一、申请文件

（一）品种登记申请表

填写登记申请表（附录 A）的相关内容应当以品种选育情况说明、品种特性说明（包含品种适应性、品质分析、抗病性鉴定、转基因成分检测等结果），以及特异性、一致性、稳定性测试报告的结果为依据。

（二）品种选育情况说明

新选育的品种说明内容主要包括品种来源以及亲本血缘关系、选育方法、选育过程、特征特性描述，栽培技术要点等。单位选育的品种，选育单位在情况说明上盖章确认；个人选育的，选育人签字确认。

在生产上已大面积推广的地方品种或来源不明确的品种要标明，可不作品种选育说明。

（三）品种特性说明

1. 品种适应性：根据不少于 2 个生产周期（含 1 个新植蕉生长周期和 1 个宿根蕉生长周期；试验点数量与布局应当能够代表拟种植的适宜区域）的试验，如实描述以下内容：品种的形态特征、生物学特性、产量、品质、抗病性、抗逆性、适宜种植区域（县级以上行政区）及季节，品种主要优点、缺陷、风险及防范措施等注意事项。

2. 品质分析：根据品质分析的结果，如实描述以下内容：品种的蔗糖、可溶性糖、可滴定酸含量等。

3. 抗病性鉴定：对品种的枯萎病以及其他区域性重要病害的抗性进行鉴定，并如实填写鉴定结果。

枯萎病抗性分 5 级：高抗（HR）、抗（R）、中抗（MR）、感（S）、高感（HS）。

4. 转基因成分检测：根据转基因成分检测结果，如实说明品种是否含有转基因成分。

（四）特异性、一致性、稳定性测试报告

依据《植物品种特异性、一致性和稳定性测试指南　香蕉》（NY/T2760）进行测试，主要内容包括：

假茎：高度、基部粗度、花青苷显色，叶片：叶背中脉颜色、基部形状、叶面光泽，植株：叶距疏密、叶姿，叶柄：长度，花序轴：苞片宿存性、雄花轴姿态，果穗柄：长度、粗度、茸毛，果穗：长度、宽度、果实着生姿态、紧凑性、果梳数，果实：果指长度、果指宽度、果指形状、果指先端形状、果柄长度、生果皮颜色、果棱、花器官宿存性、果皮厚度、熟果皮颜色、果肉硬度、熟果肉颜色，倍性，以及其他与特异性、一致性、稳定性相关的重要性状，形成测试报告。

品种标准图片：植株、果穗、果梳以及反映品种的特异性状等的实物彩色照片。

（五）DNA 检测

（三）、（四）中涉及的有关性状有明确关联基因的，可以直接提交 DNA 检测结果。

（六）试验组织方式

（三）、（四）、（五）中涉及的相关试验，具备试验、鉴定、测试和检测条件与能力的单位（或个人）可自行组织进行，不具备条件和能力的可委托具备相应条件和能力的单位组织进行。报告由试验技术负责人签字确认，由出具报告的单位加盖公章。

（七）已授权品种的品种权人书面同意材料。

二、组培苗（瓶苗）样品提交

书面审查符合要求的，申请者接到通知后应及时提交组培苗瓶苗样品。对申请品种权且已受理的品种，不再提交样品。

（一）包装要求

组培苗（瓶苗）样品使用玻璃瓶或聚丙烯薄膜袋包装的生根苗；包装瓶或袋上标注作物种类、品种名称、申请者等信息。

（二）数量要求

每品种组培苗（瓶苗）样品分成 10 个玻璃瓶或聚丙烯薄膜袋独立包装，每包装 8 株，合计 80 株。

（三）质量与真实性要求

送交的组培苗（瓶苗）样品，必须是遗传性状稳定、与登记品种性状完全一致、未经过药物处理、无检疫性有害生物、质量符合国家种用标准的组培苗（瓶苗）。

在提交组培苗（瓶苗）样品时，申请者必须附签字盖章组培苗（瓶苗）样品清单（附录 B），并对提交的样品真实性承诺。申请者必须对其提供样品的真实性负责，一旦查实提交不真实样品的，须承担因提供虚假样品所产生的一切法律责任。

（四）提交地点

组培苗（瓶苗）样品提交到广东省农业科学院果树研究所国家果树种质广州香蕉荔枝圃（邮编：510640，地址：广州市天河区大丰二街 80 号，联系人：黄秉智，电话：020 - 38694292）。

国家果树种质广州香蕉荔枝圃收到组培苗样品后，应当在 20 个工作日内确定样品是否符合要求，并为申请者提供回执单。

非主要农作物品种登记指南　梨

申请梨品种登记，申请者向省级农业主管部门提出品种登记申请，填写《非主要农作物品种登记申请表　梨》，提交相关申请文件；省级部门书面审查符合要求的，再通知申请者提交品种苗木（或枝条）样品。

一、申请文件

（一）品种登记申请表

填写登记申请表（附录 A）的相关内容应当以品种选育情况说明、品种特性说明（包含品种适应性、品质分析、抗病性鉴定、转基因成分检测等结果），以及特异性、一致性、稳定性测试报告的结果为依据。

（二）品种选育情况说明

新选育的品种说明内容主要包括品种来源以及亲本血缘关系、选育方法、选育过程、特征特性描述，栽培技术要点等。单位选育的品种，选育单位在情况说明上盖章确认；个人选育的，选育人签字确认。

在生产上已大面积推广的地方品种或来源不明确的品种要标明，可不作品种选育说明。

（三）品种特性说明

1. 品种适应性：品种性状稳定进入结果后，根据不少于 2 个生产周期（试验点数量与布局应当能够代表拟种植的适宜区域）的试验，如实描述以下内容：品种的形态特征、生物学特性、产量、品质、抗逆性、适宜种植区域（县级以上行政区）及季节，品种主要优点、缺陷、风险及防范措施等注意事项。

2. 品质分析：根据品质分析的结果，如实描述以下内容：品种的可溶性固形物、可滴定酸含量，平均单果重，果肉硬度，果形/皮色等。

3. 抗逆性描述：对品种在试验区和拟推广区域主要病虫害的抗性进行客观描述，并与生产主栽品种进行比对。

4. 转基因成分检测：根据转基因成分检测结果，如实说明品种是否含有转基因成分。

（四）特异性、一致性、稳定性测试报告

依据《植物品种特异性、一致性和稳定性测试指南　梨》（NY/T2231）进行测试，主要内容包括：

树体：树势、成枝力、姿态；一年生枝：节间长度；花：初花期、花瓣相对位置、花瓣大小、柱头相对于花药的位置；叶片：长度、宽度、长/宽比、颜色、边缘形状、尖端形状、基部形状、状态；叶柄：长度；果实：成熟期、大小、果皮底色、果皮盖色、盖色相对面积、果锈、单果重、纵径、横径、纵径/横径比、果梗长度、果梗粗度、萼片脱落性、果心大小、果肉硬度、果肉口感、果肉质地、果肉汁液，以及其他与特异性、一致性、稳定性相关的重要性状，形成测试报告。

品种标准图片：果实（含全果、果顶、果洼、纵剖、横剖）、新梢、花蕾及开放的花朵、成龄植株、叶片（正反面）、结果状态等的实物彩色照片。

（五）DNA 检测

（三）、（四）中涉及的有关性状有明确关联基因的，可以直接提交 DNA 检测结果。

（六）试验组织方式

（三）、（四）、（五）中涉及的相关试验，具备试验、鉴定、测试和检测条件与能力的单位（或个人）可自行组织进行，不具备条件和能力的可委托具备相应条件和能力的单位组织进行。报告由试验技术负责人签字确认，由出具报告的单位加盖公章。

（七）已授权品种的品种权人书面同意材料。

二、品种苗木（枝条）样品提交

书面审查符合要求的，申请者接到通知后应及时提交苗木（枝条）样品。对申请品种权且已受理的品种，不再提交样品。

（一）包装要求

苗木样品需进行保（温）湿处理，并用有足够强度的纸箱包装；包装上标注作物种类、品种和砧木名称、申请者、育种者等信息。

如果需要接穗保存，可在休眠期采集芽体饱满的一年生枝条，剪截成 20 - 30 厘米枝段并进行保（温）湿。包装上标注作物种类、品种名称、申请者、育种者等信息。

（二）数量要求

每品种样品应在休眠期提供 2 年生苗木 10 株，苗木质量符合《梨苗木》（NY475－2002），或成熟的一年生枝 20 条，需要 50 个以上饱满芽接穗。

（三）质量与真实性要求

送交的样品，必须是遗传性状稳定、与登记品种性状完全一致、未经过药物处理、无检疫性有害生物、质量符合国家苗木质量标准。

在提交样品时，申请者必须附签字盖章的样品清单（附录 B），并对提交的样品真实性承诺。申请者必须对其提供样品的真实性负责，一旦查实提交不真实样品的，须承担因提供虚假样品所产生的一切法律责任。

（四）提交地点

砂梨样品提交到湖北省农业科学院果树茶叶研究所国家果树种质武昌砂梨圃（邮编：430064，地址：湖北省武汉市洪山区南湖大道 10 号，电话：027－87770812，邮箱：hongjuhu@ sina. com），其他梨样品提交到中国农业科学院果树研究所国家果树种质兴城梨圃（邮编：125100，地址：辽宁省兴城市兴海南街 98 号，电话：0429－3598125，邮箱：yfcaas@ 263. net）。

国家果树种质武昌砂梨圃或国家果树种质兴城梨圃收到样品后，应当在 20 个工作日内确定样品是否符合要求，并为申请者提供回执单。

非主要农作物品种登记指南　葡萄

申请葡萄品种登记，申请者向省级农业主管部门提出品种登记申请，填写《非主要农作物品种登记申请表　葡萄》，提交相关申请文件；省级部门书面审查符合要求的，再通知申请者提交品种苗木（或插条）样品。

一、申请文件

（一）品种登记申请表

填写登记申请表（附录 A）的相关内容应当以品种选育情况说明、品种特性说明（包含品种适应性、品质分析、抗病性鉴定、转基因成分检测等结果），以及特异性、一致性、稳定性测试报告的结果为依据。

（二）品种选育情况说明

新选育的品种说明内容主要包括品种来源以及亲本血缘关系、选育方法、选育过程、特征特性描述、栽培技术要点等。单位选育的品种，选育单位在情况说明上盖章确认；个人选育的，选育人签字确认。

在生产上已大面积推广的地方品种或来源不明确的品种，要标明，可不作品种选育说明。

（三）品种特性说明

1. 品种适应性：根据不少于 2 个正常结果周期或正常生长周期（试验点数量与布局应当能够代表拟种植的适宜区域）的试验，如实描述以下内容：品种的形态特征、生物学特性、产量、品质、抗逆性、适宜种植区域（县级以上行政区），品种主要优点、缺陷、风险及防范措施等注意事项。

2. 品质分析：根据品质分析的结果，如实描述以下内容：品种的可溶性固形物、可滴定酸含量，单粒重，浆果颜色，香味类型等。

3. 抗性鉴定：对品种的主要病害、逆境的抗性，在田间自然条件下或人工控制条件下进行鉴定，并如实填写鉴定结果。

4. 转基因成分检测：根据转基因成分检测结果，如实说明品种是否含有转基因成分。

（四）特异性、一致性、稳定性测试报告

依据《植物品种特异性、一致性和稳定性测试指南 葡萄》（NY/T2563）进行测试，主要内容包括：

萌芽始期；嫩梢：梢尖开合程度，梢尖匍匐绒毛密度，梢尖匍匐绒毛花青甙显色强度；幼叶：正面颜色，背面主脉间匍匐绒毛密度；新梢：节间腹侧颜色；花序：花器类型；成龄叶：大小，形状，裂片数，叶柄洼开叠类型，锯齿长度，锯齿长度/锯齿宽度，锯齿形状，正面主脉上花青甙显色强度，背面主脉间匍匐绒毛密度，背面主脉上直立绒毛密度；浆果始熟期；果穗：大小，紧密度，穗梗长度；果粒：大小，形状，颜色（不含果粉），果肉花青甙显色强度，香型，种子，以及其他与特异性、一致性、稳定性相关的重要性状，形成测试报告。

品种标准图片：果实、结果状态、嫩梢、成龄叶片等实物彩色照片。

（五）DNA 检测

（三）、（四）中涉及的有关性状有明确关联基因的，可以直接提交 DNA 检测结果。

（六）试验组织方式

（三）、（四）、（五）中涉及的相关试验，具备试验、鉴定、测试和检测条件与能力的单位（或个人）可自行组织进行，不具备条件和能力的可委托具备相应条件和能力的单位组织进行。报告由试验技术负责人签字确认，由出具报告的单位加盖公章。

（七）已授权品种的品种权人书面同意材料。

二、品种苗木（插条）样品提交

书面审查符合要求的，申请者接到通知后应及时提交自根苗木（一年生插条）样品。对申请品种权且已受理的品种，不再提交样品。

（一）包装要求

样品应保湿，包装袋上标注作物种类、品种名称、申请者、育种者等信息。

（二）数量要求

每品种样品自根苗数量不少于10株，或一年生插条数量不少于50芽，苗木质量依据《葡萄苗木》（NY/T469）规定。

（三）质量与真实性要求

送交的样品，必须是遗传性状稳定、与登记品种性状完全一致、未经过药物处理、无检疫性有害生物、质量符合农业行业苗木质量标准。

在提交样品时，申请者必须附签字盖章的样品清单（附录B），并对提交的样品真实性承诺。申请者必须对其提供样品的真实性负责，一旦查实提交不真实样品的，须承担因提供虚假样品所产生的一切法律责任。

（四）提交地点

样品提交到中国农业科学院郑州果树研究所国家果树种质郑州葡萄圃（邮编：450009，地址：河南省郑州市果园南路，电话：0371 - 65330966，邮箱：ziyuan7714@ sina. com）。

国家果树种质郑州葡萄圃收到样品后，应当在20个工作日内确定样品是否符合要求，并为申请者提供回执单。

非主要农作物品种登记指南　桃

申请桃品种登记，申请者向省级农业主管部门提出品种登记申请，填写《非主要农作物品种登记申请表　桃》，提交相关申请文件；省级部门书面审查符合要求的，再通知申请者提交苗木（或接穗）样品。

一、申请文件

（一）品种登记申请表

填写登记申请表（附录 A）的相关内容应当以品种选育情况说明、品种特性说明（包含品种适应性、品质分析、抗病性鉴定、转基因成分检测等结果），以及特异性、一致性、稳定性测试报告的结果为依据。

（二）品种选育情况说明

新选育的品种说明内容主要包括品种来源以及亲本血缘关系、选育方法、选育过程、特征特性描述，栽培技术要点等。单位选育的品种，选育单位在情况说明上盖章确认；个人选育的，选育人签字确认。

在生产上已大面积推广的地方品种或来源不明确的品种要标明，可不作品种选育说明。

（三）品种特性说明

1. 品种适应性：根据不少于 2 个生产周期（试验点数量与布局应当能够代表拟种植的适宜区域）的试验，如实描述以下内容：品种的形态特征、生物学特性、产量、品质、抗性、适宜种植区域（县级以上行政区），品种主要优点、缺陷、风险及防范措施等注意事项。

2. 品质分析：根据品质分析的结果，如实描述以下内容：品种的可溶性固形物、可滴定酸含量和平均单果重等。

3. 抗性描述：对品种的主要病害、逆境的抗性，在田间自然条件下或人工控制条件下进行鉴定，并如实描述鉴定结果。

4. 转基因成分检测：根据转基因成分检测结果，如实说明品种是否含有转基因成分。

（四）特异性、一致性、稳定性测试报告

依据《植物品种特异性、一致性和稳定性测试指南　桃》（NY/T2341）进行测试，主要内容包括：

树体：大小、树姿，花：花型、花冠颜色、花瓣数目、柱头相对花药位置、花药花粉，叶片：长/宽比、颜色、叶柄蜜腺、叶柄蜜腺形状，果实：大小、果形、果顶形状、果皮底色、果面着色面积、果面绒毛、果肉硬度、果肉颜色、中部果肉花青苷、近核果肉花青苷，核：粘离性，始花期，果实成熟期，以及其他与特异性、一致性、稳定性相关的重要性状，形成测试报告。

品种标准图片：叶片（正反面）、花、果实、盛果期植株及结果状态等的实物彩色照片。

（五）DNA 检测

（三）、（四）中涉及的有关性状有明确关联基因的，可以直接提交 DNA 检测结果。

（六）试验组织方式

（三）、（四）、（五）中涉及的相关试验，具备试验、鉴定、测试和检测条件与能力的单位（或个人）可自行组织进行，不具备条件和能力的可委托具备相应条件和能力的单位组织进行。报告由试验技术负责人签字确认，由出具报告的单位加盖公章。

（七）已授权品种的品种权人书面同意材料。

二、品种苗木（接穗）样品提交

书面审查符合要求的，申请者接到通知后应及时提交苗木（或接穗）样品。对申请品种权且已受理的品种，不再提交样品。

（一）包装要求

样品使用有足够强度的纸箱或塑料袋包装，苗木或接穗需保湿，标注作物种类、品种和砧木名称、申请者等信息。

（二）数量要求

每品种应在休眠期提供苗木 10 株，或接穗 10 条（不少于 50 个饱满叶芽）。苗木质量依据《桃苗木》（GB/19175）规定。

（三）质量与真实性要求

送交的样品，必须是遗传性状稳定、与登记品种性状完全一致、无检疫性有害生物、质量符合国家苗木质量标准。

在提交样品时，申请者必须附签字盖章的样品清单（附录 B），并对提交的样品真实性承诺。申请者必须对其提供样品的真实性负责，一旦查实提交不真实样品的，须承担因提供虚假样品所产生的一切法律责任。

（四）提交地点

样品提交到中国农业科学院郑州果树研究所国家果树种质郑州桃圃（邮编：450009，地址：河南省郑州市果园南路，电话：0371－65330968，邮箱：peach2017@ sina.com）。

国家果树种质桃圃收到样品后，应当在 20 个工作日内确定样品是否符合要求，并为申请者提供回执单。

非主要农作物品种登记指南　茶树

申请茶树品种登记，申请者向省级农业主管部门提出品种登记申请，填写《非主要农作物品种登记申请表　茶树》，提交相关申请文件；省级部门书面审查符合要求的，再通知申请者提交苗木样品。

一、申请文件

（一）品种登记申请表

填写登记申请表（附录 A）的相关内容应当以品种选育情况说明、品种特性说明（包含品种适应性、品质分析、抗病性鉴定、转基因成分检测等结果），以及特异性、一致性、稳定性测试报告的结果为依据。

（二）品种选育情况说明

新选育的品种说明内容主要包括品种来源以及亲本血缘关系、选育方法、选育过程、特征特性描述，栽培技术要点等。单位选育的品种，选育单位在情况说明上盖章确认；个人选育的，选育人签字确认。

在生产上已大面积推广的地方品种或来源不明确的品种要标明，可不作品种选育说明。

（三）品种特性说明

1. 品种适应性：正式投产后，根据不少于 2 个生产周期（试验点数量与布局应当能够代表拟种植的适宜区域）的试验，如实描述以下内容：品种的形态特征、生物学特性、产量、品质、抗病虫性、适宜种植区域（县级以上行政区）及季节，品种主要优点、缺陷、风险及防范措施等注意事项。

2. 品质分析：根据品质分析的结果，如实描述以下内容：品种的茶多酚、氨基酸、咖啡碱、水浸出物含量等。

3. 抗病虫性鉴定：对品种的对茶炭疽病、茶小绿叶蝉等重要病虫害，耐寒、旱性等抗性进行田间鉴定，并如实填写鉴定结果。

茶炭疽病抗性分 4 级：抗（R）、中抗（MR）、感（S）、高感（HS）。

茶小绿叶蝉抗性分 4 级：抗（R）、中抗（MR）、感（S）、高感（HS）。

4. 转基因成分检测：根据转基因成分检测结果，如实说明品种是否含有转基因成分。

（四）特异性、一致性、稳定性测试报告

依据《植物品种特异性、一致性和稳定性测试指南 茶树》（NY/T2422）进行测试，主要内容包括：

新梢：一芽一叶始期、一芽二叶期第2叶颜色、一芽三叶长、芽茸毛、芽茸毛密度、叶柄基部花青甙显色，叶片：着生姿态、长度、宽度、形状，树形，树姿，分枝密度，枝条分支部位，花萼外部茸毛，子房茸毛，生长势，以及其他与特异性、一致性、稳定性相关的重要性状，形成测试报告。

品种标准图片：新梢、叶片、花果以及成株植株等的实物彩色照片。

（五）DNA检测

（三）、（四）中涉及的有关性状有明确关联基因的，可以直接提交DNA检测结果。

（六）试验组织方式

（三）、（四）、（五）中涉及的相关试验，具备试验、鉴定、测试和检测条件与能力的单位（或个人）可自行组织进行，不具备条件和能力的可委托具备相应条件和能力的单位组织进行。报告由试验技术负责人签字确认，由出具报告的单位加盖公章。

（七）已授权品种的品种权人书面同意材料。

二、苗木样品提交

书面审查符合要求的，申请者接到通知应及时提交苗木样品。对申请品种权且已受理的品种，不再提交样品。

（一）包装要求

苗木样品使用有足够强度的防水塑料袋包装；包装袋上标注作物种类、品种名称、申请者、育种者等信息。

（二）数量要求

每个品种为100株足龄Ⅱ级以上健壮扦插苗。

（三）质量与真实性要求

送交的苗木样品，必须是遗传性状稳定、与登记品种性状完全一致、未经过药物处理、无检疫性有害生物、质量符合《茶树种苗》（GB 11767）Ⅱ级以上健壮扦插苗。

在提交苗木样品时，申请者必须附签字盖章的苗木样品清单（附录B），并对提交的样品真实性承诺。申请者必须对其提供样品的真实性负责，一旦查实提交不真实样品的，须承担因提供虚假样品所产生的一切法律责任。

（四）提交地点

苗木样品提交到中国农业科学院茶叶研究所国家种质杭州茶树圃（邮编：310008，地址：杭州市西湖区梅灵南路 9 号，电话：0571 - 86652835、86650417，邮箱：tgbtri@163.com）。

国家种质杭州茶树圃收到苗木样品后，应当在 20 个工作日内确定样品是否符合要求，并为申请者提供回执单。

非主要农作物品种登记指南　橡胶树

申请橡胶树品种登记，申请者向省级农业主管部门提出品种登记申请，填写《非主要农作物品种登记申请表　橡胶树》，提交相关申请文件；省级部门书面审查符合要求的，再通知申请者提交芽接苗样品。

一、申请文件

（一）品种登记申请表

填写登记申请表（附录 A）的相关内容应当以品种选育情况说明、品种特性说明（包含品种适应性、品质分析、抗病性鉴定、转基因成分检测等结果），以及特异性、一致性、稳定性测试报告的结果为依据。

（二）品种选育情况说明

新选育的品种说明内容主要包括品种来源以及亲本血缘关系、选育方法、选育过程、特征特性描述、栽培技术要点等。单位选育的品种，选育单位在情况说明上盖章确认；个人选育的，选育人签字确认。

在生产上已大面积推广的地方品种或来源不明确的品种要标明，可不作品种选育说明。

（三）品种特性说明

1. 品种适应性：根据不少于 2 个割胶年度（试验点数量与布局应当能够代表拟种植的适宜区域）的试验，如实描述以下内容：品种的形态特征、生物学特性、产量、品质、抗病性、抗逆性、适宜种植区域（县级以上行政区）及季节，品种主要优点、缺陷、风险及防范措施等注意事项。

2. 品质分析：根据品质分析的结果，如实描述以下内容：品种的干胶含量等。

3. 抗病性鉴定：对品种的白粉病、炭疽病，以及其他区域性重要病害的抗性进行鉴定，并如实填写鉴定结果。

白粉病抗性分 5 级：高感（HS）、感（S）、中感（MS）、抗（R）、高抗（HR）。

炭疽病抗性分 5 级：高感（HS）、感（S）、中感（MS）、抗（R）、高抗（HR）。

4. 转基因成分检测：根据转基因成分检测结果，如实说明品种是否含有转基因成分。

（四）特异性、一致性、稳定性测试报告

依据《植物品种特异性、一致性和稳定性测试指南 橡胶树》（NY/T2749）进行测试，主要内容包括：

叶片：叶面绿色程度、叶面光泽度、质地、叶缘波浪程度、中间小叶与侧小叶相似度、形状、顶部形状、基部形状、三小叶姿态、小叶片最宽处位置，叶痕：形状、与芽眼距离，大叶柄：形状、姿态，种子：形状、长度、宽度、厚度，叶枕沟，胶乳颜色，树干茎围，树冠形状，叶蓬形状，以及其他与特异性、一致性、稳定性相关的重要性状，形成测试报告。

品种标准图片：种子、果实以及成株植株等的实物彩色照片。

（五）DNA 检测

（三）、（四）中涉及的有关性状有明确关联基因的，可以直接提交 DNA 检测结果。

（六）试验组织方式

（三）、（四）、（五）中涉及的相关试验，具备试验、鉴定、测试和检测条件与能力的单位（或个人）可自行组织进行，不具备条件和能力的可委托具备相应条件和能力的单位组织进行。报告由试验技术负责人签字确认，由出具报告的单位加盖公章。

（七）已授权品种的品种权人书面同意材料。

二、芽接苗样品提交

书面审查符合要求的，申请者接到通知后应及时提交芽接苗样品。对申请品种权且已受理的品种，不再提交样品。

（一）包装要求

芽接苗样品应修根、浆根后，树桩齐头排好，在上、下部分别用绳子捆绑，短途运输，可平放叠放；长途或长时间（4h 以上）运输，应竖立放置在木箱中进行运输，周边空隙需填充发酵过的谷壳等。包装袋上标注作物种类、品种名称、申请者等信息。

（二）数量要求

每品种芽接苗样品不少于 15 株，并标明砧木种类。

（三）质量与真实性要求

送交的芽接苗样品，必须是遗传性状稳定、与登记品种性状完全一致、未经过药物处理、无检疫性有害生物、质量符合国家标准的苗木。

在提交芽接苗样品时，申请者必须附签字盖章的芽接苗样品清单（附录 B），申请者必须对其提供芽接苗样品的真实性负责，一旦查实提交不真实芽接苗样品的，须承担因提供虚假样品所产生的一切法律责任。

（四）提交地点

芽接苗样品提交到中国热带农业科学院橡胶研究所农业部儋州橡胶树种质资源圃（邮编：571737，地址：海南省儋州市宝岛新村，电话：0898 - 23306733 或 0898 - 23300464，邮箱：xjsycyz@163.com）。

橡胶树种质资源圃收到芽接苗样品后，应当在 20 个工作日内确定样品是否符合要求，并为申请者提供回执单。

第二章　植物检验检疫

一、法律

中华人民共和国进出境动植物检疫法

(1991 年 10 月 30 日第七届全国人民代表大会常务委员会第二十二次会议通过 1991 年 10 月 30 日中华人民共和国主席令第 53 号公布 根据 2009 年 8 月 27 日中华人民共和国主席令第 18 号第十一届全国人民代表大会常务委员会第十次会议《关于修改部分法律的决定》修正)

第一章　总　　则

第一条 为防止动物传染病、寄生虫病和植物危险性病、虫、杂草以及其他有害生物（以下简称病虫害）传入、传出国境，保护农、林、牧、渔业生产和人体健康，促进对外经济贸易的发展，制定本法。

第二条 进出境的动植物、动植物产品和其他检疫物，装载动植物、动植物产品和其他检疫物的装载容器、包装物，以及来自动植物疫区的运输工具，依照本法规定实施检疫。

第三条 国务院设立动植物检疫机关（以下简称国家动植物检疫机关），统一管理全国进出境动植物检疫工作。国家动植物检疫机关在对外开放的口岸和进出境动植物检疫业务集中的地点设立的口岸动植物检疫机关，依照本法规定实施进出境动植物检疫。

贸易性动物产品出境的检疫机关，由国务院根据情况规定。

国务院农业行政主管部门主管全国进出境动植物检疫工作。

第四条 口岸动植物检疫机关在实施检疫时可以行使下列职权：

（一）依照本法规定登船、登车、登机实施检疫；

（二）进入港口、机场、车站、邮局以及检疫物的存放、加工、养殖、种植场所实施检疫，并依照规定采样；

（三）根据检疫需要，进入有关生产、仓库等场所，进行疫情监测、调查和检疫监督管理；

（四）查阅、复制、摘录与检疫物有关的运行日志、货运单、合同、发票及其他单证。

第五条　国家禁止下列各物进境：

（一）动植物病原体（包括菌种、毒种等）、害虫及其他有害生物；

（二）动植物疫情流行的国家和地区的有关动植物、动植物产品和其他检疫物；

（三）动物尸体；

（四）土壤。

口岸动植物检疫机关发现有前款规定的禁止进境物的，作退回或者销毁处理。

因科学研究等特殊需要引进本条第一款规定的禁止进境物的，必须事先提出申请，经国家动植物检疫机关批准。

本条第一款第二项规定的禁止进境物的名录，由国务院农业行政主管部门制定并公布。

第六条　国外发生重大动植物疫情并可能传入中国时，国务院应当采取紧急预防措施，必要时可以下令禁止来自动植物疫区的运输工具进境或者封锁有关口岸；受动植物疫情威胁地区的地方人民政府和有关口岸动植物检疫机关，应当立即采取紧急措施，同时向上级人民政府和国家动植物检疫机关报告。

邮电、运输部门对重大动植物疫情报告和送检材料应当优先传送。

第七条　国家动植物检疫机关和口岸动植物检疫机关对进出境动植物、动植物产品的生产、加工、存放过程，实行检疫监督制度。

第八条　口岸动植物检疫机关在港口、机场、车站、邮局执行检疫任务时，海关、交通、民航、铁路、邮电等有关部门应当配合。

第九条　动植物检疫机关检疫人员必须忠于职守，秉公执法。动植物检疫机关检疫人员依法执行公务，任何单位和个人不得阻挠。

第二章　进境检疫

第十条　输入动物、动物产品、植物种子、种苗及其他繁殖材料的，必须事先提出申请，办理检疫审批手续。

第十一条 通过贸易、科技合作、交换、赠送、援助等方式输入动植物、动植物产品和其他检疫物的，应当在合同或者协议中订明中国法定的检疫要求，并订明必须附有输出国家或者地区政府动植物检疫机关出具的检疫证书。

第十二条 货主或者其代理人应当在动植物、动植物产品和其他检疫物进境前或者进境时持输出国家或者地区的检疫证书、贸易合同等单证，向进境口岸动植物检疫机关报检。

第十三条 装载动物的运输工具抵达口岸时，口岸动植物检疫机关应当采取现场预防措施，对上下运输工具或者接近动物的人员、装载动物的运输工具和被污染的场地作防疫消毒处理。

第十四条 输入动植物、动植物产品和其他检疫物，应当在进境口岸实施检疫。未经口岸动植物检疫机关同意，不得卸离运输工具。

输入动植物，需隔离检疫的，在口岸动植物检疫机关指定的隔离场所检疫。

因口岸条件限制等原因，可以由国家动植物检疫机关决定将动植物、动植物产品和其他检疫物运往指定地点检疫。在运输、装卸过程中，货主或者其代理人应当采取防疫措施。指定的存放、加工和隔离饲养或者隔离种植的场所，应当符合动植物检疫和防疫的规定。

第十五条 输入动植物、动植物产品和其他检疫物，经检疫合格的，准予进境；海关凭口岸动植物检疫机关签发的检疫单证或者在报关单上加盖的印章验放。

输入动植物、动植物产品和其他检疫物，需调离海关监管区检疫的，海关凭口岸动植物检疫机关签发的《检疫调离通知单》验放。

第十六条 输入动物，经检疫不合格的，由口岸动植物检疫机关签发《检疫处理通知单》，通知货主或者其代理人作如下处理：

（一）检出一类传染病、寄生虫病的动物，连同其同群动物全群退回或者全群扑杀并销毁尸体；

（二）检出二类传染病、寄生虫病的动物，退回或者扑杀，同群其他动物在隔离场或者其他指定地点隔离观察。

输入动物产品和其他检疫物经检疫不合格的，由口岸动植物检疫机关签发《检疫处理通知单》，通知货主或者其代理人作除害、退回或者销毁处理。经除害处理合格的，准予进境。

第十七条 输入植物、植物产品和其他检疫物，经检疫发现有植物危险性病、虫、杂草的，由口岸动植物检疫机关签发《检疫处理通知单》，通知货主或者其代理人作除害、退回或者销毁处理。经除害处理合格的，准予进境。

第十八条　本法第十六条第一款第一项、第二项所称一类、二类动物传染病、寄生虫病的名录和本法第十七条所称植物危险性病、虫、杂草的名录，由国务院农业行政主管部门制定并公布。

第十九条　输入动植物、动植物产品和其他检疫物，经检疫发现有本法第十八条规定的名录之外，对农、林、牧、渔业有严重危害的其他病虫害的，由口岸动植物检疫机关依照国务院农业行政主管部门的规定，通知货主或者其代理人作除害、退回或者销毁处理。经除害处理合格的，准予进境。

第三章　出境检疫

第二十条　货主或者其代理人在动植物、动植物产品和其他检疫物出境前，向口岸动植物检疫机关报检。

出境前需经隔离检疫的动物，在口岸动植物检疫机关指定的隔离场所检疫。

第二十一条　输出动植物、动植物产品和其他检疫物，由口岸动植物检疫机关实施检疫，经检疫合格或者经除害处理合格的，准予出境；海关凭口岸动植物检疫机关签发的检疫证书或者在报关单上加盖的印章验放。检疫不合格又无有效方法作除害处理的，不准出境。

第二十二条　经检疫合格的动植物、动植物产品和其他检疫物，有下列情形之一的，货主或者其代理人应当重新报检：

（一）更改输入国家或者地区，更改后的输入国家或者地区又有不同检疫要求的；

（二）改换包装或者原未拼装后来拼装的；

（三）超过检疫规定有效期限的。

第四章　过境检疫

第二十三条　要求运输动物过境的，必须事先商得中国国家动植物检疫机关同意，并按照指定的口岸和路线过境。装载过境动物的运输工具、装载容器、饲料和铺垫材料，必须符合中国动植物检疫的规定。

第二十四条　运输动植物、动植物产品和其他检疫物过境的，由承运人或者押运人持货运单和输出国家或者地区政府动植物检疫机关出具的检疫证书，在进境时向口岸动植物检疫机关报检，出境口岸不再检疫。

第二十五条　过境的动物经检疫合格的，准予过境；发现有本法第十八条规定的名录所列的动物传染病、寄生虫病的，全群动物不准过境。

过境动物的饲料受病虫害污染的，作除害、不准过境或者销毁处理。

过境的动物的尸体、排泄物、铺垫材料及其他废弃物，必须按照动植物检疫机关的规定处理，不得擅自抛弃。

第二十六条　对过境植物、动植物产品和其他检疫物，口岸动植物检疫机关检查运输工具或者包装，经检疫合格的，准予过境；发现有本法第十八条规定的名录所列的病虫害的，作除害处理或者不准过境。

第二十七条　动植物、动植物产品和其他检疫物过境期间，未经动植物检疫机关批准，不得开拆包装或者卸离运输工具。

第五章　携带、邮寄物检疫

第二十八条　携带、邮寄植物种子、种苗及其他繁殖材料进境的，必须事先提出申请，办理检疫审批手续。

第二十九条　禁止携带、邮寄进境的动植物、动植物产品和其他检疫物的名录，由国务院农业行政主管部门制定并公布。

携带、邮寄前款规定的名录所列的动植物、动植物产品和其他检疫物进境的，作退回或者销毁处理。

第三十条　携带本法第二十九条规定的名录以外的动植物、动植物产品和其他检疫物进境的，在进境时向海关申报并接受口岸动植物检疫机关检疫。

携带动物进境的，必须持有输出国家或者地区的检疫证书等证件。

第三十一条　邮寄本法第二十九条规定的名录以外的动植物、动植物产品和其他检疫物进境的，由口岸动植物检疫机关在国际邮件互换局实施检疫，必要时可以取回口岸动植物检疫机关检疫；未经检疫不得运递。

第三十二条　邮寄进境的动植物、动植物产品和其他检疫物，经检疫或者除害处理合格后放行；经检疫不合格又无有效方法作除害处理的，作退回或者销毁处理，并签发《检疫处理通知单》。

第三十三条　携带、邮寄出境的动植物、动植物产品和其他检疫物，物主有检疫要求的，由口岸动植物检疫机关实施检疫。

第六章　运输工具检疫

第三十四条　来自动植物疫区的船舶、飞机、火车抵达口岸时，由口岸动植物检疫机关实施检疫。发现有本法第十八条规定的名录所列的病虫害的，作不准带离运输工具、除害、封存或者销毁处理。

第三十五条　进境的车辆，由口岸动植物检疫机关作防疫消毒处理。

第三十六条　进出境运输工具上的泔水、动植物性废弃物，依照口岸动植物检疫机关的规定处理，不得擅自抛弃。

第三十七条　装载出境的动植物、动植物产品和其他检疫物的运输工具，应当符合动植物检疫和防疫的规定。

第三十八条　进境供拆船用的废旧船舶，由口岸动植物检疫机关实施检疫，发现有本法第十八条规定的名录所列的病虫害的，作除害处理。

第七章　法律责任

第三十九条　违反本法规定，有下列行为之一的，由口岸动植物检疫机关处以罚款：

（一）未报检或者未依法办理检疫审批手续的；

（二）未经口岸动植物检疫机关许可擅自将进境动植物、动植物产品或者其他检疫物卸离运输工具或者运递的；

（三）擅自调离或者处理在口岸动植物检疫机关指定的隔离场所中隔离检疫的动植物的。

第四十条　报检的动植物、动植物产品或者其他检疫物与实际不符的，由口岸动植物检疫机关处以罚款；已取得检疫单证的，予以吊销。

第四十一条　违反本法规定，擅自开拆过境动植物、动植物产品或者其他检疫物的包装的，擅自将过境动植物、动植物产品或者其他检疫物卸离运输工具的，擅自抛弃过境动物的尸体、排泄物、铺垫材料或者其他废弃物的，由动植物检疫机关处以罚款。

第四十二条　违反本法规定，引起重大动植物疫情的，依照刑法有关规定追究刑事责任。

第四十三条　伪造、变造检疫单证、印章、标志、封识，依照刑法有关规定追究刑事责任。

第四十四条　当事人对动植物检疫机关的处罚决定不服的，可以在接到处罚通知之日起十五日内向作出处罚决定的机关的上一级机关申请复议；当事人也可以在接到处罚通知之日起十五日内直接向人民法院起诉。

复议机关应当在接到复议申请之日起六十日内作出复议决定。当事人对复议决定不服的，可以在接到复议决定之日起十五日内向人民法院起诉。复议机关逾期不作出复议决定的，当事人可以在复议期满之日起十五日内向人民法院起诉。

当事人逾期不申请复议也不向人民法院起诉、又不履行处罚决定的，作出处罚决定的机关可以申请人民法院强制执行。

第四十五条 动植物检疫机关检疫人员滥用职权，徇私舞弊，伪造检疫结果，或者玩忽职守，延误检疫出证，构成犯罪的，依法追究刑事责任；不构成犯罪的，给予行政处分。

第八章 附 则

第四十六条 本法下列用语的含义是：

（一）"动物"是指饲养、野生的活动物，如畜、禽、兽、蛇、龟、鱼、虾、蟹、贝、蚕、蜂等；

（二）"动物产品"是指来源于动物未经加工或者虽经加工但仍有可能传播疫病的产品，如生皮张、毛类、肉类、脏器、油脂、动物水产品、奶制品、蛋类、血液、精液、胚胎、骨、蹄、角等；

（三）"植物"是指栽培植物、野生植物及其种子、种苗及其他繁殖材料等；

（四）"植物产品"是指来源于植物未经加工或者虽经加工但仍有可能传播病虫害的产品，如粮食、豆、棉花、油、麻、烟草、籽仁、干果、鲜果、蔬菜、生药材、木材、饲料等；

（五）"其他检疫物"是指动物疫苗、血清、诊断液、动植物性废弃物等。

第四十七条 中华人民共和国缔结或者参加的有关动植物检疫的国际条约与本法有不同规定的，适用该国际条约的规定。但是，中华人民共和国声明保留的条款除外。

第四十八条 口岸动植物检疫机关实施检疫依照规定收费。收费办法由国务院农业行政主管部门会同国务院物价等有关主管部门制定。

第四十九条 国务院根据本法制定实施条例。

第五十条 本法自 1992 年 4 月 1 日起施行。1982 年 6 月 4 日国务院发布的《中华人民共和国进出口动植物检疫条例》同时废止。

二、行政法规

1. 中华人民共和国
进出境动植物检疫法实施条例

（1996 年 12 月 2 日国务院令第 206 号公布　自 1997 年 1 月 1 日起施行）

第一章　总　　则

第一条　根据《中华人民共和国进出境动植物检疫法》（以下简称进出境动植物检疫法）的规定，制定本条例。

第二条　下列各物，依照进出境动植物检疫法和本条例的规定实施检疫：

（一）进境、出境、过境的动植物、动植物产品和其他检疫物；

（二）装载动植物、动植物产品和其他检疫物的装载容器、包装物、铺垫材料；

（三）来自动植物疫区的运输工具；

（四）进境拆解的废旧船舶；

（五）有关法律、行政法规、国际条约规定或者贸易合同约定应当实施进出境动植物检疫的其他货物、物品。

第三条　国务院农业行政主管部门主管全国进出境动植物检疫工作。

中华人民共和国动植物检疫局（以下简称国家动植物检疫局）统一管理全国进出境动植物检疫工作，收集国内外重大动植物疫情，负责国际间进出境动植物检疫的合作与交流。

国家动植物检疫局在对外开放的口岸和进出境动植物检疫业务集中的地点设立的口岸动植物检疫机关，依照进出境动植物检疫法和本条例的规定，实施进出境动植物检疫。

第四条　国（境）外发生重大动植物疫情并可能传入中国时，根据情况采取下列紧急预防措施：

（一）国务院可以对相关边境区域采取控制措施，必要时下令禁止来自动植物疫区的运输工具进境或者封锁有关口岸；

（二）国务院农业行政主管部门可以公布禁止从动植物疫情流行的国家和地区进境的动植物、动植物产品和其他检疫物的名录；

（三）有关口岸动植物检疫机关可以对可能受病虫害污染的本条例第二条所列进境各物采取紧急检疫处理措施；

（四）受动植物疫情威胁地区的地方人民政府可以立即组织有关部门制定并实施应急方案，同时向上级人民政府和国家动植物检疫局报告。

邮电、运输部门对重大动植物疫情报告和送检材料应当优先传送。

第五条 享有外交、领事特权与豁免的外国机构和人员公用或者自用的动植物、动植物产品和其他检疫物进境，应当依照进出境动植物检疫法和本条例的规定实施检疫；口岸动植物检疫机关查验时，应当遵守有关法律的规定。

第六条 海关依法配合口岸动植物检疫机关，对进出境动植物、动植物产品和其他检疫物实行监管。具体办法由国务院农业行政主管部门会同海关总署制定。

第七条 进出境动植物检疫法所称动植物疫区和动植物疫情流行的国家与地区的名录，由国务院农业行政主管部门确定并公布。

第八条 对贯彻执行进出境动植物检疫法和本条例做出显著成绩的单位和个人，给予奖励。

第二章 检疫审批

第九条 输入动物、动物产品和进出境动植物检疫法第五条第一款所列禁止进境物的检疫审批，由国家动植物检疫局或者其授权的口岸动植物检疫机关负责。

输入植物种子、种苗及其他繁殖材料的检疫审批，由植物检疫条例规定的机关负责。

第十条 符合下列条件的，方可办理进境检疫审批手续：

（一）输出国家或者地区无重大动植物疫情；

（二）符合中国有关动植物检疫法律、法规、规章的规定；

（三）符合中国与输出国家或者地区签订的有关双边检疫协定（含检疫协议、备忘录等，下同）。

第十一条 检疫审批手续应当在贸易合同或者协议签订前办妥。

第十二条 携带、邮寄植物种子、种苗及其他繁殖材料进境的，必须事先提出申请，办理检疫审批手续；因特殊情况无法事先办理的，携带人或者邮寄人应当在口岸补办检疫审批手续，经审批机关同意并经检疫合格后方准进境。

第十三条　要求运输动物过境的，货主或者其代理人必须事先向国家动植物检疫局提出书面申请，提交输出国家或者地区政府动植物检疫机关出具的疫情证明、输入国家或者地区政府动植物检疫机关出具的准许该动物进境的证件，并说明拟过境的路线，国家动植物检疫局审查同意后，签发《动物过境许可证》。

第十四条　因科学研究等特殊需要，引进进出境动植物检疫法第五条第一款所列禁止进境物的，办理禁止进境物特许检疫审批手续时，货主、物主或者其代理人必须提交书面申请，说明其数量、用途、引进方式、进境后的防疫措施，并附具有关口岸动植物检疫机关签署的意见。

第十五条　办理进境检疫审批手续后，有下列情况之一的，货主、物主或者其代理人应当重新申请办理检疫审批手续：

（一）变更进境物的品种或者数量的；

（二）变更输出国家或者地区的；

（三）变更进境口岸的；

（四）超过检疫审批有效期的。

第三章　进境检疫

第十六条　进出境动植物检疫法第十一条所称中国法定的检疫要求，是指中国的法律、行政法规和国务院农业行政主管部门规定的动植物检疫要求。

第十七条　国家对向中国输出动植物产品的国外生产、加工、存放单位，实行注册登记制度。具体办法由国务院农业行政主管部门制定。

第十八条　输入动植物、动植物产品和其他检疫物的，货主或者其代理人应当在进境前或者进境时向进境口岸动植物检疫机关报检。属于调离海关监管区检疫的，运达指定地点时，货主或者其代理人应当通知有关口岸动植物检疫机关。属于转关货物的，货主或者其代理人应当在进境时向进境口岸动植物检疫机关申报；到达指运地时，应当向指运地口岸动植物检疫机关报检。

输入种畜禽及其精液、胚胎的，应当在进境前30日报检；输入其他动物的，应当在进境前15日报检；输入植物种子、种苗及其他繁殖材料的，应当在进境前7日报检。

动植物性包装物、铺垫材料进境时，货主或者其代理人应当及时向口岸动植物检疫机关申报；动植物检疫机关可以根据具体情况对申报物实施检疫。

前款所称动植物性包装物、铺垫材料，是指直接用作包装物、铺垫材料的动物产品和植物、植物产品。

第十九条 向口岸动植物检疫机关报检时，应当填写报检单，并提交输出国家或者地区政府动植物检疫机关出具的检疫证书、产地证书和贸易合同、信用证、发票等单证；依法应当办理检疫审批手续的，还应当提交检疫审批单。无输出国家或者地区政府动植物检疫机关出具的有效检疫证书，或者未依法办理检疫审批手续的，口岸动植物检疫机关可以根据具体情况，作退回或者销毁处理。

第二十条 输入的动植物、动植物产品和其他检疫物运达口岸时，检疫人员可以到运输工具上和货物现场实施检疫，核对货、证是否相符，并可以按照规定采取样品。承运人、货主或者其代理人应当向检疫人员提供装载清单和有关资料。

第二十一条 装载动物的运输工具抵达口岸时，上下运输工具或者接近动物的人员，应当接受口岸动植物检疫机关实施的防疫消毒，并执行其采取的其他现场预防措施。

第二十二条 检疫人员应当按照下列规定实施现场检疫：

（一）动物：检查有无疫病的临床症状。发现疑似感染传染病或者已死亡的动物时，在货主或者押运人的配合下查明情况，立即处理。动物的铺垫材料、剩余饲料和排泄物等，由货主或者其代理人在检疫人员的监督下，作除害处理。

（二）动物产品：检查有无腐败变质现象，容器、包装是否完好。符合要求的，允许卸离运输工具。发现散包、容器破裂的，由货主或者其代理人负责整理完好，方可卸离运输工具。根据情况，对运输工具的有关部位及装载动物产品的容器、外表包装、铺垫材料、被污染场地等进行消毒处理。需要实施实验室检疫的，按照规定采取样品。对易滋生植物害虫或者混藏杂草种子的动物产品，同时实施植物检疫。

（三）植物、植物产品：检查货物和包装物有无病虫害，并按照规定采取样品。发现病虫害并有扩散可能时，及时对该批货物、运输工具和装卸现场采取必要的防疫措施。对来自动物传染病疫区或者易带动物传染病和寄生虫病病原体并用作动物饲料的植物产品，同时实施动物检疫。

（四）动植物性包装物、铺垫材料：检查是否携带病虫害、混藏杂草种子、沾带土壤，并按照规定采取样品。

（五）其他检疫物：检查包装是否完好及是否被病虫害污染。发现破损或者被病虫害污染时，作除害处理。

第二十三条　对船舶、火车装运的大宗动植物产品，应当就地分层检查；限于港口、车站的存放条件，不能就地检查的，经口岸动植物检疫机关同意，也可以边卸载边疏运，将动植物产品运往指定的地点存放。在卸货过程中经检疫发现疫情时，应当立即停止卸货，由货主或者其代理人按照口岸动植物检疫机关的要求，对已卸和未卸货物作除害处理，并采取防止疫情扩散的措施；对被病虫害污染的装卸工具和场地，也应当作除害处理。

第二十四条　输入种用大中家畜的，应当在国家动植物检疫局设立的动物隔离检疫场所隔离检疫45日；输入其他动物的，应当在口岸动植物检疫机关指定的动物隔离检疫场所隔离检疫30日。动物隔离检疫场所管理办法，由国务院农业行政主管部门制定。

第二十五条　进境的同一批动植物产品分港卸货时，口岸动植物检疫机关只对本港卸下的货物进行检疫，先期卸货港的口岸动植物检疫机关应当将检疫及处理情况及时通知其他分卸港的口岸动植物检疫机关；需要对外出证的，由卸毕港的口岸动植物检疫机关汇总后统一出具检疫证书。

在分卸港实施检疫中发现疫情并必须进行船上熏蒸、消毒时，由该分卸港的口岸动植物检疫机关统一出具检疫证书，并及时通知其他分卸港的口岸动植物检疫机关。

第二十六条　对输入的动植物、动植物产品和其他检疫物，按照中国的国家标准、行业标准以及国家动植物检疫局的有关规定实施检疫。

第二十七条　输入动植物、动植物产品和其他检疫物，经检疫合格的，由口岸动植物检疫机关在报关单上加盖印章或者签发《检疫放行通知单》；需要调离进境口岸海关监管区检疫的，由进境口岸动植物检疫机关签发《检疫调离通知单》。货主或者其代理人凭口岸动植物检疫机关在报关单上加盖的印章或者签发的《检疫放行通知单》、《检疫调离通知单》办理报关、运递手续。海关对输入的动植物、动植物产品和其他检疫物，凭口岸动植物检疫机关在报关单上加盖的印章或者签发的《检疫放行通知单》、《检疫调离通知单》验放。运输、邮电部门凭单运递，运递期间国内其他检疫机关不再检疫。

第二十八条　输入动植物、动植物产品和其他检疫物，经检疫不合格的，由口岸动植物检疫机关签发《检疫处理通知单》，通知货主或者其代理人在口岸动植物检疫机关的监督和技术指导下，作除害处理；需要对外索赔的，由口岸动植物检疫机关出具检疫证书。

第二十九条　国家动植物检疫局根据检疫需要，并商输出动植物、动植物产品国家或者地区政府有关机关同意，可以派检疫人员进行预检、监装或者产地疫情调查。

第三十条　海关、边防等部门截获的非法进境的动植物、动植物产品和其他检疫物，应当就近交由口岸动植物检疫机关检疫。

第四章　出境检疫

第三十一条　货主或者其代理人依法办理动植物、动植物产品和其他检疫物的出境报检手续时，应当提供贸易合同或者协议。

第三十二条　对输入国要求中国对向其输出的动植物、动植物产品和其他检疫物的生产、加工、存放单位注册登记的，口岸动植物检疫机关可以实行注册登记，并报国家动植物检疫局备案。

第三十三条　输出动物，出境前需经隔离检疫的，在口岸动植物检疫机关指定的隔离场所检疫。输出植物、动植物产品和其他检疫物的，在仓库或者货场实施检疫；根据需要，也可以在生产、加工过程中实施检疫。

待检出境植物、动植物产品和其他检疫物，应当数量齐全、包装完好、堆放整齐、唛头标记明显。

第三十四条　输出动植物、动植物产品和其他检疫物的检疫依据：

（一）输入国家或者地区和中国有关动植物检疫规定；

（二）双边检疫协定；

中华人民共和国进出境动植物检疫法实施条例

（三）贸易合同中订明的检疫要求。

第三十五条　经启运地口岸动植物检疫机关检疫合格的动植物、动植物产品和其他检疫物，运达出境口岸时，按照下列规定办理：

（一）动物应当经出境口岸动植物检疫机关临床检疫或者复检；

（二）植物、动植物产品和其他检疫物从启运地随原运输工具出境的，由出境口岸动植物检疫机关验证放行；改换运输工具出境的，换证放行；

（三）植物、动植物产品和其他检疫物到达出境口岸后拼装的，因变更输入国家或者地区而有不同检疫要求的，或者超过规定的检疫有效期的，应当重新报检。

第三十六条 输出动植物、动植物产品和其他检疫物，经启运地口岸动植物检疫机关检疫合格的，运达出境口岸时，运输、邮电部门凭启运地口岸动植物检疫机关签发的检疫单证运递，国内其他检疫机关不再检疫。

第五章 过境检疫

第三十七条 运输动植物、动植物产品和其他检疫物过境（含转运，下同）的，承运人或者押运人应当持货运单和输出国家或者地区政府动植物检疫机关出具的证书，向进境口岸动植物检疫机关报检；运输动物过境的，还应当同时提交国家动植物检疫局签发的《动物过境许可证》。

第三十八条 过境动物运达进境口岸时，由进境口岸动植物检疫机关对运输工具、容器的外表进行消毒并对动物进行临床检疫，经检疫合格的，准予过境。进境口岸动植物检疫机关可以派检疫人员监运至出境口岸，出境口岸动植物检疫机关不再检疫。

第三十九条 装载过境植物、动植物产品和其他检疫物的运输工具和包装物、装载容器必须完好。经口岸动植物检疫机关检查，发现运输工具或者包装物、装载容器有可能造成途中散漏的，承运人或者押运人应当按照口岸动植物检疫机关的要求，采取密封措施；无法采取密封措施的，不准过境。

第六章 携带、邮寄物检疫

第四十条 携带、邮寄植物种子、种苗及其他繁殖材料进境，未依法办理检疫审批手续的，由口岸动植物检疫机关作退回或者销毁处理。邮件作退回处理的，由口岸动植物检疫机关在邮件及发递单上批注退回原因；邮件作销毁处理的，由口岸动植物检疫机关签发通知单，通知寄件人。

第四十一条 携带动植物、动植物产品和其他检疫物进境的，进境时必须向海关申报并接受口岸动植物检疫机关检疫。海关应当将申报或者查获的动植物、动植物产品和其他检疫物及时交由口岸动植物检疫机关检疫。未经检疫的，不得携带进境。

第四十二条 口岸动植物检疫机关可以在港口、机场、车站的旅客通道、行李提取处等现场进行检查，对可能携带动植物、动植物产品和其他检疫物而未申报的，可以进行查询并抽检其物品，必要时可以开包（箱）检查。

旅客进出境检查现场应当设立动植物检疫台位和标志。

第四十三条 携带动物进境的，必须持有输出动物的国家或者地区政府动植物检疫机关出具的检疫证书，经检疫合格后放行；携带犬、猫等宠物进境的，还必须持有疫苗接种证书。没有检疫证书、疫苗接种证书的，由口岸动植物检疫机关作限期退回或者没收销毁处理。作限期退回处理的，携带人必须在规定的时间内持口岸动植物检疫机关签发的截留凭证，领取并携带出境；逾期不领取的，作自动放弃处理。

携带植物、动植物产品和其他检疫物进境，经现场检疫合格的，当场放行；需要作实验室检疫或者隔离检疫的，由口岸动植物检疫机关签发截留凭证。截留检疫合格的，携带人持截留凭证向口岸动植物检疫机关领回；逾期不领回的，作自动放弃处理。

禁止携带、邮寄进出境动植物检疫法第二十九条规定的名录所列动植物、动植物产品和其他检疫物进境。

第四十四条 邮寄进境的动植物、动植物产品和其他检疫物，由口岸动植物检疫机关在国际邮件互换局（含国际邮件快递公司及其他经营国际邮件的单位，以下简称邮局）实施检疫。邮局应当提供必要的工作条件。

经现场检疫合格的，由口岸动植物检疫机关加盖检疫放行章，交邮局运递。需要作实验室检疫或者隔离检疫的，口岸动植物检疫机关应当向邮局办理交接手续；检疫合格的，加盖检疫放行章，交邮局运递。

第四十五条 携带、邮寄进境的动植物、动植物产品和其他检疫物，经检疫不合格又无有效方法作除害处理的，作退回或者销毁处理，并签发《检疫处理通知单》交携带人、寄件人。

第七章　运输工具检疫

第四十六条 口岸动植物检疫机关对来自动植物疫区的船舶、飞机、火车，可以登船、登机、登车实施现场检疫。有关运输工具负责人应当接受检疫人员的询问并在询问记录上签字，提供运行日志和装载货物的情况，开启舱室接受检疫。

口岸动植物检疫机关应当对前款运输工具可能隐藏病虫害的餐车、配餐间、厨房、储藏室、食品舱等动植物产品存放、使用场所和泔水、动植物性废弃物的存放场所以及集装箱箱体等区域或者部位，实施检疫；必要时，作防疫消毒处理。

第四十七条　来自动植物疫区的船舶、飞机、火车，经检疫发现有进出境动植物检疫法第十八条规定的名录所列病虫害的，必须作熏蒸、消毒或者其他除害处理。发现有禁止进境的动植物、动植物产品和其他检疫物的，必须作封存或者销毁处理；作封存处理的，在中国境内停留或者运行期间，未经口岸动植物检疫机关许可，不得启封动用。对运输工具上的泔水、动植物性废弃物及其存放场所、容器，应当在口岸动植物检疫机关的监督下作除害处理。

第四十八条　来自动植物疫区的进境车辆，由口岸动植物检疫机关作防疫消毒处理。装载进境动植物、动植物产品和其他检疫物的车辆，经检疫发现病虫害的，连同货物一并作除害处理。装运供应香港、澳门地区的动物的回空车辆，实施整车防疫消毒。

第四十九条　进境拆解的废旧船舶，由口岸动植物检疫机关实施检疫。发现病虫害的，在口岸动植物检疫机关监督下作除害处理。发现有禁止进境的动植物、动植物产品和其他检疫物的，在口岸动植物检疫机关的监督下作销毁处理。

第五十条　来自动植物疫区的进境运输工具经检疫或者经消毒处理合格后，运输工具负责人或者其代理人要求出证的，由口岸动植物检疫机关签发《运输工具检疫证书》或者《运输工具消毒证书》。

第五十一条　进境、过境运输工具在中国境内停留期间，交通员工和其他人员不得将所装载的动植物、动植物产品和其他检疫物带离运输工具；需要带离时，应当向口岸动植物检疫机关报检。

第五十二条　装载动物出境的运输工具，装载前应当在口岸动植物检疫机关监督下进行消毒处理。

装载植物、动植物产品和其他检疫物出境的运输工具，应当符合国家有关动植物防疫和检疫的规定。发现危险性病虫害或者超过规定标准的一般性病虫害的，作除害处理后方可装运。

第八章　检疫监督

第五十三条　国家动植物检疫局和口岸动植物检疫机关对进出境动植物、

动植物产品的生产、加工、存放过程，实行检疫监督制度。具体办法由国务院农业行政主管部门制定。

第五十四条 进出境动物和植物种子、种苗及其他繁殖材料，需要隔离饲养、隔离种植的，在隔离期间，应当接受口岸动植物检疫机关的检疫监督。

第五十五条 从事进出境动植物检疫熏蒸、消毒处理业务的单位和人员，必须经口岸动植物检疫机关考核合格。

口岸动植物检疫机关对熏蒸、消毒工作进行监督、指导，并负责出具熏蒸、消毒证书。

第五十六条 口岸动植物检疫机关可以根据需要，在机场、港口、车站、仓库、加工厂、农场等生产、加工、存放进出境动植物、动植物产品和其他检疫物的场所实施动植物疫情监测，有关单位应当配合。

未经口岸动植物检疫机关许可，不得移动或者损坏动植物疫情监测器具。

第五十七条 口岸动植物检疫机关根据需要，可以对运载进出境动植物、动植物产品和其他检疫物的运输工具、装载容器加施动植物检疫封识或者标志；未经口岸动植物检疫机关许可，不得开拆或者损毁检疫封识、标志。

动植物检疫封识和标志由国家动植物检疫局统一制发。

第五十八条 进境动植物、动植物产品和其他检疫物，装载动植物、动植物产品和其他检疫物的装载容器、包装物，运往保税区（含保税工厂、保税仓库等）的，在进境口岸依法实施检疫；口岸动植物检疫机关可以根据具体情况实施检疫监督；经加工复运出境的，依照进出境动植物检疫法和本条例有关出境检疫的规定办理。

第九章　法律责任

第五十九条 有下列违法行为之一的，由口岸动植物检疫机关处5000元以下的罚款：

（一）未报检或者未依法办理检疫审批手续或者未按检疫审批的规定执行的；

（二）报检的动植物、动植物产品和其他检疫物与实际不符的。

有前款第（二）项所列行为，已取得检疫单证的，予以吊销。

第六十条 有下列违法行为之一的，由口岸动植物检疫机关处3000元以上3万元以下的罚款：

（一）未经口岸动植物检疫机关许可擅自将进境、过境动植物、动植物产品和其他检疫物卸离运输工具或者运递的；

（二）擅自调离或者处理在口岸动植物检疫机关指定的隔离场所中隔离检疫的动植物的；

（三）擅自开拆过境动植物、动植物产品和其他检疫的包装，或者擅自开拆、损毁动植物检疫封识或者标志的；

（四）擅自抛弃过境动物的尸体、排泄物、铺垫材料或者其他废弃物，或者未按规定处理运输工具上的泔水、动植物性废弃物的。

第六十一条　依照本法第十七条、第三十二条的规定注册登记的生产、加工、存放动植物、动植物产品和其他检疫物的单位，进出境的上述物品经检疫不合格的，除依照本法有关规定作退回、销毁或者除害处理外，情节严重的，由口岸动植物检疫机关注销注册登记。

第六十二条　有下列违法行为之一的，依法追究刑事责任；尚不构成犯罪或者犯罪情节显著轻微依法不需要判处刑罚的，由口岸动植物检疫机关处 2 万元以上 5 万元以下的罚款：

（一）引起重大动植物疫情的；

（二）伪造、变造动植物检疫单证、印章、标志、封识的。

第六十三条　从事进出境动植物检疫熏蒸、消毒处理业务的单位和人员，不按照规定进行熏蒸和消毒处理的，口岸动植物检疫机关可以视情节取消其熏蒸、消毒资格。

第十章　附　　则

第六十四条　进出境动植物检疫法和本条例下列用语的含义：

（一）"植物种子、种苗及其他繁殖材料"，是指栽培、野生的可供繁殖的植物全株或者部分，如植株、苗木（含试管苗）、果实、种子、砧木、接穗、插条、叶片、芽体、块根、块茎、鳞茎、球茎、花粉、细胞培养材料等；

（二）"装载容器"，是指可以多次使用、易受病虫害污染并用于装载进出境货物的容器，如笼、箱、桶、筐等；

（三）"其他有害生物"，是指动物传染病、寄生虫病和植物危险性病、虫、杂草以外的各种危害动植物的生物有机体、病原微生物，以及软体类、啮齿类、螨类、多足虫类动物和危险性病虫的中间寄主、媒介生物等；

（四）"检疫证书"，是指动植物检疫机关出具的关于动植物、动植物产品和其他检疫物健康或者卫生状况的具有法律效力的文件，如《动物检疫证书》、《植物检疫证书》、《动物健康证书》、《兽医卫生证书》、《熏蒸/消毒证书》等。

第六十五条 对进出境动植物、动植物产品和其他检疫物因实施检疫或者按照规定作熏蒸、消毒、退回、销毁等处理所需费用或者招致的损失，由货主、物主或者其代理人承担。

第六十六条 口岸动植物检疫机关依法实施检疫，需要采取样品时，应当出具采样凭单；验余的样品，货主、物主或者其代理人应当在规定的期限内领回；逾期不领回的，由口岸动植物检疫机关按照规定处理。

第六十七条 贸易性动物产品出境的检疫机关，由国务院根据情况规定。

第六十八条 本条例自 1997 年 1 月 1 日起施行。

2. 植物检疫条例

（1983 年 1 月 3 日国务院令第 687 号公布 根据 1992 年 5 月 13 日《国务院关于修改〈植物检疫条例〉的决定》第一次修订 根据 2017 年 10 月 7 日《国务院关于修改部分行政法规的决定》第二次修订）

第一条 为了防止危害植物的危险性病、虫、杂草传播蔓延，保护农业、林业生产安全，制定本条例。

第二条 国务院农业主管部门、林业主管部门主管全国的植物检疫工作，各省、自治区、直辖市农业主管部门、林业主管部门主管本地区的植物检疫工作。

第三条 县级以上地方各级农业主管部门、林业主管部门所属的植物检疫机构，负责执行国家的植物检疫任务。

植物检疫人员进入车站、机场、港口、仓库以及其他有关场所执行植物检疫任务，应穿着检疫制服和佩带检疫标志。

第四条 凡局部地区发生的危险性大、能随植物及其产品传播的病、虫、杂草，应定为植物检疫对象。农业、林业植物检疫对象和应施检疫的植物、植物产品名单，由国务院农业主管部门、林业主管部门制定。各省、自治区、直辖市农业主管部门、林业主管部门可以根据本地区的需要，制定本省、自治区、直辖市的补充名单，并报国务院农业主管部门、林业主管部门备案。

第五条 局部地区发生植物检疫对象的，应划为疫区，采取封锁、消灭措施，防止植物检疫对象传出；发生地区已比较普遍的，则应将未发生地区划为保护区，防止植物检疫对象传入。

疫区应根据植物检疫对象的传播情况、当地的地理环境、交通状况以及采取封锁、消灭措施的需要来划定，其范围应严格控制。

在发生疫情的地区，植物检疫机构可以派人参加当地的道路联合检查站或者木材检查站；发生特大疫情时，经省、自治区、直辖市人民政府批准，可以设立植物检疫检查站，开展植物检疫工作。

第六条 疫区和保护区的划定，由省、自治区、直辖市农业主管部门、林业主管部门提出，报省、自治区、直辖市人民政府批准，并报国务院农业主管部门、林业主管部门备案。

疫区和保护区的范围涉及两省、自治区、直辖市以上的，由有关省、自治区、直辖市农业主管部门、林业主管部门共同提出，报国务院农业主管部门、林业主管部门批准后划定。

疫区、保护区的改变和撤销的程序，与划定时同。

第七条 调运植物和植物产品，属于下列情况的，必须经过检疫：

（一）列入应施检疫的植物、植物产品名单的，运出发生疫情的县级行政区域之前，必须经过检疫；

（二）凡种子、苗木和其他繁殖材料，不论是否列入应施检疫的植物、植物产品名单和运往何地，在调运之前，都必须经过检疫。

第八条 按照本条例第七条的规定必须检疫的植物和植物产品，经检疫未发现植物检疫对象的，发给植物检疫证书。发现有植物检疫对象，但能彻底消毒处理的，托运人应按植物检疫机构的要求，在指定地点作消毒处理，经检查合格后发给植物检疫证书；无法消毒处理的，应停止调运。

植物检疫证书的格式由国务院农业主管部门、林业主管部门制定。

对可能被植物检疫对象污染的包装材料、运载工具、场地、仓库等，也应实施检疫。如已被污染，托运人应按植物检疫机构的要求处理。

因实施检疫需要的车船停留、货物搬运、开拆、取样、储存、消毒处理等费用，由托运人负责。

第九条 按照本条例第七条的规定必须检疫的植物和植物产品，交通运输部门和邮政部门一律凭植物检疫证书承运或收寄。植物检疫证书应随货运寄。具体办法由国务院农业主管部门、林业主管部门会同铁道、交通、民航、邮政部门制定。

第十条 省、自治区、直辖市间调运本条例第七条规定必须经过检疫的植物和植物产品的，调入单位必须事先征得所在地的省、自治区、直辖市植物检疫机构同意，并向调出单位提出检疫要求；调出单位必须根据该检疫要求向所在地的省、自治区、直辖市植物检疫机构申请检疫。对调入的植物和植物产品，调入单位所在地的省、自治区、直辖市的植物检疫机构应当查验检疫证书，必要时可以复检。

省、自治区、直辖市内调运植物和植物产品的检疫办法，由省、自治区、直辖市人民政府规定。

第十一条 种子、苗木和其他繁殖材料的繁育单位，必须有计划地建立无植物检疫对象的种苗繁育基地、母树林基地。试验、推广的种子、苗木和其他繁殖材料，不得带有植物检疫对象。植物检疫机构应实施产地检疫。

第十二条 从国外引进种子、苗木，引进单位应当向所在地的省、自治区、直辖市植物检疫机构提出申请，办理检疫审批手续。但是，国务院有关部门所属的在京单位从国外引进种子、苗木，应当向国务院农业主管部门、林业主管部门所属的植物检疫机构提出申请，办理检疫审批手续。具体办法由国务院农业主管部门、林业主管部门制定。

从国外引进、可能潜伏有危险性病、虫的种子、苗木和其他繁殖材料，必须隔离试种，植物检疫机构应进行调查、观察和检疫，证明确实不带危险性病、虫的，方可分散种植。

第十三条 农林院校和试验研究单位对植物检疫对象的研究，不得在检疫对象的非疫区进行。因教学、科研确需在非疫区进行时，应当遵守国务院农业主管部门、林业主管部门的规定。

第十四条 植物检疫机构对于新发现的检疫对象和其他危险性病、虫、杂草，必须及时查清情况，立即报告省、自治区、直辖市农业主管部门、林业主管部门，采取措施，彻底消灭，并报告国务院农业主管部门、林业主管部门。

第十五条 疫情由国务院农业主管部门、林业主管部门发布。

第十六条 按照本条例第五条第一款和第十四条的规定，进行疫情调查和采取消灭措施所需的紧急防治费和补助费，由省、自治区、直辖市在每年的植物保护费、森林保护费或者国营农场生产费中安排。特大疫情的防治费，国家酌情给予补助。

第十七条 在植物检疫工作中作出显著成绩的单位和个人，由人民政府给予奖励。

第十八条 有下列行为之一的，植物检疫机构应当责令纠正，可以处以罚款；造成损失的，应当负责赔偿；构成犯罪的，由司法机关依法追究刑事责任：

（一）未依照本条例规定办理植物检疫证书或者在报检过程中弄虚作假的；

（二）伪造、涂改、买卖、转让植物检疫单证、印章、标志、封识的；

（三）未依照本条例规定调运、隔离试种或者生产应施检疫的植物、植物产品的；

（四）违反本条例规定，擅自开拆植物、植物产品包装，调换植物、植物产品，或者擅自改变植物、植物产品的规定用途的；

（五）违反本条例规定，引起疫情扩散的。

有前款第（一）、（二）、（三）、（四）项所列情形之一，尚不构成犯罪的，植物检疫机构可以没收非法所得。

对违反本条例规定调运的植物和植物产品，植物检疫机构有权予以封存、没收、销毁或者责令改变用途。销毁所需费用由责任人承担。

第十九条 植物检疫人员在植物检疫工作中，交通运输部门和邮政部门有关工作人员在植物、植物产品的运输、邮寄工作中，徇私舞弊、玩忽职守的，由其所在单位或者上级主管机关给予行政处分；构成犯罪的，由司法机关依法追究刑事责任。

第二十条 当事人对植物检疫机构的行政处罚决定不服的，可以自接到处罚决定通知书之日起十五日内，向作出行政处罚决定的植物检疫机构的上级机构申请复议；对复议决定不服的，可以自接到复议决定书之日起十五日内向人民法院提起诉讼。当事人逾期不申请复议或者不起诉又不履行行政处罚决定的，植物检疫机构可以申请人民法院强制执行或者依法强制执行。

第二十一条 植物检疫机构执行检疫任务可以收取检疫费，具体办法由国务院农业主管部门、林业主管部门制定。

第二十二条 进出口植物的检疫，按照《中华人民共和国进出境动植物检疫法》的规定执行。

第二十三条 本条例的实施细则由国务院农业主管部门、林业主管部门制定。各省、自治区、直辖市可根据本条例及其实施细则，结合当地具体情况，制定实施办法。

第二十四条 本条例自发布之日起施行。国务院批准，农业部一九五七年十二月四日发布的《国内植物检疫试行办法》同时废止。

三、部门规章及规范性文件

1. 植物检疫条例实施细则（农业部分）

（1995 年 2 月 25 日农业部令第 5 号公布 根据 1997 年 12 月 25 日农业部令第 39 号公布的《中华人民共和国农业部令第 39 号》第一次修正 根据 2004 年 7 月 1 日农业部令第 38 号公布的《农业部关于修订农业行政许可规章和规范性文件的决定》第二次修正 根据 2007 年 11 月 8 日农业部令第 6 号公布的《农业部现行规章清理结果》第三次修正）

第一章 总 则

第一条 根据《植物检疫条例》第二十三条的规定，制定本细则。

第二条 本细则适用于国内农业植物检疫，不包括林业和进出境植物检疫。

第三条 农业部主管全国农业植物检疫工作，其执行机构是所属的植物检疫机构；各省、自治区、直辖市农业主管部门主管本地区的农业植物检疫工作；县级以上地方各级农业主管部门所属的植物检疫机构负责执行本地区的植物检疫任务。

第四条 各级植物检疫机构的职责范围：

（一）农业部所属植物检疫机构的主要职责：

1. 提出有关植物检疫法规、规章及检疫工作长远规划的建议；

2. 贯彻执行《植物检疫条例》，协助解决执行中出现的问题；

3. 调查研究和总结推广植物检疫工作经验，汇编全国植物检疫资料，拟定全国重点植物检疫对象的普查、疫区划定、封锁和防治消灭措施的实施方案；

4. 负责国外引进种子、苗木和其他繁殖材料（国家禁止进境的除外）的检疫审批；

5. 组织植物检疫技术的研究和示范；

6. 培训、管理植物检疫干部及技术人员。

（二）省级植物检疫机构的主要职责：

1. 贯彻《植物检疫条例》及国家发布的各项植物检疫法令、规章制度，制定本省的实施计划和措施；

2. 检查并指导地、县级植物检疫机构的工作；

3. 拟订本省的《植物检疫实施办法》、《补充的植物检疫对象及应施检疫的植物、植物产品名单》和其他植物检疫规章制度；

4. 拟订省内划定疫区和保护区的方案，提出全省检疫对象的普查、封锁和控制消灭措施，组织开展植物检疫技术的研究和推广；

5. 培训、管理地、县级检疫干部和技术人员，总结、交流检疫工作经验，汇编检疫技术资料；

6. 签发植物检疫证书，承办授权范围内的国外引种检疫审批和省间调运应施检疫的植物、植物产品的检疫手续，监督检查引种单位进行消毒处理和隔离试种；

7. 在车站、机场、港口、仓库及其他有关场所执行植物检疫任务。

（三）地（市）、县级植物检疫机构的主要职责：

1. 贯彻《植物检疫条例》及国家、地方各级政府发布的植物检疫法令和规章制度，向基层干部和农民宣传普及检疫知识；

2. 拟订和实施当地的植物检疫工作计划；

3. 开展检疫对象调查，编制当地的检疫对象分布资料，负责检疫对象的封锁、控制和消灭工作；

4. 在种子、苗木和其他繁殖材料的繁育基地执行产地检疫。按照规定承办应施检疫的植物、植物产品的调运检疫手续。对调入的应施检疫的植物、植物产品，必要时进行复检。监督和指导引种单位进行消毒处理和隔离试种；

5. 监督指导有关部门建立无检疫对象的种子、苗木繁育、生产基地；

6. 在当地车站、机场、港口、仓库及其他有关场所执行植物检疫任务。

第五条 各级植物检疫机构必须配备一定数量的专职植物检疫人员，并逐步建立健全相应的检疫实验室和检验室。

专职植物检疫员应当是具有助理农艺师以上技术职务、或者虽无技术职务而具有中等专业学历、从事植保工作三年以上的技术人员，并经培训考核合格，由省级农业主管部门批准，报农业部备案后，发给专职植物检疫员证。各级植物检疫机构可根据工作需要，在种苗繁育、生产及科研等有关单位聘请兼职植物检疫员或特邀植物检疫员协助开展工作。兼职检疫员由所在单位推荐，经聘请单位审查合格后，发给聘书。

省级植物检疫机构应充实、健全植物检疫实验室，地（市）、县级植物检疫机构应根据情况逐步建立健全检验室，按照《植物检疫操作规程》进行检验，为植物检疫签证提供科学依据。

第六条　植物检疫证书的签发：

（一）省间调运种子、苗木等繁殖材料及其他应施检疫的植物、植物产品，由省级植物检疫机构及其授权的地（市）、县级植物检疫机构签发植物检疫证书；省内种子、苗木及其他应施检疫的植物、植物产品的调运，由地（市）、县级植物检疫机构签发检疫证书。

（二）植物检疫证书应加盖签证机关植物检疫专用章，并由专职植物检疫员署名签发；授权签发的省间调运植物检疫证书还应当盖有省级植物检疫机构的植物检疫专用章。

（三）植物检疫证书式样由农业部统一制定。证书一式四份，正本一份，副本三份。正本交货主随货单寄运，副本一份由货主交收寄、托运单位留存，一份交收货单位或个人所在地（县）植物检疫机构（省间调运寄给调入省植物检疫机构），一份留签证的植物检疫机构。

第七条　植物检疫机构应当自受理检疫申请之日起 20 日内作出审批决定，检疫和专家评审所需时间除外。

第八条　植物检疫人员着装办法以及服装、标志式样等由农业部、财政部统一制定。

第二章　检疫范围

第九条　农业植物检疫范围包括粮、棉、油、麻、桑、茶、糖、菜、烟、果（干果除外）、药材、花卉、牧草、绿肥、热带作物等植物、植物的各部分，包括种子、块根、块茎、球茎、鳞茎、接穗、砧木、试管苗、细胞繁殖体等繁殖材料，以及来源于上述植物、未经加工或者虽经加工但仍有可能传播疫情的植物产品。

全国植物检疫对象和应施检疫的植物、植物产品名单，由农业部统一制定；各省、自治区、直辖市补充的植物检疫对象和应施检疫的植物、植物产品名单，由各省、自治区、直辖市农业主管部门制定，并报农业部备案。

第十条　根据《植物检疫条例》第七条和第八条第三款的规定，省间调运植物、植物产品，属于下列情况的必须实施检疫：

（一）凡种子、苗木和其他繁殖材料，不论是否列入应施检疫的植物、植物产品名单和运往何地，在调运之前，都必须经过检疫；

（二）列入全国和省、自治区、直辖市应施检疫的植物、植物产品名单的植物产品，运出发生疫情的县级行政区域之前，必须经过检疫；

（三）对可能受疫情污染的包装材料、运载工具、场地、仓库等也应实施检疫。

第三章 植物检疫对象的划区、控制和消灭

第十一条 各级植物检疫机构对本辖区的植物检疫对象原则上每隔三至五年调查一次，重点对象要每年调查。根据调查结果编制检疫对象分布资料，并报上一级植物检疫机构。

农业部编制全国农业植物检疫对象分布至县的资料，各省、自治区、直辖市编制分布至乡的资料，并报农业部备案。

第十二条 全国植物检疫对象、国外新传入和国内突发性的危险性病、虫、杂草的疫情，由农业部发布；各省、自治区、直辖市补充的植物检疫对象的疫情，由各省、自治区、直辖市农业主管部门发布，并报农业部备案。

第十三条 划定疫区和保护区，要同时制定相反的封锁、控制、消灭或保护措施。在发生疫情的地区，植物检疫机构可以按照《植物检疫条例》第五条第三款的规定，派人参加道路联合检查站或者经省、自治区、直辖市人民政府批准，设立植物检疫检查站，开展植物检疫工作。各省、自治区、直辖市植物检疫机构应当就本辖区内设立或者撤销的植物检疫检查站名称、地点等报农业部备案。

疫区内的种子、苗木及其他繁殖材料和应施检疫的植物、植物产品，只限在疫区内种植、使用，禁止运出疫区；如因特殊情况需要运出疫区的，必须事先征得所在地省级植物检疫机构批准，调出省外的，应经农业部批准。

第十四条 疫区内的检疫对象，在达到基本消灭或已取得控制蔓延的有效办法以后，应按照疫区划定时的程序，办理撤销手续，经批准后明文公布。

第四章 调运检疫

第十五条 根据《植物检疫条例》第九条和第十条规定，省间调运应施检疫的植物、植物产品，按照下列程序实施检疫：

（一）调入单位或个人必须事先征得所在地的省、自治区、直辖市植物检

疫机构或其授权的地（市）、县级植物检疫机构同意，并取得检疫要求书；

（二）调出地的省、自治区、直辖市植物检疫机构或其授权的当地植物检疫机构，凭调出单位或个人提供的调入地检疫要求书受理报检，并实施检疫；

（三）邮寄、承运单位一律凭有效的植物检疫证书正本收寄、承运应施检疫的植物、植物产品。

第十六条　调出单位所在地的省、自治区、直辖市植物检疫机构或其授权的地（市）、县级植物检疫机构，按下列不同情况签发植物检疫证书：

（一）在无植物检疫对象发生地区调运植物、植物产品，经核实后签发植物检疫证书；

（二）在零星发生植物检疫对象的地区调运种子、苗木等繁殖材料时，应凭产地检疫合格证签发植物检疫证书；

（三）对产地植物检疫对象发生情况不清楚的植物、植物产品，必须按照《调运检疫操作规程》进行检疫，证明不带植物检疫对象后，签发植物检疫证书。

在上述调运检疫过程中，发现有检疫对象时，必须严格进行除害处理，合格后，签发植物检疫证书；未经除害处理或处理不合格的，不准放行。

第十七条　调入地植物检疫机构，对来自发生疫情的县级行政区域的应检植物、植物产品，或者其他可能带有检疫对象的应检植物、植物产品可以进行复检。复检中发现问题的，应当与原签证植物检疫机构共同查清事实，分清责任，由复检的植物检疫机构按照《植物检疫条例》的规定予以处理。

第五章　产地检疫

第十八条　各级植物检疫机构对本辖区的原种场、良种场、苗圃以及其他繁育基地，按照国家和地方制定的《植物检疫操作规程》实施产地检疫，有关单位或个人应给予必要的配合和协助。

第十九条　种苗繁育单位或个人必须有计划地在无植物检疫对象分布的地区建立种苗繁育基地。新建的良种场、原种场、苗圃等，在选址以前，应征求当地植物检疫机构的意见；植物检疫机构应帮助种苗繁育单位选择符合检疫要求的地方建立繁育基地。

已经发生检疫对象的良种场、原种场、苗圃等，应立即采取有效措施封锁消灭。在检疫对象未消灭以前，所繁育的材料不准调入无病区；经过严格除害处理并经植物检疫机构检疫合格的，可以调运。

第二十条 试验、示范、推广的种子、苗木和其他繁殖材料，必须事先经过植物检疫机构检疫，查明确实不带植物检疫对象的，发给植物检疫证书后，方可进行试验、示范和推广。

第六章 国外引种检疫

第二十一条 从国外引进种子、苗木和其他繁殖材料（国家禁止进境的除外），实行农业部和省、自治区、直辖市农业主管部门两级审批。

种苗的引进单位或者代理进口单位应当在对外签订贸易合同、协议三十日前向种苗种植地的省、自治区、直辖市植物检疫机构提出申请，办理国外引种检疫审批手续。引种数量较大的，由种苗种植地的省、自治区、直辖市植物检疫机构审核并签署意见后，报农业部农业司或其授权单位审批。

国务院有关部门所属的在京单位、驻京部队单位、外国驻京机构等引种，应当在对外签订贸易合同、协议三十日前向农业部农业司或其授权单位提出申请，办理国外引种检疫审批手续。

国外引种检疫审批管理办法由农业部另行制定。

第二十二条 从国外引进种子、苗木等繁殖材料，必须符合下列检疫要求：

（一）引进种子、苗木和其他繁殖材料的单位或者代理单位必须在对外贸易合同或者协议中订明中国法定的检疫要求，并订明输出国家或者地区政府植物检疫机关出具检疫证书，证明符合中国的检疫要求。

（二）引进单位在申请引种前，应当安排好试种计划。引进后，必须在指定的地点集中进行隔离试种，隔离试种的时间，一年生作物不得少于一个生育周期，多年生作物不得少于二年。

在隔离试种期内，经当地植物检疫机关检疫，证明确实不带检疫对象的，方可分散种植。如发现检疫对象或者其他危险性病、虫、杂草，应认真按植物检疫机构的意见处理。

第二十三条 各省、自治区、直辖市农业主管部门应根据需要逐步建立植物检疫隔离试种场（圃）。

第七章 奖励和处罚

第二十四条 凡执行《植物检疫条例》有下列突出成绩之一的单位和个

人，由农业部、各省、自治区、直辖市人民政府或者农业主管部门给予奖励：

（一）在开展植物检疫对象和危险性病、虫、杂草普查方面有显著成绩的；

（二）在植物检疫对象的封锁、控制、消灭方面有显著成绩的；

（三）在积极宣传和模范执行《植物检疫条例》、植物检疫规章制度、与违反《植物检疫条例》行为作斗争等方面成绩突出的；

（四）在植物检疫技术的研究和应用上有重大突破的；

（五）铁路、交通、邮政、民航等部门和当地植物检疫机构密切配合，贯彻执行《植物检疫条例》成绩显著的。

第二十五条 有下列违法行为之一，尚未构成犯罪的，由植物检疫机构处以罚款：

（一）在报检过程中故意谎报受检物品种类、品种，隐瞒受检物品数量、受检作物面积，提供虚假证明材料的；

（二）在调运过程中擅自开拆检讫的植物、植物产品，调换或者夹带其他未经检疫的植物、植物产品，或者擅自将非种用植物、植物产品作种用的；

（三）伪造、涂改、买卖、转让植物检疫单证、印章、标志、封识的；

（四）违反《植物检疫条例》第七条、第八条第一款、第十条规定之一，擅自调运植物、植物产品的；

（五）违反《植物检疫条例》第十一条规定，试验、生产、推广带有植物检疫对象的种子、苗木和其他繁殖材料，或者违反《植物检疫条例》第十三条规定，未经批准在非疫区进行检疫对象活体试验研究的；

（六）违反《植物检疫条例》第十二条第二款规定，不在指定地点种植或者不按要求隔离试种，或者隔离试种期间擅自分散种子、苗木和其他繁殖材料的；

罚款按以下标准执行：

对于非经营活动中的违法行为，处以 1000 元以下罚款；对于经营活动中的违法行为，有违法所得的，处以违法所得 3 倍以下罚款，但最高不得超过 30000 元；没有违法所得的，处以 10000 元以下罚款。

有本条第一款（二）、（三）、（四）、（五）、（六）项违法行为之一，引起疫情扩散的，责令当事人销毁或者除害处理。

有本条第一款违法行为之一，造成损失的，植物检疫机构可以责令其赔偿损失。

有本条第一款（二）、（三）、（四）、（五）、（六）项违法行为之一，以赢利为目的的，植物检疫机构可以没收当事人的非法所得。

第八章 附 则

第二十六条 国内植物检疫收费按照国家有关规定执行。

第二十七条 本实施细则所称"以上"、"以下"，均包括本数在内。

本实施细则所称"疫情"，是指全国植物检疫对象、各省、自治区、直辖市补充的植物检疫对象、国外新传入的和国内突发性的危险性病、虫、杂草以及植物检疫对象和危险性病、虫、杂草的发生、分布情况。

第二十八条 植物检疫规章和规范性文件的制定，必须以国务院发布的《植物检疫条例》为准，任何与《植物检疫条例》相违背的规章和规范性文件，均属无效。

第二十九条 本实施细则由农业部负责解释。

第三十条 本实施细则自公布之日起施行。1983 年 10 月 20 日农牧渔业部发布的《植物检疫条例实施细则（农业部分)》同时废止。

2. 中华人民共和国农业部
植物检疫员管理办法（试行）

（1990 年 11 月 8 日〔1990〕农（农）字第 40 号公布）

第一条 为加强植物检疫员的管理，提高植物检疫员的思想、业务素质，以正确执行检疫法规，根据《植物检疫条例》及《植物检疫条例实施细则》（农业部分)，制定本办法。

第二条 本办法所称植物检疫员为专职植物检疫员，其任免程序如下：

（一）植物检疫员由地、县农业行政部门推荐，省（区、市）植物检疫机构负责考核，农业厅（局）审批，报农业部全国植保总局备案（统一格式见附件）和发证。

（二）植物检疫员增补审批工作，每两年办理一次，备案工作在当年 11 - 12 月份进行。

（三）凡需调离的植物检疫员，由当地农业行政部门征求上一级植物检疫机构意见，报省（区、市）农业厅（局）审批同意后，办理调离手续，注销检疫员证。

（四）对不称职的植物检疫员，应按本款第（三）项规定的程序，取消其检疫员资格，并注销检疫员证。

植物检疫员证件丢失登报申明作废，办理补证手续。

第三条 县级以上（含县级）各级植物检疫员依法执行植物检疫任务，必须保持稳定，以保证《植物检疫条例》及《植物检疫条例实施细则》（农业部分）的贯彻执行和植物检疫工作的开展。

第四条 植物检疫员必须具备下列条件：

（一）具有助理农艺师以上技术职称，或具有中等专业学历，从事植保工作三年以上；

（二）热爱植物检疫事业，熟悉检疫业务，遵纪守法，坚持原则，忠于职守，有一定的思想觉悟和政策水平；

（三）专职从事植物检疫工作；

（四）身体健康，能坚持正常工作。

第五条 植物检疫员的职权：

（一）有权签发植物检疫证书及其他植物检疫单证；

（二）有权进入车站、机场、邮局、港口、仓库、苗圃、良繁场地、集市贸易等场所执行检疫任务；

（三）依法查处违法单位或个人及违章调运的植物和植物产品；

（四）对兼职植物检疫员给予业务指导。

第六条 植物检疫员必须做到：

（一）坚持四项基本原则，认真执行政策，严格按照《植物检疫条例》和实施细则的规定办事；

（二）热爱本职工作，坚守岗位，熟悉检疫法规和检疫业务，正确行使职权，认真完成检疫任务；

（三）执行检疫任务必须持植物检疫员证，穿着检疫制服、佩戴检疫标志，仪容整洁、端庄；

（四）秉公执法，廉洁奉公，不徇私舞弊；

（五）敢于和善于同违反检疫法规的行为作斗争；

（六）定期参加植物检疫培训，并接受考核。

第七条 对认真贯彻《植物检疫条例》及《植物检疫条例实施细则》（农业部分），正确行使检疫员职权，遵守检疫人员守则，完成检疫任务成绩突出者，应予奖励；对玩忽职守，滥用职权，致使国家和人民利益蒙受重大损失者，应视情节轻重，给予批评教育、取消检疫员资格，直至依法追究刑事责任。

3. 国外引种检疫审批管理办法

（1993 年 11 月 10 日〔1993〕农（农）字第 18 号公布）

第一条 为了加强对国外（含境外，下同）引进种子、苗木和其他繁殖材料的检疫管理，根据《植物检疫条例》第十二条的规定，制定本办法。

第二条 从国外引进种子、苗木和其他繁殖材料，实行农业部和各省、自治区、直辖市农业厅（局）两级审批。其执行机构是农业部全国植物保护总站和各省、自治区、直辖市农业厅（局）植物检疫（植保植检）站。

第三条 引进种子、苗木和其他繁殖材料的单位或代理进口单位（以下统称引种单位）必须在对外贸易合同或者协议中，列入《引进种子、苗木检疫审批单》上所提对外植物检疫要求，并订明必须附有输出国家或者地区政府植物检疫机关出具的植物检疫证书，证明符合我国所提对外植物检疫要求。

第四条 引种检疫申请

（一）引种单位应当在对外签订贸易合同、协议 30 日前，申请办理国外引种检疫审批手续。

（二）国务院和中央各部门所属在京单位、驻京部队单位、外国驻京机构等，向农业部全国植物保护总站提出申请；各省、自治区、直辖市有关单位和中央京外单位向种植地的省、自治区、直辖市农业厅（局）植物检疫（植保植检）站提出申请。

（三）引种单位提出申请时，必须按规定的格式及要求填写《引进种子、苗木检疫审批申请书》（附件 D；引进生产用种苗须同时提供有效的进口种苗权证明材料。

报农业部全国植物保护总站审批的生产用种苗，还须提供种植地的省、自治区、直辖市农业厅（局）植物检疫（植保植樟）站签署的有关种苗的疫情监测报告。

（四）引种单位应调查了解引进植物在原产地的病虫发生情况，并在申请时向检疫审批单位提供有关疫情资料。对于引进数量较大、疫情不清，与农业安全生产密切相关的种苗，引种单位应事先进行有检疫人员参加的种苗原产地疫情调查。

第五条　检疫审批

（一）检疫审批单位自收到《引进种子、苗木检疫审批申请书》之日起15天内予以审批或签复。

（二）农作物种质资源和科研试验材料引进，国务院和中央各部门所属在京单位、驻京部队单位、外国驻京机构等，由农业部全国植物保护总站审批；各省、自治区、直辖市有关单位和中央京外单位由种植地的省、自治区、直辖市农业厅（局）植物检疫（植保植检）站审批。热带作物种质资源交换和引进由农业部农垦司签署意见后，报农业部全国植物保护总站审批。种质资源和科研试验材料检疫审批限量见附件2。

（三）国际区域性试验和对外制种的种苗引进，由种植地的省、自治区、直辖市农业厅（局）植物检疫（植保植检）站签署意见后，报农业部全国植物保护总站审批。

（四）生产用种苗的引进

1. 对于新引进的（指从未引进和近三年内未引进）的作物或品种的引进，必须事先少量隔离试种（种子以2亩地，苗木以50株用量为限）。引种单位在申请引进前，应安排好隔离试种计划，隔离试种条件符合检疫要求后，由种植地的省、自治区、直辖市农业厅（局）植物检疫（植保植检）站审批。

2. 已在当地多年引进，经疫情监测，符合检疫要求的作物或品种，引种数量在"生产用种苗引种检疫审批限量"（见附件3）内的，由种植地的省、自治区、直辖市农业厅（局）植物检疫（植保植检）站审批（国务院和中央各部门所属在京单位、驻京部队单位、外国驻京机构等，由农业部全国植物保护总站审批）；引种数量超过审批限量的（由种植地的省、自治区、直辖市农业厅（局）植物检疫（植保植检）站签署意见后，报农业部全国植物保护总站审批。

（五）《引进种子、苗木检疫审批单》（附件4）的有效期限一般为6个月，特殊情况有效期限可适当延长。但最长有效期限不得超过一年。引种单位办理检疫审批后，《引进种子、苗木检疫审批单》已逾有效期限或需要改变引进种苗的品种、数量、输出国家或者地区的，均须重新办理检疫审批手续。

第六条　种苗入境后检疫

（一）引进种苗经口岸动植物检疫机关检疫后，《引进种子、苗木检疫审批单》回执由口岸动植物检疫机关及时寄回种苗审批单位核查。

（二）种苗引进后，引种单位必须按照《引进种子、苗木检疫审批单》上指定的地点进行引进种苗隔离试种或者隔离种植。隔离试种或者隔离种植期限，一年生植物不得小于一个生育周期，多年生植物不得少于两年。隔离试种或者隔离种植期间，由种植地的省农业厅（局）植物检疫（植保植检）站负责疫情监测，并签署疫情监测报告。必要时，由全国植物保护总站组织重点疫情监测。

（三）在隔离种植期间，发现疫情的，引进单位必须在检疫部门的指导和监督下，及时采取封锁、控制和消灭措施，严防疫情扩散，并承担实施检疫处理的全部费用。

第七条　检疫审批管理

（一）国外引种检疫审批实行季度报表制度。各省、自治区、直辖市植物检疫（植保植检）站应当在每新季度开始第一个月十日内，将上一季度"引进种苗检疫审批及疫情监测情况"（见附件5）上报全国植物保护总站。发现重大疫情时，应当及时报告。

（二）"国外引种检疫审批限量表"，由全国植物保护总站根据疫情变化情况和农业生产发展的实际需要进行修订。《引进种子、苗木检疫审批申请书》、《引进种子、苗木检疫审批单》由农业部全国植物保护总站统一制定格式，各省、自治区、直辖市农业厅（局）统一翻印。

（三）国外引种检疫审批费、种植期间疫情监测费按国家有关规定收取。因实施重点疫情调查的检疫费用由引种单位承担。

第八条　违反本办法规定的，按国家有关植物检疫规定处罚。

第九条　本办法自发布之日起施行，1980年8月12日农业部关于印发《引进种子、苗木检疫审批单》的函和1990年8月13日农业部印发《关于国外引种检疫审批工作的补充规定（试行）》的通知同时废止。

（附件略）

4. 进出口农作物种子（苗）管理暂行办法

（1997 年 3 月 28 日农业部令第 14 号公布　2022 年 1 月 7 日农业农村部令 2022 年第 1 号修订）

第一章　总　　则

第一条　为了进一步贯彻有关种子管理法规，加强种质资源管理，促进我国农作物种子（苗）的对外贸易与合作交流，特制定本办法。

第二条　本办法中进出口农作物种子（苗）（以下简称农作物种子）包括从国（境）外引进和与国（境）外交流研究用种质资源（以下简称进出口种质资源）、进出口生产用种子。

进出口生产用种子包括试验用种子、大田用商品种子和对外制种用种子。

第三条　从事进出口生产用种子业务和向国（境）外提供种质资源的单位应当具备中国法人资格。禁止个人从事进出口生产用种子业务和向国（境）外提供种质资源。

进出口大田用商品种子，应当具有与其进出口种子类别相符的种子生产、经营权及进出口权；没有进出口权的，由农业农村部指定的具有农作物种子进出口权的单位代理。

第二章　进出口生产用种子的管理

第四条　进出口生产用种子，由所在地省级农业农村主管部门审核，农业农村部审批。

第五条　进口试验用种子应坚持少而精的原则。每个进口品种，种子以 10 亩播量，苗木以 100 株为限。

第六条　进口试验用种子应在国家或省农作物品种审定委员会的统一安排指导下进行种植试验。

第七条　申请进口大田用商品种子，应符合下列条件：

（一）品种应当经国家或省级农作物品种审定委员会审定通过，国内暂时没有开展审定工作而生产上又急需的作物种类品种，应当提交至少 2 个生育周期的引种试验报告。

（二）种子质量应当达到国家标准或行业标准；对没有国家标准或行业标准的，可以在合同中约定或参考有关国际标准。

第八条 进口对外制种用种子，不受本办法第九条限制，但繁殖的种子不得在国内销售。

第九条 从事进口大田用商品种子业务的单位应当在每年8月底以前将下一年度进口种子计划上报所在省级农业农村主管部门，由省级农业农村主管部门汇总后于10月底前报农业农村部。

第十条 国家鼓励种子出口，但列入种质资源"不对外交换的"和未列入目录的品种及杂交作物亲本种子原则上不允许出口。特殊情况，报经农业农村部批准。

第十一条 进出口生产用种子的申请和审批：

（一）进出口单位向审核机关提出申请，按规定的格式及要求填写《进（出）口农作物种子（苗）审批表》（见附件三），提交进出口种子品种说明；办理进出口对外制种用种子，应提交对外制种合同（或协议书）；办理进出口大田用商品种子，应提交有关《种子经营许可证》、《营业执照》和种子进出口权的有关证明文件。审核机关同意后，再转报审批机关审批。

（二）经审批机关审批同意，加盖"中华人民共和国农业农村部进出口农作物种子审批专用章"。种子进出口单位，持有效《进出口农作物种子（苗）审批表》批件到植物检疫机关办理检疫审批手续。办理进口农作物种子的，由农业农村部出具《动植物苗种进口免税审批证明》作为海关免税放行的依据。

第三章　进出口农作物种子管理的监督

第十二条 品资所应当在每季度开始的第一个月10日前，将上一季度进出口种质资源审批情况报农业农村部；每年1月10日前向农业农村部报上一年度工作总结。

第十三条 农业农村主管部门和有关部门工作人员违反本办法规定办理进出口审批或检疫审批的，由本单位或上级机关给予行政处分；涉嫌犯罪的，及时将案件移送司法机关，依法追究刑事责任。

第四章　附　　则

第十四条 《进出口农作物种子（苗）审批表》由农业农村部统一印制；

《对外交流农作物种质资源申请表》、《对外提供农作物种质资源准许证》由农业农村部委托品资所统一印制。

第十五条 《进出口农作物种子（苗）审批表》的有效期为 6 个月，《动植物苗种进口免税审批证明》、《对外交流农作物种质资源准许证》的有效期为 3 个月。超过有效期限或需要改变进出口种子的品种、数量、进出口国家或地区的，均需重新办理审批手续。

第十六条 进出口农作物种子应办理植物检疫手续，具体办法按《中华人民共和国进出境动植物检疫法》、《中华人民共和国植物检疫条例》及有关植物检疫规章规定办理。

第十七条 本办法由农业农村部负责解释。

第十八条 本办法自发布之日起施行。

5. 农业植物疫情报告与发布管理办法

（2010 年 1 月 18 日农业部令 2010 年第 4 号公布　自 2010 年 3 月 1 日起施行）

第一章　总　　则

第一条 为加强农业植物疫情管理，规范疫情报告与发布工作，根据《植物检疫条例》，制定本办法。

第二条 本办法所称农业植物疫情，是指全国农业植物检疫性有害生物、各省（自治区、直辖市）补充的农业植物检疫性有害生物、境外新传入或境内新发现的潜在的农业植物检疫性有害生物的发生情况。

第三条 农业部主管全国农业植物疫情报告与发布工作。

县级以上地方人民政府农业行政主管部门按照职责分工，主管本行政区域内的农业植物疫情报告与发布工作。

县级以上人民政府农业行政主管部门所属的植物检疫机构负责农业植物疫情报告与发布的具体工作。

第四条 农业植物疫情报告与发布，应当遵循依法、科学、及时的原则。

第二章　农业植物疫情报告

第五条 县级以上植物检疫机构负责监测、调查本行政区域内的农业植物疫情，并向社会公布农业植物疫情报告联系方式。

第六条 有下列情形之一的，市（地）、县级植物检疫机构应当在 12 小时内报告省级植物检疫机构，省级植物检疫机构经核实后，应当在 12 小时内报告农业部所属的植物检疫机构，农业部所属的植物检疫机构应当在 12 小时内报告农业部：

（一）在本行政区域内发现境外新传入或境内新发现的潜在的农业植物检疫性有害生物；

（二）全国农业植物检疫性有害生物在本行政区域内新发现或暴发流行；

（三）经确认已经扑灭的全国农业植物检疫性有害生物在本行政区域内再次发生。

前款有害生物发生对农业生产构成重大威胁的，农业部依据有关规定及时报告国务院。

第七条 省级植物检疫机构应当于每月 5 日前，向农业部所属的植物检疫机构汇总报告上一个月本行政区域内全国农业植物检疫性有害生物、境外新传入或境内新发现的潜在的农业植物检疫性有害生物的发生及处置情况，农业部所属的植物检疫机构应当于每月 10 日前将各省汇总情况报告农业部。

第八条 省级植物检疫机构应当于每年 1 月 10 日前，向农业部所属的植物检疫机构报告本行政区域内上一年度农业植物疫情的发生和处置情况，农业部所属的植物检疫机构应当于每年 1 月 20 日前将各省汇总情况报告农业部。

第九条 县级以上地方植物检疫机构依照本办法第六条、第七条、第八条的规定报告农业植物疫情时，应当同时报告本级人民政府农业行政主管部门。

对于境外新传入或境内新发现的潜在的农业植物检疫性有害生物疫情，疫情发生地的农业行政主管部门应当提请同级人民政府依法采取必要的处置措施。

第十条 境外新传入或境内新发现的潜在的农业植物检疫性有害生物疫情的报告内容，应当包括有害生物的名称、寄主、发现时间、地点、分布、危害、可能的传播途径以及应急处置措施。

其他农业植物疫情的报告内容，应当包括有害生物名称、疫情涉及的县级行政区、发生面积、危害程度以及疫情处置措施。

第十一条 农业植物疫情被扑灭的，由县级以上地方植物检疫机构按照农业植物疫情报告程序申请解除。

第三章　农业植物疫情通报与发布

第十二条　农业部及时向国务院有关部门和各省（自治区、直辖市）人民政府农业行政主管部门通报从境外新传入或境内新发现的潜在的农业植物检疫性有害生物疫情。

第十三条　全国农业植物检疫性有害生物及其首次发生和疫情解除情况，由农业部发布。

第十四条　下列农业植物疫情由省级人民政府农业行政主管部门发布，并报农业部备案：

（一）省（自治区、直辖市）补充的农业植物检疫性有害生物及其发生、疫情解除情况；

（二）农业部已发布的全国农业植物检疫性有害生物在本行政区域内的发生及处置情况。

第十五条　农业植物疫情发生地的市（地）、县级农业行政主管部门及其所属的植物检疫机构应当在农业部或省级人民政府农业行政主管部门发布疫情后，及时向社会通告相关疫情在本行政区域内发生的具体情况，指导有关单位和个人开展防控工作。

第十六条　农业部和省级人民政府农业行政主管部门以外的其他单位和个人不得以任何形式发布农业植物疫情。

第四章　附　　则

第十七条　违反本办法的，依据《植物检疫条例》和相关法律法规给予处罚。

第十八条　本办法自 2010 年 3 月 1 日起施行。

6. 国家重点管理外来入侵物种名录（第一批）

（2013 年 2 月 1 日农业部公告第 1897 号公布）

国家重点管理外来入侵物种名录（第一批）

序号	中文名	拉丁学名（Latin name）
1	节节麦	*Aegilops tauschii* Coss.
2	紫茎泽兰	*Ageratina adenophora*（Spreng.）King & H. Rob.（ = *Eupatorium adenophorum* Spreng.）
3	水花生（空心莲子草）	*Alternanthera philoxeroides*（Mart.）Griseb.
4	长芒苋	*Amaranthus palmeri* Watson
5	刺苋	*Amaranthus spinosus* L.
6	豚草	*Ambrosia artemisiifolia* L.
7	三裂叶豚草	*Ambrosia trifida* L.
8	少花蒺藜草	*Cenchrus pauciflorus* Bentham
9	飞机草	*Chromolaena odorata*（L.）R. M. King & H. Rob.（ = *Eupatorium odoratum* L.）
10	水葫芦（凤眼莲）	*Eichhornia crassipes*（Martius）Solms – Laubach
11	黄顶菊	*Flaveria bidentis*（L.）Kuntze
12	马缨丹	*Lantana camara* L.
13	毒麦	*Lolium temulentum* L.
14	薇甘菊	*Mikania micrantha* Kunth ex H. K. B.
15	银胶菊	*Parthenium hysterophorus* L.
16	大藻	*Pistia stratiotes* L.

续表

序号	中文名	拉丁学名（Latin name）
17	假臭草	*Praxelis clematidea*（Griseb.）R. M. King et H. Rob.（= *Eupatorium catarium* Veldkamp）
18	刺萼龙葵	*Solanum rostratum* Dunal
19	加拿大一枝黄花	*Solidago canadensis* L.
20	假高粱	*Sorghum halepense*（L.）Persoon
21	互花米草	*Spartina alterniflora* Loiseleur
22	非洲大蜗牛	*Achatina fulica*（Bowdich）
23	福寿螺	*Pomacea canaliculata*（Lamarck）
24	纳氏锯脂鲤（食人鲳）	*Pygocentrus nattereri* Kner
25	牛蛙	*Rana catesbeiana* Shaw
26	巴西龟	*Trachemys scripta elegans*（Wied – Neuwied）
27	螺旋粉虱	*Aleurodicus dispersus* Russell
28	桔小实蝇	*Bactrocera*（*Bactrocera*）*dorsalis*（Hendel）
29	瓜实蝇	*Bactrocera*（*Zeugodacus*）*cucurbitae*（Coquillett）
30	烟粉虱	*Bemisia tabaci* Gennadius
31	椰心叶甲	*Brontispa longissima*（Gestro）
32	枣实蝇	*Carpomya vesuviana* Costa
33	悬铃木方翅网蝽	*Corythucha ciliata* Say
34	苹果蠹蛾	*Cydia pomonella*（L.）
35	红脂大小蠹	*Dendroctonus valens* LeConte
36	西花蓟马	*Frankliniella occidentalis* Pergande
37	松突圆蚧	*Hemiberlesia pitysophila* Takagi
38	美国白蛾	*Hyphantria cunea*（Drury）
39	马铃薯甲虫	*Leptinotarsa decemlineata*（Say）
40	桉树枝瘿姬小蜂	*Leptocybe invasa* Fisher & LaSalle
41	美洲斑潜蝇	*Liriomyza sativae* Blanchard
42	三叶草斑潜蝇	*Liriomyza trifolii*（Burgess）
43	稻水象甲	*Lissorhoptrus oryzophilus* Kuschel

续表

序号	中文名	拉丁学名（Latin name）
44	扶桑绵粉蚧	*Phenacoccus solenopsis* Tinsley
45	刺桐姬小蜂	*Quadrastichus erythrinae* Kim
46	红棕象甲	*Rhynchophorus ferrugineus* Olivier
47	红火蚁	*Solenopsis invicta* Buren
48	松材线虫	*Bursaphelenchus xylophilus*（Steiner & Bührer）Nickle
49	香蕉穿孔线虫	*Radopholus similis*（Cobb）Thorne
50	尖镰孢古巴专化型 4号小种	*Fusarium oxysporum* f. sp. *cubense* Schlechtend（Smith）Snyder & Hansen Race 4
51	大豆疫霉病菌	*Phytophthora sojae* Kaufmann & Gerdemann
52	番茄细菌性溃疡病菌	*Clavibacter michiganensis* subsp. *michiganensis*（Smith）Davis et al.

7. 农业部、国家出入境检验检疫局关于进一步加强国外引种检疫审批管理工作的通知

（1999年6月3日农农发〔1999〕7号公布）

各省（自治区、直辖市）农业厅（局）、各地"三检"临时协调小组：

近年来，随着对外开放的进一步扩大，我国从国外引进农作物种子、苗木的种类和数量不断增多，促进了农业生产和经济贸易的发展。但是也出现了一些新情况新问题：一些引种单位事先未办检疫审批手续，即对外签定贸易合同、开出付款信用证或让对方发货，致使货物到港时仍未获得进口许可，种苗压船、压港，造成不必要的经济损失；少数省级审批部门违规越权审批，超限量或超范围审批，给审批管理带来混乱；由于生产性引种批次多，数量大，引进渠道复杂，种植地点分散，检疫风险增大；出入境检验检疫机构多次截获小麦矮腥黑穗病菌（TCK）、地中海实蝇、番茄环斑病毒等一类危险性检疫病虫，在国内也相继发现苜蓿黄萎病、蔗扁蛾、灰豆象、芒果象甲等一些新的危险性病虫，

对农业生产构成严重威胁。为了适应扩大开放和加快经济发展的需要，进一步做好国外引种检疫审批管理工作，特作如下通知：

一、严格控制从国外大批量引种。国内需要的生产用种应立足于国内自繁自育，原则上不从国外大量引种，尤其是粮、棉、油、糖等对国内生产影响较大的大宗作物和国外疫情不清、引进后传播危险性病虫害可能性大的种苗更要严格控制。如因救灾备荒等特殊需要从国外超限量引种的，应由省级农业厅（局）植物检疫机构审核提出意见，报农业部植物检疫机构审批；凡因科学研究等特殊需要，须从国外引进禁止入境的品种资源的，由国家出入境检验检疫局办理特许审批。

二、适当调整省级检疫审批限量。根据《国外引种检疫审批管理办法》第七条第二款的规定，结合目前我国农业生产用种需求和国内外植物疫情的变化，对1993年农业部确定的"生产种苗引种检疫审批限量"作出适当调整（详见附件1），超过审批限量，应由省级农业厅（局）植物检疫机构签署审核意见后，报农业部植物检疫机构审批。

三、严格审批，科学管理。检疫审批是一项政策性和技术性都很强的工作，各省（区、市）必须按规定的程序和权限进行审批，严禁越权审批、超限量审批或化整为零审批；检疫审批单位不得为引种单位说情和严禁代办审批手续。违者视情节吊销其检疫审批权，取消责任人专职检疫员资格，追究主要领导责任。

为了便于口岸检疫把关监管和计算机单证管理，将现行《引进种子、苗木检疫审批单》五联单改为一式三联一回执（详见附件2），由全国农业技术推广服务中心统一制发，原五联单延用至1999年9月30日。各省（区、市）植物检疫机构出具的检疫审批单加盖审批省植物检疫专用章；全国农业技术推广服务中心出具的审批单加盖"中华人民共和国农业部植物检疫专用章"。

全国农业技术推广服务中心要加快检疫审批软件的研制开发，加强对国外引种疫情的收集和风险分析，尽早实现检疫审批计算机网络管理，使审批工作更加规范化、科学化。

四、关于农林检疫及其检疫审批的分工。请各出入境检验检疫机构根据国务院办公厅下发的《国务院办公厅关于水果、花卉、中药材等植物检疫工作分工问题的函》（国办函［1997］19号）的规定（见附件3）验单和接受报检。

五、严格申报程序，严禁先进口后报批。各引种单位和代理进口单位必须严格遵守国家有关引种检疫规定，在对外签定贸易合同、协议30日前办理审批手续。对于未办审批手续就对外签定合同而造成的后果及经济损失由有关引种单位自负。

为了避免经济损失和便于对外索赔，各引种单位在对外签订贸易合同时，一定要严谨慎重，合同中应单独注明检疫条款，列入审批提出的检疫要求，并要求附有输出国官方出具的植物检疫证书。

六、加强口岸检疫和隔离试种疫情监测。引进种苗隔离试种疫情监测是国外引种检疫的一项重要的基础性工作。为了及时准确掌握审批种苗口岸检疫和引进情况，请各出入境检验检疫机构按季度将检疫审批单回执统一返回全国农业技术推广服务中心植物检疫处，如在检疫中发现重大疫情时，须及时反馈。各地农业植检部门和检验检疫部门应密切配合，切实做好进境检疫、种苗引进后隔离试种期间的疫情监测工作和检疫处理，确保种苗的安全引进。

附件：

1. 国外引进生产用种省级检疫审批限量

2.《引进种子、苗木检疫审批单》

3.《国务院办公厅关于水果、花卉、中药材等植物检疫工作分工问题的函》（国办函〔1997〕19号）

附件1：

国外引进生产用种省级检疫审批限量

种子类

粮食作物：稻、麦、玉米、谷类、高粱、豆类、薯类100公斤

经济作物：油菜、花生、油葵、甜菜、棉、麻、茄科、烟草、芦笋、椰菜、芹菜、甘蓝、洋葱、白菜、菠菜、胡萝卜、瓜类、菜豆类、西瓜、空心菜、草本花卉等500公斤，草坪草、牧草1000公斤

苗木类（含种球）

果树：苹果、梨、桃、李、杏、梅、荔枝、葡萄、柑桔等100株

木本花卉：巴西木、发财树等500株

草本（水果）花卉：草莓、郁金香、康乃馨等5000株（头）

附件2：《引进种子、苗木检疫审批单》（略）

附件3：

国务院办公厅关于水果、花卉、中药材等
植物检疫工作分工问题的函

（国办函〔1997〕19号）

农业部、林业部：

为了保证《植物检疫条例》的贯彻实施，经国务院领导同意，现将水果、花卉、中药材等植物检疫的工作分工通知如下：

一、水果（核桃、板栗等干果除外）、花卉（野生珍贵花卉除外）、中药材由农业部门的植物检疫机构负责检疫；但是，省级人民政府已经规定由林业部门植物检疫机构检疫的，可以按其规定执行。

二、在植物检疫工作中，各地方农业、林业部门的植物检疫机构应当密切配合，相互承认检疫证明，不得重复检疫，重复收费。

8. 关于加强农业植物及植物产品
运输检疫工作的通知

（2001年7月19日农农发〔2001〕6号公布）

各省、自治区、直辖市农业（农牧渔业、农牧、农林）厅（委、局），各铁路局，各交通厅（局），各邮政局，各民航管理局，中国远洋运输总公司：

为加强农业植物和植物产品的检疫管理，根据《植物检疫条例》的规定，现就农业植物和植物产品邮寄、运输的检疫管理通知如下：

一、应检农业植物、植物产品的种类和应检区域，按照管住检疫性有害生物，有利市场流通的原则，由各省（自治区、直辖市）农业主管部门会同当地交通、铁路、民航、邮政部门，在《全国应施检疫的植物、植物产品名单》（附件1）（该名单已于2006年3月2日重新公布，见农业部公告617号）内，根

据各地的实际情况，确定具体的对象、时间、地区，并分别报上级主管部门备案。

二、铁路、交通、民航、邮政运输企业、单位和个人凭植物和植物产品运输包装上的"种子标签"区分种子和一般植物、植物产品。

三、铁路、交通、民航、邮政运输企业、单位和个人承运、收寄本省（自治区、直辖市）规定的应检农业植物和植物产品时，必须查验"植物检疫证书"（附件2，原格式植物检疫证书可使用到2001年12月31日）正本，无"植物检疫证书"的不予承运、收寄。"植物检疫证书"每车（每批）一份，并随运单或邮单递送收货人。"植物检疫证书"由县级以上农业植物检疫机构出具。

四、在承运、收寄植物和植物产品时，如发现邮寄或运输的种类、数量与植物检疫证书不符，收寄、承运企业、单位和个人通知当地农业植物检疫机构处理。

五、农业植物检疫人员需要在车站、机场、港口、邮局执行任务时，有关部门应提供必要的协助。但需在车站执行检疫任务的，应先通知这些地点的上级部门。

六、对于在检疫监管中成绩显著的企业、单位和个人，由人民政府给予表彰和奖励。对于徇私舞弊、玩忽职守、不按照本规定执行的，由其所在单位或者上级主管机关给予行政处分；构成犯罪的，由司法机关依法追究刑事责任。

七、本通知自公布之日起执行。原农牧渔业部、林业部、铁道部、交通部、邮电部、国家民航局1983年8月1日发布的《关于国内邮寄、托运植物和植物产品实施检疫的联合通知》中涉及农业部分的内容同时废止。

附件：1. 全国应施检疫的农业植物、植物产品名单（略）

2. 植物检疫证书（样式）（略）

农业部

铁道部

交通部

国家邮政局

民航总局

二〇〇一年七月十九日

第三章　生物育种与基因安全

一、法律

中华人民共和国生物安全法

（2020 年 10 月 17 日第十三届全国人民代表大会常务委员会第二十二次会议通过　中华人民共和国主席令第 56 号公布　自 2021 年 4 月 15 日起施行）

第一章　总　　则

第一条　为了维护国家安全，防范和应对生物安全风险，保障人民生命健康，保护生物资源和生态环境，促进生物技术健康发展，推动构建人类命运共同体，实现人与自然和谐共生，制定本法。

第二条　本法所称生物安全，是指国家有效防范和应对危险生物因子及相关因素威胁，生物技术能够稳定健康发展，人民生命健康和生态系统相对处于没有危险和不受威胁的状态，生物领域具备维护国家安全和持续发展的能力。

从事下列活动，适用本法：

（一）防控重大新发突发传染病、动植物疫情；

（二）生物技术研究、开发与应用；

（三）病原微生物实验室生物安全管理；

（四）人类遗传资源与生物资源安全管理；

（五）防范外来物种入侵与保护生物多样性；

（六）应对微生物耐药；

（七）防范生物恐怖袭击与防御生物武器威胁；

（八）其他与生物安全相关的活动。

第三条　生物安全是国家安全的重要组成部分。维护生物安全应当贯彻总体国家安全观，统筹发展和安全，坚持以人为本、风险预防、分类管理、协同配合的原则。

第四条 坚持中国共产党对国家生物安全工作的领导，建立健全国家生物安全领导体制，加强国家生物安全风险防控和治理体系建设，提高国家生物安全治理能力。

第五条 国家鼓励生物科技创新，加强生物安全基础设施和生物科技人才队伍建设，支持生物产业发展，以创新驱动提升生物科技水平，增强生物安全保障能力。

第六条 国家加强生物安全领域的国际合作，履行中华人民共和国缔结或者参加的国际条约规定的义务，支持参与生物科技交流合作与生物安全事件国际救援，积极参与生物安全国际规则的研究与制定，推动完善全球生物安全治理。

第七条 各级人民政府及其有关部门应当加强生物安全法律法规和生物安全知识宣传普及工作，引导基层群众性自治组织、社会组织开展生物安全法律法规和生物安全知识宣传，促进全社会生物安全意识的提升。

相关科研院校、医疗机构以及其他企业事业单位应当将生物安全法律法规和生物安全知识纳入教育培训内容，加强学生、从业人员生物安全意识和伦理意识的培养。

新闻媒体应当开展生物安全法律法规和生物安全知识公益宣传，对生物安全违法行为进行舆论监督，增强公众维护生物安全的社会责任意识。

第八条 任何单位和个人不得危害生物安全。

任何单位和个人有权举报危害生物安全的行为；接到举报的部门应当及时依法处理。

第九条 对在生物安全工作中做出突出贡献的单位和个人，县级以上人民政府及其有关部门按照国家规定予以表彰和奖励。

第二章　生物安全风险防控体制

第十条 中央国家安全领导机构负责国家生物安全工作的决策和议事协调，研究制定、指导实施国家生物安全战略和有关重大方针政策，统筹协调国家生物安全的重大事项和重要工作，建立国家生物安全工作协调机制。

省、自治区、直辖市建立生物安全工作协调机制，组织协调、督促推进本行政区域内生物安全相关工作。

第十一条 国家生物安全工作协调机制由国务院卫生健康、农业农村、科学技术、外交等主管部门和有关军事机关组成，分析研判国家生物安全形势，组织协调、督促推进国家生物安全相关工作。国家生物安全工作协调机制设立办公室，负责协调机制的日常工作。

国家生物安全工作协调机制成员单位和国务院其他有关部门根据职责分工，负责生物安全相关工作。

第十二条　国家生物安全工作协调机制设立专家委员会，为国家生物安全战略研究、政策制定及实施提供决策咨询。

国务院有关部门组织建立相关领域、行业的生物安全技术咨询专家委员会，为生物安全工作提供咨询、评估、论证等技术支撑。

第十三条　地方各级人民政府对本行政区域内生物安全工作负责。

县级以上地方人民政府有关部门根据职责分工，负责生物安全相关工作。

基层群众性自治组织应当协助地方人民政府以及有关部门做好生物安全风险防控、应急处置和宣传教育等工作。

有关单位和个人应当配合做好生物安全风险防控和应急处置等工作。

第十四条　国家建立生物安全风险监测预警制度。国家生物安全工作协调机制组织建立国家生物安全风险监测预警体系，提高生物安全风险识别和分析能力。

第十五条　国家建立生物安全风险调查评估制度。国家生物安全工作协调机制应当根据风险监测的数据、资料等信息，定期组织开展生物安全风险调查评估。

有下列情形之一的，有关部门应当及时开展生物安全风险调查评估，依法采取必要的风险防控措施：

（一）通过风险监测或者接到举报发现可能存在生物安全风险；

（二）为确定监督管理的重点领域、重点项目，制定、调整生物安全相关名录或者清单；

（三）发生重大新发突发传染病、动植物疫情等危害生物安全的事件；

（四）需要调查评估的其他情形。

第十六条　国家建立生物安全信息共享制度。国家生物安全工作协调机制组织建立统一的国家生物安全信息平台，有关部门应当将生物安全数据、资料等信息汇交国家生物安全信息平台，实现信息共享。

第十七条　国家建立生物安全信息发布制度。国家生物安全总体情况、重大生物安全风险警示信息、重大生物安全事件及其调查处理信息等重大生物安全信息，由国家生物安全工作协调机制成员单位根据职责分工发布；其他生物安全信息由国务院有关部门和县级以上地方人民政府及其有关部门根据职责权限发布。

任何单位和个人不得编造、散布虚假的生物安全信息。

第十八条 国家建立生物安全名录和清单制度。国务院及其有关部门根据生物安全工作需要，对涉及生物安全的材料、设备、技术、活动、重要生物资源数据、传染病、动植物疫病、外来入侵物种等制定、公布名录或者清单，并动态调整。

第十九条 国家建立生物安全标准制度。国务院标准化主管部门和国务院其他有关部门根据职责分工，制定和完善生物安全领域相关标准。

国家生物安全工作协调机制组织有关部门加强不同领域生物安全标准的协调和衔接，建立和完善生物安全标准体系。

第二十条 国家建立生物安全审查制度。对影响或者可能影响国家安全的生物领域重大事项和活动，由国务院有关部门进行生物安全审查，有效防范和化解生物安全风险。

第二十一条 国家建立统一领导、协同联动、有序高效的生物安全应急制度。

国务院有关部门应当组织制定相关领域、行业生物安全事件应急预案，根据应急预案和统一部署开展应急演练、应急处置、应急救援和事后恢复等工作。

县级以上地方人民政府及其有关部门应当制定并组织、指导和督促相关企业事业单位制定生物安全事件应急预案，加强应急准备、人员培训和应急演练，开展生物安全事件应急处置、应急救援和事后恢复等工作。

中国人民解放军、中国人民武装警察部队按照中央军事委员会的命令，依法参加生物安全事件应急处置和应急救援工作。

第二十二条 国家建立生物安全事件调查溯源制度。发生重大新发突发传染病、动植物疫情和不明原因的生物安全事件，国家生物安全工作协调机制应当组织开展调查溯源，确定事件性质，全面评估事件影响，提出意见建议。

第二十三条 国家建立首次进境或者暂停后恢复进境的动植物、动植物产品、高风险生物因子国家准入制度。

进出境的人员、运输工具、集装箱、货物、物品、包装物和国际航行船舶压舱水排放等应当符合我国生物安全管理要求。

海关对发现的进出境和过境生物安全风险，应当依法处置。经评估为生物安全高风险的人员、运输工具、货物、物品等，应当从指定的国境口岸进境，并采取严格的风险防控措施。

第二十四条 国家建立境外重大生物安全事件应对制度。境外发生重大生物安全事件的，海关依法采取生物安全紧急防控措施，加强证件核验，提高查验比例，暂停相关人员、运输工具、货物、物品等进境。必要时经国务院同意，可以采取暂时关闭有关口岸、封锁有关国境等措施。

第二十五条 县级以上人民政府有关部门应当依法开展生物安全监督检查工作，被检查单位和个人应当配合，如实说明情况，提供资料，不得拒绝、阻挠。

涉及专业技术要求较高、执法业务难度较大的监督检查工作，应当有生物安全专业技术人员参加。

第二十六条 县级以上人民政府有关部门实施生物安全监督检查，可以依法采取下列措施：

（一）进入被检查单位、地点或者涉嫌实施生物安全违法行为的场所进行现场监测、勘查、检查或者核查；

（二）向有关单位和个人了解情况；

（三）查阅、复制有关文件、资料、档案、记录、凭证等；

（四）查封涉嫌实施生物安全违法行为的场所、设施；

（五）扣押涉嫌实施生物安全违法行为的工具、设备以及相关物品；

（六）法律法规规定的其他措施。

有关单位和个人的生物安全违法信息应当依法纳入全国信用信息共享平台。

第三章 防控重大新发突发传染病、动植物疫情

第二十七条 国务院卫生健康、农业农村、林业草原、海关、生态环境主管部门应当建立新发突发传染病、动植物疫情、进出境检疫、生物技术环境安全监测网络，组织监测站点布局、建设，完善监测信息报告系统，开展主动监测和病原检测，并纳入国家生物安全风险监测预警体系。

第二十八条 疾病预防控制机构、动物疫病预防控制机构、植物病虫害预防控制机构（以下统称专业机构）应当对传染病、动植物疫病和列入监测范围

的不明原因疾病开展主动监测，收集、分析、报告监测信息，预测新发突发传染病、动植物疫病的发生、流行趋势。

国务院有关部门、县级以上地方人民政府及其有关部门应当根据预测和职责权限及时发布预警，并采取相应的防控措施。

第二十九条　任何单位和个人发现传染病、动植物疫病的，应当及时向医疗机构、有关专业机构或者部门报告。

医疗机构、专业机构及其工作人员发现传染病、动植物疫病或者不明原因的聚集性疾病的，应当及时报告，并采取保护性措施。

依法应当报告的，任何单位和个人不得瞒报、谎报、缓报、漏报，不得授意他人瞒报、谎报、缓报，不得阻碍他人报告。

第三十条　国家建立重大新发突发传染病、动植物疫情联防联控机制。

发生重大新发突发传染病、动植物疫情，应当依照有关法律法规和应急预案的规定及时采取控制措施；国务院卫生健康、农业农村、林业草原主管部门应当立即组织疫情会商研判，将会商研判结论向中央国家安全领导机构和国务院报告，并通报国家生物安全工作协调机制其他成员单位和国务院其他有关部门。

发生重大新发突发传染病、动植物疫情，地方各级人民政府统一履行本行政区域内疫情防控职责，加强组织领导，开展群防群控、医疗救治，动员和鼓励社会力量依法有序参与疫情防控工作。

第三十一条　国家加强国境、口岸传染病和动植物疫情联合防控能力建设，建立传染病、动植物疫情防控国际合作网络，尽早发现、控制重大新发突发传染病、动植物疫情。

第三十二条　国家保护野生动物，加强动物防疫，防止动物源性传染病传播。

第三十三条　国家加强对抗生素药物等抗微生物药物使用和残留的管理，支持应对微生物耐药的基础研究和科技攻关。

县级以上人民政府卫生健康主管部门应当加强对医疗机构合理用药的指导和监督，采取措施防止抗微生物药物的不合理使用。县级以上人民政府农业农村、林业草原主管部门应当加强对农业生产中合理用药的指导和监督，采取措施防止抗微生物药物的不合理使用，降低在农业生产环境中的残留。

国务院卫生健康、农业农村、林业草原、生态环境等主管部门和药品监督管理部门应当根据职责分工，评估抗微生物药物残留对人体健康、环境的危害，建立抗微生物药物污染物指标评价体系。

第四章　生物技术研究、开发与应用安全

第三十四条　国家加强对生物技术研究、开发与应用活动的安全管理，禁止从事危及公众健康、损害生物资源、破坏生态系统和生物多样性等危害生物安全的生物技术研究、开发与应用活动。

从事生物技术研究、开发与应用活动，应当符合伦理原则。

第三十五条　从事生物技术研究、开发与应用活动的单位应当对本单位生物技术研究、开发与应用的安全负责，采取生物安全风险防控措施，制定生物安全培训、跟踪检查、定期报告等工作制度，强化过程管理。

第三十六条　国家对生物技术研究、开发活动实行分类管理。根据对公众健康、工业农业、生态环境等造成危害的风险程度，将生物技术研究、开发活动分为高风险、中风险、低风险三类。

生物技术研究、开发活动风险分类标准及名录由国务院科学技术、卫生健康、农业农村等主管部门根据职责分工，会同国务院其他有关部门制定、调整并公布。

第三十七条　从事生物技术研究、开发活动，应当遵守国家生物技术研究开发安全管理规范。

从事生物技术研究、开发活动，应当进行风险类别判断，密切关注风险变化，及时采取应对措施。

第三十八条　从事高风险、中风险生物技术研究、开发活动，应当由在我国境内依法成立的法人组织进行，并依法取得批准或者进行备案。

从事高风险、中风险生物技术研究、开发活动，应当进行风险评估，制定风险防控计划和生物安全事件应急预案，降低研究、开发活动实施的风险。

第三十九条　国家对涉及生物安全的重要设备和特殊生物因子实行追溯管理。购买或者引进列入管控清单的重要设备和特殊生物因子，应当进行登记，确保可追溯，并报国务院有关部门备案。

个人不得购买或者持有列入管控清单的重要设备和特殊生物因子。

第四十条　从事生物医学新技术临床研究，应当通过伦理审查，并在具备相应条件的医疗机构内进行；进行人体临床研究操作的，应当由符合相应条件

的卫生专业技术人员执行。

第四十一条 国务院有关部门依法对生物技术应用活动进行跟踪评估,发现存在生物安全风险的,应当及时采取有效补救和管控措施。

第五章 病原微生物实验室生物安全

第四十二条 国家加强对病原微生物实验室生物安全的管理,制定统一的实验室生物安全标准。病原微生物实验室应当符合生物安全国家标准和要求。

从事病原微生物实验活动,应当严格遵守有关国家标准和实验室技术规范、操作规程,采取安全防范措施。

第四十三条 国家根据病原微生物的传染性、感染后对人和动物的个体或者群体的危害程度,对病原微生物实行分类管理。

从事高致病性或者疑似高致病性病原微生物样本采集、保藏、运输活动,应当具备相应条件,符合生物安全管理规范。具体办法由国务院卫生健康、农业农村主管部门制定。

第四十四条 设立病原微生物实验室,应当依法取得批准或者进行备案。

个人不得设立病原微生物实验室或者从事病原微生物实验活动。

第四十五条 国家根据对病原微生物的生物安全防护水平,对病原微生物实验室实行分等级管理。

从事病原微生物实验活动应当在相应等级的实验室进行。低等级病原微生物实验室不得从事国家病原微生物目录规定应当在高等级病原微生物实验室进行的病原微生物实验活动。

第四十六条 高等级病原微生物实验室从事高致病性或者疑似高致病性病原微生物实验活动,应当经省级以上人民政府卫生健康或者农业农村主管部门批准,并将实验活动情况向批准部门报告。

对我国尚未发现或者已经宣布消灭的病原微生物,未经批准不得从事相关实验活动。

第四十七条 病原微生物实验室应当采取措施,加强对实验动物的管理,防止实验动物逃逸,对使用后的实验动物按照国家规定进行无害化处理,实现实验动物可追溯。禁止将使用后的实验动物流入市场。

病原微生物实验室应当加强对实验活动废弃物的管理,依法对废水、废气以及其他废弃物进行处置,采取措施防止污染。

第四十八条　病原微生物实验室的设立单位负责实验室的生物安全管理，制定科学、严格的管理制度，定期对有关生物安全规定的落实情况进行检查，对实验室设施、设备、材料等进行检查、维护和更新，确保其符合国家标准。

病原微生物实验室设立单位的法定代表人和实验室负责人对实验室的生物安全负责。

第四十九条　病原微生物实验室的设立单位应当建立和完善安全保卫制度，采取安全保卫措施，保障实验室及其病原微生物的安全。

国家加强对高等级病原微生物实验室的安全保卫。高等级病原微生物实验室应当接受公安机关等部门有关实验室安全保卫工作的监督指导，严防高致病性病原微生物泄漏、丢失和被盗、被抢。

国家建立高等级病原微生物实验室人员进入审核制度。进入高等级病原微生物实验室的人员应当经实验室负责人批准。对可能影响实验室生物安全的，不予批准；对批准进入的，应当采取安全保障措施。

第五十条　病原微生物实验室的设立单位应当制定生物安全事件应急预案，定期组织开展人员培训和应急演练。发生高致病性病原微生物泄漏、丢失和被盗、被抢或者其他生物安全风险的，应当按照应急预案的规定及时采取控制措施，并按照国家规定报告。

第五十一条　病原微生物实验室所在地省级人民政府及其卫生健康主管部门应当加强实验室所在地感染性疾病医疗资源配置，提高感染性疾病医疗救治能力。

第五十二条　企业对涉及病原微生物操作的生产车间的生物安全管理，依照有关病原微生物实验室的规定和其他生物安全管理规范进行。

涉及生物毒素、植物有害生物及其他生物因子操作的生物安全实验室的建设和管理，参照有关病原微生物实验室的规定执行。

第六章　人类遗传资源与生物资源安全

第五十三条　国家加强对我国人类遗传资源和生物资源采集、保藏、利用、对外提供等活动的管理和监督，保障人类遗传资源和生物资源安全。

国家对我国人类遗传资源和生物资源享有主权。

第五十四条　国家开展人类遗传资源和生物资源调查。

国务院科学技术主管部门组织开展我国人类遗传资源调查，制定重要遗传家系和特定地区人类遗传资源申报登记办法。

国务院科学技术、自然资源、生态环境、卫生健康、农业农村、林业草原、中医药主管部门根据职责分工，组织开展生物资源调查，制定重要生物资源申报登记办法。

第五十五条 采集、保藏、利用、对外提供我国人类遗传资源，应当符合伦理原则，不得危害公众健康、国家安全和社会公共利益。

第五十六条 从事下列活动，应当经国务院科学技术主管部门批准：

（一）采集我国重要遗传家系、特定地区人类遗传资源或者采集国务院科学技术主管部门规定的种类、数量的人类遗传资源；

（二）保藏我国人类遗传资源；

（三）利用我国人类遗传资源开展国际科学研究合作；

（四）将我国人类遗传资源材料运送、邮寄、携带出境。

前款规定不包括以临床诊疗、采供血服务、查处违法犯罪、兴奋剂检测和殡葬等为目的采集、保藏人类遗传资源及开展的相关活动。

为了取得相关药品和医疗器械在我国上市许可，在临床试验机构利用我国人类遗传资源开展国际合作临床试验、不涉及人类遗传资源出境的，不需要批准；但是，在开展临床试验前应当将拟使用的人类遗传资源种类、数量及用途向国务院科学技术主管部门备案。

境外组织、个人及其设立或者实际控制的机构不得在我国境内采集、保藏我国人类遗传资源，不得向境外提供我国人类遗传资源。

第五十七条 将我国人类遗传资源信息向境外组织、个人及其设立或者实际控制的机构提供或者开放使用的，应当向国务院科学技术主管部门事先报告并提交信息备份。

第五十八条 采集、保藏、利用、运输出境我国珍贵、濒危、特有物种及其可用于再生或者繁殖传代的个体、器官、组织、细胞、基因等遗传资源，应当遵守有关法律法规。

境外组织、个人及其设立或者实际控制的机构获取和利用我国生物资源，应当依法取得批准。

第五十九条 利用我国生物资源开展国际科学研究合作，应当依法取得批准。

利用我国人类遗传资源和生物资源开展国际科学研究合作，应当保证中方单位及其研究人员全过程、实质性地参与研究，依法分享相关权益。

第六十条　国家加强对外来物种入侵的防范和应对，保护生物多样性。国务院农业农村主管部门会同国务院其他有关部门制定外来入侵物种名录和管理办法。

国务院有关部门根据职责分工，加强对外来入侵物种的调查、监测、预警、控制、评估、清除以及生态修复等工作。

任何单位和个人未经批准，不得擅自引进、释放或者丢弃外来物种。

第七章　防范生物恐怖与生物武器威胁

第六十一条　国家采取一切必要措施防范生物恐怖与生物武器威胁。

禁止开发、制造或者以其他方式获取、储存、持有和使用生物武器。

禁止以任何方式唆使、资助、协助他人开发、制造或者以其他方式获取生物武器。

第六十二条　国务院有关部门制定、修改、公布可被用于生物恐怖活动、制造生物武器的生物体、生物毒素、设备或者技术清单，加强监管，防止其被用于制造生物武器或者恐怖目的。

第六十三条　国务院有关部门和有关军事机关根据职责分工，加强对可被用于生物恐怖活动、制造生物武器的生物体、生物毒素、设备或者技术进出境、进出口、获取、制造、转移和投放等活动的监测、调查，采取必要的防范和处置措施。

第六十四条　国务院有关部门、省级人民政府及其有关部门负责组织遭受生物恐怖袭击、生物武器攻击后的人员救治与安置、环境消毒、生态修复、安全监测和社会秩序恢复等工作。

国务院有关部门、省级人民政府及其有关部门应当有效引导社会舆论科学、准确报道生物恐怖袭击和生物武器攻击事件，及时发布疏散、转移和紧急避难等信息，对应急处置与恢复过程中遭受污染的区域和人员进行长期环境监测和健康监测。

第六十五条　国家组织开展对我国境内战争遗留生物武器及其危害结果、潜在影响的调查。

国家组织建设存放和处理战争遗留生物武器设施，保障对战争遗留生物武器的安全处置。

第八章 生物安全能力建设

第六十六条 国家制定生物安全事业发展规划，加强生物安全能力建设，提高应对生物安全事件的能力和水平。

县级以上人民政府应当支持生物安全事业发展，按照事权划分，将支持下列生物安全事业发展的相关支出列入政府预算：

（一）监测网络的构建和运行；

（二）应急处置和防控物资的储备；

（三）关键基础设施的建设和运行；

（四）关键技术和产品的研究、开发；

（五）人类遗传资源和生物资源的调查、保藏；

（六）法律法规规定的其他重要生物安全事业。

第六十七条 国家采取措施支持生物安全科技研究，加强生物安全风险防御与管控技术研究，整合优势力量和资源，建立多学科、多部门协同创新的联合攻关机制，推动生物安全核心关键技术和重大防御产品的成果产出与转化应用，提高生物安全的科技保障能力。

第六十八条 国家统筹布局全国生物安全基础设施建设。国务院有关部门根据职责分工，加快建设生物信息、人类遗传资源保藏、菌（毒）种保藏、动植物遗传资源保藏、高等级病原微生物实验室等方面的生物安全国家战略资源平台，建立共享利用机制，为生物安全科技创新提供战略保障和支撑。

第六十九条 国务院有关部门根据职责分工，加强生物基础科学研究人才和生物领域专业技术人才培养，推动生物基础科学学科建设和科学研究。

国家生物安全基础设施重要岗位的从业人员应当具备符合要求的资格，相关信息应当向国务院有关部门备案，并接受岗位培训。

第七十条 国家加强重大新发突发传染病、动植物疫情等生物安全风险防控的物资储备。

国家加强生物安全应急药品、装备等物资的研究、开发和技术储备。国务院有关部门根据职责分工，落实生物安全应急药品、装备等物资研究、开发和技术储备的相关措施。

国务院有关部门和县级以上地方人民政府及其有关部门应当保障生物安全事件应急处置所需的医疗救护设备、救治药品、医疗器械等物资的生产、供应和调配；交通运输主管部门应当及时组织协调运输经营单位优先运送。

第七十一条 国家对从事高致病性病原微生物实验活动、生物安全事件现场处置等高风险生物安全工作的人员，提供有效的防护措施和医疗保障。

第九章 法律责任

第七十二条 违反本法规定，履行生物安全管理职责的工作人员在生物安全工作中滥用职权、玩忽职守、徇私舞弊或者有其他违法行为的，依法给予处分。

第七十三条 违反本法规定，医疗机构、专业机构或者其工作人员瞒报、谎报、缓报、漏报，授意他人瞒报、谎报、缓报，或者阻碍他人报告传染病、动植物疫病或者不明原因的聚集性疾病的，由县级以上人民政府有关部门责令改正，给予警告；对法定代表人、主要负责人、直接负责的主管人员和其他直接责任人员，依法给予处分，并可以依法暂停一定期限的执业活动直至吊销相关执业证书。

违反本法规定，编造、散布虚假的生物安全信息，构成违反治安管理行为的，由公安机关依法给予治安管理处罚。

第七十四条 违反本法规定，从事国家禁止的生物技术研究、开发与应用活动的，由县级以上人民政府卫生健康、科学技术、农业农村主管部门根据职责分工，责令停止违法行为，没收违法所得、技术资料和用于违法行为的工具、设备、原材料等物品，处一百万元以上一千万元以下的罚款，违法所得在一百万元以上的，处违法所得十倍以上二十倍以下的罚款，并可以依法禁止一定期限内从事相应的生物技术研究、开发与应用活动，吊销相关许可证件；对法定代表人、主要负责人、直接负责的主管人员和其他直接责任人员，依法给予处分，处十万元以上二十万元以下的罚款，十年直至终身禁止从事相应的生物技术研究、开发与应用活动，依法吊销相关执业证书。

第七十五条 违反本法规定，从事生物技术研究、开发活动未遵守国家生物技术研究开发安全管理规范的，由县级以上人民政府有关部门根据职责分工，责令改正，给予警告，可以并处二万元以上二十万元以下的罚款；拒不改正或者造成严重后果的，责令停止研究、开发活动，并处二十万元以上二百万元以下的罚款。

第七十六条 违反本法规定，从事病原微生物实验活动未在相应等级的实验室进行，或者高等级病原微生物实验室未经批准从事高致病性、疑似高致病性病原微生物实验活动的，由县级以上地方人民政府卫生健康、农业农村主管部门根据职责分工，责令停止违法行为，监督其将用于实验活动的病原微生物销毁或者送交保藏机构，给予警告；造成传染病传播、流行或者其他严重后果的，对法定代表人、主要负责人、直接负责的主管人员和其他直接责任人员依法给予撤职、开除处分。

第七十七条 违反本法规定，将使用后的实验动物流入市场的，由县级以上人民政府科学技术主管部门责令改正，没收违法所得，并处二十万元以上一百万元以下的罚款，违法所得在二十万元以上的，并处违法所得五倍以上十倍以下的罚款；情节严重的，由发证部门吊销相关许可证件。

第七十八条 违反本法规定，有下列行为之一的，由县级以上人民政府有关部门根据职责分工，责令改正，没收违法所得，给予警告，可以并处十万元以上一百万元以下的罚款：

（一）购买或者引进列入管控清单的重要设备、特殊生物因子未进行登记，或者未报国务院有关部门备案；

（二）个人购买或者持有列入管控清单的重要设备或者特殊生物因子；

（三）个人设立病原微生物实验室或者从事病原微生物实验活动；

（四）未经实验室负责人批准进入高等级病原微生物实验室。

第七十九条 违反本法规定，未经批准，采集、保藏我国人类遗传资源或者利用我国人类遗传资源开展国际科学研究合作的，由国务院科学技术主管部门责令停止违法行为，没收违法所得和违法采集、保藏的人类遗传资源，并处五十万元以上五百万元以下的罚款，违法所得在一百万元以上的，并处违法所得五倍以上十倍以下的罚款；情节严重的，对法定代表人、主要负责人、直接负责的主管人员和其他直接责任人员，依法给予处分，五年内禁止从事相应活动。

第八十条 违反本法规定，境外组织、个人及其设立或者实际控制的机构在我国境内采集、保藏我国人类遗传资源，或者向境外提供我国人类遗传资源的，由国务院科学技术主管部门责令停止违法行为，没收违法所得和违法采集、保藏的人类遗传资源，并处一百万元以上一千万元以下的罚款；违法所得在一百万元以上的，并处违法所得十倍以上二十倍以下的罚款。

第八十一条 违反本法规定，未经批准，擅自引进外来物种的，由县级以上人民政府有关部门根据职责分工，没收引进的外来物种，并处五万元以上二十五万元以下的罚款。

违反本法规定，未经批准，擅自释放或者丢弃外来物种的，由县级以上人民政府有关部门根据职责分工，责令限期捕回、找回释放或者丢弃的外来物种，处一万元以上五万元以下的罚款。

第八十二条 违反本法规定，构成犯罪的，依法追究刑事责任；造成人身、财产或者其他损害的，依法承担民事责任。

第八十三条 违反本法规定的生物安全违法行为，本法未规定法律责任，其他有关法律、行政法规有规定的，依照其规定。

第八十四条 境外组织或者个人通过运输、邮寄、携带危险生物因子入境或者以其他方式危害我国生物安全的，依法追究法律责任，并可以采取其他必要措施。

第十章 附 则

第八十五条 本法下列术语的含义：

（一）生物因子，是指动物、植物、微生物、生物毒素及其他生物活性物质。

（二）重大新发突发传染病，是指我国境内首次出现或者已经宣布消灭再次发生，或者突然发生，造成或者可能造成公众健康和生命安全严重损害，引起社会恐慌，影响社会稳定的传染病。

（三）重大新发突发动物疫情，是指我国境内首次发生或者已经宣布消灭的动物疫病再次发生，或者发病率、死亡率较高的潜伏动物疫病突然发生并迅速传播，给养殖业生产安全造成严重威胁、危害，以及可能对公众健康和生命安全造成危害的情形。

（四）重大新发突发植物疫情，是指我国境内首次发生或者已经宣布消灭的严重危害植物的真菌、细菌、病毒、昆虫、线虫、杂草、害鼠、软体动物等再次引发病虫害，或者本地有害生物突然大范围发生并迅速传播，对农作物、林木等植物造成严重危害的情形。

（五）生物技术研究、开发与应用，是指通过科学和工程原理认识、改造、合成、利用生物而从事的科学研究、技术开发与应用等活动。

（六）病原微生物，是指可以侵犯人、动物引起感染甚至传染病的微生物，包括病毒、细菌、真菌、立克次体、寄生虫等。

（七）植物有害生物，是指能够对农作物、林木等植物造成危害的真菌、细菌、病毒、昆虫、线虫、杂草、害鼠、软体动物等生物。

（八）人类遗传资源，包括人类遗传资源材料和人类遗传资源信息。人类遗传资源材料是指含有人体基因组、基因等遗传物质的器官、组织、细胞等遗传材料。人类遗传资源信息是指利用人类遗传资源材料产生的数据等信息资料。

（九）微生物耐药，是指微生物对抗微生物药物产生抗性，导致抗微生物药物不能有效控制微生物的感染。

（十）生物武器，是指类型和数量不属于预防、保护或者其他和平用途所正当需要的、任何来源或者任何方法产生的微生物剂、其他生物剂以及生物毒素；也包括为将上述生物剂、生物毒素使用于敌对目的或者武装冲突而设计的武器、设备或者运载工具。

（十一）生物恐怖，是指故意使用致病性微生物、生物毒素等实施袭击，损害人类或者动植物健康，引起社会恐慌，企图达到特定政治目的的行为。

第八十六条　生物安全信息属于国家秘密的，应当依照《中华人民共和国保守国家秘密法》和国家其他有关保密规定实施保密管理。

第八十七条　中国人民解放军、中国人民武装警察部队的生物安全活动，由中央军事委员会依照本法规定的原则另行规定。

第八十八条　本法自 2021 年 4 月 15 日起施行。

二、行政法规

农业转基因生物安全管理条例

（2001 年 5 月 23 日国务院令第 304 号公布 根据 2011 年 1 月 8 日《国务院关于废止和修改部分行政法规的决定》第一次修订 根据 2017 年 10 月 7 日《国务院关于修改部分行政法规的决定》第二次修订）

第一章 总 则

第一条 为了加强农业转基因生物安全管理，保障人体健康和动植物、微生物安全，保护生态环境，促进农业转基因生物技术研究，制定本条例。

第二条 在中华人民共和国境内从事农业转基因生物的研究、试验、生产、加工、经营和进口、出口活动，必须遵守本条例。

第三条 本条例所称农业转基因生物，是指利用基因工程技术改变基因组构成，用于农业生产或者农产品加工的动植物、微生物及其产品，主要包括：

（一）转基因动植物（含种子、种畜禽、水产苗种）和微生物；

（二）转基因动植物、微生物产品；

（三）转基因农产品的直接加工品；

（四）含有转基因动植物、微生物或者其产品成份的种子、种畜禽、水产苗种、农药、兽药、肥料和添加剂等产品。

本条例所称农业转基因生物安全，是指防范农业转基因生物对人类、动植物、微生物和生态环境构成的危险或者潜在风险。

第四条 国务院农业行政主管部门负责全国农业转基因生物安全的监督管理工作。

县级以上地方各级人民政府农业行政主管部门负责本行政区域内的农业转基因生物安全的监督管理工作。

县级以上各级人民政府有关部门依照《中华人民共和国食品安全法》的有关规定，负责转基因食品安全的监督管理工作。

第五条 国务院建立农业转基因生物安全管理部际联席会议制度。

农业转基因生物安全管理部际联席会议由农业、科技、环境保护、卫生、外经贸、检验检疫等有关部门的负责人组成，负责研究、协调农业转基因生物安全管理工作中的重大问题。

第六条 国家对农业转基因生物安全实行分级管理评价制度。

农业转基因生物按照其对人类、动植物、微生物和生态环境的危险程度，分为Ⅰ、Ⅱ、Ⅲ、Ⅳ四个等级。具体划分标准由国务院农业行政主管部门制定。

第七条 国家建立农业转基因生物安全评价制度。

农业转基因生物安全评价的标准和技术规范，由国务院农业行政主管部门制定。

第八条 国家对农业转基因生物实行标识制度。

实施标识管理的农业转基因生物目录，由国务院农业行政主管部门商国务院有关部门制定、调整并公布。

第二章 研究与试验

第九条 国务院农业行政主管部门应当加强农业转基因生物研究与试验的安全评价管理工作，并设立农业转基因生物安全委员会，负责农业转基因生物的安全评价工作。

农业转基因生物安全委员会由从事农业转基因生物研究、生产、加工、检验检疫以及卫生、环境保护等方面的专家组成。

第十条 国务院农业行政主管部门根据农业转基因生物安全评价工作的需要，可以委托具备检测条件和能力的技术检测机构对农业转基因生物进行检测。

第十一条 从事农业转基因生物研究与试验的单位，应当具备与安全等级相适应的安全设施和措施，确保农业转基因生物研究与试验的安全，并成立农业转基因生物安全小组，负责本单位农业转基因生物研究与试验的安全工作。

第十二条 从事Ⅲ、Ⅳ级农业转基因生物研究的，应当在研究开始前向国务院农业行政主管部门报告。

第十三条 农业转基因生物试验，一般应当经过中间试验、环境释放和生产性试验三个阶段。

中间试验，是指在控制系统内或者控制条件下进行的小规模试验。

环境释放，是指在自然条件下采取相应安全措施所进行的中规模的试验。

生产性试验，是指在生产和应用前进行的较大规模的试验。

第十四条 农业转基因生物在实验室研究结束后，需要转入中间试验的，试验单位应当向国务院农业行政主管部门报告。

第十五条　农业转基因生物试验需要从上一试验阶段转入下一试验阶段的，试验单位应当向国务院农业行政主管部门提出申请；经农业转基因生物安全委员会进行安全评价合格的，由国务院农业行政主管部门批准转入下一试验阶段。

试验单位提出前款申请，应当提供下列材料：

（一）农业转基因生物的安全等级和确定安全等级的依据；

（二）农业转基因生物技术检测机构出具的检测报告；

（三）相应的安全管理、防范措施；

（四）上一试验阶段的试验报告。

第十六条　从事农业转基因生物试验的单位在生产性试验结束后，可以向国务院农业行政主管部门申请领取农业转基因生物安全证书。

试验单位提出前款申请，应当提供下列材料：

（一）农业转基因生物的安全等级和确定安全等级的依据；

（二）生产性试验的总结报告；

（三）国务院农业行政主管部门规定的试验材料、检测方法等其他材料。

国务院农业行政主管部门收到申请后，应当委托具备检测条件和能力的技术检测机构进行检测，并组织农业转基因生物安全委员会进行安全评价；安全评价合格的，方可颁发农业转基因生物安全证书。

第十七条　转基因植物种子、种畜禽、水产苗种，利用农业转基因生物生产的或者含有农业转基因生物成份的种子、种畜禽、水产苗种、农药、兽药、肥料和添加剂等，在依照有关法律、行政法规的规定进行审定、登记或者评价、审批前，应当依照本条例第十六条的规定取得农业转基因生物安全证书。

第十八条　中外合作、合资或者外方独资在中华人民共和国境内从事农业转基因生物研究与试验的，应当经国务院农业行政主管部门批准。

第三章　生产与加工

第十九条　生产转基因植物种子、种畜禽、水产苗种，应当取得国务院农业行政主管部门颁发的种子、种畜禽、水产苗种生产许可证。

生产单位和个人申请转基因植物种子、种畜禽、水产苗种生产许可证，除应当符合有关法律、行政法规规定的条件外，还应当符合下列条件：

（一）取得农业转基因生物安全证书并通过品种审定；

（二）在指定的区域种植或者养殖；

（三）有相应的安全管理、防范措施；

（四）国务院农业行政主管部门规定的其他条件。

第二十条 生产转基因植物种子、种畜禽、水产苗种的单位和个人，应当建立生产档案，载明生产地点、基因及其来源、转基因的方法以及种子、种畜禽、水产苗种流向等内容。

第二十一条 单位和个人从事农业转基因生物生产、加工的，应当由国务院农业行政主管部门或者省、自治区、直辖市人民政府农业行政主管部门批准。具体办法由国务院农业行政主管部门制定。

第二十二条 从事农业转基因生物生产、加工的单位和个人，应当按照批准的品种、范围、安全管理要求和相应的技术标准组织生产、加工，并定期向所在地县级人民政府农业行政主管部门提供生产、加工、安全管理情况和产品流向的报告。

第二十三条 农业转基因生物在生产、加工过程中发生基因安全事故时，生产、加工单位和个人应当立即采取安全补救措施，并向所在地县级人民政府农业行政主管部门报告。

第二十四条 从事农业转基因生物运输、贮存的单位和个人，应当采取与农业转基因生物安全等级相适应的安全控制措施，确保农业转基因生物运输、贮存的安全。

第四章 经　营

第二十五条 经营转基因植物种子、种畜禽、水产苗种的单位和个人，应当取得国务院农业行政主管部门颁发的种子、种畜禽、水产苗种经营许可证。

经营单位和个人申请转基因植物种子、种畜禽、水产苗种经营许可证，除应当符合有关法律、行政法规规定的条件外，还应当符合下列条件：

（一）有专门的管理人员和经营档案；

（二）有相应的安全管理、防范措施；

（三）国务院农业行政主管部门规定的其他条件。

第二十六条 经营转基因植物种子、种畜禽、水产苗种的单位和个人，应当建立经营档案，载明种子、种畜禽、水产苗种的来源、贮存、运输和销售去向等内容。

第二十七条　在中华人民共和国境内销售列入农业转基因生物目录的农业转基因生物，应当有明显的标识。

列入农业转基因生物目录的农业转基因生物，由生产、分装单位和个人负责标识；未标识的，不得销售。经营单位和个人在进货时，应当对货物和标识进行核对。经营单位和个人拆开原包装进行销售的，应当重新标识。

第二十八条　农业转基因生物标识应当载明产品中含有转基因成份的主要原料名称；有特殊销售范围要求的，还应当载明销售范围，并在指定范围内销售。

第二十九条　农业转基因生物的广告，应当经国务院农业行政主管部门审查批准后，方可刊登、播放、设置和张贴。

第五章　进口与出口

第三十条　从中华人民共和国境外引进农业转基因生物用于研究、试验的，引进单位应当向国务院农业行政主管部门提出申请；符合下列条件的，国务院农业行政主管部门方可批准：

（一）具有国务院农业行政主管部门规定的申请资格；

（二）引进的农业转基因生物在国（境）外已经进行了相应的研究、试验；

（三）有相应的安全管理、防范措施。

第三十一条　境外公司向中华人民共和国出口转基因植物种子、种畜禽、水产苗种和利用农业转基因生物生产的或者含有农业转基因生物成份的植物种子、种畜禽、水产苗种、农药、兽药、肥料和添加剂的，应当向国务院农业行政主管部门提出申请；符合下列条件的，国务院农业行政主管部门方可批准试验材料入境并依照本条例的规定进行中间试验、环境释放和生产性试验：

（一）输出国家或者地区已经允许作为相应用途并投放市场；

（二）输出国家或者地区经过科学试验证明对人类、动植物、微生物和生态环境无害；

（三）有相应的安全管理、防范措施。

生产性试验结束后，经安全评价合格，并取得农业转基因生物安全证书后，方可依照有关法律、行政法规的规定办理审定、登记或者评价、审批手续。

第三十二条　境外公司向中华人民共和国出口农业转基因生物用作加工原料的，应当向国务院农业行政主管部门提出申请，提交国务院农业行政主管部门要求的试验材料、检测方法等材料；符合下列条件，经国务院农业行政主管部门委托的、具备检测条件和能力的技术检测机构检测确认对人类、动植物、微生物和生态环境不存在危险，并经安全评价合格的，由国务院农业行政主管部门颁发农业转基因生物安全证书：

（一）输出国家或者地区已经允许作为相应用途并投放市场；

（二）输出国家或者地区经过科学试验证明对人类、动植物、微生物和生态环境无害；

（三）有相应的安全管理、防范措施。

第三十三条 从中华人民共和国境外引进农业转基因生物的，或者向中华人民共和国出口农业转基因生物的，引进单位或者境外公司应当凭国务院农业行政主管部门颁发的农业转基因生物安全证书和相关批准文件，向口岸出入境检验检疫机构报检；经检疫合格后，方可向海关申请办理有关手续。

第三十四条 农业转基因生物在中华人民共和国过境转移的，应当遵守中华人民共和国有关法律、行政法规的规定。

第三十五条 国务院农业行政主管部门应当自收到申请人申请之日起270日内作出批准或者不批准的决定，并通知申请人。

第三十六条 向中华人民共和国境外出口农产品，外方要求提供非转基因农产品证明的，由口岸出入境检验检疫机构根据国务院农业行政主管部门发布的转基因农产品信息，进行检测并出具非转基因农产品证明。

第三十七条 进口农业转基因生物，没有国务院农业行政主管部门颁发的农业转基因生物安全证书和相关批准文件的，或者与证书、批准文件不符的，作退货或者销毁处理。进口农业转基因生物不按照规定标识的，重新标识后方可入境。

第六章 监督检查

第三十八条 农业行政主管部门履行监督检查职责时，有权采取下列措施：

（一）询问被检查的研究、试验、生产、加工、经营或者进口、出口的单位和个人、利害关系人、证明人，并要求其提供与农业转基因生物安全有关的证明材料或者其他资料；

（二）查阅或者复制农业转基因生物研究、试验、生产、加工、经营或者进口、出口的有关档案、账册和资料等；

（三）要求有关单位和个人就有关农业转基因生物安全的问题作出说明；

（四）责令违反农业转基因生物安全管理的单位和个人停止违法行为；

（五）在紧急情况下，对非法研究、试验、生产、加工、经营或者进口、出口的农业转基因生物实施封存或者扣押。

第三十九条 农业行政主管部门工作人员在监督检查时，应当出示执法证件。

第四十条 有关单位和个人对农业行政主管部门的监督检查，应当予以支持、配合，不得拒绝、阻碍监督检查人员依法执行职务。

第四十一条 发现农业转基因生物对人类、动植物和生态环境存在危险时，国务院农业行政主管部门有权宣布禁止生产、加工、经营和进口，收回农业转基因生物安全证书，销毁有关存在危险的农业转基因生物。

第七章 罚 则

第四十二条 违反本条例规定，从事Ⅲ、Ⅳ级农业转基因生物研究或者进行中间试验，未向国务院农业行政主管部门报告的，由国务院农业行政主管部门责令暂停研究或者中间试验，限期改正。

第四十三条 违反本条例规定，未经批准擅自从事环境释放、生产性试验的，已获批准但未按照规定采取安全管理、防范措施的，或者超过批准范围进行试验的，由国务院农业行政主管部门或者省、自治区、直辖市人民政府农业行政主管部门依据职权，责令停止试验，并处 1 万元以上 5 万元以下的罚款。

第四十四条 违反本条例规定，在生产性试验结束后，未取得农业转基因生物安全证书，擅自将农业转基因生物投入生产和应用的，由国务院农业行政主管部门责令停止生产和应用，并处 2 万元以上 10 万元以下的罚款。

第四十五条 违反本条例第十八条规定，未经国务院农业行政主管部门批准，从事农业转基因生物研究与试验的，由国务院农业行政主管部门责令立即停止研究与试验，限期补办审批手续。

第四十六条 违反本条例规定，未经批准生产、加工农业转基因生物或者未按照批准的品种、范围、安全管理要求和技术标准生产、加工的，由国务院农业行政主管部门或者省、自治区、直辖市人民政府农业行政主管部门依据职权，责令停止生产或者加工，没收违法生产或者加工的产品及违法所得；违法所得 10 万元以上的，并处违法所得 1 倍以上 5 倍以下的罚款；没有违法所得或者违法所得不足 10 万元的，并处 10 万元以上 20 万元以下的罚款。

第四十七条　违反本条例规定，转基因植物种子、种畜禽、水产苗种的生产、经营单位和个人，未按照规定制作、保存生产、经营档案的，由县级以上人民政府农业行政主管部门依据职权，责令改正，处 1000 元以上 1 万元以下的罚款。

第四十八条　违反本条例规定，未经国务院农业行政主管部门批准，擅自进口农业转基因生物的，由国务院农业行政主管部门责令停止进口，没收已进口的产品和违法所得；违法所得 10 万元以上的，并处违法所得 1 倍以上 5 倍以下的罚款；没有违法所得或者违法所得不足 10 万元的，并处 10 万元以上 20 万元以下的罚款。

第四十九条　违反本条例规定，进口、携带、邮寄农业转基因生物未向口岸出入境检验检疫机构报检的，由口岸出入境检验检疫机构比照进出境动植物检疫法的有关规定处罚。

第五十条　违反本条例关于农业转基因生物标识管理规定的，由县级以上人民政府农业行政主管部门依据职权，责令限期改正，可以没收非法销售的产品和违法所得，并可以处 1 万元以上 5 万元以下的罚款。

第五十一条　假冒、伪造、转让或者买卖农业转基因生物有关证明文书的，由县级以上人民政府农业行政主管部门依据职权，收缴相应的证明文书，并处 2 万元以上 10 万元以下的罚款；构成犯罪的，依法追究刑事责任。

第五十二条　违反本条例规定，在研究、试验、生产、加工、贮存、运输、销售或者进口、出口农业转基因生物过程中发生基因安全事故，造成损害的，依法承担赔偿责任。

第五十三条　国务院农业行政主管部门或者省、自治区、直辖市人民政府农业行政主管部门违反本条例规定核发许可证、农业转基因生物安全证书以及其他批准文件的，或者核发许可证、农业转基因生物安全证书以及其他批准文件后不履行监督管理职责的，对直接负责的主管人员和其他直接责任人员依法给予行政处分；构成犯罪的，依法追究刑事责任。

第八章　附　　则

第五十四条　本条例自公布之日起施行。

三、部门规章及规范性文件

1. 农业转基因生物安全评价管理办法

（2002 年 1 月 5 日农业部令第 8 号公布 2004 年 7 月 1 日农业部令第 38 号、2016 年 7 月 25 日农业部令 2016 年第 7 号、2017 年 11 月 30 日农业部令 2017 年第 8 号、2022 年 1 月 21 日农业农村部令 2022 年第 2 号修订）

第一章 总 则

第一条 为了加强农业转基因生物安全评价管理，保障人类健康和动植物、微生物安全，保护生态环境，根据《农业转基因生物安全管理条例》（简称《条例》），制定本办法。

第二条 在中华人民共和国境内从事农业转基因生物的研究、试验、生产、加工、经营和进口、出口活动，依照《条例》规定需要进行安全评价的，应当遵守本办法。

第三条 本办法适用于《条例》规定的农业转基因生物，即利用基因工程技术改变基因组构成，用于农业生产或者农产品加工的植物、动物、微生物及其产品，主要包括：

（一）转基因动植物（含种子、种畜禽、水产苗种）和微生物；

（二）转基因动植物、微生物产品；

（三）转基因农产品的直接加工品；

（四）含有转基因动植物、微生物或者其产品成份的种子、种畜禽、水产苗种、农药、兽药、肥料和添加剂等产品。

第四条 本办法评价的是农业转基因生物对人类、动植物、微生物和生态环境构成的危险或者潜在的风险。安全评价工作按照植物、动物、微生物三个类别，以科学为依据，以个案审查为原则，实行分级分阶段管理。

第五条 根据《条例》第九条的规定设立国家农业转基因生物安全委员会，负责农业转基因生物的安全评价工作。国家农业转基因生物安全委员会由从事农业转基因生物研究、生产、加工、检验检疫、卫生、环境保护等方面的专家组成，每届任期五年。

农业农村部设立农业转基因生物安全管理办公室，负责农业转基因生物安全评价管理工作。

第六条 从事农业转基因生物研究与试验的单位是农业转基因生物安全管理的第一责任人，应当成立由单位法定代表人负责的农业转基因生物安全小组，负责本单位农业转基因生物的安全管理及安全评价申报的审查工作。

从事农业转基因生物研究与试验的单位，应当制定农业转基因生物试验操作规程，加强农业转基因生物试验的可追溯管理。

第七条 农业农村部根据农业转基因生物安全评价工作的需要，委托具备检测条件和能力的技术检测机构对农业转基因生物进行检测，为安全评价和管理提供依据。

第八条 转基因植物种子、种畜禽、水产种苗，利用农业转基因生物生产的或者含有农业转基因生物成份的种子、种畜禽、水产种苗、农药、兽药、肥料和添加剂等，在依照有关法律、行政法规的规定进行审定、登记或者评价、审批前，应当依照本办法的规定取得农业转基因生物安全证书。

第二章 安全等级和安全评价

第九条 农业转基因生物安全实行分级评价管理。

按照对人类、动植物、微生物和生态环境的危险程度，将农业转基因生物分为以下四个等级：

安全等级Ⅰ：尚不存在危险；

安全等级Ⅱ：具有低度危险；

安全等级Ⅲ：具有中度危险；

安全等级Ⅳ：具有高度危险。

第十条 农业转基因生物安全评价和安全等级的确定按以下步骤进行：

（一）确定受体生物的安全等级；

（二）确定基因操作对受体生物安全等级影响的类型；

（三）确定转基因生物的安全等级；

（四）确定生产、加工活动对转基因生物安全性的影响；

（五）确定转基因产品的安全等级。

第十一条 受体生物安全等级的确定

受体生物分为四个安全等级：

（一）符合下列条件之一的受体生物应当确定为安全等级Ⅰ：

1. 对人类健康和生态环境未曾发生过不利影响；

2. 演化成有害生物的可能性极小；

3. 用于特殊研究的短存活期受体生物，实验结束后在自然环境中存活的可能性极小。

（二）对人类健康和生态环境可能产生低度危险，但是通过采取安全控制措施完全可以避免其危险的受体生物，应当确定为安全等级Ⅱ。

（三）对人类健康和生态环境可能产生中度危险，但是通过采取安全控制措施，基本上可以避免其危险的受体生物，应当确定为安全等级Ⅲ。

（四）对人类健康和生态环境可能产生高度危险，而且在封闭设施之外尚无适当的安全控制措施避免其发生危险的受体生物，应当确定为安全等级Ⅳ。包括：

1. 可能与其它生物发生高频率遗传物质交换的有害生物；

2. 尚无有效技术防止其本身或其产物逃逸、扩散的有害生物；

3. 尚无有效技术保证其逃逸后，在对人类健康和生态环境产生不利影响之前，将其捕获或消灭的有害生物。

第十二条　基因操作对受体生物安全等级影响类型的确定

基因操作对受体生物安全等级的影响分为三种类型，即：增加受体生物的安全性；不影响受体生物的安全性；降低受体生物的安全性。

类型1　增加受体生物安全性的基因操作

包括：去除某个（些）已知具有危险的基因或抑制某个（些）已知具有危险的基因表达的基因操作。

类型2　不影响受体生物安全性的基因操作

包括：

1. 改变受体生物的表型或基因型而对人类健康和生态环境没有影响的基因操作；

2. 改变受体生物的表型或基因型而对人类健康和生态环境没有不利影响的基因操作。

类型3　降低受体生物安全性的基因操作

包括：

1. 改变受体生物的表型或基因型，并可能对人类健康或生态环境产生不利影响的基因操作；

2. 改变受体生物的表型或基因型，但不能确定对人类健康或生态环境影响的基因操作。

第十三条 农业转基因生物安全等级的确定

根据受体生物的安全等级和基因操作对其安全等级的影响类型及影响程度，确定转基因生物的安全等级。

（一）受体生物安全等级为Ⅰ的转基因生物

1. 安全等级为Ⅰ的受体生物，经类型1或类型2的基因操作而得到的转基因生物，其安全等级仍为Ⅰ。

2. 安全等级为Ⅰ的受体生物，经类型3的基因操作而得到的转基因生物，如果安全性降低很小，且不需要采取任何安全控制措施的，则其安全等级仍为Ⅰ；如果安全性有一定程度的降低，但是可以通过适当的安全控制措施完全避免其潜在危险的，则其安全等级为Ⅱ；如果安全性严重降低，但是可以通过严格的安全控制措施避免其潜在危险的，则其安全等级为Ⅲ；如果安全性严重降低，而且无法通过安全控制措施完全避免其危险的，则其安全等级为Ⅳ。

（二）受体生物安全等级为Ⅱ的转基因生物

1. 安全等级为Ⅱ的受体生物，经类型1的基因操作而得到的转基因生物，如果安全性增加到对人类健康和生态环境不再产生不利影响的，则其安全等级为Ⅰ；如果安全性虽有增加，但对人类健康和生态环境仍有低度危险的，则其安全等级仍为Ⅱ。

2. 安全等级为Ⅱ的受体生物，经类型2的基因操作而得到的转基因生物，其安全等级仍为Ⅱ。

3. 安全等级为Ⅱ的受体生物，经类型3的基因操作而得到的转基因生物，根据安全性降低的程度不同，其安全等级可为Ⅱ、Ⅲ或Ⅳ，分级标准与受体生物的分级标准相同。

（三）受体生物安全等级为Ⅲ的转基因生物

1. 安全等级为Ⅲ的受体生物，经类型1的基因操作而得到的转基因生物，根据安全性增加的程度不同，其安全等级可为Ⅰ、Ⅱ或Ⅲ，分级标准与受体生物的分级标准相同。

2. 安全等级为Ⅲ的受体生物，经类型2的基因操作而得到的转基因生物，其安全等级仍为Ⅲ。

3. 安全等级为Ⅲ的受体生物，经类型 3 的基因操作得到的转基因生物，根据安全性降低的程度不同，其安全等级可为Ⅲ或Ⅳ，分级标准与受体生物的分级标准相同。

（四）受体生物安全等级为Ⅳ的转基因生物

1. 安全等级为Ⅳ的受体生物，经类型 1 的基因操作而得到的转基因生物，根据安全性增加的程度不同，其安全等级可为Ⅰ、Ⅱ、Ⅲ或Ⅳ，分级标准与受体生物的分级标准相同。

2. 安全等级为Ⅳ的受体生物，经类型 2 或类型 3 的基因操作而得到的转基因生物，其安全等级仍为Ⅳ。

第十四条 农业转基因产品安全等级的确定

根据农业转基因生物的安全等级和产品的生产、加工活动对其安全等级的影响类型和影响程度，确定转基因产品的安全等级。

（一）农业转基因产品的生产、加工活动对转基因生物安全等级的影响分为三种类型：

类型 1 增加转基因生物的安全性；

类型 2 不影响转基因生物的安全性；

类型 3 降低转基因生物的安全性。

（二）转基因生物安全等级为Ⅰ的转基因产品

1. 安全等级为Ⅰ的转基因生物，经类型 1 或类型 2 的生产、加工活动而形成的转基因产品，其安全等级仍为Ⅰ。

2. 安全等级为Ⅰ的转基因生物，经类型 3 的生产、加工活动而形成的转基因产品，根据安全性降低的程度不同，其安全等级可为Ⅰ、Ⅱ、Ⅲ或Ⅳ，分级标准与受体生物的分级标准相同。

（三）转基因生物安全等级为Ⅱ的转基因产品

1. 安全等级为Ⅱ的转基因生物，经类型 1 的生产、加工活动而形成的转基因产品，如果安全性增加到对人类健康和生态环境不再产生不利影响的，其安全等级为Ⅰ；如果安全性虽然有增加，但是对人类健康或生态环境仍有低度危险的，其安全等级仍为Ⅱ。

2. 安全等级为Ⅱ的转基因生物，经类型 2 的生产、加工活动而形成的转基因产品，其安全等级仍为Ⅱ。

3. 安全等级为Ⅱ的转基因生物，经类型 3 的生产、加工活动而形成的转基因产品，根据安全性降低的程度不同，其安全等级可为Ⅱ、Ⅲ或Ⅳ，分级标准与受体生物的分级标准相同。

（四）转基因生物安全等级为Ⅲ的转基因产品

1. 安全等级为Ⅲ的转基因生物，经类型1的生产、加工活动而形成的转基因产品，根据安全性增加的程度不同，其安全等级可为Ⅰ、Ⅱ或Ⅲ，分级标准与受体生物的分级标准相同。

2. 安全等级为Ⅲ的转基因生物，经类型2的生产、加工活动而形成的转基因产品，其安全等级仍为Ⅲ。

3. 安全等级为Ⅲ的转基因生物，经类型3的生产、加工活动而形成转基因产品，根据安全性降低的程度不同，其安全等级可为Ⅲ或Ⅳ，分级标准与受体生物的分级标准相同。

（五）转基因生物安全等级为Ⅳ的转基因产品

1. 安全等级为Ⅳ的转基因生物，经类型1的生产、加工活动而得到的转基因产品，根据安全性增加的程度不同，其安全等级可为Ⅰ、Ⅱ、Ⅲ或Ⅳ，分级标准与受体生物的分级标准相同。

2. 安全等级为Ⅳ的转基因生物，经类型2或类型3的生产、加工活动而得到的转基因产品，其安全等级仍为Ⅳ。

第三章　申报和审批

第十五条　凡在中华人民共和国境内从事农业转基因生物安全等级为Ⅲ和Ⅳ的研究以及所有安全等级的试验和进口的单位以及生产和加工的单位和个人，应当根据农业转基因生物的类别和安全等级，分阶段向农业转基因生物安全管理办公室报告或者提出申请。

第十六条　农业农村部依法受理农业转基因生物安全评价申请。申请被受理的，应当交由国家农业转基因生物安全委员会进行安全评价。国家农业转基因生物安全委员会每年至少开展两次农业转基因生物安全评审。农业农村部收到安全评价结果后按照《中华人民共和国行政许可法》和《条例》的规定作出批复。

第十七条　从事农业转基因生物试验和进口的单位以及从事农业转基因生物生产和加工的单位和个人，在向农业转基因生物安全管理办公室提出安全评价报告或申请前应当完成下列手续：

（一）报告或申请单位和报告或申请人对所从事的转基因生物工作进行安全性评价，并填写报告书或申报书；

（二）组织本单位转基因生物安全小组对申报材料进行技术审查；

（三）提供有关技术资料。

第十八条　在中华人民共和国从事农业转基因生物实验研究与试验的，应当具备下列条件：

（一）在中华人民共和国境内有专门的机构；

（二）有从事农业转基因生物实验研究与试验的专职技术人员；

（三）具备与实验研究和试验相适应的仪器设备和设施条件；

（四）成立农业转基因生物安全管理小组。

鼓励从事农业转基因生物试验的单位建立或共享专门的试验基地。

第十九条　报告农业转基因生物实验研究和中间试验以及申请环境释放、生产性试验和安全证书的单位应当按照农业农村部制定的农业转基因植物、动物和微生物安全评价各阶段的报告或申报要求、安全评价的标准和技术规范，办理报告或申请手续（见附录Ⅰ、Ⅱ、Ⅲ、Ⅳ）。

第二十条　从事安全等级为Ⅰ和Ⅱ的农业转基因生物实验研究，由本单位农业转基因生物安全小组批准；从事安全等级为Ⅲ和Ⅳ的农业转基因生物实验研究，应当在研究开始前向农业转基因生物安全管理办公室报告。

研究单位向农业转基因生物安全管理办公室报告时应当提供以下材料：

（一）实验研究报告书；

（二）农业转基因生物的安全等级和确定安全等级的依据；

（三）相应的实验室安全设施、安全管理和防范措施。

第二十一条　在农业转基因生物（安全等级Ⅰ、Ⅱ、Ⅲ、Ⅳ）实验研究结束后拟转入中间试验的，试验单位应当向农业转基因生物安全管理办公室报告。

试验单位向农业转基因生物安全管理办公室报告时应当提供下列材料：

（一）中间试验报告书；

（二）实验研究总结报告；

（三）农业转基因生物的安全等级和确定安全等级的依据；

（四）相应的安全研究内容、安全管理和防范措施。

第二十二条　在农业转基因生物中间试验结束后拟转入环境释放的，或者在环境释放结束后拟转入生产性试验的，试验单位应当向农业转基因生物安全管理办公室提出申请，经国家农业转基因生物安全委员会安全评价合格并由农业农村部批准后，方可根据农业转基因生物安全审批书的要求进行相应的试验。

试验单位提出前款申请时，应当按照相关安全评价指南的要求提供下列材料：

（一）安全评价申报书；

（二）农业转基因生物的安全等级和确定安全等级的依据；

（三）有检测条件和能力的技术检测机构出具的检测报告；

（四）相应的安全研究内容、安全管理和防范措施；

（五）上一试验阶段的试验总结报告；

申请生产性试验的，还应当按要求提交农业转基因生物样品、对照样品及检测方法。

第二十三条　在农业转基因生物安全审批书有效期内，试验单位需要改变试验地点的，应当向农业转基因生物安全管理办公室报告。

第二十四条　在农业转基因生物试验结束后拟申请安全证书的，试验单位应当向农业转基因生物安全管理办公室提出申请。

试验单位提出前款申请时，应当按照相关安全评价指南的要求提供下列材料：

（一）安全评价申报书；

（二）农业转基因生物的安全等级和确定安全等级的依据；

（三）中间试验、环境释放和生产性试验阶段的试验总结报告；

（四）按要求提交农业转基因生物样品、对照样品及检测所需的试验材料、检测方法，但按照本办法第二十二条规定已经提交的除外；

（五）其他有关材料。

农业农村部收到申请后，应当组织农业转基因生物安全委员会进行安全评价，并委托具备检测条件和能力的技术检测机构进行检测；安全评价合格的，经农业农村部批准后，方可颁发农业转基因生物安全证书。

第二十五条　农业转基因生物安全证书应当明确转基因生物名称（编号）、规模、范围、时限及有关责任人、安全控制措施等内容。

从事农业转基因生物生产和加工的单位和个人以及进口的单位，应当按照农业转基因生物安全证书的要求开展工作并履行安全证书规定的相关义务。

第二十六条　从中华人民共和国境外引进农业转基因生物，或者向中华人民共和国出口农业转基因生物的，应当按照《农业转基因生物进口安全管理办法》的规定提供相应的安全评价材料，并在申请安全证书时按要求提交农业转基因生物样品、对照样品及检测方法。

第二十七条　农业转基因生物安全评价受理审批机构的工作人员和参与审查的专家，应当为申报者保守技术秘密和商业秘密，与本人及其近亲属有利害关系的应当回避。

第四章　技术检测管理

第二十八条　农业农村部根据农业转基因生物安全评价及其管理工作的需要，委托具备检测条件和能力的技术检测机构进行检测。

第二十九条　技术检测机构应当具备下列基本条件：

（一）具有公正性和权威性，设有相对独立的机构和专职人员；

（二）具备与检测任务相适应的、符合国家标准（或行业标准）的仪器设备和检测手段；

（三）严格执行检测技术规范，出具的检测数据准确可靠；

（四）有相应的安全控制措施。

第三十条　技术检测机构的职责任务：

（一）为农业转基因生物安全管理和评价提供技术服务；

（二）承担农业农村部或申请人委托的农业转基因生物定性定量检验、鉴定和复查任务；

（三）出具检测报告，做出科学判断；

（四）研究检测技术与方法，承担或参与评价标准和技术法规的制修订工作；

（五）检测结束后，对用于检测的样品应当安全销毁，不得保留；

（六）为委托人和申请人保守技术秘密和商业秘密。

第五章　监督管理与安全监控

第三十一条　农业农村部负责农业转基因生物安全的监督管理，指导不同生态类型区域的农业转基因生物安全监控和监测工作，建立全国农业转基因生物安全监管和监测体系。

第三十二条 县级以上地方各级人民政府农业农村主管部门按照《条例》第三十八条和第三十九条的规定负责本行政区域内的农业转基因生物安全的监督管理工作。

第三十三条 有关单位和个人应当按照《条例》第四十条的规定，配合农业农村主管部门做好监督检查工作。

第三十四条 从事农业转基因生物试验、生产的单位，应当接受农业农村主管部门的监督检查，并在每年 3 月 31 日前，向试验、生产所在地省级和县级人民政府农业农村主管部门提交上一年度试验、生产总结报告。

第三十五条 从事农业转基因生物试验和生产的单位，应当根据本办法的规定确定安全控制措施和预防事故的紧急措施，做好安全监督记录，以备核查。

安全控制措施包括物理控制、化学控制、生物控制、环境控制和规模控制等（见附录Ⅳ）。

第三十六条 安全等级Ⅱ、Ⅲ、Ⅳ的转基因生物，在废弃物处理和排放之前应当采取可靠措施将其销毁、灭活，以防止扩散和污染环境。发现转基因生物扩散、残留或者造成危害的，必须立即采取有效措施加以控制、消除，并向当地农业农村主管部门报告。

第三十七条 农业转基因生物在贮存、转移、运输和销毁、灭活时，应当采取相应的安全管理和防范措施，具备特定的设备或场所，指定专人管理并记录。

第三十八条 发现农业转基因生物对人类、动植物和生态环境存在危险时，农业农村部有权宣布禁止生产、加工、经营和进口，收回农业转基因生物安全证书，由货主销毁有关存在危险的农业转基因生物。

第六章 罚 则

第三十九条 违反本办法规定，从事安全等级Ⅲ、Ⅳ的农业转基因生物实验研究或者从事农业转基因生物中间试验，未向农业农村部报告的，按照《条例》第四十二条的规定处理。

第四十条 违反本办法规定，未经批准擅自从事环境释放、生产性试验的，或已获批准但未按照规定采取安全管理防范措施的，或者超过批准范围和期限进行试验的，按照《条例》第四十三条的规定处罚。

第四十一条 违反本办法规定，在生产性试验结束后，未取得农业转基因生物安全证书，擅自将农业转基因生物投入生产和应用的，按照《条例》第四十四条的规定处罚。

第四十二条 假冒、伪造、转让或者买卖农业转基因生物安全证书、审批书以及其他批准文件的，按照《条例》第五十一条的规定处罚。

第四十三条 违反本办法规定核发农业转基因生物安全审批书、安全证书以及其他批准文件的，或者核发后不履行监督管理职责的，按照《条例》第五十三条的规定处罚。

第七章 附 则

第四十四条 本办法所用术语及含义如下：

一、基因，系控制生物性状的遗传物质的功能和结构单位，主要指具有遗传信息的 DNA 片段。

二、基因工程技术，包括利用载体系统的重组 DNA 技术以及利用物理、化学和生物学等方法把重组 DNA 分子导入有机体的技术。

三、基因组，系指特定生物的染色体和染色体外所有遗传物质的总和。

四、DNA，系脱氧核糖核酸的英文名词缩写，是贮存生物遗传信息的遗传物质。

五、农业转基因生物，系指利用基因工程技术改变基因组构成，用于农业生产或者农产品加工的动植物、微生物及其产品。

六、目的基因，系指以修饰受体细胞遗传组成并表达其遗传效应为目的的基因。

七、受体生物，系指被导入重组 DNA 分子的生物。

八、种子，系指农作物和林木的种植材料或者繁殖材料，包括籽粒、果实和根、茎、苗、芽、叶等。

九、实验研究，系指在实验室控制系统内进行的基因操作和转基因生物研究工作。

十、中间试验，系指在控制系统内或者控制条件下进行的小规模试验。

十一、环境释放，系指在自然条件下采取相应安全措施所进行的中规模的试验。

十二、生产性试验，系指在生产和应用前进行的较大规模的试验。

十三、控制系统，系指通过物理控制、化学控制和生物控制建立的封闭或半封闭操作体系。

十四、物理控制措施，系指利用物理方法限制转基因生物及其产物在实验区外的生存及扩散，如设置栅栏，防止转基因生物及其产物从实验区逃逸或被人或动物携带至实验区外等。

十五、化学控制措施，系指利用化学方法限制转基因生物及其产物的生存、扩散或残留，如生物材料、工具和设施的消毒。

十六、生物控制措施，系指利用生物措施限制转基因生物及其产物的生存、扩散或残留，以及限制遗传物质由转基因生物向其它生物的转移，如设置有效的隔离区及监控区、清除试验区附近可与转基因生物杂交的物种、阻止转基因生物开花或去除繁殖器官、或采用花期不遇等措施，以防止目的基因向相关生物的转移。

十七、环境控制措施，系指利用环境条件限制转基因生物及其产物的生存、繁殖、扩散或残留，如控制温度、水份、光周期等。

十八、规模控制措施，系指尽可能地减少用于试验的转基因生物及其产物的数量或减小试验区的面积，以降低转基因生物及其产物广泛扩散的可能性，在出现预想不到的后果时，能比较彻底地将转基因生物及其产物消除。

第四十五条　本办法由农业农村部负责解释。

第四十六条　本办法自 2002 年 3 月 20 日起施行。1996 年 7 月 10 日农业部发布的第 7 号令《农业生物基因工程安全管理实施办法》同时废止。

附录 I

转基因植物安全评价

一、转基因植物安全性评价

1　受体植物的安全性评价

1.1　受体植物的背景资料：

1.1.1　学名、俗名和其他名称；

1.1.2　分类学地位；

1.1.3　试验用受体植物品种（或品系）名称；

1.1.4　是野生种还是栽培种；

1.1.5　原产地及引进时间；

1.1.6　用途；

1.1.7　在国内的应用情况；

1.1.8　对人类健康和生态环境是否发生过不利影响；

1.1.9　从历史上看，受体植物演变成有害植物（如杂草等）的可能性；

1.1.10　是否有长期安全应用的记录。

1.2　受体植物的生物学特性：

1.2.1　是一年生还是多年生；

1.2.2　对人及其他生物是否有毒，如有毒，应说明毒性存在的部位及其毒性的性质；

1.2.3　是否有致敏原，如有，应说明致敏原存在的部位及其致敏的特性；

1.2.4　繁殖方式是有性繁殖还是无性繁殖，如为有性繁殖，是自花授粉还是异花授粉或常异花授粉；是虫媒传粉还是风媒传粉；

1.2.5　在自然条件下与同种或近缘种的异交率；

1.2.6　育性（可育还是不育，育性高低，如果不育，应说明属何种不育类型）；

1.2.7　全生育期；

1.2.8　在自然界中生存繁殖的能力，包括越冬性、越夏性及抗逆性等。

1.3　受体植物的生态环境：

1.3.1　在国内的地理分布和自然生境；

1.3.2　生长发育所要求的生态环境条件，包括自然条件和栽培条件的改变对其地理分布区域和范围影响的可能性；

1.3.3　是否为生态环境中的组成部分；

1.3.4　与生态系统中其他植物的生态关系，包括生态环境的改变对这种（些）关系的影响以及是否会因此而产生或增加对人类健康和生态环境的不利影响；

1.3.5　与生态系统中其他生物（动物和微生物）的生态关系，包括生态环境的改变对这种（些）关系的影响以及是否会因此而产生或增加对人类健康或生态环境的不利影响。

1.3.6　对生态环境的影响及其潜在危险程度；

1.3.7　涉及到国内非通常种植的植物物种时，应描述该植物的自然生境和有关其天然捕食者、寄生物、竞争物和共生物的资料。

1.4 受体植物的遗传变异：

1.4.1 遗传稳定性；

1.4.2 是否有发生遗传变异而对人类健康或生态环境产生不利影响的资料；

1.4.3 在自然条件下与其他植物种属进行遗传物质交换的可能性；

1.4.4 在自然条件下与其他生物（例如微生物）进行遗传物质交换的可能性。

1.5 受体植物的监测方法和监控的可能性。

1.6 受体植物的其他资料。

1.7 根据上述评价，参照本办法第十一条有关标准划分受体植物的安全等级。

2 基因操作的安全性评价

2.1 转基因植物中引入或修饰性状和特性的叙述。

2.2 实际插入或删除序列的以下资料：

2.2.1 插入序列的大小和结构，确定其特性的分析方法；

2.2.2 删除区域的大小和功能；

2.2.3 目的基因的核苷酸序列和推导的氨基酸序列；

2.2.4 插入序列在植物细胞中的定位（是否整合到染色体、叶绿体、线粒体，或以非整合形式存在）及其确定方法；

2.2.5 插入序列的拷贝数。

2.3 目的基因与载体构建的图谱，载体的名称、来源、结构、特性和安全性，包括载体是否有致病性以及是否可能演变为有致病性。

2.4 载体中插入区域各片段的资料：

2.4.1 启动子和终止子的大小、功能及其供体生物的名称；

2.4.2 标记基因和报告基因的大小、功能及其供体生物的名称；

2.4.3 其他表达调控序列的名称及其来源（如人工合成或供体生物名称）。

2.5 转基因方法。

2.6 插入序列表达的资料：

2.6.1 插入序列表达的器官和组织，如根、茎、叶、花、果、种子等；

2.6.2　插入序列的表达量及其分析方法；

2.6.3　插入序列表达的稳定性。

2.7　根据上述评价，参照本办法第十二条有关标准划分基因操作的安全类型。

3　转基因植物的安全性评价

3.1　转基因植物的遗传稳定性。

3.2　转基因植物与受体或亲本植物在环境安全性方面的差异：

3.2.1　生殖方式和生殖率；

3.2.2　传播方式和传播能力；

3.2.3　休眠期；

3.2.4　适应性；

3.2.5　生存竞争能力；

3.2.6　转基因植物的遗传物质向其他植物、动物和微生物发生转移的可能性；

3.2.7　转变成杂草的可能性；

3.2.8　抗病虫转基因植物对靶标生物及非靶标生物的影响，包括对环境中有益和有害生物的影响；

3.2.9　对生态环境的其他有益或有害作用。

3.3　转基因植物与受体或亲本植物在对人类健康影响方面的差异：

3.3.1　毒性；

3.3.2　过敏性；

3.3.3　抗营养因子；

3.3.4　营养成份；

3.3.5　抗生素抗性；

3.3.6　对人体和食品安全性的其它影响。

3.4　根据上述评价，参照本办法第十三条有关标准划分转基因植物的安全等级。

4　转基因植物产品的安全性评价

4.1　生产、加工活动对转基因植物安全性的影响。

4.2　转基因植物产品的稳定性。

4.3　转基因植物产品与转基因植物在环境安全性方面的差异。

4.4 转基因植物产品与转基因植物在对人类健康影响方面的差异。

4.5 参照本办法第十四条有关标准划分转基因植物产品的安全等级。

二、转基因植物试验方案

1 试验地点

1.1 提供试验地点的地形和气象资料，对试验地点的环境作一般性描述，标明试验的具体地点。

1.2 试验地周围属自然生态类型还是农业生态类型。若为自然生态类型，则说明距农业生态类型地区的远近；若为农业生态类型，列举该作物常见病虫害的名称及发生为害、流行情况。

1.3 列举试验地周围的相关栽培种和野生种的名称、及常见杂草的名称并简述其为害情况。

1.4 列举试验地周围主要动物的种类，是否有珍稀、濒危和保护物种。

1.5 试验地点的生态环境对该转基因植物存活、繁殖、扩散和传播的有利或不利因素，特别是环境中其它生物从转基因植物获得目的基因的可能性。

2 试验设计

2.1 田间试验的起止时间。

2.2 试验地点的面积（不包括隔离材料的面积）。

2.3 转基因植物的种植资料：

2.3.1 转基因植物转化体、材料名称（编号）；

2.3.2 转基因植物各转化体或材料在各试验地点的种植面积；

2.3.3 转基因植物的用量；

2.3.4 转基因植物如何包装及运至试验地；

2.3.5 转基因植物是机械种植还是人工种植。

2.4 转基因植物全生育期中拟使用农药的情况。

2.5 转基因植物及其产品收获的资料：

2.5.1 转基因植物是否结实；

2.5.2 是机械收获还是人工收获，如何避免散失；

2.5.3 收获后的转基因植物及其产品如何保存。

3 安全控制措施

3.1 隔离措施：

3.1.1 隔离距离；

3.1.2 隔离植物的种类及配置方式；

3.1.3 采用何种方式防止花粉传至试验地之外；

3.1.4 拟采用的其他隔离措施。

3.2 防止转基因植物及其基因扩散的措施。

3.3 试验过程中出现意外事故的应急措施。

3.4 收获部分之外的残留部分如何处理。

3.5 收获后试验地的监控：

3.5.1 试验地的监控负责人及联系方式；

3.5.2 试验地是否留有边界标记；

3.5.3 试验结束后的监控措施和年限。

三、转基因植物各阶段申报要求

1 中间试验的报告要求

1.1 项目名称：应包含目的基因名称、转基因植物名称、试验所在省（市、自治区）名称和试验阶段名称四个部分，如转 Bt 杀虫基因棉花在河北省和北京市的中间试验。

1.2 试验转基因植物材料数量：一份报告书中转化体应当是由同种受体植物（品种或品系不超过 5 个）、相同的目的基因、相同的基因操作所获得的，而且每个转化体都应有明确的名称或编号。

1.3 试验地点和规模：应在法人单位的试验基地进行，每个试验点面积不超过 4 亩（多年生植物视具体情况而定）。试验地点应明确试验所在的省（市、自治区）、县（市）、乡、村和坐标。

1.4 试验年限：一般为一至两年（多年生植物视具体情况而定）。

1.5 报告中间试验一般应当提供以下相关附件资料：

1.5.1 目的基因的核苷酸序列及其推导的氨基酸序列；

1.5.2 目的基因与载体构建的图谱；

1.5.3 目的基因与植物基因组整合及其表达的分子检测或鉴定结果（PCR 检测、Southern 杂交分析或 Northern 分析结果）；

1.5.4 转基因性状及其产物的检测、鉴定技术；

1.5.5 试验地点的位置地形图和种植隔离图；

1.5.6 中间试验的操作规程（包括转基因植物的贮存、转移、销毁、收获、采后期监控、意外释放的处理措施以及试验点的管理等）；

1.5.7 试验设计（包括安全性评价的主要指标和研究方法等，如转基因植物的遗传稳定性、农艺性状、环境适应能力、生存竞争能力、外源基因在植物各组织器官的表达及功能性状的有效性等）。

2 环境释放的申报要求

2.1 项目名称：应包含目的基因名称、转基因植物名称、试验所在省（市、自治区）名称和试验阶段名称四个部分，如转 Bt 杀虫基因棉花 NY12 和 NM36 在河北省和北京市的环境释放。

2.2 试验转基因植物材料数量：一份申报书中转化体应当是由同一品种或品系的受体植物、相同的目的基因、相同的基因操作方法所获得的，每个转化体都应有明确的名称或编号，并与中间试验阶段的相对应。

2.3 试验地点和规模：每个试验点面积不超过 30 亩（一般大于 4 亩，多年生植物视具体情况而定）。试验地点应明确试验所在的省（市、自治区）、县（市）、乡、村和坐标。

2.4 试验年限：一次申报环境释放的期限一般为一至两年（多年生植物视具体情况而定）。

2.5 申请环境释放一般应当提供以下相关附件资料：

2.5.1 目的基因的核苷酸序列及其推导的氨基酸序列；

2.5.2 目的基因与载体构建的图谱；

2.5.3 目的基因与植物基因组整合及其表达的分子检测或鉴定结果（PCR 检测、Southern 杂交分析、Northern 或 Western 分析结果、目的基因产物表达结果）；

2.5.4 转基因性状及其产物的检测、鉴定技术；

2.5.5 实验研究和中间试验总结报告；

2.5.6 试验地点的位置地形图；

2.5.7 环境释放的操作规程（包括转基因植物的贮存、转移、销毁、收获、采后期监控、意外释放的处理措施以及试验点的管理等）；

2.5.8 试验设计（包括安全性评价的主要指标和研究方法等，如转基因植物的遗传稳定性、农艺性状、环境适应能力、生存竞争能力、外源基因在植物各组织器官的表达及功能性状的稳定性、与相关物种的可交配性及基因漂移、对非靶标生物的影响等）。

3 生产性试验的申报要求

3.1 项目名称：应包含目的基因名称、转基因植物名称、试验所在省（市、自治区）名称和试验阶段名称四个部分，如转 Bt 杀虫基因棉花 NY12 在河北省和北京市的生产性试验。

3.2 试验转基因植物材料数量：一份申报书只能申请 1 个转化体，其名称应与前期试验阶段的名称或编号相对应。

3.3 试验地点和规模：应在试验植物的适宜生态区进行，每个试验点面积大于30 亩（多年生植物视具体情况而定）。试验地点应明确试验所在的省（市、自治区）、县（市）、乡、村和坐标。

3.4 试验年限：一次申报生产性试验的期限一般为一至两年（多年生植物视具体情况而定）。

3.5 申请生产性试验一般应当提供以下相关附件资料：

3.5.1 目的基因的核苷酸序列及其推导的氨基酸序列；

3.5.2 目的基因与载体构建的图谱；

3.5.3 目的基因与植物基因组整合及其表达的分子检测或鉴定结果（PCR 检测、Southern 杂交分析、Northern 或 Western 分析结果、目的基因产物表达结果）；

3.5.4 转基因性状及其产物的检测和鉴定技术；

3.5.5 环境释放阶段审批书的复印件；

3.5.6 各试验阶段试验结果及安全性评价试验总结报告；

3.5.7 试验地点的位置地形图；

3.5.8 生产性试验的操作规程（包括转基因植物的贮存、转移、销毁、收获、采后期监控、意外释放的处理措施以及试验点的管理等）；

3.5.9 试验设计（包括安全性评价的主要指标和研究方法等，如转基因植物的遗传稳定性、生存竞争能力、基因漂移检测、对非靶标生物的影响，食品安全性如营养成分分析、抗营养因子、是否含毒性物质、是否含致敏原，标记基因的安全性，必要的急性、亚急性动物试验数据等）。

4 安全证书的申报要求

4.1 项目名称：应包含目的基因名称、转基因植物名称等几个部分，如转 cry1Ac 基因抗虫棉花 XY12 的安全证书。

4.2 一份申报书只能申请转基因植物一个转化体，其名称应与前期试验阶段的名称或编号相对应。

4.3 首次申请安全证书的有效期不超过五年；需要延续的，应当在有效期届满前一年内向农业转基因生物安全管理办公室提出申请，经农业转基因生物安全委员会评价后提出是否准予延续及延续有效期的意见，由农业农村部作出决定。

4.4 申请安全证书一般应当提供以下附件资料：

4.4.1 目的基因的核苷酸序列及其推导的氨基酸序列；

4.4.2 目的基因与载体构建的图谱；

4.4.3 目的基因与植物基因组整合及其表达的分子检测或鉴定结果（PCR检测、Southern 杂交分析、Northern 或 Western 分析结果、目的基因产物表达结果）；

4.4.4 转基因性状及产物的检测和鉴定技术；

4.4.5 各试验阶段审批书的复印件；

4.4.6 各试验阶段的安全性评价试验总结报告；

4.4.7 转基因植物对生态环境安全性的综合评价报告；

4.4.8 食品安全性的综合评价报告，包括：A）必要的动物毒理试验报告；B）食品过敏性评价试验报告；C）与非转基因植物比较，其营养成份及抗营养因子分析报告等；

4.4.9 该类转基因植物国内外生产应用概况；

4.4.10 田间监控方案，包括监控技术、抗性治理措施、长期环境效应的研究方法等；

4.4.11 审查所需的其它相关资料。

4.5 申请转基因生物安全证书的转基因植物应当经农业农村部批准进行生产性试验，并在试验结束后方可申请安全证书。

4.6 取得农业转基因生物安全证书的 2 个及以上转化体杂交获得的转化体组合，应当从生产性试验阶段开始申报安全性评价。

使用已经取得安全证书的转化体进行转育的，应当向农业转基因生物安全管理办公室报告；在生产应用前，还应当提交具备检测条件和能力的技术检测机构出具的转基因目标性状与转化体特征特性一致性检测报告。

附录 II

转基因动物安全评价

一、转基因动物安全性评价

1　受体动物的安全性评价

1.1　受体动物的背景资料：

1.1.1　学名、俗名和其他名称；

1.1.2　分类学地位；

1.1.3　试验用受体动物品种名称；

1.1.4　是野生种还是驯养种；

1.1.5　原产地及引进时间；

1.1.6　用途；

1.1.7　在国内的应用情况；

1.1.8　对人类健康和生态环境是否发生过不利影响；

1.1.9　从历史上看，受体动物演变成有害动物的可能性；

1.1.10　是否有长期安全应用的记录。

1.2　受体动物的生物学特性：

1.2.1　各发育时期的生物学特性和生命周期；

1.2.2　食性；

1.2.3　繁殖方式和繁殖能力；

1.2.4　迁移方式和能力；

1.2.5　建群能力。包括受体动物的竞争性和侵占性行为对其在环境中建群能力的影响，种群大小对繁殖和迁移能力的影响；

1.2.6　对人畜的攻击性、毒性等；

1.2.7　对生态环境影响的可能性。

1.3　受体动物病原体的状况及其潜在影响：

1.3.1　是否具有某种特殊的易于传染的病原；

1.3.2　自然环境中病原体的种类和分布，对受体动物疾病的发生和传播，对其重要的经济生产性能降低及对人类健康和生态环境产生的不良影响；

1.3.3 病原体对环境的其他影响。

1.4 受体动物的生态环境：

1.4.1 在国内的地理分布和自然生境，这种自然分布是否会因某些条件的变化而改变；

1.4.2 生长发育所要求的生态环境条件；

1.4.3 是否为生态环境中的组成部分，对草地、水域环境的影响；

1.4.4 是否具有生态特异性，如在环境中的适应性等；

1.4.5 习性，是否可以独立生存，或者协同共生等；

1.4.6 在环境中生存的能力、机制和条件，天敌、饲草（饲料或饵料）或其它生物因子及气候、土壤、水域等非生物因子对其生存的影响；

1.4.7 与生态系统中其他动物的生态关系，包括生态环境的改变对这种（些）关系的影响以及是否会因此而产生或增加对人类健康和生态环境的不利影响；

1.4.8 与生态系统中其他生物（植物和微生物）的生态关系，包括生态环境的改变对这种（些）关系的影响以及是否会因此而产生或增加对人类健康或生态环境的不利影响。

1.4.9 对生态环境的影响及其潜在危险程度；

1.4.10 涉及到国内非通常养殖的动物物种时，应详细描述该动物的自然生境和有关其天然捕食者、寄生物、竞争物和共生物的资料。

1.5 受体动物的遗传变异：

1.5.1 遗传稳定性，包括是否可以和外源 DNA 结合，是否存在交换因子，是否有活性病毒物质与其正常的染色体互作，是否可观察由于基因突变导致的异常基因型和表现型；

1.5.2 是否有发生遗传变异而对人类健康或生态环境产生不利影响的资料；

1.5.3 在自然条件下与其他动物种属进行遗传物质交换的可能性；

1.5.4 在自然条件下与微生物（特别是病原体）进行遗传物质交换的可能性。

1.6 受体动物的监测方法和监控的可能性。

1.7 受体动物的其他资料。

1.8 根据上述评价，参照本办法第十一条有关标准划分受体动物的安全等级。

2 基因操作的安全性评价

2.1 转基因动物中引入或修饰性状和特性的叙述。

2.2 实际插入或删除序列的以下资料：

2.2.1 插入序列的大小和结构，确定其特性的分析方法；

2.2.2 删除区域的大小和功能；

2.2.3 目的基因的核苷酸序列和推导的氨基酸序列；

2.2.4 插入序列在动物细胞中的定位（是否整合到染色体、线粒体，或以非整合形式存在）及其确定方法；

2.2.5 插入序列的拷贝数。

2.3 目的基因与载体构建的图谱，载体的名称和来源，载体是否有致病性以及是否可能演变为有致病性。如是病毒载体，则应说明其作用和在受体动物中是否可以复制。

2.4 载体中插入区域各片段的资料：

2.4.1 启动子和终止子的大小、功能及其供体生物的名称；

2.4.2 标记基因和报告基因的大小、功能及其供体生物的名称；

2.4.3 其他表达调控序列的名称及其来源（如人工合成或供体生物名称）。

2.5 转基因方法。

2.6 插入序列表达的资料：

2.6.1 插入序列表达的资料及其分析方法，如 Southern 印迹杂交图、PCR – Southern 杂交检测图等；

2.6.2 插入序列表达的器官和组织、表达量。

2.7 根据上述评价，参照本办法第十二条有关标准划分基因操作的安全类型。

3 转基因动物的安全性评价

3.1 与受体动物比较，转基因动物的如下特性是否改变：

3.1.1 在自然界中的存活能力；

3.1.2 经济性能；

3.1.3 繁殖、遗传和其它生物学特性。

3.2 插入序列的遗传稳定性。

3.3 基因表达产物、产物的浓度及其在可食用组织中的分布。

3.4 转基因动物遗传物质转移到其它生物体的能力和可能后果。

3.5 由基因操作产生的对人体健康和环境的毒性或有害作用的资料。

3.6 是否存在不可预见的对人类健康或生态环境的危害。

3.7 转基因动物的转基因性状检测和鉴定技术。

3.8 根据上述评价和食品卫生的有关规定，参照本办法第十三条有关标准划分转基因动物的安全等级。

4 转基因动物产品的安全性评价

4.1 转基因动物产品的稳定性。

4.2 生产、加工活动对转基因动物安全性的影响。

4.3 转基因动物产品与转基因动物在环境安全性方面的差异。

4.4 转基因动物产品与转基因动物在对人类健康影响方面的差异。

4.5 参照本办法第十四条有关标准划分转基因动物产品的安全等级。

二、转基因动物试验方案

1 试验地点

1.1 试验地点及其环境气象资料。

1.2 试验地点的生态类型。

1.3 试验地点周围的动物种类。

1.4 试验地点的生态环境对该转基因动物存活、繁殖、扩散和传播的有利或不利因素。特别是环境中其它生物从转基因动物获得目的基因的可能性。

2 试验设计

2.1 试验起止时间。

2.2 转基因动物的品种、品系名称（编号）。

2.3 转基因动物品种、品系在各试验地点的规模。

2.4 转基因动物及其产品的生产、包装和贮运方法。

2.5 转基因动物及其产品的用量，剩余部分处理方法。

2.6 转基因动物的饲养、屠宰、加工和贮运方式。

3 安全控制措施

3.1 隔离方式，并附试验设计图。

3.2 转基因动物屠宰和加工后的残余或剩余部分处理方法。

3.3 防止转基因动物扩散的措施。

3.4 试验实施过程中出现意外事故的应急措施。

3.5 试验全过程的监控负责人及联络方式。

3.6 试验结束后的监控措施和年限。

三、转基因动物各阶段申报要求

1 中间试验的报告要求

1.1 项目名称：应包含目的基因名称、转基因动物名称、试验所在省（市、区）名称和试验阶段名称四个部分，如转 GH 促生长基因鲤鱼在湖南省和上海市的中间试验。

1.2 试验转基因动物材料数量：一份报告书中转基因动物品系（材料）应当是由同种受体动物、相同的目的基因、相同的基因操作所获得的，而且每个品系（材料）应当有明确的名称或编号。

1.3 试验地点和规模：应在法人单位的试验基地进行，每个试验点规模（上限）为大动物（马、牛）10 ~ 20 头；中小动物（猪、羊等）20 ~ 40 头（只）；禽类（鸡、鸭等）100 ~ 200 羽（只）；鱼2000 ~ 5000 尾等。试验地点应当明确试验所在的省（市、自治区）、县（市）、乡、村和坐标。

1.4 试验年限：一般为一至两年（世代间隔几年以上的视具体情况而定）。

1.5 报告中间试验一般应当提供以下相关附件资料：

1.5.1 目的基因的核苷酸序列及推导的氨基酸序列；

1.5.2 目的基因与载体构建图；

1.5.3 目的基因整合进动物中并表达的分子检测或鉴定结果（PCR 检测、Southern 杂交分析或 Northern 分析结果）；

1.5.4 转基因性状及其产物的检测和鉴定技术；

1.5.5 试验地点的位置地形图和养殖隔离区图；

1.5.6 中间试验的操作规程（包括转基因动物的贮运、饲养、屠宰、销毁、试验结束后的监控、意外事故的处理措施以及试验点的管理等）；

1.5.7 试验设计（包括安全评价的主要指标和研究方法等，如转基因动物目标性状表达的稳定性、经济性能、生存竞争性、适应能力、外源功能基因在动物各组织器官的表达及功能性状的有效性等）。

2 环境释放的申报要求

2.1 项目名称：应包含目的基因名称、转基因动物名称、试验所在省（市、区）名称和试验阶段名称四个部分，如转 GH 促生长基因鲤鱼 A12 和 T19

在湖南省的环境释放。

2.2 试验转基因动物材料数量：一份申报书中转基因动物品系最多不超过 5 个，这些品系应当是由同种受体动物、相同的目的基因、相同的基因操作获得的，而且每个品系应当有名称或编号，并与中间试验阶段的相对应。

2.3 试验地点和规模：每个试验点规模（上限）为大动物（马、牛）150 头；中小动物（猪、羊等）500 头（只）；禽类（鸡、鸭等）3000 羽（只）；鱼 10000 ~ 50000 尾等。试验地点应当明确试验所在的省（市、自治区）、县（市）、乡、村和坐标。

2.4 试验年限：一次申报环境释放的期限一般为一至两年（世代间隔几年以上的视具体情况而定）。

2.5 申请环境释放一般应当提供以下相关附件资料：

2.5.1 目的基因的核苷酸序列及其推导的氨基酸序列；

2.5.2 目的基因与载体构建的图谱；

2.5.3 目的基因整合进动物中并表达的分子检测或鉴定结果（PCR 检测、Southern 杂交分析或 Northern 分析结果、目的蛋白的表达结果）；

2.5.4 转基因性状及其产物的检测和鉴定技术；

2.5.5 中间试验结果及安全性评价试验总结报告；

2.5.6 试验地点的位置地形图和隔离示意图；

2.5.7 环境释放的操作规程（包括转基因动物的贮运、饲养、屠宰、销毁、试验结束后的监控、意外事故的处理措施以及试验点的管理等）；

2.5.8 试验设计（包括安全性评价的主要指标和研究方法等，如转基因动物的稳定性、经济性能、生存竞争性、适应能力、外源功能基因在动物各组织器官的表达及功能性状的稳定性和有效性、基因漂移检测、对非靶标生物的影响等）。

3 生产性试验的申报要求

3.1 项目名称：应包含目的基因名称、转基因动物名称、试验所在省（市、区）名称和试验阶段名称四个部分，如转 GH 促生长基因鲤鱼 A112 在湖南省的生产性试验。

3.2 试验转基因动物材料数量：一份申报书中转基因动物品系不超过 3 个，这些品系应当是由同种受体动物、相同的目的基因、相同的基因操作获得的。品种或品系应当有明确的名称，并与以前各试验阶段的名称或编号相对应。

3.3 试验地点和规模：应在批准过环境释放的省（市、自治区）进行，每个试验点规模（上限）为大动物（马、牛）1000头；中小动物（猪、羊等）10000头（只）；禽类（鸡、鸭等）20000羽（只）；鱼10万～30万尾等。试验地点应当明确试验所在的省（市、自治区）、县（市）、乡、村和坐标。

3.4 试验年限：一次申请生产性试验的期限一般为一至两年（世代间隔较长的视具体情况而定）。

3.5 申请生产性试验一般应当提供以下相关附件资料：

3.5.1 目的基因的核苷酸序列及其推导的氨基酸序列；

3.5.2 目的基因与载体构建的图谱；

3.5.3 目的基因整合进动物中并表达的分子检测或鉴定结果（PCR检测、Southern杂交分析或Northern分析结果、目的蛋白的表达结果）；

3.5.4 转基因性状及其产物的检测和鉴定技术；

3.5.5 环境释放阶段审批书的复印件；

3.5.6 各试验阶段试验结果及安全性评价试验总结报告；

3.5.7 试验地点的位置地形图；

3.5.8 生产性试验的操作规程（包括转基因动物的贮运、饲养、屠宰、销毁、试验结束后的监控、意外事故的处理措施以及试验点的管理等）；

3.5.9 试验设计（包括安全评价的主要指标和研究方法等，如转基因动物的稳定性、经济性能、生存竞争性、适应能力、外源功能基因在动物各组织器官的表达及功能性状的稳定性、有效性、基因漂移情况、对非靶标生物的影响、食品安全性如营养成分分析、抗营养因子、是否含毒性物质、是否有过敏性反应、急性、亚急性动物试验数据等）；

3.5.10 对于以转基因动物为亲本与常规品种杂交获得的含有转基因成份的动物，应当提供其亲本名称及其选育过程的有关资料，并提供证明其基因来源的试验数据和资料。

4 安全证书的申报要求

4.1 项目名称：应包含目的基因名称、转基因动物名称等几个部分，如转GH促生长基因鲤鱼A112的安全证书。

4.2 一份申报书只能申请转基因动物的一个品种或品系，其名称应与以前各试验阶段的名称或编号相对应。

4.3 一次申请安全证书的使用期限一般不超过五年。

4.4 申请安全证书一般应当提供以下相关附件资料：

4.4.1 目的基因的核苷酸序列及其推导的氨基酸序列；

4.4.2 目的基因与载体构建的图谱；

4.4.3 目的基因整合进动物中并表达的分子检测或鉴定结果（PCR 检测、Southern 杂交分析或 Northern 分析结果、目的蛋白的表达结果）；

4.4.4 转基因性状及其产物的检测和鉴定技术；

4.4.5 各试验阶段审批书的复印件；

4.4.6 各试验阶段试验结果及安全性评价试验总结报告；

4.4.7 转基因动物遗传稳定性、经济性能、竞争性、生存适应能力等的综合评价报告；

4.4.8 外源基因在动物各组织器官的表达资料；

4.4.9 转基因动物对生态环境的安全性综合评价报告；

4.4.10 食品安全性检测报告：A）动物毒理试验报告 B）食品过敏性评价试验报告 C）与非转基因动物比较，其营养成份及抗营养因子分析报告；

4.4.11 该类转基因动物国内外生产应用概况；

4.4.12 该转基因动物可能的生存区域的监控方案，包括监控技术、抗性治理措施、长期环境效应的研究方法；

4.4.13 审查所需的其它相关资料。

4.5 转基因动物应当经农业农村部批准进行生产性试验，并在试验结束后方可申请安全证书。

4.6 转基因动物在取得农业转基因生物安全证书后方可作为种质资源利用。已取得农业转基因生物安全证书的转基因动物作为亲本与常规品种杂交得到的含有转基因成份的动物，应当从生产性试验阶段开始申报安全性评价。

附录Ⅲ

转基因微生物安全评价

根据安全性评价的需要，将转基因微生物分为植物用转基因微生物、动物用转基因微生物和其它转基因微生物。

一、植物用转基因微生物安全评价

（一）植物用转基因微生物安全性评价

1 受体微生物的安全性评价

1.1 受体微生物的背景资料：

1.1.1 学名、俗名和其他名称；

1.1.2 分类学地位；

1.1.3 试验用受体微生物菌株名称；

1.1.4 是天然野生菌种还是人工培养菌种；

1.1.5 原产地及引进时间；

1.1.6 用途；

1.1.7 在国内的应用情况；

1.1.8 对人类健康或生态环境是否发生过不利影响；

1.1.9 从历史上看，受体微生物演变成有害生物的可能性；

1.1.10 是否有长期安全应用的记录。

1.2 受体微生物的生物学特性：

1.2.1 生育期和世代时间；

1.2.2 繁殖方式和繁殖能力；

1.2.3 适宜生长的营养要求；

1.2.4 寄主植物范围；

1.2.5 在环境中定殖、存活和传播扩展的方式、能力及其影响因素；

1.2.6 对人畜的致病性，是否产生有毒物质；

1.2.7 对植物的致病性；

1.2.8 其他重要生物学特性。

1.3 受体微生物的生态环境：

1.3.1 在国内的地理分布和自然生境，其自然分布是否会因某些条件的变化而改变；

1.3.2 生长发育所要求的生态环境条件，包括温度、湿度、酸碱度、光照、空气等；

1.3.3 是否为生态环境中的组成部分，对农田土壤、植被、陆地、草地、水域环境的影响；

1.3.4 是否具有生态特异性，如在环境中的适应性等；

1.3.5 与生态系统中其他微生物的生态关系，包括生态环境的改变对这种（些）关系的影响以及是否会因此而产生或增加对人类健康和生态环境的不利影响；

1.3.6 与生态系统中其他生物（植物和动物）的生态关系，包括生态环境的改变对这种（些）关系的影响以及是否会因此而产生或增加对人类健康或生态环境的不利影响。

1.3.7 对生态环境的影响及其潜在危险程度；

1.3.8 涉及到国内非通常种植的植物物种时，应详细描述该植物的自然生境和有关其天然捕食者、寄生物、竞争物和共生物的资料。

1.4 受体微生物的遗传变异：

1.4.1 遗传稳定性；

1.4.2 质粒状况，质粒的稳定性及其潜在危险程度；

1.4.3 转座子和转座因子状况及其潜在危险程度；

1.4.4 是否有发生遗传变异而对人类健康或生态环境产生不利影响的资料；

1.4.5 在自然条件下与其他微生物（特别是病原体）进行遗传物质交换的可能性；

1.4.6 在自然条件下与植物进行遗传物质交换的可能性；

1.4.7 在自然条件下与动物进行遗传物质交换的可能性。

1.5 受体微生物的监测方法和监控的可能性。

1.6 受体微生物的其他资料。

1.7 根据本办法第十一条有关标准确定受体微生物的安全等级。

2 基因操作的安全性评价

2.1 植物用转基因微生物中引入或修饰性状和特性的叙述。

2.2 实际插入或删除序列的资料：

2.2.1 插入序列的大小和结构，确定其特性的分析方法；

2.2.2 删除区域的大小和功能。

2.2.3 目的基因的核苷酸序列和推导的氨基酸序列；

2.2.4 插入序列的拷贝数。

2.3 载体的名称和来源，载体特性和安全性，能否向自然界中不含有该类基因的微生物转移；载体构建的图谱。

2.4 载体中插入区域各片段的资料：

2.4.1 启动子和终止子的大小、功能及其供体生物的名称；

2.4.2 标记基因和报告基因的大小、功能及其供体生物的名称；

2.4.3 其他表达调控序列的名称及其来源（如人工合成或供体生物名称）。

2.5 基因操作方法。

2.6 目的基因的生存前景和表达的稳定性。

2.7 目的基因的检测和鉴定技术。

2.8 重组 DNA 分子的结构、复制特性和安全性。

2.9 根据本办法第十二条有关标准确定基因操作的安全类型。

3 植物用转基因微生物的安全性评价

3.1 与受体微生物比较，植物用转基因微生物如下特性是否改变：

3.1.1 定殖能力；

3.1.2 存活能力；

3.1.3 传播扩展能力；

3.1.4 毒性和致病性；

3.1.5 遗传变异能力；

3.1.6 受监控的可能性；

3.1.7 与植物的生态关系；

3.1.8 与其它微生物的生态关系；

3.1.9 与其它生物（动物和人）的生态关系，人类接触的可能性及其危险性，对所产生的不利影响的消除途径；

3.1.10 其他重要生物学特性。

3.2 应用的植物种类和用途。与相关生物农药、生物肥料等相比，其表现特点和相对安全性。

3.3 试验应用的范围，在环境中可能存在的范围，广泛应用后的潜在影响。

3.4 对靶标生物的有益或有害作用。

3.5 对非靶标生物的有益或有害作用。

3.6 植物用转基因微生物转基因性状的监测方法和检测鉴定技术。

3.7 根据本办法第十三条有关标准确定植物用转基因微生物的安全等级。

4 植物用转基因微生物产品的安全性评价

4.1 转基因微生物产品的稳定性。

4.2 生产、加工活动对转基因微生物安全性的影响。

4.3 转基因微生物产品与转基因微生物在环境安全性方面的差异。

4.4 转基因微生物产品与转基因微生物在对人类健康影响方面的差异。

4.5 参照本办法第十四条有关标准划分植物用转基因微生物产品的安全等级。

（二）植物用转基因微生物试验方案

1 试验地点

1.1 试验地点的气象资料，试验地点的地形，环境的一般性描述，标明试验地点的位置示意图。

1.2 试验地周围的生态类型。

1.3 释放地点周围的动物、植物种类。

1.4 释放地点的生态环境对该植物用转基因微生物的存活、繁殖、扩散和传播的有利或不利因素，特别是环境中其它生物从转基因生物获得目的基因的可能性。

2 试验设计

2.1 试验的起止时间。

2.2 试验菌株名称或编号。

2.3 拟开展试验的地点和试验面积。

2.4 生产、包装、贮存及运输至试验地的方式。

2.5 使用方法及剂量，未使用部分的处置方式。

2.6 试验植物的种植方法、田间管理措施。

3 安全控制措施

3.1 在试验地点的安全隔离措施：

3.1.1 隔离方式和隔离距离；

3.1.2 防止植物用转基因微生物扩散的措施；

3.1.3 试验过程中出现意外事故的应急措施；

3.1.4 试验期间的监控负责人及其联系方式。

3.2 试验期间和试验结束后，试验植物的取样或收获方式，残余或剩余部分的处理方法。

3.3 试验结束后的监控措施：

3.3.1 试验结束后对试验地点及其周围环境的安全监控计划；

3.3.2 试验结束后的监控年限；

3.3.3 监控负责人及其联系方式。

（三）植物用转基因微生物各阶段申报要求

1 中间试验的报告要求

1.1 项目名称：应包含目的基因名称、转基因微生物的名称、试验所在省（市、自治区）名称和试验阶段名称四个部分，如转 Cry1Ac 基因苏云金芽孢杆菌在广东省的中间试验。

1.2 试验转基因微生物菌株数量：一份报告书中菌株应当是由同一种受体微生物（受体菌株不超过 5 个）、相同的目的基因、相同的基因操作所获得的，而且每个转基因菌株都应有明确的名称或编号。

1.3 试验地点和规模：应在法人单位的试验基地进行，每个试验点面积不超过 4 亩。试验地点应当明确试验所在的省（市、自治区）、县（市）、乡、村和坐标。

1.4 试验年限：一般为一至两年。

1.5 报告中间试验一般应当提供以下相关附件资料：

1.5.1 目的基因的核苷酸序列和推导的氨基酸序列；

1.5.2 目的基因、载体图谱与转基因微生物构建技术路线；

1.5.3 受体微生物和转基因微生物的毒理学试验报告或有关文献资料；

1.5.4 试验地点的位置图和试验隔离图；

1.5.5 中间试验的操作规程（包括植物用转基因微生物的贮存、转移、销毁、试验结束后的监控、意外释放的处理措施以及试验点的管理等）；

1.5.6 根据安全性评价的要求提出具体试验设计。

2 环境释放的申报要求

2.1 项目名称：应包含目的基因名称、转基因微生物名称及代号、试验所在省（市、自治区）名称和试验阶段名称四个部分，如转 Cry1Ac 基因苏云金芽孢杆菌 NJ8 和 NY23 在广东省的环境释放。

2.2 试验转基因微生物菌株数量：一份申报书中菌株应当是由同一受体菌株、相同的目的基因、相同的基因操作所获得的，而且每个转基因菌株都应有明确的名称或编号，并与中间试验的相对应。

2.3　试验地点和规模：每个试验点面积为不超过 30 亩（一般大于 4 亩）。试验地点应当明确试验所在的省（市、自治区）、县（市）、乡、村和坐标。

2.4　试验年限：一次申请环境释放的期限一般为一至两年。

2.5　申请环境释放一般应当提供以下相关附件资料：

2.5.1　目的基因的核苷酸序列或其推导的氨基酸序列；

2.5.2　目的基因、载体图谱与转基因微生物构建技术路线；

2.5.3　受体菌、转基因微生物的毒理学试验报告或有关文献资料；

2.5.4　跟踪监测要求的资料；

2.5.5　中间试验阶段安全性评价的总结报告；

2.5.6　试验地点的位置图；

2.5.7　环境释放的操作规程（包括植物用转基因微生物的贮存、转移、销毁、试验结束后的监控、意外释放的处理措施以及试验点的管理等）；

2.5.8　根据安全性评价的要求提出具体试验设计。

3　生产性试验的申报要求

3.1　项目名称：应包含目的基因名称、转基因微生物名称及代号、试验所在省（市、自治区）名称和试验阶段名称四个部分，如转 Cry1Ac 基因苏云金芽孢杆菌 NY23 在广东省的生产性试验。

3.2　试验转基因微生物菌株数量：一份申报书中不超过 5 个转基因微生物株系（品系），这些株系（品系）应当是由同一受体菌株、相同的目的基因、相同的基因操作所获得的，而且应有明确的名称，并与以前各试验阶段的名称或编号相对应。

3.3　试验地点和规模：应在批准过环境释放的省（市、自治区）进行，每个试验点面积大于 30 亩。试验地点应当明确试验所在的省（市、自治区）、县（市）、乡、村和坐标。

3.4　试验年限：一次申请生产性试验的期限一般为一至两年。

3.5　申请生产性试验一般应当提供以下相关附件资料：

3.5.1　目的基因的核苷酸序列和推导的氨基酸序列；

3.5.2　目的基因、载体图谱与转基因微生物构建的技术路线；

3.5.3　检测机构出具的受体微生物、转基因微生物的毒理学试验报告或有关文献资料；

3.5.4　环境释放阶段审批书的复印件；

3.5.5　跟踪监测要求的资料；

3.5.6　中间试验和环境释放阶段安全性评价的总结报告；

3.5.7　转基因微生物生产和试验地点的位置图；

3.5.8　生产性试验的操作规程（包括植物用转基因微生物的贮存、转移、销毁、试验结束后的监控、意外释放的处理措施以及试验点的管理等）；

3.5.9　根据安全性评价的要求提出具体试验设计。

4　安全证书的申报要求

4.1　项目名称：应包含目的基因名称、转基因微生物名称等几个部分，如转 Cry1Ac 基因苏云金芽孢杆菌 NY23 的安全证书。

4.2　转基因微生物应当经农业农村部批准进行生产性试验，并在试验结束后才能申请安全证书。

4.3　一次申请安全证书的使用期限一般不超过五年。

4.4　申请安全证书一般应当提供以下相关附件资料：

4.4.1　目的基因的核苷酸序列或其推导的氨基酸序列；

4.4.2　目的基因、载体图谱与转基因微生物构建的技术路线；

4.4.3　环境释放和生产性试验阶段审批书的复印件；

4.4.4　中间试验、环境释放、生产性试验阶段安全性评价的总结报告；

4.4.5　转基因微生物对人体健康、环境和生态安全影响的综合性评价报告；

4.4.6　该类植物用转基因微生物在国内外生产应用的概况；

4.4.7　植物用转基因微生物检测、鉴定的方法或技术路线；

4.4.8　植物用转基因微生物的长期环境影响监控方法；

4.4.9　其它相关资料。

二、动物用转基因微生物安全评价

（一）动物用转基因微生物安全性评价

1　受体微生物的安全性评价

1.1　受体微生物的背景资料：

1.1.1　学名、俗名和其他名称；

1.1.2　分类学地位；

1.1.3　试验用受体微生物菌株名称；

1.1.4　是天然野生菌种还是人工培养菌种；

1.1.5　原产地及引进时间；

1.1.6　用途；

1.1.7　在国内的应用情况；

1.1.8　对人类健康或生态环境是否发生过不利影响；

1.1.9　从历史上看，受体微生物演变成有害生物的可能性；

1.1.10　是否有长期安全应用的记录。

1.2　受体微生物的生物学特性：

1.2.1　生育期和世代时间；

1.2.2　繁殖方式和繁殖能力；

1.2.3　适宜生长的营养要求；

1.2.4　适宜应用的动物种类；

1.2.5　在环境中定殖、存活和传播扩展的方式、能力及其影响因素；

1.2.6　对动物的致病性，是否产生有毒物质；

1.2.7　对人体健康和植物的潜在危险性；

1.2.8　其他重要生物学特性。

1.3　受体微生物所适应的生态环境：

1.3.1　在国内的地理分布和自然生境，其自然分布是否会因某些条件的变化而改变；

1.3.2　生长发育所要求的生态环境条件，包括温度、湿度、酸碱度、光照、空气等；

1.3.3　是否具有生态特异性，如在环境中的适应性等；

1.3.4　与生态系统中其他微生物的生态关系，是否受人类和动物病原体（如病毒）的侵染。包括生态环境的改变对这种（些）关系的影响以及是否会因此而产生或增加对动物健康、人类健康和生态环境的不利影响；

1.3.5　对生态环境的影响及其潜在危险程度；

1.3.6　涉及到国内非通常养殖的动物物种时，应详细描述该动物的自然生境和其他有关资料。

1.4　受体微生物的遗传变异：

1.4.1　遗传稳定性；

1.4.2　质粒状况，质粒的稳定性及其潜在危险程度；

1.4.3　转座子和转座因子状况及其潜在危险程度；

1.4.4　是否有发生遗传变异而对动物健康、人类健康或生态环境产生不利影响的可能性；

1.4.5　在自然条件下与其他微生物（特别是病原体）进行遗传物质交换的可能性；

1.4.6　在自然条件下与动物进行遗传物质交换的可能性。

1.5　受体微生物的监测方法和监控的可能性。

1.6　受体微生物的其他资料。

1.7　根据本办法第十一条有关标准确定受体微生物的安全等级。

2　基因操作的安全性评价

2.1　动物用转基因微生物中引入或修饰性状和特性的叙述。

2.2　实际插入或删除序列的资料：

2.2.1　插入序列的大小和结构，确定其特性的分析方法；

2.2.2　删除区域的大小和功能；

2.2.3　目的基因的核苷酸序列和推导的氨基酸序列；

2.2.4　插入序列的拷贝数。

2.3　目的基因与载体构建的图谱，载体的名称和来源，载体特性和安全性，能否向自然界中不含有该类基因的微生物转移。

2.4　载体中插入区域各片段的资料：

2.4.1　启动子和终止子的大小、功能及其供体生物的名称；

2.4.2　标记基因和报告基因的大小、功能及其供体生物的名称；

2.4.3　其他表达调控序列的名称及其来源（如人工合成或供体生物名称）。

2.5　基因操作方法。

2.6　目的基因表达的稳定性。

2.7　目的基因的检测和鉴定技术。

2.8　重组 DNA 分子的结构、复制特性和安全性。

2.9　根据本办法第十二条有关标准确定基因操作的安全类型。

3　动物用转基因微生物的安全性评价

3.1　动物用转基因微生物的生物学特性；应用目的；在自然界的存活能力；遗传物质转移到其他生物体的能力和可能后果；监测方法和监控的可能性。

3.2　动物用转基因微生物的作用机理和对动物的安全性。

3.2.1 在靶动物和非靶动物体内的生存前景。

3.2.2 对靶动物和可能的非靶动物高剂量接种后的影响。

3.2.3 与传统产品相比较，其相对安全性。

3.2.4 宿主范围及载体的漂移度。

3.2.5 免疫动物与靶动物以及非靶动物接触时的排毒和传播能力。

3.2.6 动物用转基因微生物回复传代时的毒力返强能力。

3.2.7 对怀孕动物的安全性。

3.2.8 对免疫动物子代的安全性。

3.3 动物用转基因微生物对人类的安全性。

3.3.1 人类接触的可能性及其危险性，有可能产生的直接影响、短期影响和长期影响，对所产生的不利影响的消除途径。

3.3.2 广泛应用后的潜在危险性。

3.4 动物用转基因微生物对生态环境的安全性。

3.4.1 在环境中释放的范围、可能存在的范围以及对环境中哪些因素存在影响。

3.4.2 影响动物用转基因微生物存活、增殖和传播的理化因素。

3.4.3 感染靶动物的可能性或潜在危险性。

3.4.4 动物用转基因微生物的稳定性、竞争性、生存能力、变异性以及致病性是否因外界环境条件的改变而改变。

3.5 动物用转基因微生物的检测和鉴定技术。

3.6 根据本办法第十三条有关标准确定动物用转基因微生物的安全等级。

4 动物用转基因微生物产品的安全性评价

4.1 转基因微生物产品的稳定性。

4.2 生产、加工活动对转基因微生物安全性的影响。

4.3 转基因微生物产品与转基因微生物在环境安全性方面的差异。

4.4 转基因微生物产品与转基因微生物在对人类健康影响方面的差异。

4.5 参照本办法第十四条有关标准划分动物用转基因微生物产品的安全等级。

（二）动物用转基因微生物试验方案

1 试验地点

1.1 提供试验地点的气象资料，试验地点的地形环境的一般性描述、标明试验地点的示意图。

1.2　试验地周围的生态类型。

1.3　试验地点周围的动物种类。

1.4　试验地点的生态环境对该动物用转基因微生物的存活、繁殖、扩散和传播的有利或不利因素，特别是环境中其它生物从该动物用转基因微生物获得目的基因的可能性。

2　试验方案

2.1　试验的起止时间。

2.2　动物用转基因微生物的名称或编号。

2.3　动物用转基因微生物在各试验地点的试验动物规模。

2.4　试验区域的大小。

2.5　动物用转基因微生物的应用。

2.6　动物用转基因微生物的生产、包装及贮运至试验地方式。

2.7　动物用转基因微生物的使用方法及剂量，未使用的部分的处置方式。

3　安全控制措施

3.1　试验动物的安全隔离。

3.1.1　隔离方式、隔离距离。

3.1.2　防止动物用转基因微生物扩散的措施。

3.1.3　饲养全过程的安全控制措施。

3.1.3　试验过程中出现意外事故的应急措施。

3.2　试验动物的饲养和试验结束后的处理方式。

3.3　试验结束后对试验场所的监控措施。

3.4　试验结束后的监控年限。

3.5　试验的监控负责人及其联系方式。

（三）动物用转基因微生物各阶段申报要求

1　中间试验的报告要求

1.1　项目名称：应包含目的基因名称、动物用转基因微生物及产品名称、试验所在省（市、自治区）名称和试验阶段名称四个部分，如表达鸡新城疫病毒 F 基因的重组鸡痘病毒基因工程疫苗在江苏省的中间试验。

1.2　试验转基因微生物材料数量：一份报告书中菌株应当是由同一种受体微生物（受体菌株不超过 5 个）、相同的目的基因、相同的基因操作所获得的，而且每个转基因菌株都应有明确的名称或编号。

1.3　试验地点和规模：应在法人单位的试验基地进行。每个试验点动物规模（上限）为大动物（马、牛）20头；中小动物（猪、羊等）40头（只）；禽类（鸡、鸭等）200羽（只）；鱼2000尾。应当明确试验所在的省（市、自治区）、县（市）、乡、村和坐标。

1.4　试验年限：一般为一至二年。

1.5　报告中间试验一般应当提供以下相关附件资料：

1.5.1　目的基因的核苷酸序列和推导的氨基酸序列；

1.5.2　目的基因与载体构建的图谱；

1.5.3　试验地点的位置图和试验隔离图；

1.5.4　中间试验的操作规程（包括动物用转基因微生物的贮存、转移、销毁、试验结束后的监控、意外释放的处理措施以及试验点的管理等）；

1.5.5　试验设计（包括安全评价的主要指标和研究方法等，如转基因微生物的稳定性、竞争性、生存适应能力、外源基因在靶动物体内的表达和消长关系等）。

2　环境释放的申报要求

2.1　项目名称：应包含目的基因名称、动物用转基因微生物及产品名称、试验所在省（市、自治区）名称和试验阶段名称四个部分，如表达鸡新城疫病毒F基因的重组鸡痘病毒基因工程疫苗NF16和YF9在江苏省的环境释放。

2.2　试验转基因微生物材料数量：一份申报书中菌株应当是由同一种受体菌株、同种目的基因和同种基因操作所获得的，每个菌株应当有明确的名称或编号，并与中间试验阶段的相对应。

2.3　试验地点和规模：每个试验点试验动物规模（上限）为大动物（马、牛）100头；中小动物（猪、羊等）500头（只）；禽类（鸡、鸭等）5000羽（只）；鱼10000尾。应当明确试验所在的省（市、自治区）、县（市）、乡、村和坐标。

2.4　试验年限：一次申请环境释放的期限一般为一至二年。

2.5　申请环境释放一般应当提供以下相关附件资料：

2.5.1　目的基因的核苷酸序列和推导的氨基酸序列图；

2.5.2　目的基因与载体构建的图谱；

2.5.3　提供中间试验阶段的安全性评价试验总结报告；

2.5.4　毒理学试验报告（如急性、亚急性、慢性实验，致突变、致畸变试验等）；

2.5.5　试验地点的位置图和试验隔离图；

2.5.6　环境释放的操作规程（包括动物用转基因微生物的贮存、转移、销毁、试验结束后的监控、意外释放的处理措施以及试验点的管理等）；

2.5.7　试验设计（包括安全评价的主要指标和研究方法等，如转基因微生物的稳定性、竞争性、生存适应能力、外源基因在靶动物体内的表达和消长关系等）。

3　生产性试验的申报要求

3.1　项目名称：应包含目的基因名称、转基因微生物名称、试验所在省（市、自治区）名称和试验阶段名称四个部分，如表达鸡新城疫病毒 F 基因的重组鸡痘病毒基因工程疫苗 NF16 在江苏省的生产性试验。

3.2　试验转基因微生物材料数量：一份申报书中不超过 5 种动物用转基因微生物，应当是由同一受体菌株、相同的目的基因、相同的基因操作所获得的，而且其名称应当与前期试验阶段的名称和编号相对应。

3.3　试验地点和规模：应在批准过环境释放的省（市、自治区）进行，每个试验点试验动物规模（上限）为大动物（马、牛）1000 头；中小动物（猪、羊等）10000 头（只）；禽类（鸡、鸭等）20000 羽（只）；鱼 10 万尾。应当明确试验所在的省（市、自治区）、县（市）、乡、村和坐标。

3.4　试验年限：一次申请生产性试验的期限一般为一至二年。

3.5　申请生产性试验一般应当提供以下相关附件资料：

3.5.1　目的基因的核苷酸序列或其推导的氨基酸序列图；

3.5.2　目的基因与载体构建的图谱；

3.5.3　环境释放阶段审批书的复印件；

3.5.4　中间试验和环境释放安全性评价试验的总结报告；

3.5.5　食品安全性检测报告（如急性、亚急性、慢性实验，致突变、致畸变实验等毒理学报告）；

3.5.6　通过监测，目的基因或动物用转基因微生物向环境中的转移情况报告。

3.5.7　试验地点的位置图和试验隔离图；

3.5.8　生产性试验的操作规程（包括动物用转基因微生物的贮存、转移、销毁、试验结束后的监控、意外释放的处理措施以及试验点的管理等）；

3.5.9　试验设计（包括安全评价的主要指标和研究方法等，如转基因微生物的稳定性、竞争性、生存适应能力、外源基因在靶动物体内的表达和消长关系等）。

4　安全证书的申报要求

4.1　项目名称：应包含目的基因名称、转基因微生物名称等几个部分，如：表达鸡新城疫病毒 F 基因的重组鸡痘病毒基因工程疫苗 NF16 的安全证书。

4.2　一份申报书只能申请 1 种动物用转基因微生物，其名称应当与前期试验阶段的名称或编号相对应。

4.3　一次申请安全证书的使用期限一般不超过五年。

4.4　申请安全证书一般应当提供以下相关附件资料：

4.4.1　目的基因的核苷酸序列及其推导的氨基酸序列图；

4.4.2　目的基因与载体构建的图谱；

4.4.3　目的基因的分子检测或鉴定技术方案；

4.4.4　重组 DNA 分子的结构、构建方法；

4.4.5　各试验阶段审批书的复印件；

4.4.6　各试验阶段安全性评价试验的总结报告；

4.4.7　通过监测，目的基因或转基因微生物向环境中转移情况的报告；

4.4.8　稳定性、生存竞争性、适应能力等的综合评价报告；

4.4.9　对非靶标生物影响的报告；

4.4.10　食品安全性检测报告（如急性、亚急性、慢性实验，致突变、致畸变实验等毒理学报告）；

4.4.11　该类动物用转基因微生物在国内外生产应用的概况；

4.4.12　审查所需的其它相关资料。

三、其它转基因微生物安全评价

（一）其它转基因微生物安全性评价

1　受体微生物的安全性评价

1.1　受体微生物的背景资料：

1.1.1　学名、俗名和其他名称；

1.1.2　分类学地位；

1.1.3　试验用受体微生物菌株名称；

1.1.4　是天然野生菌种还是人工培养菌种；

1.1.5　原产地及引进时间；

1.1.6　用途；

1.1.7　在国内的应用情况；

1.1.8　对人类健康或生态环境是否发生过不利影响；

1.1.9　从历史上看，受体微生物演变成有害生物的可能性；

1.1.10　是否有长期安全应用的记录。

1.2　受体微生物的生物学特性：

1.2.1　生育期和世代时间；

1.2.2　繁殖方式和繁殖能力；

1.2.3　适宜生长的营养要求；

1.2.4　在环境中定殖、存活和传播扩展的方式、能力及其影响因素；

1.2.5　对人畜的致病性，是否产生有毒物质；

1.2.6　对植物的致病性；

1.2.7　其他重要生物学特性。

1.3　受体微生物的生态环境：

1.3.1　在国内的地理分布和自然生境，其自然分布是否会因某些条件的变化而改变；

1.3.2　生长发育所要求的生态环境条件，包括温度、湿度、酸碱度、光照、空气等；

1.3.3　是否为生态环境中的组成部分，对农田土壤、植被、陆地、草地、水域环境的影响；

1.3.4　是否具有生态特异性，如在环境中的适应性等；

1.3.5　与生态系统中其他微生物的生态关系，包括生态环境的改变对这种（些）关系的影响以及是否会因此而产生或增加对人类健康和生态环境的不利影响；

1.3.6　与生态系统中其他生物（植物和动物）的生态关系，包括生态环境的改变对这种（些）关系的影响以及是否会因此而产生或增加对人类健康或生态环境的不利影响。

1.3.7　对生态环境的影响及其潜在危险程度；

1.3.8　涉及到国内非通常种植（养殖）的动植物物种时，应详细描述该动物（植物）的自然生境和有关其天然捕食者、寄生物、竞争物和共生物的资料。

1.4　受体微生物的遗传变异：

1.4.1　遗传稳定性；

1.4.2　质粒状况，质粒的稳定性及其潜在危险程度；

1.4.3　转座子和转座因子状况及其潜在危险程度；

1.4.4　是否有发生遗传变异而对人类健康或生态环境产生不利影响的可能性；

1.4.5　在自然条件下与其他微生物（特别是病原体）进行遗传物质交换的可能性；

1.4.6　在自然条件下与植物进行遗传物质交换的可能性；

1.4.7　在自然条件下与动物进行遗传物质交换的可能性。

1.5　受体微生物的监测方法和监控的可能性。

1.6　受体微生物的其他资料。

1.7　根据本办法第十一条有关标准确定受体微生物的安全等级。

2　基因操作的安全性评价

2.1　转基因微生物中引入或修饰性状和特性的叙述。

2.2　实际插入或删除序列的资料：

2.2.1　插入序列的大小和结构，确定其特性的分析方法

2.2.2　删除区域的大小和功能。

2.2.3　目的基因的核苷酸序列和推导的氨基酸序列；

2.2.4　插入序列的拷贝数。

2.3　目的基因与载体构建的图谱；载体的名称和来源，载体特性和安全性，能否向自然界中不含有该类基因的微生物转移。

2.4　载体中插入区域各片段的资料：

2.4.1　启动子和终止子的大小、功能及其供体生物的名称；

2.4.2　标记基因和报告基因的大小、功能及其供体生物的名称；

2.4.3　其他表达调控序列的名称及其来源（如人工合成或供体生物名称）。

2.5　基因操作方法。

2.6　目的基因表达的稳定性。

2.7　目的基因的检测和鉴定技术。

2.8　重组 DNA 分子的结构、复制特性和安全性。

2.9　根据本办法第十二条有关标准确定基因操作的安全类型。

3　转基因微生物的安全性评价

3.1　转基因微生物的生物学特性；应用目的；在自然界的存活能力；遗传物质转移到其他生物体的能力和可能后果；监测方法和监控的可能性。

3.2　转基因微生物对人类的安全性。

3.2.1　人类接触的可能性及其危险性，有可能产生的直接影响、短期影响和长期影响，对所产生的不利影响的消除途径。

3.2.2　广泛应用后的潜在危险性。

3.3　转基因微生物对生态环境的安全性。

3.3.1　在环境中释放的范围、可能存在的范围以及对环境中哪些因素存在影响；

3.3.2　影响转基因微生物存活、增殖和传播的理化因素；

3.3.3　转基因微生物的稳定性、竞争性、生存能力、变异性以及致病性是否因外界环境条件的改变而改变。

3.4　转基因微生物的检测和鉴定技术。

3.5　根据本办法第十三条有关标准确定转基因微生物的安全等级。

4　其他转基因微生物产品的安全性评价

4.1　转基因微生物产品的稳定性。

4.2　生产、加工活动对转基因微生物安全性的影响。

4.3　转基因微生物产品与转基因微生物在环境安全性方面的差异。

4.4　转基因微生物产品与转基因微生物在对人类健康影响方面的差异。

4.5　参照本办法第十四条有关标准划分其他转基因微生物产品的安全等级。

（二）其他转基因微生物试验方案

1　试验地点

1.1　提供试验地点的气象资料、试验地点的地形环境的一般性描述、标明试验地点的示意图。

1.2　试验地周围的生态类型。

1.3　试验地点周围的相关生物种类。

1.4 试验地点的生态环境对该转基因微生物的存活、繁殖、扩散和传播的有利或不利因素，特别是环境中其它生物从该转基因微生物获得目的基因的可能性。

2 试验设计

2.1 试验的起止时间。

2.2 转基因微生物的名称或编号。

2.3 转基因微生物在各试验地点的规模。

2.4 试验区域的大小。

2.5 转基因微生物的应用。

2.6 转基因微生物的生产、包装及贮运至试验地方式。

2.7 转基因微生物的使用方法及剂量，未使用的部分的处置方式。

3 安全控制措施

3.1 试验生物的安全隔离。

3.1.1 隔离方式、隔离距离；

3.1.2 防止转基因微生物扩散的措施；

3.1.3 试验过程的安全控制措施；

3.1.4 试验过程中出现意外事故的应急措施。

3.2 试验生物的培养和试验结束后的处理方式。

3.3 试验结束后对试验场所的监控措施。

3.4 试验结束后的监控年限。

3.5 试验的监控负责人及其联系方式。

（三）其他转基因微生物各阶段申报要求

1 中间试验的报告要求

1.1 项目名称：应包含目的基因名称、转基因微生物名称、试验所在省（市、自治区）名称和试验阶段名称四个部分。如：转×××基因×××（微生物名称）在河南省的中间试验。

1.2 试验转基因微生物材料数量：一份报告书中菌株应当是由同一种受体微生物（受体菌株不超过 5 个）、相同的目的基因、相同的基因操作所获得的，而且每个转基因菌株都应有明确的名称或编号。

1.3 试验地点和规模：应在法人单位的试验基地进行。每个试验点规模不超过 100 升（公斤）发酵产品（样品）或者陆地面积不超过 4 亩。试验地点应当明确试验所在的省（市、自治区）、县（市）、乡、村和坐标。

1.4　试验年限：一般为一至二年。

1.5　报告中间试验一般应当提供以下相关附件资料：

1.5.1　目的基因的核苷酸序列或其推导的氨基酸序列；

1.5.2　目的基因与载体构建的图谱；

1.5.3　试验地点的位置图和试验隔离图；

1.5.4　中间试验的操作规程（包括转基因微生物的贮存、转移、销毁、试验结束后的监控、意外释放的处理措施以及试验点的管理等）；

1.5.5　试验设计（包括安全评价的主要指标和研究方法等，如转基因微生物的稳定性、竞争性、生存适应能力等）。

2　环境释放的申报要求

2.1　项目名称：应包含目的基因名称、转基因微生物名称、试验所在省（市、自治区）名称和试验阶段名称四个部分。如转×××基因×××（微生物名称）在江苏省和河北省的环境释放。

2.2　试验转基因微生物材料数量：一份申报书中菌株应当是由同一种受体菌株、相同的目的基因、相同的基因操作所获得的，其名称或编号应与中间试验阶段的相对应。

2.3　试验地点和规模：每个试验点规模不超过1000升（公斤）［一般大于100升（公斤）］发酵产品（样品）或者陆地面积不超过30亩（一般大于4亩）。试验地点应当明确试验所在的省（市、自治区）、县（市）、乡、村和坐标。

2.4　试验年限：一次申请环境释放的期限一般为一至二年。

2.5　申请环境释放一般应当提供以下相关附件资料：

2.5.1　目的基因的核苷酸序列或其推导的氨基酸序列图；

2.5.2　目的基因与载体构建的图谱；

2.5.3　提供中间试验阶段安全性评价试验报告；

2.5.4　毒理学检测报告（如急性、亚急性、慢性实验，致突变、致畸变试验等）；

2.5.5　试验地点的位置图和试验隔离图；

2.5.6　环境释放的操作规程（包括转基因微生物的贮存、转移、销毁、试验结束后的监控、意外释放的处理措施以及试验点的管理等）；

2.5.7 试验设计（包括安全评价的主要指标和研究方法等，如转基因微生物的稳定性、竞争性、生存适应能力等）。

3 生产性试验的申报要求

3.1 项目名称：应包含目的基因名称、转基因微生物名称、试验所在省（市、自治区）名称和试验阶段名称四个部分。如转×××基因×××（微生物名称）在山东省的生产性试验。

3.2 试验转基因微生物材料数量：一份申报书中不超过 5 个转基因微生物株系（品系），这些株系（品系）应当是由同一受体菌株、相同的目的基因、相同的基因操作所获得的，而且其名称应与前期试验阶段的名称或编号相对应。

3.3 试验地点和规模：应在批准进行过环境释放的省（市、自治区）进行，每个试验点规模大于 1000 升（公斤）发酵产品（样品）或者陆地面积大于 30 亩。试验地点应当明确试验所在的省（市、自治区）、县（市）、乡、村和坐标。

3.4 试验年限：一次申请生产性试验的期限一般为一至两年。

3.5 申请生产性试验一般应当提供以下相关附件资料：

3.5.1 目的基因的核苷酸序列或其推导的氨基酸序列图；

3.5.2 目的基因与载体构建的图谱；

3.5.3 环境释放阶段审批书的复印件；

3.5.4 中间试验和环境释放阶段安全性评价试验的总结报告；

3.5.5 食品安全性检测报告（如急性、亚急性、慢性实验，致突变、致畸变实验等毒理学报告）；

3.5.6 通过监测，目的基因或转基因微生物向环境中转移情况的报告；

3.5.7 试验地点的位置图和试验隔离图；

3.5.8 生产性试验的操作规程（包括转基因微生物的贮存、转移、销毁、试验结束后的监控、意外释放的处理措施以及试验点的管理等）；

3.5.9 试验设计（包括安全评价的主要指标和研究方法等，如转基因微生物的稳定性、竞争性、生存适应能力、外源基因在靶动物体内的表达和消长关系等）。

4 安全证书的申报要求

4.1 项目名称：应包含目的基因名称、转基因微生物名称等几个部分。如：转×××基因×××（微生物名称）的安全证书。

4.2　一份申报书只能申请1个转基因微生物株系（品系），其名称和编号应当与前期试验阶段的相对应。

4.3　一次申请安全证书的使用期限一般不超过五年。

4.4　申请安全证书一般应当提供以下相关附件资料：

4.4.1　目的基因的核苷酸序列或其推导的氨基酸序列；

4.4.2　目的基因、载体图谱与转基因微生物构建的技术路线；

4.4.3　环境释放和生产性试验阶段审批书的复印件；

4.4.4　中间试验、环境释放和生产性试验阶段安全性评价试验总结报告；

4.4.5　转基因微生物对人体健康、环境和生态安全影响的综合性评价报告；

4.4.6　该类转基因微生物在国内外生产应用的概况；

4.4.7　转基因微生物检测鉴定技术；

4.4.8　转基因微生物的长期环境影响监控方法；

4.4.9　审查所需的其它相关资料。

4.5　申请安全证书的转基因微生物应当经农业农村部批准进行生产性试验，并在试验结束后方可申请。

附录Ⅳ

农业转基因生物及其产品安全控制措施

为避免农业转基因生物对人类健康和生态环境的潜在不利影响，特对不同等级的基因工程工作制定相应的安全控制措施。

1　实验室控制措施

1.1　安全等级Ⅰ控制措施：

实验室和操作按一般生物学实验室的要求。

1.2　安全等级Ⅱ控制措施：

1.2.1　实验室要求：

除同安全等级Ⅰ的实验室要求外，还要求安装超净工作台、配备消毒设施和处理废弃物的高压灭菌设备。

1.2.2　操作要求：

除同安全等级Ⅰ的操作外，还要求：

1.2.2.1　在操作过程中尽可能避免气溶胶的产生；

1.2.2.2　在实验室划定的区域内进行操作；

1.2.2.3　废弃物要装在防渗漏、防碎的容器内，并进行灭活处理；

1.2.2.4　基因操作时应穿工作服，离开实验室前必须将工作服等放在实验室内；

1.2.2.5　防止与实验无关的一切生物如昆虫和啮齿类动物进入实验室。如发生有害目的基因、载体、转基因生物等逃逸、扩散事故，应立即采取应急措施；

1.2.2.6　动物用转基因微生物的实验室安全控制措施，还应符合兽用生物制品的有关规定。

1.3　安全等级Ⅲ控制措施：

1.3.1　实验室要求：

除同安全等级Ⅱ的实验室要求外，还要求：

1.3.1.1　实验室应设立在隔离区内并有明显警示标志，进入操作间应通过专门的更衣室，室内设有沐浴设施，操作间门口还应装自动门和风淋；

1.3.1.2　实验室内部的墙壁、地板、天花板应光洁、防水、防漏、防腐蚀；

1.3.1.3　窗户密封；

1.3.1.4　配有高温高压灭菌设施；

1.3.1.5　操作间应装有负压循环净化设施和污水处理设备。

1.3.2　操作要求：除同安全等级Ⅱ的操作外，还要求：

1.3.2.1　进入实验室必须由项目负责人批准；

1.3.2.2　进入实验室前必须在更衣室内换工作服、戴手套等保护用具；离开实验室前必须沐浴；不准穿工作服离开实验室，工作服必须经过高压灭菌后清洗；

1.3.2.3　工作台用过后马上清洗消毒；

1.3.2.4　转移材料用的器皿必须是双层、不破碎和密封的；

1.3.2.5　使用过的器皿、所有实验室内的用具远离实验室前必须经过灭菌处理；

1.3.2.6　用于基因操作的一切生物、流行性材料应由专人管理并贮存在特定的容器或设施内。

1.3.3　安全控制措施应当向农业转基因生物安全委员会报告，经批准后按其要求执行。

1.4　安全等级Ⅳ控制措施。

除严格执行安全等级Ⅲ的控制措施外，对其试验条件和设施以及试验材料的处理应有更严格的要求。安全控制措施应当向农业转基因生物安全委员会报告，经批准后按其要求执行。

2　中间试验、环境释放和生产性试验控制措施

2.1　安全等级Ⅰ的控制措施：

采用一般的生物隔离方法，将试验控制在必需的范围内。部分转基因作物田间隔离距离见表1；

2.2　安全等级Ⅱ控制措施：

2.2.1　采取适当隔离措施控制人畜出入，设立网室、网罩等防止昆虫飞入。水生生物应当控制在人工水域内，堤坝加固加高，进出水口设置栅栏，防止水生生物逃逸。确保试验生物10年内不致因灾害性天气而进入天然水域；

2.2.2　对工具和有关设施使用后进行消毒处理；

2.2.3　采取一定的生物隔离措施，如将试验地选在转基因生物不会与有关生物杂交的地理区域；

2.2.4　采取相应的物理、化学、生物学、环境和规模控制措施；

2.2.5　试验结束后，收获部分之外的残留植株应当集中销毁，对鱼塘、畜栏和土壤等应进行彻底消毒和处理，以防止转基因生物残留和存活。

2.3　安全等级Ⅲ控制措施：

2.3.1　采取适当隔离措施，严禁无关人员、畜禽和车辆进入。根据不同试验目的配备网室、人工控制的工厂化养殖设施、专门的容器以及有关杀灭转基因生物的设备和药剂等；

2.3.2　对工具和有关设施及时进行消毒处理。防止转基因生物被带出试验区，利用除草剂、杀虫剂、杀菌剂、杀鼠剂消灭与试验无关的植物、昆虫、微生物及啮齿类动物等；

2.3.3　采取最有效的生物隔离措施，防止有关生物与试验区内的转基因生物杂交、转导、转化、接合寄生或转主寄生；

2.3.4　采用严格的环境控制措施，如利用环境（湿度、水分、温度、光照

等）限制转基因生物及其产物在试验区外的生存和繁殖，或将试验区设置在沙漠、高寒等地区使转基因生物一旦逃逸扩散后无法生存；

2.3.5　严格控制试验规模，必要时可随时将转基因生物销毁；

2.3.6　试验结束后，收获部分之外的残留植株应当集中销毁，对鱼塘、畜栏和土壤等应当进行消毒和处理，以防止转基因生物残留和存活；

2.3.7　安全控制措施应当向农业转基因生物安全委员会报告，经批准后按其要求执行。

2.4　安全等级Ⅳ控制措施：

除严格执行安全等级Ⅲ的控制措施外，对其试验条件和设施以及试验材料的处理应有更严格的要求。安全控制措施应当向农业转基因生物安全委员会报告，经批准后按其要求执行。

2.5　动物用转基因微生物及其产品的中间试验、环境释放和生产性试验的控制措施，还应符合兽用生物制品的有关规定。

3　应急措施

3.1　转基因生物发生意外扩散，应立即封闭事故现场，查清事故原因，迅速采取有效措施防止转基因生物继续扩散，并上报有关部门。

3.2　对已产生不良影响的扩散区，应暂时将区域内人员进行隔离和医疗监护。

3.3　对扩散区应进行追踪监测，直至不存在危险。

表1　主要农作物田间隔离距离（参考）

作物名称 Crop Species	隔离距离（米） Isolation Distance（m）	备注 Note
玉米 *Zea mays* L.	300	或花期隔离25天以上
小麦 *Triticum aestivum*	100	或花期隔离20天以上
大麦 *Hordeum vulgare*	100	或花期隔离20天以上
芸薹属 *Brassiaca* L.	1000	—
棉花 *Gossypium* L.	150	—
水稻 *Oryza sativa* L.	100	或花期隔离20天以上
大豆 *Glycine max*（L.）Merrill	100	—
番茄 *Lycopersicum esculentum* Mill	100	—

作物名称 Crop Species	隔离距离（米） Isolation Distance（m）	备注 Note
烟草 *Nicotiana tabacum*	400	—
高粱 *Sorghum vulgare* Pers.	500	—
马铃薯 *Solanum tuberosum* L.	100	—
南瓜 *Cucurbita pepo*	700	—
苜蓿 *Trifolium repens*	300	—
黑麦草 *Lolium perenne*	300	—
辣椒 *Capsicum annum*	100	—

2. 农业转基因生物进口安全管理办法

（2002 年 1 月 5 日农业部令第 9 号公布　2004 年 7 月 1 日农业部令第 38 号、2017 年 11 月 30 日农业部令 2017 年第 8 号修订）

第一章　总　　则

第一条　为了加强对农业转基因生物进口的安全管理，根据《农业转基因生物安全管理条例》（简称《条例》）的有关规定，制定本办法。

第二条　本办法适用于在中华人民共和国境内从事农业转基因生物进口活动的安全管理。

第三条　农业部负责农业转基因生物进口的安全管理工作。国家农业转基因生物安全委员会负责农业转基因生物进口的安全评价工作。

第四条　对于进口的农业转基因生物，按照用于研究和试验的、用于生产的以及用作加工原料的三种用途实行管理。

第二章　用于研究和试验的农业转基因生物

第五条　从中华人民共和国境外引进安全等级Ⅰ、Ⅱ的农业转基因生物进行实验研究的，引进单位应当向农业转基因生物安全管理办公室提出申请，并提供下列材料：

（一）农业部规定的申请资格文件；

（二）进口安全管理登记表（见附件）；

（三）引进农业转基因生物在国（境）外已经进行了相应的研究的证明文件；

（四）引进单位在引进过程中拟采取的安全防范措施。

经审查合格后，由农业部颁发农业转基因生物进口批准文件。引进单位应当凭此批准文件依法向有关部门办理相关手续。

第六条　从中华人民共和国境外引进安全等级Ⅲ、Ⅳ的农业转基因生物进行实验研究的和所有安全等级的农业转基因生物进行中间试验的，引进单位应当向农业部提出申请，并提供下列材料：

（一）农业部规定的申请资格文件；

（二）进口安全管理登记表（见附件）；

（三）引进农业转基因生物在国（境）外已经进行了相应研究或试验的证明文件；

（四）引进单位在引进过程中拟采取的安全防范措施；

（五）《农业转基因生物安全评价管理办法》规定的相应阶段所需的材料。

经审查合格后，由农业部颁发农业转基因生物进口批准文件。引进单位应当凭此批准文件依法向有关部门办理相关手续。

第七条　从中华人民共和国境外引进农业转基因生物进行环境释放和生产性试验的，引进单位应当向农业部提出申请，并提供下列材料：

（一）农业部规定的申请资格文件；

（二）进口安全管理登记表（见附件）；

（三）引进农业转基因生物在国（境）外已经进行了相应的研究的证明文件；

（四）引进单位在引进过程中拟采取的安全防范措施；

（五）《农业转基因生物安全评价管理办法》规定的相应阶段所需的材料。

经审查合格后，由农业部颁发农业转基因生物安全审批书。引进单位应当凭此审批书依法向有关部门办理相关手续。

第八条　从中华人民共和国境外引进农业转基因生物用于试验的，引进单位应当从中间试验阶段开始逐阶段向农业部申请。

第三章　用于生产的农业转基因生物

第九条　境外公司向中华人民共和国出口转基因植物种子、种畜禽、水产苗种和利用农业转基因生物生产的或者含有农业转基因生物成份的植物种子、种畜禽、水产苗种、农药、兽药、肥料和饲料添加剂等拟用于生产应用的，应当向农业部提出申请，并提供下列材料：

（一）进口安全管理登记表（见附件）；

（二）输出国家或者地区已经允许作为相应用途并投放市场的证明文件；

（三）输出国家或者地区经过科学试验证明对人类、动植物、微生物和生态环境无害的资料；

（四）境外公司在向中华人民共和国出口过程中拟采取的安全防范措施；

（五）《农业转基因生物安全评价管理办法》规定的相应阶段所需的材料。

第十条 境外公司在提出上述申请时，应当在中间试验开始前申请，经审批同意，试验材料方可入境，并依次经过中间试验、环境释放、生产性试验三个试验阶段以及农业转基因生物安全证书申领阶段。

中间试验阶段的申请，经审查合格后，由农业部颁发农业转基因生物进口批准文件，境外公司凭此批准文件依法向有关部门办理相关手续。环境释放和生产性试验阶段的申请，经安全评价合格后，由农业部颁发农业转基因生物安全审批书，境外公司凭此审批书依法向有关部门办理相关手续。安全证书的申请，经安全评价合格后，由农业部颁发农业转基因生物安全证书，境外公司凭此证书依法向有关部门办理相关手续。

第十一条 引进的农业转基因生物在生产应用前，应取得农业转基因生物安全证书，方可依照有关种子、种畜禽、水产苗种、农药、兽药、肥料和添加剂等法律、行政法规的规定办理相应的审定、登记或者评价、审批手续。

第四章 用作加工原料的农业转基因生物

第十二条 境外公司向中华人民共和国出口农业转基因生物用作加工原料的，应当向农业部申请领取农业转基因生物安全证书。

第十三条 境外公司提出上述申请时，应当按照相关安全评价指南的要求提供下列材料：

（一）进口安全管理登记表（见附件）；

（二）安全评价申报书（见《农业转基因生物安全评价管理办法》附录Ⅴ）；

（三）输出国家或者地区已经允许作为相应用途并投放市场的证明文件；

（四）输出国家或者地区经过科学试验证明对人类、动植物、微生物和生态环境无害的资料；

（五）按要求提交农业转基因生物样品、对照样品及检测所需的试验材料、检测方法；

（六）境外公司在向中华人民共和国出口过程中拟采取的安全防范措施。

农业部收到申请后，应当组织农业转基因生物安全委员会进行安全评价，并委托具备检测条件和能力的技术检测机构进行检测；安全评价合格的，经农业部批准后，方可颁发农业转基因生物安全证书。

第十四条 在申请获得批准后，再次向中华人民共和国提出申请时，符合同一公司、同一农业转基因生物条件的，可简化安全评价申请手续，并提供以下材料：

（一）进口安全管理登记表（见附件）；

（二）农业部首次颁发的农业转基因生物安全证书复印件；

（三）境外公司在向中华人民共和国出口过程中拟采取的安全防范措施。

经审查合格后，由农业部颁发农业转基因生物安全证书。

第十五条 境外公司应当凭农业部颁发的农业转基因生物安全证书，依法向有关部门办理相关手续。

第十六条 进口用作加工原料的农业转基因生物如果具有生命活力，应当建立进口档案，载明其来源、贮存、运输等内容，并采取与农业转基因生物相适应的安全控制措施，确保农业转基因生物不进入环境。

第十七条 向中国出口农业转基因生物直接用作消费品的，依照向中国出口农业转基因生物用作加工原料的审批程序办理。

第五章 一般性规定

第十八条 农业部应当自收到申请人申请之日起 270 日内做批准或者不批准的决定，并通知申请人。

第十九条 进口农业转基因生物用于生产或用作加工原料的，应当在取得农业部颁发的农业转基因生物安全证书后，方能签订合同。

第二十条 进口农业转基因生物，没有国务院农业行政主管部门颁发的农业转基因生物安全证书和相关批准文件的，或者与证书、批准文件不符的，作退货或者销毁处理。

第二十一条 本办法由农业部负责解释。

第二十二条 本办法自 2002 年 3 月 20 日起施行。

附件：

农业转基因生物进口安全管理登记表

<table>
<tr><td rowspan="19">转基因生物的一般资料</td><td colspan="2">名称</td><td></td><td></td><td>产地</td><td></td></tr>
<tr><td colspan="2">发货人</td><td></td><td>收货人</td><td colspan="2"></td></tr>
<tr><td colspan="2">批次</td><td></td><td>货号</td><td>运输工具</td><td></td></tr>
<tr><td colspan="2">进口用途</td><td colspan="4">1. 用于研究、试验□　2. 用于生产□
3. 用作加工原料（具有生命活力□　不具有生命活力□）</td></tr>
<tr><td rowspan="2">受体生物</td><td>中文名</td><td></td><td></td><td>学名</td><td></td></tr>
<tr><td>起源或原产地</td><td colspan="4"></td></tr>
<tr><td rowspan="2">目的基因</td><td>名称</td><td></td><td></td><td>供体生物或来源</td><td></td></tr>
<tr><td>生物学功能和特性</td><td colspan="4"></td></tr>
<tr><td colspan="2">物理状态</td><td colspan="4"></td></tr>
<tr><td colspan="2">包装方式</td><td></td><td></td><td>储存方式</td><td></td></tr>
<tr><td colspan="2">采取的安全控制措施</td><td colspan="4"></td></tr>
<tr><td colspan="2">产地国批准的用途</td><td colspan="4"></td></tr>
<tr><td colspan="2">产地国批准应用的文件</td><td></td><td></td><td>批准地点</td><td></td></tr>
<tr><td colspan="2">有否被拒绝批准的记录</td><td colspan="4"></td></tr>
<tr><td rowspan="7">申请单位情况</td><td colspan="2">国家名称</td><td colspan="4"></td></tr>
<tr><td colspan="2">单位名称</td><td colspan="4"></td></tr>
<tr><td colspan="2">主要经营活动</td><td colspan="4"></td></tr>
<tr><td rowspan="3">联系方式</td><td>电话</td><td></td><td></td><td>传真</td><td></td></tr>
<tr><td>电子邮件</td><td colspan="4"></td></tr>
<tr><td>通信地址</td><td colspan="4"></td></tr>
</table>

续表

申请单位法人代表签字	（签字） （单位公章）
申请时间	年　月　日

3. 农业转基因生物标识管理办法

（2002 年 1 月 5 日农业部令第 10 号公布　2004 年 7 月 1 日农业部令第 38 号、2017 年 11 月 30 日农业部令 2017 年第 8 号修订）

第一条　为了加强对农业转基因生物的标识管理，规范农业转基因生物的销售行为，引导农业转基因生物的生产和消费，保护消费者的知情权，根据《农业转基因生物安全管理条例》（简称《条例》）的有关规定，制定本办法。

第二条　国家对农业转基因生物实行标识制度。实施标识管理的农业转基因生物目录，由国务院农业行政主管部门商国务院有关部门制定、调整和公布。

第三条　在中华人民共和国境内销售列入农业转基因生物标识目录的农业转基因生物，必须遵守本办法。

凡是列入标识管理目录并用于销售的农业转基因生物，应当进行标识；未标识和不按规定标识的，不得进口或销售。

第四条　农业部负责全国农业转基因生物标识的监督管理工作。

县级以上地方人民政府农业行政主管部门负责本行政区域内的农业转基因生物标识的监督管理工作。

国家质检总局负责进口农业转基因生物在口岸的标识检查验证工作。

第五条　列入农业转基因生物标识目录的农业转基因生物，由生产、分装单位和个人负责标识；经营单位和个人拆开原包装进行销售的，应当重新标识。

第六条 标识的标注方法：

（一）转基因动植物（含种子、种畜禽、水产苗种）和微生物，转基因动植物、微生物产品，含有转基因动植物、微生物或者其产品成份的种子、种畜禽、水产苗种、农药、兽药、肥料和添加剂等产品，直接标注"转基因××"。

（二）转基因农产品的直接加工品，标注为"转基因××加工品（制成品）"或者"加工原料为转基因××"。

（三）用农业转基因生物或用含有农业转基因生物成份的产品加工制成的产品，但最终销售产品中已不再含有或检测不出转基因成份的产品，标注为"本产品为转基因××加工制成，但本产品中已不再含有转基因成份"或者标注为"本产品加工原料中有转基因××，但本产品中已不再含有转基因成份"。

第七条 农业转基因生物标识应当醒目，并和产品的包装、标签同时设计和印制。

难以在原有包装、标签上标注农业转基因生物标识的，可采用在原有包装、标签的基础上附加转基因生物标识的办法进行标注，但附加标识应当牢固、持久。

第八条 难以用包装物或标签对农业转基因生物进行标识时，可采用下列方式标注：

（一）难以在每个销售产品上标识的快餐业和零售业中的农业转基因生物，可以在产品展销（示）柜（台）上进行标识，也可以在价签上进行标识或者设立标识板（牌）进行标识。

（二）销售无包装和标签的农业转基因生物时，可以采取设立标识板（牌）的方式进行标识。

（三）装在运输容器内的农业转基因生物不经包装直接销售时，销售现场可以在容器上进行标识，也可以设立标识板（牌）进行标识。

（四）销售无包装和标签的农业转基因生物，难以用标识板（牌）进行标注时，销售者应当以适当的方式声明。

（五）进口无包装和标签的农业转基因生物，难以用标识板（牌）进行标注时，应当在报检（关）单上注明。

第九条 有特殊销售范围要求的农业转基因生物，还应当明确标注销售的范围，可标注为"仅限于××销售（生产、加工、使用）"。

第十条　农业转基因生物标识应当使用规范的中文汉字进行标注。

第十一条　销售农业转基因生物的经营单位和个人在进货时，应当对货物和标识进行核对。

第十二条　违反本办法规定的，按《条例》第五十二条规定予以处罚。

第十三条　本办法由农业部负责解释。

第十四条　本办法自 2002 年 3 月 20 日起施行。

4. 农业转基因生物加工审批办法

（2006 年 1 月 27 日农业部令第 59 号公布　2019 年 4 月 25 日农业农村部令 2019 年第 2 号修正）

第一条　为了加强农业转基因生物加工审批管理，根据《农业转基因生物安全管理条例》的有关规定，制定本办法。

第二条　本办法所称农业转基因生物加工，是指以具有活性的农业转基因生物为原料，生产农业转基因生物产品的活动。

前款所称农业转基因生物产品，是指《农业转基因生物安全管理条例》第三条第（二）、（三）项所称的转基因动植物、微生物产品和转基因农产品的直接加工品。

第三条　在中华人民共和国境内从事农业转基因生物加工的单位和个人，应当取得加工所在地省级人民政府农业行政主管部门颁发的《农业转基因生物加工许可证》（以下简称《加工许可证》）。

第四条　从事农业转基因生物加工的单位和个人，除应当符合有关法律、法规规定的设立条件外，还应当具备下列条件：

（一）与加工农业转基因生物相适应的专用生产线和封闭式仓储设施。

（二）加工废弃物及灭活处理的设备和设施。

（三）农业转基因生物与非转基因生物原料加工转换污染处理控制措施。

（四）完善的农业转基因生物加工安全管理制度。包括：

1. 原料采购、运输、贮藏、加工、销售管理档案；

2. 岗位责任制度；

3. 农业转基因生物扩散等突发事件应急预案；

4. 农业转基因生物安全管理小组，具备农业转基因生物安全知识的管理人员、技术人员。

第五条　申请《加工许可证》应当向省级人民政府农业行政主管部门提出，并提供下列材料：

（一）农业转基因生物加工许可证申请表（见附件）；

（二）农业转基因生物加工安全管理制度文本；

（三）农业转基因生物安全管理小组人员名单和专业知识、学历证明；

（四）农业转基因生物安全法规和加工安全知识培训记录；

（五）农业转基因生物产品标识样本。

第六条　省级人民政府农业行政主管部门应当自受理申请之日起20个工作日内完成审查。审查符合条件的，发给《加工许可证》，并及时向农业部备案；不符合条件的，应当书面通知申请人并说明理由。

省级人民政府农业行政主管部门可以根据需要组织专家小组对申请材料进行评审，专家小组可以进行实地考察，并在农业行政主管部门规定的期限内提交考察报告。

第七条　《加工许可证》有效期为三年。期满后需要继续从事加工的，持证单位和个人应当在期满前六个月，重新申请办理《加工许可证》。

第八条　从事农业转基因生物加工的单位和个人变更名称的，应当申请换发《加工许可证》。

从事农业转基因生物加工的单位和个人有下列情形之一的，应当重新办理《加工许可证》：

（一）超出原《加工许可证》规定的加工范围的；

（二）改变生产地址的，包括异地生产和设立分厂。

第九条　违反本办法规定的，依照《农业转基因生物安全管理条例》的有关规定处罚。

第十条　《加工许可证》由农业部统一印制。

第十一条　本办法自 2006 年 7 月 1 日起施行。

附件

农业转基因生物加工许可证申请表

申请日期： 年 月 日

申请单位名称		机构代码	
地址		邮编	
E－MAIL		传真	
企业性质		成立时间	
法人代表		联系人		电话	
联营或建分场情况			
转基因生物原料名称		原料来源（产地、国别）	
产品名称（种类）			
用途		标识情况	
产品流向		上年度加工量	
申请单位意见	法人代表（签字或盖章） 年 月 日		
专家小组意见	盖章 年 月 日		
省级农业行政主管部门审批意见	盖章 年 月 日		

第四章 种子生产经营及农产品质量

一、法律

1. 中华人民共和国广告法

（1994 年 10 月 27 日第八届全国人民代表大会常务委员会第十次会议通过 2015 年 4 月 24 日第十二届全国人民代表大会常务委员会第十四次会议修订 根据 2018 年 10 月 26 日第十三届全国人民代表大会常务委员会第六次会议《关于修改〈中华人民共和国野生动物保护法〉等十五部法律的决定》第一次修正 根据 2021 年 4 月 29 日第十三届全国人民代表大会常务委员会第二十八次会议《关于修改〈中华人民共和国道路交通安全法〉等八部法律的决定》第二次修正）

第一章 总 则

第一条 为了规范广告活动，保护消费者的合法权益，促进广告业的健康发展，维护社会经济秩序，制定本法。

第二条 在中华人民共和国境内，商品经营者或者服务提供者通过一定媒介和形式直接或者间接地介绍自己所推销的商品或者服务的商业广告活动，适用本法。

本法所称广告主，是指为推销商品或者服务，自行或者委托他人设计、制作、发布广告的自然人、法人或者其他组织。

本法所称广告经营者，是指接受委托提供广告设计、制作、代理服务的自然人、法人或者其他组织。

本法所称广告发布者，是指为广告主或者广告主委托的广告经营者发布广告的自然人、法人或者其他组织。

本法所称广告代言人，是指广告主以外的，在广告中以自己的名义或者形象对商品、服务作推荐、证明的自然人、法人或者其他组织。

第三条 广告应当真实、合法,以健康的表现形式表达广告内容,符合社会主义精神文明建设和弘扬中华民族优秀传统文化的要求。

第四条 广告不得含有虚假或者引人误解的内容,不得欺骗、误导消费者。广告主应当对广告内容的真实性负责。

第五条 广告主、广告经营者、广告发布者从事广告活动,应当遵守法律、法规,诚实信用,公平竞争。

第六条 国务院市场监督管理部门主管全国的广告监督管理工作,国务院有关部门在各自的职责范围内负责广告管理相关工作。

县级以上地方市场监督管理部门主管本行政区域的广告监督管理工作,县级以上地方人民政府有关部门在各自的职责范围内负责广告管理相关工作。

第七条 广告行业组织依照法律、法规和章程的规定,制定行业规范,加强行业自律,促进行业发展,引导会员依法从事广告活动,推动广告行业诚信建设。

第二章　广告内容准则

第八条 广告中对商品的性能、功能、产地、用途、质量、成分、价格、生产者、有效期限、允诺等或者对服务的内容、提供者、形式、质量、价格、允诺等有表示的,应当准确、清楚、明白。

广告中表明推销的商品或者服务附带赠送的,应当明示所附带赠送商品或者服务的品种、规格、数量、期限和方式。

法律、行政法规规定广告中应当明示的内容,应当显著、清晰表示。

第九条 广告不得有下列情形:

(一)使用或者变相使用中华人民共和国的国旗、国歌、国徽,军旗、军歌、军徽;

(二)使用或者变相使用国家机关、国家机关工作人员的名义或者形象;

(三)使用"国家级"、"最高级"、"最佳"等用语;

(四)损害国家的尊严或者利益,泄露国家秘密;

(五)妨碍社会安定,损害社会公共利益;

(六)危害人身、财产安全,泄露个人隐私;

(七)妨碍社会公共秩序或者违背社会良好风尚;

(八)含有淫秽、色情、赌博、迷信、恐怖、暴力的内容;

（九）含有民族、种族、宗教、性别歧视的内容；

（十）妨碍环境、自然资源或者文化遗产保护；

（十一）法律、行政法规规定禁止的其他情形。

第十条 广告不得损害未成年人和残疾人的身心健康。

第十一条 广告内容涉及的事项需要取得行政许可的，应当与许可的内容相符合。

广告使用数据、统计资料、调查结果、文摘、引用语等引证内容的，应当真实、准确，并表明出处。引证内容有适用范围和有效期限的，应当明确表示。

第十二条 广告中涉及专利产品或者专利方法的，应当标明专利号和专利种类。

未取得专利权的，不得在广告中谎称取得专利权。

禁止使用未授予专利权的专利申请和已经终止、撤销、无效的专利作广告。

第十三条 广告不得贬低其他生产经营者的商品或者服务。

第十四条 广告应当具有可识别性，能够使消费者辨明其为广告。

大众传播媒介不得以新闻报道形式变相发布广告。通过大众传播媒介发布的广告应当显著标明"广告"，与其他非广告信息相区别，不得使消费者产生误解。

广播电台、电视台发布广告，应当遵守国务院有关部门关于时长、方式的规定，并应当对广告时长作出明显提示。

第十五条 麻醉药品、精神药品、医疗用毒性药品、放射性药品等特殊药品，药品类易制毒化学品，以及戒毒治疗的药品、医疗器械和治疗方法，不得作广告。

前款规定以外的处方药，只能在国务院卫生行政部门和国务院药品监督管理部门共同指定的医学、药学专业刊物上作广告。

第十六条 医疗、药品、医疗器械广告不得含有下列内容：

（一）表示功效、安全性的断言或者保证；

（二）说明治愈率或者有效率；

（三）与其他药品、医疗器械的功效和安全性或者其他医疗机构比较；

（四）利用广告代言人作推荐、证明；

（五）法律、行政法规规定禁止的其他内容。

药品广告的内容不得与国务院药品监督管理部门批准的说明书不一致，并应当显著标明禁忌、不良反应。处方药广告应当显著标明"本广告仅供医学药学专业人士阅读",非处方药广告应当显著标明"请按药品说明书或者在药师指导下购买和使用"。

推荐给个人自用的医疗器械的广告,应当显著标明"请仔细阅读产品说明书或者在医务人员的指导下购买和使用"。医疗器械产品注册证明文件中有禁忌内容、注意事项的,广告中应当显著标明"禁忌内容或者注意事项详见说明书"。

第十七条 除医疗、药品、医疗器械广告外,禁止其他任何广告涉及疾病治疗功能,并不得使用医疗用语或者易使推销的商品与药品、医疗器械相混淆的用语。

第十八条 保健食品广告不得含有下列内容:

(一)表示功效、安全性的断言或者保证;

(二)涉及疾病预防、治疗功能;

(三)声称或者暗示广告商品为保障健康所必需;

(四)与药品、其他保健食品进行比较;

(五)利用广告代言人作推荐、证明;

(六)法律、行政法规规定禁止的其他内容。

保健食品广告应当显著标明"本品不能代替药物"。

第十九条 广播电台、电视台、报刊音像出版单位、互联网信息服务提供者不得以介绍健康、养生知识等形式变相发布医疗、药品、医疗器械、保健食品广告。

第二十条 禁止在大众传播媒介或者公共场所发布声称全部或者部分替代母乳的婴儿乳制品、饮料和其他食品广告。

第二十一条 农药、兽药、饲料和饲料添加剂广告不得含有下列内容:

(一)表示功效、安全性的断言或者保证;

(二)利用科研单位、学术机构、技术推广机构、行业协会或者专业人士、用户的名义或者形象作推荐、证明;

(三)说明有效率;

(四)违反安全使用规程的文字、语言或者画面;

(五)法律、行政法规规定禁止的其他内容。

第二十二条 禁止在大众传播媒介或者公共场所、公共交通工具、户外发布烟草广告。禁止向未成年人发送任何形式的烟草广告。

禁止利用其他商品或者服务的广告、公益广告，宣传烟草制品名称、商标、包装、装潢以及类似内容。

烟草制品生产者或者销售者发布的迁址、更名、招聘等启事中，不得含有烟草制品名称、商标、包装、装潢以及类似内容。

第二十三条 酒类广告不得含有下列内容：

（一）诱导、怂恿饮酒或者宣传无节制饮酒；

（二）出现饮酒的动作；

（三）表现驾驶车、船、飞机等活动；

（四）明示或者暗示饮酒有消除紧张和焦虑、增加体力等功效。

第二十四条 教育、培训广告不得含有下列内容：

（一）对升学、通过考试、获得学位学历或者合格证书，或者对教育、培训的效果作出明示或者暗示的保证性承诺；

（二）明示或者暗示有相关考试机构或者其工作人员、考试命题人员参与教育、培训；

（三）利用科研单位、学术机构、教育机构、行业协会、专业人士、受益者的名义或者形象作推荐、证明。

第二十五条 招商等有投资回报预期的商品或者服务广告，应当对可能存在的风险以及风险责任承担有合理提示或者警示，并不得含有下列内容：

（一）对未来效果、收益或者与其相关的情况作出保证性承诺，明示或者暗示保本、无风险或者保收益等，国家另有规定的除外；

（二）利用学术机构、行业协会、专业人士、受益者的名义或者形象作推荐、证明。

第二十六条 房地产广告，房源信息应当真实，面积应当表明为建筑面积或者套内建筑面积，并不得含有下列内容：

（一）升值或者投资回报的承诺；

（二）以项目到达某一具体参照物的所需时间表示项目位置；

（三）违反国家有关价格管理的规定；

（四）对规划或者建设中的交通、商业、文化教育设施以及其他市政条件作误导宣传。

第二十七条 农作物种子、林木种子、草种子、种畜禽、水产苗种和种养殖广告关于品种名称、生产性能、生长量或者产量、品质、抗性、特殊使用价值、经济价值、适宜种植或者养殖的范围和条件等方面的表述应当真实、清楚、明白，并不得含有下列内容：

（一）作科学上无法验证的断言；

（二）表示功效的断言或者保证；

（三）对经济效益进行分析、预测或者作保证性承诺；

（四）利用科研单位、学术机构、技术推广机构、行业协会或者专业人士、用户的名义或者形象作推荐、证明。

第二十八条 广告以虚假或者引人误解的内容欺骗、误导消费者的，构成虚假广告。

广告有下列情形之一的，为虚假广告：

（一）商品或者服务不存在的；

（二）商品的性能、功能、产地、用途、质量、规格、成分、价格、生产者、有效期限、销售状况、曾获荣誉等信息，或者服务的内容、提供者、形式、质量、价格、销售状况、曾获荣誉等信息，以及与商品或者服务有关的允诺等信息与实际情况不符，对购买行为有实质性影响的；

（三）使用虚构、伪造或者无法验证的科研成果、统计资料、调查结果、文摘、引用语等信息作证明材料的；

（四）虚构使用商品或者接受服务的效果的；

（五）以虚假或者引人误解的内容欺骗、误导消费者的其他情形。

第三章　广告行为规范

第二十九条 广播电台、电视台、报刊出版单位从事广告发布业务的，应当设有专门从事广告业务的机构，配备必要的人员，具有与发布广告相适应的场所、设备。

第三十条 广告主、广告经营者、广告发布者之间在广告活动中应当依法订立书面合同。

第三十一条 广告主、广告经营者、广告发布者不得在广告活动中进行任何形式的不正当竞争。

第三十二条 广告主委托设计、制作、发布广告，应当委托具有合法经营资格的广告经营者、广告发布者。

第三十三条　广告主或者广告经营者在广告中使用他人名义或者形象的，应当事先取得其书面同意；使用无民事行为能力人、限制民事行为能力人的名义或者形象的，应当事先取得其监护人的书面同意。

第三十四条　广告经营者、广告发布者应当按照国家有关规定，建立、健全广告业务的承接登记、审核、档案管理制度。

广告经营者、广告发布者依据法律、行政法规查验有关证明文件，核对广告内容。对内容不符或者证明文件不全的广告，广告经营者不得提供设计、制作、代理服务，广告发布者不得发布。

第三十五条　广告经营者、广告发布者应当公布其收费标准和收费办法。

第三十六条　广告发布者向广告主、广告经营者提供的覆盖率、收视率、点击率、发行量等资料应当真实。

第三十七条　法律、行政法规规定禁止生产、销售的产品或者提供的服务，以及禁止发布广告的商品或者服务，任何单位或者个人不得设计、制作、代理、发布广告。

第三十八条　广告代言人在广告中对商品、服务作推荐、证明，应当依据事实，符合本法和有关法律、行政法规规定，并不得为其未使用过的商品或者未接受过的服务作推荐、证明。

不得利用不满十周岁的未成年人作为广告代言人。

对在虚假广告中作推荐、证明受到行政处罚未满三年的自然人、法人或者其他组织，不得利用其作为广告代言人。

第三十九条　不得在中小学校、幼儿园内开展广告活动，不得利用中小学生和幼儿的教材、教辅材料、练习册、文具、教具、校服、校车等发布或者变相发布广告，但公益广告除外。

第四十条　在针对未成年人的大众传播媒介上不得发布医疗、药品、保健食品、医疗器械、化妆品、酒类、美容广告，以及不利于未成年人身心健康的网络游戏广告。

针对不满十四周岁的未成年人的商品或者服务的广告不得含有下列内容：

（一）劝诱其要求家长购买广告商品或者服务；

（二）可能引发其模仿不安全行为。

第四十一条　县级以上地方人民政府应当组织有关部门加强对利用户外场所、空间、设施等发布户外广告的监督管理，制定户外广告设置规划和安全要求。

户外广告的管理办法，由地方性法规、地方政府规章规定。

第四十二条 有下列情形之一的，不得设置户外广告：

（一）利用交通安全设施、交通标志的；

（二）影响市政公共设施、交通安全设施、交通标志、消防设施、消防安全标志使用的；

（三）妨碍生产或者人民生活，损害市容市貌的；

（四）在国家机关、文物保护单位、风景名胜区等的建筑控制地带，或者县级以上地方人民政府禁止设置户外广告的区域设置的。

第四十三条 任何单位或者个人未经当事人同意或者请求，不得向其住宅、交通工具等发送广告，也不得以电子信息方式向其发送广告。

以电子信息方式发送广告的，应当明示发送者的真实身份和联系方式，并向接收者提供拒绝继续接收的方式。

第四十四条 利用互联网从事广告活动，适用本法的各项规定。

利用互联网发布、发送广告，不得影响用户正常使用网络。在互联网页面以弹出等形式发布的广告，应当显著标明关闭标志，确保一键关闭。

第四十五条 公共场所的管理者或者电信业务经营者、互联网信息服务提供者对其明知或者应知的利用其场所或者信息传输、发布平台发送、发布违法广告的，应当予以制止。

第四章　监督管理

第四十六条 发布医疗、药品、医疗器械、农药、兽药和保健食品广告，以及法律、行政法规规定应当进行审查的其他广告，应当在发布前由有关部门（以下称广告审查机关）对广告内容进行审查；未经审查，不得发布。

第四十七条 广告主申请广告审查，应当依照法律、行政法规向广告审查机关提交有关证明文件。

广告审查机关应当依照法律、行政法规规定作出审查决定，并应当将审查批准文件抄送同级市场监督管理部门。广告审查机关应当及时向社会公布批准的广告。

第四十八条 任何单位或者个人不得伪造、变造或者转让广告审查批准文件。

第四十九条 市场监督管理部门履行广告监督管理职责，可以行使下列职权：

（一）对涉嫌从事违法广告活动的场所实施现场检查；

（二）询问涉嫌违法当事人或者其法定代表人、主要负责人和其他有关人员，对有关单位或者个人进行调查；

（三）要求涉嫌违法当事人限期提供有关证明文件；

（四）查阅、复制与涉嫌违法广告有关的合同、票据、账簿、广告作品和其他有关资料；

（五）查封、扣押与涉嫌违法广告直接相关的广告物品、经营工具、设备等财物；

（六）责令暂停发布可能造成严重后果的涉嫌违法广告；

（七）法律、行政法规规定的其他职权。

市场监督管理部门应当建立健全广告监测制度，完善监测措施，及时发现和依法查处违法广告行为。

第五十条 国务院市场监督管理部门会同国务院有关部门，制定大众传播媒介广告发布行为规范。

第五十一条 市场监督管理部门依照本法规定行使职权，当事人应当协助、配合，不得拒绝、阻挠。

第五十二条 市场监督管理部门和有关部门及其工作人员对其在广告监督管理活动中知悉的商业秘密负有保密义务。

第五十三条 任何单位或者个人有权向市场监督管理部门和有关部门投诉、举报违反本法的行为。市场监督管理部门和有关部门应当向社会公开受理投诉、举报的电话、信箱或者电子邮件地址，接到投诉、举报的部门应当自收到投诉之日起七个工作日内，予以处理并告知投诉、举报人。

市场监督管理部门和有关部门不依法履行职责的，任何单位或者个人有权向其上级机关或者监察机关举报。接到举报的机关应当依法作出处理，并将处理结果及时告知举报人。

有关部门应当为投诉、举报人保密。

第五十四条 消费者协会和其他消费者组织对违反本法规定，发布虚假广告侵害消费者合法权益，以及其他损害社会公共利益的行为，依法进行社会监督。

第五章　法律责任

第五十五条　违反本法规定，发布虚假广告的，由市场监督管理部门责令停止发布广告，责令广告主在相应范围内消除影响，处广告费用三倍以上五倍以下的罚款，广告费用无法计算或者明显偏低的，处二十万元以上一百万元以下的罚款；两年内有三次以上违法行为或者有其他严重情节的，处广告费用五倍以上十倍以下的罚款，广告费用无法计算或者明显偏低的，处一百万元以上二百万元以下的罚款，可以吊销营业执照，并由广告审查机关撤销广告审查批准文件、一年内不受理其广告审查申请。

医疗机构有前款规定违法行为，情节严重的，除由市场监督管理部门依照本法处罚外，卫生行政部门可以吊销诊疗科目或者吊销医疗机构执业许可证。

广告经营者、广告发布者明知或者应知广告虚假仍设计、制作、代理、发布的，由市场监督管理部门没收广告费用，并处广告费用三倍以上五倍以下的罚款，广告费用无法计算或者明显偏低的，处二十万元以上一百万元以下的罚款；两年内有三次以上违法行为或者有其他严重情节的，处广告费用五倍以上十倍以下的罚款，广告费用无法计算或者明显偏低的，处一百万元以上二百万元以下的罚款，并可以由有关部门暂停广告发布业务、吊销营业执照。

广告主、广告经营者、广告发布者有本条第一款、第三款规定行为，构成犯罪的，依法追究刑事责任。

第五十六条　违反本法规定，发布虚假广告，欺骗、误导消费者，使购买商品或者接受服务的消费者的合法权益受到损害的，由广告主依法承担民事责任。广告经营者、广告发布者不能提供广告主的真实名称、地址和有效联系方式的，消费者可以要求广告经营者、广告发布者先行赔偿。

关系消费者生命健康的商品或者服务的虚假广告，造成消费者损害的，其广告经营者、广告发布者、广告代言人应当与广告主承担连带责任。

前款规定以外的商品或者服务的虚假广告，造成消费者损害的，其广告经营者、广告发布者、广告代言人，明知或者应知广告虚假仍设计、制作、代理、发布或者作推荐、证明的，应当与广告主承担连带责任。

第五十七条　有下列行为之一的，由市场监督管理部门责令停止发布广告，对广告主处二十万元以上一百万元以下的罚款，情节严重的，并可以吊销营业执照，由广告审查机关撤销广告审查批准文件、一年内不受理其广告审查申请；

对广告经营者、广告发布者，由市场监督管理部门没收广告费用，处二十万元以上一百万元以下的罚款，情节严重的，并可以吊销营业执照：

（一）发布有本法第九条、第十条规定的禁止情形的广告的；

（二）违反本法第十五条规定发布处方药广告、药品类易制毒化学品广告、戒毒治疗的医疗器械和治疗方法广告的；

（三）违反本法第二十条规定，发布声称全部或者部分替代母乳的婴儿乳制品、饮料和其他食品广告的；

（四）违反本法第二十二条规定发布烟草广告的；

（五）违反本法第三十七条规定，利用广告推销禁止生产、销售的产品或者提供的服务，或者禁止发布广告的商品或者服务的；

（六）违反本法第四十条第一款规定，在针对未成年人的大众传播媒介上发布医疗、药品、保健食品、医疗器械、化妆品、酒类、美容广告，以及不利于未成年人身心健康的网络游戏广告的。

第五十八条　有下列行为之一的，由市场监督管理部门责令停止发布广告，责令广告主在相应范围内消除影响，处广告费用一倍以上三倍以下的罚款，广告费用无法计算或者明显偏低的，处十万元以上二十万元以下的罚款；情节严重的，处广告费用三倍以上五倍以下的罚款，广告费用无法计算或者明显偏低的，处二十万元以上一百万元以下的罚款，可以吊销营业执照，并由广告审查机关撤销广告审查批准文件、一年内不受理其广告审查申请：

（一）违反本法第十六条规定发布医疗、药品、医疗器械广告的；

（二）违反本法第十七条规定，在广告中涉及疾病治疗功能，以及使用医疗用语或者易使推销的商品与药品、医疗器械相混淆的用语的；

（三）违反本法第十八条规定发布保健食品广告的；

（四）违反本法第二十一条规定发布农药、兽药、饲料和饲料添加剂广告的；

（五）违反本法第二十三条规定发布酒类广告的；

（六）违反本法第二十四条规定发布教育、培训广告的；

（七）违反本法第二十五条规定发布招商等有投资回报预期的商品或者服务广告的；

（八）违反本法第二十六条规定发布房地产广告的；

（九）违反本法第二十七条规定发布农作物种子、林木种子、草种子、种畜禽、水产苗种和种养殖广告的；

（十）违反本法第三十八条第二款规定，利用不满十周岁的未成年人作为广告代言人的；

（十一）违反本法第三十八条第三款规定，利用自然人、法人或者其他组织作为广告代言人的；

（十二）违反本法第三十九条规定，在中小学校、幼儿园内或者利用与中小学生、幼儿有关的物品发布广告的；

（十三）违反本法第四十条第二款规定，发布针对不满十四周岁的未成年人的商品或者服务的广告的；

（十四）违反本法第四十六条规定，未经审查发布广告的。

医疗机构有前款规定违法行为，情节严重的，除由市场监督管理部门依照本法处罚外，卫生行政部门可以吊销诊疗科目或者吊销医疗机构执业许可证。

广告经营者、广告发布者明知或者应知有本条第一款规定违法行为仍设计、制作、代理、发布的，由市场监督管理部门没收广告费用，并处广告费用一倍以上三倍以下的罚款，广告费用无法计算或者明显偏低的，处十万元以上二十万元以下的罚款；情节严重的，处广告费用三倍以上五倍以下的罚款，广告费用无法计算或者明显偏低的，处二十万元以上一百万元以下的罚款，并可以由有关部门暂停广告发布业务、吊销营业执照。

第五十九条 有下列行为之一的，由市场监督管理部门责令停止发布广告，对广告主处十万元以下的罚款：

（一）广告内容违反本法第八条规定的；

（二）广告引证内容违反本法第十一条规定的；

（三）涉及专利的广告违反本法第十二条规定的；

（四）违反本法第十三条规定，广告贬低其他生产经营者的商品或者服务的。

广告经营者、广告发布者明知或者应知有前款规定违法行为仍设计、制作、代理、发布的，由市场监督管理部门处十万元以下的罚款。

广告违反本法第十四条规定，不具有可识别性的，或者违反本法第十九条规定，变相发布医疗、药品、医疗器械、保健食品广告的，由市场监督管理部门责令改正，对广告发布者处十万元以下的罚款。

第六十条 违反本法第三十四条规定，广告经营者、广告发布者未按照国家有关规定建立、健全广告业务管理制度的，或者未对广告内容进行核对的，由市场监督管理部门责令改正，可以处五万元以下的罚款。

违反本法第三十五条规定，广告经营者、广告发布者未公布其收费标准和收费办法的，由价格主管部门责令改正，可以处五万元以下的罚款。

第六十一条　广告代言人有下列情形之一的，由市场监督管理部门没收违法所得，并处违法所得一倍以上二倍以下的罚款：

（一）违反本法第十六条第一款第四项规定，在医疗、药品、医疗器械广告中作推荐、证明的；

（二）违反本法第十八条第一款第五项规定，在保健食品广告中作推荐、证明的；

（三）违反本法第三十八条第一款规定，为其未使用过的商品或者未接受过的服务作推荐、证明的；

（四）明知或者应知广告虚假仍在广告中对商品、服务作推荐、证明的。

第六十二条　违反本法第四十三条规定发送广告的，由有关部门责令停止违法行为，对广告主处五千元以上三万元以下的罚款。

违反本法第四十四条第二款规定，利用互联网发布广告，未显著标明关闭标志，确保一键关闭的，由市场监督管理部门责令改正，对广告主处五千元以上三万元以下的罚款。

第六十三条　违反本法第四十五条规定，公共场所的管理者和电信业务经营者、互联网信息服务提供者，明知或者应知广告活动违法不予制止的，由市场监督管理部门没收违法所得，违法所得五万元以上的，并处违法所得一倍以上三倍以下的罚款，违法所得不足五万元的，并处一万元以上五万元以下的罚款；情节严重的，由有关部门依法停止相关业务。

第六十四条　违反本法规定，隐瞒真实情况或者提供虚假材料申请广告审查的，广告审查机关不予受理或者不予批准，予以警告，一年内不受理该申请人的广告审查申请；以欺骗、贿赂等不正当手段取得广告审查批准的，广告审查机关予以撤销，处十万元以上二十万元以下的罚款，三年内不受理该申请人的广告审查申请。

第六十五条　违反本法规定，伪造、变造或者转让广告审查批准文件的，由市场监督管理部门没收违法所得，并处一万元以上十万元以下的罚款。

第六十六条　有本法规定的违法行为的，由市场监督管理部门记入信用档案，并依照有关法律、行政法规规定予以公示。

第六十七条　广播电台、电视台、报刊音像出版单位发布违法广告，或者以新闻报道形式变相发布广告，或者以介绍健康、养生知识等形式变相发布医疗、药品、医疗器械、保健食品广告，市场监督管理部门依照本法给予处罚的，应当通报新闻出版、广播电视主管部门以及其他有关部门。新闻出版、广播电视主管部门以及其他有关部门应当依法对负有责任的主管人员和直接责任人员给予处分；情节严重的，并可以暂停媒体的广告发布业务。

新闻出版、广播电视主管部门以及其他有关部门未依照前款规定对广播电台、电视台、报刊音像出版单位进行处理的，对负有责任的主管人员和直接责任人员，依法给予处分。

第六十八条　广告主、广告经营者、广告发布者违反本法规定，有下列侵权行为之一的，依法承担民事责任：

（一）在广告中损害未成年人或者残疾人的身心健康的；

（二）假冒他人专利的；

（三）贬低其他生产经营者的商品、服务的；

（四）在广告中未经同意使用他人名义或者形象的；

（五）其他侵犯他人合法民事权益的。

第六十九条　因发布虚假广告，或者有其他本法规定的违法行为，被吊销营业执照的公司、企业的法定代表人，对违法行为负有个人责任的，自该公司、企业被吊销营业执照之日起三年内不得担任公司、企业的董事、监事、高级管理人员。

第七十条　违反本法规定，拒绝、阻挠市场监督管理部门监督检查，或者有其他构成违反治安管理行为的，依法给予治安管理处罚；构成犯罪的，依法追究刑事责任。

第七十一条　广告审查机关对违法的广告内容作出审查批准决定的，对负有责任的主管人员和直接责任人员，由任免机关或者监察机关依法给予处分；构成犯罪的，依法追究刑事责任。

第七十二条　市场监督管理部门对在履行广告监测职责中发现的违法广告行为或者对经投诉、举报的违法广告行为，不依法予以查处的，对负有责任的主管人员和直接责任人员，依法给予处分。

市场监督管理部门和负责广告管理相关工作的有关部门的工作人员玩忽职

守、滥用职权、徇私舞弊的，依法给予处分。

有前两款行为，构成犯罪的，依法追究刑事责任。

第六章　附　　则

第七十三条　国家鼓励、支持开展公益广告宣传活动，传播社会主义核心价值观，倡导文明风尚。

大众传播媒介有义务发布公益广告。广播电台、电视台、报刊出版单位应当按照规定的版面、时段、时长发布公益广告。公益广告的管理办法，由国务院市场监督管理部门会同有关部门制定。

第七十四条　本法自 2015 年 9 月 1 日起施行。

2. 中华人民共和国产品质量法

(1993 年 2 月 22 日第七届全国人民代表大会常务委员会第三十次会议通过
根据 2000 年 7 月 8 日第九届全国人民代表大会常务委员会第十六次会议《关于修改〈中华人民共和国产品质量法〉的决定》第一次修正　根据 2009 年 8 月27 日第十一届全国人民代表大会常务委员会第十次会议《关于修改部分法律的决定》第二次修正　根据 2018 年 12 月 29 日第十三届全国人民代表大会常务委员会第七次会议《关于修改〈中华人民共和国产品质量法〉等五部法律的决定》第三次修正)

第一章　总　　则

第一条　为了加强对产品质量的监督管理，提高产品质量水平，明确产品质量责任，保护消费者的合法权益，维护社会经济秩序，制定本法。

第二条　在中华人民共和国境内从事产品生产、销售活动，必须遵守本法。

本法所称产品是指经过加工、制作，用于销售的产品。

建设工程不适用本法规定；但是，建设工程使用的建筑材料、建筑构配件和设备，属于前款规定的产品范围的，适用本法规定。

第三条　生产者、销售者应当建立健全内部产品质量管理制度，严格实施岗位质量规范、质量责任以及相应的考核办法。

第四条 生产者、销售者依照本法规定承担产品质量责任。

第五条 禁止伪造或者冒用认证标志等质量标志；禁止伪造产品的产地，伪造或者冒用他人的厂名、厂址；禁止在生产、销售的产品中掺杂、掺假，以假充真，以次充好。

第六条 国家鼓励推行科学的质量管理方法，采用先进的科学技术，鼓励企业产品质量达到并且超过行业标准、国家标准和国际标准。

对产品质量管理先进和产品质量达到国际先进水平、成绩显著的单位和个人，给予奖励。

第七条 各级人民政府应当把提高产品质量纳入国民经济和社会发展规划，加强对产品质量工作的统筹规划和组织领导，引导、督促生产者、销售者加强产品质量管理，提高产品质量，组织各有关部门依法采取措施，制止产品生产、销售中违反本法规定的行为，保障本法的施行。

第八条 国务院市场监督管理部门主管全国产品质量监督工作。国务院有关部门在各自的职责范围内负责产品质量监督工作。

县级以上地方市场监督管理部门主管本行政区域内的产品质量监督工作。县级以上地方人民政府有关部门在各自的职责范围内负责产品质量监督工作。

法律对产品质量的监督部门另有规定的，依照有关法律的规定执行。

第九条 各级人民政府工作人员和其他国家机关工作人员不得滥用职权、玩忽职守或者徇私舞弊，包庇、放纵本地区、本系统发生的产品生产、销售中违反本法规定的行为，或者阻挠、干预依法对产品生产、销售中违反本法规定的行为进行查处。

各级地方人民政府和其他国家机关有包庇、放纵产品生产、销售中违反本法规定的行为的，依法追究其主要负责人的法律责任。

第十条 任何单位和个人有权对违反本法规定的行为，向市场监督管理部门或者其他有关部门检举。

市场监督管理部门和有关部门应当为检举人保密，并按照省、自治区、直辖市人民政府的规定给予奖励。

第十一条 任何单位和个人不得排斥非本地区或者非本系统企业生产的质量合格产品进入本地区、本系统。

第二章　产品质量的监督

第十二条 产品质量应当检验合格，不得以不合格产品冒充合格产品。

第十三条 可能危及人体健康和人身、财产安全的工业产品，必须符合保障人体健康和人身、财产安全的国家标准、行业标准；未制定国家标准、行业标准的，必须符合保障人体健康和人身、财产安全的要求。

禁止生产、销售不符合保障人体健康和人身、财产安全的标准和要求的工业产品。具体管理办法由国务院规定。

第十四条 国家根据国际通用的质量管理标准，推行企业质量体系认证制度。企业根据自愿原则可以向国务院市场监督管理部门认可的或者国务院市场监督管理部门授权的部门认可的认证机构申请企业质量体系认证。经认证合格的，由认证机构颁发企业质量体系认证证书。

国家参照国际先进的产品标准和技术要求，推行产品质量认证制度。企业根据自愿原则可以向国务院市场监督管理部门认可的或者国务院市场监督管理部门授权的部门认可的认证机构申请产品质量认证。经认证合格的，由认证机构颁发产品质量认证证书，准许企业在产品或者其包装上使用产品质量认证标志。

第十五条 国家对产品质量实行以抽查为主要方式的监督检查制度，对可能危及人体健康和人身、财产安全的产品，影响国计民生的重要工业产品以及消费者、有关组织反映有质量问题的产品进行抽查。抽查的样品应当在市场上或者企业成品仓库内的待销产品中随机抽取。监督抽查工作由国务院市场监督管理部门规划和组织。县级以上地方市场监督管理部门在本行政区域内也可以组织监督抽查。法律对产品质量的监督检查另有规定的，依照有关法律的规定执行。

国家监督抽查的产品，地方不得另行重复抽查；上级监督抽查的产品，下级不得另行重复抽查。

根据监督抽查的需要，可以对产品进行检验。检验抽取样品的数量不得超过检验的合理需要，并不得向被检查人收取检验费用。监督抽查所需检验费用按照国务院规定列支。

生产者、销售者对抽查检验的结果有异议的，可以自收到检验结果之日起十五日内向实施监督抽查的市场监督管理部门或者其上级市场监督管理部门申请复检，由受理复检的市场监督管理部门作出复检结论。

第十六条 对依法进行的产品质量监督检查，生产者、销售者不得拒绝。

第十七条 依照本法规定进行监督抽查的产品质量不合格的，由实施监督抽查的市场监督管理部门责令其生产者、销售者限期改正。逾期不改正的，由省级以上人民政府市场监督管理部门予以公告；公告后经复查仍不合格的，责令停业，限期整顿；整顿期满后经复查产品质量仍不合格的，吊销营业执照。

监督抽查的产品有严重质量问题的，依照本法第五章的有关规定处罚。

第十八条　县级以上市场监督管理部门根据已经取得的违法嫌疑证据或者举报，对涉嫌违反本法规定的行为进行查处时，可以行使下列职权：

（一）对当事人涉嫌从事违反本法的生产、销售活动的场所实施现场检查；

（二）向当事人的法定代表人、主要负责人和其他有关人员调查、了解与涉嫌从事违反本法的生产、销售活动有关的情况；

（三）查阅、复制当事人有关的合同、发票、帐簿以及其他有关资料；

（四）对有根据认为不符合保障人体健康和人身、财产安全的国家标准、行业标准的产品或者有其他严重质量问题的产品，以及直接用于生产、销售该项产品的原辅材料、包装物、生产工具，予以查封或者扣押。

第十九条　产品质量检验机构必须具备相应的检测条件和能力，经省级以上人民政府市场监督管理部门或者其授权的部门考核合格后，方可承担产品质量检验工作。法律、行政法规对产品质量检验机构另有规定的，依照有关法律、行政法规的规定执行。

第二十条　从事产品质量检验、认证的社会中介机构必须依法设立，不得与行政机关和其他国家机关存在隶属关系或者其他利益关系。

第二十一条　产品质量检验机构、认证机构必须依法按照有关标准，客观、公正地出具检验结果或者认证证明。

产品质量认证机构应当依照国家规定对准许使用认证标志的产品进行认证后的跟踪检查；对不符合认证标准而使用认证标志的，要求其改正；情节严重的，取消其使用认证标志的资格。

第二十二条　消费者有权就产品质量问题，向产品的生产者、销售者查询；向市场监督管理部门及有关部门申诉，接受申诉的部门应当负责处理。

第二十三条　保护消费者权益的社会组织可以就消费者反映的产品质量问题建议有关部门负责处理，支持消费者对因产品质量造成的损害向人民法院起诉。

第二十四条　国务院和省、自治区、直辖市人民政府的市场监督管理部门应当定期发布其监督抽查的产品的质量状况公告。

第二十五条 市场监督管理部门或者其他国家机关以及产品质量检验机构不得向社会推荐生产者的产品；不得以对产品进行监制、监销等方式参与产品经营活动。

第三章 生产者、销售者的产品质量责任和义务

第一节 生产者的产品质量责任和义务

第二十六条 生产者应当对其生产的产品质量负责。

产品质量应当符合下列要求：

（一）不存在危及人身、财产安全的不合理的危险，有保障人体健康和人身、财产安全的国家标准、行业标准的，应当符合该标准；

（二）具备产品应当具备的使用性能，但是，对产品存在使用性能的瑕疵作出说明的除外；

（三）符合在产品或者其包装上注明采用的产品标准，符合以产品说明、实物样品等方式表明的质量状况。

第二十七条 产品或者其包装上的标识必须真实，并符合下列要求：

（一）有产品质量检验合格证明；

（二）有中文标明的产品名称、生产厂厂名和厂址；

（三）根据产品的特点和使用要求，需要标明产品规格、等级、所含主要成份的名称和含量的，用中文相应予以标明；需要事先让消费者知晓的，应当在外包装上标明，或者预先向消费者提供有关资料；

（四）限期使用的产品，应当在显著位置清晰地标明生产日期和安全使用期或者失效日期；

（五）使用不当，容易造成产品本身损坏或者可能危及人身、财产安全的产品，应当有警示标志或者中文警示说明。

裸装的食品和其他根据产品的特点难以附加标识的裸装产品，可以不附加产品标识。

第二十八条 易碎、易燃、易爆、有毒、有腐蚀性、有放射性等危险物品以及储运中不能倒置和其他有特殊要求的产品，其包装质量必须符合相应要求，依照国家有关规定作出警示标志或者中文警示说明，标明储运注意事项。

第二十九条 生产者不得生产国家明令淘汰的产品。

第三十条 生产者不得伪造产地，不得伪造或者冒用他人的厂名、厂址。

第三十一条 生产者不得伪造或者冒用认证标志等质量标志。

第三十二条 生产者生产产品，不得掺杂、掺假，不得以假充真、以次充好，不得以不合格产品冒充合格产品。

第二节 销售者的产品质量责任和义务

第三十三条 销售者应当建立并执行进货检查验收制度，验明产品合格证明和其他标识。

第三十四条 销售者应当采取措施，保持销售产品的质量。

第三十五条 销售者不得销售国家明令淘汰并停止销售的产品和失效、变质的产品。

第三十六条 销售者销售的产品的标识应当符合本法第二十七条的规定。

第三十七条 销售者不得伪造产地，不得伪造或者冒用他人的厂名、厂址。

第三十八条 销售者不得伪造或者冒用认证标志等质量标志。

第三十九条 销售者销售产品，不得掺杂、掺假，不得以假充真、以次充好，不得以不合格产品冒充合格产品。

第四章 损害赔偿

第四十条 售出的产品有下列情形之一的，销售者应当负责修理、更换、退货；给购买产品的消费者造成损失的，销售者应当赔偿损失：

（一）不具备产品应当具备的使用性能而事先未作说明的；

（二）不符合在产品或者其包装上注明采用的产品标准的；

（三）不符合以产品说明、实物样品等方式表明的质量状况的。

销售者依照前款规定负责修理、更换、退货、赔偿损失后，属于生产者的责任或者属于向销售者提供产品的其他销售者（以下简称供货者）的责任的，销售者有权向生产者、供货者追偿。

销售者未按照第一款规定给予修理、更换、退货或者赔偿损失的，由市场监督管理部门责令改正。

生产者之间，销售者之间，生产者与销售者之间订立的买卖合同、承揽合同有不同约定的，合同当事人按照合同约定执行。

第四十一条 因产品存在缺陷造成人身、缺陷产品以外的其他财产（以下简称他人财产）损害的，生产者应当承担赔偿责任。

生产者能够证明有下列情形之一的，不承担赔偿责任：

（一）未将产品投入流通的；

（二）产品投入流通时，引起损害的缺陷尚不存在的；

（三）将产品投入流通时的科学技术水平尚不能发现缺陷的存在的。

第四十二条　由于销售者的过错使产品存在缺陷，造成人身、他人财产损害的，销售者应当承担赔偿责任。

销售者不能指明缺陷产品的生产者也不能指明缺陷产品的供货者的，销售者应当承担赔偿责任。

第四十三条　因产品存在缺陷造成人身、他人财产损害的，受害人可以向产品的生产者要求赔偿，也可以向产品的销售者要求赔偿。属于产品的生产者的责任，产品的销售者赔偿的，产品的销售者有权向产品的生产者追偿。属于产品的销售者的责任，产品的生产者赔偿的，产品的生产者有权向产品的销售者追偿。

第四十四条　因产品存在缺陷造成受害人人身伤害的，侵害人应当赔偿医疗费、治疗期间的护理费、因误工减少的收入等费用；造成残疾的，还应当支付残疾者生活自助具费、生活补助费、残疾赔偿金以及由其扶养的人所必需的生活费等费用；造成受害人死亡的，并应当支付丧葬费、死亡赔偿金以及由死者生前扶养的人所必需的生活费等费用。

因产品存在缺陷造成受害人财产损失的，侵害人应当恢复原状或者折价赔偿。受害人因此遭受其他重大损失的，侵害人应当赔偿损失。

第四十五条　因产品存在缺陷造成损害要求赔偿的诉讼时效期间为二年，自当事人知道或者应当知道其权益受到损害时起计算。

因产品存在缺陷造成损害要求赔偿的请求权，在造成损害的缺陷产品交付最初消费者满十年丧失；但是，尚未超过明示的安全使用期的除外。

第四十六条　本法所称缺陷，是指产品存在危及人身、他人财产安全的不合理的危险；产品有保障人体健康和人身、财产安全的国家标准、行业标准的，是指不符合该标准。

第四十七条　因产品质量发生民事纠纷时，当事人可以通过协商或者调解解决。当事人不愿通过协商、调解解决或者协商、调解不成的，可以根据当事人各方的协议向仲裁机构申请仲裁；当事人各方没有达成仲裁协议或者仲裁协议无效的，可以直接向人民法院起诉。

第四十八条　仲裁机构或者人民法院可以委托本法第十九条规定的产品质

量检验机构，对有关产品质量进行检验。

第五章 罚 则

第四十九条 生产、销售不符合保障人体健康和人身、财产安全的国家标准、行业标准的产品的，责令停止生产、销售，没收违法生产、销售的产品，并处违法生产、销售产品（包括已售出和未售出的产品，下同）货值金额等值以上三倍以下的罚款；有违法所得的，并处没收违法所得；情节严重的，吊销营业执照；构成犯罪的，依法追究刑事责任。

第五十条 在产品中掺杂、掺假，以假充真，以次充好，或者以不合格产品冒充合格产品的，责令停止生产、销售，没收违法生产、销售的产品，并处违法生产、销售产品货值金额百分之五十以上三倍以下的罚款；有违法所得的，并处没收违法所得；情节严重的，吊销营业执照；构成犯罪的，依法追究刑事责任。

第五十一条 生产国家明令淘汰的产品的，销售国家明令淘汰并停止销售的产品的，责令停止生产、销售，没收违法生产、销售的产品，并处违法生产、销售产品货值金额等值以下的罚款；有违法所得的，并处没收违法所得；情节严重的，吊销营业执照。

第五十二条 销售失效、变质的产品的，责令停止销售，没收违法销售的产品，并处违法销售产品货值金额二倍以下的罚款；有违法所得的，并处没收违法所得；情节严重的，吊销营业执照；构成犯罪的，依法追究刑事责任。

第五十三条 伪造产品产地的，伪造或者冒用他人厂名、厂址的，伪造或者冒用认证标志等质量标志的，责令改正，没收违法生产、销售的产品，并处违法生产、销售产品货值金额等值以下的罚款；有违法所得的，并处没收违法所得；情节严重的，吊销营业执照。

第五十四条 产品标识不符合本法第二十七条规定的，责令改正；有包装的产品标识不符合本法第二十七条第（四）项、第（五）项规定，情节严重的，责令停止生产、销售，并处违法生产、销售产品货值金额百分之三十以下的罚款；有违法所得的，并处没收违法所得。

第五十五条 销售者销售本法第四十九条至第五十三条规定禁止销售的产品，有充分证据证明其不知道该产品为禁止销售的产品并如实说明其进货来源的，可以从轻或者减轻处罚。

第五十六条 拒绝接受依法进行的产品质量监督检查的，给予警告，责令改正；拒不改正的，责令停业整顿；情节特别严重的，吊销营业执照。

第五十七条 产品质量检验机构、认证机构伪造检验结果或者出具虚假证明的，责令改正，对单位处五万元以上十万元以下的罚款，对直接负责的主管人员和其他直接责任人员处一万元以上五万元以下的罚款；有违法所得的，并处没收违法所得；情节严重的，取消其检验资格、认证资格；构成犯罪的，依法追究刑事责任。

产品质量检验机构、认证机构出具的检验结果或者证明不实，造成损失的，应当承担相应的赔偿责任；造成重大损失的，撤销其检验资格、认证资格。

产品质量认证机构违反本法第二十一条第二款的规定，对不符合认证标准而使用认证标志的产品，未依法要求其改正或者取消其使用认证标志资格的，对因产品不符合认证标准给消费者造成的损失，与产品的生产者、销售者承担连带责任；情节严重的，撤销其认证资格。

第五十八条 社会团体、社会中介机构对产品质量作出承诺、保证，而该产品又不符合其承诺、保证的质量要求，给消费者造成损失的，与产品的生产者、销售者承担连带责任。

第五十九条 在广告中对产品质量作虚假宣传，欺骗和误导消费者的，依照《中华人民共和国广告法》的规定追究法律责任。

第六十条 对生产者专门用于生产本法第四十九条、第五十一条所列的产品或者以假充真的产品的原辅材料、包装物、生产工具，应当予以没收。

第六十一条 知道或者应当知道属于本法规定禁止生产、销售的产品而为其提供运输、保管、仓储等便利条件的，或者为以假充真的产品提供制假生产技术的，没收全部运输、保管、仓储或者提供制假生产技术的收入，并处违法收入百分之五十以上三倍以下的罚款；构成犯罪的，依法追究刑事责任。

第六十二条 服务业的经营者将本法第四十九条至第五十二条规定禁止销售的产品用于经营性服务的，责令停止使用；对知道或者应当知道所使用的产品属于本法规定禁止销售的产品的，按照违法使用的产品（包括已使用和尚未使用的产品）的货值金额，依照本法对销售者的处罚规定处罚。

第六十三条 隐匿、转移、变卖、损毁被市场监督管理部门查封、扣押的物品的，处被隐匿、转移、变卖、损毁物品货值金额等值以上三倍以下的罚款；有违法所得的，并处没收违法所得。

第六十四条　违反本法规定，应当承担民事赔偿责任和缴纳罚款、罚金，其财产不足以同时支付时，先承担民事赔偿责任。

第六十五条　各级人民政府工作人员和其他国家机关工作人员有下列情形之一的，依法给予行政处分；构成犯罪的，依法追究刑事责任：

（一）包庇、放纵产品生产、销售中违反本法规定行为的；

（二）向从事违反本法规定的生产、销售活动的当事人通风报信，帮助其逃避查处的；

（三）阻挠、干预市场监督管理部门依法对产品生产、销售中违反本法规定的行为进行查处，造成严重后果的。

第六十六条　市场监督管理部门在产品质量监督抽查中超过规定的数量索取样品或者向被检查人收取检验费用的，由上级市场监督管理部门或者监察机关责令退还；情节严重的，对直接负责的主管人员和其他直接责任人员依法给予行政处分。

第六十七条　市场监督管理部门或者其他国家机关违反本法第二十五条的规定，向社会推荐生产者的产品或者以监制、监销等方式参与产品经营活动的，由其上级机关或者监察机关责令改正，消除影响，有违法收入的予以没收；情节严重的，对直接负责的主管人员和其他直接责任人员依法给予行政处分。

产品质量检验机构有前款所列违法行为的，由市场监督管理部门责令改正，消除影响，有违法收入的予以没收，可以并处违法收入一倍以下的罚款；情节严重的，撤销其质量检验资格。

第六十八条　市场监督管理部门的工作人员滥用职权、玩忽职守、徇私舞弊，构成犯罪的，依法追究刑事责任；尚不构成犯罪的，依法给予行政处分。

第六十九条　以暴力、威胁方法阻碍市场监督管理部门的工作人员依法执行职务的，依法追究刑事责任；拒绝、阻碍未使用暴力、威胁方法的，由公安机关依照治安管理处罚法的规定处罚。

第七十条　本法第四十九条至第五十七条、第六十条至第六十三条规定的行政处罚由市场监督管理部门决定。法律、行政法规对行使行政处罚权的机关另有规定的，依照有关法律、行政法规的规定执行。

第七十一条　对依照本法规定没收的产品，依照国家有关规定进行销毁或者采取其他方式处理。

第七十二条　本法第四十九条至第五十四条、第六十二条、第六十三条所规定的货值金额以违法生产、销售产品的标价计算；没有标价的，按照同类产品的市场价格计算。

第六章　附　　则

第七十三条　军工产品质量监督管理办法，由国务院、中央军事委员会另行制定。

因核设施、核产品造成损害的赔偿责任，法律、行政法规另有规定的，依照其规定。

第七十四条　本法自 1993 年 9 月 1 日起施行。

3. 中华人民共和国农产品质量安全法

（2006 年 4 月 29 日第十届全国人民代表大会常务委员会第二十一次会议通过　根据 2018 年 10 月 26 日第十三届全国人民代表大会常务委员会第六次会议《关于修改〈中华人民共和国野生动物保护法〉等十五部法律的决定》修正　2022 年 9 月 2 日第十三届全国人民代表大会常务委员会第三十六次会议修订）

第一章　总　　则

第一条　为了保障农产品质量安全，维护公众健康，促进农业和农村经济发展，制定本法。

第二条　本法所称农产品，是指来源于种植业、林业、畜牧业和渔业等的初级产品，即在农业活动中获得的植物、动物、微生物及其产品。

本法所称农产品质量安全，是指农产品质量达到农产品质量安全标准，符合保障人的健康、安全的要求。

第三条　与农产品质量安全有关的农产品生产经营及其监督管理活动，适用本法。

《中华人民共和国食品安全法》对食用农产品的市场销售、有关质量安全标准的制定、有关安全信息的公布和农业投入品已经作出规定的，应当遵守其规定。

第四条　国家加强农产品质量安全工作，实行源头治理、风险管理、全程控制，建立科学、严格的监督管理制度，构建协同、高效的社会共治体系。

第五条 国务院农业农村主管部门、市场监督管理部门依照本法和规定的职责，对农产品质量安全实施监督管理。

国务院其他有关部门依照本法和规定的职责承担农产品质量安全的有关工作。

第六条 县级以上地方人民政府对本行政区域的农产品质量安全工作负责，统一领导、组织、协调本行政区域的农产品质量安全工作，建立健全农产品质量安全工作机制，提高农产品质量安全水平。

县级以上地方人民政府应当依照本法和有关规定，确定本级农业农村主管部门、市场监督管理部门和其他有关部门的农产品质量安全监督管理工作职责。各有关部门在职责范围内负责本行政区域的农产品质量安全监督管理工作。

乡镇人民政府应当落实农产品质量安全监督管理责任，协助上级人民政府及其有关部门做好农产品质量安全监督管理工作。

第七条 农产品生产经营者应当对其生产经营的农产品质量安全负责。

农产品生产经营者应当依照法律、法规和农产品质量安全标准从事生产经营活动，诚信自律，接受社会监督，承担社会责任。

第八条 县级以上人民政府应当将农产品质量安全管理工作纳入本级国民经济和社会发展规划，所需经费列入本级预算，加强农产品质量安全监督管理能力建设。

第九条 国家引导、推广农产品标准化生产，鼓励和支持生产绿色优质农产品，禁止生产、销售不符合国家规定的农产品质量安全标准的农产品。

第十条 国家支持农产品质量安全科学技术研究，推行科学的质量安全管理方法，推广先进安全的生产技术。国家加强农产品质量安全科学技术国际交流与合作。

第十一条 各级人民政府及有关部门应当加强农产品质量安全知识的宣传，发挥基层群众性自治组织、农村集体经济组织的优势和作用，指导农产品生产经营者加强质量安全管理，保障农产品消费安全。

新闻媒体应当开展农产品质量安全法律、法规和农产品质量安全知识的公益宣传，对违法行为进行舆论监督。有关农产品质量安全的宣传报道应当真实、公正。

第十二条 农民专业合作社和农产品行业协会等应当及时为其成员提供生

产技术服务，建立农产品质量安全管理制度，健全农产品质量安全控制体系，加强自律管理。

第二章 农产品质量安全风险管理和标准制定

第十三条 国家建立农产品质量安全风险监测制度。

国务院农业农村主管部门应当制定国家农产品质量安全风险监测计划，并对重点区域、重点农产品品种进行质量安全风险监测。省、自治区、直辖市人民政府农业农村主管部门应当根据国家农产品质量安全风险监测计划，结合本行政区域农产品生产经营实际，制定本行政区域的农产品质量安全风险监测实施方案，并报国务院农业农村主管部门备案。县级以上地方人民政府农业农村主管部门负责组织实施本行政区域的农产品质量安全风险监测。

县级以上人民政府市场监督管理部门和其他有关部门获知有关农产品质量安全风险信息后，应当立即核实并向同级农业农村主管部门通报。接到通报的农业农村主管部门应当及时上报。制定农产品质量安全风险监测计划、实施方案的部门应当及时研究分析，必要时进行调整。

第十四条 国家建立农产品质量安全风险评估制度。

国务院农业农村主管部门应当设立农产品质量安全风险评估专家委员会，对可能影响农产品质量安全的潜在危害进行风险分析和评估。国务院卫生健康、市场监督管理等部门发现需要对农产品进行质量安全风险评估的，应当向国务院农业农村主管部门提出风险评估建议。

农产品质量安全风险评估专家委员会由农业、食品、营养、生物、环境、医学、化工等方面的专家组成。

第十五条 国务院农业农村主管部门应当根据农产品质量安全风险监测、风险评估结果采取相应的管理措施，并将农产品质量安全风险监测、风险评估结果及时通报国务院市场监督管理、卫生健康等部门和有关省、自治区、直辖市人民政府农业农村主管部门。

县级以上人民政府农业农村主管部门开展农产品质量安全风险监测和风险评估工作时，可以根据需要进入农产品产地、储存场所及批发、零售市场。采集样品应当按照市场价格支付费用。

第十六条 国家建立健全农产品质量安全标准体系，确保严格实施。农产品质量安全标准是强制执行的标准，包括以下与农产品质量安全有关的要求：

（一）农业投入品质量要求、使用范围、用法、用量、安全间隔期和休药期规定；

（二）农产品产地环境、生产过程管控、储存、运输要求；

（三）农产品关键成分指标等要求；

（四）与屠宰畜禽有关的检验规程；

（五）其他与农产品质量安全有关的强制性要求。

《中华人民共和国食品安全法》对食用农产品的有关质量安全标准作出规定的，依照其规定执行。

第十七条 农产品质量安全标准的制定和发布，依照法律、行政法规的规定执行。

制定农产品质量安全标准应当充分考虑农产品质量安全风险评估结果，并听取农产品生产经营者、消费者、有关部门、行业协会等的意见，保障农产品消费安全。

第十八条 农产品质量安全标准应当根据科学技术发展水平以及农产品质量安全的需要，及时修订。

第十九条 农产品质量安全标准由农业农村主管部门商有关部门推进实施。

第三章 农产品产地

第二十条 国家建立健全农产品产地监测制度。

县级以上地方人民政府农业农村主管部门应当会同同级生态环境、自然资源等部门制定农产品产地监测计划，加强农产品产地安全调查、监测和评价工作。

第二十一条 县级以上地方人民政府农业农村主管部门应当会同同级生态环境、自然资源等部门按照保障农产品质量安全的要求，根据农产品品种特性和产地安全调查、监测、评价结果，依照土壤污染防治等法律、法规的规定提出划定特定农产品禁止生产区域的建议，报本级人民政府批准后实施。

任何单位和个人不得在特定农产品禁止生产区域种植、养殖、捕捞、采集特定农产品和建立特定农产品生产基地。

特定农产品禁止生产区域划定和管理的具体办法由国务院农业农村主管部门商国务院生态环境、自然资源等部门制定。

第二十二条 任何单位和个人不得违反有关环境保护法律、法规的规定向农产品产地排放或者倾倒废水、废气、固体废物或者其他有毒有害物质。

农业生产用水和用作肥料的固体废物，应当符合法律、法规和国家有关强制性标准的要求。

第二十三条 农产品生产者应当科学合理使用农药、兽药、肥料、农用薄膜等农业投入品，防止对农产品产地造成污染。

农药、肥料、农用薄膜等农业投入品的生产者、经营者、使用者应当按照国家有关规定回收并妥善处置包装物和废弃物。

第二十四条 县级以上人民政府应当采取措施，加强农产品基地建设，推进农业标准化示范建设，改善农产品的生产条件。

第四章 农产品生产

第二十五条 县级以上地方人民政府农业农村主管部门应当根据本地区的实际情况，制定保障农产品质量安全的生产技术要求和操作规程，并加强对农产品生产经营者的培训和指导。

农业技术推广机构应当加强对农产品生产经营者质量安全知识和技能的培训。国家鼓励科研教育机构开展农产品质量安全培训。

第二十六条 农产品生产企业、农民专业合作社、农业社会化服务组织应当加强农产品质量安全管理。

农产品生产企业应当建立农产品质量安全管理制度，配备相应的技术人员；不具备配备条件的，应当委托具有专业技术知识的人员进行农产品质量安全指导。

国家鼓励和支持农产品生产企业、农民专业合作社、农业社会化服务组织建立和实施危害分析和关键控制点体系，实施良好农业规范，提高农产品质量安全管理水平。

第二十七条 农产品生产企业、农民专业合作社、农业社会化服务组织应当建立农产品生产记录，如实记载下列事项：

（一）使用农业投入品的名称、来源、用法、用量和使用、停用的日期；

（二）动物疫病、农作物病虫害的发生和防治情况；

（三）收获、屠宰或者捕捞的日期。

农产品生产记录应当至少保存二年。禁止伪造、变造农产品生产记录。

国家鼓励其他农产品生产者建立农产品生产记录。

第二十八条 对可能影响农产品质量安全的农药、兽药、饲料和饲料添加剂、肥料、兽医器械，依照有关法律、行政法规的规定实行许可制度。

省级以上人民政府农业农村主管部门应当定期或者不定期组织对可能危及农产品质量安全的农药、兽药、饲料和饲料添加剂、肥料等农业投入品进行监督抽查，并公布抽查结果。

农药、兽药经营者应当依照有关法律、行政法规的规定建立销售台账，记录购买者、销售日期和药品施用范围等内容。

第二十九条 农产品生产经营者应当依照有关法律、行政法规和国家有关强制性标准、国务院农业农村主管部门的规定，科学合理使用农药、兽药、饲料和饲料添加剂、肥料等农业投入品，严格执行农业投入品使用安全间隔期或者休药期的规定；不得超范围、超剂量使用农业投入品危及农产品质量安全。

禁止在农产品生产经营过程中使用国家禁止使用的农业投入品以及其他有毒有害物质。

第三十条 农产品生产场所以及生产活动中使用的设施、设备、消毒剂、洗涤剂等应当符合国家有关质量安全规定，防止污染农产品。

第三十一条 县级以上人民政府农业农村主管部门应当加强对农业投入品使用的监督管理和指导，建立健全农业投入品的安全使用制度，推广农业投入品科学使用技术，普及安全、环保农业投入品的使用。

第三十二条 国家鼓励和支持农产品生产经营者选用优质特色农产品品种，采用绿色生产技术和全程质量控制技术，生产绿色优质农产品，实施分等分级，提高农产品品质，打造农产品品牌。

第三十三条 国家支持农产品产地冷链物流基础设施建设，健全有关农产品冷链物流标准、服务规范和监管保障机制，保障冷链物流农产品畅通高效、安全便捷，扩大高品质市场供给。

从事农产品冷链物流的生产经营者应当依照法律、法规和有关农产品质量安全标准，加强冷链技术创新与应用、质量安全控制，执行对冷链物流农产品及其包装、运输工具、作业环境等的检验检测检疫要求，保证冷链农产品质量安全。

第五章 农产品销售

第三十四条 销售的农产品应当符合农产品质量安全标准。

农产品生产企业、农民专业合作社应当根据质量安全控制要求自行或者委托检测机构对农产品质量安全进行检测；经检测不符合农产品质量安全标准的农产品，应当及时采取管控措施，且不得销售。

农业技术推广等机构应当为农户等农产品生产经营者提供农产品检测技术服务。

第三十五条　农产品在包装、保鲜、储存、运输中所使用的保鲜剂、防腐剂、添加剂、包装材料等，应当符合国家有关强制性标准以及其他农产品质量安全规定。

储存、运输农产品的容器、工具和设备应当安全、无害。禁止将农产品与有毒有害物质一同储存、运输，防止污染农产品。

第三十六条　有下列情形之一的农产品，不得销售：

（一）含有国家禁止使用的农药、兽药或者其他化合物；

（二）农药、兽药等化学物质残留或者含有的重金属等有毒有害物质不符合农产品质量安全标准；

（三）含有的致病性寄生虫、微生物或者生物毒素不符合农产品质量安全标准；

（四）未按照国家有关强制性标准以及其他农产品质量安全规定使用保鲜剂、防腐剂、添加剂、包装材料等，或者使用的保鲜剂、防腐剂、添加剂、包装材料等不符合国家有关强制性标准以及其他质量安全规定；

（五）病死、毒死或者死因不明的动物及其产品；

（六）其他不符合农产品质量安全标准的情形。

对前款规定不得销售的农产品，应当依照法律、法规的规定进行处置。

第三十七条　农产品批发市场应当按照规定设立或者委托检测机构，对进场销售的农产品质量安全状况进行抽查检测；发现不符合农产品质量安全标准的，应当要求销售者立即停止销售，并向所在地市场监督管理、农业农村等部门报告。

农产品销售企业对其销售的农产品，应当建立健全进货检查验收制度；经查验不符合农产品质量安全标准的，不得销售。

食品生产者采购农产品等食品原料，应当依照《中华人民共和国食品安全法》的规定查验许可证和合格证明，对无法提供合格证明的，应当按照规定进行检验。

第三十八条　农产品生产企业、农民专业合作社以及从事农产品收购的单位或者个人销售的农产品，按照规定应当包装或者附加承诺达标合格证等标识的，须经包装或者附加标识后方可销售。包装物或者标识上应当按照规定标明产品的品名、产地、生产者、生产日期、保质期、产品质量等级等内容；使用添加剂的，还应当按照规定标明添加剂的名称。具体办法由国务院农业农村主管部门制定。

第三十九条　农产品生产企业、农民专业合作社应当执行法律、法规的规定和国家有关强制性标准，保证其销售的农产品符合农产品质量安全标准，并根据质量安全控制、检测结果等开具承诺达标合格证，承诺不使用禁用的农药、兽药及其他化合物且使用的常规农药、兽药残留不超标等。鼓励和支持农户销售农产品时开具承诺达标合格证。法律、行政法规对畜禽产品的质量安全合格证明有特别规定的，应当遵守其规定。

从事农产品收购的单位或者个人应当按照规定收取、保存承诺达标合格证或者其他质量安全合格证明，对其收购的农产品进行混装或者分装后销售的，应当按照规定开具承诺达标合格证。

农产品批发市场应当建立健全农产品承诺达标合格证查验等制度。

县级以上人民政府农业农村主管部门应当做好承诺达标合格证有关工作的指导服务，加强日常监督检查。

农产品质量安全承诺达标合格证管理办法由国务院农业农村主管部门会同国务院有关部门制定。

第四十条　农产品生产经营者通过网络平台销售农产品的，应当依照本法和《中华人民共和国电子商务法》、《中华人民共和国食品安全法》等法律、法规的规定，严格落实质量安全责任，保证其销售的农产品符合质量安全标准。网络平台经营者应当依法加强对农产品生产经营者的管理。

第四十一条　国家对列入农产品质量安全追溯目录的农产品实施追溯管理。国务院农业农村主管部门应当会同国务院市场监督管理等部门建立农产品质量安全追溯协作机制。农产品质量安全追溯管理办法和追溯目录由国务院农业农村主管部门会同国务院市场监督管理等部门制定。

国家鼓励具备信息化条件的农产品生产经营者采用现代信息技术手段采集、留存生产记录、购销记录等生产经营信息。

第四十二条　农产品质量符合国家规定的有关优质农产品标准的，农产品生产经营者可以申请使用农产品质量标志。禁止冒用农产品质量标志。

国家加强地理标志农产品保护和管理。

第四十三条　属于农业转基因生物的农产品，应当按照农业转基因生物安全管理的有关规定进行标识。

第四十四条　依法需要实施检疫的动植物及其产品，应当附具检疫标志、检疫证明。

第六章　监督管理

第四十五条　县级以上人民政府农业农村主管部门和市场监督管理等部门应当建立健全农产品质量安全全程监督管理协作机制，确保农产品从生产到消费各环节的质量安全。

县级以上人民政府农业农村主管部门和市场监督管理部门应当加强收购、储存、运输过程中农产品质量安全监督管理的协调配合和执法衔接，及时通报和共享农产品质量安全监督管理信息，并按照职责权限，发布有关农产品质量安全日常监督管理信息。

第四十六条　县级以上人民政府农业农村主管部门应当根据农产品质量安全风险监测、风险评估结果和农产品质量安全状况等，制定监督抽查计划，确定农产品质量安全监督抽查的重点、方式和频次，并实施农产品质量安全风险分级管理。

第四十七条　县级以上人民政府农业农村主管部门应当建立健全随机抽查机制，按照监督抽查计划，组织开展农产品质量安全监督抽查。

农产品质量安全监督抽查检测应当委托符合本法规定条件的农产品质量安全检测机构进行。监督抽查不得向被抽查人收取费用，抽取的样品应当按照市场价格支付费用，并不得超过国务院农业农村主管部门规定的数量。

上级农业农村主管部门监督抽查的同批次农产品，下级农业农村主管部门不得另行重复抽查。

第四十八条　农产品质量安全检测应当充分利用现有的符合条件的检测机构。

从事农产品质量安全检测的机构，应当具备相应的检测条件和能力，由省级以上人民政府农业农村主管部门或者其授权的部门考核合格。具体办法由国务院农业农村主管部门制定。

农产品质量安全检测机构应当依法经资质认定。

第四十九条　从事农产品质量安全检测工作的人员，应当具备相应的专业知识和实际操作技能，遵纪守法，恪守职业道德。

农产品质量安全检测机构对出具的检测报告负责。检测报告应当客观公正，检测数据应当真实可靠，禁止出具虚假检测报告。

第五十条　县级以上地方人民政府农业农村主管部门可以采用国务院农业农村主管部门会同国务院市场监督管理等部门认定的快速检测方法，开展农产品质量安全监督抽查检测。抽查检测结果确定有关农产品不符合农产品质量安全标准的，可以作为行政处罚的证据。

第五十一条　农产品生产经营者对监督抽查检测结果有异议的，可以自收到检测结果之日起五个工作日内，向实施农产品质量安全监督抽查的农业农村主管部门或者其上一级农业农村主管部门申请复检。复检机构与初检机构不得为同一机构。

采用快速检测方法进行农产品质量安全监督抽查检测，被抽查人对检测结果有异议的，可以自收到检测结果时起四小时内申请复检。复检不得采用快速检测方法。

复检机构应当自收到复检样品之日起七个工作日内出具检测报告。

因检测结果错误给当事人造成损害的，依法承担赔偿责任。

第五十二条　县级以上地方人民政府农业农村主管部门应当加强对农产品生产的监督管理，开展日常检查，重点检查农产品产地环境、农业投入品购买和使用、农产品生产记录、承诺达标合格证开具等情况。

国家鼓励和支持基层群众性自治组织建立农产品质量安全信息员工作制度，协助开展有关工作。

第五十三条　开展农产品质量安全监督检查，有权采取下列措施：

（一）进入生产经营场所进行现场检查，调查了解农产品质量安全的有关情况；

（二）查阅、复制农产品生产记录、购销台账等与农产品质量安全有关的资料；

（三）抽样检测生产经营的农产品和使用的农业投入品以及其他有关产品；

（四）查封、扣押有证据证明存在农产品质量安全隐患或者经检测不符合农产品质量安全标准的农产品；

（五）查封、扣押有证据证明可能危及农产品质量安全或者经检测不符合产品质量标准的农业投入品以及其他有毒有害物质；

（六）查封、扣押用于违法生产经营农产品的设施、设备、场所以及运输工具；

（七）收缴伪造的农产品质量标志。

农产品生产经营者应当协助、配合农产品质量安全监督检查，不得拒绝、阻挠。

第五十四条　县级以上人民政府农业农村等部门应当加强农产品质量安全信用体系建设，建立农产品生产经营者信用记录，记载行政处罚等信息，推进农产品质量安全信用信息的应用和管理。

第五十五条　农产品生产经营过程中存在质量安全隐患，未及时采取措施消除的，县级以上地方人民政府农业农村主管部门可以对农产品生产经营者的法定代表人或者主要负责人进行责任约谈。农产品生产经营者应当立即采取措施，进行整改，消除隐患。

第五十六条　国家鼓励消费者协会和其他单位或者个人对农产品质量安全进行社会监督，对农产品质量安全监督管理工作提出意见和建议。任何单位和个人有权对违反本法的行为进行检举控告、投诉举报。

县级以上人民政府农业农村主管部门应当建立农产品质量安全投诉举报制度，公开投诉举报渠道，收到投诉举报后，应当及时处理。对不属于本部门职责的，应当移交有权处理的部门并书面通知投诉举报人。

第五十七条　县级以上地方人民政府农业农村主管部门应当加强对农产品质量安全执法人员的专业技术培训并组织考核。不具备相应知识和能力的，不得从事农产品质量安全执法工作。

第五十八条　上级人民政府应当督促下级人民政府履行农产品质量安全职责。对农产品质量安全责任落实不力、问题突出的地方人民政府，上级人民政府可以对其主要负责人进行责任约谈。被约谈的地方人民政府应当立即采取整改措施。

第五十九条　国务院农业农村主管部门应当会同国务院有关部门制定国家农产品质量安全突发事件应急预案，并与国家食品安全事故应急预案相衔接。

县级以上地方人民政府应当根据有关法律、行政法规的规定和上级人民政府的农产品质量安全突发事件应急预案，制定本行政区域的农产品质量安全突发事件应急预案。

发生农产品质量安全事故时，有关单位和个人应当采取控制措施，及时向所在地乡镇人民政府和县级人民政府农业农村等部门报告；收到报告的机关应当按照农产品质量安全突发事件应急预案及时处理并报本级人民政府、上级人民政府有关部门。发生重大农产品质量安全事故时，按照规定上报国务院及其有关部门。

任何单位和个人不得隐瞒、谎报、缓报农产品质量安全事故，不得隐匿、伪造、毁灭有关证据。

第六十条　县级以上地方人民政府市场监督管理部门依照本法和《中华人民共和国食品安全法》等法律、法规的规定，对农产品进入批发、零售市场或者生产加工企业后的生产经营活动进行监督检查。

第六十一条　县级以上人民政府农业农村、市场监督管理等部门发现农产品质量安全违法行为涉嫌犯罪的，应当及时将案件移送公安机关。对移送的案件，公安机关应当及时审查；认为有犯罪事实需要追究刑事责任的，应当立案侦查。

公安机关对依法不需要追究刑事责任但应当给予行政处罚的，应当及时将案件移送农业农村、市场监督管理等部门，有关部门应当依法处理。

公安机关商请农业农村、市场监督管理、生态环境等部门提供检验结论、认定意见以及对涉案农产品进行无害化处理等协助的，有关部门应当及时提供、予以协助。

第七章　法律责任

第六十二条　违反本法规定，地方各级人民政府有下列情形之一的，对直接负责的主管人员和其他直接责任人员给予警告、记过、记大过处分；造成严重后果的，给予降级或者撤职处分：

（一）未确定有关部门的农产品质量安全监督管理工作职责，未建立健全农产品质量安全工作机制，或者未落实农产品质量安全监督管理责任；

（二）未制定本行政区域的农产品质量安全突发事件应急预案，或者发生农产品质量安全事故后未按照规定启动应急预案。

第六十三条　违反本法规定，县级以上人民政府农业农村等部门有下列行为之一的，对直接负责的主管人员和其他直接责任人员给予记大过处分；情节较重的，给予降级或者撤职处分；情节严重的，给予开除处分；造成严重后果的，其主要负责人还应当引咎辞职：

（一）隐瞒、谎报、缓报农产品质量安全事故或者隐匿、伪造、毁灭有关证据；

（二）未按照规定查处农产品质量安全事故，或者接到农产品质量安全事故报告未及时处理，造成事故扩大或者蔓延；

（三）发现农产品质量安全重大风险隐患后，未及时采取相应措施，造成农产品质量安全事故或者不良社会影响；

（四）不履行农产品质量安全监督管理职责，导致发生农产品质量安全事故。

第六十四条　县级以上地方人民政府农业农村、市场监督管理等部门在履行农产品质量安全监督管理职责过程中，违法实施检查、强制等执法措施，给农产品生产经营者造成损失的，应当依法予以赔偿，对直接负责的主管人员和其他直接责任人员依法给予处分。

第六十五条　农产品质量安全检测机构、检测人员出具虚假检测报告的，由县级以上人民政府农业农村主管部门没收所收取的检测费用，检测费用不足一万元的，并处五万元以上十万元以下罚款，检测费用一万元以上的，并处检测费用五倍以上十倍以下罚款；对直接负责的主管人员和其他直接责任人员处一万元以上五万元以下罚款；使消费者的合法权益受到损害的，农产品质量安全检测机构应当与农产品生产经营者承担连带责任。

因农产品质量安全违法行为受到刑事处罚或者因出具虚假检测报告导致发生重大农产品质量安全事故的检测人员，终身不得从事农产品质量安全检测工作。农产品质量安全检测机构不得聘用上述人员。

农产品质量安全检测机构有前两款违法行为的，由授予其资质的主管部门或者机构吊销该农产品质量安全检测机构的资质证书。

第六十六条　违反本法规定，在特定农产品禁止生产区域种植、养殖、捕捞、采集特定农产品或者建立特定农产品生产基地的，由县级以上地方人民政府农业农村主管部门责令停止违法行为，没收农产品和违法所得，并处违法所得一倍以上三倍以下罚款。

违反法律、法规规定，向农产品产地排放或者倾倒废水、废气、固体废物或者其他有毒有害物质的，依照有关环境保护法律、法规的规定处理、处罚；

造成损害的，依法承担赔偿责任。

第六十七条 农药、肥料、农用薄膜等农业投入品的生产者、经营者、使用者未按照规定回收并妥善处置包装物或者废弃物的，由县级以上地方人民政府农业农村主管部门依照有关法律、法规的规定处理、处罚。

第六十八条 违反本法规定，农产品生产企业有下列情形之一的，由县级以上地方人民政府农业农村主管部门责令限期改正；逾期不改正的，处五千元以上五万元以下罚款：

（一）未建立农产品质量安全管理制度；

（二）未配备相应的农产品质量安全管理技术人员，且未委托具有专业技术知识的人员进行农产品质量安全指导。

第六十九条 农产品生产企业、农民专业合作社、农业社会化服务组织未依照本法规定建立、保存农产品生产记录，或者伪造、变造农产品生产记录的，由县级以上地方人民政府农业农村主管部门责令限期改正；逾期不改正的，处二千元以上二万元以下罚款。

第七十条 违反本法规定，农产品生产经营者有下列行为之一，尚不构成犯罪的，由县级以上地方人民政府农业农村主管部门责令停止生产经营、追回已经销售的农产品，对违法生产经营的农产品进行无害化处理或者予以监督销毁，没收违法所得，并可以没收用于违法生产经营的工具、设备、原料等物品；违法生产经营的农产品货值金额不足一万元的，并处十万元以上十五万元以下罚款，货值金额一万元以上的，并处货值金额十五倍以上三十倍以下罚款；对农户，并处一千元以上一万元以下罚款；情节严重的，有许可证的吊销许可证，并可以由公安机关对其直接负责的主管人员和其他直接责任人员处五日以上十五日以下拘留：

（一）在农产品生产经营过程中使用国家禁止使用的农业投入品或者其他有毒有害物质；

（二）销售含有国家禁止使用的农药、兽药或者其他化合物的农产品；

（三）销售病死、毒死或者死因不明的动物及其产品。

明知农产品生产经营者从事前款规定的违法行为，仍为其提供生产经营场所或者其他条件的，由县级以上地方人民政府农业农村主管部门责令停止违法行为，没收违法所得，并处十万元以上二十万元以下罚款；使消费者的合法权益受到损害的，应当与农产品生产经营者承担连带责任。

第七十一条　违反本法规定，农产品生产经营者有下列行为之一，尚不构成犯罪的，由县级以上地方人民政府农业农村主管部门责令停止生产经营、追回已经销售的农产品，对违法生产经营的农产品进行无害化处理或者予以监督销毁，没收违法所得，并可以没收用于违法生产经营的工具、设备、原料等物品；违法生产经营的农产品货值金额不足一万元的，并处五万元以上十万元以下罚款，货值金额一万元以上的，并处货值金额十倍以上二十倍以下罚款；对农户，并处五百元以上五千元以下罚款：

（一）销售农药、兽药等化学物质残留或者含有的重金属等有毒有害物质不符合农产品质量安全标准的农产品；

（二）销售含有的致病性寄生虫、微生物或者生物毒素不符合农产品质量安全标准的农产品；

（三）销售其他不符合农产品质量安全标准的农产品。

第七十二条　违反本法规定，农产品生产经营者有下列行为之一的，由县级以上地方人民政府农业农村主管部门责令停止生产经营、追回已经销售的农产品，对违法生产经营的农产品进行无害化处理或者予以监督销毁，没收违法所得，并可以没收用于违法生产经营的工具、设备、原料等物品；违法生产经营的农产品货值金额不足一万元的，并处五千元以上五万元以下罚款，货值金额一万元以上的，并处货值金额五倍以上十倍以下罚款；对农户，并处三百元以上三千元以下罚款：

（一）在农产品生产场所以及生产活动中使用的设施、设备、消毒剂、洗涤剂等不符合国家有关质量安全规定；

（二）未按照国家有关强制性标准或者其他农产品质量安全规定使用保鲜剂、防腐剂、添加剂、包装材料等，或者使用的保鲜剂、防腐剂、添加剂、包装材料等不符合国家有关强制性标准或者其他质量安全规定；

（三）将农产品与有毒有害物质一同储存、运输。

第七十三条　违反本法规定，有下列行为之一的，由县级以上地方人民政府农业农村主管部门按照职责给予批评教育，责令限期改正；逾期不改正的，处一百元以上一千元以下罚款：

（一）农产品生产企业、农民专业合作社、从事农产品收购的单位或者个人未按照规定开具承诺达标合格证；

（二）从事农产品收购的单位或者个人未按照规定收取、保存承诺达标合格证或者其他合格证明。

第七十四条 农产品生产经营者冒用农产品质量标志，或者销售冒用农产品质量标志的农产品的，由县级以上地方人民政府农业农村主管部门按照职责责令改正，没收违法所得；违法生产经营的农产品货值金额不足五千元的，并处五千元以上五万元以下罚款，货值金额五千元以上的，并处货值金额十倍以上二十倍以下罚款。

第七十五条 违反本法关于农产品质量安全追溯规定的，由县级以上地方人民政府农业农村主管部门按照职责责令限期改正；逾期不改正的，可以处一万元以下罚款。

第七十六条 违反本法规定，拒绝、阻挠依法开展的农产品质量安全监督检查、事故调查处理、抽样检测和风险评估的，由有关主管部门按照职责责令停产停业，并处二千元以上五万元以下罚款；构成违反治安管理行为的，由公安机关依法给予治安管理处罚。

第七十七条 《中华人民共和国食品安全法》对食用农产品进入批发、零售市场或者生产加工企业后的违法行为和法律责任有规定的，由县级以上地方人民政府市场监督管理部门依照其规定进行处罚。

第七十八条 违反本法规定，构成犯罪的，依法追究刑事责任。

第七十九条 违反本法规定，给消费者造成人身、财产或者其他损害的，依法承担民事赔偿责任。生产经营者财产不足以同时承担民事赔偿责任和缴纳罚款、罚金时，先承担民事赔偿责任。

食用农产品生产经营者违反本法规定，污染环境、侵害众多消费者合法权益，损害社会公共利益的，人民检察院可以依照《中华人民共和国民事诉讼法》、《中华人民共和国行政诉讼法》等法律的规定向人民法院提起诉讼。

第八章 附 则

第八十条 粮食收购、储存、运输环节的质量安全管理，依照有关粮食管理的法律、行政法规执行。

第八十一条 本法自 2023 年 1 月 1 日起施行。

二、部门规章及规范性文件

1. 农作物种子生产经营许可管理办法

（2016 年 7 月 8 日农业部令 2016 年第 5 号公布　2017 年 11 月 30 日农业部令 2017 年第 8 号、2019 年 4 月 25 日农业农村部令 2019 年第 2 号、2020 年 7 月 8 日农业农村部令第 5 号、2022 年 1 月 7 日农业农村部令 2022 年第 1 号、2022 年 1 月 21 日农业农村部令 2022 年第 2 号修订）

第一章　总　　则

第一条　为加强农作物种子生产经营许可管理，规范农作物种子生产经营秩序，根据《中华人民共和国种子法》，制定本办法。

第二条　农作物种子生产经营许可证的申请、审核、核发和监管，适用本办法。

第三条　县级以上人民政府农业农村主管部门按照职责分工，负责农作物种子生产经营许可证的受理、审核、核发和监管工作。

第四条　负责审核、核发农作物种子生产经营许可证的农业农村主管部门，应当将农作物种子生产经营许可证的办理条件、程序等在办公场所公开。

第五条　农业农村主管部门应当按照保障农业生产安全、提升农作物品种选育和种子生产经营水平、促进公平竞争、强化事中事后监管的原则，依法加强农作物种子生产经营许可管理。

第二章　申请条件

第六条　申请领取种子生产经营许可证的企业，应当具有与种子生产经营相适应的设施、设备、品种及人员，符合本办法规定的条件。

第七条　申请领取主要农作物常规种子或非主要农作物种子生产经营许可证的企业，应当具备以下条件：

（一）基本设施。生产经营主要农作物常规种子的，具有办公场所 150 平方米以上、检验室 100 平方米以上、加工厂房 500 平方米以上、仓库 500 平方米以上；生产经营非主要农作物种子的，具有办公场所 100 平方米以上、检验室 50 平方米以上、加工厂房 100 平方米以上、仓库 100 平方米以上；

（二）检验仪器。具有净度分析台、电子秤、样品粉碎机、烘箱、生物显微镜、电子天平、扦样器、分样器、发芽箱等检验仪器，满足种子质量常规检测需要；

（三）加工设备。具有与其规模相适应的种子加工、包装等设备。其中，生产经营主要农作物常规种子的，应当具有种子加工成套设备，生产经营常规小麦种子的，成套设备总加工能力 10 吨/小时以上；生产经营常规稻种子的，成套设备总加工能力 5 吨/小时以上；生产经营常规大豆种子的，成套设备总加工能力 3 吨/小时以上；生产经营常规棉花种子的，成套设备总加工能力 1 吨/小时以上；

（四）人员。具有种子生产、加工贮藏和检验专业技术人员各 2 名以上；

（五）品种。生产经营主要农作物常规种子的，生产经营的品种应当通过审定，并具有 1 个以上与申请作物类别相应的审定品种；生产经营登记作物种子的，应当具有 1 个以上的登记品种。生产经营授权品种种子的，应当征得品种权人的书面同意；

（六）生产环境。生产地点无检疫性有害生物，并具有种子生产的隔离和培育条件；

（七）农业农村部规定的其他条件。

第八条　申请领取主要农作物杂交种子及其亲本种子生产经营许可证的企业，应当具备以下条件：

（一）基本设施。具有办公场所 200 平方米以上、检验室 150 平方米以上、加工厂房 500 平方米以上、仓库 500 平方米以上；

（二）检验仪器。除具备本办法第七条第二项规定的条件外，还应当具有 PCR 扩增仪及产物检测配套设备、酸度计、高压灭菌锅、磁力搅拌器、恒温水浴锅、高速冷冻离心机、成套移液器等仪器设备，能够开展种子水分、净度、纯度、发芽率四项指标检测及品种分子鉴定；

（三）加工设备。具有种子加工成套设备，生产经营杂交玉米种子的，成套设备总加工能力 10 吨/小时以上；生产经营杂交稻种子的，成套设备总加工能力 5 吨/小时以上；生产经营其他主要农作物杂交种子的，成套设备总加工能力 1 吨/小时以上；

（四）人员。具有种子生产、加工贮藏和检验专业技术人员各 5 名以上；

（五）品种。生产经营的品种应当通过审定，并具有自育品种或作为第一选育人的审定品种 1 个以上，或者合作选育的审定品种 2 个以上，或者受让品种权的品种 3 个以上。生产经营授权品种种子的，应当征得品种权人的书面同意；

（六）具有本办法第七条第六项规定的条件；

（七）农业农村部规定的其他条件。

第九条　申请领取实行选育生产经营相结合、有效区域为全国的种子生产经营许可证的企业，应当具备以下条件：

（一）基本设施。具有办公场所 500 平方米以上，冷藏库 200 平方米以上。生产经营主要农作物种子或马铃薯种薯的，具有检验室 300 平方米以上；生产经营其他农作物种子的，具有检验室 200 平方米以上。生产经营杂交玉米、杂交稻、小麦种子或马铃薯种薯的，具有加工厂房 1000 平方米以上、仓库 2000 平方米以上；生产经营棉花、大豆种子的，具有加工厂房 500 平方米以上、仓库 500 平方米以上；生产经营其他农作物种子的，具有加工厂房 200 平方米以上、仓库 500 平方米以上；

（二）育种机构及测试网络。具有专门的育种机构和相应的育种材料，建有完整的科研育种档案。生产经营杂交玉米、杂交稻种子的，在全国不同生态区有测试点 30 个以上和相应的播种、收获、考种设施设备；生产经营其他农作物种子的，在全国不同生态区有测试点 10 个以上和相应的播种、收获、考种设施设备；

（三）育种基地。具有自有或租用（租期不少于 5 年）的科研育种基地。生产经营杂交玉米、杂交稻种子的，具有分布在不同生态区的育种基地 5 处以上、总面积 200 亩以上；生产经营其他农作物种子的，具有分布在不同生态区的育种基地 3 处以上、总面积 100 亩以上；

（四）品种。生产经营主要农作物种子的，生产经营的品种应当通过审定，并具有相应作物的作为第一育种者的国家级审定品种 3 个以上，或者省级审定品种 6 个以上（至少包含 3 个省份审定通过），或者国家级审定品种 2 个和省级审定品种 3 个以上，或者国家级审定品种 1 个和省级审定品种 5 个以上。生产经营杂交稻种子同时生产经营常规稻种子的，除具有杂交稻要求的品种条件外，还应当具有常规稻的作为第一育种者的国家级审定品种 1 个以上或者省级审定品种 3 个以上。生产经营非主要农作物种子的，应当具有相应作物的以本企业名义单独申请获得植物新品种权的品种 5 个以上。生产经营授权品种种子的，应当征得品种权人的书面同意；

（五）生产规模。生产经营杂交玉米种子的，近 3 年年均种子生产面积 2 万亩以上；生产经营杂交稻种子的，近 3 年年均种子生产面积 1 万亩以上；生产经营其他农作物种子的，近 3 年年均种子生产的数量不低于该类作物 100 万亩的大田用种量；

（六）种子经营。具有健全的销售网络和售后服务体系。生产经营杂交玉米种子的，在申请之日前 3 年内至少有 1 年，杂交玉米种子销售额 2 亿元以上或占该类种子全国市场份额的 1% 以上；生产经营杂交稻种子的，在申请之日前 3 年内至少有 1 年，杂交稻种子销售额 1.2 亿元以上或占该类种子全国市场份额的 1% 以上；生产经营蔬菜种子的，在申请之日前 3 年内至少有 1 年，蔬菜种子销售额 8000 万元以上或占该类种子全国市场份额的 1% 以上；生产经营其他农作物种子的，在申请之日前 3 年内至少有 1 年，其种子销售额占该类种子全国市场份额的 1% 以上；

（七）种子加工。具有种子加工成套设备，生产经营杂交玉米、小麦种子的，总加工能力 20 吨/小时以上；生产经营杂交稻种子的，总加工能力 10 吨/小时以上（含窝眼清选设备）；生产经营大豆种子的，总加工能力 5 吨/小时以上；生产经营其他农作物种子的，总加工能力 1 吨/小时以上。生产经营杂交玉米、杂交稻、小麦种子的，还应当具有相应的干燥设备；

（八）人员。生产经营杂交玉米、杂交稻种子的，具有本科以上学历或中级以上职称的专业育种人员 10 人以上；生产经营其他农作物种子的，具有本科以上学历或中级以上职称的专业育种人员 6 人以上。生产经营主要农作物种子的，具有专职的种子生产、加工贮藏和检验专业技术人员各 5 名以上；生产经营非主要农作物种子的，具有专职的种子生产、加工贮藏和检验专业技术人员各 3 名以上；

（九）具有本办法第七条第六项、第八条第二项规定的条件；

（十）农业农村部规定的其他条件。

第十条 申请领取转基因农作物种子生产经营许可证的企业，应当具备下列条件：

（一）农业转基因生物安全管理人员 2 名以上；

（二）种子生产地点、经营区域在农业转基因生物安全证书批准的区域内；

（三）有符合要求的隔离和生产条件；

（四）有相应的农业转基因生物安全管理、防范措施；

（五）农业农村部规定的其他条件。

从事种子进出口业务、转基因农作物种子生产经营的企业和外商投资企业申请领取种子生产经营许可证，除具备本办法规定的相应农作物种子生产经营许可证核发的条件外，还应当符合有关法律、行政法规规定的其他条件。

第十一条　申请领取种子生产经营许可证，应当提交以下材料：

（一）种子生产经营许可证申请表（式样见附件1）；

（二）单位性质、股权结构等基本情况，公司章程、营业执照复印件，设立分支机构、委托生产种子、委托代销种子以及以购销方式销售种子等情况说明；

（三）种子生产、加工贮藏、检验专业技术人员和农业转基因生物安全管理人员的基本情况，企业法定代表人和高级管理人员名单及其种业从业简历；

（四）种子检验室、加工厂房、仓库和其他设施的自有产权或自有资产的证明材料；办公场所自有产权证明复印件或租赁合同；种子检验、加工等设备清单和购置发票复印件；相关设施设备的情况说明及实景照片；

（五）品种审定证书复印件；生产经营转基因农作物种子的，提交农业转基因生物安全证书复印件；生产经营授权品种种子的，提交植物新品种权证书复印件及品种权人的书面同意证明；

（六）委托种子生产合同复印件或自行组织种子生产的情况说明和证明材料；

（七）种子生产地点检疫证明；

（八）农业转基因生物安全管理、防范措施和隔离、生产条件的说明；

（九）农业农村部规定的其他材料。

第十二条　申请领取选育生产经营相结合、有效区域为全国的种子生产经营许可证，除提交本办法第十一条所规定的材料外，还应当提交以下材料：

（一）自有科研育种基地证明或租用科研育种基地的合同复印件；

（二）品种试验测试网络和测试点情况说明，以及相应的播种、收获、烘干等设备设施的自有产权证明复印件及实景照片；

（三）育种机构、科研投入及育种材料、科研活动等情况说明和证明材料，育种人员基本情况及其企业缴纳的社保证明复印件；

（四）近三年种子生产地点、面积和基地联系人等情况说明和证明材料；

（五）种子经营量、经营额及其市场份额的情况说明和证明材料；

（六）销售网络和售后服务体系的建设情况。

第三章　受理、审核与核发

第十三条　种子生产经营许可证实行分级审核、核发。

（一）从事主要农作物常规种子生产经营及非主要农作物种子经营的，其种子生产经营许可证由企业所在地县级以上地方农业农村主管部门核发；

（二）从事主要农作物杂交种子及其亲本种子生产经营以及实行选育生产经营相结合、有效区域为全国的种子企业，其种子生产经营许可证由企业所在地县级农业农村主管部门审核，省、自治区、直辖市农业农村主管部门核发；

（三）从事农作物种子进出口业务以及转基因农作物种子生产经营的，其种子生产经营许可证由农业农村部核发。

第十四条　农业农村主管部门对申请人提出的种子生产经营许可申请，应当根据下列情况分别作出处理：

（一）不需要取得种子生产经营许可的，应当即时告知申请人不受理；

（二）不属于本部门职权范围的，应当即时作出不予受理的决定，并告知申请人向有关部门申请；

（三）申请材料存在可以当场更正的错误的，应当允许申请人当场更正；

（四）申请材料不齐全或者不符合法定形式的，应当当场或者在五个工作日内一次告知申请人需要补正的全部内容，逾期不告知的，自收到申请材料之日起即为受理；

（五）申请材料齐全、符合法定形式，或者申请人按照要求提交全部补正申请材料的，应当予以受理。

第十五条　审核机关应当对申请人提交的材料进行审查，并对申请人的办公场所和种子加工、检验、仓储等设施设备进行实地考察，查验相关申请材料原件。

审核机关应当自受理申请之日起二十个工作日内完成审核工作。具备本办法规定条件的，签署审核意见，上报核发机关；审核不予通过的，书面通知申请人并说明理由。

第十六条　核发机关应当自受理申请或收到审核意见之日起二十个工作日

内完成核发工作。核发机关认为有必要的，可以进行实地考察并查验原件。符合条件的，发给种子生产经营许可证并予公告；不符合条件的，书面通知申请人并说明理由。

选育生产经营相结合、有效区域为全国的种子生产经营许可证，核发机关应当在核发前在中国种业信息网公示五个工作日。

第四章　许可证管理

第十七条　种子生产经营许可证设主证、副证（式样见附件2）。主证注明许可证编号、企业名称、统一社会信用代码、住所、法定代表人、生产经营范围、生产经营方式、有效区域、有效期至、发证机关、发证日期；副证注明生产种子的作物种类、种子类别、品种名称及审定（登记）编号、种子生产地点等内容。

（一）许可证编号为"＿（××××）农种许字（××××）第××××号"。"＿"上标注生产经营类型，A为实行选育生产经营相结合，B为主要农作物杂交种子及其亲本种子，C为其他主要农作物种子，D为非主要农作物种子，E为种子进出口，F为外商投资企业，G为转基因农作物种子；第一个括号内为发证机关所在地简称，格式为"省地县"；第二个括号内为首次发证时的年号；"第××××号"为四位顺序号；

（二）生产经营范围按生产经营种子的作物名称填写，蔬菜、花卉、麻类按作物类别填写；

（三）生产经营方式按生产、加工、包装、批发、零售或进出口填写；

（四）有效区域。实行选育生产经营相结合的种子生产经营许可证的有效区域为全国。其他种子生产经营许可证的有效区域由发证机关在其管辖范围内确定；

（五）生产地点为种子生产所在地，主要农作物杂交种子标注至县级行政区域，其他作物标注至省级行政区域。

种子生产经营许可证加注许可信息代码。许可信息代码应当包括种子生产经营许可相关内容，由发证机关打印许可证书时自动生成。

第十八条　种子生产经营许可证载明的有效区域是指企业设立分支机构的区域。

种子生产地点不受种子生产经营许可证载明的有效区域限制，由发证机关根据申请人提交的种子生产合同复印件及无检疫性有害生物证明确定。

种子销售活动不受种子生产经营许可证载明的有效区域限制，但种子的终端销售地应当在品种审定、品种登记或标签标注的适宜区域内。

第十九条　种子生产经营许可证有效期为五年。转基因农作物种子生产经营许可证有效期不得超出农业转基因生物安全证书规定的有效期限。

在有效期内变更主证载明事项的，应当向原发证机关申请变更并提交相应材料，原发证机关应当依法进行审查，办理变更手续。

在有效期内变更副证载明的生产种子的品种、地点等事项的，应当在播种三十日前向原发证机关申请变更并提交相应材料，申请材料齐全且符合法定形式的，原发证机关应当当场予以变更登记。

种子生产经营许可证期满后继续从事种子生产经营的，企业应当在期满六个月前重新提出申请。

第二十条　在种子生产经营许可证有效期内，有下列情形之一的，发证机关应当注销许可证，并予以公告：

（一）企业停止生产经营活动一年以上的；

（二）企业不再具备本办法规定的许可条件，经限期整改仍达不到要求的。

第五章　监督检查

第二十一条　有下列情形之一的，不需要办理种子生产经营许可证：

（一）农民个人自繁自用常规种子有剩余，在当地集贸市场上出售、串换的；

（二）在种子生产经营许可证载明的有效区域设立分支机构的；

（三）专门经营不再分装的包装种子的；

（四）受具有种子生产经营许可证的企业书面委托生产、代销其种子的。

前款第一项所称农民，是指以家庭联产承包责任制的形式签订农村土地承包合同的农民；所称当地集贸市场，是指农民所在的乡（镇）区域。农民个人出售、串换的种子数量不应超过其家庭联产承包土地的年度用种量。违反本款规定出售、串换种子的，视为无证生产经营种子。

第二十二条　种子生产经营者在种子生产经营许可证载明有效区域设立的分支机构，应当在取得或变更分支机构营业执照后十五个工作日内向当地县级农业农村主管部门备案。备案时应当提交分支机构的营业执照复印件、设立企业的种子生产经营许可证复印件以及分支机构名称、住所、负责人、联系方式等材料（式样见附件3）。

第二十三条　专门经营不再分装的包装种子或者受具有种子生产经营许可证的企业书面委托代销其种子的，应当在种子销售前向当地县级农业农村主管部门备案，并建立种子销售台账。备案时应当提交种子销售者的营业执照复印件、种子购销凭证或委托代销合同复印件，以及种子销售者名称、住所、经营方式、负责人、联系方式、销售地点、品种名称、种子数量等材料（式样见附件4）。种子销售台账应当如实记录销售种子的品种名称、种子数量、种子来源和种子去向。

第二十四条　受具有种子生产经营许可证的企业书面委托生产其种子的，应当在种子播种前向当地县级农业农村主管部门备案。受委托生产转基因农作物种子的，应当有专门的管理人员和经营档案，有相应的安全管理、防范措施及国务院农业农村主管部门规定的其他条件。备案时应当提交委托企业的种子生产经营许可证复印件、委托生产合同，以及种子生产者名称、住所、负责人、联系方式、品种名称、生产地点、生产面积等材料（式样见附件5）。受托生产杂交玉米、杂交稻种子的，还应当提交与生产所在地农户、农民合作组织或村委会的生产协议。受委托生产转基因种子的，还应当提交转基因生物安全证书复印件。

第二十五条　种子生产经营者应当建立包括种子田间生产、加工包装、销售流通等环节形成的原始记载或凭证的种子生产经营档案，具体内容如下：

（一）田间生产方面：技术负责人，作物类别、品种名称、亲本（原种）名称、亲本（原种）来源，生产地点、生产面积、播种日期、隔离措施、产地检疫、收获日期、种子产量等。委托种子生产的，还应当包括种子委托生产合同。

（二）加工包装方面：技术负责人，品种名称、生产地点，加工时间、加工地点、包装规格、种子批次、标签标注，入库时间、种子数量、质量检验报告等。

（三）流通销售方面：经办人，种子销售对象姓名及地址、品种名称、包装规格、销售数量、销售时间、销售票据。批量购销的，还应包括种子购销合同。

种子生产经营者应当至少保存种子生产经营档案五年，确保档案记载信息连续、完整、真实，保证可追溯。档案材料含有复印件的，应当注明复印时间并经相关责任人签章。

第二十六条 种子生产经营者应当按批次保存所生产经营的种子样品，样品至少保存该类作物两个生产周期。

第二十七条 申请人故意隐瞒有关情况或者提供虚假材料申请种子生产经营许可证的，农业农村主管部门应当不予许可，并将申请人的不良行为记录在案，纳入征信系统。申请人在一年内不得再次申请种子生产经营许可证。

申请人以欺骗、贿赂等不正当手段取得种子生产经营许可证的，农业农村主管部门应当撤销种子生产经营许可证，并将申请人的不良行为记录在案，纳入征信系统。申请人在三年内不得再次申请种子生产经营许可证。

第二十八条 农业农村主管部门应当对种子生产经营行为进行监督检查，发现不符合本办法的违法行为，按照《中华人民共和国种子法》有关规定进行处理。

核发、撤销、吊销、注销种子生产经营许可证的有关信息，农业农村主管部门应当依法予以公布，并在中国种业信息网上及时更新信息。

对管理过程中获知的种子生产经营者的商业秘密，农业农村主管部门及其工作人员应当依法保密。

第二十九条 上级农业农村主管部门应当对下级农业农村主管部门的种子生产经营许可行为进行监督检查。有下列情形的，责令改正，对直接负责的主管人员和其他直接责任人依法给予行政处分；涉嫌犯罪的，及时将案件移送司法机关，依法追究刑事责任：

（一）未按核发权限发放种子生产经营许可证的；

（二）擅自降低核发标准发放种子生产经营许可证的；

（三）其他未依法核发种子生产经营许可证的。

第六章 附 则

第三十条 本办法所称种子生产经营，是指种植、采收、干燥、清选、分级、包衣、包装、标识、贮藏、销售及进出口种子的活动；种子生产是指繁（制）种的种植、采收的田间活动。

第三十一条 本办法所称种子加工成套设备，是指主机和配套系统相互匹配并固定安装在加工厂房内，实现种子精选、包衣、计量和包装基本功能的加工系统。主机主要包括风筛清选机（风选部分应具有前后吸风道，双沉降室；筛选部分应具有三层以上筛片）、比重式清选机和电脑计量包装设备；配套系统主要包括输送系统、储存系统、除尘系统、除杂系统和电控系统。

第三十二条 本办法规定的科研育种、生产、加工、检验、贮藏等设施设备，应为申请企业自有产权或自有资产，或者为其绝对控股子公司的自有产权或自有资产。办公场所应在种子生产经营许可证核发机关所辖行政区域，可以租赁。对申请企业绝对控股子公司的自有品种可以视为申请企业的自有品种。申请企业的绝对控股子公司不可重复利用上述办证条件申请办理种子生产经营许可证。

第三十三条 本办法所称不再分装的包装种子，是指按有关规定和标准包装的、不再分拆的最小包装种子。分装种子的，应当取得种子生产经营许可证，保证种子包装的完整性，并对其所分装种子负责。

有性繁殖作物的籽粒、果实，包括颖果、荚果、蒴果、核果等以及马铃薯微型脱毒种薯应当包装。无性繁殖的器官和组织、种苗以及不宜包装的非籽粒种子可以不包装。

种子包装应当符合有关国家标准或者行业标准。

第三十四条 申请领取鲜食、爆裂玉米的种子生产经营许可证的，按非主要农作物种子的许可条件办理。

第三十五条 生产经营无性繁殖的器官和组织、种苗、种薯以及不宜包装的非籽粒种子的，应当具有相适应的设施、设备、品种及人员，具体办法由省级农业农村主管部门制定，报农业农村部备案。

第三十六条 没有设立农业农村主管部门的行政区域，种子生产经营许可证由上级行政区域农业农村主管部门审核、核发。

第三十七条 种子生产经营许可证由农业农村部统一印制，相关表格格式由农业农村部统一制定。种子生产经营许可证的申请、受理、审核、核发和打印，以及种子生产经营备案管理，在中国种业信息网统一进行。

第三十八条 本办法自 2016 年 8 月 15 日起施行。农业部 2011 年 8 月 22 日公布、2015 年 4 月 29 日修订的《农作物种子生产经营许可管理办法》（农业部令 2011 年第 3 号）和 2001 年 2 月 26 日公布的《农作物商品种子加工包装规定》（农业部令第 50 号）同时废止。

本办法施行之日前已取得的农作物种子生产、经营许可证有效期不变，有效期在本办法发布之日至 2016 年 8 月 15 日届满的企业，其原有种子生产、经营许可证的有效期自动延展至 2016 年 12 月 31 日。

本办法施行之日前已取得农作物种子生产、经营许可证且在有效期内，申请变更许可证载明事项的，按本办法第十三条规定程序办理。

2. 农作物种子标签和使用说明管理办法

(农业部令 2016 年第 6 号公布　自 2017 年 1 月 1 日起施行)

第一章　总　　则

第一条　为了规范农作物种子标签和使用说明的管理，维护种子生产经营者、使用者的合法权益，保障种子质量和农业生产安全，根据《中华人民共和国种子法》，制定本办法。

第二条　在中华人民共和国境内销售的农作物种子应当附有种子标签和使用说明。

种子标签和使用说明标注的内容应当与销售的种子相符，符合本办法的规定，不得作虚假或者引人误解的宣传。

第三条　种子生产经营者负责种子标签和使用说明的制作，对其标注内容的真实性和种子质量负责。

第四条　县级以上人民政府农业主管部门负责农作物种子标签和使用说明的监督管理工作。

第二章　种子标签

第五条　种子标签是指印制、粘贴、固定或者附着在种子、种子包装物表面的特定图案及文字说明。

第六条　种子标签应当标注下列内容：

（一）作物种类、种子类别、品种名称；

（二）种子生产经营者信息，包括种子生产经营者名称、种子生产经营许可证编号、注册地地址和联系方式；

（三）质量指标、净含量；

（四）检测日期和质量保证期；

（五）品种适宜种植区域、种植季节；

（六）检疫证明编号；

（七）信息代码。

第七条　属于下列情形之一的，种子标签除标注本办法第六条规定内容外，应当分别加注以下内容：

（一）主要农作物品种，标注品种审定编号；通过两个以上省级审定的，至少标注种子销售所在地省级品种审定编号；引种的主要农作物品种，标注引种备案公告文号；

（二）授权品种，标注品种权号；

（三）已登记的农作物品种，标注品种登记编号；

（四）进口种子，标注进口审批文号及进口商名称、注册地址和联系方式；

（五）药剂处理种子，标注药剂名称、有效成分、含量及人畜误食后解决方案；依据药剂毒性大小，分别注明"高毒"并附骷髅标志、"中等毒"并附十字骨标志、"低毒"字样；

（六）转基因种子，标注"转基因"字样、农业转基因生物安全证书编号；

第八条　作物种类明确至植物分类学的种。

种子类别按照常规种和杂交种标注。类别为常规种的按照育种家种子、原种、大田用种标注。

第九条　品种名称应当符合《农业植物品种命名规定》，一个品种只能标注一个品种名称。审定、登记的品种或授权保护的品种应当使用经批准的品种名称。

第十条　种子生产经营者名称、种子生产经营许可证编号、注册地地址应当与农作物种子生产经营许可证载明内容一致；联系方式为电话、传真，可以加注网络联系方式。

第十一条　质量指标是指生产经营者承诺的质量标准，不得低于国家或者行业标准规定；未制定国家标准或行业标准的，按企业标准或者种子生产经营者承诺的质量标准进行标注。

第十二条　质量指标按照质量特性和特性值进行标注。

质量特性按照下列规定进行标注：

（一）标注品种纯度、净度、发芽率和水分，但不宜标注水分、芽率、净度等指标的无性繁殖材料、种苗等除外；

（二）脱毒繁殖材料按品种纯度、病毒状况和脱毒扩繁代数进行标注；

（三）国家标准、行业标准或农业部对某些农作物种子有其他质量特性要求的，应当加注。

特性值应当标明具体数值，品种纯度、净度、水分百分率保留一位小数，发芽率保留整数。

第十三条 净含量是指种子的实际重量或者数量，标注内容由"净含量"字样、数字、法定计量单位（kg 或者 g）或者数量单位（粒或者株）三部分组成。

第十四条 检测日期是指生产经营者检测质量特性值的年月，年月分别用四位、两位数字完整标示，采用下列示例：检测日期：2016 年 05 月。

质量保证期是指在规定贮存条件下种子生产经营者对种子质量特性值予以保证的承诺时间。标注以月为单位，自检测日期起最长时间不得超过十二个月，采用下列示例：质量保证期 6 个月。

第十五条 品种适宜种植区域不得超过审定、登记公告及省级农业主管部门引种备案公告公布的区域。审定、登记以外作物的适宜区域由生产经营者根据试验确定。

种植季节是指适宜播种的时间段，由生产经营者根据试验确定，应当具体到日，采用下列示例：5 月 1 日至 5 月 20 日。

第十六条 检疫证明编号标注产地检疫合格证编号或者植物检疫证书编号。

进口种子检疫证明编号标注引进种子、苗木检疫审批单编号。

第十七条 信息代码以二维码标注，应当包括品种名称、生产经营者名称或进口商名称、单元识别代码、追溯网址等信息。二维码格式及生成要求由农业部另行制定。

第三章　使用说明

第十八条 使用说明是指对种子的主要性状、主要栽培措施、适应性等使用条件的说明以及风险提示、技术服务等信息。

第十九条 使用说明应当包括下列内容：

（一）品种主要性状；

（二）主要栽培措施；

（三）适应性；

（四）风险提示；

（五）咨询服务信息。

除前款规定内容外，有下列情形之一的，还应当增加相应内容：

（一）属于转基因种子的，应当提示使用时的安全控制措施；

（二）使用说明与标签分别印制的，应当包括品种名称和种子生产经营者信息。

第二十条　品种主要性状、主要栽培措施应当如实反映品种的真实状况，主要内容应当与审定或登记公告一致。通过两个以上省级审定的主要农作物品种，标注内容应当与销售地所在省级品种审定公告一致；引种标注内容应当与引种备案信息一致。

第二十一条　适应性是指品种在适宜种植地区内不同年度间产量的稳定性、丰产性、抗病性、抗逆性等特性，标注值不得高于品种审定、登记公告载明的内容。审定、登记以外作物适应性的说明，参照登记作物有关要求执行。

第二十二条　风险提示包括种子贮藏条件以及销售区域主要病虫害、高低温、倒伏等因素对品种引发风险的提示及注意事项。

第四章　制作要求

第二十三条　种子标签可以与使用说明合并印制。种子标签包括使用说明全部内容的，可不另行印制使用说明。

第二十四条　应当包装的种子，标签应当直接印制在种子包装物表面。可以不包装销售的种子，标签可印制成印刷品粘贴、固定或者附着在种子上，也可以制成印刷品，在销售种子时提供给种子使用者。

第二十五条　标注文字除注册商标外，应当使用国家语言工作委员会公布的现行规范化汉字。标注的文字、符号、数字的字体高度不得小于 1.8 毫米。同时标注的汉语拼音或者外文的，字体应当小于或者等于相应的汉字字体。信息代码不得小于 2 平方厘米。

品种名称应放在显著位置，字号不得小于标签标注的其它文字。

第二十六条　印刷内容应当清晰、醒目、持久，易于辨认和识读。标注字体、背景和底色应当与基底形成明显的反差，易于识别；警示标志和说明应当醒目，其中"高毒"以红色字体印制。

第二十七条 检疫证明编号、检测日期、质量保证期，可以采用喷印、压印等印制方式。

第二十八条 作物种类和种子类别、品种名称、品种审定或者登记编号、净含量、种子生产经营者名称、种子生产经营许可证编号、注册地地址和联系方式、"转基因"字样、警示标志等信息，应当在同一版面标注。

第二十九条 本办法第二十四条规定的印刷品，应当为长方形，长和宽不得小于11厘米×7厘米。印刷品制作材料应当有足够的强度，确保不易损毁或字迹变得模糊、脱落。

第三十条 进口种子应当在原标签外附加符合本办法规定的中文标签和使用说明，使用进（出）口审批表批准的品种中文名称和英文名称、生产经营者。

第五章 监督管理

第三十一条 法律、行政法规没有特别规定的，种子标签和使用说明不得有下列内容：

（一）在品种名称前后添加修饰性文字；

（二）种子生产经营者、进口商名称以外的其他单位名称；

（三）不符合广告法、商标法等法律法规规定的描述；

（四）未经认证合格使用认证标识；

（五）其他带有夸大宣传、引人误解或者虚假的文字、图案等信息。

第三十二条 标签缺少品种名称，视为没有种子标签。

使用说明缺少品种主要性状、适应性或风险提示的，视为没有使用说明。

以剪切、粘贴等方式修改或者补充标签内容的，按涂改标签查处。

第三十三条 县级以上人民政府农业主管部门应当加强监督检查，发现种子标签和使用说明不符合本办法规定的，按照《中华人民共和国种子法》的相关规定进行处罚。

第六章 附 则

第三十四条 本办法自2017年1月1日起施行。农业部2001年2月26日发布的《农作物种子标签管理办法》同时废止。

3. 农作物种子标签二维码编码规则

（农办种〔2016〕24号公布 自2016年9月18日起施行）

第一条 为规范农作物种子标签二维码信息内容和二维码制作，便于种子标签二维码的识别和应用，根据《中华人民共和国种子法》《农作物种子标签和使用说明管理办法》有关规定制定本规则。

第二条 本规则所指种子标签二维码即《中华人民共和国种子法》中所规定的信息代码。

第三条 农作物种子标签二维码具有唯一性，一个二维码对应唯一一个最小销售单元种子。

二维码一旦赋予给某一商品种子，不得再次赋给其他种子使用。

第四条 农作物种子二维码应包括下列信息：品种名称、生产经营者名称或进口商名称、单元识别代码、追溯网址四项信息。四项内容必须按以上顺序排列，每项信息单独成行。

二维码信息内容不得缺失，所含内容应与标签标注内容一致。

第五条 二维码所含的品种名称、生产经营者名称或进口商名称应与行政许可核发信息一致。

第六条 单元识别代码是指每一个最小销售单元种子区别于其种子的唯一代码，由企业自行编制，代码由阿拉伯数字或数字与英文字母组合构成，代码长度不得超过20个字符。

单元识别代码可与原产品条形码代码一致，也可另外设计。

第七条 产品追溯网址由企业提供并保证有效，通过该网址可追溯到种子加工批次以及物流或销售信息。

网页应具有较强的兼容性，可在PC端和手机端浏览。

第八条 不得在二维码图像或识读信息中添加引人误解或误导消费者的内容以及宣传信息。

第九条 二维码设计采用QR码标准。

第十条 二维码图片大小可根据包装大小而定，不得小于2平方厘米。

第十一条 二维码印制要清晰完整，确保可识读。

第十二条 二维码模块为黑色，二维码背景色为白色，背景区域应大于图形边缘至少2mm。

第十三条 本规则于发布之日起实施，解释权在农业部。

4. 农产品产地安全管理办法

（农业部令第71号公布　自2006年11月1日起施行）

第一章　总　　则

第一条 为加强农产品产地管理，改善产地条件，保障产地安全，依据《中华人民共和国农产品质量安全法》，制定本办法。

第二条 本办法所称农产品产地，是指植物、动物、微生物及其产品生产的相关区域。

本办法所称农产品产地安全，是指农产品产地的土壤、水体和大气环境质量等符合生产质量安全农产品要求。

第三条 农业部负责全国农产品产地安全的监督管理。

县级以上地方人民政府农业行政主管部门负责本行政区域内农产品产地的划分和监督管理。

第二章　产地监测与评价

第四条 县级以上人民政府农业行政主管部门应当建立健全农产品产地安全监测管理制度，加强农产品产地安全调查、监测和评价工作，编制农产品产地安全状况及发展趋势年度报告，并报上级农业行政主管部门备案。

第五条 省级以上人民政府农业行政主管部门应当在下列地区分别设置国家和省级监测点，监控农产品产地安全变化动态，指导农产品产地安全管理和保护工作。

（一）工矿企业周边的农产品生产区；

（二）污水灌溉区；

（三）大中城市郊区农产品生产区；

（四）重要农产品生产区；

（五）其他需要监测的区域。

第六条 农产品产地安全调查、监测和评价应当执行国家有关标准等技术规范。

监测点的设置、变更、撤销应当通过专家论证。

第七条 县级以上人民政府农业行政主管部门应当加强农产品产地安全信息统计工作，健全农产品产地安全监测档案。

监测档案应当准确记载产地安全变化状况，并长期保存。

第三章 禁止生产区划定与调整

第八条 农产品产地有毒有害物质不符合产地安全标准，并导致农产品中有毒有害物质不符合农产品质量安全标准的，应当划定为农产品禁止生产区。

禁止生产食用农产品的区域可以生产非食用农产品。

第九条 符合本办法第八条规定情形的，由县级以上地方人民政府农业行政主管部门提出划定禁止生产区的建议，报省级农业行政主管部门。省级农业行政主管部门应当组织专家论证，并附具下列材料报本级人民政府批准后公布。

（一）产地安全监测结果和农产品检测结果；

（二）产地安全监测评价报告，包括产地污染原因分析、产地与农产品污染的相关性分析、评价方法与结论等；

（三）专家论证报告；

（四）农业生产结构调整及相关处理措施的建议。

第十条 禁止生产区划定后，不得改变耕地、基本农田的性质，不得降低农用地征地补偿标准。

第十一条 县级人民政府农业行政主管部门应当在禁止生产区设置标示牌，载明禁止生产区地点、四至范围、面积、禁止生产的农产品种类、主要污染物种类、批准单位、立牌日期等。

任何单位和个人不得擅自移动和损毁标示牌。

第十二条 禁止生产区安全状况改善并符合相关标准的，县级以上地方人民政府农业行政主管部门应当及时提出调整建议。

禁止生产区的调整依照本办法第九条的规定执行。禁止生产区调整的，应当变更标示牌内容或者撤除标示牌。

第十三条 县级以上地方人民政府农业行政主管部门应当及时将本行政区域内农产品禁止生产区划定与调整结果逐级上报农业部备案。

第四章　产地保护

第十四条　县级以上人民政府农业行政主管部门应当推广清洁生产技术和方法，发展生态农业。

第十五条　县级以上地方人民政府农业行政主管部门应当制定农产品产地污染防治与保护规划，并纳入本地农业和农村经济发展规划。

第十六条　县级以上人民政府农业行政主管部门应当采取生物、化学、工程等措施，对农产品禁止生产区和有毒有害物质不符合产地安全标准的其他农产品生产区域进行修复和治理。

第十七条　县级以上人民政府农业行政主管部门应当采取措施，加强产地污染修复和治理的科学研究、技术推广、宣传培训工作。

第十八条　农业建设项目的环境影响评价文件应当经县级以上人民政府农业行政主管部门依法审核后，报有关部门审批。

已经建成的企业或者项目污染农产品产地的，当地人民政府农业行政主管部门应当报请本级人民政府采取措施，减少或消除污染危害。

第十九条　任何单位和个人不得在禁止生产区生产、捕捞、采集禁止的食用农产品和建立农产品生产基地。

第二十条　禁止任何单位和个人向农产品产地排放或者倾倒废气、废水、固体废物或者其他有毒有害物质。

禁止在农产品产地堆放、贮存、处置工业固体废物。在农产品产地周围堆放、贮存、处置工业固体废物的，应当采取有效措施，防止对农产品产地安全造成危害。

第二十一条　任何单位和个人提供或者使用农业用水和用作肥料的城镇垃圾、污泥等固体废物，应当经过无害化处理并符合国家有关标准。

第二十二条　农产品生产者应当合理使用肥料、农药、兽药、饲料和饲料添加剂、农用薄膜等农业投入品。禁止使用国家明令禁止、淘汰的或者未经许可的农业投入品。

农产品生产者应当及时清除、回收农用薄膜、农业投入品包装物等，防止污染农产品产地环境。

第五章　监督检查

第二十三条　县级以上人民政府农业行政主管部门负责农产品产地安全的

监督检查。

农业行政执法人员履行监督检查职责时，应当向被检查单位或者个人出示行政执法证件。有关单位或者个人应当如实提供有关情况和资料，不得拒绝检查或者提供虚假情况。

第二十四条　县级以上人民政府农业行政主管部门发现农产品产地受到污染威胁时，应当责令致害单位或者个人采取措施，减少或者消除污染威胁。有关单位或者个人拒不采取措施的，应当报请本级人民政府处理。

农产品产地发生污染事故时，县级以上人民政府农业行政主管部门应当依法调查处理。

发生农业环境污染突发事件时，应当依照农业环境污染突发事件应急预案的规定处理。

第二十五条　产地安全监测和监督检查经费应当纳入本级人民政府农业行政主管部门年度预算。开展产地安全监测和监督检查不得向被检查单位或者个人收取任何费用。

第二十六条　违反《中华人民共和国农产品质量安全法》和本办法规定的划定标准和程序划定的禁止生产区无效。

违反本办法规定，擅自移动、损毁禁止生产区标牌的，由县级以上地方人民政府农业行政主管部门责令限期改正，可处以一千元以下罚款。

其他违反本办法规定的，依照有关法律法规处罚。

第六章　附　　则

第二十七条　本办法自 2006 年 11 月 1 日起施行。

5. 农产品包装和标识管理办法

（农业部令第 70 号公布　自 2006 年 11 月 1 日起施行）

第一章　总　　则

第一条　为规范农产品生产经营行为，加强农产品包装和标识管理，建立健全农产品可追溯制度，保障农产品质量安全，依据《中华人民共和国农产品质量安全法》，制定本办法。

第二条 农产品的包装和标识活动应当符合本办法规定。

第三条 农业部负责全国农产品包装和标识的监督管理工作。

县级以上地方人民政府农业行政主管部门负责本行政区域内农产品包装和标识的监督管理工作。

第四条 国家支持农产品包装和标识科学研究，推行科学的包装方法，推广先进的标识技术。

第五条 县级以上人民政府农业行政主管部门应当将农产品包装和标识管理经费纳入年度预算。

第六条 县级以上人民政府农业行政主管部门对在农产品包装和标识工作中做出突出贡献的单位和个人，予以表彰和奖励。

第二章 农产品包装

第七条 农产品生产企业、农民专业合作经济组织以及从事农产品收购的单位或者个人，用于销售的下列农产品必须包装：

（一）获得无公害农产品、绿色食品、有机农产品等认证的农产品，但鲜活畜、禽、水产品除外。

（二）省级以上人民政府农业行政主管部门规定的其他需要包装销售的农产品。

符合规定包装的农产品拆包后直接向消费者销售的，可以不再另行包装。

第八条 农产品包装应当符合农产品储藏、运输、销售及保障安全的要求，便于拆卸和搬运。

第九条 包装农产品的材料和使用的保鲜剂、防腐剂、添加剂等物质必须符合国家强制性技术规范要求。

包装农产品应当防止机械损伤和二次污染。

第三章 农产品标识

第十条 农产品生产企业、农民专业合作经济组织以及从事农产品收购的单位或者个人包装销售的农产品，应当在包装物上标注或者附加标识标明品名、产地、生产者或者销售者名称、生产日期。

有分级标准或者使用添加剂的，还应当标明产品质量等级或者添加剂名称。

未包装的农产品，应当采取附加标签、标识牌、标识带、说明书等形式标明农产品的品名、生产地、生产者或者销售者名称等内容。

第十一条 农产品标识所用文字应当使用规范的中文。标识标注的内容应当准确、清晰、显著。

第十二条 销售获得无公害农产品、绿色食品、有机农产品等质量标志使用权的农产品，应当标注相应标志和发证机构。

禁止冒用无公害农产品、绿色食品、有机农产品等质量标志。

第十三条 畜禽及其产品、属于农业转基因生物的农产品，还应当按照有关规定进行标识。

第四章 监督检查

第十四条 农产品生产企业、农民专业合作经济组织以及从事农产品收购的单位或者个人，应当对其销售农产品的包装质量和标识内容负责。

第十五条 县级以上人民政府农业行政主管部门依照《中华人民共和国农产品质量安全法》对农产品包装和标识进行监督检查。

第十六条 有下列情形之一的，由县级以上人民政府农业行政主管部门按照《中华人民共和国农产品质量安全法》第四十八条、四十九条、五十一条、五十二条的规定处理、处罚：

（一）使用的农产品包装材料不符合强制性技术规范要求的；

（二）农产品包装过程中使用的保鲜剂、防腐剂、添加剂等材料不符合强制性技术规范要求的；

（三）应当包装的农产品未经包装销售的；

（四）冒用无公害农产品、绿色食品等质量标志的；

（五）农产品未按照规定标识的。

第五章 附 则

第十七条 本办法下列用语的含义：

（一）农产品包装：是指对农产品实施装箱、装盒、装袋、包裹、捆扎等。

（二）保鲜剂：是指保持农产品新鲜品质，减少流通损失，延长贮存时间的人工合成化学物质或者天然物质。

（三）防腐剂：是指防止农产品腐烂变质的人工合成化学物质或者天然

物质。

（四）添加剂：是指为改善农产品品质和色、香、味以及加工性能加入的人工合成化学物质或者天然物质。

（五）生产日期：植物产品是指收获日期；畜禽产品是指屠宰或者产出日期；水产品是指起捕日期；其他产品是指包装或者销售时的日期。

第十八条 本办法自 2006 年 11 月 1 日起施行。

6. 农产品地理标志管理办法

（2007 年 12 月 25 日农业部令第 11 号公布 2019 年 4 月 25 日农业农村部令 2019 年第 2 号修正）

第一章 总 则

第一条 为规范农产品地理标志的使用，保证地理标志农产品的品质和特色，提升农产品市场竞争力，依据《中华人民共和国农业法》、《中华人民共和国农产品质量安全法》相关规定，制定本办法。

第二条 本办法所称农产品是指来源于农业的初级产品，即在农业活动中获得的植物、动物、微生物及其产品。

本办法所称农产品地理标志，是指标示农产品来源于特定地域，产品品质和相关特征主要取决于自然生态环境和历史人文因素，并以地域名称冠名的特有农产品标志。

第三条 国家对农产品地理标志实行登记制度。经登记的农产品地理标志受法律保护。

第四条 农业部负责全国农产品地理标志的登记工作，农业部农产品质量安全中心负责农产品地理标志登记的审查和专家评审工作。

省级人民政府农业行政主管部门负责本行政区域内农产品地理标志登记申请的受理和初审工作。

农业部设立的农产品地理标志登记专家评审委员会，负责专家评审。农产品地理标志登记专家评审委员会由种植业、畜牧业、渔业和农产品质量安全等方面的专家组成。

第五条 农产品地理标志登记不收取费用。县级以上人民政府农业行政主管部门应当将农产品地理标志管理经费编入本部门年度预算。

第六条 县级以上地方人民政府农业行政主管部门应当将农产品地理标志保护和利用纳入本地区的农业和农村经济发展规划，并在政策、资金等方面予以支持。

国家鼓励社会力量参与推动地理标志农产品发展。

第二章 登 记

第七条 申请地理标志登记的农产品，应当符合下列条件：

（一）称谓由地理区域名称和农产品通用名称构成；

（二）产品有独特的品质特性或者特定的生产方式；

（三）产品品质和特色主要取决于独特的自然生态环境和人文历史因素；

（四）产品有限定的生产区域范围；

（五）产地环境、产品质量符合国家强制性技术规范要求。

第八条 农产品地理标志登记申请人为县级以上地方人民政府根据下列条件择优确定的农民专业合作经济组织、行业协会等组织。

（一）具有监督和管理农产品地理标志及其产品的能力；

（二）具有为地理标志农产品生产、加工、营销提供指导服务的能力；

（三）具有独立承担民事责任的能力。

第九条 符合农产品地理标志登记条件的申请人，可以向省级人民政府农业行政主管部门提出登记申请，并提交下列申请材料：

（一）登记申请书；

（二）产品典型特征特性描述和相应产品品质鉴定报告；

（三）产地环境条件、生产技术规范和产品质量安全技术规范；

（四）地域范围确定性文件和生产地域分布图；

（五）产品实物样品或者样品图片；

（六）其它必要的说明性或者证明性材料。

第十条 省级人民政府农业行政主管部门自受理农产品地理标志登记申请之日起，应当在45个工作日内完成申请材料的初审和现场核查，并提出初审意见。符合条件的，将申请材料和初审意见报送农业部农产品质量安全中心；不符合条件的，应当在提出初审意见之日起10个工作日内将相关意见和建议通知申请人。

第十一条 农业部农产品质量安全中心应当自收到申请材料和初审意见之日起 20 个工作日内，对申请材料进行审查，提出审查意见，并组织专家评审。

专家评审工作由农产品地理标志登记评审委员会承担。农产品地理标志登记专家评审委员会应当独立做出评审结论，并对评审结论负责。

第十二条 经专家评审通过的，由农业部农产品质量安全中心代表农业部对社会公示。

有关单位和个人有异议的，应当自公示截止日起 20 日内向农业部农产品质量安全中心提出。公示无异议的，由农业部做出登记决定并公告，颁发《中华人民共和国农产品地理标志登记证书》，公布登记产品相关技术规范和标准。

专家评审没有通过的，由农业部做出不予登记的决定，书面通知申请人，并说明理由。

第十三条 农产品地理标志登记证书长期有效。

有下列情形之一的，登记证书持有人应当按照规定程序提出变更申请：

（一）登记证书持有人或者法定代表人发生变化的；

（二）地域范围或者相应自然生态环境发生变化的。

第十四条 农产品地理标志实行公共标识与地域产品名称相结合的标注制度。公共标识基本图案见附图。农产品地理标志使用规范由农业部另行制定公布。

第三章　标志使用

第十五条 符合下列条件的单位和个人，可以向登记证书持有人申请使用农产品地理标志：

（一）生产经营的农产品产自登记确定的地域范围；

（二）已取得登记农产品相关的生产经营资质；

（三）能够严格按照规定的质量技术规范组织开展生产经营活动；

（四）具有地理标志农产品市场开发经营能力。

使用农产品地理标志，应当按照生产经营年度与登记证书持有人签订农产品地理标志使用协议，在协议中载明使用的数量、范围及相关的责任义务。

农产品地理标志登记证书持有人不得向农产品地理标志使用人收取使用费。

第十六条　农产品地理标志使用人享有以下权利：

（一）可以在产品及其包装上使用农产品地理标志；

（二）可以使用登记的农产品地理标志进行宣传和参加展览、展示及展销。

第十七条　农产品地理标志使用人应当履行以下义务：

（一）自觉接受登记证书持有人的监督检查；

（二）保证地理标志农产品的品质和信誉；

（三）正确规范地使用农产品地理标志。

第四章　监督管理

第十八条　县级以上人民政府农业行政主管部门应当加强农产品地理标志监督管理工作，定期对登记的地理标志农产品的地域范围、标志使用等进行监督检查。

登记的地理标志农产品或登记证书持有人不符合本办法第七条、第八条规定的，由农业部注销其地理标志登记证书并对外公告。

第十九条　地理标志农产品的生产经营者，应当建立质量控制追溯体系。农产品地理标志登记证书持有人和标志使用人，对地理标志农产品的质量和信誉负责。

第二十条　任何单位和个人不得伪造、冒用农产品地理标志和登记证书。

第二十一条　国家鼓励单位和个人对农产品地理标志进行社会监督。

第二十二条　从事农产品地理标志登记管理和监督检查的工作人员滥用职权、玩忽职守、徇私舞弊的，依法给予处分；涉嫌犯罪的，依法移送司法机关追究刑事责任。

第二十三条　违反本办法规定的，由县级以上人民政府农业行政主管部门依照《中华人民共和国农产品质量安全法》有关规定处罚。

第五章　附　　则

第二十四条　农业部接受国外农产品地理标志在中华人民共和国的登记并给予保护，具体办法另行规定。

第二十五条　本办法自 2008 年 2 月 1 日起施行。

7. 农产品质量安全监测管理办法

（2012年8月14日农业部令2012年第7号公布　2022年1月7日农业农村部令2022年第1号修订）

第一章　总　　则

第一条　为加强农产品质量安全管理，规范农产品质量安全监测工作，根据《中华人民共和国农产品质量安全法》、《中华人民共和国食品安全法》和《中华人民共和国食品安全法实施条例》，制定本办法。

第二条　县级以上人民政府农业农村主管部门开展农产品质量安全监测工作，应当遵守本办法。

第三条　农产品质量安全监测，包括农产品质量安全风险监测和农产品质量安全监督抽查。

农产品质量安全风险监测，是指为了掌握农产品质量安全状况和开展农产品质量安全风险评估，系统和持续地对影响农产品质量安全的有害因素进行检验、分析和评价的活动，包括农产品质量安全例行监测、普查和专项监测等内容。

农产品质量安全监督抽查，是指为了监督农产品质量安全，依法对生产中或市场上销售的农产品进行抽样检测的活动。

第四条　农业农村部根据农产品质量安全风险评估、农产品质量安全监督管理等工作需要，制定全国农产品质量安全监测计划并组织实施。

县级以上地方人民政府农业农村主管部门应当根据全国农产品质量安全监测计划和本行政区域的实际情况，制定本级农产品质量安全监测计划并组织实施。

第五条　农产品质量安全检测工作，由符合《中华人民共和国农产品质量安全法》第三十五条规定条件的检测机构承担。

县级以上人民政府农业农村主管部门应当加强农产品质量安全检测机构建设，提升其检测能力。

第六条　农业农村部统一管理全国农产品质量安全监测数据和信息，并指定机构建立国家农产品质量安全监测数据库和信息管理平台，承担全国农产品质量安全监测数据和信息的采集、整理、综合分析、结果上报等工作。

县级以上地方人民政府农业农村主管部门负责管理本行政区域内的农产品质量安全监测数据和信息。鼓励县级以上地方人民政府农业农村主管部门建立本行政区域的农产品质量安全监测数据库。

第七条 县级以上人民政府农业农村主管部门应当将农产品质量安全监测工作经费列入本部门财政预算，保证监测工作的正常开展。

第二章 风险监测

第八条 农产品质量安全风险监测应当定期开展。根据农产品质量安全监管需要，可以随时开展专项风险监测。

第九条 省级以上人民政府农业农村主管部门应当根据农产品质量安全风险监测工作的需要，制定并实施农产品质量安全风险监测网络建设规划，建立健全农产品质量安全风险监测网络。

第十条 县级以上人民政府农业农村主管部门根据监测计划向承担农产品质量安全监测工作的机构下达工作任务。接受任务的机构应当根据农产品质量安全监测计划编制工作方案，并报下达监测任务的农业农村主管部门备案。

工作方案应当包括下列内容：

（一）监测任务分工，明确具体承担抽样、检测、结果汇总等的机构；

（二）各机构承担的具体监测内容，包括样品种类、来源、数量、检测项目等；

（三）样品的封装、传递及保存条件；

（四）任务下达部门指定的抽样方法、检测方法及判定依据；

（五）监测完成时间及结果报送日期。

第十一条 县级以上人民政府农业农村主管部门应当根据农产品质量安全风险隐患分布及变化情况，适时调整监测品种、监测区域、监测参数和监测频率。

第十二条 农产品质量安全风险监测抽样应当采取符合统计学要求的抽样方法，确保样品的代表性。

第十三条 农产品质量安全风险监测应当按照公布的标准方法检测。没有标准方法的可以采用非标准方法，但应当遵循先进技术手段与成熟技术相结合的原则，并经方法学研究确认和专家组认定。

第十四条　承担农产品质量安全监测任务的机构应当按要求向下达任务的农业农村主管部门报送监测数据和分析结果。

第十五条　省级以上人民政府农业农村主管部门应当建立风险监测形势会商制度，对风险监测结果进行会商分析，查找问题原因，研究监管措施。

第十六条　县级以上地方人民政府农业农村主管部门应当及时向上级农业农村主管部门报送监测数据和分析结果，并向同级食品安全委员会办公室、卫生行政、市场监督管理等有关部门通报。

农业农村部及时向国务院食品安全委员会办公室和卫生行政、市场监督管理等有关部门及各省、自治区、直辖市、计划单列市人民政府农业农村主管部门通报监测结果。

第十七条　县级以上人民政府农业农村主管部门应当按照法定权限和程序发布农产品质量安全监测结果及相关信息。

第十八条　风险监测工作的抽样程序、检测方法等符合本办法第三章规定的，监测结果可以作为执法依据。

第三章　监督抽查

第十九条　县级以上人民政府农业农村主管部门应当重点针对农产品质量安全风险监测结果和农产品质量安全监管中发现的突出问题，及时开展农产品质量安全监督抽查工作。

第二十条　监督抽查按照抽样机构和检测机构分离的原则实施。抽样工作由当地农业农村主管部门或其执法机构负责，检测工作由农产品质量安全检测机构负责。检测机构根据需要可以协助实施抽样和样品预处理等工作。

采用快速检测方法实施监督抽查的，不受前款规定的限制。

第二十一条　抽样人员在抽样前应当向被抽查人出示执法证件或工作证件。具有执法证件的抽样人员不得少于两名。

抽样人员应当准确、客观、完整地填写抽样单。抽样单应当加盖抽样单位印章，并由抽样人员和被抽查人签字或捺印；被抽查人为单位的，应当加盖被抽查人印章或者由其工作人员签字或捺印。

抽样单一式四份，分别留存抽样单位、被抽查人、检测单位和下达任务的农业农村主管部门。

抽取的样品应当经抽样人员和被抽查人签字或捺印确认后现场封样。

第二十二条　有下列情形之一的，被抽查人可以拒绝抽样：

（一）具有执法证件的抽样人员少于两名的；

（二）抽样人员未出示执法证件或工作证件的。

第二十三条　被抽查人无正当理由拒绝抽样的，抽样人员应当告知拒绝抽样的后果和处理措施。被抽查人仍拒绝抽样的，抽样人员应当现场填写监督抽查拒检确认文书，由抽样人员和见证人共同签字，并及时向当地农业农村主管部门报告情况，对被抽查农产品以不合格论处。

第二十四条　上级农业农村主管部门监督抽查的同一批次农产品，下级农业农村主管部门不得重复抽查。

第二十五条　检测机构接收样品，应当检查、记录样品的外观、状态、封条有无破损及其他可能对检测结果或者综合判定产生影响的情况，并确认样品与抽样单的记录是否相符，对检测和备份样品分别加贴相应标识后入库。必要时，在不影响样品检测结果的情况下，可以对检测样品分装或者重新包装编号。

第二十六条　检测机构应当按照任务下达部门指定的方法和判定依据进行检测与判定。

采用快速检测方法检测的，应当遵守相关操作规范。

检测过程中遇有样品失效或者其他情况致使检测无法进行时，检测机构应当如实记录，并出具书面证明。

第二十七条　检测机构不得将监督抽查检测任务委托其他检测机构承担。

第二十八条　检测机构应当将检测结果及时报送下达任务的农业农村主管部门。检测结果不合格的，应当在确认后二十四小时内将检测报告报送下达任务的农业农村主管部门和抽查地农业农村主管部门，抽查地农业农村主管部门应当及时书面通知被抽查人。

第二十九条　被抽查人对检测结果有异议的，可以自收到检测结果之日起五日内，向下达任务的农业农村主管部门或者其上级农业农村主管部门书面申请复检。

采用快速检测方法进行监督抽查检测，被抽查人对检测结果有异议的，可以自收到检测结果时起四小时内书面申请复检。

第三十条　复检由农业农村主管部门指定具有资质的检测机构承担。

复检不得采用快速检测方法。

复检结论与原检测结论一致的，复检费用由申请人承担；不一致的，复检费用由原检测机构承担。

第三十一条　县级以上地方人民政府农业农村主管部门对抽检不合格的农产品，应当及时依法查处，或依法移交市场监督管理等有关部门查处。

第四章　工作纪律

第三十二条　农产品质量安全监测不得向被抽查人收取费用，监测样品由抽样单位向被抽查人购买。

第三十三条　参与监测工作的人员应当秉公守法、廉洁公正，不得弄虚作假、以权谋私。

被抽查人或者与其有利害关系的人员不得参与抽样、检测工作。

第三十四条　抽样应当严格按照工作方案进行，不得擅自改变。

抽样人员不得事先通知被抽查人，不得接受被抽查人的馈赠，不得利用抽样之便牟取非法利益。

第三十五条　检测机构应当对检测结果的真实性负责，不得瞒报、谎报、迟报检测数据和分析结果。

检测机构不得利用检测结果参与有偿活动。

第三十六条　监测任务承担单位和参与监测工作的人员应当对监测工作方案和检测结果保密，未经任务下达部门同意，不得向任何单位和个人透露。

第三十七条　任何单位和个人对农产品质量安全监测工作中的违法行为，有权向农业农村主管部门举报，接到举报的部门应当及时调查处理。

第三十八条　对违反抽样和检测工作纪律的工作人员，由任务承担单位作出相应处理，并报上级主管部门备案。

违反监测数据保密规定的，由上级主管部门对任务承担单位的负责人通报批评，对直接责任人员依法予以处分、处罚。

第三十九条　检测机构无正当理由未按时间要求上报数据结果的，由上级主管部门通报批评并责令改正；情节严重的，取消其承担检测任务的资格。

检测机构伪造检测结果或者出具检测结果不实的，依照《中华人民共和国农产品质量安全法》第四十四条规定处罚。

第四十条　违反本办法规定，涉嫌犯罪的，及时将案件移送司法机关，依法追究刑事责任。

第五章　附　　则

第四十一条　本规定自 2012 年 10 月 1 日起施行。

8. 无公害农产品标志管理办法

（农业部、国家认证认可监督管理委员会公告第 231 号公布　自 2002 年 11 月 25 日起施行）

第一条　为加强对无公害农产品标志的管理，保证无公害农产品的质量，维护生产者、经营者和消费者的合法权益，根据《无公害农产品管理办法》，制定本办法。

第二条　无公害农产品标志是加施于获得无公害农产品认证的产品或者其包装上的证明性标记。

本办法所指无公害农产品标志是全国统一的无公害农产品认证标志。

国家鼓励获得无公害农产品认证证书的单位和个人积极使用全国统一的无公害农产品标志。

第三条　农业部和国家认证认可监督管理委员会（以下简称国家认监委）对全国统一的无公害农产品标志实行统一监督管理。

县级以上地方人民政府农业行政主管部门和质量技术监督部门按照职责分工依法负责本行政区域内无公害农产品标志的监督检查工作。

第四条　本办法适用于无公害农产品标志的申请、印制、发放、使用和监督管理。

第五条　无公害农产品标志基本图案、规格和颜色如下：

（一）无公害农产品标志基本图案为：（略）

（二）无公害农产品标志规格分为五种，其规格、尺寸（直径）为：

规格　　　　　1 号　2 号　3 号　4 号　5 号

尺寸（mm）　　10　　15　　20　　30　　60

（三）无公害农产品标志标准颜色由绿色和橙色组成。

第六条　根据《无公害农产品管理办法》的规定获得无公害农产品认证资

格的认证机构（以下简称认证机构），负责无公害农产品标志的申请受理、审核和发放工作。

第七条 凡获得无公害农产品认证证书的单位和个人，均可以向认证机构申请无公害农产品标志。

第八条 认证机构应当向申请使用无公害农产品标志的单位和个人说明无公害农产品标志的管理规定，并指导和监督其正确使用无公害农产品标志。

第九条 认证机构应当按照认证证书标明的产品品种和数量发放无公害农产品标志，认证机构应当建立无公害农产品标志出入库登记制度。无公害农产品标志出入库时，应当清点数量，登记台帐；无公害农产品标志出入库台帐应当存档，保存时间为 5 年。

第十条 认证机构应当将无公害农产品标志的发放情况每 6 个月报农业部和国家认监委。

第十一条 获得无公害农产品认证证书的单位和个人，可以在证书规定的产品或者其包装上加施无公害农产品标志，用以证明产品符合无公害农产品标准。

印制在包装、标签、广告、说明书上的无公害农产品标志图案，不能作为无公害农产品标志使用。

第十二条 使用无公害农产品标志的单位和个人，应当在无公害农产品认证证书规定的产品范围和有效期内使用，不得超范围和逾期使用，不得买卖和转让。

第十三条 使用无公害农产品标志的单位和个人，应当建立无公害农产品标志的使用管理制度，对无公害农产品标志的使用情况如实记录并存档。

第十四条 无公害农产品标志的印制工作应当由经农业部和国家认监委考核合格的印制单位承担，其他任何单位和个人不得擅自印制。

第十五条 无公害农产品标志的印制单位应当具备以下基本条件：

（一）经工商行政管理部门依法注册登记，具有合法的营业证明；

（二）获得公安、新闻出版等相关管理部门发放的许可证明；

（三）有与其承印的无公害农产品标志业务相适应的技术、设备及仓储保管设施等条件；

（四）具有无公害农产品标志防伪技术和辩伪能力；

（五）有健全的管理制度；

（六）符合国家有关规定的其他条件。

第十六条　无公害农产品标志的印制单位应当按照本办法规定的基本图案、规格和颜色印制无公害农产品标志。

第十七条　无公害农产品标志的印制单位应当建立无公害农产品标志出入库登记制度。无公害农产品标志出入库时，应当清点数量，登记台帐；无公害农产品标志出入库台帐应当存档，期限为 5 年。

对废、残、次无公害农产品标志应当进行销毁，并予以记录。

第十八条　无公害农产品标志的印制单位，不得向具有无公害农产品认证资格的认证机构以外的任何单位和个人转让无公害农产品标志。

第十九条　伪造、变造、盗用、冒用、买卖和转让无公害农产品标志以及违反本办法规定的，按照国家有关法律法规的规定，予以行政处罚；构成犯罪的，依法追究其刑事责任。

第二十条　从事无公害农产品标志管理的工作人员滥用职权、徇私舞弊、玩忽职守，由所在单位或者所在单位的上级行政主管部门给予行政处分；构成犯罪的，依法追究刑事责任。

第二十一条　对违反本办法规定的，任何单位和个人可以向认证机构投诉，也可以直接向农业部或者国家认监委投诉。

第二十二条　本办法由农业部和国家认监委负责解释。

第二十三条　本办法自公告之日起实施。

9. 无公害农产品产地认定程序

（农业部、国家认证认可监督管理委员会公告第 264 号公布　自 2003 年 4 月 17 日起施行）

第一条　为规范无公害农产品产地认定工作，保证产地认定结果的科学、公正，根据《无公害农产品管理办法》，制定本程序。

第二条　各省、自治区、直辖市和计划单列市人民政府农业行政主管部门（以下简称省级农业行政主管部门）负责本辖区内无公害农产品产地认定（以下简称产地认定）工作。

第三条 申请产地认定的单位和个人（以下简称申请人），应当向产地所在地县级人民政府农业行政主管部门（以下简称县级农业行政主管部门）提出申请，并提交以下材料：

（一）《无公害农产品产地认定申请书》；

（二）产地的区域范围、生产规模；

（三）产地环境状况说明；

（四）无公害农产品生产计划；

（五）无公害农产品质量控制措施；

（六）专业技术人员的资质证明；

（七）保证执行无公害农产品标准和规范的声明；

（八）要求提交的其他有关材料。

申请人向所在地县级以上人民政府农业行政主管部门申领《无公害农产品产地认定申请书》和相关资料，或者从中国农业信息网站（www. agri. gov. cn）下载获取。

第四条 县级农业行政主管部门自受理之日起 30 日内，对申请人的申请材料进行形式审查。符合要求的，出具推荐意见，连同产地认定申请材料逐级上报省级农业行政主管部门；不符合要求的，应当书面通知申请人。

第五条 省级农业行政主管部门应当自收到推荐意见和产地认定申请材料之日起 30 日内，组织有资质的检查员对产地认定申请材料进行审查。

材料审查不符合要求的，应当书面通知申请人。

第六条 材料审查符合要求的，省级农业行政主管部门组织有资质的检查员参加的检查组对产地进行现场检查。

现场检查不符合要求的，应当书面通知申请人。

第七条 申请材料和现场检查符合要求的，省级农业行政主管部门通知申请人委托具有资质的检测机构对其产地环境进行抽样检验。

第八条 检测机构应当按照标准进行检验，出具环境检验报告和环境评价报告，分送省级农业行政主管部门和申请人。

第九条 环境检验不合格或者环境评价不符合要求的，省级农业行政主管部门应当书面通知申请人。

第十条 省级农业行政主管部门对材料审查、现场检查、环境检验和环境现状评价符合要求的，进行全面评审，并作出认定终审结论。

（一）符合颁证条件的，颁发《无公害农产品产地认定证书》；

（二）不符合颁证条件的，应当书面通知申请人。

第十一条　《无公害农产品产地认定证书》有效期为 3 年。期满后需要继续使用的，证书持有人应当在有效期满前 90 日内按照本程序重新办理。

第十二条　省级农业行政主管部门应当在颁发《无公害农产品产地认定证书》之日起 30 日内，将获得证书的产地名录报农业部和国家认证认可监督管理委员会备案。

第十三条　在本程序发布之日前，省级农业行政主管部门已经认定并颁发证书的无公害农产品产地，符合本程序规定的，可以换发《无公害农产品产地认定证书》。

第十四条　《无公害农产品产地认定申请书》、《无公害农产品产地认定证书》的格式，由农业部统一规定。

第十五条　省级农业行政主管部门根据本程序可以制定本辖区内具体的实施程序。

第十六条　本程序由农业部、国家认证认可监督管理委员会负责解释。

第十七条　本程序自发布之日起执行。

10. 无公害农产品认证程序

（农业部、国家认证认可监督管理委员会公告第 264 号公布　自 2003 年 4 月 17 日起施行）

第一条　为规范无公害农产品认证工作，保证产品认证结果的科学、公正，根据《无公害农产品管理办法》，制定本程序。

第二条　农业部农产品质量安全中心（以下简称中心）承担无公害农产品认证（以下简称产品认证）工作。

第三条　农业部和国家认证认可监督管理委员会（以下简称国家认监委）依据相关的国家标准或者行业标准发布《实施无公害农产品认证的产品目录》（以下简称产品目录）。

第四条　凡生产产品目录内的产品，并获得无公害农产品产地认定证书的单位和个人，均可申请产品认证。

第五条　申请产品认证的单位和个人（以下简称申请人），可以通过省、自治区、直辖市和计划单列市人民政府农业行政主管部门或者直接向中心申请产品认证，并提交以下材料：

（一）《无公害农产品认证申请书》；

（二）《无公害农产品产地认定证书》（复印件）；

（三）产地《环境检验报告》和《环境评价报告》；

（四）产地区域范围、生产规模；

（五）无公害农产品的生产计划；

（六）无公害农产品质量控制措施；

（七）无公害农产品生产操作规程；

（八）专业技术人员的资质证明；

（九）保证执行无公害农产品标准和规范的声明；

（十）无公害农产品有关培训情况和计划；

（十一）申请认证产品的生产过程记录档案；

（十二）"公司加农户"形式的申请人应当提供公司和农户签订的购销合同范本、农户名单以及管理措施；

（十三）要求提交的其他材料。

申请人向中心申领《无公害农产品认证申请书》和相关资料，或者从中国农业信息网站（www.agri.gov.cn）下载。

第六条　中心自收到申请材料之日起，应当在15个工作日内完成申请材料的审查。

第七条　申请材料不符合要求的，中心应当书面通知申请人。

第八条　申请材料不规范的，中心应当书面通知申请人补充相关材料。申请人自收到通知之日起，应当在15个工作日内按要求完成补充材料并报中心。中心应当在5个工作日内完成补充材料的审查。

第九条　申请材料符合要求的，但需要对产地进行现场检查的，中心应当在10个工作日内作出现场检查计划并组织有资质的检查员组成检查组，同时通知申请人并请申请人予以确认。检查组在检查计划规定的时间内完成现场检查工作。

现场检查不符合要求的，应当书面通知申请人。

第十条 申请材料符合要求（不需要对申请认证产品产地进行现场检查的）或者申请材料和产地现场检查符合要求的，中心应当书面通知申请人委托有资质的检测机构对其申请认证产品进行抽样检验。

第十一条 检测机构应当按照相应的标准进行检验，并出具产品检验报告，分送中心和申请人。

第十二条 产品检验不合格的，中心应当书面通知申请人。

第十三条 中心对材料审查、现场检查（需要的）和产品检验符合要求的，进行全面评审，在 15 个工作日内作出认证结论。

（一）符合颁证条件的，由中心主任签发《无公害农产品认证证书》；

（二）不符合颁证条件的，中心应当书面通知申请人。

第十四条 每月 10 日前，中心应当将上月获得无公害农产品认证的产品目录同时报农业部和国家认监委备案。由农业部和国家认监委公告。

第十五条 《无公害农产品认证证书》有效期为 3 年，期满后需要继续使用的，证书持有人应当在有效期满前 90 日内按照本程序重新办理。

第十六条 任何单位和个人（以下简称投诉人）对中心检查员、工作人员、认证结论、委托检测机构、获证人等有异议的均可向中心反映或投诉。

第十七条 中心应当及时调查、处理所投诉事项，并将结果通报投诉人，并抄报农业部和国家认监委。

第十八条 投诉人对中心的处理结论仍有异议，可向农业部和国家认监委反映或投诉。

第十九条 中心对获得认证的产品应当进行定期或不定期的检查。

第二十条 获得产品认证证书的，有下列情况之一的，中心应当暂停其使用产品认证证书，并责令限期改正。

（一）生产过程发生变化，产品达不到无公害农产品标准要求；

（二）经检查、检验、鉴定，不符合无公害农产品标准要求。

第二十一条 获得产品认证证书，有下列情况之一的，中心应当撤销其产品认证证书：

（一）擅自扩大标志使用范围；

（二）转让、买卖产品认证证书和标志；

（三）产地认定证书被撤销；

（四）被暂停产品认证证书未在规定限期内改正的。

第二十二条　本程序由农业部、国家认监委负责解释。

第二十三条　本程序自发布之日起执行。

11. 绿色食品标志管理办法

（2012 年 7 月 30 日农业部令 2012 年第 6 号公布　2019 年 4 月 25 日农业农村部令 2019 年第 2 号、2022 年 1 月 7 日农业农村部令 2022 年第 1 号修订）

第一章　总　　则

第一条　为加强绿色食品标志使用管理，确保绿色食品信誉，促进绿色食品事业健康发展，维护生产经营者和消费者合法权益，根据《中华人民共和国农业法》、《中华人民共和国食品安全法》、《中华人民共和国农产品质量安全法》和《中华人民共和国商标法》，制定本办法。

第二条　本办法所称绿色食品，是指产自优良生态环境、按照绿色食品标准生产、实行全程质量控制并获得绿色食品标志使用权的安全、优质食用农产品及相关产品。

第三条　绿色食品标志依法注册为证明商标，受法律保护。

第四条　县级以上人民政府农业农村主管部门依法对绿色食品及绿色食品标志进行监督管理。

第五条　中国绿色食品发展中心负责全国绿色食品标志使用申请的审查、颁证和颁证后跟踪检查工作。

省级人民政府农业行政农村部门所属绿色食品工作机构（以下简称省级工作机构）负责本行政区域绿色食品标志使用申请的受理、初审和颁证后跟踪检查工作。

第六条　绿色食品产地环境、生产技术、产品质量、包装贮运等标准和规范，由农业农村部制定并发布。

第七条　承担绿色食品产品和产地环境检测工作的技术机构，应当具备相应的检测条件和能力，并依法经过资质认定，由中国绿色食品发展中心按照公平、公正、竞争的原则择优指定并报农业农村部备案。

第八条　县级以上地方人民政府农业农村主管部门应当鼓励和扶持绿色食

品生产，将其纳入本地农业和农村经济发展规划，支持绿色食品生产基地建设。

第二章 标志使用申请与核准

第九条 申请使用绿色食品标志的产品，应当符合《中华人民共和国食品安全法》和《中华人民共和国农产品质量安全法》等法律法规规定，在国家知识产权局商标局核定的范围内，并具备下列条件：

（一）产品或产品原料产地环境符合绿色食品产地环境质量标准；

（二）农药、肥料、饲料、兽药等投入品使用符合绿色食品投入品使用准则；

（三）产品质量符合绿色食品产品质量标准；

（四）包装贮运符合绿色食品包装贮运标准。

第十条 申请使用绿色食品标志的生产单位（以下简称申请人），应当具备下列条件：

（一）能够独立承担民事责任；

（二）具有绿色食品生产的环境条件和生产技术；

（三）具有完善的质量管理和质量保证体系；

（四）具有与生产规模相适应的生产技术人员和质量控制人员；

（五）具有稳定的生产基地；

（六）申请前三年内无质量安全事故和不良诚信记录。

第十一条 申请人应当向省级工作机构提出申请，并提交下列材料：

（一）标志使用申请书；

（二）产品生产技术规程和质量控制规范；

（三）预包装产品包装标签或其设计样张；

（四）中国绿色食品发展中心规定提交的其他证明材料。

第十二条 省级工作机构应当自收到申请之日起十个工作日内完成材料审查。符合要求的，予以受理，并在产品及产品原料生产期内组织有资质的检查员完成现场检查；不符合要求的，不予受理，书面通知申请人并告知理由。

现场检查合格的，省级工作机构应当书面通知申请人，由申请人委托符合第七条规定的检测机构对申请产品和相应的产地环境进行检测；现场检查不合格的，省级工作机构应当退回申请并书面告知理由。

第十三条 检测机构接受申请人委托后，应当及时安排现场抽样，并自产品样品抽样之日起二十个工作日内、环境样品抽样之日起三十个工作日内完成检测工作，出具产品质量检验报告和产地环境监测报告，提交省级工作机构和申请人。

检测机构应当对检测结果负责。

第十四条 省级工作机构应当自收到产品检验报告和产地环境监测报告之日起二十个工作日内提出初审意见。初审合格的，将初审意见及相关材料报送中国绿色食品发展中心。初审不合格的，退回申请并书面告知理由。

省级工作机构应当对初审结果负责。

第十五条 中国绿色食品发展中心应当自收到省级工作机构报送的申请材料之日起三十个工作日内完成书面审查，并在二十个工作日内组织专家评审。必要时，应当进行现场核查。

第十六条 中国绿色食品发展中心应当根据专家评审的意见，在五个工作日内作出是否颁证的决定。同意颁证的，与申请人签订绿色食品标志使用合同，颁发绿色食品标志使用证书，并公告；不同意颁证的，书面通知申请人并告知理由。

第十七条 绿色食品标志使用证书是申请人合法使用绿色食品标志的凭证，应当载明准许使用的产品名称、商标名称、获证单位及其信息编码、核准产量、产品编号、标志使用有效期、颁证机构等内容。

绿色食品标志使用证书分中文、英文版本，具有同等效力。

第十八条 绿色食品标志使用证书有效期三年。

证书有效期满，需要继续使用绿色食品标志的，标志使用人应当在有效期满三个月前向省级工作机构书面提出续展申请。省级工作机构应当在四十个工作日内组织完成相关检查、检测及材料审核。初审合格的，由中国绿色食品发展中心在十个工作日内作出是否准予续展的决定。准予续展的，与标志使用人续签绿色食品标志使用合同，颁发新的绿色食品标志使用证书并公告；不予续展的，书面通知标志使用人并告知理由。

标志使用人逾期未提出续展申请，或者申请续展未获通过的，不得继续使用绿色食品标志。

第三章 标志使用管理

第十九条 标志使用人在证书有效期内享有下列权利：

（一）在获证产品及其包装、标签、说明书上使用绿色食品标志；

（二）在获证产品的广告宣传、展览展销等市场营销活动中使用绿色食品标志；

（三）在农产品生产基地建设、农业标准化生产、产业化经营、农产品市场营销等方面优先享受相关扶持政策。

第二十条 标志使用人在证书有效期内应当履行下列义务：

（一）严格执行绿色食品标准，保持绿色食品产地环境和产品质量稳定可靠；

（二）遵守标志使用合同及相关规定，规范使用绿色食品标志；

（三）积极配合县级以上人民政府农业农村主管部门的监督检查及其所属绿色食品工作机构的跟踪检查。

第二十一条 未经中国绿色食品发展中心许可，任何单位和个人不得使用绿色食品标志。

禁止将绿色食品标志用于非许可产品及其经营性活动。

第二十二条 在证书有效期内，标志使用人的单位名称、产品名称、产品商标等发生变化的，应当经省级工作机构审核后向中国绿色食品发展中心申请办理变更手续。

产地环境、生产技术等条件发生变化，导致产品不再符合绿色食品标准要求的，标志使用人应当立即停止标志使用，并通过省级工作机构向中国绿色食品发展中心报告。

第四章 监督检查

第二十三条 标志使用人应当健全和实施产品质量控制体系，对其生产的绿色食品质量和信誉负责。

第二十四条 县级以上地方人民政府农业农村主管部门应当加强绿色食品标志的监督管理工作，依法对辖区内绿色食品产地环境、产品质量、包装标识、标志使用等情况进行监督检查。

第二十五条 中国绿色食品发展中心和省级工作机构应当建立绿色食品风险防范及应急处置制度，组织对绿色食品及标志使用情况进行跟踪检查。

省级工作机构应当组织对辖区内绿色食品标志使用人使用绿色食品标志的情况实施年度检查。检查合格的，在标志使用证书上加盖年度检查合格章。

第二十六条　标志使用人有下列情形之一的，由中国绿色食品发展中心取消其标志使用权，收回标志使用证书，并予公告：

（一）生产环境不符合绿色食品环境质量标准的；

（二）产品质量不符合绿色食品产品质量标准的；

（三）年度检查不合格的；

（四）未遵守标志使用合同约定的；

（五）违反规定使用标志和证书的；

（六）以欺骗、贿赂等不正当手段取得标志使用权的。

标志使用人依照前款规定被取消标志使用权的，三年内中国绿色食品发展中心不再受理其申请；情节严重的，永久不再受理其申请。

第二十七条　任何单位和个人不得伪造、转让绿色食品标志和标志使用证书。

第二十八条　国家鼓励单位和个人对绿色食品和标志使用情况进行社会监督。

第二十九条　从事绿色食品检测、审核、监管工作的人员，滥用职权、徇私舞弊和玩忽职守的，依照有关规定给予行政处罚或行政处分；涉嫌犯罪的，及时将案件移送司法机关，依法追究刑事责任。

承担绿色食品产品和产地环境检测工作的技术机构伪造检测结果的，除依法予以处罚外，由中国绿色食品发展中心取消指定，永久不得再承担绿色食品产品和产地环境检测工作。

第三十条　其他违反本办法规定的行为，依照《中华人民共和国食品安全法》、《中华人民共和国农产品质量安全法》和《中华人民共和国商标法》等法律法规处罚。

第五章　附　　则

第三十一条　绿色食品标志有关收费办法及标准，依照国家相关规定执行。

第三十二条　本办法自 2012 年 10 月 1 日起施行。农业部 1993 年 1 月 11 日印发的《绿色食品标志管理办法》（1993 农（绿）字第 1 号）同时废止。

12. 农作物种子质量检验机构考核管理办法

（2019 年 8 月 27 日农业农村部令 2019 年第 3 号公布　2022 年 1 月 7 日农业农村部令 2022 年第 1 号修订）

第一章　总　　则

第一条　为了加强农作物种子质量检验机构（以下简称"种子检验机构"）管理，规范种子检验机构考核工作，保证检验能力，根据《中华人民共和国种子法》，制定本办法。

第二条　本办法所称考核，是指省级人民政府农业农村主管部门（以下简称"考核机关"）依据有关法律、法规、标准和技术规范的规定，对种子检验机构的检测条件、能力等资质进行考评和核准的活动。

第三条　从事下列活动的种子检验机构，应当经过考核合格：

（一）为行政机关作出的行政决定、司法机关作出的裁判、仲裁机构作出的仲裁裁决等出具有证明作用的数据、结果的；

（二）为社会经济活动出具有证明作用的数据、结果的；

（三）其他依法应当经过考核合格的。

第四条　省级人民政府农业农村主管部门负责本行政区域内种子检验机构的考核、监管、技术指导等工作。

农业农村部负责制定种子检验机构考核相关标准，监督、指导考核工作。具体工作由全国农业技术推广服务中心承担。

第五条　种子检验机构考核应当遵循统一规范、客观公正、科学准确、公开透明的原则，采取文件审查、现场评审和能力验证相结合的方式，实行考核要求、考核程序、证书标志、监督管理统一的制度。

种子检验机构考核的申请、受理、公示、证书打印等通过中国种业大数据平台办理。

第二章　申请与受理

第六条　申请考核的种子检验机构应当具备下列条件：

（一）依法成立并能够承担相应法律责任的法人或者其他组织；

（二）具有与其从事检验活动相适应的检验技术人员和管理人员；

（三）具有不少于 100 平方米的固定工作场所，工作环境满足检验要求；

（四）具备与申请检验活动相匹配的检验设备设施；

（五）具有有效运行且保证其检验活动独立、公正、科学、诚信的管理体系；

（六）符合有关法律法规或者标准、技术规范规定的特殊要求。

第七条　申请种子检验机构考核的，应当向考核机关提交下列材料，并对所提交材料的真实性负责：

（一）申请书（按附录 A 格式填写）；

（二）满足检验能力所需办公场所、仪器设备等说明材料；

（三）检验技术人员和管理人员数量与基本情况说明材料；

（四）质量管理体系文件，包括质量手册、程序文件、作业指导书等材料；

（五）检验报告 2 份（按附录 B 要求制作）。

第八条　办公场所、仪器说明材料包括场所面积、结构，仪器名称、数量、型号、功能等。

人员说明材料主要包括人员数量、姓名及接受教育程度和工作经历。

第九条　质量手册包括以下内容：

（一）种子检验机构负责人对手册发布的声明及签名；

（二）公正性声明、质量方针声明；

（三）种子检验机构概况、范围、术语定义、组织机构；

（四）资源管理、检验实施和质量管理及其支持性程序等。

第十条　程序文件是质量手册的支持性文件，包括以下内容：

（一）公正性和保密程序；

（二）人员培训管理程序；

（三）仪器设备管理维护程序；

（四）仪器设备和标准物质检定校准确认程序；

（五）合同评审、外部服务和供应管理程序；

（六）样品管理程序；

（七）数据保护程序、检验报告和 CASL（中国合格种子检验机构，China Accredited Seed Laboratory）标志使用管理程序；

（八）文件控制程序；

（九）记录控制和质量控制程序；

（十）内部审核、申诉投诉处理、不符合工作控制、纠正和预防措施控制、管理评审等程序。

第十一条　作业指导书包括扦取和制备样品的工作规范、使用仪器设备的操作规程、指导检验过程及数据处理的方法细则等。

第十二条　考核机关对申请人提出的申请材料，应当根据下列情况分别作出处理：

（一）申请材料不齐全或者不符合法定形式的，当场或在5个工作日内一次告知申请人需要补正的全部内容，逾期不告知的，自收到申请材料之日起即为受理，业务办理系统中将自动显示为受理状态；

（二）申请材料存在可以更正的错误的，允许申请人即时更正；

（三）申请材料齐全、符合法定形式，或者申请人按照要求提交全部补正材料的，予以受理。

第三章　考　　核

第十三条　考核机关受理申请后应当组织考核，进行能力验证和现场考评。

能力验证时间由考核机关和申请人商定。能力验证合格后，考核机关应当及时组织现场考评。

第十四条　能力验证采取比对试验法，应根据申请检验项目的范围设计。

能力验证的样品由考核机关组织制备，制备应按照已实施标准或规范性文件要求执行。

申请人应当在规定时间内完成项目检验，并报送检验结果。

第十五条　考核机关应当建立考评专家库。

考评专家可以从全国范围内遴选，应当具备副高以上专业技术职称或四级主任科员以上职级，从事种子检验或管理工作5年以上，熟悉考核程序和技术规范。

第十六条　考核机关应当从考评专家库中抽取不少于3名专家组成专家组，并指定考评组组长。

考评专家组实行组长负责制，对种子检验机构开展现场考评，制作考评报告。

第十七条 现场考评应当包括以下内容：

（一）质量管理体系文件、能力验证结果、检验报告的规范性和准确性；

（二）办公场所、检验场所和仪器设备设施条件；

（三）废弃物处理情况；

（四）检验操作情况。

第十八条 质量管理体系文件、检验报告应当完整、真实、有效、适宜，符合相关标准或规程。

检验报告和能力验证的结果应当准确。

第十九条 办公场所应满足开展检测工作的基本需求。

检验场所应当有预防超常温度、湿度、灰尘、电磁干扰或其它超常情况发生的保护措施；有关规定对环境控制条件有要求的，应当安装适宜的设备进行监测、控制和记录。

第二十条 仪器设备、电气线路和管道布局应当合理，符合安全要求。

互有影响或者互不相容的区域应当进行有效隔离。需要限制活动的区域应明确标示。

第二十一条 仪器设备应当满足扦样、样品制备、检验、贮存、数据处理与分析等工作需要，有完善的管理程序和档案，重要设备由专人管理；用于检验的仪器设备，还应当达到规定的准确度和规范要求。

仪器设备档案应当包括以下内容：

（一）仪器设备名称，制造商名称、型号和编号或者其他唯一性标识、放置地点；

（二）接收、启用日期和验收记录；

（三）制造商提供的资料或者使用说明书；

（四）历次检定、校准报告和确认记录；

（五）使用和维护记录；

（六）仪器设备损坏、故障、改装或者修理记录。

第二十二条 标准样品、标准溶液等标准物质的质量应当稳定，有安全运输、存放、使用、处置的规范程序和防止污染、损坏的措施。

危害性废弃物管理、处理应当符合国家有关规定。

第二十三条 检验操作程序、数据处理应当符合有关国家标准、行业标准或规范性文件规定。

第二十四条　考评专家组在现场考评中发现有不符合考评要求的，应当书面通知申请人限期整改，整改期限不得超过 30 个工作日。逾期未按要求整改，或整改后仍不符合要求的，相应的考评项目应当判定为不合格。

第二十五条　考评专家组应当在考核结束后 2 个工作日内出具考核报告。考核报告经专家组成员半数以上通过并由专家组全体成员签字后生效。对考核报告有不同意见的，应当予以注明。

第二十六条　考核机关应当自受理申请之日起 20 个工作日内完成考核，申请人整改和能力验证时间不计算在内。能力验证时间不得超过 45 个工作日。

第四章　审查与决定

第二十七条　考核机关根据考核报告结论作出考核决定。对符合要求的，考核机关应当在中国种业大数据平台公示考核结果，公示时间不得少于 7 个工作日；经公示无异议的或异议已得到妥善处理的，考核机关应颁发种子检验机构合格证书。对不符合要求的，书面通知申请人并说明理由。

第二十八条　合格证书有效期为 6 年。合格证书应当载明机构名称、证书编号、检验范围、有效期限、考核机关。

证书编号格式为"X 中种检字 XXXX 第 XXX 号"，其中"X"为省、自治区、直辖市简称，"XXXX"为年号，"XXX"为证书序号。

检验范围应当包括检验项目、检验内容、适用范围等内容。

第二十九条　考核合格的种子检验机构，由考核机关予以公告。

第五章　变更与延续

第三十条　有下列情形之一的，种子检验机构应当向考核机关申请办理变更手续：

（一）机构名称或地址发生变更的；

（二）检验范围发生变化的；

（三）依法需要办理变更的其他事项。

机构名称或地址发生变更的，当场办理变更手续。

第三十一条　种子检验机构新增检验项目或者变更检验内容的，应当按照本办法规定申请考核。考核机关应当简化程序，对新增项目或变更检验内容所需仪器、场所及检验能力进行考核。

第三十二条 合格证书有效期届满后需要继续从事本办法第三条规定活动内容的，应当在有效期届满 6 个月前向考核机关提出延续申请。

第六章 监督管理

第三十三条 种子检验机构从事本办法第三条第一项、第二项检验服务，应当在其出具的检验报告上标注 CASL 标志。

第三十四条 省级以上农业农村主管部门根据需要对考核通过的种子检验机构进行现场检查或能力验证，种子检验机构应当予以配合，不得拒绝。

第三十五条 在合格证书有效期内，种子检验机构不再从事检验范围内的种子检验服务或者自愿申请终止的，应当向考核机关申请办理合格证书注销手续。

第三十六条 合格证书有效期届满，未申请延续或依法不予延续批准的，考核机关应当予以注销。

第三十七条 考评专家在考核活动中，有下列情形之一的，考核机关可以根据情节轻重，作出告诫、暂停或者取消其从事考核活动的处理：

（一）未按照规定的要求和时间开展考核的；

（二）与所考核的种子检验机构有利害关系或者可能对公正性产生影响，未进行回避的；

（三）透露工作中所知悉的国家秘密、商业秘密或者技术秘密的；

（四）向所考核的种子检验机构谋取不正当利益的；

（五）出具虚假或者不实的考核结论的。

第三十八条 种子检验机构以欺骗、贿赂等不正当手段骗取合格证书的，由考核机关撤销其合格证书。

种子检验机构伪造测试、试验、检验数据或者出具虚假证明，情节严重的，由考核机关取消其种子检验机构合格证书。

第七章 附 则

第三十九条 种子检验机构合格证书和 CASL 标志的格式由农业农村部统一规定（按附录 C 格式和附录 D 格式制作）。

第四十条 本办法自 2019 年 10 月 1 日起施行。原农业部 2008 年 1 月 2 日发布，2013 年 12 月 31 日修订的《农作物种子质量检验机构考核管理办法》和

《农业部关于印发〈农作物种子质量检验机构考核准则〉等文件的通知》（农农发〔2008〕16号）同时废止。

13. 农作物种子质量监督抽查管理办法

（农业部令第50号公布　自2005年5月1日起施行）

第一章　总　　则

第一条　为了加强农作物种子质量监督管理，维护种子市场秩序，规范农作物种子质量监督抽查（以下简称监督抽查）工作，根据《中华人民共和国种子法》（以下简称《种子法》）及有关法律、行政法规的规定，制定本办法。

第二条　本办法所称监督抽查是指由县级以上人民政府农业行政主管部门组织有关种子管理机构和种子质量检验机构对生产、销售的农作物种子进行扦样、检验，并按规定对抽查结果公布和处理的活动。

第三条　农业行政主管部门负责监督抽查的组织实施和结果处理。农业行政主管部门委托的种子质量检验机构和（或）种子管理机构（以下简称承检机构）负责抽查样品的扦样工作，种子质量检验机构（以下简称检验机构）负责抽查样品的检验工作。

第四条　监督抽查的样品，由被抽查企业无偿提供，扦取样品的数量不得超过检验的合理需要。

第五条　被抽查企业应当积极配合监督抽查工作，无正当理由不得拒绝监督抽查。

第六条　监督抽查所需费用列入农业行政主管部门的预算，不得向被抽查企业收取费用。

第七条　农业行政主管部门已经实施监督抽查的企业，自扦样之日起六个月内，本级或下级农业行政主管部门对该企业的同一作物种子不得重复进行监督抽查。

第二章　监督抽查计划和方案确定

第八条　农业部负责制定全国监督抽查规划和本级监督抽查计划，县级以上地方人民政府农业行政主管部门根据全国规划和当地实际情况制定相应监督抽查计划。

监督抽查对象重点是当地重要农作物种子以及种子使用者、有关组织反映有质量问题的农作物种子。

农业行政主管部门可以根据实际情况，对种子质量单项或几项指标进行监督抽查。

第九条 农业行政主管部门根据计划向承检机构下达监督抽查任务。承检机构根据监督抽查任务，制定抽查方案，并报农业行政主管部门审查。

抽查方案应当科学、公正、符合实际。

抽查方案应当包括扦样、检验依据、检验项目、判定依据、被抽查企业名单、经费预算、抽查时间及结果报送时间等内容。

确定被抽查企业时，应当突出重点并具有一定的代表性。

第十条 农业行政主管部门审查通过抽查方案后，向承检机构开具《种子质量监督抽查通知书》。

《种子质量监督抽查通知书》是通知企业接受监督抽查的证明，应当说明被抽查企业、作物种类、扦样人员和单位等，承检机构凭此通知书到企业扦样，并交企业留存。

第十一条 承检机构接受监督抽查任务后，应当组织有关人员学习有关法律法规和监督抽查规定，熟悉监督抽查方案，对扦样及检验过程中可能出现的问题提出合理的解决预案，并做好准备工作。

各有关单位和个人对监督抽查中确定的被抽查企业和作物种类以及承检机构、扦样人员等应当严格保密，禁止以任何形式和名义事先向被抽查企业泄露。

第三章 扦 样

第十二条 执行监督抽查任务的扦样人员由承检机构指派。到被抽查企业进行扦样时，扦样人员不得少于两名，其中至少有一名持种子检验员证的扦样员。

第十三条 扦样人员扦样前，应当向被抽查企业出示《种子质量监督抽查通知书》和有效身份证件，说明监督抽查的性质和扦样方法、检验项目、检验依据、判定依据等内容；了解被抽查企业的种子生产、经营情况，必要时可要求被抽查企业出示有关档案资料，以确定所抽查品种、样品数量等事项。

第十四条　抽查的样品应当从市场上销售或者仓库内待销的商品种子中扦取，并保证样品具有代表性。

有下列情形之一的，不得扦样：

（一）被抽查企业无《种子质量监督抽查通知书》所列农作物种子的；

（二）有证据证明拟抽查的种子不是用于销售的；

（三）有证据证明生产的种子用于出口，且出口合同对其质量有明确约定的。

第十五条　有下列情形之一的，被抽查企业可以拒绝接受扦样：

（一）扦样人员少于两人的；

（二）扦样人员中没有持证扦样员的；

（三）扦样人员姓名、单位与《种子质量监督抽查通知书》不符的；

（四）扦样人员应当携带的《种子质量监督抽查通知书》和有效身份证件等不齐全的；

（五）被抽查企业、作物种类与《种子质量监督抽查通知书》不一致的；

（六）上级或本级农业行政主管部门六个月内对该企业的同一作物种子进行过监督抽查的。

第十六条　扦样按国家标准《农作物种子检验规程——扦样》执行。

扦样人员封样时，应当有防拆封措施，以保证样品的真实性。

第十七条　扦样工作结束后，扦样人员应当填写扦样单。扦样单中的被抽查企业名称、通讯地址、电话，所扦作物种类、品种名称、生产年月、种子批重、种子批号、扦样日期、扦样数量、执行标准、检验项目、检验依据、结果判定依据等内容应当逐项填写清楚。被抽查企业如有需要特别陈述的事项，可在备注栏中加以说明。

第十八条　扦样单应当有扦样人员和被抽查企业负责人或者其授权的人员签字，并加盖被抽查企业的公章。扦样单一式三份，承检机构和被抽查企业各留存一份，报送下达任务的农业行政主管部门一份。

第十九条　被抽查企业无《种子质量监督抽查通知书》所列农作物种子的，应当出具书面证明材料。扦样人员应当在查阅有关材料和检查有关场所后予以确认，并在证明材料上签字。

第二十条　被抽查企业无正当理由拒绝接受扦样或拒绝在扦样单上签字盖章的，扦样人员应当阐明拒绝监督抽查的后果和处理措施；必要时可以由企业所在地农业行政主管部门予以协调，如企业仍不接受抽查，扦样人员应当及时向下达任务的农业行政主管部门报告情况，对该企业按照拒绝监督抽查处理。

第二十一条　在市场上扦取的样品，如果经销单位与标签标注的生产商不一致的，承检机构应当及时通知种子生产商，并由该企业出具书面证明材料，以确认样品的生产商。生产商在接到通知七日内不予回复的，视为所扦种子为标签标注企业的产品。

第四章　检验和结果报送

第二十二条　承担监督抽查检验工作的检验机构应当符合《种子法》的有关规定，具备相应的检测条件和能力，并经省级以上人民政府农业行政主管部门考核合格。

农业部组织的监督抽查检验工作由农业部考核合格的检验机构承担。

第二十三条　检验机构应当制定监督抽查样品的接收、入库、领用、检验、保存及处置程序，并严格执行。

监督抽查的样品应当妥善保存至监督抽查结果发布后三个月。

第二十四条　检验机构应当按国家标准《农作物种子检验规程》进行检测，保证检验工作科学、公正、准确。

检验原始记录应当按规定如实填写，保证真实、准确、清晰，不得随意涂改，并妥善保存备查。

第二十五条　检验机构依据《种子法》第四十六条的规定和相关种子技术规范的强制性要求，并根据国家标准《农作物种子检验规程》所规定的容许误差对种子质量进行判定。

第二十六条　检验结束后，检验机构应当及时向被抽查企业和生产商送达《种子质量监督抽查结果通知单》。

检验机构可以在部分检验项目完成后，及时将检验结果通知被抽查企业。

第二十七条　被抽查企业或者生产商对检验结果有异议的，应当在接到《种子质量监督抽查结果通知单》或者单项指标检验结果通知之日起十五日内，向下达任务的农业行政主管部门提出书面报告，并抄送检验机构。逾期未提出异议的，视为认可检验结果。

第二十八条　下达任务的农业行政主管部门应当对企业提出的异议进行审

查，并将处理意见告知企业。需要进行复验的，应当及时安排。

第二十九条　复验一般由原检验机构承担，特殊情况下，可以由下达任务的农业行政主管部门委托其他检验机构承担。

复验结果与原检验结果不一致的，复验费用由原检验机构承担。

第三十条　复验按照原抽查方案，根据实际情况可以在原样品基础上或者采用备用样品进行。

净度、发芽率和水分等质量指标采用备用样品进行复验，品种真实性和纯度在原种植小区基础上进行复查，特殊情况下，也可以重新种植鉴定。

第三十一条　检验机构完成检验任务后，应当及时出具检验报告，送达被抽查企业。在市场上扦取的样品，应当同时送达生产商。

检验报告内容应当齐全，检验依据和检验项目与抽查方案一致，数据准确，结论明确。

第三十二条　承检机构完成抽查任务后，应当在规定时间内将监督抽查结果报送下达任务的农业行政主管部门。

第三十三条　监督抽查结果主要包括以下内容：

（一）监督抽查总结；

（二）检验结果汇总表；

（三）监督抽查质量较好企业名单、不合格种子生产经营企业名单、拒绝接受监督抽查企业名单；

（四）企业提出异议、复验等问题的处理情况说明；

（五）其他需要说明的情况。

第五章　监督抽查结果处理

第三十四条　下达任务的农业行政主管部门应当及时汇总结果，在农业系统或者向相关企业通报，并视情况通报被抽查企业所在地农业行政主管部门。

省级以上农业行政主管部门可以向社会公告监督抽查结果。

第三十五条　不合格种子生产经营企业，由下达任务的农业行政主管部门或企业所在地农业行政主管部门，依据《种子法》有关规定予以处罚。

对不合格种子生产经营企业，应当作为下次监督抽查的重点。连续两次监督抽查有不合格种子的企业，应当提请有关发证机关吊销该企业的种子生产许可证、种子经营许可证，并向社会公布。

第三十六条 不合格种子生产经营企业应当按照下列要求进行整改：

（一）限期追回已经销售的不合格种子；

（二）立即对不合格批次种子进行封存，作非种用处理或者重新加工，经检验合格后方可销售；

（三）企业法定代表人向全体职工通报监督抽查情况，制定整改方案，落实整改措施；

（四）查明产生不合格种子的原因，查清质量责任，对有关责任人进行处理；

（五）对未抽查批次的种子进行全面清理，不合格种子不得销售；

（六）健全和完善质量保证体系，并按期提交整改报告；（七）接受农业行政主管部门组织的整改复查。

第三十七条 拒绝接受依法监督抽查的，给予警告，责令改正；拒不改正的，被监督抽查的种子按不合格种子处理，下达任务的农业行政主管部门予以通报。

第六章　监督抽查管理

第三十八条 参与监督抽查的工作人员，应当严格遵守国家法律、法规，秉公执法、不徇私情，对被抽查的作物种类和企业名单严守秘密。

第三十九条 检验机构应当如实上报检验结果和检验结论，不得瞒报、谎报，并对检验工作负责。

检验机构在承担监督抽查任务期间，不得接受被抽查企业种子样品的委托检验。

第四十条 承检机构应当符合《种子法》第五十六条的规定，不得从事种子生产、经营活动。

承检机构不得利用种子质量监督抽查结果参与有偿活动，不得泄露抽查结果及有关材料，不得向企业颁发抽查合格证书。

第四十一条 检验机构和参与监督抽查的工作人员伪造、涂改检验数据，出具虚假检验结果和结论的，按照《种子法》第六十二条、第六十八条的规定处理。

第四十二条 检验机构和参与监督抽查的工作人员违反本办法第三十八条、第三十九条第二款、第四十条规定，由农业行政主管部门责令限期改正，暂停其种子质量检验工作；情节严重的，收回有关证书和证件，取消从事种子质量检验资格；对有关责任人员依法给予行政处分，构成犯罪的，依法追究刑事责任。

第七章 附 则

第四十三条 本办法自 2005 年 5 月 1 日起实施。

14. 农业部农产品质量安全监督抽查实施细则

（2007 年 6 月 10 日公布并施行）

第一章 总 则

第一条 为加强农产品质量安全监督管理，规范农业部农产品质量安全监督抽查工作（以下简称监督抽查），根据《中华人民共和国农产品质量安全法》及有关法律、行政法规的规定，制定本细则。

第二条 开展农业部农产品质量安全监督抽查工作必须遵守本细则。

第三条 本细则中的监督抽查是指农业部依法组织农产品质量安全检测机构对生产和销售的农产品、可能危及农产品质量安全的农业投入品进行抽样、检验，并对抽查结果进行处理和发布信息的活动。

第四条 监督抽查包括定期的监督抽查和不定期的监督抽查。

第五条 农业部负责监督抽查的组织和实施工作，并负责监督抽查结果的通报和信息发布。地方农业行政主管部门或符合条件的农产品质量安全检测机构，接受农业部委托，承担监督抽查的抽样工作（以下简称抽样单位）；符合条件的农产品质量安全检测机构，接受农业部委托，承担监督抽查样品的检验工作（以下简称检测机构）。

第六条 监督抽查的样品由抽样单位向被抽查人购买。

第七条 监督抽查不得向被抽查人收取费用，抽取样品的数量不得超过农业部的规定。上级农业行政主管部门监督抽查的同一批次农产品，下级农业行政主管部门不得另行重复抽查。

第八条 被抽查人应积极配合监督抽查工作。对不便携带的样品由被抽查人负责寄、送至检测机构。无正当理由，被抽查人不得拒绝监督抽查和拒绝寄、送被封样品。

第二章 计划和方案的确定

第九条 监督抽查的地点包括生产、加工及流通环节。

第十条 监督抽查的范围主要是与消费者日常生活密切相关的农产品、质量安全问题较突出的农产品、农业行政主管部门认为需要进行抽查的农产品和可能危及农产品质量安全的农业投入品。

第十一条 农业部负责组织制定监督抽查计划，并向承担单位下达监督抽查任务。

第十二条 任务承担单位应当按照监督抽查计划制定监督抽查方案，并报农业部批准后执行。监督抽查方案应包括：受检单位范围，抽样范围、抽样时间、抽样依据、抽样数量等，检测项目、检测依据及判定依据，复检及注意事项等。

监督抽查方案应当科学、客观、公平，具有代表性和公正性。

第十三条 农业部向任务承担单位开具《农业部农产品质量安全监督抽查委托书》、《农业部农产品质量安全监督抽查通知书》和《农业部农产品质量安全监督抽查工作质量及工作纪律反馈单》后，各承担单位方可开展抽样或检测工作。

各有关单位对监督抽查中确定的产品和被抽查人的名单必须严格保密，禁止以任何名义和形式事先泄露和通知被抽查人。

第三章 抽样、检测与判定

第十四条 抽样人员不少于2名，被抽查人所在地的农业行政主管部门应指派人员协助抽样。严禁被抽查人或者与其有直接、间接关系的人员参与接待工作。

第十五条 抽样人员在抽样前应向被抽查人出示《农业部农产品质量安全监督抽查通知书》和《农业部农产品质量安全监督抽查委托书》，以及抽样人员的有效证件，告知监督抽查的性质、抽样方法、检测依据和判定依据等后，再进行抽样。

第十六条　抽样人员要现场填写《农业部农产品质量安全监督抽查抽样工作单》，并由抽样人员和被抽查人共同签字并落款抽样日期。

抽取的样品应经双方签字确认后现场封样，封条由抽样单位自制，要确保封条不可二次使用。抽取的样品由抽样单位带回或委托被抽查人按照要求寄、送至检测机构。检测机构应当妥善保存备份样品。

第十七条　抽查的样品应当在产地、企业或市场上的待销产品中抽取，并保证样品具有代表性。

第十八条　被抽查人遇有下列情况之一的，可以拒绝接受抽查：

（一）抽样人员少于 2 名的；

（二）抽样单位名称与《农业部农产品质量安全监督抽查通知书》不符的；

（三）抽样人员应当携带的《农业部农产品质量安全监督抽查通知书》和有效身份证件（身份证或工作证）等材料不齐全的；

（四）被抽查人和产品名称与《农业部农产品质量安全监督抽查通知书》不一致的；

（五）抽样时间超过《农业部农产品质量安全监督抽查通知书》有效期限的。

第十九条　抽样工作结束后，抽样人员应当填写抽样工作单。需要特别陈述的情况，在备注栏中加以说明。抽样工作单应分别加盖抽样单位和被抽样单位公章，并由抽样人员和被抽查单位负责人或陪同人员签字，被抽查单位无公章或无法现场盖章的，可由当地农业行政主管部门人员予以签字确认。

抽样工作单一式四份，分别留存抽样单位和被抽查单位，寄送当地农业行政主管部门，并报送农业部。

第二十条　由于某些原因导致无样品可抽的，被抽样人必须出具书面证明材料，抽样人员应当予以确认，并在证明材料上签字。

第二十一条　被抽查人无正当理由拒绝抽样，经抽样人员耐心细致地说服工作后仍不接受抽查的，抽样人员应及时向当地农业行政主管部门报告情况，如果仍不接受抽查的，抽样人员现场填写《农业部农产品质量安全监督抽查拒检认定表》，由抽样人员和见证人共同签字，抽样单位应及时向农业部报告情况，产品按不合格论处。

第二十二条　需要被抽样人协助寄、送样品的，被抽样人应当在规定的时间内将样品寄、送指定的检测机构。无正当理由不寄、送样品的，产品按不合格论处。

第二十三条　检测机构应当制定有关样品的接收、入库、领用、检验、保存及处理的程序，并严格按程序规定执行。

第二十四条　监督抽查工作禁止分包。

第二十五条　接收样品应当有专人负责检查、记录样品的外观、状态、封条有无破损及其他可能对检测结果或者综合判定产生影响的情况，并确认样品与抽样单的记录是否相符，对检测和备份样品分别加贴相应标识后入库。必要时，在不影响样品检验结果的情况下，可以将样品进行分装或者重新包装编号，以保证不会发生因其他原因导致不公正的情况。

第二十六条　检测机构应当按照监督抽查方案中规定的方法进行检测。

第二十七条　检验过程中遇有样品失效或者其他情况致使检验无法进行时，必须如实记录，并有充分的证实材料。

第二十八条　监督抽查的判定按照监督抽查方案中的判定依据进行。

第二十九条　检验结束后，检测机构将《农业部农产品质量安全监督抽查检验结果通知单》以特快专递寄送被抽查人，检测结果合格的不附检验报告，检测结果不合格的需附检验报告。

第三十条　被抽查人应填写《农业部农产品质量安全监督抽查检验结果通知单》的回执，并于接到通知书5日内将回执寄送或传真至检测机构，逾期则视为认同检验结果。

第三十一条　检验结果经确认后，检测机构应将《农业部农产品质量安全监督抽查检验结果通知单》以特快专递寄送当地农业行政主管部门，检测结果合格的不附检验报告，检测结果不合格的需附检验报告。

第三十二条　检验报告内容必须齐全，检测项目和依据必须清楚并与抽查方案相一致，检验结果必须准确，结论明确。

第四章　异议的处理与复检

第三十三条　被抽查人对监督抽查检测结果有异议的，应当自收到《农业部农产品质量安全监督抽查检验结果通知单》之日起5日内，向农业部提出书面复检申请并提交相关说明材料，同时抄送检测机构。法律法规对申请复检的时间另有规定的，从其规定。

逾期未提出书面复检申请的，视为承认检验结果。

第三十四条　农业部收到复检申请后，经审查，认为有必要复检的，应当及时通知检测机构和复检申请人。

第三十五条　复检应当对原样或备份样进行检测。

复检工作原则上由原检测机构承担。复检结果与初次检测结果一致的，复检费用由复检申请人承担。

农业部也可根据需要，另行委托符合法定条件的检测机构进行复检。

复检结果由承担复检工作的检测机构通知复检申请人，报送农业部，并抄送复检申请人所在地的农业行政主管部门。

第三十六条　检测机构出具虚假、错误数据的，按《中华人民共和国农产品质量安全法》第四十四条的规定执行。

第五章　结果处理

第三十七条　检测机构应当在规定时间内按照监督抽查方案的要求，向农业部报送监督抽查结果及报告。

第三十八条　农业部负责汇总分析监督抽查检测结果，按照规定通报监督抽查结果或发布信息。

第三十九条　检测结果未经农业部公布，任何单位和个人不得向外公布或透露。

检测结果不得用于商业用途。

第六章　工作纪律

第四十条　参与监督抽查的工作人员，必须严格遵守国家法律、法规的规定，严格执法、秉公执法、不徇私情，对被抽查的产品和企业名单必须严守秘密。

第四十一条　检测机构应当严格按照监督抽查工作有关规定承担抽样及检验工作，应当保证检验工作科学、公正、准确。

第四十二条　检验机构应当如实上报检验结果和检验结论，不得瞒报，并对检验结果负责。

检测机构在承担监督抽查任务期间不得接受被抽查人同类产品的委托检验。

第四十三条　检测机构不得利用监督抽查结果参与有偿活动。

第四十四条 检测机构和参与监督抽查人员不依法履行职责、滥用职权的，依法给予处分。

第七章 附 则

第四十五条 本办法由农业部负责解释。

第四十六条 本办法自 2007 年 6 月 10 日起实施。

附：农业部农产品质量安全监督抽查统一文书（略）

第五章　农业行政执法

部门规章及规范性文件

1. 农业行政许可听证程序规定

（农业部令第 35 号公布　自 2004 年 7 月 1 日起施行）

第一章　总　　则

第一条　为了规范农业行政许可听证程序，保护公民、法人和其他组织的合法权益，根据《行政许可法》，制定本规定。

第二条　农业行政机关起草法律、法规和省、自治区、直辖市人民政府规章草案以及实施行政许可，依法举行听证的，适用本规定。

第三条　听证由农业行政机关法制工作机构组织。听证主持人、听证员由农业行政机关负责人指定。

第四条　听证应当遵循公开、公平、公正的原则。

第二章　设定行政许可听证

第五条　农业行政机关起草法律、法规和省、自治区、直辖市人民政府规章草案，拟设定行政许可的，在草案提交立法机关审议前，可以采取听证的形式听取意见。

第六条　农业行政机关应当在举行听证 30 日前公告听证事项、报名方式、报名条件、报名期限等内容。

第七条　符合农业行政机关规定条件的公民、法人和其他组织，均可申请参加听证，也可推选代表参加听证。

农业行政机关应当从符合条件的报名者中确定适当比例的代表参加听证，确定的代表应当具有广泛性、代表性，并将代表名单向社会公告。

农业行政机关应当在举行听证 7 日前将听证通知和听证材料送达代表。

第八条 听证按照下列程序进行：

（一）听证主持人介绍法律、法规、政府规章草案设定行政许可的必要性以及实施行政许可的主体、程序、条件、期限和收费等情况；

（二）听证代表分别对设定行政许可的必要性以及实施行政许可的主体、程序、条件、期限和收费等情况提出意见；

（三）听证应当制作笔录，详细记录听证代表提出的各项意见。

第九条 农业行政机关将法律、法规和省、自治区、直辖市人民政府规章草案提交立法机关审议时，应当说明举行听证和采纳意见的情况。

第三章 实施行政许可听证

第一节 一般规定

第十条 有下列情形之一的，农业行政机关在作出行政许可决定前，应当举行听证：

（一）农业法律、法规、规章规定实施行政许可应当举行听证的；

（二）农业行政机关认为其他涉及公共利益的重大行政许可需要听证的；

（三）行政许可直接涉及申请人与他人之间重大利益关系，申请人、利害关系人在法定期限内申请听证的。

第十一条 听证由一名听证主持人、两名听证员组织，也可视具体情况由一名听证主持人组织。

审查行政许可申请的工作人员不得作为该许可事项的听证主持人或者听证员。

第十二条 听证主持人、听证员有下列情形之一的，应当自行回避，申请人、利害关系人也可以申请其回避：

（一）与行政许可申请人、利害关系人或其委托代理人有近亲属关系的；

（二）与该行政许可申请有其他直接利害关系，可能影响听证公正进行的。

听证主持人、听证员的回避由农业行政机关负责人决定，记录员的回避由听证主持人决定。

第十三条 行政许可申请人、利害关系人可以亲自参加听证，也可以委托1-2名代理人参加听证。

由代理人参加听证的，应当向农业行政机关提交由委托人签名或者盖章的授权委托书。授权委托书应当载明委托事项及权限，并经听证主持人确认。

委托代理人代为放弃行使听证权的，应当有委托人的特别授权。

第十四条　记录员应当将听证的全部内容制作笔录，由听证主持人、听证员、记录员签名。

听证笔录应当经听证代表或听证参加人确认无误后当场签名或者盖章。拒绝签名或者盖章的，听证主持人应当在听证笔录上注明。

第十五条　农业行政机关应当根据听证笔录，作出行政许可决定。

法制工作机构应当在听证结束后 5 日内，提出对行政许可事项处理意见，报本行政机关负责人决定。

第二节　依职权听证程序

第十六条　农业行政机关对本规定第十条第一款第（一）、（二）项所列行政许可事项举行听证的，应当在举行听证 30 日前，依照第六条的规定向社会公告有关内容，并依照第七条的规定确定听证代表，送达听证通知和材料。

第三节　依申请听证程序

第十七条　符合本规定第十条第一款第（三）项规定的申请人、利害关系人，应当在被告知听证权利后 5 日内向农业行政机关提出听证申请。逾期未提出的，视为放弃听证。放弃听证的，应当书面记载。

第十八条　听证申请包括以下内容：

（一）听证申请人的姓名和住址，或者法人、其他组织的名称、地址、法定代表人或者主要负责人姓名；

（二）申请听证的具体事项；

（三）申请听证的依据、理由。

听证申请人还应当同时提供相关材料。

第十九条　法制工作机构收到听证申请后，应当对申请材料进行审查；申请材料不齐备的，应当一次告知当事人补正。

有下列情形之一的，不予受理：

（一）非行政许可申请人或利害关系人提出申请的；

（二）超过 5 日期限提出申请的；

（三）其他不符合申请听证条件的。

不予受理的，应当书面告知不予受理的理由。

第二十条　法制工作机构审核后，对符合听证条件的，应当制作《行政许可听证通知书》，在举行听证 7 日前送达行政许可申请人、利害关系人。

《行政许可听证通知书》应当载明下列事项：

（一）听证事项；

（二）听证时间、地点；

（三）听证主持人、听证员姓名、职务；

（四）注意事项。

第二十一条 听证应当在收到符合条件的听证申请之日起 20 日内举行。

行政许可申请人、利害关系人应当按时参加听证；无正当理由不到场的，或者未经听证主持人允许中途退场的，视为放弃听证。放弃听证的，记入听证笔录。

第二十二条 承办行政许可的机构在接到《行政许可听证通知书》后，应当指派人员参加听证。

第二十三条 听证按照下列程序进行：

（一）听证主持人宣布听证开始，宣读听证纪律，核对听证参加人身份，宣布案由，宣布听证主持人、记录员名单；

（二）告知听证参加人的权利和义务，询问申请人、利害关系人是否申请回避；

（三）承办行政许可机构指派的人员提出其所了解掌握的事实，提供审查意见的证据、理由；

（四）申请人、利害关系人进行申辩，提交证据材料；

（五）听证主持人、听证员询问听证参加人、证人和其他有关人员；

（六）听证参加人就颁发行政许可的事实和法律问题进行辩论，对有关证据材料进行质证；

（七）申请人、利害关系人最后陈述；

（八）听证主持人宣布听证结束。

第二十四条 有下列情形之一的，可以延期举行听证：

（一）因不可抗力的事由致使听证无法按期举行的；

（二）行政许可申请人、利害关系人临时申请回避，不能当场决定的；

（三）应当延期的其他情形。

延期听证的，应当书面通知听证参加人。

第二十五条 有下列情形之一的，中止听证：

（一）申请人、利害关系人在听证过程中提出了新的事实、理由和依据，需要调查核实的；

（二）申请听证的公民死亡、法人或者其他组织终止，尚未确定权利、义务承受人的；

（三）应当中止听证的其他情形。

中止听证的，应当书面通知听证参加人。

第二十六条　延期、中止听证的情形消失后，由法制工作机构决定恢复听证，并书面通知听证参加人。

第二十七条　有下列情形之一的，终止听证：

（一）申请听证的公民死亡，没有继承人，或者继承人放弃听证的；

（二）申请听证的法人或者其他组织终止，承受其权利的法人或者其他组织放弃听证的；

（三）行政许可申请人、利害关系人明确放弃听证或者被视为放弃听证的；

（四）应当终止听证的其他情形。

第四章　附　　则

第二十八条　听证不得向当事人收取任何费用。听证经费列入本部门预算。

第二十九条　法律、法规授权组织实施农业行政许可需要举行听证的，参照本规定执行。

第三十条　本规定的期限以工作日计算，不含法定节假日。

第三十一条　本规定自 2004 年 7 月 1 日起施行。

2. 农业行政处罚程序规定

（农业农村部令 2021 年第 4 号公布　自 2022 年 2 月 1 日起施行）

第一章　总　　则

第一条　为规范农业行政处罚程序，保障和监督农业农村主管部门依法实施行政管理，保护公民、法人或者其他组织的合法权益，根据《中华人民共和国行政处罚法》《中华人民共和国行政强制法》等有关法律、行政法规的规定，结合农业农村部门实际，制定本规定。

第二条 农业行政处罚机关实施行政处罚及其相关的行政执法活动，适用本规定。

本规定所称农业行政处罚机关，是指依法行使行政处罚权的县级以上人民政府农业农村主管部门。

第三条 农业行政处罚机关实施行政处罚，应当遵循公正、公开的原则，做到事实清楚，证据充分，程序合法，定性准确，适用法律正确，裁量合理，文书规范。

第四条 农业行政处罚机关实施行政处罚，应当坚持处罚与教育相结合，采取指导、建议等方式，引导和教育公民、法人或者其他组织自觉守法。

第五条 具有下列情形之一的，农业行政执法人员应当主动申请回避，当事人也有权申请其回避：

（一）是本案当事人或者当事人的近亲属；

（二）本人或者其近亲属与本案有直接利害关系；

（三）与本案当事人有其他利害关系，可能影响案件的公正处理。

农业行政处罚机关主要负责人的回避，由该机关负责人集体讨论决定；其他人员的回避，由该机关主要负责人决定。

回避决定作出前，主动申请回避或者被申请回避的人员不停止对案件的调查处理。

第六条 农业行政处罚应当由具有行政执法资格的农业行政执法人员实施。农业行政执法人员不得少于两人，法律另有规定的除外。

农业行政执法人员调查处理农业行政处罚案件时，应当主动向当事人或者有关人员出示行政执法证件，并按规定着装和佩戴执法标志。

第七条 各级农业行政处罚机关应当全面推行行政执法公示制度、执法全过程记录制度、重大执法决定法制审核制度，加强行政执法信息化建设，推进信息共享，提高行政处罚效率。

第八条 县级以上人民政府农业农村主管部门在法定职权范围内实施行政处罚。

县级以上地方人民政府农业农村主管部门内设或所属的农业综合行政执法机构承担并集中行使行政处罚以及与行政处罚有关的行政强制、行政检查职能，以农业农村主管部门名义统一执法。

第九条　县级以上人民政府农业农村主管部门依法设立的派出执法机构，应当在派出部门确定的权限范围内以派出部门的名义实施行政处罚。

第十条　上级农业农村主管部门依法监督下级农业农村主管部门实施的行政处罚。

县级以上人民政府农业农村主管部门负责监督本部门农业综合行政执法机构或者派出执法机构实施的行政处罚。

第十一条　农业行政处罚机关在工作中发现违纪、违法或者犯罪问题线索的，应当按照《执法机关和司法机关向纪检监察机关移送问题线索工作办法》的规定，及时移送纪检监察机关。

第二章　农业行政处罚的管辖

第十二条　农业行政处罚由违法行为发生地的农业行政处罚机关管辖。法律、行政法规以及农业农村部规章另有规定的，从其规定。

省、自治区、直辖市农业行政处罚机关应当按照职权法定、属地管理、重心下移的原则，结合违法行为涉及区域、案情复杂程度、社会影响范围等因素，厘清本行政区域内不同层级农业行政处罚机关行政执法权限，明确职责分工。

第十三条　渔业行政违法行为有下列情况之一的，适用"谁查获、谁处理"的原则：

（一）违法行为发生在共管区、叠区；

（二）违法行为发生在管辖权不明确或者有争议的区域；

（三）违法行为发生地与查获地不一致。

第十四条　电子商务平台经营者和通过自建网站、其他网络服务销售商品或者提供服务的电子商务经营者的农业违法行为由其住所地县级以上农业行政处罚机关管辖。

平台内经营者的农业违法行为由其实际经营地县级以上农业行政处罚机关管辖。电子商务平台经营者住所地或者违法物品的生产、加工、存储、配送地的县级以上农业行政处罚机关先行发现违法线索或者收到投诉、举报的，也可以管辖。

第十五条　对当事人的同一违法行为，两个以上农业行政处罚机关都有管辖权的，应当由先立案的农业行政处罚机关管辖。

第十六条　两个以上农业行政处罚机关对管辖发生争议的，应当自发生争议之日起七日内协商解决，协商不成的，报请共同的上一级农业行政处罚机关指定管辖；也可以直接由共同的上一级农业行政机关指定管辖。

第十七条　农业行政处罚机关发现立案查处的案件不属于本部门管辖的，应当将案件移送有管辖权的农业行政处罚机关。受移送的农业行政处罚机关对管辖权有异议的，应当报请共同的上一级农业行政处罚机关指定管辖，不得再自行移送。

第十八条　上级农业行政处罚机关认为有必要时，可以直接管辖下级农业行政处罚机关管辖的案件，也可以将本机关管辖的案件交由下级农业行政处罚机关管辖，必要时可以将下级农业行政处罚机关管辖的案件指定其他下级农业行政处罚机关管辖，但不得违反法律、行政法规的规定。

下级农业行政处罚机关认为依法应由其管辖的农业行政处罚案件重大、复杂或者本地不适宜管辖的，可以报请上一级农业行政处罚机关直接管辖或者指定管辖。上一级农业行政处罚机关应当自收到报送材料之日起七日内作出书面决定。

第十九条　农业行政处罚机关实施农业行政处罚时，需要其他行政机关协助的，可以向有关机关发送协助函，提出协助请求。

农业行政处罚机关在办理跨行政区域案件时，需要其他地区农业行政处罚机关协查的，可以发送协查函。收到协查函的农业行政处罚机关应当予以协助并及时书面告知协查结果。

第二十条　农业行政处罚机关查处案件，对依法应当由原许可、批准的部门作出吊销许可证件等农业行政处罚决定的，应当自作出处理决定之日起十五日内将查处结果及相关材料书面报送或告知原许可、批准的部门，并提出处理建议。

第二十一条　农业行政处罚机关发现所查处的案件不属于农业农村主管部门管辖的，应当按照有关要求和时限移送有管辖权的部门处理。

违法行为涉嫌犯罪的案件，农业行政处罚机关应当依法移送司法机关，不得以行政处罚代替刑事处罚。

农业行政处罚机关应当与司法机关加强协调配合，建立健全案件移送制度，加强证据材料移交、接收衔接，完善案件处理信息通报机制。

农业行政处罚机关应当将移送案件的相关材料妥善保管、存档备查。

第三章 农业行政处罚的决定

第二十二条 公民、法人或者其他组织违反农业行政管理秩序的行为，依法应当给予行政处罚的，农业行政处罚机关必须查明事实；违法事实不清、证据不足的，不得给予行政处罚。

第二十三条 农业行政处罚机关作出农业行政处罚决定前，应当告知当事人拟作出行政处罚内容及事实、理由、依据，并告知当事人依法享有的陈述、申辩、要求听证等权利。

采取普通程序查办的案件，农业行政处罚机关应当制作行政处罚事先告知书送达当事人，并告知当事人可以在收到告知书之日起三日内进行陈述、申辩。符合听证条件的，应当告知当事人可以要求听证。

当事人无正当理由逾期提出陈述、申辩或者要求听证的，视为放弃上述权利。

第二十四条 当事人有权进行陈述和申辩。农业行政处罚机关必须充分听取当事人的意见，对当事人提出的事实、理由和证据，应当进行复核；当事人提出的事实、理由或者证据成立的，应当予以采纳。

农业行政处罚机关不得因当事人陈述、申辩而给予更重的处罚。

第一节 简易程序

第二十五条 违法事实确凿并有法定依据，对公民处以二百元以下、对法人或者其他组织处以三千元以下罚款或者警告的行政处罚的，可以当场作出行政处罚决定。法律另有规定的，从其规定。

第二十六条 当场作出行政处罚决定时，农业行政执法人员应当遵守下列程序：

（一）向当事人表明身份，出示行政执法证件；

（二）当场查清当事人的违法事实，收集和保存相关证据；

（三）在行政处罚决定作出前，应当告知当事人拟作出决定的内容及事实、理由、依据，并告知当事人有权进行陈述和申辩；

（四）听取当事人陈述、申辩，并记入笔录；

（五）填写预定格式、编有号码、盖有农业行政处罚机关印章的当场处罚决定书，由执法人员签名或者盖章，当场交付当事人；当事人拒绝签收的，应当在行政处罚决定书上注明。

前款规定的行政处罚决定书应当载明当事人的违法行为，行政处罚的种类和依据、罚款数额、时间、地点，申请行政复议、提起行政诉讼的途径和期限以及行政机关名称。

第二十七条 农业行政执法人员应当在作出当场处罚决定之日起、在水上办理渔业行政违法案件的农业行政执法人员应当自抵岸之日起二日内，将案件的有关材料交至所属农业行政处罚机关归档保存。

第二节 普通程序

第二十八条 实施农业行政处罚，除依法可以当场作出的行政处罚外，应当适用普通程序。

第二十九条 农业行政处罚机关对依据监督检查职责或者通过投诉、举报、其他部门移送、上级交办等途径发现的违法行为线索，应当自发现线索或者收到相关材料之日起七日内予以核查，由农业行政处罚机关负责人决定是否立案；因特殊情况不能在规定期限内立案的，经农业行政处罚机关负责人批准，可以延长七日。法律、法规、规章另有规定的除外。

第三十条 符合下列条件的，农业行政处罚机关应当予以立案，并填写行政处罚立案审批表：

（一）有涉嫌违反法律、法规和规章的行为；

（二）依法应当或者可以给予行政处罚；

（三）属于本机关管辖；

（四）违法行为发生之日起至被发现之日止未超过二年，或者违法行为有连续、继续状态，从违法行为终了之日起至被发现之日止未超过二年；涉及公民生命健康安全且有危害后果的，上述期限延长至五年。法律另有规定的除外。

第三十一条 对已经立案的案件，根据新的情况发现不符合本规定第三十条规定的立案条件的，农业行政处罚机关应当撤销立案。

第三十二条 农业行政处罚机关对立案的农业违法行为，必须全面、客观、公正地调查，收集有关证据；必要时，按照法律、法规的规定，可以进行检查。

农业行政执法人员在调查或者收集证据、进行检查时，不得少于两人。当事人或者有关人员有权要求农业行政执法人员出示执法证件。执法人员不出示执法证件的，当事人或者有关人员有权拒绝接受调查或者检查。

第三十三条 农业行政执法人员有权依法采取下列措施：

（一）查阅、复制书证和其他有关材料；

（二）询问当事人或者其他与案件有关的单位和个人；

（三）要求当事人或者有关人员在一定的期限内提供有关材料；

（四）采取现场检查、勘验、抽样、检验、检测、鉴定、评估、认定、录音、拍照、录像、调取现场及周边监控设备电子数据等方式进行调查取证；

（五）对涉案的场所、设施或者财物依法实施查封、扣押等行政强制措施；

（六）责令被检查单位或者个人停止违法行为，履行法定义务；

（七）其他法律、法规、规章规定的措施。

第三十四条　农业行政处罚证据包括书证、物证、视听资料、电子数据、证人证言、当事人的陈述、鉴定意见、勘验笔录和现场笔录。

证据必须经查证属实，方可作为农业行政处罚机关认定案件事实的根据。立案前依法取得或收集的证据材料，可以作为案件的证据使用。

以非法手段取得的证据，不得作为认定案件事实的根据。

第三十五条　收集、调取的书证、物证应当是原件、原物。收集、调取原件、原物确有困难的，可以提供与原件核对无误的复制件、影印件或者抄录件，也可以提供足以反映原物外形或者内容的照片、录像等其他证据。

复制件、影印件、抄录件和照片由证据提供人或者执法人员核对无误后注明与原件、原物一致，并注明出证日期、证据出处，同时签名或者盖章。

第三十六条　收集、调取的视听资料应当是有关资料的原始载体。调取原始载体确有困难的，可以提供复制件，并注明制作方法、制作时间、制作人和证明对象等。声音资料应当附有该声音内容的文字记录。

第三十七条　收集、调取的电子数据应当是有关数据的原始载体。收集电子数据原始载体确有困难的，可以采用拷贝复制、委托分析、书式固定、拍照录像等方式取证，并注明制作方法、制作时间、制作人等。

农业行政处罚机关可以利用互联网信息系统或者设备收集、固定违法行为证据。用来收集、固定违法行为证据的互联网信息系统或者设备应当符合相关规定，保证所收集、固定电子数据的真实性、完整性。

农业行政处罚机关可以指派或者聘请具有专门知识的人员或者专业机构，辅助农业行政执法人员对与案件有关的电子数据进行调查取证。

第三十八条　农业行政执法人员询问证人或者当事人，应当个别进行，并制作询问笔录。

询问笔录有差错、遗漏的，应当允许被询问人更正或者补充。更正或者补充的部分应当由被询问人签名、盖章或者按指纹等方式确认。

询问笔录经被询问人核对无误后，由被询问人在笔录上逐页签名、盖章或者按指纹等方式确认。农业行政执法人员应当在笔录上签名。被询问人拒绝签名、盖章或者按指纹的，由农业行政执法人员在笔录上注明情况。

第三十九条　农业行政执法人员对与案件有关的物品或者场所进行现场检查或者勘验，应当通知当事人到场，制作现场检查笔录或者勘验笔录，必要时可以采取拍照、录像或者其他方式记录现场情况。

当事人拒不到场、无法找到当事人或者当事人拒绝签名或盖章的，农业行政执法人员应当在笔录中注明，并可以请在场的其他人员见证。

第四十条　农业行政处罚机关在调查案件时，对需要检测、检验、鉴定、评估、认定的专门性问题，应当委托具有法定资质的机构进行；没有具有法定资质的机构的，可以委托其他具备条件的机构进行。

检验、检测、鉴定、评估、认定意见应当由检验、检测、鉴定、评估、认定人员签名或者盖章，并加盖所在机构公章。检验、检测、鉴定、评估、认定意见应当送达当事人。

第四十一条　农业行政处罚机关收集证据时，可以采取抽样取证的方法。农业行政执法人员应当制作抽样取证凭证，对样品加贴封条，并由执法人员和当事人在抽样取证凭证上签名或者盖章。当事人拒绝签名或者盖章的，应当采取拍照、录像或者其他方式记录抽样取证情况。

农业行政处罚机关抽样送检的，应当将抽样检测结果及时告知当事人，并告知当事人有依法申请复检的权利。

非从生产单位直接抽样取证的，农业行政处罚机关可以向产品标注生产单位发送产品确认通知书，对涉案产品是否为其生产的产品进行确认，并可以要求其在一定期限内提供相关证明材料。

第四十二条　在证据可能灭失或者以后难以取得的情况下，经农业行政处罚机关负责人批准，农业行政执法人员可以对与涉嫌违法行为有关的证据采取先行登记保存措施。

情况紧急，农业行政执法人员需要当场采取先行登记保存措施的，可以采用即时通讯方式报请农业行政处罚机关负责人同意，并在二十四小时内补办批准手续。

先行登记保存有关证据，应当当场清点，开具清单，填写先行登记保存执法文书，由农业行政执法人员和当事人签名、盖章或者按指纹，并向当事人交付先行登记保存证据通知书和物品清单。

第四十三条 先行登记保存物品时，就地由当事人保存的，当事人或者有关人员不得使用、销售、转移、损毁或者隐匿。

就地保存可能妨害公共秩序、公共安全，或者存在其他不适宜就地保存情况的，可以异地保存。对异地保存的物品，农业行政处罚机关应当妥善保管。

第四十四条 农业行政处罚机关对先行登记保存的证据，应当自采取登记保存之日起七日内作出下列处理决定并送达当事人：

（一）根据情况及时采取记录、复制、拍照、录像等证据保全措施；

（二）需要进行技术检测、检验、鉴定、评估、认定的，送交有关机构检测、检验、鉴定、评估、认定；

（三）对依法应予没收的物品，依照法定程序处理；

（四）对依法应当由有关部门处理的，移交有关部门；

（五）为防止损害公共利益，需要销毁或者无害化处理的，依法进行处理；

（六）不需要继续登记保存的，解除先行登记保存。

第四十五条 农业行政处罚机关依法对涉案场所、设施或者财物采取查封、扣押等行政强制措施，应当在实施前向农业行政处罚机关负责人报告并经批准，由具备资格的农业行政执法人员实施。

情况紧急，需要当场采取行政强制措施的，农业行政执法人员应当在二十四小时内向农业行政处罚机关负责人报告，并补办批准手续。农业行政处罚机关负责人认为不应当采取行政强制措施的，应当立即解除。

查封、扣押的场所、设施或者财物，应当妥善保管，不得使用或者损毁。除法律、法规另有规定外，鲜活产品、保管困难或者保管费用过高的物品和其他容易损毁、灭失、变质的物品，在确定为罚没财物前，经权利人同意或者申请，并经农业行政处罚机关负责人批准，在采取相关措施留存证据后，可以依法先行处置；权利人不明确的，可以依法公告，公告期满后仍没有权利人同意或者申请的，可以依法先行处置。先行处置所得款项按照涉案现金管理。

第四十六条 农业行政处罚机关实施查封、扣押等行政强制措施，应当履行《中华人民共和国行政强制法》规定的程序和要求，制作并当场交付查封、扣押决定书和清单。

第四十七条 经查明与违法行为无关或者不再需要采取查封、扣押措施的，应当解除查封、扣押措施，将查封、扣押的财物如数返还当事人，并由农业行政执法人员和当事人在解除查封或者扣押决定书和清单上签名、盖章或者按指纹。

第四十八条　有下列情形之一的，经农业行政处罚机关负责人批准，中止案件调查，并制作案件中止调查决定书：

（一）行政处罚决定必须以相关案件的裁判结果或者其他行政决定为依据，而相关案件尚未审结或者其他行政决定尚未作出；

（二）涉及法律适用等问题，需要送请有权机关作出解释或者确认；

（三）因不可抗力致使案件暂时无法调查；

（四）因当事人下落不明致使案件暂时无法调查；

（五）其他应当中止调查的情形。

中止调查的原因消除后，应当立即恢复案件调查。

第四十九条　农业行政执法人员在调查结束后，应当根据不同情形提出如下处理建议，并制作案件处理意见书，报请农业行政处罚机关负责人审查：

（一）确有应受行政处罚的违法行为的，根据情节轻重及具体情况，建议作出行政处罚；

（二）违法事实不能成立的，建议不予行政处罚；

（三）违法行为轻微并及时改正，没有造成危害后果的，建议不予行政处罚；

（四）当事人有证据足以证明没有主观过错的，建议不予行政处罚，但法律、行政法规另有规定的除外；

（五）初次违法且危害后果轻微并及时改正的，建议可以不予行政处罚；

（六）违法行为超过追责时效的，建议不再给予行政处罚；

（七）违法行为不属于农业行政处罚机关管辖的，建议移送其他行政机关；

（八）违法行为涉嫌犯罪应当移送司法机关的，建议移送司法机关；

（九）依法作出处理的其他情形。

第五十条　有下列情形之一，在农业行政处罚机关负责人作出农业行政处罚决定前，应当由从事农业行政处罚决定法制审核的人员进行法制审核；未经法制审核或者审核未通过的，农业行政处罚机关不得作出决定：

（一）涉及重大公共利益的；

（二）直接关系当事人或者第三人重大权益，经过听证程序的；

（三）案件情况疑难复杂、涉及多个法律关系的；

（四）法律、法规规定应当进行法制审核的其他情形。

农业行政处罚法制审核工作由农业行政处罚机关法制机构负责；未设置法制机构的，由农业行政处罚机关确定的承担法制审核工作的其他机构或者专门人员负责。

案件查办人员不得同时作为该案件的法制审核人员。农业行政处罚机关中初次从事法制审核的人员，应当通过国家统一法律职业资格考试取得法律职业资格。

第五十一条 农业行政处罚决定法制审核的主要内容包括：

（一）本机关是否具有管辖权；

（二）程序是否合法；

（三）案件事实是否清楚，证据是否确实、充分；

（四）定性是否准确；

（五）适用法律依据是否正确；

（六）当事人基本情况是否清楚；

（七）处理意见是否适当；

（八）其他应当审核的内容。

除本规定第五十条第一款规定以外，适用普通程序的其他农业行政处罚案件，在作出处罚决定前，应当参照前款规定进行案件审核。审核工作由农业行政处罚机关的办案机构或其他机构负责实施。

第五十二条 法制审核结束后，应当区别不同情况提出如下建议：

（一）对事实清楚、证据充分、定性准确、适用依据正确、程序合法、处理适当的案件，拟同意作出行政处罚决定；

（二）对定性不准、适用依据错误、程序不合法或者处理不当的案件，建议纠正；

（三）对违法事实不清、证据不充分的案件，建议补充调查或者撤销案件；

（四）违法行为轻微并及时纠正没有造成危害后果的，或者违法行为超过追责时效的，建议不予行政处罚；

（五）认为有必要提出的其他意见和建议。

第五十三条 法制审核机构或者法制审核人员应当自接到审核材料之日起五日内完成审核。特殊情况下，经农业行政处罚机关负责人批准，可以延长十五日。法律、法规、规章另有规定的除外。

第五十四条　农业行政处罚机关负责人应当对调查结果、当事人陈述申辩或者听证情况、案件处理意见和法制审核意见等进行全面审查，并区别不同情况分别作出如下处理决定：

（一）确有应受行政处罚的违法行为的，根据情节轻重及具体情况，作出行政处罚决定；

（二）违法事实不能成立的，不予行政处罚；

（三）违法行为轻微并及时改正，没有造成危害后果的，不予行政处罚；

（四）当事人有证据足以证明没有主观过错的，不予行政处罚，但法律、行政法规另有规定的除外；

（五）初次违法且危害后果轻微并及时改正的，可以不予行政处罚；

（六）违法行为超过追责时效的，不予行政处罚；

（七）不属于农业行政处罚机关管辖的，移送其他行政机关处理；

（八）违法行为涉嫌犯罪的，将案件移送司法机关。

第五十五条　下列行政处罚案件，应当由农业行政处罚机关负责人集体讨论决定：

（一）符合本规定第五十九条所规定的听证条件，且申请人申请听证的案件；

（二）案情复杂或者有重大社会影响的案件；

（三）有重大违法行为需要给予较重行政处罚的案件；

（四）农业行政处罚机关负责人认为应当提交集体讨论的其他案件。

第五十六条　农业行政处罚机关决定给予行政处罚的，应当制作行政处罚决定书。行政处罚决定书应当载明以下内容：

（一）当事人的姓名或者名称、地址；

（二）违反法律、法规、规章的事实和证据；

（三）行政处罚的种类和依据；

（四）行政处罚的履行方式和期限；

（五）申请行政复议、提起行政诉讼的途径和期限；

（六）作出行政处罚决定的农业行政处罚机关名称和作出决定的日期。

农业行政处罚决定书应当加盖作出行政处罚决定的行政机关的印章。

第五十七条　在边远、水上和交通不便的地区按普通程序实施处罚时，农业行政执法人员可以采用即时通讯方式，报请农业行政处罚机关负责人批准立案和对调查结果及处理意见进行审查。报批记录必须存档备案。当事人可当场向农业行政执法人员进行陈述和申辩。当事人当场书面放弃陈述和申辩的，视为放弃权利。

前款规定不适用于本规定第五十五条规定的应当由农业行政处罚机关负责人集体讨论决定的案件。

第五十八条　农业行政处罚案件应当自立案之日起九十日内作出处理决定；因案情复杂、调查取证困难等需要延长的，经本农业行政处罚机关负责人批准，可以延长三十日。案情特别复杂或者有其他特殊情况，延期后仍不能作出处理决定的，应当报经上一级农业行政处罚机关决定是否继续延期；决定继续延期的，应当同时确定延长的合理期限。

案件办理过程中，中止、听证、公告、检验、检测、鉴定等时间不计入前款所指的案件办理期限。

第三节　听证程序

第五十九条　农业行政处罚机关依照《中华人民共和国行政处罚法》第六十三条的规定，在作出较大数额罚款、没收较大数额违法所得、没收较大价值非法财物、降低资质等级、吊销许可证件、责令停产停业、责令关闭、限制从业等较重农业行政处罚决定前，应当告知当事人有要求举行听证的权利。当事人要求听证的，农业行政处罚机关应当组织听证。

前款所称的较大数额、较大价值，县级以上地方人民政府农业农村主管部门按所在省、自治区、直辖市人民代表大会及其常委会或者人民政府规定的标准执行。农业农村部规定的较大数额、较大价值，对个人是指超过一万元，对法人或者其他组织是指超过十万元。

第六十条　听证由拟作出行政处罚的农业行政处罚机关组织。具体实施工作由其法制机构或者相应机构负责。

第六十一条　当事人要求听证的，应当在收到行政处罚事先告知书之日起五日内向听证机关提出。

第六十二条　听证机关应当在举行听证会的七日前送达行政处罚听证会通知书，告知当事人及有关人员举行听证的时间、地点、听证人员名单及当事人可以申请回避和可以委托代理人等事项。

当事人可以亲自参加听证，也可以委托一至二人代理。当事人及其代理人应当按期参加听证，无正当理由拒不出席听证或者未经许可中途退出听证的，视为放弃听证权利，行政机关终止听证。

第六十三条　听证参加人由听证主持人、听证员、书记员、案件调查人员、当事人及其委托代理人等组成。

听证主持人、听证员、书记员应当由听证机关负责人指定的法制工作机构工作人员或者其他相应工作人员等非本案调查人员担任。

当事人委托代理人参加听证的，应当提交授权委托书。

第六十四条　除涉及国家秘密、商业秘密或者个人隐私依法予以保密等情形外，听证应当公开举行。

第六十五条　当事人在听证中的权利和义务：

（一）有权对案件的事实认定、法律适用及有关情况进行陈述和申辩；

（二）有权对案件调查人员提出的证据质证并提出新的证据；

（三）如实回答主持人的提问；

（四）遵守听证会场纪律，服从听证主持人指挥。

第六十六条　听证按下列程序进行：

（一）听证书记员宣布听证会场纪律、当事人的权利和义务，听证主持人宣布案由、核实听证参加人名单、宣布听证开始；

（二）案件调查人员提出当事人的违法事实、出示证据，说明拟作出的农业行政处罚的内容及法律依据；

（三）当事人或者其委托代理人对案件的事实、证据、适用的法律等进行陈述、申辩和质证，可以当场向听证会提交新的证据，也可以在听证会后三日内向听证机关补交证据；

（四）听证主持人就案件的有关问题向当事人、案件调查人员、证人询问；

（五）案件调查人员、当事人或者其委托代理人相互辩论；

（六）当事人或者其委托代理人作最后陈述；

（七）听证主持人宣布听证结束。听证笔录交当事人和案件调查人员审核无误后签字或者盖章。

当事人或者其代理人拒绝签字或者盖章的，由听证主持人在笔录中注明。

第六十七条　听证结束后，听证主持人应当依据听证情况，制作行政处罚听证会报告书，连同听证笔录，报农业行政处罚机关负责人审查。农业行政处罚机关应当根据听证笔录，按照本规定第五十四条的规定，作出决定。

第六十八条 听证机关组织听证，不得向当事人收取费用。

第四章 执法文书的送达和处罚决定的执行

第六十九条 农业行政处罚机关送达行政处罚决定书，应当在宣告后当场交付当事人；当事人不在场的，应当在七日内依照《中华人民共和国民事诉讼法》的有关规定将行政处罚决定书送达当事人。

当事人同意并签订确认书的，农业行政处罚机关可以采用传真、电子邮件等方式，将行政处罚决定书等送达当事人。

第七十条 农业行政处罚机关送达行政执法文书，应当使用送达回证，由受送达人在送达回证上记明收到日期，签名或者盖章。

受送达人是公民的，本人不在时交其同住成年家属签收；受送达人是法人或者其他组织的，应当由法人的法定代表人、其他组织的主要负责人或者该法人、其他组织负责收件的有关人员签收；受送达人有代理人的，可以送交其代理人签收；受送达人已向农业行政处罚机关指定代收人的，送交代收人签收。

受送达人、受送达人的同住成年家属、法人或者其他组织负责收件的有关人员、代理人、代收人在送达回证上签收的日期为送达日期。

第七十一条 受送达人或者他的同住成年家属拒绝接收行政执法文书的，送达人可以邀请有关基层组织或者其所在单位的代表到场，说明情况，在送达回证上记明拒收事由和日期，由送达人、见证人签名或者盖章，把行政执法文书留在受送达人的住所；也可以把行政执法文书留在受送达人的住所，并采用拍照、录像等方式记录送达过程，即视为送达。

第七十二条 直接送达行政执法文书有困难的，农业行政处罚机关可以邮寄送达或者委托其他农业行政处罚机关代为送达。

受送达人下落不明，或者采用直接送达、留置送达、委托送达等方式无法送达的，农业行政处罚机关可以公告送达。

委托送达的，受送达人的签收日期为送达日期；邮寄送达的，以回执上注明的收件日期为送达日期；公告送达的，自发出公告之日起经过六十日，即视为送达。

第七十三条 当事人应当在行政处罚决定书确定的期限内，履行处罚决定。

农业行政处罚决定依法作出后，当事人对行政处罚决定不服，申请行政复议或者提起行政诉讼的，除法律另有规定外，行政处罚决定不停止执行。

第七十四条　除依照本规定第七十五条、第七十六条的规定当场收缴罚款外，农业行政处罚机关及其执法人员不得自行收缴罚款。决定罚款的农业行政处罚机关应当书面告知当事人在收到行政处罚决定书之日起十五日内，到指定的银行或者通过电子支付系统缴纳罚款。

第七十五条　依照本规定第二十五条的规定当场作出农业行政处罚决定，有下列情形之一，农业行政执法人员可以当场收缴罚款：

（一）依法给予一百元以下罚款的；

（二）不当场收缴事后难以执行的。

第七十六条　在边远、水上、交通不便地区，农业行政处罚机关及其执法人员依照本规定第二十五条、第五十四条、第五十五条的规定作出罚款决定后，当事人到指定的银行或者通过电子支付系统缴纳罚款确有困难，经当事人提出，农业行政处罚机关及其执法人员可以当场收缴罚款。

第七十七条　农业行政处罚机关及其执法人员当场收缴罚款的，应当向当事人出具国务院财政部门或者省、自治区、直辖市财政部门统一制发的专用票据，不出具财政部门统一制发的专用票据的，当事人有权拒绝缴纳罚款。

第七十八条　农业行政执法人员当场收缴的罚款，应当自返回农业行政处罚机关所在地之日起二日内，交至农业行政处罚机关；在水上当场收缴的罚款，应当自抵岸之日起二日内交至农业行政处罚机关；农业行政处罚机关应当自收到款项之日起二日内将罚款交至指定的银行。

第七十九条　对需要继续行驶的农业机械、渔业船舶实施暂扣或者吊销证照的行政处罚，农业行政处罚机关在实施行政处罚的同时，可以发给当事人相应的证明，责令农业机械、渔业船舶驶往预定或者指定的地点。

第八十条　对生效的农业行政处罚决定，当事人拒不履行的，作出农业行政处罚决定的农业行政处罚机关依法可以采取下列措施：

（一）到期不缴纳罚款的，每日按罚款数额的百分之三加处罚款，加处罚款的数额不得超出罚款的数额；

（二）根据法律规定，将查封、扣押的财物拍卖、依法处理或者将冻结的存款、汇款划拨抵缴罚款；

（三）依照《中华人民共和国行政强制法》的规定申请人民法院强制执行。

第八十一条　当事人确有经济困难，需要延期或者分期缴纳罚款的，应当在行政处罚决定书确定的缴纳期限届满前，向作出行政处罚决定的农业行政处罚机关提出延期或者分期缴纳罚款的书面申请。

农业行政处罚机关负责人批准当事人延期或者分期缴纳罚款后,应当制作同意延期(分期)缴纳罚款通知书,并送达当事人和收缴罚款的机构。农业行政处罚机关批准延期、分期缴纳罚款的,申请人民法院强制执行的期限,自暂缓或者分期缴纳罚款期限结束之日起计算。

第八十二条 除依法应当予以销毁的物品外,依法没收的非法财物,必须按照国家规定公开拍卖或者按照国家有关规定处理。处理没收物品,应当制作罚没物品处理记录和清单。

第八十三条 罚款、没收的违法所得或者没收非法财物拍卖的款项,必须全部上缴国库,任何行政机关或者个人不得以任何形式截留、私分或者变相私分。

罚款、没收的违法所得或者没收非法财物拍卖的款项,不得同作出农业行政处罚决定的农业行政处罚机关及其工作人员的考核、考评直接或者变相挂钩。除依法应当退还、退赔的外,财政部门不得以任何形式向作出农业行政处罚决定的农业行政处罚机关返还罚款、没收的违法所得或者没收非法财物拍卖的款项。

第五章 结案和立卷归档

第八十四条 有下列情形之一的,农业行政处罚机关可以结案:

(一)行政处罚决定由当事人履行完毕的;

(二)农业行政处罚机关依法申请人民法院强制执行行政处罚决定,人民法院依法受理的;

(三)不予行政处罚等无须执行的;

(四)行政处罚决定被依法撤销的;

(五)农业行政处罚机关认为可以结案的其他情形。

农业行政执法人员应当填写行政处罚结案报告,经农业行政处罚机关负责人批准后结案。

第八十五条 农业行政处罚机关应当按照下列要求及时将案件材料立卷归档:

(一)一案一卷;

(二)文书齐全,手续完备;

（三）案卷应当按顺序装订。

第八十六条　案件立卷归档后，任何单位和个人不得修改、增加或者抽取案卷材料，不得修改案卷内容。案卷保管及查阅，按档案管理有关规定执行。

第八十七条　农业行政处罚机关应当建立行政处罚工作报告制度，并于每年1月31日前向上级农业行政处罚机关报送本行政区域上一年度农业行政处罚工作情况。

第六章　附　则

第八十八条　本规定中的"以上"、"以下"、"内"均包括本数。

第八十九条　本规定中"二日"、"三日"、"五日"、"七日"的规定是指工作日，不含法定节假日。

期间以时、日、月、年计算。期间开始的时或者日，不计算在内。

期间届满的最后一日是节假日的，以节假日后的第一日为期间届满的日期。

行政处罚文书的送达期间不包括在路途上的时间，行政处罚文书在期满前交邮的，视为在有效期内。

第九十条　农业行政处罚基本文书格式由农业农村部统一制定。各省、自治区、直辖市人民政府农业农村主管部门可以根据地方性法规、规章和工作需要，调整有关内容或者补充相应文书，报农业农村部备案。

第九十一条　本规定自2022年2月1日起实施。2020年1月14日农业农村部发布的《农业行政处罚程序规定》同时废止。

3. 农作物种子质量纠纷田间现场鉴定办法

（农业部令第28号公布　自2003年9月1日起施行）

第一条　为了规范农作物种子质量纠纷田间现场鉴定（以下简称现场鉴定）程序和方法，合理解决农作物种子质量纠纷，维护种子使用者和经营者的合法权益，根据《中华人民共和国种子法》（以下简称《种子法》）及有关法律、法规的规定，制定本办法。

第二条　本办法所称现场鉴定是指农作物种子在大田种植后，因种子质量或者栽培、气候等原因，导致田间出苗、植株生长、作物产量、产品品质等受到影响，双方当事人对造成事故的原因或者损失程度存在分歧，为确定事故原因或（和）损失程度而进行的田间现场技术鉴定活动。

第三条 现场鉴定由田间现场所在地县级以上地方人民政府农业行政主管部门所属的种子管理机构组织实施。

第四条 种子质量纠纷处理机构根据需要可以申请现场鉴定；种子质量纠纷当事人可以共同申请现场鉴定，也可以单独申请现场鉴定。

鉴定申请一般以书面形式提出，说明鉴定的内容和理由，并提供相关材料。口头提出鉴定申请的，种子管理机构应当制作笔录，并请申请人签字确认。

第五条 种子管理机构对申请人的申请进行审查，符合条件的，应当及时组织鉴定。有下列情形之一的，种子管理机构对现场鉴定申请不予受理：

（一）针对所反映的质量问题，申请人提出鉴定申请时，需鉴定地块的作物生长期已错过该作物典型性状表现期，从技术上已无法鉴别所涉及质量纠纷起因的；

（二）司法机构、仲裁机构、行政主管部门已对质量纠纷做出生效判决和处理决定的；

（三）受当前技术水平的限制，无法通过田间现场鉴定的方式来判定所提及质量问题起因的；

（四）纠纷涉及的种子没有质量判定标准、规定或者合同约定要求的；

（五）有确凿的理由判定纠纷不是由种子质量所引起的；

（六）不按规定缴纳鉴定费的。

第六条 现场鉴定由种子管理机构组织专家鉴定组进行。

专家鉴定组由鉴定所涉及作物的育种、栽培、种子管理等方面的专家组成，必要时可邀请植物保护、气象、土壤肥料等方面的专家参加。专家鉴定组名单应当征求申请人和当事人的意见，可以不受行政区域的限制。

参加鉴定的专家应当具有高级专业技术职称、具有相应的专门知识和实际工作经验、从事相关专业领域的工作五年以上。

纠纷所涉品种的选育人为鉴定组成员的，其资格不受前款条件的限制。

第七条 专家鉴定组人数应为 3 人以上的单数，由一名组长和若干成员组成。

第八条 专家鉴定组成员有下列情形之一的，应当回避，申请人也可以口头或者书面申请其回避：

（一）是种子质量纠纷当事人或者当事人的近亲属的；

（二）与种子质量纠纷有利害关系的；

（三）与种子质量纠纷当事人有其他关系，可能影响公正鉴定的。

第九条 专家鉴定组进行现场鉴定时，可以向当事人了解有关情况，可以要求申请人提供与现场鉴定有关的材料。

申请人及当事人应予以必要的配合，并提供真实资料和证明。不配合或者提供虚假资料和证明，对鉴定工作造成影响的，应承担由此造成的相应后果。

第十条 专家鉴定组进行现场鉴定时，应当通知申请人及有关当事人到场。专家鉴定组根据现场情况确定取样方法和鉴定步骤，并独立进行现场鉴定。

任何单位或者个人不得干扰现场鉴定工作，不得威胁、利诱、辱骂、殴打专家鉴定组成员。

专家鉴定组成员不得接受当事人的财物或者其他利益。

第十一条 有下列情况之一的，终止现场鉴定：

（一）申请人不到场的；

（二）需鉴定的地块已不具备鉴定条件的；

（三）因人为因素使鉴定无法开展的。

第十二条 专家鉴定组对鉴定地块中种植作物的生长情况进行鉴定时，应当充分考虑以下因素：

（一）作物生长期间的气候环境状况；

（二）当事人对种子处理及田间管理情况；

（三）该批种子室内鉴定结果；

（四）同批次种子在其他地块生长情况；

（五）同品种其他批次种子生长情况；

（六）同类作物其他品种种子生长情况；

（七）鉴定地块地力水平；

（八）影响作物生长的其他因素。

第十三条 专家鉴定组应当在事实清楚、证据确凿的基础上，根据有关种子法规、标准，依据相关的专业知识，本着科学、公正、公平的原则，及时作出鉴定结论。

专家鉴定组现场鉴定实行合议制。鉴定结论以专家鉴定组成员半数以上通过有效。专家鉴定组成员在鉴定结论上签名。专家鉴定组成员对鉴定结论的不同意见，应当予以注明。

第十四条 专家鉴定组应当制作现场鉴定书。现场鉴定书应当包括以下主要内容：

（一）鉴定申请人名称、地址、受理鉴定日期等基本情况；

（二）鉴定的目的、要求；

（三）有关的调查材料；

（四）对鉴定方法、依据、过程的说明；

（五）鉴定结论；

（六）鉴定组成员名单；

（七）其他需要说明的问题。

第十五条 现场鉴定书制作完成后，专家鉴定组应当及时交给组织鉴定的种子管理机构。种子管理机构应当在 5 日内将现场鉴定书交付申请人。

第十六条 对现场鉴定书有异议的，应当在收到现场鉴定书 15 日内向原受理单位上一级种子管理机构提出再次鉴定申请，并说明理由。上一级种子管理机构对原鉴定的依据、方法、过程等进行审查，认为有必要和可能重新鉴定的，应当按本办法规定重新组织专家鉴定。再次鉴定申请只能提起一次。

当事人双方共同提出鉴定申请的，再次鉴定申请由双方共同提出。当事人一方单独提出鉴定申请的，另一方当事人不得提出再次鉴定申请。

第十七条 有下列情形之一的，现场鉴定无效：

（一）专家鉴定组组成不符合本办法规定的；

（二）专家鉴定组成员收受当事人财物或者其他利益，弄虚作假的；

（三）其他违反鉴定程序，可能影响现场鉴定客观、公正的。

现场鉴定无效的，应当重新组织鉴定。

第十八条 申请现场鉴定，应当按照省级有关主管部门的规定缴纳鉴定费。

第十九条 参加现场鉴定工作的人员违反本办法的规定，接受鉴定申请人或者当事人的财物或者其他利益，出具虚假现场鉴定书的，由其所在单位或者主管部门给予行政处分；构成犯罪的，依法追究刑事责任。

第二十条 申请人、有关当事人或者其他人员干扰田间现场鉴定工作，寻衅滋事，扰乱现场鉴定工作正常进行的，依法给予治安管理处罚或者追究刑事责任。

第二十一条 委托制种发生质量纠纷，需要进行现场鉴定的，参照本办法执行。

第二十二条 本办法自 2003 年 9 月 1 日起施行。

4. 农业植物新品种权侵权案件处理规定

（农业部令第 24 号公布　自 2003 年 2 月 1 日起施行）

第一条 为有效处理农业植物新品种权（以下简称品种权）侵权案件，根据《中华人民共和国植物新品种保护条例》（以下简称《条例》），制定本规定。

第二条 本规定所称的品种权侵权案件是指未经品种权人许可，以商业目的生产或销售授权品种的繁殖材料以及将该授权品种的繁殖材料重复使用于生产另一品种的繁殖材料的行为。

第三条 省级以上人民政府农业行政部门负责处理本行政辖区内品种权侵权案件。

第四条 请求省级以上人民政府农业行政部门处理品种权侵权案件的，应当符合下列条件：

（一）请求人是品种权人或者利害关系人；

（二）有明确的被请求人；

（三）有明确的请求事项和具体事实、理由；

（四）属于受案农业行政部门的受案范围和管辖；

（五）在诉讼时效范围内；

（六）当事人没有就该品种权侵权案件向人民法院起诉。

第一项所称利害关系人包括品种权实施许可合同的被许可人、品种权的合法继承人。品种权实施许可合同的被许可人中，独占实施许可合同的被许可人可以单独提出请求；排他实施许可合同的被许可人在品种权人不请求的情况下，可以单独提出请求；除合同另有约定外，普通实施许可合同的被许可人不能单独提出请求。

第五条 请求处理品种权侵权案件的诉讼时效为二年，自品种权人或利害关系人得知或应当得知侵权行为之日起计算。

第六条 请求省级以上人民政府农业行政部门处理品种权侵权案件的，应当提交请求书以及所涉及品种权的品种权证书，并且按照被请求人的数量提供请求书副本。

请求书应当记载以下内容：

（一）请求人的姓名或者名称、地址，法定代表人姓名、职务。委托代理的，代理人的姓名和代理机构的名称、地址；

（二）被请求人的姓名或者名称、地址；

（三）请求处理的事项、事实和理由。

请求书应当由请求人签名或盖章。

第七条 请求符合本办法第六条规定条件的，省级以上人民政府农业行政部门应当在收到请求书之日起7日内立案并书面通知请求人，同时指定3名以上单数承办人员处理该品种权侵权案件；请求不符合本办法第六条规定条件的，省级以上人民政府农业行政部门应当在收到请求书之日起7日内书面通知请求人不予受理，并说明理由。

第八条 省级以上人民政府农业行政部门应当在立案之日起7日内将请求书及其附件的副本通过邮寄、直接送交或者其他方式送被请求人，要求其在收到之日起15日内提交答辩书，并且按照请求人的数量提供答辩书副本。被请求人逾期不提交答辩书的，不影响省级以上人民政府农业行政部门进行处理。

被请求人提交答辩书的，省级以上人民政府农业行政部门应当在收到之日起7日内将答辩书副本通过邮寄、直接送交或者其他方式送请求人。

第九条 省级以上人民政府农业行政部门处理品种权侵权案件一般以书面审理为主。必要时，可以举行口头审理，并在口头审理7日前通知当事人口头审理的时间和地点。当事人无正当理由拒不参加的，或者未经允许中途退出的，对请求人按撤回请求处理，对被请求人按缺席处理。

省级以上人民政府农业行政部门举行口头审理的，应当记录参加人和审理情况，经核对无误后，由案件承办人员和参加人签名或盖章。

第十条 除当事人达成调解、和解协议，请求人撤回请求之外，省级以上人民政府农业行政部门对侵权案件应作出处理决定，并制作处理决定书，写明以下内容：

（一）请求人、被请求人的姓名或者名称、地址，法定代表人或者主要负责人的姓名、职务，代理人的姓名和代理机构的名称；

（二）当事人陈述的事实和理由；

（三）认定侵权行为是否成立的理由和依据；

（四）处理决定：认定侵权行为成立的，应当责令被请求人立即停止侵权行为，写明处罚内容；认定侵权行为不成立的，应当驳回请求人的请求；

（五）不服处理决定申请行政复议或者提起行政诉讼的途径和期限。

处理决定书应当由案件承办人员署名，并加盖省级以上人民政府农业行政部门的公章。

第十一条 省级以上人民政府农业行政部门认定侵权行为成立并作出处理决定的，可以采取下列措施，制止侵权行为：

（一）侵权人生产授权品种繁殖材料或者直接使用授权品种的繁殖材料生产另一品种繁殖材料的，责令其立即停止生产，并销毁生产中的植物材料；已获得繁殖材料的，责令其不得销售；

（二）侵权人销售授权品种繁殖材料或者销售直接使用授权品种繁殖材料生产另一品种繁殖材料的，责令其立即停止销售行为，并且不得销售尚未售出的侵权品种繁殖材料；

（三）没收违法所得；

（四）处以违法所得5倍以下的罚款；

（五）停止侵权行为的其他必要措施。

第十二条 当事人对省级以上人民政府农业行政部门作出的处理决定不服的，可以依法申请行政复议或者向人民法院提起行政诉讼。期满不申请行政复议或者不起诉又不停止侵权行为的，省级以上人民政府农业行政部门可以申请人民法院强制执行。

第十三条 省级以上人民政府农业行政部门认定侵权行为成立的，可以根据当事人自愿的原则，对侵权所造成的损害赔偿进行调解。必要时，可以邀请有关单位和个人协助调解。

调解达成协议的，省级以上人民政府农业行政部门应当制作调解协议书，写明如下内容：

（一）请求人、被请求人的姓名或者名称、地址，法定代表人的姓名、职务。委托代理人的，代理人的姓名和代理机构的名称、地址；

（二）案件的主要事实和各方应承担的责任；

（三）协议内容以及有关费用的分担。

调解协议书由各方当事人签名或盖章、案件承办人员签名并加盖省级以上人民政府农业行政部门的公章。调解书送达后，当事人应当履行协议。

调解未达成协议的，当事人可以依法向人民法院起诉。

第十四条 侵犯品种权的赔偿数额，按照权利人因被侵权所受到的损失或者侵权人因侵权所获得的利益确定。权利人的损失或者侵权人获得的利益难以确定的，按照品种权许可使用费的1倍以上5倍以下酌情确定。

第十五条 省级以上人民政府农业行政部门或者人民法院作出认定侵权行为成立的处理决定或者判决之后，被请求人就同一品种权再次作出相同类型的侵权行为，品种权人或者利害关系人请求处理的，省级以上人民政府农业行政部门可以直接作出责令立即停止侵权行为的处理决定并采取相应处罚措施。

第十六条 农业行政部门可以按照以下方式确定品种权案件行为人的违法所得：

（一）销售侵权或者假冒他人品种权的繁殖材料的，以该品种繁殖材料销售价格乘以销售数量作为其违法所得；

（二）订立侵权或者假冒他人品种权合同的，以收取的费用作为其违法所得。

第十七条 省级以上人民政府农业行政部门查处品种权侵权案件和县级以上人民政府农业行政部门查处假冒授权品种案件的程序，适用《农业行政处罚程序规定》。

第十八条 本办法由农业部负责解释。

第十九条 本办法自二〇〇三年二月一日起施行。

5. 检验检测机构资质认定管理办法

（2015年4月9日国家质量监督检验检疫总局令第163号公布 根据2021年4月2日《国家市场监督管理总局关于废止和修改部分规章的决定》修改）

第一章 总 则

第一条 为了规范检验检测机构资质认定工作，优化准入程序，根据《中华人民共和国计量法》及其实施细则、《中华人民共和国认证认可条例》等法律、行政法规的规定，制定本办法。

第二条　本办法所称检验检测机构，是指依法成立，依据相关标准或者技术规范，利用仪器设备、环境设施等技术条件和专业技能，对产品或者法律法规规定的特定对象进行检验检测的专业技术组织。

本办法所称资质认定，是指市场监督管理部门依照法律、行政法规规定，对向社会出具具有证明作用的数据、结果的检验检测机构的基本条件和技术能力是否符合法定要求实施的评价许可。

第三条　在中华人民共和国境内对检验检测机构实施资质认定，应当遵守本办法。

法律、行政法规对检验检测机构资质认定另有规定的，依照其规定。

第四条　国家市场监督管理总局（以下简称市场监管总局）主管全国检验检测机构资质认定工作，并负责检验检测机构资质认定的统一管理、组织实施、综合协调工作。

省级市场监督管理部门负责本行政区域内检验检测机构的资质认定工作。

第五条　法律、行政法规规定应当取得资质认定的事项清单，由市场监管总局制定并公布，并根据法律、行政法规的调整实行动态管理。

第六条　市场监管总局依据国家有关法律法规和标准、技术规范的规定，制定检验检测机构资质认定基本规范、评审准则以及资质认定证书和标志的式样，并予以公布。

第七条　检验检测机构资质认定工作应当遵循统一规范、客观公正、科学准确、公平公开、便利高效的原则。

第二章　资质认定条件和程序

第八条　国务院有关部门以及相关行业主管部门依法成立的检验检测机构，其资质认定由市场监管总局负责组织实施；其他检验检测机构的资质认定，由其所在行政区域的省级市场监督管理部门负责组织实施。

第九条　申请资质认定的检验检测机构应当符合以下条件：

（一）依法成立并能够承担相应法律责任的法人或者其他组织；

（二）具有与其从事检验检测活动相适应的检验检测技术人员和管理人员；

（三）具有固定的工作场所，工作环境满足检验检测要求；

（四）具备从事检验检测活动所必需的检验检测设备设施；

（五）具有并有效运行保证其检验检测活动独立、公正、科学、诚信的管理体系；

（六）符合有关法律法规或者标准、技术规范规定的特殊要求。

第十条　检验检测机构资质认定程序分为一般程序和告知承诺程序。除法律、行政法规或者国务院规定必须采用一般程序或者告知承诺程序的外，检验检测机构可以自主选择资质认定程序。

检验检测机构资质认定推行网上审批，有条件的市场监督管理部门可以颁发资质认定电子证书。

第十一条　检验检测机构资质认定一般程序：

（一）申请资质认定的检验检测机构（以下简称申请人），应当向市场监管总局或者省级市场监督管理部门（以下统称资质认定部门）提交书面申请和相关材料，并对其真实性负责；

（二）资质认定部门应当对申请人提交的申请和相关材料进行初审，自收到申请之日起 5 个工作日内作出受理或者不予受理的决定，并书面告知申请人；

（三）资质认定部门自受理申请之日起，应当在 30 个工作日内，依据检验检测机构资质认定基本规范、评审准则的要求，完成对申请人的技术评审。技术评审包括书面审查和现场评审（或者远程评审）。技术评审时间不计算在资质认定期限内，资质认定部门应当将技术评审时间告知申请人。由于申请人整改或者其它自身原因导致无法在规定时间内完成的情况除外；

（四）资质认定部门自收到技术评审结论之日起，应当在 10 个工作日内，作出是否准予许可的决定。准予许可的，自作出决定之日起 7 个工作日内，向申请人颁发资质认定证书。不予许可的，应当书面通知申请人，并说明理由。

第十二条　采用告知承诺程序实施资质认定的，按照市场监管总局有关规定执行。

资质认定部门作出许可决定前，申请人有合理理由的，可以撤回告知承诺申请。告知承诺申请撤回后，申请人再次提出申请的，应当按照一般程序办理。

第十三条　资质认定证书有效期为 6 年。

需要延续资质认定证书有效期的，应当在其有效期届满 3 个月前提出申请。

资质认定部门根据检验检测机构的申请事项、信用信息、分类监管等情况，采取书面审查、现场评审（或者远程评审）的方式进行技术评审，并作出是否准予延续的决定。

对上一许可周期内无违反市场监管法律、法规、规章行为的检验检测机构，资质认定部门可以采取书面审查方式，对于符合要求的，予以延续资质认定证书有效期。

第十四条 有下列情形之一的，检验检测机构应当向资质认定部门申请办理变更手续：

（一）机构名称、地址、法人性质发生变更的；

（二）法定代表人、最高管理者、技术负责人、检验检测报告授权签字人发生变更的；

（三）资质认定检验检测项目取消的；

（四）检验检测标准或者检验检测方法发生变更的；

（五）依法需要办理变更的其他事项。

检验检测机构申请增加资质认定检验检测项目或者发生变更的事项影响其符合资质认定条件和要求的，依照本办法第十条规定的程序实施。

第十五条 资质认定证书内容包括：发证机关、获证机构名称和地址、检验检测能力范围、有效期限、证书编号、资质认定标志。

检验检测机构资质认定标志，由 China Inspection Body and Laboratory Mandatory Approval 的英文缩写 CMA 形成的图案和资质认定证书编号组成。式样如下：

第十六条 外方投资者在中国境内依法成立的检验检测机构，申请资质认定时，除应当符合本办法第九条规定的资质认定条件外，还应当符合我国外商投资法律法规的有关规定。

第十七条 检验检测机构依法设立的从事检验检测活动的分支机构，应当依法取得资质认定后，方可从事相关检验检测活动。

资质认定部门可以根据具体情况简化技术评审程序、缩短技术评审时间。

第十八条 检验检测机构应当定期审查和完善管理体系，保证其基本条件和技术能力能够持续符合资质认定条件和要求，并确保质量管理措施有效实施。

检验检测机构不再符合资质认定条件和要求的，不得向社会出具具有证明作用的检验检测数据和结果。

第十九条 检验检测机构应当在资质认定证书规定的检验检测能力范围内，依据相关标准或者技术规范规定的程序和要求，出具检验检测数据、结果。

第二十条 检验检测机构不得转让、出租、出借资质认定证书或者标志；不得伪造、变造、冒用资质认定证书或者标志；不得使用已经过期或者被撤销、注销的资质认定证书或者标志。

第二十一条 检验检测机构向社会出具具有证明作用的检验检测数据、结果的，应当在其检验检测报告上标注资质认定标志。

第二十二条 资质认定部门应当在其官方网站上公布取得资质认定的检验检测机构信息，并注明资质认定证书状态。

第二十三条 因应对突发事件等需要，资质认定部门可以公布符合应急工作要求的检验检测机构名录及相关信息，允许相关检验检测机构临时承担应急工作。

第三章　技术评审管理

第二十四条 资质认定部门根据技术评审需要和专业要求，可以自行或者委托专业技术评价机构组织实施技术评审。

资质认定部门或者其委托的专业技术评价机构组织现场评审（或者远程评审）时，应当指派两名以上与技术评审内容相适应的评审人员组成评审组，并确定评审组组长。必要时，可以聘请相关技术专家参加技术评审。

第二十五条 评审组应当严格按照资质认定基本规范、评审准则开展技术评审活动，在规定时间内出具技术评审结论。

专业技术评价机构、评审组应当对其承担的技术评审活动和技术评审结论的真实性、符合性负责，并承担相应法律责任。

第二十六条 评审组在技术评审中发现有不符合要求的，应当书面通知申请人限期整改，整改期限不得超过30个工作日。逾期未完成整改或者整改后仍不符合要求的，相应评审项目应当判定为不合格。

评审组在技术评审中发现申请人存在违法行为的，应当及时向资质认定部门报告。

第二十七条 资质认定部门应当建立并完善评审人员专业技能培训、考核、使用和监督制度。

第二十八条 资质认定部门应当对技术评审活动进行监督，建立责任追究机制。

资质认定部门委托专业技术评价机构组织技术评审的，应当对专业技术评价机构及其组织的技术评审活动进行监督。

第二十九条 专业技术评价机构、评审人员在评审活动中有下列情形之一的，资质认定部门可以根据情节轻重，对其进行约谈、暂停直至取消委托其从事技术评审活动：

（一）未按照资质认定基本规范、评审准则规定的要求和时间实施技术评审的；

（二）对同一检验检测机构既从事咨询又从事技术评审的；

（三）与所评审的检验检测机构有利害关系或者其评审可能对公正性产生影响，未进行回避的；

（四）透露工作中所知悉的国家秘密、商业秘密或者技术秘密的；

（五）向所评审的检验检测机构谋取不正当利益的；

（六）出具虚假或者不实的技术评审结论的。

第四章 监督检查

第三十条 市场监管总局对省级市场监督管理部门实施的检验检测机构资质认定工作进行监督和指导。

第三十一条 检验检测机构有下列情形之一的，资质认定部门应当依法办理注销手续：

（一）资质认定证书有效期届满，未申请延续或者依法不予延续批准的；

（二）检验检测机构依法终止的；

（三）检验检测机构申请注销资质认定证书的；

（四）法律、法规规定应当注销的其他情形。

第三十二条 以欺骗、贿赂等不正当手段取得资质认定的，资质认定部门应当依法撤销资质认定。

被撤销资质认定的检验检测机构，三年内不得再次申请资质认定。

第三十三条 检验检测机构申请资质认定时提供虚假材料或者隐瞒有关情况的，资质认定部门应当不予受理或者不予许可。检验检测机构在一年内不得再次申请资质认定。

第三十四条　检验检测机构未依法取得资质认定，擅自向社会出具具有证明作用的数据、结果的，依照法律、法规的规定执行；法律、法规未作规定的，由县级以上市场监督管理部门责令限期改正，处 3 万元罚款。

第三十五条　检验检测机构有下列情形之一的，由县级以上市场监督管理部门责令限期改正；逾期未改正或者改正后仍不符合要求的，处 1 万元以下罚款。

（一）未按照本办法第十四条规定办理变更手续的；

（二）未按照本办法第二十一条规定标注资质认定标志的。

第三十六条　检验检测机构有下列情形之一的，法律、法规对撤销、吊销、取消检验检测资质或者证书等有行政处罚规定的，依照法律、法规的规定执行；法律、法规未作规定的，由县级以上市场监督管理部门责令限期改正，处 3 万元罚款：

（一）基本条件和技术能力不能持续符合资质认定条件和要求，擅自向社会出具具有证明作用的检验检测数据、结果的；

（二）超出资质认定证书规定的检验检测能力范围，擅自向社会出具具有证明作用的数据、结果的。

第三十七条　检验检测机构违反本办法规定，转让、出租、出借资质认定证书或者标志，伪造、变造、冒用资质认定证书或者标志，使用已经过期或者被撤销、注销的资质认定证书或者标志的，由县级以上市场监督管理部门责令改正，处 3 万元以下罚款。

第三十八条　对资质认定部门、专业技术评价机构以及相关评审人员的违法违规行为，任何单位和个人有权举报。相关部门应当依据各自职责及时处理，并为举报人保密。

第三十九条　从事资质认定的工作人员，在工作中滥用职权、玩忽职守、徇私舞弊的，依法予以处理；构成犯罪的，依法追究刑事责任。

第五章　附　　则

第四十条　本办法自 2015 年 8 月 1 日起施行。国家质量监督检验检疫总局于 2006 年 2 月 21 日发布的《实验室和检查机构资质认定管理办法》同时废止。

第二部分
林 业 部 分

部门规章及规范性文件

1. 中华人民共和国植物新品种保护条例实施细则（林业部门）

(1999 年 8 月 10 日国家林业局令第 3 号公布　根据 2011 年 11 月 25 日《国家林业局关于废止和修改部分部门规章的决定》修订)

第一章　总　　则

第一条　根据《中华人民共和国植物新品种保护条例》（以下简称《条例》），制定本细则。

第二条　本细则所称植物新品种，是指符合《条例》第二条规定的林木、竹、木质藤本、木本观赏植物（包括木本花卉）、果树（干果部分）及木本油料、饮料、调料、木本药材等植物品种。

植物品种保护名录由国家林业局确定和公布。

第三条　国家林业局依照《条例》和本细则规定受理、审查植物新品种权的申请并授予植物新品种权（以下简称品种权）。

国家林业局植物新品种保护办公室（以下简称植物新品种保护办公室），负责受理和审查本细则第二条规定的植物新品种的品种权申请，组织与植物新品种保护有关的测试、保藏等业务，按国家有关规定承办与植物新品种保护有关的国际事务等具体工作。

第二章　品种权的内容和归属

第四条　《条例》所称的繁殖材料，是指整株植物（包括苗木）、种子（包括根、茎、叶、花、果实等）以及构成植物体的任何部分（包括组织、细胞）。

第五条　《条例》第七条所称的职务育种是指：

（一）在本职工作中完成的育种；

（二）履行本单位分配的本职工作之外的任务所完成的育种；

（三）离开原单位后 3 年内完成的与其在原单位承担的本职工作或者分配的任务有关的育种；

（四）利用本单位的资金、仪器设备、试验场地、育种资源和其他繁殖材料及不对外公开的技术资料等所完成的育种。

除前款规定情形之外的，为非职务育种。

第六条　《条例》所称完成植物新品种育种的人、品种权申请人、品种权人，均包括单位或者个人。

第七条　两个以上申请人就同一个植物新品种在同一日分别提出品种权申请的，植物新品种保护办公室可以要求申请人自行协商确定申请权的归属；协商达不成一致意见的，植物新品种保护办公室可以要求申请人在规定的期限内提供证明自己是最先完成该植物新品种育种的证据；逾期不提供证据的，视为放弃申请。

第八条　中国的单位或者个人就其在国内培育的植物新品种向外国人转让申请权或者品种权的，应当报国家林业局批准。

转让申请权或者品种权的，当事人应当订立书面合同，向国家林业局登记，并由国家林业局予以公告。

转让申请权或者品种权的，自登记之日起生效。

第九条　依照《条例》第十一条规定，有下列情形之一的，国家林业局可以作出或者依当事人的请求作出实施植物新品种强制许可的决定：

（一）为满足国家利益或者公共利益等特殊需要；

（二）品种权人无正当理由自己不实施或者实施不完全，又不许可他人以合理条件实施的。

请求植物新品种强制许可的单位或者个人，应当向国家林业局提出强制许可请求书，说明理由并附具有关证明材料各一式两份。

第十条　按照《条例》第十一条第二款规定，请求国家林业局裁决植物新品种强制许可使用费数额的，当事人应当提交裁决请求书，并附具不能达成协议的有关材料。国家林业局自收到裁决请求书之日起 3 个月内作出裁决并通知有关当事人。

第三章　授予品种权的条件

第十一条　授予品种权的，应当符合《条例》第十三条、第十四条、第十五条、第十六条、第十七条、第十八条和本细则第二条的规定。

第十二条 依照《条例》第四十五条的规定，对《条例》施行前首批列入植物品种保护名录的和《条例》施行后新列入植物品种保护名录的属或者种的植物品种，自名录公布之日起一年内提出的品种权申请，经育种人许可，在中国境内销售该品种的繁殖材料不超过 4 年的，视为具有新颖性。

第十三条 除《条例》第十八条规定的以外，有下列情形之一的，不得用于植物新品种命名：

（一）违反国家法律、行政法规规定或者带有民族歧视性的；

（二）以国家名称命名的；

（三）以县级以上行政区划的地名或者公众知晓的外国地名命名的；

（四）同政府间国际组织或者其他国际知名组织的标识名称相同或者近似的；

（五）属于相同或者相近植物属或者种的已知名称的。

第四章 品种权的申请和受理

第十四条 中国的单位和个人申请品种权的，可以直接或者委托代理机构向国家林业局提出申请。

第十五条 中国的单位和个人申请品种权的植物品种，如涉及国家安全或者重大利益需要保密的，申请人应当在请求书中注明，植物新品种保护办公室应当按国家有关保密的规定办理，并通知申请人；植物新品种保护办公室认为需要保密而申请人未注明的，按保密申请办理，并通知有关当事人。

第十六条 外国人、外国企业或者其他外国组织向国家林业局提出品种权申请和办理其他品种权事务的，应当委托代理机构办理。

第十七条 申请人委托代理机构向国家林业局申请品种权或者办理其他有关事务的，应当提交委托书，写明委托权限。

申请人为两个以上而未委托代理机构代理的，应当书面确定一方为代表人。

第十八条 申请人申请品种权时，应当向植物新品种保护办公室提交国家林业局规定格式的请求书、说明书以及符合本细则第十九条规定的照片各一式两份。

第十九条 《条例》第二十一条所称的照片，应当符合以下要求：

（一）有利于说明申请品种权的植物品种的特异性；

（二）一种性状的对比应在同一张照片上；

（三）照片应为彩色；

（四）照片规格为 8.5 厘米×12.5 厘米或者 10 厘米×15 厘米。

照片应当附有简要文字说明；必要时，植物新品种保护办公室可以要求申请人提供黑白照片。

第二十条 品种权的申请文件有下列情形之一的，植物新品种保护办公室不予受理：

（一）内容不全或者不符合规定格式的；

（二）字迹不清或者有严重涂改的；

（三）未使用中文的。

第二十一条 植物新品种保护办公室可以要求申请人送交申请品种权的植物品种和对照品种的繁殖材料，用于审查和检测。

第二十二条 申请人应当自收到植物新品种保护办公室通知之日起 3 个月内送交繁殖材料。送交种子的，申请人应当送至植物新品种保护办公室指定的保藏机构；送交无性繁殖材料的，申请人应当送至植物新品种办公室指定的测试机构。

申请人逾期不送交繁殖材料的，视为放弃申请。

第二十三条 申请人送交的繁殖材料应当依照国家有关规定进行检疫；应检疫而未检疫或者检疫不合格的，保藏机构或者测试机构不予接收。

第二十四条 申请人送交的繁殖材料不能满足测试或者检测需要以及不符合要求的，植物新品种保护办公室可以要求申请人补交。

申请人三次补交繁殖材料仍不符合规定的，视为放弃申请。

第二十五条 申请人送交的繁殖材料应当符合下列要求：

（一）与品种权申请文件中所描述的该植物品种的繁殖材料相一致；

（二）最新收获或者采集的；

（三）无病虫害；

（四）未进行药物处理。

申请人送交的繁殖材料已经进行了药物处理，应当附有使用药物的名称、使用的方法和目的。

第二十六条 保藏机构或者测试机构收到申请人送交的繁殖材料的，应当向申请人出具收据。

保藏机构或者测试机构对申请人送交的繁殖材料经检测合格的，应当出具检验合格证明，并报告植物新品种保护办公室；经检测不合格的，应当报告植物新品种保护办公室，由其按照有关规定处理。

第二十七条　保藏机构或者测试机构对申请人送交的繁殖材料，在品种权申请的审查期间和品种权的有效期限内，应当保密和妥善保管。

第二十八条　在中国没有经常居所或者营业所的外国人、外国企业或者其他外国组织申请品种权或者要求优先权的，植物新品种保护办公室可以要求其提供下列文件：

（一）国籍证明；

（二）申请人是企业或者其他组织的，其营业所或者总部所在地的证明文件；

（三）外国人、外国企业、外国其他组织的所属国承认中国的单位和个人可以按照该国国民的同等条件，在该国享有植物新品种的申请权、优先权和其他与品种权有关的证明文件。

第二十九条　申请人向国家林业局提出品种权申请之后，又向外国申请品种权的，可以请求植物新品种保护办公室出具优先权证明文件；符合条件的，植物新品种保护办公室应当出具优先权证明文件。

第三十条　申请人撤回品种权申请的，应当向国家林业局提出撤回申请，写明植物品种名称、申请号和申请日。

第三十一条　中国的单位和个人将在国内培育的植物新品种向国外申请品种权的，应当向国家林业局登记。

第五章　品种权的审查批准

第三十二条　国家林业局对品种权申请进行初步审查时，可以要求申请人就有关问题在规定的期限内提出陈述意见或者予以修正。

第三十三条　一件品种权申请包括二个以上品种权申请的，在实质审查前，植物新品种保护办公室应当要求申请人在规定的期限内提出分案申请；申请人在规定的期限内对其申请未进行分案修正或者期满未答复的，该申请视为放弃。

第三十四条　依照本细则第三十三条规定提出的分案申请，可以保留原申请日；享有优先权的，可保留优先权日，但不得超出原申请的范围。

分案申请应当依照《条例》及本细则的有关规定办理各种手续。

分案申请的请求书中应当写明原申请的申请号和申请日。原申请享有优先权的,应当提交原申请的优先权文件副本。

第三十五条 经初步审查符合《条例》和本细则规定条件的品种权申请,由国家林业局予以公告。

自品种权申请公告之日起至授予品种权之日前,任何人均可以对不符合《条例》和本细则规定的品种权申请向国家林业局提出异议,并说明理由。

第三十六条 品种权申请文件的修改部分,除个别文字修改或者增删外,应当按照规定格式提交替换页。

第三十七条 经实质审查后,符合《条例》规定的品种权申请,由国家林业局作出授予品种权的决定,向品种权申请人颁发品种权证书,予以登记和公告。

品种权人应当自收到领取品种权证书通知之日起3个月内领取品种权证书,并按照国家有关规定缴纳第一年年费。逾期未领取品种权证书并未缴纳年费的,视为放弃品种权,有正当理由的除外。

品种权自作出授予品种权的决定之日起生效。

第三十八条 国家林业局植物新品种复审委员会(以下简称复审委员会)由植物育种专家、栽培专家、法律专家和有关行政管理人员组成。

复审委员会主任委员由国家林业局主要负责人指定。

植物新品种保护办公室根据复审委员会的决定办理复审的有关事宜。

第三十九条 依照《条例》第三十二条第二款的规定向复审委员会请求复审的,应当提交符合国家林业局规定格式的复审请求书,并附具有关的证明材料。复审请求书和证明材料应当各一式两份。

申请人请求复审时,可以修改被驳回的品种权申请文件,但修改仅限于驳回申请的决定所涉及的部分。

第四十条 复审请求不符合规定要求的,复审请求人可以在复审委员会指定的期限内补正;期满未补正或者补正后仍不符合规定要求的,该复审请求视为放弃。

第四十一条 复审请求人在复审委员会作出决定前,可以撤回其复审请求。

第六章 品种权的终止和无效

第四十二条 依照《条例》第三十六条规定,品种权在其保护期限届满前终止的，其终止日期为：

（一）品种权人以书面声明放弃品种权的，自声明之日起终止；

（二）品种权人未按照有关规定缴纳年费的，自补缴年费期限届满之日起终止；

（三）品种权人未按照要求提供检测所需的该授权品种的繁殖材料或者送交的繁殖材料不符合要求的，国家林业局予以登记，其品种权自登记之日起终止；

（四）经检测该授权品种不再符合被授予品种权时的特征和特性的，自国家林业局登记之日起终止。

第四十三条　依照《条例》第三十七条第一款的规定，任何单位或者个人请求宣告品种权无效的，应当向复审委员会提交国家林业局规定格式的品种权无效宣告请求书和有关材料各一式两份，并说明所依据的事实和理由。

第四十四条　已授予的品种权不符合《条例》第十四条、第十五条、第十六条和第十七条规定的，由复审委员会依据职权或者任何单位或者个人的书面请求宣告品种权无效。

宣告品种权无效，由国家林业局登记和公告，并由植物新品种保护办公室通知当事人。

第四十五条　品种权无效宣告请求书中未说明所依据的事实和理由，或者复审委员会就一项品种权无效宣告请求已审理并决定仍维持品种权的，请求人又以同一事实和理由请求无效宣告的，复审委员会不予受理。

第四十六条　复审委员会应当自收到无效宣告请求书之日起 15 日内将品种权无效宣告请求书副本和有关材料送达品种权人。品种权人应当在收到后 3 个月内提出陈述意见；逾期未提出的，不影响复审委员会审理。

第四十七条　复审委员会对授权品种作出更名决定的，由国家林业局登记和公告，并由植物新品种保护办公室通知品种权人，更换品种权证书。

授权品种更名后，不得再使用原授权品种名称。

第四十八条　复审委员会对无效宣告的请求作出决定前，无效宣告请求人可以撤回其请求。

第七章　文件的递交、送达和期限

第四十九条　《条例》和本细则规定的各种事项，应当以书面形式办理。

第五十条　按照《条例》和本细则规定提交的各种文件应当使用中文，并采用国家统一规定的科技术语。

外国人名、地名和没有统一中文译文的科技术语，应当注明原文。

依照《条例》和本细则规定提交的证明文件是外文的，应当附送中文译文；未附送的，视为未提交证明文件。

第五十一条　当事人提交的各种文件可以打印，也可以使用钢笔或者毛笔书写，但要整齐清晰，纸张只限单面使用。

第五十二条　依照《条例》和本细则规定，提交各种文件和有关材料的，当事人可以直接提交，也可以邮寄。邮寄时，以寄出的邮戳日为提交日。寄出的邮戳日不清晰的，除当事人能够提供证明外，以收到日为提交日。

依照《条例》和本细则规定，向当事人送达的各种文件和有关材料的，可以直接送交、邮寄或者以公告的方式送达。当事人委托代理机构的，送达代理机构；未委托代理机构的，送达当事人。

依本条第二款规定直接送达的，以交付日为送达日；邮寄送达的，自寄出之日起满 15 日，视为送达；公告送达的，自公告之日起满 2 个月，视为送达。

第五十三条　《条例》和本细则规定的各种期限，以年或者月计算的，以其最后一月的相应日为期限届满日；该月无相应日的，以该月最后一日为期限届满日；期限届满日是法定节假日的，以节假日后的第一个工作日为期限届满日。

第五十四条　当事人因不可抗力或者特殊情况耽误《条例》和本细则规定的期限，造成其权利丧失的，自障碍消除之日起 2 个月内，但是最多不得超过自期限届满之日起 2 年，可以向国家林业局说明理由并附具有关证明材料，请求恢复其权利。

第五十五条　《条例》和本细则所称申请日，有优先权的，指优先权日。

第八章　费用和公报

第五十六条　申请品种权的，应当按照规定缴纳申请费、审查费；需要测试的，应当缴纳测试费。授予品种权的，应当缴纳年费。

第五十七条　当事人缴纳本细则第五十六条规定费用的，可以向植物新品种保护办公室直接缴纳，也可以通过邮局或者银行汇付，但不得使用电汇。

通过邮局或者银行汇付的，应当注明申请号或者品种权证书号、申请人或者品种权人的姓名或者名称、费用名称以及授权品种名称。

通过邮局或者银行汇付时，以汇出日为缴费日。

第五十八条 依照《条例》第二十四条的规定，申请人可以在提交品种权申请的同时缴纳申请费，也可以在收到缴费通知之日起 1 个月内缴纳；期满未缴纳或者未缴足的，其申请视为撤回。

按照规定应当缴纳测试费的，自收到缴费通知之日起 1 个月内缴纳；期满未缴纳或者未缴足的，其申请视为放弃。

第五十九条 第一次年费应当于领取品种权证书时缴纳，以后的年费应当在前一年度期满前 1 个月内预缴。

第六十条 品种权人未按时缴纳第一年以后的年费或者缴纳数额不足的，植物新品种保护办公室应当通知品种权人自应当缴纳年费期满之日起 6 个月内补缴，同时缴纳金额为年费的 25% 的滞纳金。

第六十一条 自本细则施行之日起 3 年内，当事人缴纳本细则第五十六条规定的费用确有困难的，经申请并由国家林业局批准，可以减缴或者缓缴。

第六十二条 国家林业局定期出版植物新品种保护公报，公告品种权申请、授予、转让、继承、终止等有关事项。

植物新品种保护办公室设置品种权登记簿，登记品种权申请、授予、转让、继承、终止等有关事项。

第九章 附 则

第六十三条 县级以上林业主管部门查处《条例》规定的行政处罚案件时，适用林业行政处罚程序的规定。

第六十四条 《条例》所称的假冒授权品种，是指：

（一）使用伪造的品种权证书、品种权号的；

（二）使用已经被终止或者被宣告无效品种权的品种权证书、品种权号的；

（三）以非授权品种冒充授权品种的；

（四）以此种授权品种冒充他种授权品种的；

（五）其他足以使他人将非授权品种误认为授权品种的。

第六十五条 当事人因植物新品种的申请权或者品种权发生纠纷，已向人民法院提起诉讼并受理的，应当向国家林业局报告并附具人民法院已受理的证明材料。国家林业局按照有关规定作出中止或者终止的决定。

第六十六条 在初步审查、实质审查、复审和无效宣告程序中进行审查和复审的人员，有下列情形之一的，应当申请回避；当事人或者其他有利害关系人也可以要求其回避：

（一）是当事人或者其代理人近亲属的；

（二）与品种权申请或者品种权有直接利害关系的；

（三）与当事人或者其他代理人有其他可能影响公正审查和审理关系的。

审查人员的回避，由植物新品种保护办公室决定；复审委员会人员的回避，由国家林业局决定。在回避申请未被批准前，审查和复审人员不得终止履行职责。

第六十七条 任何人经植物新品种保护办公室同意，可以查阅或者复制已经公告的品种权申请的案卷和品种权登记簿。

依照《条例》和本细则的规定，已被驳回、撤回或者视为放弃品种权申请的材料和已被放弃、无效宣告或者终止品种权的材料，由植物新品种保护办公室予以销毁。

第六十八条 请求变更品种权申请人和品种权人的，应当向植物新品种保护办公室办理著录事项变更手续，并提出变更理由和证明材料。

第六十九条 本细则由国家林业局负责解释。

第七十条 本细则自发布之日起施行。

2. 植物检疫条例实施细则（林业部分）

（1994 年 7 月 26 日林业部令第 4 号公布 根据 2011 年 1 月 25 日《国家林业局关于废止和修改部分部门规章的决定》修订）

第一条 根据《植物检疫条例》的规定，制定本细则。

第二条 林业部主管全国森林植物检疫（以下简称森检）工作。县级以上地方林业主管部门主管本地区的森检工作。

县级以上地方林业主管部门应当建立健全森检机构，由其负责执行本地区的森检任务。

国有林业局所属的森检机构负责执行本单位的森检任务，但是，须经省级以上林业主管部门确认。

第三条 森检员应当由具有林业专业、森保专业助理工程师以上技术职称的人员或者中等专业学校毕业、连续从事森保工作两年以上的技术员担任。

森检员应当经过省级以上林业主管部门举办的森检培训班培训并取得成绩合格证书，由省、自治区、直辖市林业主管部门批准，发给《森林植物检疫员证》。

森检员执行森检任务时，必须穿着森检制服、佩带森检标志和出示《森林植物检疫员证》。

第四条 县级以上地方林业主管部门或者其所属的森检机构可以根据需要在林业工作站、国有林场、国有苗圃、贮木场、自然保护区、木材检查站及有关车站、机场、港口、仓库等单位，聘请兼职森检员协助森检机构开展工作。

兼职森检员应当经过县级以上地方林业主管部门举办的森检培训班培训并取得成绩合格证书，由县级以上地方林业主管部门批准，发给兼职森检员证。

兼职森检员不得签发《植物检疫证书》。

第五条 森检人员在执行森检任务时有权行使下列职权：

（一）进入车站、机场、港口、仓库和森林植物及其产品的生产、经营、存放等场所，依照规定实施现场检疫或者复检，查验植物检疫证书和进行疫情监测调查；

（二）依法监督有关单位或者个人进行消毒处理、除害处理、隔离试种和采取封锁、消灭等措施；

（三）依法查阅、摘录或者复制与森检工作有关的资料，收集证据。

第六条 应施检疫的森林植物及其产品包括：

（一）林木种子、苗木和其他繁殖材料；

（二）乔木、灌木、竹类、花卉和其他森林植物；

（三）木材、竹材、药材、果品、盆景和其他林产品。

第七条 确定森检对象及补充森检对象，按照《森林植物检疫对象确定管理办法》的规定办理，补充森检对象名单应当报林业部备案，同时通报有关省、自治区、直辖市林业主管部门。

第八条 疫区、保护区应当按照有关规定划定、改变或者撤销，并采取严格的封锁、消灭等措施，防止森检对象传出或者传入。

在发生疫情的地区，森检机构可以派人参加当地的道路联合检查站或者木材检查站；发生特大疫情时，经省、自治区、直辖市人民政府批准可以设立森检检查站，开展森检工作。

第九条 地方各级森检机构应当每隔三至五年进行一次森检对象普查。

省级林业主管部门所属的森检机构编制森检对象分布至县的资料，报林业部备查；县级林业主管部门所属的森检机构编制森检对象分布至乡的资料，报上一级森检机构备查。

危险性森林病、虫疫情数据由林业部指定的单位编制印发。

第十条 属于森检对象，国外新传入或者国内突发危险性森林病、虫的特大疫情由林业部发布；其他疫情由林业部授权的单位公布。

第十一条 森检机构对新发现的森检对象和其它危险性森林病、虫，应当及时查清情况，立即报告当地人民政府和所在省、自治区、直辖市林业主管部门，采取措施，彻底消灭，并由省、自治区、直辖市林业主管部门向林业部报告。

第十二条 生产、经营应实施检疫的森林植物及其产品的单位和个人，应当在生产和经营之前向当地森检机构申请产地检疫。对检疫合格的，由森检机构发给《产地检疫合格证》；对检疫不合格的，由森检机构发给《检疫处理通知单》。

产地检疫的技术要求按照《国内森林植物检疫技术规程》的规定执行。

第十三条 林木种子、苗木和其他繁殖材料的繁育单位，必须有计划地建立无森检对象的种苗繁育基地、母树林基地。

禁止使用带有危险性森林病、虫的林木种子、苗木和其他繁殖材料育苗或者造林。

第十四条 应施检疫的森林植物及其产品运出发生疫情的县级行政区域之前以及调运林木种子、苗木和其他繁殖材料必须经过检疫，取得《植物检疫证书》。

《植物检疫证书》由省、自治区、直辖市森检机构按规定格式统一印制。

《植物检疫证书》按一车（即同一运输工具）一证核发。

第十五条 省际间调运应施检疫的森林植物及其产品，调入单位必须事先征得所在地的省、自治区、直辖市森检机构同意并向调出单位提出检疫要求；

调出单位必须根据该检疫要求向所在地的省、自治区、直辖市森检机构或其委托的单位申请检疫。对调入的应施检疫的森林植物及其产品，调入单位所在地的省、自治区、直辖市的森检机构应当查验检疫证书，必要时可以复检。

检疫要求应当根据森检对象，补充森检对象的分布资料和危险性森林病、虫疫情数据提出。

第十六条　出口的应施检疫的森林植物及其产品，在省际间调运时应当按照本细则的规定实施检疫。

从国外进口的应施检疫的森林植物及其产品再次调运出省、自治区、直辖市时，存放时间在一个月以内的，可以凭原检疫单证发给《植物检疫证书》，不收检疫费，只收证书工本费；存放时间虽未超过一个月但存放地疫情比较严重、可能染疫的，应当按照本细则的规定实施检疫。

第十七条　调运检疫时，森检机构应当按照《国内森林植物检疫技术规程》的规定受理报检和实施检疫，根据当地疫情普查资料、产地检疫合格证和现场检疫检验、室内检疫检验结果，确认是否带有森检对象，补充森检对象或者检疫要求中提出的危险性森林病、虫。对检疫合格的，发给《植物检疫证书》；对发现森检验对象、补充森检对象或者危险性森林病、虫的，发给《检疫处理通知单》，责令托运人在指定地点进行除害处理，合格后发给《植物检疫证书》对无法进行彻底除害处理的，应当停止调运，责令改变用途，控制使用或者就地销毁。

第十八条　森检机构应当自受理检疫申请之日起二十日内实施检疫并核发检疫单证。二十日内不能作出决定的，经森检机构所属的林业主管部门负责人批准，可以延长十日，并告知申请人。

第十九条　调运检疫时，森检机构对可能被森检对象，补充森检对象或者检疫要求中的危险性森林病、虫污染的包装材料、运载工具、场地、仓库等也应实施检疫。如已被污染，托运人应按森检机构的要求进行除害处理。

因实施检疫发生的车船停留、货物搬运、开拆、取样、储存、消毒处理等费用，由托运人承担。复检时发现森检对象，补充森检对象或者检疫要求中的危险性森林病、虫的，除害处理费用由收货人承担。

第二十条　调运应施检疫的森林植物及其产品时，《植物检疫证书》（正本）应当交给交通运输部门或者邮政部门随货运寄，由收货人保存备查。

第二十一条　未取得《植物检疫证书》调运应施检疫的森林植物及其产品

的，森检机构应当进行补检，在调运途中被发现的，向托运人收取补检费；在调入地被发现的，向收货人收取补检费。

第二十二条　对省际间发生的森检技术纠纷，由有关省、自治区、直辖市森检机构协商解决；协商解决不了的，报林业部指定的单位或者专家认定。

第二十三条　从国外引进林木种子、苗木和其他繁殖材料，引进单位或者个人应当向所在地的省、自治区、直辖市森检机构提出申请，填写《引进林木种子、苗木和其他繁殖材料检疫审批单》，办理引进检疫审批手续；国务院有关部门所属的在京单位从国外引进林木种子、苗木和其他繁殖材料时，应当向林业部森检管理机构或者其指定的森检单位申请办理检疫审批手续。引进后需要分散到省、自治区、直辖市种植的，应当在申请办理引种检疫审批手续前征得分散种植地所在省、自治区、直辖市林检机构的同意。

引进单位或者个人应当在有关的合同或者协议中订明审批的检疫要求。

森检机构应当自受理引进申请后二十日内作出决定。

第二十四条　从国外引进的林木种子、苗木和其他繁殖材料，有关单位或者个人应当按照审批机关确认的地点和措施进行种植。对可能潜伏有危险性森林病、虫的，一年生植物必须隔离试种一个生长周期，多年生植物至少隔离试种二年以上。经省、自治区、直辖市森检机构检疫，证明确实不带危险性森林病、虫的，方可分散种植。

第二十五条　对森检对象的研究，不得在该森检对象的非疫情发生区进行。因教学、科研需要在非疫情发生区进行时，属于林业部规定的森检对象须经林业部批准，属于省、自治区、直辖市规定的森检对象须经省、自治区、直辖市林业主管部门批准，并应采取严密措施防止扩散。

第二十六条　森检机构收取的检疫费只能用于宣传教育、业务培训、检疫工作补助、临时工工资，购置和维修检疫实验用品、通讯和仪器设备等森检事业，不得挪作他用。

第二十七条　按照《植物检疫条例》第十六条的规定，进行疫情调查和采取消灭措施所需的紧急防治费和补助费，由省、自治区、直辖市在每年的农村造林和林木保护补助费中安排。

第二十八条　各级林业主管部门应当根据森检工作的需要，建设检疫检验室、除害处理设施、检疫隔离试种苗圃等设施。

第二十九条　有下列成绩之一的单位和个人，由人民政府或者林业主管部门给予奖励：

（一）与违反森检法规行为作斗争事迹突出的；

（二）在封锁、消灭森检对象工作中有显著成绩的；

（三）在森检技术研究和推广工作中获得重大成果或者显著效益的；

（四）防止危险性森林病、虫传播蔓延作出重要贡献的。

第三十条　有下列行为之一的，森检机构应当责令纠正，可以处以 50 元至 2000 元罚款；造成损失的，应当责令赔偿；构成犯罪的，由司法机关依法追究刑事责任：

（一）未依照规定办理《植物检疫证书》或者在报检过程中弄虚作假的；

（二）伪造、涂改、买卖、转让植物检疫单证、印章、标志、封识的；

（三）未依照规定调运、隔离试种或者生产应施检疫的森林植物及其产品的；

（四）违反规定，擅自开拆森林植物及其产品的包装，调换森林植物及其产品，或者擅自改变森林植物及其产品的规定用途的；

（五）违反规定，引起疫情扩散的。

有前款第（一）、（二）、（三）、（四）项所列情形之一，尚不构成犯罪的，森检机构可以没收非法所得。

对违反规定调运的森林植物及其产品，森检机构有权予以封存、没收、销毁或者责令改变用途。销毁所需费用由责任人承担。

第三十一条　森检人员在工作中徇私舞弊、玩忽职守造成重大损失的，由其所在单位或者上级主管机关给予行政处分；构成犯罪的，由司法机关依法追究刑事责任。

第三十二条　当事人对森检机构的行政处罚决定不服的，可以自接到处罚通知书之日起十五日内，向作出行政处罚决定的森检机构的上级机构申请复议；对复议决定不服的，可以自接到复议决定书之日起十五日内向人民法院提起诉讼。当事人逾期不申请复议或者不起诉又不履行行政处罚决定的，森检机构可以申请人民法院强制执行或者依法强制执行。

第三十三条　本细则中规定的《植物检疫证书》、《产地检疫合格证》、《检疫处理通知单》、《森林植物检疫员证》和《引进林木种子、苗木和其他繁殖材料检疫审批单》等检疫单证的格式，由林业部制定。

第三十四条　本细则由林业部负责解释。

第三十五条 本细则自发布之日起施行。1984 年 9 月 17 日林业部发布的《〈植物检疫条例〉实施细则（林业部分）》同时废止。

3. 主要林木品种审定办法

（国家林业局令第 44 号公布 自 2017 年 12 月 1 日起施行）

第一章 总 则

第一条 为规范主要林木品种审定工作，公正、公开、科学、效率地审定林木品种，根据《中华人民共和国种子法》（以下简称《种子法》）的规定，制定本办法。

第二条 国家对主要林木实行品种审定制度。主要林木品种在推广前应当通过国家级或者省级审定。

从事主要林木品种审定活动，适用本办法。

第三条 本办法所称主要林木品种，是指按照《种子法》第九十二条规定确定的主要林木品种，包括品种、家系、无性系以及种子园、母树林和优良种源区的种子等。

第二章 林木品种审定委员会

第四条 国家林业局设立国家级林木品种审定委员会，承担在全国适宜生态区域推广的林木品种审定工作；省、自治区、直辖市人民政府林业主管部门设立省级林木品种审定委员会，承担在本行政区内适宜生态区域推广的林木品种审定工作。

林木品种审定委员会由科研、教学、生产、推广、管理和使用等方面的专业人员组成，每届任期 5 年。

第五条 林木品种审定委员会设立主任委员会，负责林木品种审定的组织和结论公布工作。主任委员会设主任委员 1 名，副主任委员 8—10 名。

第六条 林木品种审定委员会按照林木用途分别设立专业委员会，承担林木品种审定的初审工作。各专业委员会设主任委员 1 名，副主任委员 1—2 名。委员应当具有高级专业技术职称。

第七条　林木品种审定委员会设立秘书处，由同级人民政府林业主管部门林木种苗管理机构承担，负责林木品种审定委员会的日常工作。秘书处设秘书长 1 名，副秘书长 1—2 名。

第八条　林木品种审定委员会委员可以连任。委员不履行职责或者不宜继续履职者，由委员本人或者秘书处提出申请，主任委员会主任委员批准后，予以更换。

第三章　申请和受理

第九条　由国家林业局确定的主要林木，其品种可以申请国家级或者省级审定；但仅在一个省、自治区、直辖市完成区域试验的，应当申请省级审定。

由省、自治区、直辖市人民政府林业主管部门确定的主要林木，其品种应当申请省级审定。

同一林木品种不能同时申报国家级和省级审定。

第十条　提出林木品种审定申请的，申请人应当向林木品种审定委员会提交下列材料：

（一）主要林木品种审定申请表。

（二）林木品种选育报告，内容应当包括：品种的亲本来源及特性、选育过程、区域试验规模与结果、主要技术指标、经济指标、品种特性、繁殖栽培技术要点、主要缺陷、主要用途、抗性、适宜种植范围等，同时提出拟定的品种名称；以品质、特殊使用价值等作为主要申报理由的，应当对品质、特殊使用价值作出详细说明并提供相关检测数据。

（三）品种及无性系应当对特异性、一致性、稳定性进行详细描述。

（四）区域试验证明表。跨省、自治区、直辖市完成区域试验的品种，应当提供至少 3 个在生态上具有显著差异的区域试验点数据；在一个省、自治区、直辖市完成区域试验的品种，应当提供本省、自治区、直辖市内至少 3 个区域试验点数据。

（五）林木品种特征（叶、茎、根、花、果实、种子、整株植物、试验林分）的图像资料或者图谱。

（六）申请材料真实性承诺书。

申请审定的林木品种属转基因品种的，还应当提供转基因林木安全证书。

申请审定的林木品种已通过省级审定又申请国家级或者其他省、自治区、直辖市省级审定的，还应当提供林木良种证书复印件。

申请人与原选育人不一致的，还应当提供原选育人的委托书。

代理机构代理申请林木品种审定的，还应当附具代理机构与委托人签订的委托书。

第十一条 申请审定的林木品种已经获得植物新品种权的，可以不提交本办法第十条第一款规定的第三项材料，但应当提交品种权证书材料。

第十二条 在中国境内没有经常居所或者营业场所的境外机构、个人在境内申请林木品种审定的，应当委托具有法人资格的境内种子企业代理，并签订委托书。

第十三条 林木品种审定委员会收到申请材料后，应当对申请人提交的申请材料进行形式审查，并根据下列情况作出处理：

（一）申请材料存在可以当场更正的错误的，应当允许申请人当场更正。

（二）申请材料不齐全或者不符合法定形式的，应当当场或者在5个工作日内一次告知申请人需要补正的全部内容，逾期不告知的，自收到申请材料之日起即为受理。

（三）申请材料齐全且符合法定形式，或者申请人按照要求提交全部补正材料的，应当受理。

第十四条 县级以上人民政府林业主管部门对选育人不清，但在生产上有较高使用价值、性状优良的林木品种，可以直接向林木品种审定委员会提出审定申请；对选育人不申请审定的林木品种，可以根据与选育人签订的协议，直接向林木品种审定委员会提出审定申请。

第十五条 已通过审定的林木良种，适宜种植范围发生变化的，应当按照变化后相应的适宜种植范围和本办法第九条的规定，重新申请国家级或者省级审定。

第十六条 隐瞒有关情况或者提供虚假材料申请审定的，申请人在一年内不得再次申请。

第四章　审定和公告

第十七条 林木品种审定执行国家、行业和地方有关标准；暂无标准的，应当执行省级以上人民政府林业主管部门制定的相关技术规定。

第十八条 受理林木品种审定申请后，由专业委员会进行初审。

参加初审的专业委员会委员应当为单数，其中国家级林木品种审定委员会参加审定的专业委员会委员应当不少于 7 人，省级林木品种审定委员会参加审定的专业委员会委员应当不少于 5 人。

根据年度审定工作需要，专业委员会可以聘请临时委员。临时委员比例不得超过专业委员会委员总数的 30%。

初审结果采用记名投票方式表决，三分之二以上的委员赞成的，即为通过。

第十九条 专业委员会应当按照是否符合以下条件进行初审：

（一）经区域试验证实，在一定区域内生产上有较高使用价值、性状优良的林木品种。

（二）优良种源区的优良林分或者良种基地生产的种子。

（三）有特殊使用价值的种源、家系、无性系、品种。

（四）引种驯化成功的树种及其优良种源、家系、无性系、品种。

第二十条 初审通过审定的林木品种，专业委员会应当提出该林木品种的特性、栽培技术要点、主要用途和适宜种植范围。

初审未通过审定的林木品种，确实为林业生产所需，专业委员会可以提出认定建议，同时还应当提出该林木品种有效期限。

同一品种只能认定一次。

第二十一条 经专业委员会初审通过的林木品种，应当由秘书处在同级人民政府林业主管部门网站进行公示，公示期限不少于 30 日。

公示的主要内容包括：名称、树种、学名、类别、品种特性、适宜种植范围、栽培技术要点、主要用途、申请人、选育人等。

第二十二条 公示期满后，秘书处应当将初审结论和公示结果报主任委员会。主任委员会审核同意的，通过审（认）定。

第二十三条 林木品种审定委员会可以委托有资质机构开展品质或者特殊价值检测、品种和无性系的 DNA 指纹检测。

林木品种审定委员会可以根据审定工作需要考察林木品种选育现场，对品种和无性系开展特异性、一致性、稳定性的现场查定，或者要求申请人介绍具体选育过程、区域试验测试、品质鉴定等有关情况。

第二十四条 林木品种审定委员会应当对审（认）定通过的林木良种统一命名、编号，颁发林木良种证书，并由同级人民政府林业主管部门公告。

公告的主要内容包括：名称、树种、学名、类别、林木良种编号、品种特性、适宜种植范围、栽培技术要点、主要用途、申请人、选育人等；认定通过的林木良种还应当公告林木良种有效期限。

同一林木品种因改变适宜种植范围再次通过审定的，林木品种审定委员会应当在颁发新的林木良种证书前收回原林木良种证书；新的林木良种证书由原林木品种审定委员会颁发的，林木良种编号不变。

第二十五条 通过国家级审定的林木良种，可以在全国适宜的生态区域推广；通过省级审定的林木良种可以在本行政区域内适宜的生态区域推广。

第二十六条 省级林木品种审定委员会审（认）定通过的林木良种，应当在公告后 30 日内报国家级林木品种审定委员会备案。

第二十七条 林木品种审定委员会对审（认）定未通过的林木品种，应当书面通知申请人；申请人有异议的，可以自接到通知之日起 90 日内向原林木品种审定委员会或者国家级林木品种审定委员会申请复审。

第二十八条 林木品种审定委员会对于申请复审的，应当自接到复审申请一年内，按照本办法关于审（认）定的规定进行复审。

复审仍未通过审（认）定的，林木品种审定委员会不再进行第二次复审。

第二十九条 认定通过的林木品种在林木良种有效期限届满后，林木良种资格自动失效，不得再作为林木良种进行推广、销售，但可以重新申请审定。

第三十条 林木品种审定实行回避制度。

申请人或者相关利害关系人认为参加审定的委员可能影响审定结果公正的，可以向林木品种审定委员会提出回避申请；参加审定的委员认为有利害关系的，应当自行提出回避申请。

第三十一条 林木品种审定委员会委员为申请人的，应当对本年度的林木品种审定自行回避；未回避的，其申请审定品种的审（认）定通过结果无效。

对专业委员会委员的回避申请由专业委员会主任委员决定；对专业委员会主任委员的回避申请由主任委员会主任委员决定。

对主任委员会委员的回避申请由主任委员会主任委员决定；对主任委员会主任委员的回避申请由主任委员会会议决定。

第三十二条 林木品种审定委员会应当建立包括申请表、区域试验证明表、品种选育报告、林木品种特征图谱、品质鉴定报告、种子样品、审定意见和公告等内容的审定档案，保证可追溯。

第五章　林木良种的编号和名称

第三十三条　林木良种的编号由林木品种审定委员会简称、审定或者认定标志、林木良种类别代码、树种代号、林木良种顺序编号和审（认）定年份等6部分组成：

（一）林木品种审定委员会简称：国家级林木品种审定委员会简称为"国"；省级林木品种审定委员会简称为各省、自治区、直辖市的简称。

（二）审定或者认定标志：S代表审定通过，R代表认定通过。

（三）林木良种类别代码用英文缩写表示，分别为：引种驯化品种ETS；优良种源SP；优良家系SF；优良无性系SC；优良品种SV；母树林SS；实生种子园SSO；无性系种子园CSO。

种子园代码后用加括号的阿拉伯数字表示育种代数，如（1）为一代种子园，（1.5）为一代改良种子园，依次类推。

（四）树种代号：由树种属名、种名（拉丁名）的第一个字母组成，与其他树种有重复的，加种名的第二个及以后的字母至相区别为止。

（五）林木良种顺序编号：由3位阿拉伯数字组成。

（六）审（认）定年份：由4位阿拉伯数字组成。

第三十四条　认定通过的林木良种有效期限表示为X年（XXXX年XX月XX日—XXXX年XX月XX日）。

第三十五条　林木良种名称中不得含有速生、优质、高产等字样或者其他暗示林木品种速生、优质、高产、抗逆性强等描述或者其他夸大性词语。

林木良种名称应当和获得的植物新品种权的植物新品种名称一致。

第六章　引种备案

第三十六条　建立同一适宜生态区省际间良种试验数据共享互认机制，开展引种备案。

第三十七条　通过省级审定的林木良种，引种至其他省、自治区、直辖市属于同一适宜生态区的，引种者应当将引种的林木良种和区域报所在省、自治区、直辖市人民政府林业主管部门备案。

引种者应当对引进品种的适应性负责。

第三十八条　引种者应当向引种所在地省、自治区、直辖市人民政府林业主管部门提交以下引种备案材料：

（一）引种备案表，包括林木良种名称、良种编号、树种、类别、引种者名称、联系方式、审定品种适宜种植区域（包括地理、气候、环境等）、拟引种区域（包括地理、气候、环境等）等信息。

（二）引种林木良种的审定公告及林木良种证书复印件。

（三）拟引种地区能够证明品种适应性的试验报告。

（四）引种备案材料的真实性承诺书。

引种的林木品种具有植物新品种权的，还应当提交品种权人同意的书面材料。

第三十九条 省、自治区、直辖市人民政府林业主管部门应当自收到引种备案材料之日起30日内发布引种备案公告，公告号格式为：（X）引种〔X〕第 X 号，其中，第一个"X"为省、自治区、直辖市简称，第二个"X"为年号，第三个"X"为序号。

第四十条 通过省级审定的林木良种的同一适宜生态区，由引种所在地省级林木品种审定委员会确定。

第七章　撤销审定

第四十一条 审（认）定的林木良种，有下列情形之一的，可以撤销审定：

（一）在使用过程中出现不可克服的严重缺陷的。

（二）以欺骗、伪造试验数据等不正当方式通过审定的。

以欺骗、贿赂等不正当手段通过审定的，申请人在3年内不得再次申请。

第四十二条 属于第四十一条规定情形的，有关利害关系人或者县级以上人民政府林业主管部门可以向原林木品种审定委员会提出撤销林木良种资格申请。

拟撤销审（认）定的林木良种，由秘书处征求有关当事人意见后提出建议，经专业委员会初审后，在同级人民政府林业主管部门网站进行公示，公示期限不少于30日。

公示期满后，秘书处应当将初审意见、公示结果，提交主任委员会审核。审核同意撤销审定的，由同级人民政府林业主管部门发布撤销审（认）定公告。

林木品种审定委员会作出不予撤销林木良种资格决定的，应当书面告知申请人并说明理由。

第四十三条　公告撤销审（认）定的林木良种，自公告发布之日起 30 日后不得作为林木良种推广、销售。

省级林木品种审定委员会应当自撤销公告发布之日起 30 日内报国家级林木品种审定委员会备案。

第八章　附　　则

第四十四条　林木品种审定所需工作经费，应当纳入同级财政预算，不得向申请人收取。

第四十五条　主要林木品种审定申请表、引种备案表的格式由国家林业局制定。

第四十六条　本办法自 2017 年 12 月 1 日起施行。

4. 林木种子质量管理办法

（国家林业局令第 21 号公布　自 2007 年 1 月 1 日起施行）

第一条　为了加强林木种子质量管理，根据《中华人民共和国种子法》（以下简称《种子法》）第四十三条的规定，制定本办法。

第二条　从事林木种子的生产、加工、包装、检验、贮藏等质量管理活动，应当遵守本办法。

第三条　本办法所称林木种子，是指乔木、灌木、木质藤本等木本植物和用于林业生产、国土绿化的草本植物的种植材料（苗木）或者繁殖材料，包括籽粒、果实和根、茎、苗、芽、叶等。

第四条　县级以上人民政府林业主管部门及其委托的林木种苗管理机构依法负责林木种子质量的管理工作。

第五条　任何单位和个人有权就林木种子质量问题，向林业主管部门举报，接受举报的部门应当依法负责处理。

第六条　禁止在林木种子不成熟季节、不成熟林分抢采掠青以及损坏母树的树皮、树干、枝条和幼果等，禁止在劣质林内、劣质母树上采集林木种子。

第七条 采集林木种子应当在采种期内进行。

采种期由当地县级人民政府林业主管部门根据林木种子成熟情况及有关规定确定，并在采种期起始日一个月前，利用报刊、电视、广播、因特网等形式对外公布。

第八条 林木种子生产者应当按照国家有关标准对采集的林木种子及时进行脱粒、干燥、净种、分级等加工处理。

第九条 生产主要林木商品种子的，应当按照国家有关标准进行质量检验。

质量低于国家规定的种用标准的林木种子，不得用于销售。

第十条 生产、销售籽粒、果实等有性繁殖材料的林木种子，应当按照国家有关标准进行包装；种植材料（苗木）、无性繁殖材料和其他不能包装的林木种子，可以不经过包装。

第十一条 已经包装的林木种子需要进行分装的，应当注明分装单位和分装日期。

第十二条 销售的林木种子应当附有林木种子标签。

林木种子标签分绿色、白色两种。林木良种种子使用绿色标签、注明品种审定或者认定编号，普通林木种子使用白色标签。

第十三条 林木种子标签的格式由省、自治区、直辖市人民政府林业主管部门统一规定，由生产者和经营者依照规定的格式印制使用。

第十四条 属于繁殖材料的林木种子的生产、经营和使用者应当按照国家有关标准在林木种子库中贮藏林木种子。

第十五条 林木种子库应当具备与所贮藏的林木种子相适应的干燥、净种、检验设备及温度、湿度测量和调节仪器设备。

第十六条 林木种子入库贮藏前和出库时，种子库的管理者应当进行质量检验，将林木种子的净度、含水量和发芽率等质量指标记载于林木种子质量检验证书中。

林木种子质量检验证书的式样，由省、自治区、直辖市人民政府林业主管部门根据国家有关标准制定。

第十七条 在贮藏期间，种子库的管理者应当定期检查检验，及时记载温度、湿度、霉变和病虫害情况，发现问题应当及时采取措施，确保贮藏期间林木种子的质量。

第十八条　县级以上人民政府林业主管部门应当加强林木种子质量监督和管理，根据林木种子的生产、经营情况，制定并组织实施林木种子质量抽查方案。

第十九条　林木种子质量抽查的对象和重点是：

（一）主要林木种子生产者、经营者贮藏的用于销售的林木种子；

（二）国家投资或者以国家投资为主的造林项目和国有林业单位使用的林木种子。

第二十条　林木种子质量抽查任务可以由县级以上人民政府林业主管部门委托林木种子质量检验机构执行。

承担质量抽查工作的林木种子质量检验机构应当符合《种子法》的有关规定，具备相应的检测条件和能力，并经省级以上人民政府林业主管部门考核合格。

第二十一条　执行林木种子质量抽查任务时，应当由县级以上人民政府林业主管部门向林木种子质量检验机构下达《林木种子质量抽查通知书》。

林木种子质量检验机构应当持《林木种子质量抽查通知书》，按照国家有关标准抽取样品并进行检验。

第二十二条　林木种子质量检验机构完成质量抽查任务后，应当在规定时间内将抽查结果报送下达任务的林业主管部门。

质量抽查结果主要包括以下内容：

（一）抽查总结；

（二）抽查结果汇总表；

（三）林木种子质量总体状况评价；

（四）有关单位提出异议、复验等问题的处理情况说明；

（五）其他需要说明的情况。

第二十三条　县级以上人民政府林业主管部门应当根据质量抽查结果，及时公布林木种子质量抽查通报。

第二十四条　林木种子质量抽查结果不合格的，由县级以上人民政府林业主管部门依据《种子法》有关规定对其生产者、经营者予以处罚。

第二十五条　违反本办法规定，生产、加工、包装、检验和贮藏林木种子的，由县级以上人民政府林业主管部门依照《种子法》的规定处理；《种子法》未规定的，县级以上人民政府林业主管部门可以根据情节给予警告、限期整改，有违法所得的，可以并处违法所得一倍以上三倍以下且不超过三万元的罚款；没有违法所得的，属于非经营活动的，可以并处一千元以下罚款，属于经营活动的，可以并处一万元以下罚款。

第二十六条　本办法自2007年1月1日起施行。

5. 林木种质资源管理办法

（国家林业局令第22号公布　自2007年11月1日起施行）

第一条　为了加强林木种质资源保护和管理，根据《中华人民共和国种子法》的规定，制定本办法。

第二条　从事林木种质资源收集、整理、鉴定、登记、保存、交流、利用和管理等活动，适用本办法。

第三条　依照《中华人民共和国种子法》的规定，林木种质资源是指林木遗传多样性资源和选育新品种的基础材料，包括森林植物的栽培种、野生种的繁殖材料以及利用上述繁殖材料人工创造的遗传材料。

林木种质资源的形态，包括植株、苗、果实、籽粒、根、茎、叶、芽、花、花粉、组织、细胞和DNA、DNA片段及基因等。

第四条　国家林业局负责全国林木种质资源的保护和管理工作，具体工作由其所属的林木种苗管理机构负责。

省、自治区、直辖市人民政府林业主管部门负责本行政区域内林木种质资源的保护和管理工作，具体工作由其所属的林木种苗管理机构负责。

第五条　国家扶持林木种质资源保护工作。县级以上人民政府林业主管部门应当采取有效措施，加强林木种质资源保护管理工作。

第六条　县级以上人民政府林业主管部门应当积极组织开展林木种质资源科学研究，培训林木种质资源专门技术人员，提高林木种质资源保护管理工作水平。

第七条　国家林业局和省、自治区、直辖市人民政府林业主管部门应当组织林木种质资源普查，建立健全林木种质资源档案。

林木种质资源普查结果等数据资料，应当作为制定林木种质资源保护发展方案、制定和调整可供利用的林木种质资源目录的依据。

第八条　全国林木种质资源普查方案由国家林业局制定；地方林木种质资源普查方案由省、自治区、直辖市人民政府林业主管部门制定。

第九条　县级以上人民政府林业主管部门应当根据保护林木种质资源的需要，有计划地组织收集林木种质资源。

第十条　收集林木种质资源的单位和个人，应当建立原始档案并完整保存档案资料。原始档案记载的内容和格式由国家林业局统一规定。

第十一条　因工程建设、自然灾害等特殊情况使林木种质资源受到威胁的，县级以上人民政府林业主管部门应当及时组织抢救性收集。

第十二条　国家林业局和省、自治区、直辖市人民政府林业主管部门应当组织有关专家对收集的林木种质资源进行鉴定。进行林木种质资源鉴定应当严格执行国家标准和行业标准。

第十三条　国家林业局和省、自治区、直辖市人民政府林业主管部门应当对经过鉴定的林木种质资源或者经批准从境外引进的林木种质资源进行登记。林木种质资源登记实行全国统一编号，编号方法由国家林业局规定。任何单位和个人不得更改或者另行编号。

第十四条　国家林业局建立国家林木种质资源库，根据需要保存具有重要价值或者珍贵的林木种质资源。省、自治区、直辖市人民政府林业主管部门可以建立林木种质资源库、林木种质资源保护区或者林木种质资源保护地，根据需要保存乡土树种、地方主要造林树种等林木种质资源。

第十五条　县级以上人民政府应当分别情况采取原地保存或者建立异地保存库、设施保存库等方式，保存林木种质资源，保障国家和地方林木种质资源库、保护区和保护地正常运转和种质资源安全。异地保存库和设施保存库的林木种质资源应当按照有关规定进行定期检查和检测，及时更新和补充。

第十六条　国家林业局和省、自治区、直辖市人民政府林业主管部门应当根据林木种质资源普查结果及鉴定和保存情况，公布可供利用的林木种质资源目录。

第十七条　利用从林木种质资源库获取的林木种质资源，申请植物新品种权或者其他专利权的，应当事先与林木种质资源管理单位签订协议，并分别报省、自治区、直辖市人民政府林业主管部门或者国家林业局备查。

第十八条　利用林木种质资源库的林木种质资源的单位和个人，应当与林木种质资源库管理单位签订协议，按照协议要求承担反馈利用信息的义务。

第十九条　禁止采集或者采伐国家重点保护的天然林木种质资源。因科学研究、良种选育、文化交流、种质资源更新等特殊情况需要采集或者采伐的，除按照有关法律、法规的规定办理采集或者采伐批准文件外，还应当按照本条第二款、第三款的规定办理审批手续。

采集或者采伐国家林木种质资源库内的，申请人应当向国家林业局提交《采集或者采伐林木种质资源申请表》及申请说明，说明内容应当包括采集或者采伐的理由、用途、方案等；国家林业局应当自受理之日起20个工作日内作出审批决定，并出具《采集或者采伐林木种质资源许可表》；不予审批的，应当书面告知申请人并说明理由。

采集或者采伐国家林木种质资源库以外的，应当经省、自治区、直辖市人民政府林业主管部门批准，批准结果报国家林业局备查。

第二十条　国家林业局和省、自治区、直辖市人民政府林业主管部门应当建立林木种质资源信息数据库，开展林木种质资源动态监测。

第二十一条　国家对林木种质资源享有主权。任何单位和个人向境外提供林木种质资源的，应当经国家林业局批准。

第二十二条　向境外提供或者从境外引进林木种质资源的，应当按照以下程序办理审批手续：

（一）向国家林业局提交《向境外提供林木种质资源申请表》或者《从境外引进林木种质资源申请表》及其说明；

（二）从境外引进林木种质资源的，应当提交引进林木种质资源的用途证明和试验方案材料；

（三）向境外提供林木种质资源的，应当提供相关的项目或者协议文本；

（四）为境外制种引进林木种质资源的，应当提交对外制种协议文本；

（五）国家林业局应当自受理之日起20个工作日内作出审批决定，并出具《向境外提供林木种质资源许可表》或者《从境外引进林木种质资源许可表》；不予审批的，应当书面告知申请人并说明理由。

第二十三条　从境外引进林木种质资源的，应当依法办理检疫审批手续。从境外引进转基因林木种质资源的，应当按照国家林业局公布的《开展林木转基因工程活动审批管理办法》的有关规定办理。

第二十四条　向境外提供的林木种质资源属于国家重点保护野生植物，从境外引进或者向境外提供的林木种质资源属于中国参加的国际公约所限制进出口的野生植物的，除按照本办法第二十一条、第二十二条、第二十三条的规定办理外，还应当按照国家野生植物保护法律法规或者中国参加的国际公约的有关规定办理进出口审批手续。

第二十五条 从境外引进林木种质资源的单位和个人，应当自林木种质资源引进之日起一年之内，向所在地省、自治区、直辖市人民政府林业主管部门提供适量的种质材料，经其登记后移交林木种质资源库保存，并将有关材料报送国家林业局备查。

第二十六条 在林木种质资源普查、收集、鉴定、保存等工作中成绩显著的单位和个人，由县级以上人民政府林业主管部门给予奖励。

第二十七条 林业主管部门及其所属林木种苗管理机构的工作人员在林木种质资源保护管理工作中，滥用职权、玩忽职守、徇私舞弊的，依照国家有关规定给予处分；情节严重、构成犯罪的，依法追究刑事责任。

第二十八条 本办法自2007年11月1日起施行。

6. 林木种子包装和标签管理办法

（林场发〔2016〕93号公布 自2016年8月1日起施行）

第一章 总 则

第一条 为加强林木种子包装和标签管理，规范林木种子包装和标签的制作、标注和使用行为，保护林木种子生产经营者和使用者的合法权益，根据《中华人民共和国种子法》（以下简称《种子法》）的有关规定，制定本办法。

第二条 在中华人民共和国境内销售的林木种子包装、标签及使用说明的制作、标注、使用和管理，适用本办法。

第三条 本办法所称林木种子是指林木的种植材料（苗木）或者繁殖材料，具体是指乔木、灌木、藤本、竹类、花卉以及绿化和药用草本植物的籽粒、果实、根、茎、苗、芽、叶、花等。

第四条 销售的林木种子应当加工、分级、包装，并附有标签和使用说明。标签和使用说明标注的内容应当与销售的种子相符。林木种子生产经营者对标注内容的真实性和种子质量负责。

销售的林木种子应当符合国家或者行业标准；没有标准的要遵循合同约定。

第五条 本办法所称的标签是指印制、粘贴、固定或者附着在林木种子、包装物内外的特定图案及文字说明。本办法所称的使用说明是指对生产经营者信息以及主要栽培措施、适宜种植的区域、栽培季节等使用条件的说明和风险提示等。

第六条 县级以上人民政府林业主管部门负责林木种子包装和标签的管理工作，具体工作可以由其所委托的林木种苗管理机构负责。

第二章 包 装

第七条 籽粒、果实等林木种子，应当包装后销售。

下列林木种子可以不经包装进行销售：

（一）苗木。

（二）无性繁殖的器官和组织，包括根、茎、芽、叶、花等。

（三）其他不宜包装的林木种子。

第八条 大包装或者进口的林木种子可以分装；实行分装的，应当标注分装单位。

第九条 包装材料应当适宜林木种子的生理特性，坚固、耐用、清洁、环保，无检疫性有害生物。

第十条 林木种子包装应当便于贮藏、搬运、堆放、清点。

第三章 标签及使用说明内容

第十一条 标签应当标注：种子类别、树种（品种）名称、品种审定（认定）编号、产地、生产经营者及注册地、质量指标、重量（数量）、检疫证明编号、种子生产经营许可证编号、信息代码等。

（一）种子类别：应当填写普通种或者良种。

（二）树种（品种）名称：树种名称应当填写植物分类学的种、亚种或者变种名称；品种名称应当填写授权品种、通过审（认）定品种以及其他品种的名称。

（三）产地：应当填写林木种子生产所在地，应当标注到县。进口林木种子的产地，按照《中华人民共和国进出口货物原产地条例》标注。

（四）生产经营者及注册地：生产经营者名称、工商注册所在地。

（五）质量指标：

籽粒质量指标按照净度、发芽率（生活力或优良度）、含水量等标注。

苗木质量指标按照苗高、地径等标注，标签标注的苗高、地径按照95%苗木能达到的数值填写。

（六）重量（数量）：每个包装（销售单元）籽粒（果实）的实际重量或者苗木数量，籽粒（果实）以千克（kg）、克（g）、粒等表示，苗木以株、根、条等表示。包装中含有多件小包装时除标明总重量（数量）外，还应当标明每一小包装的重量（数量）。

使用信息代码的，应当包含林木种子标签标注的内容等信息。

第十二条 除第十一条标注的内容外，属于下列情况的，应当分别加注：

（一）销售授权品种种子的，应当标注品种权号。

（二）销售进口林木种子的，应当附有进口审批文号和中文标签。

（三）销售转基因林木种子的，必须用明显的文字标注，并应当提示使用时的安全控制措施。

第十三条 使用说明应当包括下列内容：

（一）种子生产经营者信息：包括生产经营者名称、生产地点、经营地点、联系人、联系电话、网站等内容。

（二）主要栽培措施。

（三）适宜种植的区域。

（四）栽培季节。

（五）风险提示：包括种子贮藏条件、主要病虫害、极端天气引发的风险等内容及注意事项。

（六）其他信息。

生产经营通过审（认）定品种的，使用说明中第二项至第四项规定的内容应当与审定公告一致。

第十四条 种子生产经营者向种子使用者提供的使用说明不得作虚假、夸大或者引人误解的宣传。

使用说明书应当加盖生产经营者印章。

第四章 标签制作和使用

第十五条 林木种子标签制作材料应当有足够的强度和防水性。

第十六条 标签标注文字应当清晰，使用规范的中文。

第十七条　标签印刷要清晰，可以直接印制在包装物表面，也可制成印刷品粘贴、固定或者附着在包装物外或者放在包装物内。

可以不经包装进行销售的林木种子，标签应当制成印刷品在销售时提供给购买者。

第十八条　林木种子标签样式分为种子标签和苗木标签两类。籽粒、果实、种球及根、茎、叶、芽、花等填写种子标签，苗木填写苗木标签。

第十九条　林木种子标签底色分绿色、白色两种。林木良种种子使用绿色标签，普通林木种子使用白色标签。标签印刷字体颜色为黑色。

第二十条　包装销售的林木种子，每个包装需附带一个标签和使用说明；不需要包装销售的林木种子，每个销售单元至少附带一个标签和使用说明。

第二十一条　林木种子标签可以由林业主管部门统一印制，免费发放，也可由种子生产经营者自行制作，但要符合本办法规定。标签使用时应当加盖生产经营者印章。

第五章　监督管理

第二十二条　各级林业主管部门应当加强对林木种子生产经营者执行林木种子包装、标签和使用说明等制度的监督管理。

第二十三条　销售的林木种子与标签标注的内容不符或者没有标签的，按照《种子法》第七十五条进行处罚。

第二十四条　销售的林木种子质量低于标签标注指标的，按照《种子法》第七十六条进行处罚。

第二十五条　有下列情况的之一的，按照《种子法》第八十条进行处罚：

（一）销售的种子应当包装而没有包装的。

（二）销售的种子没有使用说明或者标签内容不符合规定的。

（三）涂改标签的。

（四）种子生产经营者专门经营不再分装的包装种子，未按照规定备案的。

第六章　附　　则

第二十六条　本办法中销售单元，是指销售过程中低于一个种批或者苗批的任何销售重量或者数量。

第二十七条　本办法自 2016 年 8 月 1 日起施行，有效期至 2021 年 7 月 31

日。《国家林业局关于印发〈林木种子包装和标签管理办法〉的通知》（林场发〔2002〕186号）同时废止。

2016年7月31日前已经制作的旧版种子标签和使用说明可以延用至2016年12月31日。

7. 林木种子生产经营档案管理办法

（林场发〔2016〕71号发布　自2016年7月1日起施行）

第一条　为了规范林木种子生产经营档案的建立和管理，加强对林木种子生产经营行为的监管，实行林木种子可追溯性管理，根据《中华人民共和国种子法》（以下简称《种子法》）的规定，制定本办法。

第二条　从事林木种子生产经营的单位和个人，应当依法建立、健全林木种子生产经营档案，保证可追溯。

第三条　本办法所称林木种子是指林木的种植材料（苗木）或者繁殖材料，具体是指乔木、灌木、藤本、竹类、花卉以及绿化和药用草本植物的籽粒、果实、根、茎、苗、芽、叶、花等。

第四条　县级以上人民政府林业主管部门负责林木种子生产经营档案监督管理工作，具体工作可以由其委托的林木种苗管理机构负责。

第五条　林木种子生产经营者应当健全档案管理制度，配备必要的设备，专人管理。

第六条　林木种子生产经营者应当建立和保存包括种子来源、产地、数量、质量、销售去向、销售日期和有关责任人员等内容的生产经营档案。

林木种子生产经营档案应当保存如下资料：

（一）生产经营记录。

生产记录，包括采种林或采穗圃的施肥、灌溉、中耕除草、病虫害防治、种子或穗条采集、调制、储藏、种子产量等；苗木整地、播种（扦插、嫁接等）、间苗、定苗、移植、施肥、灌溉、中耕除草、病虫害防治等。

经营记录，包括种子出入库记录表、树种（品种）、数量、销售去向、销售日期等。

（二）证明种子来源、产地、销售去向的合同、票据、账簿、标签等。

（三）自检原始记录、种子质量检验证书、检疫证明等。

（四）林木种子生产经营许可证。

（五）与林木种子生产经营活动相关的技术标准。

（六）其他需要保存的文件资料等。

生产经营林木良种的，还应当保存林木良种证明材料。

生产经营转基因林木种子的，还应当保存转基因林木安全证书或者其复印件。

生产经营植物新品种的，还应当保存品种权人的书面同意证明或者国家林业局品种权转让公告、强制许可决定。

实行选育生产经营相结合的企业，还应当保存林木品种选育的选育报告、实验数据、林木品种特征标准图谱（如叶、茎、根、花、果实、种子等的照片）及试验林照片等。

第七条 林木种子生产经营档案应当分类分年度归档，妥善保存。对破损或者变质的档案及时修复。档案毁损或者丢失的，应当及时补齐原有内容。

第八条 林木种子生产经营档案应当至少保存 10 年，林木良种、转基因林木种子生产经营档案应当永久保存。

第九条 林木种子生产经营档案记载的信息应当连续、完整、真实，不得用圆珠笔或者铅笔填写，不得随意涂改，签字、印章、日期等具有法律效用的标识要完备，并逐步实行电子化管理。

第十条 违反本办法规定，未建立、保存林木种子生产经营档案的，按《种子法》第八十条规定进行处罚。

第十一条 本办法自 2016 年 7 月 1 日起施行，有效期至 2021 年 6 月 30 日。《国家林业局关于印发〈林木种子生产、经营档案管理办法〉的通知》（林场发〔2008〕88 号）同时废止。

8. 林木种子采收管理规定

（2007 年 6 月 15 日林场发〔2007〕142 号公布并施行）

一、为加强商品林木种子采收管理，规范商品林木种子采收行为，防止抢采掠青，损坏母树，确保种源纯正和生产用种质量，根据《中华人民共和国种子法》（以下简称《种子法》）的规定，制定本规定。

二、从事商品林木种子采收和管理工作，应当遵守本规定。

三、县级以上人民政府林业行政主管部门负责商品林木种子采收管理工作，具体工作由其所属的林木种苗管理机构负责。

四、采种林分包括种子园、母树林、一般采种林和临时采种林、群体和散生的优良母树。

种子园是指用优树无性系或家系按设计要求营建的、实行集约经营的、以生产优质种子为目的的采种林分。

母树林是指选择优良天然林或种源清楚的优良人工林，经去劣留优、疏伐改造、抚育管理，以生产优良种子为目的而营建的采种林分。

一般采种林是指选择中等以上林分去劣疏伐，以生产质量合格的种子为目的的采种林分。

临时采种林是选择即将采伐的林分，以生产质量合格的种子为目的的采种林分。

五、林木种子的采集应当在确定的采种林分和采种期内进行。优先采集种子园、母树林、采种基地的种子。

种子园、母树林由省级人民政府林业行政主管部门确定，一般采种林、临时采种林、群体和散生的优良母树由市、县人民政府林业行政主管部门确定，并向社会公告。县级以上人民政府林业行政主管部门确定的采种林分应当报上一级人民政府林业行政主管部门备案。

六、采种期由县级以上人民政府林业行政主管部门确定，并在采种期起始日一个月前向社会公布。

七、林木种子生产者组织有采种经验的人员进行林木种子采集。县级以上人民政府林业行政主管部门应当加强对林木种子采收工作的监督检查。

八、采种现场应有技术人员或熟练工人对采种方法、采种质量、母树保护、人员安全进行检查指导。

九、林木种子生产者应当按照国家、行业或者地方林木采种技术标准要求采集种子，并按照国家标准《林木采种技术》（GB/T11619－1996）附录 E 填写《林木采种登记表》。

采集和收购林木种子的单位和个人应当建立林木种子采集和收购档案，包括种子产地、种源、数量、质量检验证书、责任人和林木采种登记表等内容。

十、收购林木种子的单位或个人应当依法取得林木种子经营许可证,具备林木种子贮藏设施,建立种子流向档案。

十一、禁止在采种林分内从事采石、采沙、采土、采脂、开垦、放牧、砍柴等影响林木种子正常生产的活动。

十二、在林木种子生产基地内采集种子的,由种子生产基地的经营者组织进行。

国家投资建设的林木种子生产基地生产的林木种子,由当地人民政府林业行政主管部门统一组织收购和调剂使用,优先用于生态公益林建设。

进入林区收购林木种子的,应当按照地方人民政府林业行政主管部门的有关规定办理手续。

十三、禁止抢采掠青、损坏母树,禁止在劣质林内、劣质母树上采种。禁止在确定的采种林分外采种。

9. 林业植物新品种保护行政执法办法

(林技发〔2015〕176 号公布 自 2016 年 1 月 1 日起施行)

第一条 为规范林业植物新品种保护行政执法行为,根据《中华人民共和国种子法》、《中华人民共和国行政处罚法》、《中华人民共和国植物新品种保护条例》和《林业行政处罚程序规定》等相关法律法规规章,制定本办法。

第二条 林业行政主管部门查处案件时,应当以事实为依据、以法律为准绳,遵循公开、公平、公正的原则。

第三条 林业行政主管部门对以下侵犯林业植物新品种权行为实施行政执法时,适用本办法。

(一)未经品种权人许可,生产、繁殖或者销售该授权品种的繁殖材料的,为商业目的将该授权品种的繁殖材料重复使用于生产另一品种的繁殖材料的;

(二)假冒授权品种的;

(三)销售授权品种未使用其注册登记的名称的。

有关法律、行政法规另有规定的除外。

第四条　本办法第三条第二项所称假冒授权品种的行为是指：

（一）使用伪造的品种权证书、品种权号；

（二）使用已经被终止或者被宣告无效品种权的品种权证书、品种权号；

（三）以非授权品种冒充授权品种；

（四）以此种授权品种冒充他种授权品种；

（五）其他足以使他人将非授权品种误认为授权品种。

第五条　林业植物新品种保护行政执法由主要违法行为地的县级以上林业行政主管部门管辖。

国家林业局科技发展中心（植物新品种保护办公室）负责林业植物新品种保护行政执法管理工作。

第六条　林业行政主管部门应当按照《中华人民共和国政府信息公开条例》等的要求，主动公开林业植物新品种保护行政处罚案件信息，接受社会监督。

第七条　林业植物新品种保护行政执法人员应当熟练掌握植物新品种保护的相关法律法规和规章制度，以及相应的执法程序，并持行政执法证件上岗；在林业植物新品种保护行政执法过程中，应当向当事人或者有关人员出示其行政执法证件。

第八条　请求县级以上人民政府林业行政主管部门查处本办法第三条第一项所指案件时，应当符合下列条件：

（一）请求人是品种权人或者利害关系人；

（二）有明确的侵权人和侵权证据；

（三）有明确的请求事项和理由；

（四）侵权案件发生地属于该行政管辖范围内。

前款所称利害关系人，包括植物新品种实施许可合同的被许可人和品种权财产权利的合法继承人等。

独占实施许可合同的被许可人可以单独提出请求；排他实施许可合同的被许可人可以和品种权人共同提出请求，也可以在品种权人不请求时，自行提出请求；普通实施许可合同的被许可人经品种权人明确授权，可以提出请求。

第九条　向县级以上人民政府林业行政主管部门请求查处第三条第一项所指案件时，应当提交请求书以及涉案品种权的《植物新品种权证书》复印件。请求书应当包括以下内容：

（一）请求人的姓名或者名称、居住或者注册地址、有效联系方式，法定代表人或者主要负责人的姓名和职务；有委托代理的，代理人的姓名和代理机构的名称、注册地址；

（二）侵权人相关信息及侵权证据；

（三）请求查处的事项和理由等。

第十条　请求人应当以纸质或者法定电子文件的形式提交请求书，有关证据和证明材料可以以请求书附件的形式提交。请求书应当由请求人签名或者盖章，并注明请求日期。

第十一条　县级以上人民政府林业行政主管部门在收到请求书后进行审查，对符合本办法第八条、第九条和第十条规定的，应当在七日内予以立案，并以书面形式告知请求人，同时指定两名或者两名以上案件承办人处理该案件；对不符合本办法第八条、第九条和第十条规定的，应当在七日内以书面形式告知请求人不予立案，并说明理由。

第十二条　林业行政主管部门依据职权查处本办法第三条所指案件时，立案应当符合下列条件：

（一）有违法行为发生；

（二）违法行为是应当受处罚的行为；

（三）涉及品种是授权品种；

（四）除本办法第三条第三项所指案件外，涉及品种的品种权应当是有效的；

（五）违法行为发生地属于该行政管辖范围内。

第十三条　林业行政主管部门应当在发现或者接受举报后进行审查，对符合本办法第十二条规定的，在七日内予以立案，同时指定两名或者两名以上案件承办人负责调查和处理。

第十四条　案件承办人在现场取证时，可以根据请求人或者举报人提供的涉案品种所在地点和生长状况等信息，及时取证并鉴定。

第十五条　案件承办人可以采取抽样方法取证；在证据可能灭失或者以后难以取得的情况下，经行政机关负责人批准，可以先行登记保存，填写《林业行政处罚登记保存通知单》，并在七日内做出处理决定；在此期间，当事人或者有关人员不得销毁或者转移证据。

第十六条　对于案件涉及的植物品种，可以采用田间观察检测、基因指纹图谱检测等方法进行鉴定。

第十七条 林业行政主管部门查处本办法第三条第一项、第二项案件，依法做出较大数额罚款的，应当告知当事人有要求举行听证的权利。当事人要求听证的，林业行政主管部门应当按照《林业行政处罚听证规则》相关规定组织听证。

第十八条 县级以上人民政府林业行政主管部门查处本办法第三条第一项案件时，为维护社会公共利益，可以采取下列措施：

（一）责令侵权人立即停止对侵权品种繁殖材料的销售行为，并且不得销售尚未售出的采用侵权品种生产的繁殖材料；

（二）责令侵权人立即停止对侵权品种的生产行为，对涉及侵权的植物材料消灭活性使其不能再被用作繁殖材料；

（三）对正处于生长期或者销毁侵权植物材料将导致重大不利后果的，可以没收植物品种繁殖材料；

（四）没收违法所得；

（五）涉案货值金额一万元以下的，处以一万元罚款；一万元至三万元以下的，处以二万元至九万元罚款；三万元至四万元以下的，处以十万元至十六万元罚款；四万元至五万元以下的，处以十七万元至二十五万元以下罚款。

涉案货值金额五万元以上的，侵权行为是第一次发生且侵权数量较小的，处以涉案货值金额五至七倍罚款；侵权人明知或者已被告知侵权、数次侵权或者侵权数量较大的，处以涉案货值金额八至九倍罚款；侵权人数次侵权且侵权数量巨大或者为逃避处罚提供伪证的，处以涉案货值金额十倍罚款。

第十九条 林业行政主管部门查处本办法第三条第二项案件时，应当采取下列处罚措施：

（一）责令侵权人立即停止伪造行为，销毁伪造的品种权证书或者品种权号；

（二）责令侵权人立即停止侵权标注行为，消除尚未售出的产品或者其包装上的品种权标识；品种权标识难以消除的，销毁该产品或者包装；

（三）责令侵权人立即停止发放载有虚假、未经许可和误导公众品种权信息的说明书或者广告等载体，销毁尚未发出的载体，并通过公告或者广告等形式消除社会影响；

（四）责令侵权人立即停止销售假冒授权品种的繁殖材料，对涉及假冒授权品种的植物材料消灭活性使其不能再被用作繁殖材料；

（五）没收违法所得和植物繁殖材料；

（六）涉案货值金额一万元以下的，处以一万元罚款；一万元至三万元以下的，处以二万元至九万元罚款；三万元至四万元以下的，处以十万元至十六万元罚款；四万元至五万元以下的，处以十七万元至二十五万元以下罚款。

涉案货值金额五万元以上的，假冒行为是第一次发生且数量较小的，处以涉案货值金额五至七倍罚款；涉案人数次假冒、假冒数量较大或者假冒涉及地域较广的，处以涉案货值金额八至九倍罚款；涉案人假冒数量巨大、假冒涉及地域广大或者为逃避处罚提供伪证的，处以涉案货值金额十倍罚款。

第二十条 林业行政主管部门查处本办法第三条第二项案件时，对涉嫌犯罪的案件，应当依法移送司法机关。

第二十一条 林业行政主管部门查处本办法第三条第三项案件时，应当采取下列处罚措施：

责令限期改正，可以并处罚款。情节轻微者，处以三百元以下罚款；情节一般者，处以三百元至六百元以下罚款；情节较重者，处以六百元至一千元以下罚款。

前款所称情节轻微者是指：侵权行为是第一次发生且影响范围较小的。情节一般者是指：数次发生，影响范围较大的。情节较重者是指：影响范围很大，后果较重的。

第二十二条 林业行政主管部门依据职权在查处本办法第三条第一项、第二项案件时，有权采取下列措施：

（一）进入生产经营场所进行现场检查；

（二）对有关的植物品种繁殖材料进行取样测试、试验或者检验；

（三）查阅、复制有关合同、票据、账簿、生产经营档案及其他有关资料；

（四）查封、扣押有证据证明违法生产经营的植物品种繁殖材料，以及用于违法生产经营的工具、设备及运输工具等；

（五）查封违法从事植物品种繁殖材料生产经营活动的场所。

查封或者扣押时，案件承办人应当履行《中华人民共和国行政强制法》第十八条规定的程序，并按《中华人民共和国行政强制法》第二十四条规定制作并当场交付查封、扣押决定书和清单。查封、扣押清单一式二份，由当事人和行政机关分别保存。

第二十三条 林业行政主管部门作出行政处罚决定时，应当制作林业行政处罚决定书，并在十五日以内予以公告。

第二十四条　林业行政主管部门应当自立案之日起一个月内结案；经行政负责人批准可以延长，但不得超过三个月。案情特别复杂三个月内仍不能结案的，经报上级林业行政主管部门批准，可以延长。

第二十五条　县级以上人民政府林业行政主管部门依据职权，根据当事人自愿的原则，对侵权所造成的损害赔偿可以进行调解。调解达成协议的，当事人应当履行；当事人不履行协议或者调解未达成协议的，品种权人或者利害关系人可以依法向人民法院提起诉讼。

上述调解过程可以邀请有关单位或者个人协助，被邀请的单位或者个人自愿协助进行调解。

第二十六条　林业行政主管部门在处理林业植物新品种权行政处罚案件过程中遇有涉及民事案件纠纷的，案件承办人应当向当事人告知其法律救济途径。

第二十七条　林业行政主管部门在结案时，将全部案件文书整理归档。地方各级林业行政主管部门应当建立林业植物新品种行政执法报告制度。

第二十八条　本办法所称以下包括本数。

第二十九条　本办法自 2016 年 1 月 1 日起施行，有效期至 2020 年 12 月 31 日。2014 年 8 月 1 日发布的《国家林业局关于印发〈林业植物新品种保护行政执法办法〉的通知》（林技发〔2014〕114 号）同时废止。

10. 中华人民共和国林业植物新品种保护名录

中华人民共和国植物新品种保护名录
（林业部分）（第一批）

（国家林业局令第 2 号公布　自 1999 年 4 月 22 日起施行）

序号	种或者属名	拉丁学名（Latin name）
1	毛白杨	*Populus tomentosa* Carr
2	泡桐属	*Paulownia*
3	杉木	*Cunninghamia lanceolata*

序号	种或者属名	拉丁学名（Latin name）
4	木兰属	*Magnolia*
5	牡丹	*Paeonia suffruticosa Andr.*
6	梅	*Prunus mume*
7	蔷薇属	*Rosa*
8	山茶属	*Camellia*

中华人民共和国植物新品种保护名录
（林业部分）（第二批）

（国家林业局令第5号公布　自2000年2月2日起施行）

序号	种或者属名	拉丁学名（Latin name）
1	杨属	*Populus*
2	柳属	*Salix*
3	桉属	*Eucalyptus*
4	板栗	*Castanea mollissima*
5	核桃属	*Juglance*
6	枣	*Ziziphus jujuba*
7	柿	*Diospyros kaki*
8	杏	*Prunus armeniaca*
9	银杏	*Ginkgo biloba*
10	油桐属	*Vernicia*
11	红豆杉属	*Taxus*
12	杜鹃花属	*Rhododendron*
13	桃花	*Prunus persica*
14	紫薇	*Lagerstroemia indica*
15	榆叶梅	*Prunus triloba*
16	腊梅	*Chimonanthus praecox*
17	桂花	*Osmanthus fragrans*

中华人民共和国植物新品种保护名录
（林业部分）（第三批）

（国家林业局令第 6 号公布 自 2003 年 1 月 1 日起施行）

序号	种或者属名	拉丁学名（Latin name）
1	松属	*Pinus* Linn.
2	云杉属	*Picea* Dietr.
3	落羽杉属	*Taxodium* Rich.
4	圆柏属	*Sabina* Mill.
5	鹅掌楸属	*Liriodendron* Linn.
6	木瓜属	*Chaenomeles* Lindl.
7	金合欢属	*Acacia* Willd.
8	槐属	*Sophora* Linn.
9	刺槐属	*Robinia* Linn.
10	丁香属	*Syringa* Linn.
11	连翘属	*Forsythia* Vahl
12	黄杨属	*Buxus* Linn.
13	大戟属	*Euphorbia* Linn.
14	槭属	*Acer* Linn.
15	沙棘	*Hippophae rhamnoides* Linn.
16	臭椿属	*Ailanthus* Desf.
17	箣竹属	*Bambusa* Retz. corr. Schreber
18	箬竹属	*Indocalamus* Nakai
19	刚竹属	*Phyllostachys* Sieb. et Zucc.
20	省藤属	*Calamus* Linn.
21	黄藤属	*Daemonorops* Blume

中华人民共和国植物新品种保护名录
（林业部分）（第四批）

（国家林业局令第12号公布　自2004年11月1日起施行）

序号	种或者属名	拉丁学名（Latin name）
1	苏铁属	*Cycas* Linn.
2	崖柏属	*Thuja* Linn.
3	罗汉松属	*Podocarpus* L' Her. ex Pers.
4	桦木属	*Betula* Linn.
5	榛属	*Corylus* Linn.
6	栲属	*Castanopsis* Spach
7	榆属	*Ulmus* Linn.
8	榉属	*Zelkova* Spach
9	桑属	*Morus* Linn.
10	榕属	*Ficus* Linn.
11	芍药属	*Paeonia* Linn.
12	木莲属	*Manglietia* Blume
13	含笑属	*Michelia* Linn.
14	拟单性木兰属	*Parakmeria* Hu et Cheng
15	樟属	*Cinnamomum* Trew
16	润楠属	*Machilus* Nees
17	继木属	*Loropetalum* R. Br.
18	紫檀属	*Pterocarpus* Jacq.
19	花椒属	*Zanthoxylum* Linn.
20	黄皮属	*Clausena* Burm. f.
21	黄栌属	*Cotinus* Mill.
22	卫矛属	*Euonymus* Linn.
23	栾树属	*Koelreuteria* Laxm.

续表

序号	种或者属名	拉丁学名（Latin name）
24	蛇葡萄属	*Ampelopsis* Michx.
25	爬山虎属	*Parthenocissus* Pl.
26	石榴属	*Punica* Linn.
27	常春藤属	*Hedera* Linn.
28	紫金牛属	*Ardisia* Sw.
29	白蜡树属	*Fraxinus* Linn.
30	枸杞属	*Lycium* Linn.
31	梓树属	*Catalpa* Linn.
32	忍冬属	*Lonicera* Linn.

中华人民共和国植物新品种保护名录
（林业部分）（第五批）

（国家林业局令第 29 号公布　自 2013 年 4 月 1 日起施行）

序号	种或者属名	拉丁学名（Latin name）
1	六道木属	*Abelia* R. Br.
2	冷杉属	*Abies* Mill.
3	五加属	*Acanthopanax*（Decne. et Planch.）Miq.
4	酸竹属	*Acidosasa* C. D. Chu et C. S. Chao
5	七叶树属	*Aesculus* L.
6	木通属	*Akebia* Decne.
7	合欢属	*Albizia* Durazz.
8	桤木属	*Alnus* Mill.
9	沙冬青属	*Ammopiptanthus* Cheng f.
10	紫穗槐属	*Amorpha* L.
11	桃叶珊瑚属	*Aucuba* Thunb.

续表

序号	种或者属名	拉丁学名（Latin name）
12	小檗属	*Berberis* L.
13	木棉属	*Bombax* L.
14	叶子花属	*Bougainvillea* Comm. ex Juss.
15	构属	*Broussonetia* L′ Hér. ex Vent.
16	醉鱼草属	*Buddleja* L.
17	紫珠属	*Callicarpa* L.
18	沙拐枣	*Calligonum mongolicum* Turcz.
19	凌霄属	*Campsis* Lour.
20	旱莲木	*Camptotheca acuminata* Decne.
21	锦鸡儿属	*Caragana* Fabr.
22	鹅耳枥属	*Carpinus* L.
23	山核桃属	*Carya* Nutt.
24	决明属	*Cassia* L.
25	栗属	*Castanea* Mill.
26	木麻黄属	*Casuarina* L.
27	雪松属	*Cedrus* Trew
28	朴属	*Celtis* L.
29	三尖杉属	*Cephalotaxus* Sieb. et Zucc.
30	紫荆属	*Cercis* L.
31	方竹属	*Chimonobambusa* Makino
32	流苏树属	*Chionanthus* L.
33	南酸枣	*Choerospondias axillaris*（Roxb.）B. L. Burtt et A. W. Hill
34	铁线莲属	*Clematis* L.
35	大青属	*Clerodendrum* L.
36	山茱萸属	*Cornus* L.
37	栒子属	*Cotoneaster* Medik.
38	山楂属	*Crataegus* L.

续表

序号	种或者属名	拉丁学名（Latin name）
39	柳杉属	*Cryptomeria* D. Don
40	瑞香属	*Daphne* L.
41	珙桐属	*Davidia* Baill.
42	牡竹属	*Dendrocalamus* Nees
43	胡颓子属	*Elaeagnus* L.
44	杜英属	*Elaeocarpus* L.
45	麻黄属	*Ephedra* L.
46	杜仲	*Eucommia ulmoides* Oliv.
47	箭竹属	*Fargesia* Franch.
48	皂荚属	*Gleditsia* L.
49	梭梭属	*Haloxylon* Bunge
50	金缕梅属	*Hamamelis* L.
51	木槿属	*Hibiscus* L.
52	沙棘属	*Hippophae* L.
53	坡垒属	*Hopea* Roxb.
54	绣球属	*Hydrangea* L.
55	金丝桃属	*Hypericum* L.
56	山桐子属	*Idesia* Maxim.
57	冬青属	*Ilex* L.
58	八角属	*Illicium* L.
59	大节竹属	*Indosasa* McClure
60	蓝花楹属	*Jacaranda* Juss.
61	素馨属	*Jasminum* L.
62	麻风树	*Jatropha curcas* L.
63	刺柏属	*Juniperus* L.
64	油杉属	*Keteleeria* Carrière
65	紫薇属	*Lagerstroemia* L.
66	落叶松属	*Larix* Mill.

序号	种或者属名	拉丁学名（Latin name）
67	胡枝子属	*Lespedeza* Michx.
68	女贞属	*Ligustrum* L.
69	山胡椒属	*Lindera* Thunb.
70	枫香属	*Liquidambar* L.
71	木姜子属	*Litsea* Lam.
72	滇丁香属	*Luculia* Sweet
73	苹果属（除水果外）	*Malus* Mill. （except fruits）
74	野牡丹属	*Melastoma* L.
75	楝属	*Melia* L.
76	水杉属	*Metasequoia* Miki ex Hu et W. C. Cheng
77	杨梅	*Myrica rubra* Sieb. et Zucc.
78	白刺属	*Nitraria* L.
79	红豆属	*Ormosia* Jackson
80	木犀属	*Osmanthus* Lour.
81	黄檗	*Phellodendron amurense* Rupr.
82	楠属	*Phoebe* Nees
83	石楠属	*Photinia* Lindl.
84	黄连木属	*Pistacia* L.
85	化香树属	*Platycarya* Sieb. et Zucc.
86	侧柏属	*Platycladus* Spach
87	苦竹属	*Pleioblastus* Nakai
88	金露梅	*Potentilla fruticosa* L.
89	李属（除水果外）	*Prunus* L. （except fruits）
90	枫杨属	*Pterocarya* Kunth
91	青檀属	*Pteroceltis* Maxim.
92	栎属	*Quercus* L.
93	悬钩子属	*Rubus* L.
94	接骨木属	*Sambucus* L.

续表

序号	种或者属名	拉丁学名（Latin name）
95	无患子属	*Sapindus* L.
96	乌桕属	*Sapium* Jacq.
97	檫木	*Sassafras tzumu*（Hemsl.）Hemsl.
98	木荷属	*Schima* Reinw. ex Blume
99	秤锤树属	*Sinojackia* Hu
100	珍珠梅属	*Sorbaria*（DC）A. Braun
101	花楸属	*Sorbus* L.
102	火焰树属	*Spathodea* P. Beauv.
103	绣线菊属	*Spiraea* L.
104	山矾属	*Symplocos* Jacq.
105	台湾杉属	*Taiwania* Hayata
106	柽柳属	*Tamarix* L.
107	柚木	*Tectona grandis* L. f.
108	夜来香属	*Telosma* Cov.
109	厚皮香属	*Ternstroemia* Mutis ex L. f.
110	吴茱萸属	*Tetradium* Lour.
111	椴树属	*Tilia* L.
112	香椿属	*Toona* M. Roemer
113	榧树属	*Torreya* Arn.
114	越桔属	*Vaccinium* L.
115	荚蒾属	*Viburnum* L.
116	牡荆属	*Vitex* L.
117	锦带花属	*Weigela* Thunb.
118	紫藤属	*Wisteria* Nutt.
119	文冠果	*Xanthoceras sorbifolium* Bunge
120	枣属	*Ziziphus* Mill.

中华人民共和国植物新品种保护名录
（林业部分）（第六批）

（国家林业局令第 43 号公布　自 2016 年 11 月 30 日起施行）

序号	种或者属名	拉丁学名（Latin name）
1	栀子属	*Gardenia* J. Ellis
2	悬铃木属	*Platanus* L.
3	蚊母树属	*Distylium* Siebold. et Zucc.
4	南天竹属	*Nandina* Thunb.
5	火棘属	*Pyracantha* M. Roem.
6	红千层属	*Callistemon* R. Br.
7	羊蹄甲属	*Bauhinia* L.
8	红花荷属	*Rhodoleia* Champ. ex hook

中华人民共和国植物新品种保护名录
（林草部分）（第七批）

（国家林业和草原局 2020 年第 22 号公布　自 2021 年 1 月 1 日起施行）

序号	种或者属名	拉丁学名（Latin name）
1	蓍属	*Achillea* L.
2	百子莲属	*Agapanthus* L' Hér.
3	冰草属	*Agropyron* Gaertn.
4	楤木属	*Aralia* L.
5	艾	*Artemisia argyi* Lévl. & Van.
6	落新妇属	*Astilbe* Buch. – Ham. ex D. Don
7	秋海棠属	*Begonia* L.
8	秋枫属	*Bischofia* Blume

续表

序号	种或者属名	拉丁学名（Latin name）
9	野海棠属	*Bredia* Blume
10	雀麦属	*Bromus* L.
11	舞春花属	*Calibrachoa* Cerv
12	夏蜡梅属	*Calycanthus* L.
13	薹草属	*Carex* L.
14	莸属	*Caryopteris* Bunge
15	卡特兰属	*Cattleya* Lindl.
16	蓝雪花属	*Ceratostigma* Bunge
17	菊属	*Chrysanthemum* L.
18	君子兰属	*Clivia* Lindl.
19	柏木属	*Cupressus* L.
20	青冈属	*Cyclobalanopsis* Oerst.
21	青钱柳属	*Cyclocarya* Iljinsk.
22	兰属	*Cymbidium* Sw
23	杓兰属	*Cypripedium* L.
24	大丽花属	*Dahlia* Cav.
25	石斛属	*Dendrobium* Sw.
26	溲疏属	*Deutzia* Thunb.
27	石竹属	*Dianthus* L.
28	油棕	*Elaeis gunieensis* Jacq.
29	木香薷	*Elsholtzia stauntonii* Benth.
30	披碱草属	*Elymus* L.
31	吊钟花属	*Enkianthus* Lour.
32	银钟花属	*Halesia* J. Ellis ex L.
33	向日葵属	*Helianthus* L.
34	铁筷子属	*Helleborus* L.
35	萱草属	*Hemerocallis* L.
36	刺榆属	*Hemiptelea* Planch.

续表

序号	种或者属名	拉丁学名（Latin name）
37	矾根属	*Heuchera* L.
38	凤仙花属	*Impatiens* L.
39	鸢尾属	*Iris* L.
40	薰衣草属	*Lavandula* L.
41	羊草	*Leymus chinensis*（Trin.）Tzvel.
42	补血草属	*Limonium* Mill.
43	羽扇豆属	*Lupinus* L.
44	澳洲坚果	*Macadamia integrifolia* Maiden & Betche
45	十大功劳属	*Mahonia* Nutt.
46	苜蓿属	*Medicago* L.
47	陀螺果属	*Melliodendron* Hand. – Mazz.
48	九里香属	*Murraya* J. Koenig
49	玉叶金花属	*Mussaenda* L.
50	牛至属	*Origanum* L.
51	兜兰属	*Paphiopedilum* Pfitzer
52	重楼属	*Paris* L.
53	银缕梅属	*Parrotia* C. A. Meyer
54	狼尾草属	*Pennisetum* Rich.
55	鳄梨	*Persea americana* Mill.
56	蝴蝶兰属	*Phalaenopsis* Blume
57	山梅花属	*Philadelphus* L.
58	余甘子	*Phyllanthus emblica* L.
59	风箱果属	*Physocarpus*（Cambess.）Raf.
60	马醉木属	*Pieris* D. Don
61	草地早熟禾	*Poa pratensis* L.
62	黄精属	*Polygonatum* Mill.
63	马齿苋属	*Portulaca* L.
64	报春花属	*Primula* L.
65	报春苣苔属	*Primulina* Hance

序号	种或者属名	拉丁学名（Latin name）
66	白辛树属	*Pterostyrax* Siebold & Zucc.
67	棕竹属	*Rhapis* L. f. ex Aiton
68	茶藨子属	*Ribes* L.
69	鼠尾草属	*Salvia* L.
70	无忧花属	*Saraca* L
71	黄芩属	*Scutellaria* L.
72	景天属	*Sedum* L.
73	白鹤芋属	*Spathiphyllum* Schott
74	安息香属	*Styrax* L.
75	车轴草属	*Trifolium* L.
76	雷公藤	*Tripterygium wilfordii* Hook. f.
77	万代兰属	*Vanda* Jones ex R. Br.
78	结缕草属	*Zoysia* Willd.

中华人民共和国植物新品种保护名录
（林草部分）（第八批）

（国家林业和草原局 2021 年第 21 号公布　自 2021 年 12 月 1 日起施行）

序号	种或者属名	拉丁学名（Latin name）
1	漆树属	*Toxicodendron* Mill.
2	黄檀属	*Dalbergia* L. f.
3	猕猴桃属	*Actinidia* Lindl.
4	芦竹属	*Arundo* L.
5	黄耆属	*Astragalus* L.
6	苍术	*Atractylodes lancea*（Thunb.）DC.
7	木蓝属	*Indigofera* L.
8	独蒜兰属	*Pleione* D. Don
9	虎耳草属	*Saxifraga* L.

第三部分

司法解释

1. 最高人民法院关于开展植物新品种
纠纷案件审判工作的通知

（2001 年 2 月 5 日法〔2001〕18 号公布）

各省、自治区、直辖市高级人民法院，解放军军事法院，新疆维吾尔自治区高级人民法院生产建设兵团分院：

《中华人民共和国植物新品种保护条例》已于 1997 年 10 月 1 日起施行。1999 年 4 月 23 日我国正式加入"国际植物新品种保护联盟（UPOV）"，承诺履行该联盟公约义务。1999 年 6 月 16 日和 8 月 10 日，《中华人民共和国植物新品种保护条例实施细则》的农业部分和林业部分也已经分别发布施行。农业部、国家林业局按照职责分工，已从 1999 年 4 月 23 日起受理国内外植物新品种权申请，并已对符合条件的申请授予了植物新品种权。对植物新品种权的司法保护，是国家法律赋予人民法院的一项新的审判职能，是人民法院知识产权审判工作的又一个新的领域。做好这项审判工作将有利于建立我国自己的植物新品种优势，为农业、林业的快速发展提供有力的司法保障。

为确保人民法院依法受理和公正审判涉久植物新品种保护的纠纷案件，最高人民法院发布了《关于审理植物新品种纠纷案件的若干问题的解释》。现将有关问题通知如下：

一、审判植物新品种纠纷案件是人民法院知识产权审判的一项新的工作，各高、中级人民法院要组织有关审判人员，认真学习和研究植物新品种保护国际公约和植物新品种保护条例、实施细则，以及最高人民法院的司法解释，熟悉、掌握相关的法学理论和专业知识，积极开展该领域的内外业务交流，及时总结审判经验，努力提高审判人员的业务素质和执法水平。

二、涉及植物新品种的纠纷案件，属于知识产权纠纷案件类别，应当按照最高人民法院法发〔2000〕30 号文件的规定，由相关的审判业务庭办理。

三、要主动与有关行政主管机关沟通情况，积极开展有关植物新品种纠纷的调研工作。对于社会影响重大、案情复杂、适用法律难度大的案件，要在查明事实的基础上，及时向最高人民法院通报情况。涉及植物新品种纠纷案件的终审裁决，应将法律文书及时报送最高人民法院民事审判第三庭。

2001 年 2 月 5 日

2. 最高人民法院关于审理植物新品种纠纷案件若干问题的解释

（2000 年 12 月 25 日由最高人民法院审判委员会第 1154 次会议通过 根据 2020 年 12 月 23 日最高人民法院审判委员会第 1823 次会议通过的《最高人民法院关于修改〈最高人民法院关于审理侵犯专利权纠纷案件应用法律若干问题的解释（二）〉等十八件知识产权类司法解释的决定》修正）

为依法受理和审判植物新品种纠纷案件，根据《中华人民共和国民法典》《中华人民共和国种子法》《中华人民共和国民事诉讼法》《中华人民共和国行政诉讼法》《全国人民代表大会常务委员会关于在北京、上海、广州设立知识产权法院的决定》和《全国人民代表大会常务委员会关于专利等知识产权案件诉讼程序若干问题的决定》的有关规定，现就有关问题解释如下：

第一条 人民法院受理的植物新品种纠纷案件主要包括以下几类：

（一）植物新品种申请驳回复审行政纠纷案件；

（二）植物新品种权无效行政纠纷案件；

（三）植物新品种权更名行政纠纷案件；

（四）植物新品种权强制许可纠纷案件；

（五）植物新品种权实施强制许可使用费纠纷案件；

（六）植物新品种申请权权属纠纷案件；

（七）植物新品种权权属纠纷案件；

（八）植物新品种申请权转让合同纠纷案件；

（九）植物新品种权转让合同纠纷案件；

（十）侵害植物新品种权纠纷案件；

（十一）假冒他人植物新品种权纠纷案件；

（十二）植物新品种培育人署名权纠纷案件；

（十三）植物新品种临时保护期使用费纠纷案件；

（十四）植物新品种行政处罚纠纷案件；

（十五）植物新品种行政复议纠纷案件；

（十六）植物新品种行政赔偿纠纷案件；

（十七）植物新品种行政奖励纠纷案件；

（十八）其他植物新品种权纠纷案件。

第二条 人民法院在依法审查当事人涉及植物新品种权的起诉时，只要符合《中华人民共和国民事诉讼法》第一百一十九条、《中华人民共和国行政诉讼法》第四十九条规定的民事案件或者行政案件的起诉条件，均应当依法予以受理。

第三条 本解释第一条所列第一至五类案件，由北京知识产权法院作为第一审人民法院审理；第六至十八类案件，由知识产权法院，各省、自治区、直辖市人民政府所在地和最高人民法院指定的中级人民法院作为第一审人民法院审理。

当事人对植物新品种纠纷民事、行政案件第一审判决、裁定不服，提起上诉的，由最高人民法院审理。

第四条 以侵权行为地确定人民法院管辖的侵害植物新品种权的民事案件，其所称的侵权行为地，是指未经品种权所有人许可，生产、繁殖或者销售该授权植物新品种的繁殖材料的所在地，或者为商业目的将该授权品种的繁殖材料重复使用于生产另一品种的繁殖材料的所在地。

第五条 关于植物新品种申请驳回复审行政纠纷案件、植物新品种权无效或者更名行政纠纷案件，应当以植物新品种审批机关为被告；关于植物新品种强制许可纠纷案件，应当以植物新品种审批机关为被告；关于实施强制许可使用费纠纷案件，应当根据原告所请求的事项和所起诉的当事人确定被告。

第六条 人民法院审理侵害植物新品种权纠纷案件，被告在答辩期间内向植物新品种审批机关请求宣告该植物新品种权无效的，人民法院一般不中止诉讼。

3. 最高人民法院关于审理侵害植物新品种权纠纷案件具体应用法律问题的若干规定

（2006 年 12 月 25 日由最高人民法院审判委员会第 1411 次会议通过　根据 2020 年 12 月 23 日最高人民法院审判委员会第 1823 次会议通过的《最高人民法院关于修改〈最高人民法院关于审理侵犯专利权纠纷案件应用法律若干问题的解释（二）〉等十八件知识产权类司法解释的决定》修正）

为正确处理侵害植物新品种权纠纷案件，根据《中华人民共和国民法典》《中华人民共和国种子法》《中华人民共和国民事诉讼法》《全国人民代表大会常务委员会关于在北京、上海、广州设立知识产权法院的决定》和《全国人民代表大会常务委员会关于专利等知识产权案件诉讼程序若干问题的决定》等有关规定，结合侵害植物新品种权纠纷案件的审判经验和实际情况，就具体应用法律的若干问题规定如下：

第一条　植物新品种权所有人（以下称品种权人）或者利害关系人认为植物新品种权受到侵害的，可以依法向人民法院提起诉讼。

前款所称利害关系人，包括植物新品种实施许可合同的被许可人、品种权财产权利的合法继承人等。

独占实施许可合同的被许可人可以单独向人民法院提起诉讼；排他实施许可合同的被许可人可以和品种权人共同起诉，也可以在品种权人不起诉时，自行提起诉讼；普通实施许可合同的被许可人经品种权人明确授权，可以提起诉讼。

第二条　未经品种权人许可，生产、繁殖或者销售授权品种的繁殖材料，或者为商业目的将授权品种的繁殖材料重复使用于生产另一品种的繁殖材料的，人民法院应当认定为侵害植物新品种权。

被诉侵权物的特征、特性与授权品种的特征、特性相同，或者特征、特性的不同是因非遗传变异所致的，人民法院一般应当认定被诉侵权物属于生产、繁殖或者销售授权品种的繁殖材料。

被诉侵权人重复以授权品种的繁殖材料为亲本与其他亲本另行繁殖的，人民法院一般应当认定属于为商业目的将授权品种的繁殖材料重复使用于生产另一品种的繁殖材料。

第三条　侵害植物新品种权纠纷案件涉及的专门性问题需要鉴定的，由双方当事人协商确定的有鉴定资格的鉴定机构、鉴定人鉴定；协商不成的，由人民法院指定的有鉴定资格的鉴定机构、鉴定人鉴定。

没有前款规定的鉴定机构、鉴定人的，由具有相应品种检测技术水平的专业机构、专业人员鉴定。

第四条　对于侵害植物新品种权纠纷案件涉及的专门性问题可以采取田间观察检测、基因指纹图谱检测等方法鉴定。

对采取前款规定方法作出的鉴定意见，人民法院应当依法质证，认定其证明力。

第五条　品种权人或者利害关系人向人民法院提起侵害植物新品种权诉讼前，可以提出行为保全或者证据保全请求，人民法院经审查作出裁定。

人民法院采取证据保全措施时，可以根据案件具体情况，邀请有关专业技术人员按照相应的技术规程协助取证。

第六条　人民法院审理侵害植物新品种权纠纷案件，应当依照民法典第一百七十九条、第一千一百八十五条、种子法第七十三条的规定，结合案件具体情况，判决侵权人承担停止侵害、赔偿损失等民事责任。

人民法院可以根据权利人的请求，按照权利人因被侵权所受实际损失或者侵权人因侵权所得利益确定赔偿数额。权利人的损失或者侵权人获得的利益难以确定的，可以参照该植物新品种权许可使用费的倍数合理确定。权利人为制止侵权行为所支付的合理开支应当另行计算。

依照前款规定难以确定赔偿数额的，人民法院可以综合考虑侵权的性质、期间、后果，植物新品种权许可使用费的数额，植物新品种实施许可的种类、时间、范围及权利人调查、制止侵权所支付的合理费用等因素，在300万元以下确定赔偿数额。

故意侵害他人植物新品种权，情节严重的，可以按照第二款确定数额的一倍以上三倍以下确定赔偿数额。

第七条　权利人和侵权人均同意将侵权物折价抵扣权利人所受损失的，人民法院应当准许。权利人或者侵权人不同意折价抵扣的，人民法院依照当事人的请求，责令侵权人对侵权物作消灭活性等使其不能再被用作繁殖材料的处理。

侵权物正处于生长期或者销毁侵权物将导致重大不利后果的，人民法院可以不采取责令销毁侵权物的方法，而判令其支付相应的合理费用。但法律、行政法规另有规定的除外。

第八条 以农业或者林业种植为业的个人、农村承包经营户接受他人委托代为繁殖侵害品种权的繁殖材料，不知道代繁物是侵害品种权的繁殖材料并说明委托人的，不承担赔偿责任。

4. 最高人民法院关于审理侵害植物新品种权纠纷案件具体应用法律问题的若干规定（二）

（法释〔2021〕14 号公布　自 2021 年 7 月 7 日起施行）

为正确审理侵害植物新品种权纠纷案件，根据《中华人民共和国民法典》《中华人民共和国种子法》《中华人民共和国民事诉讼法》等法律规定，结合审判实践，制定本规定。

第一条 植物新品种权（以下简称品种权）或者植物新品种申请权的共有人对权利行使有约定的，人民法院按照其约定处理。没有约定或者约定不明的，共有人主张其可以单独实施或者以普通许可方式许可他人实施的，人民法院应予支持。

共有人单独实施该品种权，其他共有人主张该实施收益在共有人之间分配的，人民法院不予支持，但是其他共有人有证据证明其不具备实施能力或者实施条件的除外。

共有人之一许可他人实施该品种权，其他共有人主张收取的许可费在共有人之间分配的，人民法院应予支持。

第二条 品种权转让未经国务院农业、林业主管部门登记、公告，受让人以品种权人名义提起侵害品种权诉讼的，人民法院不予受理。

第三条 受品种权保护的繁殖材料应当具有繁殖能力，且繁殖出的新个体与该授权品种的特征、特性相同。

前款所称的繁殖材料不限于以品种权申请文件所描述的繁殖方式获得的繁殖材料。

第四条　以广告、展陈等方式作出销售授权品种的繁殖材料的意思表示的，人民法院可以以销售行为认定处理。

第五条　种植授权品种的繁殖材料的，人民法院可以根据案件具体情况，以生产、繁殖行为认定处理。

第六条　品种权人或者利害关系人（以下合称权利人）举证证明被诉侵权品种繁殖材料使用的名称与授权品种相同的，人民法院可以推定该被诉侵权品种繁殖材料属于授权品种的繁殖材料；有证据证明不属于该授权品种的繁殖材料的，人民法院可以认定被诉侵权人构成假冒品种行为，并参照假冒注册商标行为的有关规定确定民事责任。

第七条　受托人、被许可人超出与品种权人约定的规模或者区域生产、繁殖授权品种的繁殖材料，或者超出与品种权人约定的规模销售授权品种的繁殖材料，品种权人请求判令受托人、被许可人承担侵权责任的，人民法院依法予以支持。

第八条　被诉侵权人知道或者应当知道他人实施侵害品种权的行为，仍然提供收购、存储、运输、以繁殖为目的的加工处理等服务或者提供相关证明材料等条件的，人民法院可以依据民法典第一千一百六十九条的规定认定为帮助他人实施侵权行为。

第九条　被诉侵权物既可以作为繁殖材料又可以作为收获材料，被诉侵权人主张被诉侵权物系作为收获材料用于消费而非用于生产、繁殖的，应当承担相应的举证责任。

第十条　授权品种的繁殖材料经品种权人或者经其许可的单位、个人售出后，权利人主张他人生产、繁殖、销售该繁殖材料构成侵权的，人民法院一般不予支持，但是下列情形除外：

（一）对该繁殖材料生产、繁殖后获得的繁殖材料进行生产、繁殖、销售；

（二）为生产、繁殖目的将该繁殖材料出口到不保护该品种所属植物属或者种的国家或者地区。

第十一条　被诉侵权人主张对授权品种进行的下列生产、繁殖行为属于科研活动的，人民法院应予支持：

（一）利用授权品种培育新品种；

（二）利用授权品种培育形成新品种后，为品种权申请、品种审定、品种登记需要而重复利用授权品种的繁殖材料。

第十二条　农民在其家庭农村土地承包经营合同约定的土地范围内自繁自用授权品种的繁殖材料，权利人对此主张构成侵权的，人民法院不予支持。

对前款规定以外的行为，被诉侵权人主张其行为属于种子法规定的农民自繁自用授权品种的繁殖材料的，人民法院应当综合考虑被诉侵权行为的目的、规模、是否营利等因素予以认定。

第十三条　销售不知道也不应当知道是未经品种权人许可而售出的被诉侵权品种繁殖材料，且举证证明具有合法来源的，人民法院可以不判令销售者承担赔偿责任，但应当判令其停止销售并承担权利人为制止侵权行为所支付的合理开支。

对于前款所称合法来源，销售者一般应当举证证明购货渠道合法、价格合理、存在实际的具体供货方、销售行为符合相关生产经营许可制度等。

第十四条　人民法院根据已经查明侵害品种权的事实，认定侵权行为成立的，可以先行判决停止侵害，并可以依据当事人的请求和具体案情，责令采取消灭活性等阻止被诉侵权物扩散、繁殖的措施。

第十五条　人民法院为确定赔偿数额，在权利人已经尽力举证，而与侵权行为相关的账簿、资料主要由被诉侵权人掌握的情况下，可以责令被诉侵权人提供与侵权行为相关的账簿、资料；被诉侵权人不提供或者提供虚假账簿、资料的，人民法院可以参考权利人的主张和提供的证据判定赔偿数额。

第十六条　被诉侵权人有抗拒保全或者擅自拆封、转移、毁损被保全物等举证妨碍行为，致使案件相关事实无法查明的，人民法院可以推定权利人就该证据所涉证明事项的主张成立。构成民事诉讼法第一百一十一条规定情形的，依法追究法律责任。

第十七条　除有关法律和司法解释规定的情形以外，以下情形也可以认定为侵权行为情节严重：

（一）因侵权被行政处罚或者法院裁判承担责任后，再次实施相同或者类似侵权行为；

（二）以侵害品种权为业；

（三）伪造品种权证书；

（四）以无标识、标签的包装销售授权品种；

（五）违反种子法第七十七条第一款第一项、第二项、第四项的规定；

（六）拒不提供被诉侵权物的生产、繁殖、销售和储存地点。

存在前款第一项至第五项情形的，在依法适用惩罚性赔偿时可以按照计算基数的二倍以上确定惩罚性赔偿数额。

第十八条　品种权终止后依法恢复权利，权利人要求实施品种权的单位或者个人支付终止期间实施品种权的费用的，人民法院可以参照有关品种权实施许可费，结合品种类型、种植时间、经营规模、当时的市场价值等因素合理确定。

第十九条　他人未经许可，自品种权初步审查合格公告之日起至被授予品种权之日止，生产、繁殖或者销售该授权品种的繁殖材料，或者为商业目的将该授权品种的繁殖材料重复使用于生产另一品种的繁殖材料，权利人对此主张追偿利益损失的，人民法院可以按照临时保护期使用费纠纷处理，并参照有关品种权实施许可费，结合品种类型、种植时间、经营规模、当时的市场价值等因素合理确定该使用费数额。

前款规定的被诉行为延续到品种授权之后，权利人对品种权临时保护期使用费和侵权损害赔偿均主张权利的，人民法院可以合并审理，但应当分别计算处理。

第二十条　侵害品种权纠纷案件涉及的专门性问题需要鉴定的，由当事人在相关领域鉴定人名录或者国务院农业、林业主管部门向人民法院推荐的鉴定人中协商确定；协商不成的，由人民法院从中指定。

第二十一条　对于没有基因指纹图谱等分子标记检测方法进行鉴定的品种，可以采用行业通用方法对授权品种与被诉侵权物的特征、特性进行同一性判断。

第二十二条　对鉴定意见有异议的一方当事人向人民法院申请复检、补充鉴定或者重新鉴定，但未提出合理理由和证据的，人民法院不予准许。

第二十三条　通过基因指纹图谱等分子标记检测方法进行鉴定，待测样品与对照样品的差异位点小于但接近临界值，被诉侵权人主张二者特征、特性不同的，应当承担举证责任；人民法院也可以根据当事人的申请，采取扩大检测位点进行加测或者提取授权品种标准样品进行测定等方法，并结合其他相关因素作出认定。

第二十四条　田间观察检测与基因指纹图谱等分子标记检测的结论不同的，人民法院应当以田间观察检测结论为准。

第二十五条　本规定自 2021 年 7 月 7 日起施行。本院以前发布的相关司法解释与本规定不一致的，按照本规定执行。

5. 最高人民法院关于进一步加强涉种子刑事审判工作的指导意见

(2022 年 3 月 2 日法〔2022〕66 号公布)

为深入贯彻落实中央关于种业振兴决策部署,依法惩治涉种子犯罪,全面净化种业市场,维护国家种源安全,加快种业振兴,根据有关法律规定,制定本意见。

一、切实提高政治站位,深刻认识进一步加强涉种子刑事审判工作的重要意义。农业现代化,种子是基础。党中央高度重视种业发展,把种源安全提升到关系国家安全的战略高度。种子制假售假和套牌侵权等违法犯罪,严重扰乱种业市场秩序,妨害种业健康发展,危害国家种源安全。各级人民法院要提高思想认识,不断增强工作责任感,提高涉种子刑事审判能力水平,提升案件审判质效。

二、充分发挥刑事审判职能作用,坚持依法从严惩处的基本要求。要依法加大对制假售假、套牌侵权和破坏种质资源等涉种子犯罪的惩处力度,重拳出击,形成震慑,有效维护种子生产经营者、使用者的合法权益,净化种业市场,维护国家种源安全,为种业健康发展提供有力刑事司法保障。

三、准确适用法律,依法严惩种子制假售假犯罪。对销售明知是假的或者失去使用效能的种子,或者生产者、销售者以不合格的种子冒充合格的种子,使生产遭受较大损失的,依照刑法第一百四十七条的规定以生产、销售伪劣种子罪定罪处罚。

对实施生产、销售伪劣种子行为,因无法认定使生产遭受较大损失等原因,不构成生产、销售伪劣种子罪,但是销售金额在五万元以上的,依照刑法第一百四十条的规定以生产、销售伪劣产品罪定罪处罚。同时构成假冒注册商标罪等其他犯罪的,依照处罚较重的规定定罪处罚。

四、立足现有罪名,依法严惩种子套牌侵权相关犯罪。假冒品种权以及未经许可或者超出委托规模生产、繁殖授权品种种子对外销售等种子套牌侵权行为,经常伴随假冒注册商标、侵犯商业秘密等其他犯罪行为。审理此类案件时要把握这一特点，立足刑法现有规定，通过依法适用与种子套牌侵权密切相关的假冒注册商标罪，销售假冒注册商标的商品罪，非法制造、销售非法制造的注册商标标识罪，侵犯商业秘密罪，为境外窃取、刺探、收买、非法提供商业秘密罪等罪名，实现对种子套牌侵权行为的依法惩处。同时，应当将种子套牌侵权行为作为从重处罚情节，加大对此类犯罪的惩处力度。

五、保护种质资源，依法严惩破坏种质资源犯罪。非法采集或者采伐天然种质资源，符合刑法第三百四十四条规定的，以危害国家重点保护植物罪定罪处罚。

在种质资源库、种质资源保护区或者种质资源保护地实施上述行为的，应当酌情从重处罚。

六、贯彻落实宽严相济的刑事政策，确保裁判效果。实施涉种子犯罪，具有下列情形之一的，应当酌情从重处罚：针对稻、小麦、玉米、棉花、大豆等主要农作物种子实施的，曾因涉种子犯罪受过刑事处罚的，二年内曾因涉种子违法行为受过行政处罚的，其他应当酌情从重处罚的情形。

对受雇佣或者受委托参与种子生产、繁殖的，要综合考虑社会危害程度、在共同犯罪中的地位作用、认罪悔罪表现等情节，准确适用刑罚。犯罪情节轻微的，可以依法免予刑事处罚；情节显著轻微危害不大的，不以犯罪论处。

七、依法解决鉴定难问题，准确认定伪劣种子。对是否属于假的、失去使用效能的或者不合格的种子，或者使生产遭受的损失难以确定的，可以依据具有法定资质的种子质量检验机构出具的鉴定意见、检验报告，农业农村、林业和草原主管部门出具的书面意见，农业农村主管部门所属的种子管理机构组织出具的田间现场鉴定书等，结合其他证据作出认定。

八、坚持多措并举，健全完善工作机制。各级人民法院要加强与农业农村主管部门、林业和草原主管部门、公安机关、检察机关等部门的协作配合，推动构建专业咨询和信息互通渠道，建立健全涉种子行政执法与刑事司法衔接长效工作机制，有效解决伪劣种子的认定，涉案物品的保管、移送和处理，案件信息共享等问题。

各级人民法院要延伸审判职能，参与综合治理。对涉种子刑事审判中发现的监管问题、违法犯罪线索，应当及时向有关单位进行通报，必要时应当发送司法建议，形成有效合力，实现源头治理，全面净化种业市场，积极推动种业健康发展。

6. 最高人民法院关于审理侵害知识产权民事案件适用惩罚性赔偿的解释

（法释〔2021〕4 号公布　自 2021 年 3 月 3 日起施行）

为正确实施知识产权惩罚性赔偿制度，依法惩处严重侵害知识产权行为，全面加强知识产权保护，根据《中华人民共和国民法典》《中华人民共和国著作权法》《中华人民共和国商标法》《中华人民共和国专利法》《中华人民共和国反不正当竞争法》《中华人民共和国种子法》《中华人民共和国民事诉讼法》等有关法律规定，结合审判实践，制定本解释。

第一条　原告主张被告故意侵害其依法享有的知识产权且情节严重，请求判令被告承担惩罚性赔偿责任的，人民法院应当依法审查处理。

本解释所称故意，包括商标法第六十三条第一款和反不正当竞争法第十七条第三款规定的恶意。

第二条　原告请求惩罚性赔偿的，应当在起诉时明确赔偿数额、计算方式以及所依据的事实和理由。

原告在一审法庭辩论终结前增加惩罚性赔偿请求的，人民法院应当准许；在二审中增加惩罚性赔偿请求的，人民法院可以根据当事人自愿的原则进行调解，调解不成的，告知当事人另行起诉。

第三条　对于侵害知识产权的故意的认定，人民法院应当综合考虑被侵害知识产权客体类型、权利状态和相关产品知名度、被告与原告或者利害关系人之间的关系等因素。

对于下列情形，人民法院可以初步认定被告具有侵害知识产权的故意：

（一）被告经原告或者利害关系人通知、警告后，仍继续实施侵权行为的；

（二）被告或其法定代表人、管理人是原告或者利害关系人的法定代表人、管理人、实际控制人的；

（三）被告与原告或者利害关系人之间存在劳动、劳务、合作、许可、经销、代理、代表等关系，且接触过被侵害的知识产权的；

（四）被告与原告或者利害关系人之间有业务往来或者为达成合同等进行

过磋商，且接触过被侵害的知识产权的；

（五）被告实施盗版、假冒注册商标行为的；

（六）其他可以认定为故意的情形。

第四条　对于侵害知识产权情节严重的认定，人民法院应当综合考虑侵权手段、次数，侵权行为的持续时间、地域范围、规模、后果，侵权人在诉讼中的行为等因素。

被告有下列情形的，人民法院可以认定为情节严重：

（一）因侵权被行政处罚或者法院裁判承担责任后，再次实施相同或者类似侵权行为；

（二）以侵害知识产权为业；

（三）伪造、毁坏或者隐匿侵权证据；

（四）拒不履行保全裁定；

（五）侵权获利或者权利人受损巨大；

（六）侵权行为可能危害国家安全、公共利益或者人身健康；

（七）其他可以认定为情节严重的情形。

第五条　人民法院确定惩罚性赔偿数额时，应当分别依照相关法律，以原告实际损失数额、被告违法所得数额或者因侵权所获得的利益作为计算基数。该基数不包括原告为制止侵权所支付的合理开支；法律另有规定的，依照其规定。

前款所称实际损失数额、违法所得数额、因侵权所获得的利益均难以计算的，人民法院依法参照该权利许可使用费的倍数合理确定，并以此作为惩罚性赔偿数额的计算基数。

人民法院依法责令被告提供其掌握的与侵权行为相关的账簿、资料，被告无正当理由拒不提供或者提供虚假账簿、资料的，人民法院可以参考原告的主张和证据确定惩罚性赔偿数额的计算基数。构成民事诉讼法第一百一十一条规定情形的，依法追究法律责任。

第六条　人民法院依法确定惩罚性赔偿的倍数时，应当综合考虑被告主观过错程度、侵权行为的情节严重程度等因素。

因同一侵权行为已经被处以行政罚款或者刑事罚金且执行完毕，被告主张减免惩罚性赔偿责任的，人民法院不予支持，但在确定前款所称倍数时可以综合考虑。

第七条 本解释自 2021 年 3 月 3 日起施行。最高人民法院以前发布的相关司法解释与本解释不一致的，以本解释为准。

7. 最高人民法院关于知识产权
民事诉讼证据的若干规定

（法释〔2020〕12 号公布　自 2020 年 11 月 18 日起施行）

为保障和便利当事人依法行使诉讼权利，保证人民法院公正、及时审理知识产权民事案件，根据《中华人民共和国民事诉讼法》等有关法律规定，结合知识产权民事审判实际，制定本规定。

第一条 知识产权民事诉讼当事人应当遵循诚信原则，依照法律及司法解释的规定，积极、全面、正确、诚实地提供证据。

第二条 当事人对自己提出的主张，应当提供证据加以证明。根据案件审理情况，人民法院可以适用民事诉讼法第六十五条第二款的规定，根据当事人的主张及待证事实、当事人的证据持有情况、举证能力等，要求当事人提供有关证据。

第三条 专利方法制造的产品不属于新产品的，侵害专利权纠纷的原告应当举证证明下列事实：

（一）被告制造的产品与使用专利方法制造的产品属于相同产品；

（二）被告制造的产品经由专利方法制造的可能性较大；

（三）原告为证明被告使用了专利方法尽到合理努力。

原告完成前款举证后，人民法院可以要求被告举证证明其产品制造方法不同于专利方法。

第四条 被告依法主张合法来源抗辩的，应当举证证明合法取得被诉侵权产品、复制品的事实，包括合法的购货渠道、合理的价格和直接的供货方等。

被告提供的被诉侵权产品、复制品来源证据与其合理注意义务程度相当的，可以认定其完成前款所称举证，并推定其不知道被诉侵权产品、复制品侵害知识产权。被告的经营规模、专业程度、市场交易习惯等，可以作为确定其合理注意义务的证据。

第五条　提起确认不侵害知识产权之诉的原告应当举证证明下列事实：

（一）被告向原告发出侵权警告或者对原告进行侵权投诉；

（二）原告向被告发出诉权行使催告及催告时间、送达时间；

（三）被告未在合理期限内提起诉讼。

第六条　对于未在法定期限内提起行政诉讼的行政行为所认定的基本事实，或者行政行为认定的基本事实已为生效裁判所确认的部分，当事人在知识产权民事诉讼中无须再证明，但有相反证据足以推翻的除外。

第七条　权利人为发现或者证明知识产权侵权行为，自行或者委托他人以普通购买者的名义向被诉侵权人购买侵权物品所取得的实物、票据等可以作为起诉被诉侵权人侵权的证据。

被诉侵权人基于他人行为而实施侵害知识产权行为所形成的证据，可以作为权利人起诉其侵权的证据，但被诉侵权人仅基于权利人的取证行为而实施侵害知识产权行为的除外。

第八条　中华人民共和国领域外形成的下列证据，当事人仅以该证据未办理公证、认证等证明手续为由提出异议的，人民法院不予支持：

（一）已为发生法律效力的人民法院裁判所确认的；

（二）已为仲裁机构生效裁决所确认的；

（三）能够从官方或者公开渠道获得的公开出版物、专利文献等；

（四）有其他证据能够证明真实性的。

第九条　中华人民共和国领域外形成的证据，存在下列情形之一的，当事人仅以该证据未办理认证手续为由提出异议的，人民法院不予支持：

（一）提出异议的当事人对证据的真实性明确认可的；

（二）对方当事人提供证人证言对证据的真实性予以确认，且证人明确表示如作伪证愿意接受处罚的。

前款第二项所称证人作伪证，构成民事诉讼法第一百一十一条规定情形的，人民法院依法处理。

第十条　在一审程序中已经根据民事诉讼法第五十九条、第二百六十四条的规定办理授权委托书公证、认证或者其他证明手续的，在后续诉讼程序中，人民法院可以不再要求办理该授权委托书的上述证明手续。

第十一条　人民法院对于当事人或者利害关系人的证据保全申请，应当结合下列因素进行审查：

（一）申请人是否已就其主张提供初步证据；

（二）证据是否可以由申请人自行收集；

（三）证据灭失或者以后难以取得的可能性及其对证明待证事实的影响；

（四）可能采取的保全措施对证据持有人的影响。

第十二条　人民法院进行证据保全，应当以有效固定证据为限，尽量减少对保全标的物价值的损害和对证据持有人正常生产经营的影响。

证据保全涉及技术方案的，可以采取制作现场勘验笔录、绘图、拍照、录音、录像、复制设计和生产图纸等保全措施。

第十三条　当事人无正当理由拒不配合或者妨害证据保全，致使无法保全证据的，人民法院可以确定由其承担不利后果。构成民事诉讼法第一百一十一条规定情形的，人民法院依法处理。

第十四条　对于人民法院已经采取保全措施的证据，当事人擅自拆装证据实物、篡改证据材料或者实施其他破坏证据的行为，致使证据不能使用的，人民法院可以确定由其承担不利后果。构成民事诉讼法第一百一十一条规定情形的，人民法院依法处理。

第十五条　人民法院进行证据保全，可以要求当事人或者诉讼代理人到场，必要时可以根据当事人的申请通知有专门知识的人到场，也可以指派技术调查官参与证据保全。

证据为案外人持有的，人民法院可以对其持有的证据采取保全措施。

第十六条　人民法院进行证据保全，应当制作笔录、保全证据清单，记录保全时间、地点、实施人、在场人、保全经过、保全标的物状态，由实施人、在场人签名或者盖章。有关人员拒绝签名或者盖章的，不影响保全的效力，人民法院可以在笔录上记明并拍照、录像。

第十七条　被申请人对证据保全的范围、措施、必要性等提出异议并提供相关证据，人民法院经审查认为异议理由成立的，可以变更、终止、解除证据保全。

第十八条　申请人放弃使用被保全证据，但被保全证据涉及案件基本事实查明或者其他当事人主张使用的，人民法院可以对该证据进行审查认定。

第十九条　人民法院可以对下列待证事实的专门性问题委托鉴定：

（一）被诉侵权技术方案与专利技术方案、现有技术的对应技术特征在手段、功能、效果等方面的异同；

（二）被诉侵权作品与主张权利的作品的异同；

（三）当事人主张的商业秘密与所属领域已为公众所知悉的信息的异同、被诉侵权的信息与商业秘密的异同；

（四）被诉侵权物与授权品种在特征、特性方面的异同，其不同是否因非遗传变异所致；

（五）被诉侵权集成电路布图设计与请求保护的集成电路布图设计的异同；

（六）合同涉及的技术是否存在缺陷；

（七）电子数据的真实性、完整性；

（八）其他需要委托鉴定的专门性问题。

第二十条 经人民法院准许或者双方当事人同意，鉴定人可以将鉴定所涉部分检测事项委托其他检测机构进行检测，鉴定人对根据检测结果出具的鉴定意见承担法律责任。

第二十一条 鉴定业务领域未实行鉴定人和鉴定机构统一登记管理制度的，人民法院可以依照《最高人民法院关于民事诉讼证据的若干规定》第三十二条规定的鉴定人选任程序，确定具有相应技术水平的专业机构、专业人员鉴定。

第二十二条 人民法院应当听取各方当事人意见，并结合当事人提出的证据确定鉴定范围。鉴定过程中，一方当事人申请变更鉴定范围，对方当事人无异议的，人民法院可以准许。

第二十三条 人民法院应当结合下列因素对鉴定意见进行审查：

（一）鉴定人是否具备相应资格；

（二）鉴定人是否具备解决相关专门性问题应有的知识、经验及技能；

（三）鉴定方法和鉴定程序是否规范，技术手段是否可靠；

（四）送检材料是否经过当事人质证且符合鉴定条件；

（五）鉴定意见的依据是否充分；

（六）鉴定人有无应当回避的法定事由；

（七）鉴定人在鉴定过程中有无徇私舞弊或者其他影响公正鉴定的情形。

第二十四条 承担举证责任的当事人书面申请人民法院责令控制证据的对方当事人提交证据，申请理由成立的，人民法院应当作出裁定，责令其提交。

第二十五条 人民法院依法要求当事人提交有关证据，其无正当理由拒不提交、提交虚假证据、毁灭证据或者实施其他致使证据不能使用行为的，人民法院可以推定对方当事人就该证据所涉证明事项的主张成立。

当事人实施前款所列行为，构成民事诉讼法第一百一十一条规定情形的，人民法院依法处理。

第二十六条 证据涉及商业秘密或者其他需要保密的商业信息的，人民法院应当在相关诉讼参与人接触该证据前，要求其签订保密协议、作出保密承诺，或者以裁定等法律文书责令其不得出于本案诉讼之外的任何目的披露、使用、允许他人使用在诉讼程序中接触到的秘密信息。

当事人申请对接触前款所称证据的人员范围作出限制，人民法院经审查认为确有必要的，应当准许。

第二十七条 证人应当出庭作证，接受审判人员及当事人的询问。

双方当事人同意并经人民法院准许，证人不出庭的，人民法院应当组织当事人对该证人证言进行质证。

第二十八条 当事人可以申请有专门知识的人出庭，就专业问题提出意见。经法庭准许，当事人可以对有专门知识的人进行询问。

第二十九条 人民法院指派技术调查官参与庭前会议、开庭审理的，技术调查官可以就案件所涉技术问题询问当事人、诉讼代理人、有专门知识的人、证人、鉴定人、勘验人等。

第三十条 当事人对公证文书提出异议，并提供相反证据足以推翻的，人民法院对该公证文书不予采纳。

当事人对公证文书提出异议的理由成立的，人民法院可以要求公证机构出具说明或者补正，并结合其他相关证据对该公证文书进行审核认定。

第三十一条 当事人提供的财务账簿、会计凭证、销售合同、进出货单据、上市公司年报、招股说明书、网站或者宣传册等有关记载，设备系统存储的交易数据，第三方平台统计的商品流通数据，评估报告，知识产权许可使用合同以及市场监管、税务、金融部门的记录等，可以作为证据，用以证明当事人主张的侵害知识产权赔偿数额。

第三十二条 当事人主张参照知识产权许可使用费的合理倍数确定赔偿数额的，人民法院可以考量下列因素对许可使用费证据进行审核认定：

（一）许可使用费是否实际支付及支付方式，许可使用合同是否实际履行或者备案；

（二）许可使用的权利内容、方式、范围、期限；

（三）被许可人与许可人是否存在利害关系；

（四）行业许可的通常标准。

第三十三条 本规定自 2020 年 11 月 18 日起施行。本院以前发布的相关司法解释与本规定不一致的，以本规定为准。

8. 最高人民法院关于依法加大知识产权侵权行为惩治力度的意见

（2020 年 9 月 14 日法发〔2020〕33 号公布）

为公正审理案件，依法加大对知识产权侵权行为的惩治力度，有效阻遏侵权行为，营造良好的法治化营商环境，结合知识产权审判实际，制定如下意见。

一、加强适用保全措施

1. 对于侵害或者即将侵害涉及核心技术、知名品牌、热播节目等知识产权以及在展会上侵害或者即将侵害知识产权等将会造成难以弥补的损害的行为，权利人申请行为保全的，人民法院应当依法及时审查并作出裁定。

2. 权利人在知识产权侵权诉讼中既申请停止侵权的先行判决，又申请行为保全的，人民法院应当依法一并及时审查。

3. 权利人有初步证据证明存在侵害知识产权行为且证据可能灭失或者以后难以取得的情形，申请证据保全的，人民法院应当依法及时审查并作出裁定。涉及较强专业技术问题的证据保全，可以由技术调查官参与。

4. 对于已经被采取保全措施的被诉侵权产品或者其他证据，被诉侵权人擅自毁损、转移等，致使侵权事实无法查明的，人民法院可以推定权利人就该证据所涉证明事项的主张成立。属于法律规定的妨害诉讼情形的，依法采取强制措施。

二、依法判决停止侵权

5. 对于侵权事实已经清楚、能够认定侵权成立的，人民法院可以依法先行判决停止侵权。

6. 对于假冒、盗版商品及主要用于生产或者制造假冒、盗版商品的材料和工具，权利人在民事诉讼中举证证明存在上述物品并请求迅速销毁的，除特殊情况外，人民法院应予支持。在特殊情况下，人民法院可以责令在商业渠道之外处置主要用于生产或者制造假冒、盗版商品的材料和工具，尽可能减少进一步侵权的风险；侵权人请求补偿的，人民法院不予支持。

三、依法加大赔偿力度

7. 人民法院应当充分运用举证妨碍、调查取证、证据保全、专业评估、经济分析等制度和方法，引导当事人积极、全面、正确、诚实举证，提高损害赔偿数额计算的科学性和合理性，充分弥补权利人损失。

8. 人民法院应当积极运用当事人提供的来源于工商税务部门、第三方商业平台、侵权人网站、宣传资料或者依法披露文件的相关数据以及行业平均利润率等，依法确定侵权获利情况。

9. 权利人依法请求根据侵权获利确定赔偿数额且已举证的，人民法院可以责令侵权人提供其掌握的侵权获利证据；侵权人无正当理由拒不提供或者未按要求提供的，人民法院可以根据权利人的主张和在案证据判定赔偿数额。

10. 对于故意侵害他人知识产权，情节严重的，依法支持权利人的惩罚性赔偿请求，充分发挥惩罚性赔偿对于故意侵权行为的威慑作用。

11. 人民法院应当依法合理确定法定赔偿数额。侵权行为造成权利人重大损失或者侵权人获利巨大的，为充分弥补权利人损失，有效阻遏侵权行为，人民法院可以根据权利人的请求，以接近或者达到最高限额确定法定赔偿数额。

人民法院在从高确定法定赔偿数额时应当考虑的因素包括：侵权人是否存在侵权故意，是否主要以侵权为业，是否存在重复侵权，侵权行为是否持续时间长，是否涉及区域广，是否可能危害人身安全、破坏环境资源或者损害公共利益等。

12. 权利人在二审程序中请求将新增的为制止侵权行为所支付的合理开支纳入赔偿数额的，人民法院可以一并审查。

13. 人民法院应当综合考虑案情复杂程度、工作专业性和强度、行业惯例、当地政府指导价等因素，根据权利人提供的证据，合理确定权利人请求赔偿的律师费用。

四、加大刑事打击力度

14. 通过网络销售实施侵犯知识产权犯罪的非法经营数额、违法所得数额，应当综合考虑网络销售电子数据、银行账户往来记录、送货单、物流公司电脑系统记录、证人证言、被告人供述等证据认定。

15. 对于主要以侵犯知识产权为业、在特定期间假冒抢险救灾、防疫物资等商品的注册商标以及因侵犯知识产权受到行政处罚后再次侵犯知识产权构成犯罪的情形，依法从重处罚，一般不适用缓刑。

16. 依法严格追缴违法所得，加强罚金刑的适用，剥夺犯罪分子再次侵犯知识产权的能力和条件。

最高人民法院

2020 年 9 月 14 日

9. 最高人民法院关于审理侵犯商业秘密民事案件适用法律若干问题的规定

（法释〔2020〕7 号公布　自 2020 年 9 月 12 日起施行）

为正确审理侵犯商业秘密民事案件，根据《中华人民共和国反不正当竞争法》《中华人民共和国民事诉讼法》等有关法律规定，结合审判实际，制定本规定。

第一条　与技术有关的结构、原料、组分、配方、材料、样品、样式、植物新品种繁殖材料、工艺、方法或其步骤、算法、数据、计算机程序及其有关文档等信息，人民法院可以认定构成反不正当竞争法第九条第四款所称的技术信息。

与经营活动有关的创意、管理、销售、财务、计划、样本、招投标材料、客户信息、数据等信息，人民法院可以认定构成反不正当竞争法第九条第四款所称的经营信息。

前款所称的客户信息，包括客户的名称、地址、联系方式以及交易习惯、意向、内容等信息。

第二条　当事人仅以与特定客户保持长期稳定交易关系为由，主张该特定客户属于商业秘密的，人民法院不予支持。

客户基于对员工个人的信赖而与该员工所在单位进行交易，该员工离职后，能够证明客户自愿选择与该员工或者该员工所在的新单位进行交易的，人民法院应当认定该员工没有采用不正当手段获取权利人的商业秘密。

第三条　权利人请求保护的信息在被诉侵权行为发生时不为所属领域的相

关人员普遍知悉和容易获得的，人民法院应当认定为反不正当竞争法第九条第四款所称的不为公众所知悉。

第四条 具有下列情形之一的，人民法院可以认定有关信息为公众所知悉：

（一）该信息在所属领域属于一般常识或者行业惯例的；

（二）该信息仅涉及产品的尺寸、结构、材料、部件的简单组合等内容，所属领域的相关人员通过观察上市产品即可直接获得的；

（三）该信息已经在公开出版物或者其他媒体上公开披露的；

（四）该信息已通过公开的报告会、展览等方式公开的；

（五）所属领域的相关人员从其他公开渠道可以获得该信息的。

将为公众所知悉的信息进行整理、改进、加工后形成的新信息，符合本规定第三条规定的，应当认定该新信息不为公众所知悉。

第五条 权利人为防止商业秘密泄露，在被诉侵权行为发生以前所采取的合理保密措施，人民法院应当认定为反不正当竞争法第九条第四款所称的相应保密措施。

人民法院应当根据商业秘密及其载体的性质、商业秘密的商业价值、保密措施的可识别程度、保密措施与商业秘密的对应程度以及权利人的保密意愿等因素，认定权利人是否采取了相应保密措施。

第六条 具有下列情形之一，在正常情况下足以防止商业秘密泄露的，人民法院应当认定权利人采取了相应保密措施：

（一）签订保密协议或者在合同中约定保密义务的；

（二）通过章程、培训、规章制度、书面告知等方式，对能够接触、获取商业秘密的员工、前员工、供应商、客户、来访者等提出保密要求的；

（三）对涉密的厂房、车间等生产经营场所限制来访者或者进行区分管理的；

（四）以标记、分类、隔离、加密、封存、限制能够接触或者获取的人员范围等方式，对商业秘密及其载体进行区分和管理的；

（五）对能够接触、获取商业秘密的计算机设备、电子设备、网络设备、存储设备、软件等，采取禁止或者限制使用、访问、存储、复制等措施的；

（六）要求离职员工登记、返还、清除、销毁其接触或者获取的商业秘密及其载体，继续承担保密义务的；

（七）采取其他合理保密措施的。

第七条　权利人请求保护的信息因不为公众所知悉而具有现实的或者潜在的商业价值的，人民法院经审查可以认定为反不正当竞争法第九条第四款所称的具有商业价值。

生产经营活动中形成的阶段性成果符合前款规定的，人民法院经审查可以认定该成果具有商业价值。

第八条　被诉侵权人以违反法律规定或者公认的商业道德的方式获取权利人的商业秘密的，人民法院应当认定属于反不正当竞争法第九条第一款所称的以其他不正当手段获取权利人的商业秘密。

第九条　被诉侵权人在生产经营活动中直接使用商业秘密，或者对商业秘密进行修改、改进后使用，或者根据商业秘密调整、优化、改进有关生产经营活动的，人民法院应当认定属于反不正当竞争法第九条所称的使用商业秘密。

第十条　当事人根据法律规定或者合同约定所承担的保密义务，人民法院应当认定属于反不正当竞争法第九条第一款所称的保密义务。

当事人未在合同中约定保密义务，但根据诚信原则以及合同的性质、目的、缔约过程、交易习惯等，被诉侵权人知道或者应当知道其获取的信息属于权利人的商业秘密的，人民法院应当认定被诉侵权人对其获取的商业秘密承担保密义务。

第十一条　法人、非法人组织的经营、管理人员以及具有劳动关系的其他人员，人民法院可以认定为反不正当竞争法第九条第三款所称的员工、前员工。

第十二条　人民法院认定员工、前员工是否有渠道或者机会获取权利人的商业秘密，可以考虑与其有关的下列因素：

（一）职务、职责、权限；

（二）承担的本职工作或者单位分配的任务；

（三）参与和商业秘密有关的生产经营活动的具体情形；

（四）是否保管、使用、存储、复制、控制或者以其他方式接触、获取商业秘密及其载体；

（五）需要考虑的其他因素。

第十三条　被诉侵权信息与商业秘密不存在实质性区别的，人民法院可以认定被诉侵权信息与商业秘密构成反不正当竞争法第三十二条第二款所称的实质上相同。

人民法院认定是否构成前款所称的实质上相同，可以考虑下列因素：

（一）被诉侵权信息与商业秘密的异同程度；

（二）所属领域的相关人员在被诉侵权行为发生时是否容易想到被诉侵权信息与商业秘密的区别；

（三）被诉侵权信息与商业秘密的用途、使用方式、目的、效果等是否具有实质性差异；

（四）公有领域中与商业秘密相关信息的情况；

（五）需要考虑的其他因素。

第十四条 通过自行开发研制或者反向工程获得被诉侵权信息的，人民法院应当认定不属于反不正当竞争法第九条规定的侵犯商业秘密行为。

前款所称的反向工程，是指通过技术手段对从公开渠道取得的产品进行拆卸、测绘、分析等而获得该产品的有关技术信息。

被诉侵权人以不正当手段获取权利人的商业秘密后，又以反向工程为由主张未侵犯商业秘密的，人民法院不予支持。

第十五条 被申请人试图或者已经以不正当手段获取、披露、使用或者允许他人使用权利人所主张的商业秘密，不采取行为保全措施会使判决难以执行或者造成当事人其他损害，或者将会使权利人的合法权益受到难以弥补的损害的，人民法院可以依法裁定采取行为保全措施。

前款规定的情形属于民事诉讼法第一百条、第一百零一条所称情况紧急的，人民法院应当在四十八小时内作出裁定。

第十六条 经营者以外的其他自然人、法人和非法人组织侵犯商业秘密，权利人依据反不正当竞争法第十七条的规定主张侵权人应当承担的民事责任的，人民法院应予支持。

第十七条 人民法院对于侵犯商业秘密行为判决停止侵害的民事责任时，停止侵害的时间一般应当持续到该商业秘密已为公众所知悉时为止。

依照前款规定判决停止侵害的时间明显不合理的，人民法院可以在依法保护权利人的商业秘密竞争优势的情况下，判决侵权人在一定期限或者范围内停止使用该商业秘密。

第十八条 权利人请求判决侵权人返还或者销毁商业秘密载体，清除其控制的商业秘密信息的，人民法院一般应予支持。

第十九条 因侵权行为导致商业秘密为公众所知悉的，人民法院依法确定赔偿数额时，可以考虑商业秘密的商业价值。

人民法院认定前款所称的商业价值，应当考虑研究开发成本、实施该项商业秘密的收益、可得利益、可保持竞争优势的时间等因素。

第二十条 权利人请求参照商业秘密许可使用费确定因被侵权所受到的实际损失的，人民法院可以根据许可的性质、内容、实际履行情况以及侵权行为的性质、情节、后果等因素确定。

人民法院依照反不正当竞争法第十七条第四款确定赔偿数额的，可以考虑商业秘密的性质、商业价值、研究开发成本、创新程度、能带来的竞争优势以及侵权人的主观过错、侵权行为的性质、情节、后果等因素。

第二十一条 对于涉及当事人或者案外人的商业秘密的证据、材料，当事人或者案外人书面申请人民法院采取保密措施的，人民法院应当在保全、证据交换、质证、委托鉴定、询问、庭审等诉讼活动中采取必要的保密措施。

违反前款所称的保密措施的要求，擅自披露商业秘密或者在诉讼活动之外使用或者允许他人使用在诉讼中接触、获取的商业秘密的，应当依法承担民事责任。构成民事诉讼法第一百一十一条规定情形的，人民法院可以依法采取强制措施。构成犯罪的，依法追究刑事责任。

第二十二条 人民法院审理侵犯商业秘密民事案件时，对在侵犯商业秘密犯罪刑事诉讼程序中形成的证据，应当按照法定程序，全面、客观地审查。

由公安机关、检察机关或者人民法院保存的与被诉侵权行为具有关联性的证据，侵犯商业秘密民事案件的当事人及其诉讼代理人因客观原因不能自行收集，申请调查收集的，人民法院应当准许，但可能影响正在进行的刑事诉讼程序的除外。

第二十三条 当事人主张依据生效刑事裁判认定的实际损失或者违法所得确定涉及同一侵犯商业秘密行为的民事案件赔偿数额的，人民法院应予支持。

第二十四条 权利人已经提供侵权人因侵权所获得的利益的初步证据，但与侵犯商业秘密行为相关的账簿、资料由侵权人掌握的，人民法院可以根据权利人的申请，责令侵权人提供该账簿、资料。侵权人无正当理由拒不提供或者不如实提供的，人民法院可以根据权利人的主张和提供的证据认定侵权人因侵权所获得的利益。

第二十五条 当事人以涉及同一被诉侵犯商业秘密行为的刑事案件尚未审结为由，请求中止审理侵犯商业秘密民事案件，人民法院在听取当事人意见后认为必须以该刑事案件的审理结果为依据的，应予支持。

第二十六条 对于侵犯商业秘密行为，商业秘密独占使用许可合同的被许可人提起诉讼的，人民法院应当依法受理。

排他使用许可合同的被许可人和权利人共同提起诉讼，或者在权利人不起诉的情况下自行提起诉讼的，人民法院应当依法受理。

普通使用许可合同的被许可人和权利人共同提起诉讼，或者经权利人书面授权单独提起诉讼的，人民法院应当依法受理。

第二十七条 权利人应当在一审法庭辩论结束前明确所主张的商业秘密具体内容。仅能明确部分的，人民法院对该明确的部分进行审理。

权利人在第二审程序中另行主张其在一审中未明确的商业秘密具体内容的，第二审人民法院可以根据当事人自愿的原则就与该商业秘密具体内容有关的诉讼请求进行调解；调解不成的，告知当事人另行起诉。双方当事人均同意由第二审人民法院一并审理的，第二审人民法院可以一并裁判。

第二十八条 人民法院审理侵犯商业秘密民事案件，适用被诉侵权行为发生时的法律。被诉侵权行为在法律修改之前已经发生且持续到法律修改之后的，适用修改后的法律。

第二十九条 本规定自 2020 年 9 月 12 日起施行。最高人民法院以前发布的相关司法解释与本规定不一致的，以本规定为准。

本规定施行后，人民法院正在审理的一审、二审案件适用本规定；施行前已经作出生效裁判的案件，不适用本规定再审。

10. 关于审理涉电子商务平台
知识产权民事案件的指导意见

(2020 年 9 月 10 日法发〔2020〕32 号公布)

为公正审理涉电子商务平台知识产权民事案件，依法保护电子商务领域各方主体的合法权益，促进电子商务平台经营活动规范、有序、健康发展，结合知识产权审判实际，制定本指导意见。

一、人民法院审理涉电子商务平台知识产权纠纷案件，应当坚持严格保护知识产权的原则，依法惩治通过电子商务平台提供假冒、盗版等侵权商品或者服务的行为，积极引导当事人遵循诚实信用原则，依法正当行使权利，并妥善处理好知识产权权利人、电子商务平台经营者、平台内经营者等各方主体之间的关系。

二、人民法院审理涉电子商务平台知识产权纠纷案件，应当依照《中华人民共和国电子商务法》（以下简称电子商务法）第九条的规定，认定有关当事人是否属于电子商务平台经营者或者平台内经营者。

人民法院认定电子商务平台经营者的行为是否属于开展自营业务，可以考量下列因素：商品销售页面上标注的"自营"信息；商品实物上标注的销售主体信息；发票等交易单据上标注的销售主体信息等。

三、电子商务平台经营者知道或者应当知道平台内经营者侵害知识产权的，应当根据权利的性质、侵权的具体情形和技术条件，以及构成侵权的初步证据、服务类型，及时采取必要措施。采取的必要措施应当遵循合理审慎的原则，包括但不限于删除、屏蔽、断开链接等下架措施。平台内经营者多次、故意侵害知识产权的，电子商务平台经营者有权采取终止交易和服务的措施。

四、依据电子商务法第四十一条、第四十二条、第四十三条的规定，电子商务平台经营者可以根据知识产权权利类型、商品或者服务的特点等，制定平台内通知与声明机制的具体执行措施。但是，有关措施不能对当事人依法维护权利的行为设置不合理的条件或者障碍。

五、知识产权权利人依据电子商务法第四十二条的规定，向电子商务平台经营者发出的通知一般包括：知识产权权利证明及权利人的真实身份信息；能够实现准确定位的被诉侵权商品或者服务信息；构成侵权的初步证据；通知真实性的书面保证等。通知应当采取书面形式。

通知涉及专利权的，电子商务平台经营者可以要求知识产权权利人提交技术特征或者设计特征对比的说明、实用新型或者外观设计专利权评价报告等材料。

六、人民法院认定通知人是否具有电子商务法第四十二条第三款所称的"恶意"，可以考量下列因素：提交伪造、变造的权利证明；提交虚假侵权对比的鉴定意见、专家意见；明知权利状态不稳定仍发出通知；明知通知错误仍不及时撤回或者更正；反复提交错误通知等。

电子商务平台经营者、平台内经营者以错误通知、恶意发出错误通知造成其损害为由，向人民法院提起诉讼的，可以与涉电子商务平台知识产权纠纷案件一并审理。

七、平台内经营者依据电子商务法第四十三条的规定，向电子商务平台经营者提交的不存在侵权行为的声明一般包括：平台内经营者的真实身份信息；能够实现准确定位、要求终止必要措施的商品或者服务信息；权属证明、授权证明等不存在侵权行为的初步证据；声明真实性的书面保证等。声明应当采取书面形式。

声明涉及专利权的，电子商务平台经营者可以要求平台内经营者提交技术特征或者设计特征对比的说明等材料。

八、人民法院认定平台内经营者发出声明是否具有恶意，可以考量下列因素：提供伪造或者无效的权利证明、授权证明；声明包含虚假信息或者具有明显误导性；通知已经附有认定侵权的生效裁判或者行政处理决定，仍发出声明；明知声明内容错误，仍不及时撤回或者更正等。

九、因情况紧急，电子商务平台经营者不立即采取商品下架等措施将会使其合法利益受到难以弥补的损害的，知识产权权利人可以依据《中华人民共和国民事诉讼法》第一百条、第一百零一条的规定，向人民法院申请采取保全措施。

因情况紧急，电子商务平台经营者不立即恢复商品链接、通知人不立即撤回通知或者停止发送通知等行为将会使其合法利益受到难以弥补的损害的，平台内经营者可以依据前款所述法律规定，向人民法院申请采取保全措施。

知识产权权利人、平台内经营者的申请符合法律规定的，人民法院应当依法予以支持。

十、人民法院判断电子商务平台经营者是否采取了合理的措施，可以考量下列因素：构成侵权的初步证据；侵权成立的可能性；侵权行为的影响范围；侵权行为的具体情节，包括是否存在恶意侵权、重复侵权情形；防止损害扩大的有效性；对平台内经营者利益可能的影响；电子商务平台的服务类型和技术条件等。

平台内经营者有证据证明通知所涉专利权已经被国家知识产权局宣告无效，电子商务平台经营者据此暂缓采取必要措施，知识产权权利人请求认定电子商务平台经营者未及时采取必要措施的，人民法院不予支持。

十一、电子商务平台经营者存在下列情形之一的，人民法院可以认定其"应当知道"侵权行为的存在：

（一）未履行制定知识产权保护规则、审核平台内经营者经营资质等法定义务；

（二）未审核平台内店铺类型标注为"旗舰店""品牌店"等字样的经营者的权利证明；

（三）未采取有效技术手段，过滤和拦截包含"高仿""假货"等字样的侵权商品链接、被投诉成立后再次上架的侵权商品链接；

（四）其他未履行合理审查和注意义务的情形。

11. 最高人民法院关于涉网络知识产权侵权纠纷几个法律适用问题的批复

（2020 年 9 月 14 日法释〔2020〕9 号公布）

各省、自治区、直辖市高级人民法院，解放军军事法院，新疆维吾尔自治区高级人民法院生产建设兵团分院：

近来，有关方面就涉网络知识产权侵权纠纷法律适用的一些问题提出建议，部分高级人民法院也向本院提出了请示。经研究，批复如下。

一、知识产权权利人主张其权利受到侵害并提出保全申请，要求网络服务提供者、电子商务平台经营者迅速采取删除、屏蔽、断开链接等下架措施的，人民法院应当依法审查并作出裁定。

二、网络服务提供者、电子商务平台经营者收到知识产权权利人依法发出的通知后，应当及时将权利人的通知转送相关网络用户、平台内经营者，并根据构成侵权的初步证据和服务类型采取必要措施；未依法采取必要措施，权利人主张网络服务提供者、电子商务平台经营者对损害的扩大部分与网络用户、平台内经营者承担连带责任的，人民法院可以依法予以支持。

三、在依法转送的不存在侵权行为的声明到达知识产权权利人后的合理期限内，网络服务提供者、电子商务平台经营者未收到权利人已经投诉或者提起诉讼通知的，应当及时终止所采取的删除、屏蔽、断开链接等下架措施。因办理公证、认证手续等权利人无法控制的特殊情况导致的延迟，不计入上述期限，但该期限最长不超过 20 个工作日。

四、因恶意提交声明导致电子商务平台经营者终止必要措施并造成知识产权权利人损害，权利人依照有关法律规定请求相应惩罚性赔偿的，人民法院可以依法予以支持。

五、知识产权权利人发出的通知内容与客观事实不符，但其在诉讼中主张该通知系善意提交并请求免责，且能够举证证明的，人民法院依法审查属实后应当予以支持。

六、本批复作出时尚未终审的案件，适用本批复；本批复作出时已经终审，当事人申请再审或者按照审判监督程序决定再审的案件，不适用本批复。

12. 最高人民法院、最高人民检察院关于办理生产、销售伪劣商品刑事案件具体应用法律若干问题的解释

（2001 年 4 月 10 日法释〔2001〕10 号公布）

为依法惩治生产、销售伪劣商品犯罪活动，根据刑法有关规定，现就办理这类案件具体应用法律的若干问题解释如下：

第一条 刑法第一百四十条规定的"在产品中掺杂、掺假"，是指在产品中掺入杂质或者异物，致使产品质量不符合国家法律、法规或者产品明示质量标准规定的质量要求，降低、失去应有使用性能的行为。

刑法第一百四十条规定的"以假充真"，是指以不具有某种使用性能的产品冒充具有该种使用性能的产品的行为。

刑法第一百四十条规定的"以次充好"，是指以低等级、低档次产品冒充高等级、高档次产品，或者以残次、废旧零配件组合、拼装后冒充正品或者新产品的行为。

刑法第一百四十条规定的"不合格产品"，是指不符合《中华人民共和国产品质量法》第二十六条第二款规定的质量要求的产品。

对本条规定的上述行为难以确定的，应当委托法律、行政法规规定的产品质量检验机构进行鉴定。

第二条 刑法第一百四十条、第一百四十九条规定的"销售金额"，是指

生产者、销售者出售伪劣产品后所得和应得的全部违法收入。

伪劣产品尚未销售，货值金额达到刑法第一百四十条规定的销售金额三倍以上的，以生产、销售伪劣产品罪（未遂）定罪处罚。

货值金额以违法生产、销售的伪劣产品的标价计算；没有标价的，按照同类合格产品的市场中间价格计算。货值金额难以确定的，按照国家计划委员会、最高人民法院、最高人民检察院、公安部1997年4月22日联合发布的《扣押、追缴、没收物品估价管理办法》的规定，委托指定的估价机构确定。

多次实施生产、销售伪劣产品行为，未经处理的，伪劣产品的销售金额或者货值金额累计计算。

第三条　经省级以上药品监督管理部门设置或者确定的药品检验机构鉴定，生产、销售的假药具有下列情形之一的，应认定为刑法第一百四十一条规定的"足以严重危害人体健康"：

（一）含有超标准的有毒有害物质的；

（二）不含所标明的有效成份，可能贻误诊治的；

（三）所标明的适应症或者功能主治超出规定范围，可能造成贻误诊治的；

（四）缺乏所标明的急救必需的有效成份的。

生产、销售的假药被使用后，造成轻伤、重伤或者其他严重后果的，应认定为"对人体健康造成严重危害"。

生产、销售的假药被使用后，致人严重残疾、三人以上重伤、十人以上轻伤或者造成其他特别严重后果的，应认定为"对人体健康造成特别严重危害"。

第四条　经省级以上卫生行政部门确定的机构鉴定，食品中含有可能导致严重食物中毒事故或者其他严重食源性疾患的超标准的有害细菌或者其他污染物的，应认定为刑法第一百四十三条规定的"足以造成严重食物中毒事故或者其他严重食源性疾患"。

生产、销售不符合卫生标准的食品被食用后，造成轻伤、重伤或者其他严重后果的，应认定为"对人体健康造成严重危害"。

生产、销售不符合卫生标准的食品被食用后，致人死亡、严重残疾、三人以上重伤、十人以上轻伤或者造成其他特别严重后果的，应认定为"后果特别严重"。

第五条　生产、销售的有毒、有害食品被食用后，造成轻伤、重伤或者其他严重后果的，应认定为刑法第一百四十四条规定的"对人体健康造成严重危害"。

生产、销售的有毒、有害食品被食用后，致人严重残疾、三人以上重伤、十人以上轻伤或者造成其他特别严重后果的，应认定为"对人体健康造成特别严重危害"。

第六条 生产、销售不符合标准的医疗器械、医用卫生材料，致人轻伤或者其他严重后果的，应认定为刑法第一百四十五条规定的"对人体健康造成严重危害"。

生产、销售不符合标准的医疗器械、医用卫生材料，造成感染病毒性肝炎等难以治愈的疾病、一人以上重伤、三人以上轻伤或者其他严重后果的，应认定为"后果特别严重"。

生产、销售不符合标准的医疗器械、医用卫生材料，致人死亡、严重残疾、感染艾滋病、三人以上重伤、十人以上轻伤或者造成其他特别严重后果的，应认定为"情节特别恶劣"。

医疗机构或者个人，知道或者应当知道是不符合保障人体健康的国家标准、行业标准的医疗器械、医用卫生材料而购买、使用，对人体健康造成严重危害的，以销售不符合标准的医用器材罪定罪处罚。

没有国家标准、行业标准的医疗器械，注册产品标准可视为"保障人体健康的行业标准"。

第七条 刑法第一百四十七条规定的生产、销售伪劣农药、兽药、化肥、种子罪中"使生产遭受较大损失"，一般以二万元为起点；"重大损失"，一般以十万元为起点；"特别重大损失"，一般以五十万元为起点。

第八条 国家机关工作人员徇私舞弊，对生产、销售伪劣商品犯罪不履行法律规定的查处职责，具有下列情形之一的，属于刑法第四百一十四条规定的"情节严重"：

（一）放纵生产、销售假药或者有毒、有害食品犯罪行为的；

（二）放纵依法可能判处二年有期徒刑以上刑罚的生产、销售伪劣商品犯罪行为的；

（三）对三个以上有生产、销售伪劣商品犯罪行为的单位或者个人不履行追究职责的；

（四）致使国家和人民利益遭受重大损失或者造成恶劣影响的。

第九条 知道或者应当知道他人实施生产、销售伪劣商品犯罪，而为其提供贷款、资金、账号、发票、证明、许可证件，或者提供生产、经营场所或者运输、仓储、保管、邮寄等便利条件，或者提供制假生产技术的，以生产、销售伪劣商品犯罪的共犯论处。

第十条 实施生产、销售伪劣商品犯罪，同时构成侵犯知识产权、非法经营等其他犯罪的，依照处罚较重的规定定罪处罚。

第十一条 实施刑法第一百四十条至第一百四十八条规定的犯罪，又以暴力、威胁方法抗拒查处，构成其他犯罪的，依照数罪并罚的规定处罚。

第十二条 国家机关工作人员参与生产、销售伪劣商品犯罪的，从重处罚。

13. 关于调整地方各级人民法院管辖第一审知识产权民事案件标准的通知

（法发〔2010〕5 号公布 自 2010 年 2 月 1 日起施行）

各省、自治区、直辖市高级人民法院，解放军军事法院，新疆维吾尔自治区高级人民法院生产建设兵团分院：

为进一步加强最高人民法院和高级人民法院的知识产权审判监督和业务指导职能，合理均衡各级人民法院的工作负担，根据人民法院在知识产权民事审判工作中贯彻执行修改后的民事诉讼法的实际情况，现就调整地方各级人民法院管辖第一审知识产权民事案件标准问题，通知如下：

一、高级人民法院管辖诉讼标的额在 2 亿元以上的第一审知识产权民事案件，以及诉讼标的额在 1 亿元以上且当事人一方住所地不在其辖区或者涉外、涉港澳台的第一审知识产权民事案件。

二、对于本通知第一项标准以下的第一审知识产权民事案件，除应当由经最高人民法院指定具有一般知识产权民事案件管辖权的基层人民法院管辖的以外，均由中级人民法院管辖。

三、经最高人民法院指定具有一般知识产权民事案件管辖权的基层人民法院，可以管辖诉讼标的额在 500 万元以下的第一审一般知识产权民事案件，以及诉讼标的额在 500 万元以上 1000 万元以下且当事人住所地均在其所属高级或中级人民法院辖区的第一审一般知识产权民事案件，具体标准由有关高级人民法院自行确定并报最高人民法院批准。

四、对重大疑难、新类型和在适用法律上有普遍意义的知识产权民事案件，可以依照民事诉讼法第三十九条的规定，由上级人民法院自行决定由其审理，或者根据下级人民法院报请决定由其审理。

五、对专利、植物新品种、集成电路布图设计纠纷案件和涉及驰名商标认定的纠纷案件以及垄断纠纷案件等特殊类型的第一审知识产权民事案件，确定管辖时还应当符合最高人民法院有关上述案件管辖的特别规定。

六、军事法院管辖军内第一审知识产权民事案件的标准，参照当地同级地方人民法院的标准执行。

七、本通知下发后，需要新增指定具有一般知识产权民事案件管辖权的基层人民法院的，有关高级人民法院应将该基层人民法院管辖第一审一般知识产权民事案件的标准一并报最高人民法院批准。

八、本通知所称"以上"包括本数，"以下"不包括本数。

九、本通知自 2010 年 2 月 1 日起执行。之前已经受理的案件，仍按照各地原标准执行。

本通知执行过程中遇到的问题，请及时报告最高人民法院。

二〇一〇年一月二十八日

14. 最高人民法院关于北京、上海、广州知识产权法院案件管辖的规定

（2014 年 10 月 27 日最高人民法院审判委员会第 1628 次会议通过　根据 2020 年 12 月 23 日最高人民法院审判委员会第 1823 次会议通过的《最高人民法院关于修改〈最高人民法院关于审理侵犯专利权纠纷案件应用法律若干问题的解释（二）〉等十八件知识产权类司法解释的决定》修正）

为进一步明确北京、上海、广州知识产权法院的案件管辖，根据《中华人民共和国民事诉讼法》《中华人民共和国行政诉讼法》《全国人民代表大会常务委员会关于在北京、上海、广州设立知识产权法院的决定》等规定，制定本规定。

第一条　知识产权法院管辖所在市辖区内的下列第一审案件：

（一）专利、植物新品种、集成电路布图设计、技术秘密、计算机软件民

事和行政案件；

（二）对国务院部门或者县级以上地方人民政府所作的涉及著作权、商标、不正当竞争等行政行为提起诉讼的行政案件；

（三）涉及驰名商标认定的民事案件。

第二条 广州知识产权法院对广东省内本规定第一条第（一）项和第（三）项规定的案件实行跨区域管辖。

第三条 北京市、上海市各中级人民法院和广州市中级人民法院不再受理知识产权民事和行政案件。

广东省其他中级人民法院不再受理本规定第一条第（一）项和第（三）项规定的案件。

北京市、上海市、广东省各基层人民法院不再受理本规定第一条第（一）项和第（三）项规定的案件。

第四条 案件标的既包含本规定第一条第（一）项和第（三）项规定的内容，又包含其他内容的，按本规定第一条和第二条的规定确定管辖。

第五条 下列第一审行政案件由北京知识产权法院管辖：

（一）不服国务院部门作出的有关专利、商标、植物新品种、集成电路布图设计等知识产权的授权确权裁定或者决定的；

（二）不服国务院部门作出的有关专利、植物新品种、集成电路布图设计的强制许可决定以及强制许可使用费或者报酬的裁决的；

（三）不服国务院部门作出的涉及知识产权授权确权的其他行政行为的。

第六条 当事人对知识产权法院所在市的基层人民法院作出的第一审著作权、商标、技术合同、不正当竞争等知识产权民事和行政判决、裁定提起的上诉案件，由知识产权法院审理。

第七条 当事人对知识产权法院作出的第一审判决、裁定提起的上诉案件和依法申请上一级法院复议的案件，由知识产权法院所在地的高级人民法院知识产权审判庭审理，但依法应由最高人民法院审理的除外。

第八条 知识产权法院所在省（直辖市）的基层人民法院在知识产权法院成立前已经受理但尚未审结的本规定第一条第（一）项和第（三）项规定的案件，由该基层人民法院继续审理。

除广州市中级人民法院以外，广东省其他中级人民法院在广州知识产权法院成立前已经受理但尚未审结的本规定第一条第（一）项和第（三）项规定的案件，由该中级人民法院继续审理。

15. 最高人民法院关于知识产权法院
案件管辖等有关问题的通知

（法〔2014〕338 号公布　自 2015 年 1 月 1 日起施行）

各省、自治区、直辖市高级人民法院，解放军军事法院，新疆维吾尔自治区高级人民法院生产建设兵团分院：

为进一步明确知识产权法院案件管辖等有关问题，依法及时受理知识产权案件，保障当事人诉讼权利，根据《中华人民共和国民事诉讼法》、《中华人民共和国行政诉讼法》、《全国人民代表大会常务委员会关于在北京、上海、广州设立知识产权法院的决定》、《最高人民法院关于北京、上海、广州知识产权法院案件管辖的规定》等规定，结合审判实际，现就有关问题通知如下：

一、知识产权法院所在市辖区内的第一审知识产权民事案件，除法律和司法解释规定应由知识产权法院管辖外，由基层人民法院管辖，不受诉讼标的额的限制。

不具有知识产权民事案件管辖权的基层人民法院辖区内前款所述案件，由所在地高级人民法院报请最高人民法院指定具有知识产权民事案件管辖权的基层人民法院跨区域管辖。

二、知识产权法院对所在市的基层人民法院管辖的重大涉外或者有重大影响的第一审知识产权案件，可以根据民事诉讼法第三十八条的规定提级审理。

知识产权法院所在市的基层人民法院对其所管辖的第一审知识产权案件，认为需要由知识产权法院审理的，可以报请知识产权法院审理。

三、知识产权法院管辖所在市辖区内的第一审垄断民事纠纷案件。

广州知识产权法院对广东省内的第一审垄断民事纠纷实行跨区域管辖。

四、对知识产权法院所在市的基层人民法院已经发生法律效力的知识产权民事和行政判决、裁定、调解书，当事人依法可以向该基层人民法院或者知识产权法院申请再审。

对知识产权法院已经发生法律效力的民事和行政判决、裁定、调解书，当事人依法可以向该知识产权法院或者其所在地的高级人民法院申请再审；当事人依法向知识产权法院所在地的高级人民法院申请再审的，由该高级人民法院知识产权审判庭审理。

五、利害关系人或者当事人向知识产权法院申请证据保全、行为保全、财产保全的，知识产权法院应当依法及时受理；裁定采取相关措施的，应当立即执行。

六、知识产权法院审理的第一审案件，生效判决、裁定、调解书需要强制执行的，知识产权法院所在地的高级人民法院可指定辖区内其他中级人民法院执行。

七、本通知自 2015 年 1 月 1 日起施行。

施行中如有新情况，请及时层报最高人民法院。

2014 年 12 月 24 日

16. 最高人民法院关于知识产权
法庭若干问题的规定

（法释〔2018〕22 号公布　自 2019 年 1 月 1 日起施行）

为进一步统一知识产权案件裁判标准，依法平等保护各类市场主体合法权益，加大知识产权司法保护力度，优化科技创新法治环境，加快实施创新驱动发展战略，根据《中华人民共和国人民法院组织法》《中华人民共和国民事诉讼法》《中华人民共和国行政诉讼法》《全国人民代表大会常务委员会关于专利等知识产权案件诉讼程序若干问题的决定》等法律规定，结合审判工作实际，就最高人民法院知识产权法庭相关问题规定如下。

第一条　最高人民法院设立知识产权法庭，主要审理专利等专业技术性较强的知识产权上诉案件。

知识产权法庭是最高人民法院派出的常设审判机构，设在北京市。

知识产权法庭作出的判决、裁定、调解书和决定，是最高人民法院的判决、裁定、调解书和决定。

第二条　知识产权法庭审理下列案件：

（一）不服高级人民法院、知识产权法院、中级人民法院作出的发明专利、实用新型专利、植物新品种、集成电路布图设计、技术秘密、计算机软件、垄断第一审民事案件判决、裁定而提起上诉的案件；

（二）不服北京知识产权法院对发明专利、实用新型专利、外观设计专利、植物新品种、集成电路布图设计授权确权作出的第一审行政案件判决、裁定而提起上诉的案件；

（三）不服高级人民法院、知识产权法院、中级人民法院对发明专利、实用新型专利、外观设计专利、植物新品种、集成电路布图设计、技术秘密、计算机软件、垄断行政处罚等作出的第一审行政案件判决、裁定而提起上诉的案件；

（四）全国范围内重大、复杂的本条第一、二、三项所称第一审民事和行政案件；

（五）对本条第一、二、三项所称第一审案件已经发生法律效力的判决、裁定、调解书依法申请再审、抗诉、再审等适用审判监督程序的案件；

（六）本条第一、二、三项所称第一审案件管辖权争议，罚款、拘留决定申请复议，报请延长审限等案件；

（七）最高人民法院认为应当由知识产权法庭审理的其他案件。

第三条　本规定第二条第一、二、三项所称第一审案件的审理法院应当按照规定及时向知识产权法庭移送纸质和电子卷宗。

第四条　经当事人同意，知识产权法庭可以通过电子诉讼平台、中国审判流程信息公开网以及传真、电子邮件等电子方式送达诉讼文件、证据材料及裁判文书等。

第五条　知识产权法庭可以通过电子诉讼平台或者采取在线视频等方式组织证据交换、召集庭前会议等。

第六条　知识产权法庭可以根据案件情况到实地或者原审人民法院所在地巡回审理案件。

第七条　知识产权法庭采取保全等措施，依照执行程序相关规定办理。

第八条　知识产权法庭审理的案件的立案信息、合议庭组成人员、审判流程、裁判文书等向当事人和社会依法公开，同时可以通过电子诉讼平台、中国审判流程信息公开网查询。

第九条　知识产权法庭法官会议由庭长、副庭长和若干资深法官组成，讨论重大、疑难、复杂案件等。

第十条　知识产权法庭应当加强对有关案件审判工作的调研，及时总结裁判标准和审理规则，指导下级人民法院审判工作。

第十一条 对知识产权法院、中级人民法院已经发生法律效力的本规定第二条第一、二、三项所称第一审案件判决、裁定、调解书，省级人民检察院向高级人民法院提出抗诉的，高级人民法院应当告知其由最高人民检察院依法向最高人民法院提出，并由知识产权法庭审理。

第十二条 本规定第二条第一、二、三项所称第一审案件的判决、裁定或者决定，于2019年1月1日前作出，当事人依法提起上诉或者申请复议的，由原审人民法院的上一级人民法院审理。

第十三条 本规定第二条第一、二、三项所称第一审案件已经发生法律效力的判决、裁定、调解书，于2019年1月1日前作出，对其依法申请再审、抗诉、再审的，适用《中华人民共和国民事诉讼法》《中华人民共和国行政诉讼法》有关规定。

第十四条 本规定施行前经批准可以受理专利、技术秘密、计算机软件、垄断第一审民事和行政案件的基层人民法院，不再受理上述案件。

对于基层人民法院2019年1月1日尚未审结的前款规定的案件，当事人不服其判决、裁定依法提起上诉的，由其上一级人民法院审理。

第十五条 本规定自2019年1月1日起施行。最高人民法院此前发布的司法解释与本规定不一致的，以本规定为准。

17. 农业农村部、最高人民法院、最高人民检察院、工业和信息化部、公安部、市场监管总局、国家知识产权局关于保护种业知识产权打击假冒伪劣套牌侵权营造种业振兴良好环境的指导意见

（2022年1月28日农种发〔2022〕2号公布）

各省、自治区、直辖市农业农村（农牧）、公安、市场监管、知识产权厅（局、委）、工业和信息化主管部门、高级人民法院、人民检察院，新疆生产建

设兵团农业农村局、工业和信息化局、公安局、市场监管局、知识产权局和新疆维吾尔自治区高级人民法院生产建设兵团分院、新疆生产建设兵团人民检察院：

为深入贯彻党中央、国务院关于推进种业振兴和加强知识产权保护的决策部署，落实《全国人民代表大会常务委员会关于修改〈中华人民共和国种子法〉的决定》，提高种业知识产权保护水平，严厉打击假冒伪劣、套牌侵权等违法犯罪行为，加快营造种业振兴良好环境，现提出如下指导意见。

一、总体要求

以习近平新时代中国特色社会主义思想为指导，深入贯彻党的十九大和十九届历次全会精神，落实知识产权强国建设纲要和种业振兴行动方案部署要求，以强化种业知识产权保护为重点，坚持部门协同、上下联动、标本兼治，综合运用法律、经济、技术、行政等多种手段，推行全链条、全流程监管，既立足解决当前突出问题，又着力构建打基础利长远的体制机制，有效激励原始创新，全面净化种业市场。力争到 2023 年，建立起较为完备的种业知识产权保护制度体系，假冒伪劣、套牌侵权等违法犯罪行为得到有效遏制；到 2025 年，种业知识产权保护能力显著提升，种业自主创新环境持续优化。

二、加快法律法规制修订，夯实种业知识产权保护制度基础

（一）推动修订法律法规及配套规章。贯彻实施新修改的种子法，推进植物新品种保护条例修订，研究制定实质性派生品种制度的实施步骤和方法，提高种业知识产权保护水平。研究修订植物新品种保护条例实施细则（农业部分）、非主要农作物品种登记办法等配套规章，实施新修订的主要农作物品种审定办法、农作物种子生产经营许可管理办法和农业植物品种命名规定，健全以植物新品种权为重点的种业知识产权保护法律法规体系。（农业农村部、国家知识产权局等单位部门按职责分工负责）

（二）强化种业知识产权保护制度建设。研究制定加强涉种业刑事审判工作的指导意见，加大对危害种业安全犯罪的惩处力度。编制种业企业知识产权保护指南，制定合同范本、维权流程等操作指引。各地结合实际研究制定保护种业知识产权相关制度。（各级法院、检察院、公安、农业农村、知识产权等单位部门按职责分工负责）

三、加强司法保护，严厉打击侵害种业知识产权行为

（三）加大种业知识产权司法保护力度。加强种业知识产权案件审判工作，深入推进种业知识产权民事、刑事、行政案件"三合一"审判机制改革。积极运用涉及植物新品种、专利的民事及行政案件集中管辖机制，打破地方保护主义，提高保护专业化水平。强化案件审理，严格执行《最高人民法院关于审理侵害植物新品种权纠纷案件具体应用法律问题的若干规定（二）》。对反复侵权、侵权为业、伪造证书、违法经营等情形的侵权行为实施惩罚性赔偿，在法律范围内从严惩处。充分利用举证责任转移等制度规定，降低维权成本，提高侵权代价。加强种业领域商业秘密保护，完善犯罪行为认定标准。强化案例指导，促进裁判规则统一。深入研究严重侵害植物新品种权行为入刑问题。（各级法院、检察院、公安、农业农村、市场监管、知识产权等单位部门按职责分工负责）

（四）健全行政执法和刑事司法衔接机制。农业农村部门要加强与公安、检察院、法院等部门单位的沟通衔接，建立健全信息共享、案情通报、案件移送机制，联合开展重大案件督查督办。加快制定出台农产品质量安全领域行政执法与刑事司法衔接工作办法，依法严惩种业违法犯罪行为。推进行政执法和刑事司法立案标准协调衔接，完善案件移送要求和证据标准。提高假劣种子检验鉴定水平，公布有资质的种子检测机构名单，强化刑事打击技术支撑。建立健全损失认定和涉案物品保管、处置机制。（各级法院、检察院、公安、农业农村、市场监管、知识产权等单位部门按职责分工负责）

四、强化技术和标准支撑，提高品种管理水平

（五）提高主要农作物品种审定标准。实施《国家级稻品种审定标准（2021 年修订)》和《国家级玉米品种审定标准（2021 年修订)》，激励育种原始创新。适时推进大豆、小麦、棉花品种审定标准修订，适当提高 DNA 指纹差异位点数、产量指标和抗性指标，有效解决品种同质化问题。严格国家和省级品种审定绿色通道及联合体试验监管，建立健全品种试验主体资质评价和退出机制。规范同一适宜生态区引种备案，依法加大审定品种撤销力度。（农业农村部及各省级农业农村部门按职责分工负责）

（六）推进非主要农作物登记品种清理。以向日葵为突破口，持续开展登记品种清理，并逐步拓展到其它非主要农作物。充分利用分子检测技术手段，以具有植物新品种权的品种为重点，严格处理违法违规申请登记行为，依法撤销一批违法违规登记品种。（农业农村部及各省级农业农村部门按职责分工负责）

（七）探索实施品种身份证管理。加强品种标准样品管理，制定农作物品种标准样品管理办法，实现审定、登记和保护样品统一管理。完善种子、种畜禽检验检测技术标准，加快品种分子检测技术研发和标准研制，建立健全品种标准样品库和 DNA 指纹数据库。推进种业数字化建设，依托种业大数据平台，整合品种试验、测试、管理和种子生产经营等信息，做到"一品种、一名称、一标样、一指纹"，推动实现全流程可追溯管理，促进品种身份信息开放共享。（农业农村部及各省级农业农村部门按职责分工负责）

五、严格行政执法，加大种业违法案件查处力度

（八）持续开展种业监管执法活动。组织开展常态化专项整治行动，持续保持高压严打态势，突出重要品种、重点环节和关键时节，加强种子企业和市场检查，对违法行为发现一起、查处一起。对检查发现问题及投诉举报集中或多次受到处罚的企业，加大检查抽查频次。以制种企业生产备案、委托合同、品种权属和亲本来源等内容为重点，开展制种基地检查，利用大数据手段强化制种基地监管，严厉打击盗取亲本、抢购套购、无证生产等违法行为。积极探索实施种子质量认证制度。加强种畜禽生产经营许可管理和质量检测，强化冻精等畜禽遗传物质监管。（各级农业农村、市场监管等部门按职责分工负责）

（九）加大重大案件查处力度。以假冒伪劣、套牌侵权、非法生产经营转基因种子等为重点，加大案件查办力度，对涉嫌构成犯罪的案件，及时移送公安机关处理。对于跨区域、重大复杂案件由部级挂牌督办、省级组织查处，做到一处发现、全国通报、各地联查。加大对电商网络销售种子监管力度，加快建立分工明确、处置及时、协同联动的工作机制。对群众反映集中、社会关注度高、套牌侵权多发的重点区域和环节，要重拳出击、整治到底、震慑到位。（各级农业农村、工业和信息化、公安、市场监管等部门按职责分工负责）

六、推进社会监督共治，构建种业创新发展良好环境

（十）加强行业自律和信用建设。充分发挥各级种业行业协会的协调、服务、维权、自律作用，引导规范企业行为。中国种子协会要加强企业信用等级评价，发布种业知识产权保护倡议书，提供法律咨询服务。实施信用风险分类监管，健全失信联合惩戒机制。建立市场主体"黑名单"制度，将有严重违法和犯罪等行为的企业纳入"黑名单"。（各级农业农村、市场监管、知识产权及行业协会等部门单位按职责分工负责）

（十一）建立健全社会共治机制。充分发挥仲裁、调解、公证等机制作用，强化种业行业社会共治。加强社会和群众监督，各地各部门要畅通投诉举报渠道，及时收集违法线索，提高查办时效，实现精准打击。鼓励建立举报奖励机制。强化普法宣传和培训，推动学法用法守法，引导市场主体综合运用植物新品种权、专利权、商标权等多种知识产权保护手段，提高知识产权保护水平。（各级农业农村、市场监管、知识产权部门按职责分工负责）

七、强化组织保障，确保各项任务落实落地

（十二）加强组织领导。各地各单位各部门要高度重视，按照职责分工，明确主体责任，抓好组织落实，推动构建法制完善、监管有力、执法严格、行业自律的种业监管执法体系，全面提高知识产权保护法治化水平。农业农村部会同有关单位部门强化统筹协调、完善工作机制，对地方有关单位部门加强业务指导和督促。各省级农业农村部门要牵头抓好种业知识产权保护和监管执法工作，狠抓重点任务落实。（各有关单位部门按职责分工负责）

（十三）压实属地责任。将保护种业知识产权、打击假冒伪劣和套牌侵权等工作列入种业振兴党政同责、全国打击侵犯知识产权和制售假冒伪劣商品工作考核，强化责任落实。各地要落实属地责任，紧盯重大案件、重要领域、重点地区，努力破解重点难点问题。建立健全激励约束机制，对工作成效突出的地区、单位、部门及个人进行表扬，对推诿扯皮、不作为乱作为等情况及时通报并督促整改。（各有关单位部门按职责分工负责）

（十四）培养专业人才队伍。充实种业行业监管、农业综合执法和司法队伍人员配备，加强技术装备条件建设，强化行政执法和司法人员专业培训，确保队伍稳定、能力提升。鼓励企业加强法务团队和能力建设，依法维护自身权益，不断提升知识产权保护能力和水平，共同营造种业法治环境。（各有关单位部门按职责分工负责）

（十五）加强宣传引导。加大种业知识产权保护宣传力度，鼓励引导权利人依法维权，提高知识产权保护意识。联合开展重点案件总结宣传，发布种业知识产权典型案例。加大案件查处曝光力度，全面营造种业创新有活力、发展有动力、市场有秩序的种业振兴氛围。（各有关单位部门按职责分工负责）

农业农村部　最高人民法院　最高人民检察院

工业和信息化部　公安部

市场监管总局　国家知识产权局

2022 年 1 月 28 日

18. 最高人民法院关于第一审知识产权民事、行政案件管辖的若干规定

（法释〔2022〕13 号公布　自 2022 年 5 月 1 日起施行）

为进一步完善知识产权案件管辖制度，合理定位四级法院审判职能，根据《中华人民共和国民事诉讼法》《中华人民共和国行政诉讼法》等法律规定，结合知识产权审判实践，制定本规定。

第一条　发明专利、实用新型专利、植物新品种、集成电路布图设计、技术秘密、计算机软件的权属、侵权纠纷以及垄断纠纷第一审民事、行政案件由知识产权法院，省、自治区、直辖市人民政府所在地的中级人民法院和最高人民法院确定的中级人民法院管辖。

法律对知识产权法院的管辖有规定的，依照其规定。

第二条　外观设计专利的权属、侵权纠纷以及涉驰名商标认定第一审民事、行政案件由知识产权法院和中级人民法院管辖；经最高人民法院批准，也可以由基层人民法院管辖，但外观设计专利行政案件除外。

本规定第一条及本条第一款规定之外的第一审知识产权案件诉讼标的额在最高人民法院确定的数额以上的，以及涉及国务院部门、县级以上地方人民政府或者海关行政行为的，由中级人民法院管辖。

法律对知识产权法院的管辖有规定的，依照其规定。

第三条　本规定第一条、第二条规定之外的第一审知识产权民事、行政案件，由最高人民法院确定的基层人民法院管辖。

第四条　对新类型、疑难复杂或者具有法律适用指导意义等知识产权民事、行政案件，上级人民法院可以依照诉讼法有关规定，根据下级人民法院报请或者自行决定提级审理。

确有必要将本院管辖的第一审知识产权民事案件交下级人民法院审理的，应当依照民事诉讼法第三十九条第一款的规定，逐案报请其上级人民法院批准。

第五条　依照本规定需要最高人民法院确定管辖或者调整管辖的诉讼标的额标准、区域范围的，应当层报最高人民法院批准。

第六条 本规定自 2022 年 5 月 1 日起施行。

最高人民法院此前发布的司法解释与本规定不一致的，以本规定为准。

19. 最高人民法院关于涉及发明专利等知识产权合同纠纷案件上诉管辖问题的通知

（法〔2022〕127 号公布 2022 年 5 月 1 日起施行）

各省、自治区、直辖市高级人民法院，新疆维吾尔自治区高级人民法院生产建设兵团分院；各知识产权法院，具有技术类知识产权案件管辖权的中级人民法院：

《最高人民法院关于第一审知识产权民事、行政案件管辖的若干规定》（法释〔2022〕13 号）已于 2022 年 4 月 21 日公布，将自 2022 年 5 月 1 日起施行。根据该司法解释有关规定，现就涉及发明专利等知识产权合同纠纷案件上诉管辖事宜进一步明确如下：

地方各级人民法院（含各知识产权法院）自 2022 年 5 月 1 日起作出的涉及发明专利、实用新型专利、植物新品种、集成电路布图设计、技术秘密、计算机软件的知识产权合同纠纷第一审裁判，应当在裁判文书中告知当事人，如不服裁判，上诉于上一级人民法院。

特此通知。

最高人民法院

2022 年 4 月 27 日

20. 扣押、追缴、没收物品估价管理办法

（1997 年 4 月 12 日计办〔1997〕808 号公布）

第一章 总 则

第一条 为了加强对扣押、追缴、没收物品估价管理，规范扣押、追缴、

没收物品估价工作，保障刑事诉讼活动的顺利进行，依据国家有关法律和最高人民法院、最高人民检察院、公安部、国家计委的有关规定，特制定本办法。

第二条 人民法院、人民检察院、公安机关各自管辖的刑事案件，对于价格不明或者价格难以确定的扣押、追缴、没收物品需要估价的，应当委托指定的估价机构估价。案件移送时，应当附有《扣押、追缴、没收物品估价鉴定结论书》。

第三条 公安机关移送人民检察院审查起诉和人民检察院向人民法院提起公诉的案件，对估价结论有异议的，应当由提出异议的机关自行委托估价机构重新估价。

第四条 对于扣押、追缴、没收的珍贵文物，珍贵、濒危动物及其制品，珍稀植物及其制品，毒品，淫秽物品，枪支、弹药等不以价格数额作为定罪量刑标准的，不需要估价。

第五条 国务院及地方人民政府价格部门是扣押、追缴、没收物品估价工作的主管部门，其设立的价格事务所是各级人民法院、人民检察院、公安机关指定的扣押、追缴、没收物品估价机构，其他任何机构或者个人不得对扣押、追缴、没收物品估价。

第六条 价格事务所出具的扣押、追缴、没收物品估价鉴定结论，经人民法院、人民检察院、公安机关确认，可以作为办理案件的依据。

第二章 委托程序

第七条 各级人民法院、人民检察院、公安机关遇有本办法第二条所列情形时，应当委托同级价格部门设立的价格事务所进行估价。

第八条 委托机关在委托估价时，应当送交《扣押、追缴、没收物品估价委托书》。《扣押、追缴、没收物品估价委托书》应当包括以下内容：

（一）估价的理由和要求；

（二）扣押、追缴、没收物品的品名、牌号、规格、种类、数量、来源，以及购置、生产、使用时间；

（三）起获扣押、追缴、没收物品时其被使用、损坏程度的记录，重要的扣押、追缴、没收物品，应当附照片；

（四）起获扣押、追缴、没收物品的时间、地点；

（五）其他需要说明的情况。

委托机关送交的《扣押、追缴、没收物品估价委托书》必须加盖单位公章。

第九条　价格事务所接到人民法院、人民检察院、公安机关的《扣押、追缴、没收物品估价委托书》时，应当认真审核委托书的各项内容及要求，如委托书所提要求无法做到时，应当立即与委托机关协商。

第三章　估价程序

第十条　价格事务所在接受委托后，应当按照《扣押、追缴、没收物品估价委托书》载明的情况对实物进行查验，如发现差异，应立即与委托机关共同确认。

价格事务所一般不留存扣押、追缴、没收物品，如确需留存时，应当征得委托机关同意并严格办理交接手续。

第十一条　价格事务所估价确实需要时，可以提请委托机关协助查阅有关的帐目、文件等资料。可以向与委托事项有关的单位和个人进行调查或索取证明材料。

第十二条　价格事务所应当在接受估价委托之日起七日内作出扣押、追缴、没收物品估价鉴定结论；另有约定的，在约定期限内作出。

第十三条　价格事务所办理的扣押、追缴、没收物品估价鉴定，应当由两名以上估价工作人员共同承办，出具的估价鉴定结论，必须经过内部审议。

价格事务所估价人员，遇有下列情形之一的，应当回避：

（一）与估价事项当事人有亲属关系或与该估价事项有利害关系的；

（二）与估价事项当事人有其他关系，可能影响对扣押、追缴、没收物品公正估价的。

第十四条　价格事务所在完成估价后，应当向委托机关出具《扣押、追缴、没收物品估价鉴定结论书》。《扣押、追缴、没收物品估价鉴定结论书》应当包括以下内容：

（一）估价范围和内容；

（二）估价依据；

（三）估价方法和过程要述；

（四）估价结论；

（五）其他需要说明的问题及有关材料；

（六）估价工作人员签名。

价格事务所出具的《扣押、追缴、没收物品估价鉴定结论书》必须加盖单位公章。

第十五条　委托机关对价格事务所出具的《扣押、追缴、没收物品估价鉴定结论书》有异议的，可以向原估价机构要求补充鉴定或者重新鉴定，也可以直接委托上级价格部门设立的价格事务所复核或者重新估价。

第十六条　接受委托的价格事务所认为必要时，在征得委托机关同意后，可以将委托事项转送上级价格部门设立的价格事务所进行估价，并将有关情况书面通知原委托估价机关。

第十七条　国家计划委员会直属价格事务所是扣押、追缴、没收物品估价的最终复核裁定机构。

第四章　估价的基本原则

第十八条　价格事务所必须按照国家的有关法律规定，以及最高人民法院、最高人民检察院制定的有关司法解释和各项价格法规，客观公正、准确及时地估定扣押、追缴、没收物品价格。

第十九条　扣押、追缴、没收物品估价的基准日除法律、法规和司法解释另有规定外，应当由委托机关根据案件实际情况确定。

第二十条　价格事务所对委托估价的文物、邮票、字画、贵重金银、珠宝及其制品等特殊物品，应当送有关专业部门作出技术、质量鉴定后，根据其提供的有关依据，作出估价结论。

第五章　组织管理

第二十一条　按照国家有关价格工作的管理规定，扣押、追缴、没收物品估价工作实行统一领导，分级管理。

第二十二条　国家计划委员会的主要职责：

（一）会同最高人民法院、最高人民检察院、公安部制定、解释扣押、追缴、没收物品估价工作的基本原则。

（二）确定划分国家和地方价格部门在扣押、追缴、没收物品估价工作中的主要职责。

（三）负责管理、指导、监督、检查全国扣押、追缴、没收物品估价工作。

（四）其设立的价格事务所办理最高人民法院、最高人民检察院、公安部委托的扣押、追缴、没收物品估价；协调或者办理跨地区（省、自治区、直辖市）、跨部门的扣押、追缴、没收物品估价业务；办理疑难、重大案件涉及的扣押、追缴、没收物品估价。

第二十三条　各省、自治区、直辖市价格部门的主要职责：

（一）贯彻执行最高人民法院、最高人民检察院、公安部和国家计委对估价工作制定的各项方针、政策和基本原则，会同同级司法机关制定本地区有关扣押、追缴、没收物品估价的具体规定。

（二）其设立的价格事务所办理同级人民法院、人民检察院、公安机关委托的扣押、追缴、没收物品估价；办理本地区内跨地（市）县，有相当难度的扣押、追缴、没收物品估价及复核工作；协助上级价格部门设立的价格事务所进行扣押、追缴、没收物品估价工作。

第二十四条　地（市）县（市、区）价格部门的职责：

（一）贯彻执行估价工作的有关规定，协助上级价格部门做好扣押、追缴、没收物品估价工作。接受上级价格部门对扣押、追缴、没收物品估价工作的管理、指导、监督、检查。

（二）其设立的价格事务所办理同级人民法院、人民检察院、公安机关委托的扣押、追缴、没收物品估价，协助上级价格部门设立的价格事务所进行扣押、追缴、没收物品估价工作。

第六章　法律责任

第二十五条　严禁估价人员虚假鉴定、徇私舞弊、玩忽职守、泄露涉案秘密。凡违反规定，造成估价失实，或者对办理案件造成不良影响的，对责任人员将视情节，给予处分；构成犯罪的，依法追究刑事责任。

第二十六条　价格事务所和鉴定人对出具的《扣押、追缴、没收物品估价鉴定结论书》的内容分别承担相应法律责任。

第二十七条　价格事务所及其工作人员对估价工作中涉及的有关资料和情况负责保密。

第七章　附　　则

第二十八条　其他涉案物品的估价，以及行政执法机关提请价格部门设立的价格事务所对收缴、罚没、扣押物品的估价，可以参照本办法执行。

第二十九条 价格事务所在进行扣押、追缴、没收物品估价时，可以向委托估价机关收取合理的估价鉴定费。估价鉴定收费办法由国家计委会同最高人民法院、最高人民检察院、公安部并商有关部门另行制定。

第三十条 本办法自颁布之日起施行。

附件：一、扣押、追缴、没收物品估价委托书样本（略）

二、扣押、追缴、没收物品估价鉴定结论书样本（略）

附录一 植物新品种纠纷第一审民事案件管辖法院

全国知识产权法院/法庭"1+4+27"（截至 2022 年 4 月）*：

1. 最高人民法院知识产权法庭（1）

2. 北京、上海、广州、海南设立专门的知识产权法院（4）

3. 全国 27 地（成都、南京、苏州、武汉、合肥、杭州、宁波、福州、济南、青岛、深圳、西安、天津、长沙、郑州、南昌、长春、兰州、厦门、乌鲁木齐、景德镇、重庆、沈阳、温州、无锡、徐州、泉州）中级人民法院设立专门的知识产权法庭（27）

植物新品种纠纷第一审知识产权民事案件管辖法院及联系方式

一、北京市
北京知识产权法院统一管辖发生在北京市辖区内的植物新品种纠纷第一审知识产权民事案件。 　　联系电话：010 - 12368；010 - 89082000 　　地　　址：北京市海淀区彰化路 18 号 　　挂牌时间：2014 年 11 月 6 日
二、天津市
天津知识产权法庭统一管辖发生在天津市辖区内的植物新品种纠纷第一审知识产权民事案件。 　　联系电话：022 - 84969155 　　地　　址：天津市空港经济区含章路 16 号 　　挂牌时间：2018 年 3 月 1 日

---

* 据最高人民法院知识产权法庭公布信息整理，整理时有增补。原载 https://ipc. court. gov. cn/zh - cn/news/more - 2 - 28. html，2022 年 7 月 1 日访问。

三、河北省

雄安新区中级人民法院管辖本辖区及保定市、廊坊市、秦皇岛市、唐山市、张家口市、承德市辖区内的植物新品种第一审知识产权民事案件。

  联系电话：0312 - 6098827

  地 址：容城县容美路 48 号

石家庄市中级人民法院管辖发生在石家庄市、邯郸市、邢台市、沧州市、衡水市辖区内的植物新品种纠纷第一审知识产权民事案件。

  联系电话：0311 - 85187161

  地 址：河北省石家庄市新华区北二环西路 191 号

四、山西省

太原市中级人民法院统一管辖发生在山西省内的植物新品种纠纷第一审知识产权民事案件。

  联系电话：0351 - 7667676

  地 址：山西省太原市万柏林区新晋祠路 211 号

五、内蒙古自治区

呼和浩特市中级人民法院统一管辖发生在内蒙古自治区辖区内的植物新品种纠纷第一审知识产权民事案件。

  联系电话：0471 - 4502806；0471 - 4502823

  地 址：内蒙古自治区呼和浩特市赛汗区金桥开发区世纪四路

六、辽宁省

1. 沈阳市中级人民法院管辖发生在沈阳市、抚顺市、本溪市、锦州市、阜新市、铁岭市、朝阳市、葫芦岛市辖区内的植物新品种纠纷第一审知识产权民事案件。

  联系电话：024 - 22763719；024 - 22763294

  地 址：辽宁省沈阳市沈河区市府大路 268 号

2. 大连市中级人民法院管辖发生在大连市、鞍山市、丹东市、营口市、辽阳市、盘锦市辖区内的植物新品种纠纷第一审知识产权民事案件。

  联系电话：0411 - 83723320

  地 址：辽宁省大连市西岗区人民广场 2 号

七、吉林省

长春知识产权法庭统一管辖发生在吉林省内的植物新品种纠纷第一审知识产权民事案件。

    联系电话：0431 – 88558333

    地   址：吉林省长春市南关区超达路 3999 号

    挂牌时间：2018 年 12 月 26 日

八、黑龙江省

哈尔滨市中级人民法院统一管辖发生在黑龙江省内的植物新品种纠纷第一审知识产权民事案件。

    联系电话：0451 – 82376580

    地   址：黑龙江省哈尔滨市南岗区长江路 81 号

九、上海市

上海知识产权法院统一管辖发生在上海市辖区内的植物新品种纠纷第一审知识产权民事案件。

    联系电话：021 – 58951988

    地   址：上海市浦东新区张衡路 988 号

    挂牌时间：2014 年 12 月 28 日

十、江苏省

1. 南京知识产权法庭管辖发生在南京市、镇江市、扬州市、泰州市、盐城市、淮安市辖区内的植物新品种纠纷第一审知识产权民事案件。

    联系电话：025 – 83522456

    地   址：江苏省南京市鼓楼区凤凰西街 152 – 1 号

    挂牌时间：2017 年 1 月 19 日

2. 苏州知识产权法庭管辖发生在苏州市、常州市、南通市辖区内的植物新品种纠纷第一审知识产权民事案件。

    联系电话：0512 – 68553902

    地   址：江苏省苏州市高新区科技城科普路 36 号

    挂牌时间：2017 年 1 月 19 日

3. 无锡知识产权法庭管辖发生在无锡市辖区内的植物新品种纠纷第一审知识产权民事案件。

　　联系电话：0510 – 12368

　　地　　址：江苏省无锡市崇宁路 50 号

　　挂牌时间：2022 年 6 月 9 日

4. 徐州知识产权法庭集中管辖发生在江苏省徐州市、宿迁市、连云港市辖区内的植物新品种纠纷第一审知识产权民事案件。

　　联系电话：0516 – 85952393

　　地　　址：江苏省徐州市泉山区淮海西路 416 号

　　挂牌时间：2022 年 6 月 9 日

十一、浙江省

1. 杭州知识产权法庭管辖发生在杭州市、湖州市、衢州市辖区内的植物新品种纠纷第一审知识产权民事案件。

　　联系电话：0571 – 87393497

　　地　　址：浙江省杭州市上城区鲲鹏路 52 号

　　邮寄地址：浙江省杭州市上城区之江路 768 号

　　挂牌时间：2017 年 9 月 8 日

2. 宁波知识产权法庭管辖发生在宁波市、嘉兴市、绍兴市、台州市、舟山市辖区内的植物新品种纠纷第一审知识产权民事案件。

　　联系电话：0574 – 87009094

　　地　　址：浙江省宁波市鄞州区兴宁东路 568 号

　　挂牌时间：2017 年 9 月 8 日

3. 温州知识产权法庭管辖发生在温州市、金华市、丽水市辖区内的植物新品种纠纷第一审知识产权民事案件。

　　联系电话：0577 – 88018686

　　地　　址：浙江省温州市市府路 512 号

　　挂牌时间：2021 年 11 月 5 日

十二、安徽省
合肥知识产权法庭统一管辖发生在安徽省内的植物新品种纠纷第一审知识产权民事案件。 　　联系电话：0551－62310077 　　地　　址：安徽省合肥市包河区东流路 868 号附近 　　挂牌时间：2017 年 8 月 30 日

十三、福建省
1. 福州知识产权法庭管辖发生在福建省福州市、南平市、宁德市、莆田市、三明市和平潭综合试验区辖区内的植物新品种纠纷第一审知识产权民事案件。 　　联系电话：0591－87073008 　　地　　址：福建省福州市鼓楼区江滨西大道 58 号 14－15 层 　　挂牌时间：2017 年 9 月 28 日
2. 厦门知识产权法庭管辖发生在福建省厦门市、泉州市、漳州市、龙岩市辖区内的植物新品种纠纷第一审知识产权民事案件。 　　联系电话：0592－5302091；0592－5302092 　　地　　址：福建省厦门市湖里区象兴一路 15 号 　　挂牌时间：2019 年 9 月 5 日
3. 泉州知识产权法庭（已获批，未挂牌）管辖发生在泉州市辖区内的植物新品种纠纷第一审知识产权民事案件。 　　联系电话：0595－12368 　　地　　址：福建省泉州市丰泽区丰海路 23 号

十四、江西省
1. 南昌知识产权法庭管辖发生在南昌市、萍乡市、新余市、赣州市、宜春市、吉安市、抚州市辖区内的植物新品种纠纷第一审知识产权民事案件。 　　联系电话：0791－88162695 　　地　　址：江西省南昌市北京东路 1858 号 　　挂牌时间：2018 年 7 月 5 日

2. 景德镇知识产权法庭管辖发生在景德镇市、九江市、鹰潭市、上饶市辖区内的植物新品种纠纷第一审知识产权民事案件。 联系电话：0798 – 8388788 地　　址：江西省景德镇市紫晶路 159 号 挂牌时间：2021 年 4 月 26 日

十五、山东省

1. 济南知识产权法庭管辖发生在济南市、淄博市、枣庄市、济宁市、泰安市、莱芜市、滨州市、德州市、聊城市、临沂市、菏泽市辖区内的植物新品种纠纷第一审知识产权民事案件。 联系电话：0531 – 89256394 地　　址：山东省济南市市中区经二路 1 号 挂牌时间：2017 年 9 月 28 日

2. 青岛知识产权法庭管辖发生在青岛市、东营市、烟台市、潍坊市、威海市、日照市辖区内的植物新品种纠纷第一审知识产权民事案件。 联系电话：0532 – 83098841 地　　址：山东省青岛市崂山区东海东路 99 号 挂牌时间：2017 年 9 月 30 日

十六、河南省

郑州知识产权法庭统一管辖发生在河南省内的植物新品种纠纷第一审知识产权民事案件。 联系电话：0371 – 86567675 地　　址：河南省郑州市白佛路与明理路交叉口 挂牌时间：2018 年 3 月 2 日

十七、湖北省

武汉知识产权审判庭统一管辖发生在湖北省内的植物新品种纠纷第一审知识产权民事案件。 联系电话：027 – 87698588 地　　址：湖北省武汉市东湖新技术开发区光谷资本大厦 2 楼 挂牌时间：2017 年 2 月 22 日

续表

十八、湖南省
长沙知识产权法庭统一管辖发生在湖南省内的植物新品种纠纷第一审知识产权民事案件。 　　联系电话：0731-85798381 　　地　　址：湖南省长沙市岳麓区梅溪湖街道梅溪湖路南 81 号梅溪湖智城数控中心 　　挂牌时间：2018 年 3 月 1 日

十九、广东省
1. 广州知识产权法院管辖发生在广东省内（深圳市除外）的植物新品种纠纷第一审知识产权民事案件。 　　联系电话：020-62932300 　　地　　址：广东省广州市黄埔区开创大道 2662 号 　　挂牌时间：2014 年 12 月 16 日
2. 深圳知识产权法庭管辖发生在深圳市辖区的植物新品种纠纷第一审知识产权民事案件。 　　联系电话：0755-83535046 　　地　　址：深圳市南山区前湾一路与怡海大道交叉口万科企业公馆 　　挂牌时间：2017 年 12 月 26 日

二十、广西壮族自治区
南宁市中级人民法院统一管辖发生在广西壮族自治区辖区内的植物新品种纠纷第一审知识产权民事案件。 　　联系电话：0771-5679158 　　地　　址：广西壮族自治区南宁市竹溪大道 88 号

二十一、海南省
海南自由贸易港知识产权法院统一管辖发生在海南省内的植物新品种纠纷第一审知识产权民事案件。 　　联系电话：0898-68683719 　　地　　址：海口市秀英区长怡路（怡海公寓东侧） 　　挂牌时间：2020 年 12 月 31 日

二十二、重庆市
重庆知识产权法庭统一管辖发生在重庆市内的植物新品种纠纷第一审知识产权民事案件。 　　联系电话：023 - 67679501 　　地　　址：重庆市渝北区龙塔街道黄泥磅紫薇支路 36 号 　　挂牌时间：2021 年 6 月 16 日

二十三、四川省
成都知识产权审判庭统一管辖发生在四川省内的植物新品种纠纷第一审知识产权民事案件。 　　联系电话：028 - 67674320；028 - 67674367 　　地　　址：四川省成都市双流区湖畔路西段星隆湖科学城 C 区 　　挂牌时间：2017 年 1 月 9 日

二十四、贵州省
贵阳市中级人民法院统一管辖发生在贵州省内的植物新品种纠纷第一审知识产权民事案件。 　　联系电话：0851 - 85364148 　　地　　址：贵州省贵阳市南明区市府路 31 号 　　邮　　箱：2943108862@qq.com

二十五、云南省
昆明市中级人民法院统一管辖发生在云南省内的植物新品种纠纷第一审知识产权民事案件。 　　联系电话：0871 - 64096879 　　地　　址：云南省昆明市西山区滇池路 485 号

二十六、西藏自治区
拉萨市中级人民法院统一管辖发生在西藏自治区辖区内的植物新品种纠纷第一审知识产权民事案件。 　　联系电话：0891 - 6549715 　　地　　址：西藏自治区拉萨市城关区纳金路热嘎曲果路

续表

二十七、陕西省

西安知识产权法庭统一管辖发生在陕西省内的植物新品种纠纷第一审知识产权民事案件。

　　联系电话：029 – 87658195

　　地　　址：陕西省西安市灞桥区国际港务区港务大道 6 号

　　挂牌时间：2018 年 2 月 24 日

二十八、甘肃省

兰州知识产权法庭统一管辖发生在甘肃省内的植物新品种纠纷第一审知识产权民事案件。

　　联系电话：0931 – 8235980

　　地　　址：甘肃省兰州市城关区雁南路 279 号兰州科技大市场 13 楼

　　挂牌时间：2019 年 1 月 4 日

二十九、青海省

西宁市中级人民法院统一管辖发生在青海省内的植物新品种纠纷第一审知识产权民事案件。

　　联系电话：0971 – 4119521

　　地　　址：青海省西宁市城东区互助东路 25 号

三十、宁夏回族自治区

银川市中级人民法院统一管辖发生在宁夏回族自治区辖区内的植物新品种纠纷第一审知识产权民事案件。

　　联系电话：0951 – 6922330

　　地　　址：宁夏回族自治区银川市金凤区正源北街人民巷 5 号

三十一、新疆维吾尔自治区

1. 乌鲁木齐知识产权法庭统一管辖发生在新疆维吾尔自治区辖区内的植物新品种纠纷第一审知识产权民事案件。

　　联系电话：0991 – 4687639

　　地　　址：新疆维吾尔自治区乌鲁木齐市水磨沟区南湖东路南一巷 26 号

　　挂牌时间：2020 年 4 月 26 日

2. 新疆生产建设兵团农八师中级人民法院统一管辖发生在新疆生产建设兵团农八师、农四师、农五师、农七师、农十师辖区内的植物新品种纠纷第一审知识产权民事案件。

　　联系电话：0993 – 2915091

　　地　　址：新疆维吾尔自治区石河子市 40 小区北三路 97 号

续表

3. 新疆生产建设兵团农十二师中级人民法院统一管辖发生在新疆生产建设兵团农十二师、农一师、农二师、农三师、农六师、农十三师、农十四师、建工师辖区内以及发生在乌鲁木齐市城区范围内的符合《最高人民法院关于新疆生产建设兵团人民法院案件管辖权问题的若干规定》的植物新品种纠纷第一审知识产权民事案件。

    联系电话：0991 - 3778907

    地   址：新疆维吾尔自治区乌鲁木齐市新市区百园路 439 号

附录二　农业农村部首批 20 家种业打假护权检验机构推荐名单

农业农村部首批 20 家种业打假护权检验机构推荐名单 *

序号	机构名称	法人单位	检验项目范围		通讯地址	邮编	联系电话	联系人
			常规检测项目范围	DNA 指纹检测项目范围				
1	农业农村部全国农作物种子质量监督检验测试中心	全国农业技术推广服务中心	扦样、水分、净度、发芽率、真实性和品种纯度（田间小区种植）	玉米、稻和小麦品种真实性 SSR	北京市朝阳区麦子店街 20 号楼	100125	010 – 59194513	刘丰泽
2	农业农村部植物新品种测试中心	农业农村部科技发展中心	—	玉米、稻、结球白菜、辣椒品种真实性 SSR	北京经济开发区荣华南路甲 18 号科技大厦	100176	010 – 59198193	韩瑞玺

* "科学识假、准确辨假　全国首批打假维权种子检测机构推荐名单公布"，载 https://finance. people. com. cn/nl/2022/0426/c1004 – 32408902. html, 2022 年 4 月 26 日访问。本表为该文附件。

序号	机构名称	法人单位	检验项目范围		通讯地址	邮编	联系电话	联系人
			常规检测项目范围	DNA 指纹检测项目范围				
3	北京玉米种子检测中心	北京市农林科学院	扦样	玉米、稻、小麦、大豆、高粱、结球白菜、西瓜、黄瓜、辣椒、向日葵种真实性 SSR，番茄品种真实性 Indel	北京市海淀区曙光花园中路 9 号	100097	010－51503350	王凤格
4	北京小麦种子检测中心	北京市农林科学院	扦样	小麦、玉米、稻、高粱、辣椒、黄瓜、西瓜、结球甘蓝、结球白菜、甘薯、向日葵、甘蔗、豌豆、蚕豆品种真实性 SSR，番茄品种真实性 Indel	北京市海淀区曙光花园中路 9 号	100097	010－51503966	庞斌双
5	北京蔬菜种子质量监督检验测试中心	北京市农林科学院	扦样、水分、净度、发芽率（豆类、瓜菜类、覆盖包衣种子）；纯度和品种真实性（豆类、瓜菜类）、蔬菜种子健康	番茄、西瓜、结球甘蓝、黄瓜、辣椒、大白菜品种真实性 SSR	北京市海淀区曙光花园中路 9 号	100097	010－51502194	卢艳

续表

序号	机构名称	法人单位	检验项目范围		通讯地址	邮编	联系电话	联系人
			常规检测项目范围	DNA 指纹检测项目范围				
6	北京市种子质量监督检验站	北京市种子管理站	扦样、水分、净度、发芽率、真实性和品种纯度（田间小区种植）	玉米品种真实性 SSR	北京市海淀区西直门外上园村甲 3 号	100081	010 – 62248650	律宝春
7	河北省农作物种子质量检验站	河北省种子总站	扦样、水分、净度、发芽率、真实性和品种纯度（田间小区种植）	玉米、小麦品种真实性 SSR	河北省石家庄市建华南大街 103 号	050031	0311 – 85697860	李承宗
8	江苏省农作物种子质量检验中心	江苏省种子管理站	扦样、水分、净度、发芽率、真实性和品种纯度（田间小区种植）	稻品种真实性 SSR	江苏省南京市中山北路 283 号	210009	025 – 86263531	杨华
9	农业农村部植物新品种测试（杭州）分中心	中国水稻研究所	—	稻品种真实性 SSR	浙江省杭州市富阳区稻所前路 28 号	311400	18857103668	孙燕飞

续表

序号	机构名称	法人单位	检验项目范围 常规检测项目范围	DNA指纹检测项目范围	通讯地址	邮编	联系电话	联系人
10	安徽省种子质量监督检验站	安徽省种子管理总站	扦样、水分、净度、发芽率、真实性和品种纯度（田间小区种植）	稻、玉米品种真实性SSR	安徽省合肥市滨湖新区洞庭湖路3355号	230061	13721117265	胡晓玲
11	湖北省农作物种子质量监督检验中心	湖北省种子管理局	扦样、水分、净度、发芽率、真实性和品种纯度（田间小区种植）	稻、玉米品种真实性SSR	湖北省武汉市洪山区狮子山街王家湾特1号	430070	027-87208528 027-87394014	付玲
12	湖南省种子质量检测中心	湖南省种子质量检测中心	扦样、水分、净度、发芽率、真实性和品种纯度（田间小区种植）	稻、玉米品种真实性SSR	湖南省长沙市远大一路480号	410016	13055172364	龙利平
13	华智种子分子质量检测中心	华智检测技术有限公司	水分测定、净度分析、发芽试验、扦样（稻、玉米、小麦、大豆、油菜、甜瓜、西瓜、棉花、辣椒等禾谷类种子、豆类种子、油料类种子、瓜菜类种子）	稻、玉米、大豆、向日葵品种真实性SSR	湖南省长沙市芙蓉区合平路618号	410001	15274947214	熊莹

续表

序号	机构名称	法人单位	检验项目范围		通讯地址	邮编	联系电话	联系人
			常规检测项目范围	DNA 指纹检测项目范围				
14	农业农村部农作物种子质量监督检验测试中心（深圳）	深圳市农业科技促进中心	扦样、水分、净度、发芽率、真实性和品种纯度（田间小区种植）	稻、玉米品种真实性 SSR	广东省深圳市南山区西丽街道茶光路与沙河西路交汇智谷产业园 E 座 16 – 18 楼	518000	17727801394	刘晋
15	广西壮族自治区农作物种子质量监督检验站	广西壮族自治区种子管理站	扦样、水分、净度、发芽率、真实性和品种纯度（田间小区种植）	稻、玉米品种真实性 SSR	广西壮族自治区南宁市七星路135号广西壮族自治区农村厅 2 号楼 5 楼	530022	13977137569	覃德斌
16	重庆市种子质量检测站	重庆市种子站	扦样、水分、净度、发芽率、真实性和品种纯度（田间小区种植）	稻、玉米品种真实性 SSR	重庆市南岸区南坪东路二巷 12 号	400060	023 – 89020032	赵良建

续表

序号	机构名称	法人单位	检验项目范围		通讯地址	邮编	联系电话	联系人
			常规检测项目范围	DNA 指纹检测项目范围				
17	四川省种子质量监督检验站	四川省种子站	扦样、水分、净度、发芽率、真实性和品种纯度（田间小区种植）	稻、玉米品种真实性SSR	四川省成都市玉林北路5号	610041	15882358231	肖伦
18	陕西省农作物种子检验站	陕西省种子工作总站	禾谷类、豆类、纤维、油料类、瓜菜类扦样、水分、净度、发芽率、真实性和品种纯度（田间小区种植）	玉米品种真实性SSR	陕西省西安市凤城三路1号	710018	029－86522181	张英
19	甘肃省农作物种子质量监督检测中心	甘肃省种子总站	扦样、水分、净度、发芽率、真实性和品种纯度（田间小区种植）、马铃薯种薯健康	玉米品种真实性SSR	甘肃省兰州市城关区段家滩路195号	730020	0931－4873018	孟思远
20	新疆生产建设兵团种子质量监督检测中心	新疆生产建设兵团种子管理总站	扦样、水分、净度、发芽率、真实性和品种纯度（田间小区种植）	玉米品种真实性SSR	新疆维吾尔自治区乌鲁木齐市高新区昆明路103号	830011	0991－3859513	韦立新